汽车工程手册 4

动力传动系统设计篇

日本自动车技术会 编
中国汽车工程学会 组译

北京理工大学出版社
BEIJING INSTITUTE OF TECHNOLOGY PRESS

版权专有　侵权必究

图书在版编目（CIP）数据

汽车工程手册.4，动力传动系统设计篇／日本自动车技术会编；中国汽车工程学会组译.—北京：北京理工大学出版社，2010.12

ISBN 978-7-5640-2361-4

Ⅰ.①汽… Ⅱ.①日…②中… Ⅲ.①汽车工程－技术手册②汽车－传动系－设计－技术手册　Ⅳ.①U46-62

中国版本图书馆CIP数据核字（2010）第242854号

北京市版权局著作权合同登记号　图字：01-2008-5494号

Automotive Technology Handbook by Society of Automotive Engineering of Japan, Inc.
Copyright © 2008 by Society of Automotive Engineering of Japan, Inc.
Transaction right arranged with Beijing Institute of Technology Press.

出版发行／北京理工大学出版社
社　　址／北京市海淀区中关村南大街5号
邮　　编／100081
电　　话／(010)68914775(办公室)　68944990(批销中心)　68911084(读者服务部)
网　　址／http://www.bitpress.com.cn
经　　销／全国各地新华书店
印　　刷／北京中科印刷有限公司
开　　本／889毫米×1194毫米　1/16
印　　张／23.75
字　　数／625千字
版　　次／2010年12月第1版　2010年12月第1次印刷
印　　数／1～5000册
定　　价／180.00元

责任编辑／刘家仿
樊红亮
责任校对／陈玉梅
责任印制／边心超

图书出现印装质量问题，本社负责调换

汽车工程手册

译审委员会

主　　任　付于武
副主任　李　骏
委　　员　高　波　于秀敏　张晓艳　杨志坚　樊红亮

翻译委员会

主　　任　高　波
副主任　黄永和　谢　飞
委　　员　（按姓氏笔画排序）
　　　　　王珍英　任世宏　刘璟慧　孙万臣　孙　丽　李云清
　　　　　李兴虎　何士娟　郑　芬　赵　和　姚为民　殷　悦
　　　　　彭大庆　程光明

审校委员会

主　　任　金东瀛
副主任　毛　明　孟嗣宗
委　　员　（按姓氏笔画排序）
　　　　　王国力　冯　宇　冯慧华　吕建国　朱　平　朱问锋
　　　　　刘　忠　安相璧　许　敏　李尔康　李　杰　李彦龙
　　　　　李炳泉　李晓雷　李淑慧　杨　林　张方瑞　张立军
　　　　　张建武　陈关龙　罗　勇　殷承良　黄　华　喻　凡
　　　　　魏春源

汽车工程手册 中文版序

汽车产业作为我国的支柱产业，在国民经济中发挥着越来越重要的作用。进入21世纪后，中国汽车产业进入了快速发展阶段，现已成为世界第一产销国。中国正在经历从世界汽车生产大国向汽车强国的转变。经过数十年的发展，我国汽车工业的综合技术水平有了很大的提高，但与国际先进水平相比，尚有一定差距。为满足我国汽车工业对国外先进科技信息的需求，缩短与发达国家的差距，中国汽车工程学会与北京理工大学出版社合作，在2008年引进了日本《汽车工程手册》的版权，并组织行业专家翻译出版。

《汽车工程手册》是由日本自动车技术会（JSAE）组织专家编写而成。该手册来自1957年出版的《自动车工学手册》和《自动车工学概览》，经过4次改版，并于1990年将两书整理修订并更名为《汽车工程手册》进行出版。为适应世界汽车技术的快速发展，在2006年再次重新整理编排，由4分册细分为9分册。同时在各分册中增加了"汽车诸多形势"和用作参考的"法规、标准"等章节，并将当前最新的汽车技术信息编入手册，使其成为日本汽车工程技术人员的必备工具书。

《汽车工程手册》涵盖了汽车制造的各方面，9个分册包括《基础理论篇》《环境与安全篇》《造型与车身设计篇》《动力传动系统设计篇》《底盘设计篇》《动力传动系统试验评价篇》《整车试验评价篇》《生产质量篇》《维修保养·再利用·生命周期评价篇》。中文版手册配有丰富的原版插图、表格及大量的图片资料，最大程度地保留了原版手册的编写风格。相信本套手册的出版对我国汽车工程技术人员了解世界汽车最新的发展将有极大的帮助，并为行业技术人员、科研人员提供了一套不可多得的工具书。

中国第一汽车集团公司技术中心、吉林大学、北京航空航天大学、中国汽车技术研究中心、中国北方车辆研究所、中国汽车工程研究院、北京理工大学、军事交通学院等单位为手册的出版给予了鼎力支持。

在此谨向以上单位和个人表示感谢，并向他们表示衷心的谢意！同时，感谢北京理工大学出版社对手册的出版给予的大力支持，特在本书出版之际向他们表示深深的谢意！

中 国 汽 车 工 程 学 会
汽车工程图书出版专家委员会 付于武
2010年12月

译者序

增强自主创新能力，是提升中国汽车工业水平的关键。学习和吸收国外的先进技术经验无疑可以加快我们的自主研发进程。中国汽车工业虽然比国外落后，但后发优势明显，古人云："吾尝终日而思矣，不如须臾之所学也"。只要我们认真地向汽车技术更先进的国家学习，一定能在学习中求进步，在进步中求提高，在提高中求创新，变"中国制造"为"中国创造"。

我们深知，科技进步靠的是合力，一万人前进一步的合力，远远大于一个人前进一万步的力量。引领并推动中国汽车工业科技进步，中国第一汽车集团公司有着义不容辞的责任。从知识分享的角度，中国第一汽车集团公司近两年向汽车行业推荐了几本有价值的资料，并受到行业图书出版专家委员会的普遍认可。中国第一汽车集团公司技术中心在组织人员对日文版全套《汽车工程手册》的章节标题及主要内容进行翻译后，发现该书内容翔实、图文并茂、深浅结合，并涵盖了最新技术，内容全面而系统，是一套对中国汽车工业有较强学习与借鉴作用的汽车工程和技术专著。因此我们向中国汽车工程学会推荐引进出版这套手册的中文版，让国内汽车行业的从业人员能够从中受益。

《汽车工程手册》是由日本自动车技术会（JSAE）组织出版。自1957年首次出版后，至20世纪90年代初，历经几次修订，由1册发展为4分册。伴随世界汽车技术的长足发展及环境的变化，2003年开始，日本自动车技术会又对《汽车工程手册》进行了全新改版，历经4年时间完成了9个分册的出版。新版手册不仅囊括了混合动力汽车的产业化、燃料电池车的发展、控制技术的高端化、再利用技术的发展等最新技术信息，每一分册还增加了能够反映汽车发展趋势的法规、标准等相关章节。各分册均由活跃在日本汽车各专业领域研发一线的专家执笔，不仅质量高，而且非常系统。该书对于国内工作在一线的研究和技术人员，以及承担着未来汽车技术开发的年轻人和学生来说都无疑是一本非常好的参考资料。相信该书必然会成为了解和掌握日本汽车技术，以及审视未来技术发展所不可缺少的工具书。

2008年，由中国汽车工程学会牵头，组织行业各单位和专家对《汽车工程手册》的9个分册进行翻译。其中，《造型与车身设计篇》《动力传动系统设计篇》《底盘设计篇》《动力传动系统试验评价篇》4个分册由中国第一汽车集团公司技术中心翻译完成，《基础理论篇》由北京航空航天大学翻译完成，《维修保养·再利用·生命周期评价篇》由中国汽车技术研究中心翻译完成，《环境与安全篇》《整车试验评价篇》《生产质量篇》3个分册由吉林大学和中国汽车工程研究院翻译完成。

本套手册由日本自动车技术会从2004年9月至2006年11月间陆续出版的《汽车工程手册》9个分册的日文修订版直接译成，也是国内首次出版该书的中文版。本分册由刘璟慧翻译，由安相璧、刘刚、朱道伟、冯慧华、张卫正审校。在此感谢北京理工大学出版社给予机会翻译这套工具书，更感谢付于武理事长对此书出版的大力支持。译、校者虽在译文、专业内容、名词术语等方面进行了反复斟酌，并向有关专业人员请教，但限于译、校者的水平与对新知识的理解程度，谬误和不当之处恳请读者批评、指正。

中国第一汽车集团公司技术中心主任　李骏

汽车工程手册 序言

进入汽车高速发展的时代以来，众多汽车行业前辈凭自己的劳动和自己的努力，攻克了汽车的耐用性、可靠性、降低排放、安全性等许多难题，追赶并超越汽车先进国家，造就了日本的汽车工程技术。1990 年出版了第一版《汽车工程手册》。在泡沫经济与经济危机之际，国际性的大厂商进行了强强联合，这一时期确立了日本汽车产业在世界的领先地位。《汽车工程手册》在任何时候都以非常重要的基本原理与技术为基础，并涉及了汽车安全、环境、信息化、智能化和全球化等多个领域。

随着汽车技术的进一步发展，《汽车工程手册》搜集和整理了所有最新的汽车技术。日本汽车界专家和编写委员会委员抱着"技术是为人类解决难题"这种坚定的信念，在首次出版 14 年之后又对手册重新进行修订。这版《汽车工程手册》凝聚了众多先辈的劳动结晶，希望通过汽车研发人员和技术人员的学习和努力造就下一个汽车新时代。

如果本书能够为人们追求汽车生活的便利性，为人们实现梦想发挥一定作用的话，那将会不胜荣幸。

最后，对在百忙之中抽出宝贵时间给予本书的出版以大力帮助的各位执笔专家、编写委员会委员和事务局的各位表示深深地感谢和敬意。同时，也祝愿汽车行业更快更好地发展。

日本自动车技术会
会长　萩野道义

日本自动车技术会将汽车技术集大成为目标，编辑出版本套手册和文献。1957 年，经过反复修改首次出版了《汽车工学手册》。1990 年对其进行了大量的修改，出版了《汽车工程手册》。该手册由《基础理论篇》，《设计篇》，《试验和评价篇》，《生产、质量、维修和保养篇》4 个分册构成，总页数达到 1758 页。

以后的 14 年里，汽车技术不断发展，汽车工业发生了很大的变化。因此，必须出版一本符合时代要求的手册。2003 年，成立了手册编写委员会，对手册的编写内容和分册结构进行了分析和研究。根据分析研究结果，把手册划分为 9 个分册，成立了相关的编写委员会，并开始进行修订版的编写工作。

《汽车工程手册》的编写特点：① 涵盖了混合动力车辆的实用技术、燃料电池车的相关技术、高性能的控制技术、再生利用等最新技术；② 由活跃在汽车各个领域中从事开发、设计的一线专家执笔，系统而全面地介绍了多个领域的前沿技术；③ 在各个分册中增加了汽车相关的发展趋势和相关的法律、法规篇章；④ 增加了摩托车技术等内容。另外，考虑到读者的经济承受能力，细分为 9 个分册出版，可以按分册销售。

我们相信本套手册能使活跃在一线的研究、技术人员更加受益，使肩负着下一代汽车技术重任的年轻技术人员和汽车专业学生对目前的汽车技术有所了解。

最后，在本套手册出版之际，向给予本套手册大力协助的委员会诸位委员、各位执笔专家深表谢意！

《汽车工程手册》编委会
主任委员　小林敏雄

目 录

第1章 与汽车相关的各种形势 / 1
1.1 前言 / 1
1.2 国际背景 / 1
1.3 经济形势 / 2
1.4 能源 / 2
1.5 环境问题 / 2
　　1.5.1 区域环境 / 2
　　1.5.2 地球环境 / 2
1.6 汽车产业现状 / 3
　　1.6.1 需求 / 3
　　1.6.2 生产 / 3
1.7 有关汽车的课题和技术动向 / 3
　　1.7.1 高功率 / 3
　　1.7.2 低油耗 / 4
　　1.7.3 低公害 / 4
　　1.7.4 新一代的动力源 / 4

参考文献 / 5

第2章 发动机 / 6
2.1 概述 / 6
　　2.1.1 性能要求 / 6
　　2.1.2 种类 / 7
2.2 产品规划方法 / 13
　　2.2.1 基本要点 / 13
　　2.2.2 基本参数及结构 / 19
2.3 主要结构元件 / 22
　　2.3.1 汽缸体 / 22
　　2.3.2 汽缸盖 / 25
2.4 主要运动部件 / 29
　　2.4.1 活塞组 / 29
　　2.4.2 曲轴 / 35
　　2.4.3 连杆 / 36
　　2.4.4 飞轮 / 38
　　2.4.5 减震机构 / 38
　　2.4.6 可变机构 / 41
2.5 配气机构 / 41
　　2.5.1 概要 / 41
　　2.5.2 凸轮轴 / 43
　　2.5.3 气门挺柱（直接驱动式）/ 44

2.5.4 摇臂／45
2.5.5 自动间隙调整器／46
2.5.6 气门组／46
2.5.7 凸轮轴驱动机构／50
2.5.8 可变机构／51
2.6 轴承／52
2.6.1 基本特性和设计参数／52
2.6.2 轴承材料和功能、结构及性能特性／55
2.6.3 润滑方法、损伤和对策／56
2.7 进排气部件／58
2.7.1 进气歧管／58
2.7.2 节气门体／60
2.7.3 空气滤清器／61
2.7.4 排气歧管／63
2.7.5 排气管／64
2.7.6 消声器／65
2.7.7 可变机构／66
2.8 冷却系统／66
2.8.1 概要／66
2.8.2 水泵／67
2.8.3 冷却风扇／68
2.8.4 散热器／72
2.8.5 节温器／75
2.8.6 冷却液／77
2.9 润滑系统／77
2.9.1 机油泵／77
2.9.2 机油滤清器／79
2.9.3 机油冷却器／81
2.9.4 油标尺／82
2.10 燃料供给系统／83
2.10.1 概要／83
2.10.2 化油器／83
2.10.3 电子控制喷射方式（进气管喷射方式）／83
2.10.4 电子控制喷射方式（缸内直喷方式）／85
2.10.5 混合比控制／86
2.10.6 柴油机喷射／89
2.10.7 输油泵／97
2.10.8 燃油供给／98
2.11 点火系统／99

2.11.1 概要／99
2.11.2 火花塞／101
2.11.3 点火线圈／103
2.12 增压器／104
2.12.1 概要／104
2.12.2 涡轮增压器／105
2.12.3 机械增压器／111
2.12.4 电驱动式增压机构／114
2.12.5 中冷器／115
2.13 排气净化系统／116
2.13.1 概要／116
2.13.2 点火时刻／116
2.13.3 EGR／117
2.13.4 催化转换器／119
2.13.5 PCV／123
2.13.6 蒸发气体／124
2.13.7 微粒／124
2.14 驱动部件／126
2.14.1 带轮／126
2.14.2 带／127
2.15 启动机构／130
2.15.1 起动机／130
2.15.2 怠速停车系统／134
2.16 动力装置悬置部件／136
2.16.1 与动力装置悬置零部件相关连的事项／136
2.16.2 振动源及频率／136
2.16.3 悬置系统应具备的功能和示例／136
2.16.4 部件设计／138
2.16.5 高性能悬置／140
2.16.6 动力装置搭载设计要点／141
2.17 控制机构／141
2.17.1 概要／141
2.17.2 空燃比／141
2.17.3 点火时刻／142
2.17.4 排气净化／144
2.17.5 发动机综合控制／145
2.18 密封、连接材料／147
2.18.1 概要／147
2.18.2 气压密封件／147

2.18.3 水密封／147

2.18.4 油封／151

2.18.5 紧固件／153

2.19 转子发动机／155

2.19.1 概要／155

2.19.2 转子发动机工作原理／155

2.19.3 基本参数／157

2.19.4 进排气道配置方式／160

2.19.5 转子发动机结构／162

2.19.6 转子发动机外观形状／172

2.20 燃油、润滑油／173

2.20.1 燃油／173

2.20.2 润滑油／180

参考文献／189

第3章 电动汽车／194

3.1 概述／194

3.1.1 电动汽车的历史／194

3.1.2 混合动力汽车／195

3.2 电动机／197

3.2.1 概要／197

3.2.2 驱动电动机种类／198

3.2.3 PM（永磁）电动机／199

3.2.4 电磁铁／200

3.2.5 磁铁材料／201

3.2.6 电磁线圈／202

3.2.7 旋转检测器／203

3.2.8 电动机的设计／203

3.3 逆变器／204

3.3.1 概要／204

3.3.2 逆变器电路构成／206

3.4 电动机控制／208

3.4.1 概要／208

3.4.2 可变电压控制／210

3.4.3 电动机控制技术展望／211

3.5 电池系统／211

3.5.1 概要／211

3.5.2 电动汽车用电池／212

3.5.3 混合动力电动汽车用电池／213

3.5.4 电池电压与输出的关系 / 213
3.5.5 铅酸电池 / 213
3.5.6 镍氢电池 / 214
3.5.7 锂电池（Lithium Ion） / 215
3.5.8 电容器 / 215
3.5.9 电池组的装载设计 / 216
3.5.10 电池管理 / 216
3.6 控制系统 / 217
3.6.1 概要 / 217
3.6.2 发动机启动停止控制 / 217
3.6.3 驱动力控制 / 217
3.6.4 动力管理 / 217
3.6.5 再生制动协调控制 / 217
3.6.6 ECU 控制系统 / 218
3.7 其他要素设计 / 219
3.7.1 DC/DC 变换器 / 219
3.7.2 高压线束实例 / 220
3.7.3 继电器 / 221
3.7.4 高电压安全对策 / 221
3.8 电气动力技术的未来 / 223

第4章 动力传动系统 / 224
4.1 概述 / 224
4.1.1 动力传动系统的功能及结构 / 224
4.1.2 动力传动系统布置 / 225
4.2 起步装置 / 225
4.2.1 概要 / 225
4.2.2 干式离合器 / 225
4.2.3 湿式离合器 / 229
4.2.4 液力传递装置 / 231
4.3 变速器 / 236
4.3.1 概要 / 236
4.3.2 手动变速器 / 237
4.3.3 行星齿轮式自动变速器 / 248
4.3.4 平行轴齿轮式自动变速器 / 260
4.3.5 无级变速器 / 263
4.4 四轮驱动装置 / 268
4.4.1 概要 / 268
4.4.2 驱动力分配机构 / 273

4.4.3 差速限制机构 / 276
4.4.4 操作机构 / 278
4.4.5 自由轮毂 / 280
4.5 总传动轴 / 281
　　4.5.1 概要 / 281
　　4.5.2 万向节 / 282
　　4.5.3 传动轴 / 285
　　4.5.4 驱动轴 / 287
4.6 主减速装置 / 289
　　4.6.1 概要 / 289
　　4.6.2 主减速装置 / 293
　　4.6.3 差速机构 / 296
4.7 动力输出装置 / 297
　　4.7.1 动力输出装置功能 / 297
4.8 润滑油及润滑脂 / 298
　　4.8.1 用于驱动系统零部件的润滑油及润滑脂 / 298
　　4.8.2 齿轮油 / 298
　　4.8.3 ATF、CVT 油 / 301
　　4.8.4 DCT 油 / 303
　　4.8.5 润滑脂 / 303
　　4.8.6 用于驱动系部件的油品建议更换时间及里程 / 304
参考文献 / 304

第5章 控制系统 / 309
5.1 概述 / 309
5.2 综合控制系统 / 309
　　5.2.1 综合控制结构 / 309
　　5.2.2 转矩控制 / 310
　　5.2.3 转矩控制要求（AT控制）/ 311
　　5.2.4 转矩控制要求（牵引力控制）/ 313
　　5.2.5 转矩控制要求（自动等速巡航）/ 314
　　5.2.6 转矩协调功能 / 315
　　5.2.7 转矩控制方法 / 315
　　5.2.8 转矩预测方法 / 315
5.3 控制系统开发 / 316
　　5.3.1 开发流程 / 316
　　5.3.2 系统设计 / 316
　　5.3.3 控制系统设计 / 317
　　5.3.4 ECU开发（ECU写入）/ 319

            5.3.5　控制系统验证 / 320

            5.3.6　系统验证 / 321

        5.4　电子控制单元 / 322

            5.4.1　软件 / 322

            5.4.2　硬件 / 324

        5.5　ECU 间通信 / 325

        5.6　装置设计 / 326

            5.6.1　传感器 / 326

            5.6.2　执行元件 / 327

    参考文献 / 330

第6章　计算机辅助工程（CAE） / 331

    6.1　发动机 CAE / 331

        6.1.1　概要 / 331

        6.1.2　燃烧室及进排气的流动、喷雾、燃烧 / 331

        6.1.3　链和带的动作与负荷 / 333

        6.1.4　汽缸盖强度 / 334

        6.1.5　汽缸体孔内壁变形 / 334

        6.1.6　活塞强度 / 335

        6.1.7　滑动轴承承载能力 / 336

        6.1.8　动力装置的振动、噪声 / 337

    参考文献 / 338

第7章　法规、标准 / 339

    7.1　法规概要 / 339

        7.1.1　法规制定背景 / 339

        7.1.2　法规适用对象 / 339

        7.1.3　符合法规要求的汽车制造销售所需要履行的手续 / 339

    7.2　各国法律法规的现状（日本、欧洲、美国、澳洲） / 340

        7.2.1　法规体系 / 340

        7.2.2　法律法规历史 / 340

        7.2.3　法律法规的种类和内容 / 342

    7.3　未来法律法规的动向 / 344

        7.3.1　尾气排放 / 346

        7.3.2　防止全球气候变暖与降低能源消耗的相关问题 / 346

    7.4　国际法律法规走向统一的动向 / 346

        7.4.1　1958 年协定 / 346

        7.4.2　1998 年协定 / 347

    7.5　标准概述 / 348

7.6 标准等级和种类／348
    7.6.1 工业标准等级／348
    7.6.2 标准种类／348
    7.6.3 质量认证制度／349
7.7 汽车相关标准／349
    7.7.1 JIS／349
    7.7.2 JASO／349
    7.7.3 标准确认／351
参考文献／353

附录 国际单位制（SI）／354

第 1 章

与汽车相关的各种形势

1.1 前言

20世纪初（1908年），世界最早的量产汽车，福特T型车面世，大约过了一个世纪的时间，现在全世界每年的汽车产量已经达到了6 000万辆，保有数量也已达到8亿辆。发达国家的汽车保有量已经达到饱和状态，但是亚洲、非洲等发展中国家才开始进入汽车时代，特别是中国的增长速度更是明显。由于日本制造业在第二次世界大战中受挫，汽车产业再次以生产欧美车为中心开始重新崛起。经过了大约60年的时间，日本的汽车产业已经发展到了全球数一数二的地位，但是其发展历程绝不是一帆风顺的，而是遭遇了各种各样的政治、经济局势的变化。

日本在1955—1965年的经济高速增长时期迅速迎来了汽车时代。之后，日本汽车经历了1973年第一次石油危机、1979年第二次石油危机、1965年城市大范围光化学烟雾污染、20世纪80年代与美国的贸易摩擦等一系列的严峻局势，终于走到了今天。

汽车产业的发展需要巨额资本，各个汽车厂家都在积极推进国际化集团进程，并同时向汽车时代即将来临的亚洲市场进军，在寻求现代生活与地球环保双赢的同时，也在以各自企业的生存为目标部署着各自的战略。

1.2 国际背景

第二次世界大战后，日本经济迅速增长，国民收入增加，购买力大大增强，面向国内的日本汽车生产量也不断增加。同时出口也成为汽车产业发展的原动力，而日本汽车产量已经达到了仅次于美国的水平。20世纪80年代，日本生产的汽车半数以上用于出口，其中大部分销往美国。高品质、低油耗、低价格的日本车在美国的销售数量急速上升。日本车的成长给美国汽车产业带来了巨大的冲击，日美贸易摩擦浮出水面。到了1981年，美国新政策出台，将日本进口车辆限制为168万辆，日美贸易摩擦已经上升到政治层面的高度。日本汽车制造商以此为契机，开始相继进入美国，进行现地生产。现在，美国以及加拿大生产的日系汽车已经达到了350万辆，日系汽车厂家在美国销售车辆的70%是在当地生产的。而日本向美国出口的车辆一直稳定在一百几十万辆。

汽车的原动力大多取自于石油燃料，而石油仅仅在地球的小范围地区存在，这也是导致国际纷争频繁的原因。另外，供求关系的变化会导致价格大幅度变动，也给经济带来了非常大的影响。1973年，第四次中东战争导致的第一次石油危机时，原油价格疯长了近5倍。以此为契机，美国引进了油耗法规（CAFE：Corporate Average Fuel Economy 汽车制造厂平均油耗法规）。之后的不长时间，低油耗的汽车开始受到人们的欢迎。20 世纪后半叶，小型发动机迅速发展，人们也开始努力开发石油以外的替代燃料车（FFV：Flexible Fuel Vehicle）。

到了 20 世纪 80 年代后半叶，石油供给稳定下来，相对于油耗，客户更加看重的是车辆的高性能以及舒适性，车辆向大型化发展，石油消耗量又开始增加。之后，从 20 世纪 90 年代后期开始，人们的环保意识不断加强，降低 CO_2（二氧化碳）排放量的呼声越来越高，全世界展开了引进油耗法规或强化法规的一系列活动。强大的汽车产业始终敏锐地反映着国际政治局势。

1.3　经济形势

日本在经济高度增长时期进入汽车时代。1954 年在日比谷公园举办了第一届全日本汽车展。在当时，汽车对普通百姓来说还是可望不可及的奢侈品，而生产的汽车也大多是商用车。1955 年，当时的通商产业省发布了国民车构想。从此，汽车厂家开始开发低价格的汽车，量产开始后，汽车逐渐进入了普通百姓的家里。

日本经济持续高速增长，之后又经历了第二次石油危机、泡沫经济、泡沫破裂以及国内外经济重大变动等时期。汽车开始成为敏锐反映经济状况的物品，而且作为全球性商品，汽车更多的是在国际上交易，汽车业界整体都处于非常复杂的国际经济形势中，各个企业在进行国际化合作的同时也在摸索着持续发展的道路。

1.4　能源

大部分汽车使用以石油为原料的发动机作为动力源。而石油却是不可再生资源，数量有限，如果以现在的速度继续发展，预计在不久的将来资源枯竭的可能性非常高。虽然石油的储藏量还不能确定，但是现在来看，可开采量只能持续几十年，兼顾到将来的环保问题以及经济的稳定增长，汽车动力源向可再生循环能源转换已经成为重大课题。现在部分汽车已经开始使用石油以外的燃料，但是从现阶段的能量密度以及运输性能方面考虑，它们还不能取代石油的地位。因此，今后还需要关注如何将以石油为原料的内燃机效率进一步提高。

1.5　环境问题

1.5.1　区域环境

1955 年以后，经济进入高速增长时期。由于城市汽车保有数量急剧增长，工业化发展迅速，大气质量恶化成为严重的社会问题。

使用四烷基铅提高汽油辛烷值，引发了铅中毒事件（后来查明中毒另有原因），因此，1975 年开始实施常规汽油无铅化政策。

另外，针对尾气排放中的 CO（一氧化碳）、HC（碳氢化合物）、NO_x（氮氧化物）以及柴油车排放的 PM（颗粒物）等影响环境的排放物，政府以大中城市为中心继续对法规进行强化。就汽油车的排放问题，其在 2005 年的法规中规定，有害物质排量要减少到法规导入初期 1/100 的水平。与美国一样，日本开始实施世界上最严格的法规。

另一方面，日本对柴油车的法规要求一直很宽松，而在其 2005 年的法规中规定，对比原来没有进行规定时的水平，NO_x、PM 要降低 90% 以上。

1.5.2　地球环境

20 世纪后期，大气中的 CO_2 浓度急剧上升。1985 年，在奥地利召开的 phlana 会议上提出包含 CO_2 在内的 GHG（Green House Gas，温室效应气体）浓度与地球变暖的关系后，汽车的 CO_2 排放（也关系到汽车油耗）开始受到社会各界的关注。1997 年，在日本京都召开了联合国气候变化框架公约第三次缔约国大会（COP3）。会议制定了《京都议定书》，并要求在1990年CO_2排放量的基础上，从2008年开始至2012年的目标期限内，日本降低6%、美国降低7%、欧洲降低8%（俄罗斯批准后，京都议定书从2005年2月开始生效，但是CO_2最大的排放国——美国没有批准）。日本针对汽油乘用车的平均油耗制定了新的目标，即以1995年为标准，到2010年之前平均改善23%。另外，欧洲的欧洲汽车工业协会（ACEA）以及日本汽车工业协会（JAMA）分别表示要在2008年和2009年将乘用车CO_2平均排量控制在140 g/km（换算为汽油车的油耗＝16.9 km/L）。其他像美国强化CAFE法规等，全世界各个国家、各个地区纷纷开始引进并强化新的油耗法规。

1.6 汽车产业现状

1.6.1 需求

2003年末日本国内汽车保有数量达到7 400万辆。从原来的每户一辆几乎达到了每个成人一辆的水平。近几年来汽车的销售数量一直在600万辆左右浮动。日本国内市场几乎处于饱和状态（图1-1）。另一方面，从全球的汽车需求来看，发达国家基本饱和，但是整体来看，普及率依然很低。经统计，2002年末时全世界平均每7.7人一辆汽车（发达国家为每两人一辆多）。预计今后对汽车需求仍会持续增加。

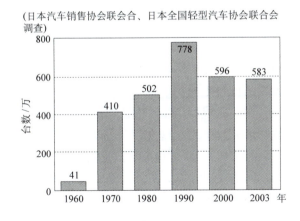

图1-1 日本国内汽车销售数量的变化

1.6.2 生产

1980年，日本国内的汽车产量首次突破了1 000万辆。随着日本国内产量的增加，出口数量也迅速上升。与美国贸易摩擦发生后海外产量不断增加，2003年日本国内生产业绩为1 030万辆，依然维持在1 000万辆左右的水平，海外的产量已经达到了860万辆（图1-2）。而且预计今后这一趋势还会持续下去。

同时，2003年全球的汽车产量为6 000万辆，预计今后也会保持增加的趋势。

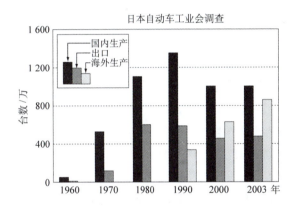

图1-2 汽车生产数量和出口数量的变化

1.7 有关汽车的课题和技术动向

1.7.1 高功率

汽车已经不再是单纯的作为运输人、物的工具，而是成了人们追求舒适性及驾驶乐趣的"伙伴"。随着高速公路网等基础设施的不断完善，车速也不断提高，对车身的操纵稳定性以及大功率发动机的要求也越来越强烈。

车用发动机从低转速区域到高转速区域，从低负荷到高负荷，可利用的运转区域非常大。而从结构以及排气温度的制约上来看，在整个运转范围内对气门正时、空燃比、点火时刻进行优化是很难实现的。但是通过采用可变机构、自动调速机构、各种电子控制机构等，可以使其在相对较大的范围内进行优化。为了更快地实现人类的梦想，今后仍将会在高输出功率方面不断努力，不过也要考虑到给环境以友好对待的问题。

1.7.2 低油耗

实现汽车低油耗是应对第二次石油危机、全球变暖等问题的有效措施。不过对于汽车设计人员来说，降低油耗则是永远的课题。

要想实现汽车低油耗，在通过降低行驶阻力、提高发动机热效率、提高动力传动系统的效率等措施降低汽车本身油耗的同时，改善交通环境也是有效的措施。改善交通基础设施是降低油耗不可或缺的一部分。

汽车发动机的热效率最高也就30%左右，而使用频率较高的低负荷区域只能达到10%左右，总体效率非常低。为了从根本上解决这个问题，第二次石油危机后，出于提高发动机在低负荷区域的热效率的目的，各个汽车厂家相继开发了各种低油耗技术，例如稀薄燃烧、EGR、可变工作缸数等。而且长年以来一直在推进降低摩擦及采用各种方法改善燃烧以提高热效率等工作，收到了积极的成效。动力传动系统方面，开发出了多级AT（Automatic Transmission）、CVT（Continuously Variable Transmission）、AMT（Automated Manual Transmission）等多种新动力传递机构相结合的新产品，以提高动力传动系统的整体工作效率。而且这方面将来也会有更大的发展空间。

发动机与电动机相结合的混合动力汽车（HEV：Hybrid Electric Vehicle）也是实现低油耗的一个有效途径，预计今后将得到更大的发展。

预计今后对低油耗的需求将会空前高涨，对新结构的开发以及可靠性的改进这两方面要求会更加迫切。

1.7.3 低公害

汽车尾气排放的有害物质（CO、HC、NO_x等）与实施尾气排放法规以前相比，已经降低到了以前的1%左右的水平。而且油箱等燃料供给系统直接排入大气的燃料蒸气也明显减少。美国对加油过程中的燃料蒸气排放量也有很严格的法规要求（ORVR：On board Refueling Vapor Recovery）。

美国加州在2005年正式下达了导入零尾气排放车（ZEV：Zero Emission Vehicle）的政策。而且已经确定今后将进一步提高其采用比例。不过，当初州政府主张的在电动汽车中推广的想法并没有得到实施，其原因在于电动汽车一次充电行驶的距离过短，电池耐久性不好等。

取而代之的，是将可以看成为零尾气排放等级的超低排放汽车作为PZEV（Partial Zero Emission Vehicle），使用混合动力等先进技术车辆作为AT - PAEV（Advanced Technology Partial Zero Emission Vehicle）而导入，其被认定为与EV相当。预计今后该水平的超低排放车辆将开始陆续被全球性地推广。

尾气排放法规以日本、美国、欧洲起始，现在已经在全世界各国开始采用，不久的将来将会在全球范围内实施。

为了进一步改善大气质量，针对目前还未被列入法规要求的全负荷运转产生的未燃烧成分，将进一步要求降低其排放量。今后对已实施的尾气排放法规以及排放系统的车上自诊断装置（OBD：On Board Diagnosis）的需求会不断增加。气体低排放化已经上升成为与低油耗化同等重要的课题之一。

1.7.4 新一代的动力源

由于汽车主要动力源——石油的局限性，以及排放的CO_2导致的全球变暖等问题，低油耗化已经成了迫切需要解决的课题。替代石油的动力源虽然是可再生能源，但是完全替代石油也不是一朝一夕能完成的。采用可循环能源的汽车预计将被陆续开发采用。现在以氢气为燃料的燃料电池（Fuel Cell，FC）电动汽车受到关注，但是FC的尺寸、价格以及氢气的储藏方法等依然存在着多个尚待解决的问题，要想真正成为汽车动力源的主流还需要很长的一段时间。在过渡到FC之前，提高现有发动机效率、扩大混合动力汽车的规模、改善特定用途的电动汽车动力传动系统的同时，还要不断增加植物性可再生能源的使用比例。预计使用不同能源的这些车辆将会并存一段时间。

参 考 文 献

[1] 社团法人日本自动车工业会 HP

[2] Light-Duty Automotive Technology and Fuel Economy Trends: 1975 Through 2004, EPA

第 2 章

发 动 机

2.1 概述

2.1.1 性能要求

车辆根据其使用目的及使用条件决定了发动机的商品性要求。在满足商品性要求的同时,也要担负起由于汽车的存在带来的社会性责任。因此在设计发动机时,必须研究发动机的各种性能,以及对发动机的各个系统或零部件进行高性能、高精度的分析。下面,按照发动机的主要性能逐项介绍最近的市场需求水平以及与目前技术水平相适应的情况。

2.1.1.1 动力性能

动力性能是对车用发动机的最重要的要求项目之一。为了提高发动机的动力性能,现在已经将 DOHC(双顶置凸轮轴)、4 气门机构及各种增压机构作为一般的技术应用于汽油发动机。一些现生产车辆的升功率已经有超过100 kW/L的。与汽油发动机相比,柴油发动机高速动力性能确实稍逊一等,但随着乘用车的不断增加,带增压器的柴油发动机的动力性能也在不断提高。

2.1.1.2 燃油经济性能

一直以来从降低汽车行驶费用的观点来看,用户对燃油经济性能的关心程度是很高的。但是最近,作为一个现实的社会问题,CO_2 导致全球变暖开始被更加广泛关注。从保护地球环境或者保护资源的角度看,燃油经济性能的意义变得越来越强烈。为了改善油耗,近年来,在改善发动机燃烧特性、降低各处摩擦、使变速器多级化等的同时,采用混合动力系统、扩大柴油发动机的使用范围以大幅度降低燃料消耗量等活动也越来越普及。

2.1.1.3 排气清洁性

为了改善环境问题,以美国、日本、欧洲各国为中心,逐年对各种汽车排放法规进行强化。从 20 世纪 90 年代前期开始大约 10 年间,取得了非常显著的成效,比如 HC 的法规值已经降到了原来的1/10 的水平。乘用车汽油发动机排气系统装备了三元催化剂,利用氧气浓度传感器监测排气组成,从而利用电控装置控制空燃比。为满足越来越高的要求,催化剂性能、状态监测能力、燃料 - 点火控制精度等必须进一步得到提高。另外,为了保证法规规定的尾气清洁性,越来越多的车辆开始强制装备车载故障诊断系统(On Board Diagnostic System,OBDS),用来监测相关系统的故障,从而使得发动机控制系统复杂程度急剧提高。

对于柴油发动机来说,降低 NO_x 和炭烟(微粒）已经成为至关重要的课题。可以看到，为了除去这些有害物质，催化剂、滤清器以及改善燃烧的技术已经得到了快速发展。

2.1.1.4 小型、轻量化

为了提高车辆的燃油经济性，对包含发动机在内的车辆机构、结构部分的小型、轻量化要求越来越迫切。现在装载小型直列4缸、V型6缸发动机的前置前驱动车已经成为中小型车的主流。不过从车辆的操纵稳定性来看，发动机轻量化也迫在眉睫。为了大幅度降低运动件的质量以及大量使用轻质材料等，必须大力进行能取得高输出功率的轻量化工作。

2.1.1.5 降低振动噪声

过去降低乘用车振动噪声的重点是降低汽车外部的噪声污染，即解决汽车的噪声公害问题。现在已经将重点转移到了如何控制车厢内的噪声和音质方面，以此来提高乘员的舒适性。发动机作为振动噪声的发生源，越来越受到重视，需要不断地对其进行改良。平衡轴、带减震器曲轴带轮、柔性飞轮、进气谐振器等降低振动噪声的机构的应用越来越普及。而且利用各种模拟程序对结构、形状进行优化设计也开始盛行起来。

2.1.2 种类

汽车上应用最广的发动机是汽油发动机和柴油发动机。汽油发动机包括二冲程发动机、四冲程发动机和转子发动机，柴油发动机包括二冲程发动机和四冲程发动机。除此之外，日本的出租车还有使用气体燃料的发动机，比如液化石油气发动机、天然气发动机等。考虑到石油资源的有限性，对各种石油替代动力源进行了广泛地研究开发。例如燃气轮机、斯特林发动机、朗肯发动机、醇类发动机、氢气发动机等。除了使用单独的动力源之外，近年来将组合电动机的混合动力系统作为发电动力源的发动机也发挥了作用。

2.1.2.1 汽油发动机

正如2.1.1节中所介绍的一样，随着市场对发动机性能要求的不断变化，汽油发动机凭借其多项优点得到了广泛的应用。例如与柴油发动机相比，汽油发动机更加小型化，动力性能好，振动噪声较低，在寒冷地区具有优异的冷启动性，因此在乘用车及小型商用车中被广泛应用。

按照汽油发动机的工作过程，可将其分为以下三大类，即二冲程发动机、四冲程发动机和转子发动机。有关各自的特点见表2-1。其中四冲程发动机与二冲程发动机及转子发动机相比较，具有良好的燃油经济性和尾气净化性能（特别是HC），是目前车用发动机的主流。

表2-1 车用发动机的特点

特点	类型	汽油机			柴油机（4冲程）
		4冲程	2冲程	转子发动机	
动力/排量		作为基准	○	○	—
动力/质量			○	○	▽
动力/外形尺寸			○	○	▽
燃料消耗			▽	▽	○
高转速比			—	○	▽
振动			○	○	▽
噪声			○	○	▽
机油消耗			▽	▽	○
排气性能			▽	▽	▽
启动性			—	—	▽
适用 ○：已生产 ×：未确定生产	乘用车	○	×	○	○
	商用车	○	×	×	○
	大型载货车	○	×	×	○
○：优于基准 —：同等 ▽：稍差于基准 ×：差					

二冲程发动机与四冲程发动机相比，具有结构简单、零部件数量少、制造费用低廉、升功率大等特点。单位功率质量较轻，转动波动小，不过扫气过程，混合气体短路会导致油耗及排气中HC增加。

四冲程发动机与二冲程发动机相比，结构较复杂。不过进气、压缩、做功、排气各个过程分别独立，能进行彻底气体交换，因而从低转速区域到高转速区域的利用率较高。而且油耗方面也比二冲程发动机和转子发动机要好。与电动机组合的混合动力发动机为了进一步提高燃油经济性，还采用了可以设定较高的膨胀比的阿特金森循环。

转子发动机的壳体和转子将空间分为三部分，各自先后完成进气、压缩、做功和排气过程。与往复式发动机不同，转子发动机不需要连杆机构，小型化且质量较轻。同时因为取消了直线运动，单纯的旋转运动产生的振动很小。不过由于燃烧室呈扁平状，与四冲程发动机相比，燃烧效率较差。

现阶段汽油发动机的点火主要采用的是火花塞点火方式。为了进一步降低油耗以及排放，对压缩自燃点火方式的研究也盛行起来。

乘用车用汽车发动机的典型机型参见表2-2、表2-3及图2-1。

表2-2 乘用车用汽油发动机典型机型

气缸数	排列方式	代表性发动机各参数							
		制造商	车型	冷却方法	汽缸参数		气门配置	压缩比	最大功率/kW [r·min⁻¹]	最大扭矩/(N·m) [r·min⁻¹]
					缸径×行程(mm×mm)	排量/mL				
3	直列	本田技研工业	P07A (LIFE)	水冷	71×55.4	658	OHC	11.2	38.2[6 700]	60.8[3 800]
4	直列	马自达	L3-VE (ATENZA-SPORT)	水冷	87.5×94	2 261	DOHC	10.6	130.9[6 500]	214.8[4 000]
4	直列（混合动力）	丰田汽车	INZ-FXE (PRIUS)	水冷	75×84.7	1 497	DOHC	13.0	57[5 000] *50 [1 200~1 540]	115[4 200] *400 [0~1 200]
4	水平对置	富士重工	EJ20-R (LEGACY-B4)	水冷	92×75	1 994	DOHC	11.5	132.4[6 200]	196.1[4 400]
5	VR型	大众	— (BEETLE2.3)	水冷	81×90.2	2 324	DOHC	10.8	125[6 200]	220[3 300]
6	L型	BMW	306S (X3)	水冷	84×89.6	2 979	DOHC	10.2	169.9[5 900]	300.1[3 500]
6	V型	丰田汽车	3GR-FSE (CROWN-ROYAL)	水冷	87.5×83	2 995	DOHC	11.5	188.2[6 200]	313.8[3 600]
6	水平对置	Porsche	— (911Carrera)	水冷	96×82.8	3 596	DOHC	11.3	238.9[6 800]	370[4 250]
8	V型	日产汽车	VK45DE (CIMA)	水冷	93×82.7	4 494	DOHC	10.5	205.9[6 000]	451.1[3 600]
12	V型	戴姆勒奔驰	275 (SL600)	水冷	82×87	5 513	OHC	9.0	367.6[5 000]	800.2[1 800]
转子		马自达	13B-MSP (RX-8)	水冷	—	1 308		10.0	154.4[7 200]	221.6[5 000]

注：（ ）内为车辆名称。*表示电机输出功率。[ ]为对应的转速

表2-3 乘用车用柴油发动典型机型

气缸数	排列方式	代表性发动机各参数							
		制造商	车型	冷却方法	汽缸参数		气门配置	压缩比	最大功率/kW [r·min⁻¹]	最大扭矩/(N·m) [r·min⁻¹]
					缸径×行程/(mm×mm)	排量/mL				
3	直列	戴姆勒奔驰	— (SMART D)	水冷	65.5×79	799	DI	18.5	30.1[4 200]	100[800]
4	直列	本田技研工业	N22A (ACCORD2.2D)	水冷	85×97.1	2 204	DI	16.7	102.9[4 000]	340[2 000]

续表

气缸数	排列方式	代表性发动机各参数							
		制造商	车型	冷却方法	汽缸参数		气门配置	压缩比	最大功率/kW [r·min^{-1}]	最大扭矩/(N·m) [r·min^{-1}]
					缸径×行程/(mm×mm)	排量/mL				
4	直列	BMW	—(320DI)	水冷	84×90	1 995	DI	17.0	110.3[4 000]	330[2 000]
6	V型	AUDI	—(A6 3.0 TDI)	水冷	83×91.4	2 967	DI	17.0	165.4[4 000]	450[1 400]
8	V型	戴姆勒奔驰	—(E400CDI)	水冷	86×86	3 996	DI	18.0	191.1[4 000]	560[1 700]

注：( ) 内为车辆名称。[ ] 为对应的转速

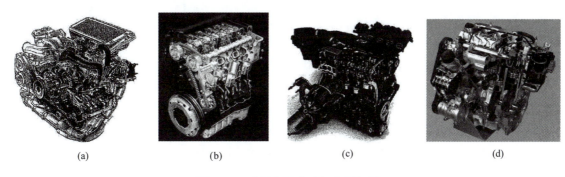

(a)　　　　　　(b)　　　　　　(c)　　　　　　(d)

图 2-1　乘用车用发动机典型机型

(a) EJ20（富士重工业）；(b) VR6（VOLKSWAGEN）；(c) L3-VE（马自达）；(d) N22A（本田技研工业）

2.1.2.2 柴油发动机

车用柴油机是以柴油为燃料、压缩着火的发动机。按照燃烧室种类的不同，可以把柴油机分为两种，具体请参见表 2-4。

表 2-4　主要燃烧室形式

燃烧室		混合气体形成方式
直喷式（DI）		进气涡流 挤流、高压喷射
分隔式	预燃室式	燃烧涡流
	涡流室式	挤流 燃烧涡流

柴油机的基本结构大体上和汽油机相似。与汽油机相比，柴油机的结构有如下特点。

① 燃烧室结构特殊。

② 由于压缩压力和燃烧压力较高，以主要的运动件为中心的强度和刚度有所提高。

③ 需要布置专用的燃料喷射泵及其驱动装置。

与汽油机相比，柴油机十分省油。此外，柴油机的缺点也十分明显。例如，由于燃烧压力过高，柴油机的振动和噪声过大，而且为了保证强度和刚性，必须对各个部位进行加强，结果导致柴油机质量过大，难以实现高速运转，机械损失大，动力性不好。基于上述特点，在要求车辆具有较高的经济性和耐久性时，大都需要装用柴油机。不过近年来，随着燃油喷射技术的改善以及增压器的使用，在保持原有经济性的同时，动力性能以及振动噪声方面都得到了很大的改善。在欧洲等地，柴油发动机在小型车上的应用也越来越多。

在表 2-4 中，列举了各种燃烧室及其混合气形成方法。下面介绍一下车用柴油机中各种燃烧室的特点。

（1）直喷式（DI）燃烧室　燃烧室布置在活塞的顶面上，多孔的孔式喷油器大体布置在燃烧室的中央位置，这种布置形式是近年来的主流方式。在直喷式燃烧室中，关键是如何组织好喷雾和气流的运动，燃料与空气混合的好坏决定了燃烧的好坏。柴油喷油器的性能和燃烧室内的气体运动，对柴油机的性能起着决定性的作用。缸内空气运动利用进气道使进气流产生涡流。这种方式的燃烧室如图2-2所示，可分为ω形、四角形和缩口形三种。在直喷式燃烧室中，为了使喷射具有合适的贯穿距离与分布，重要的参数包括喷孔直径、喷孔数以及喷射方向，需要通过燃烧室形状对其进行优化。

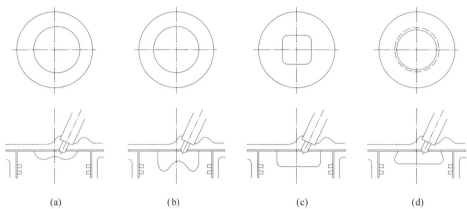

图2-2　直喷式燃烧室
（a）浅盘形；（b）深盘形；（c）四角方形；（d）缩口形

（2）分隔式燃烧室（间接喷射式燃烧室IDI）　为了使柴油机达到小型高速化，必须尽量缩短柴油燃烧时间，使汽缸内的进气获得强大的扰流。在分隔式燃烧室中，为了获得强大的扰流，在主燃烧室之外，还设置了专用的副燃烧室。一般主燃烧室布置在汽缸内，副燃烧室布置在汽缸盖上。如图2-3所示。通常按照副燃烧室的形状，可以将其分为以下两类，即预燃室式和涡流室式。在预燃室式燃烧室中，燃料首先直接喷进预燃室，并在预燃室内部分地燃烧，产生高温高压，在压力差的作用下，未燃烧的柴油从预燃室中喷出来，产生强大的燃烧涡流，并和主燃烧室内的空气充分地混合，进行燃烧。

涡流室大都为球形燃烧室。在压缩行程时，空气沿着切线方向进入涡流室，在涡流室中形成了强大的涡流，从而促进燃烧。

IDI可获得强大涡流，高速动力性增强，排出HC和烟雾，噪声等方面要比DI更优良，曾经是小型柴油机乘用车的主流。但近年来，随着燃油喷射技术的提高，相关难题逐渐攻克的DI发

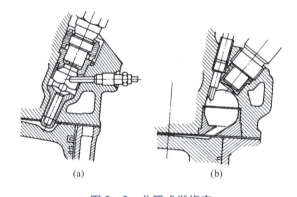

图2-3　分隔式燃烧室
（a）预燃烧室式；（b）涡流室式

动机已经成为货车、客车以及乘用车的主流方式。

汽车用燃料喷射方式主要分为直列式喷油方式、分配式喷油方式、泵喷嘴喷射式以及蓄压式（共轨式）。其中蓄压式作为最新的方式已经逐渐成为大中型载货车及乘用车用的主流。

车用柴油发动机一直在载货车以及客车领域内被广泛使用，近年来乘用车领域的使用也逐渐增多。尽快地开发、确立进一步降低尾气排放的

技术已经成为当务之急。

2.1.2.3 二冲程发动机

二冲程发动机在压缩行程初期和做功行程末期（曲轴转角为120°~150°）进行新旧气体的交换。利用进气压力将废气吹出，同时向汽缸内填充混合气体，这一过程称为扫气（scavenging）[1,2]。

通常，扫气压力比排气压力高，进排气几乎在同一时间进行，因此，要想将废气排除干净，必然要有部分进气随着废气一同排出汽缸。在二冲程发动机上，很难避免上述现象。为此，二冲程发动机主要适用于将燃料直接喷进汽缸内的发动机。

（1）扫气效率　在四冲程发动机上，新鲜空气通过进气管流进汽缸中，并几乎全部都存留在汽缸中参与燃烧。因而，发动机的进气量十分重要，进气量的体积效率和进气效率成为评价发动机动力性能的重要指标之一。二冲程发动机则不同，由于有一部分新鲜进气直接流出了汽缸，不能用进气效率来评价发动机的动力性。通常使用扫气效率来评价扫气的好坏。

$$扫气效率\ \eta_s = \frac{汽缸内的新气体质量}{汽缸内气体的总质量}$$

发动机的动力性和扫气效率成正比。

（2）扫气方法[3]

（a）曲轴箱压缩扫气：在最简单的二冲程发动机上采用曲轴箱压缩扫气方法。图2-4（a）所示为曲轴箱压缩扫气的原理。在这种二冲程发动机上可利用各种机构控制进气口的开关，例如，活塞裙部、旋转阀、单向引导阀等。

这种曲轴箱压缩扫气方法的优点是可以利用曲轴箱的容积变化轻松地获得扫气所需的压缩空气。而且结构简单，小型轻量化，制造成本低廉。当然，曲轴箱压缩扫气方法也有许多缺点。

① 活塞的排量较小，不能吸进大量的新鲜空气。另外，曲轴箱的容积压缩比例太低，最大压缩比只有1.3~1.4左右，扫气压力较低，不能充分地把废气扫净。

② 由于利用曲轴箱进行压缩扫气，在扫气过程中，曲轴箱内的一部分机油也被带进了汽缸中，增加了发动机的机油消耗量。

③ 机油的燃烧将引发大气污染等各种问题。

（b）增压器增压扫气：增压器增压扫气方法利用各种增压器，为扫气提供压缩空气。最常用的有活塞式增压器、罗兹式增压器、离心式增压器、偏心叶片式增压器等（图2-4（b）~（d））。为了驱动增压器旋转，既可以从曲轴获得动力，也可以利用废气涡轮做动力源。

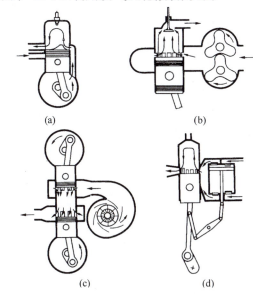

图2-4　扫气方式
(a) 曲轴箱压缩器；(b) 罗兹式增压器；
(c) 离心式增压器；(d) 活塞式增压器

增压器增压扫气的优点是，扫气压力与曲轴箱容积无关，从而能充分地进行扫气，便于提高发动机的功率。其主要应用于向汽缸内喷射燃料的柴油发动机等。由于曲轴箱和燃烧室相互隔开，新鲜空气不再通过曲轴箱进入燃烧室，从而大幅度地降低了机油消耗量。当然，和曲轴箱压缩扫气方法相比，增压器增压扫气需要专用的压缩机，使得结构复杂，质量增加，制造成本较高。

（3）利用扫气改善发动机性能　在二冲程发动机中进排气同时进行，由于扫气产生的惯性效果以及排气管内的波动效果对扫气效率及进气效率有很大的影响，从而导致排气脉动波与排气口关闭时间对性能的影响较大，目前，正在考虑采用可变进排气口式（进排气时间可设定式）的各种扫气方式。

2.1.2.4 特殊发动机

（1）燃气轮机　在燃气轮机上，利用压缩机给吸入的空气加压，使空气和燃料在燃烧器内燃烧，产生高温燃气，利用燃气推动燃气轮机高速旋转。燃气轮机是内燃机的一个重要分支，在向外部输出动力的同时，也驱动压缩机旋转。一般情况下，燃气轮机应用于高动力性领域（如飞机、大型发电机等）。大负荷时，燃气轮机具有优异的燃油经济性。车用燃气轮机则不同，100kW以下的效率非常差，为了弥补燃气轮机的这一不足，提高部分负荷的燃油经济性，车用燃气轮机必须加装热交换器用以回收排气热量。按照燃气轮机的结构形式，可以将其分为以下两大类。

① 单轴式燃气轮机：在这种燃气轮机上，动力输出轴与压缩机的驱动轴为同一轴；

② 双轴式燃气轮机：在这种燃气轮机上，动力输出轴和压缩机驱动轴相互独立。

应用于汽车时，双轴式可以作为直接动力源，如果与发电机直接连接，作为混合动力的时候则紧凑的单轴式更加适合。图2-5所示为一种典型的单轴式燃气轮机。

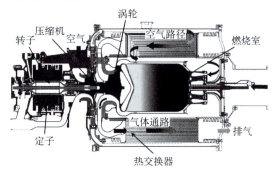

图2-5　单轴式燃气轮机

与往复式发动机不同，燃气轮机是一种连续燃烧的内燃机，内部的机件始终处于高温条件下，因此对材料的要求极其严格。相反，由于是连续地燃烧，故很容易控制燃烧。这样，对尾气净化和燃料多样性方面有很大的改进余地。除此之外，由于没有往复运动零件，所以振动噪声方面也有很多可取之处。不过要想实现上述优点，也需要对发动机效率以及成本进行控制。

（2）斯特林发动机[5-7]　1816年，罗伯特·斯特林发明了斯特林发动机。斯特林发动机属于闭式循环外部加热式发动机。为便于理解，首先考虑用一组活塞（置换活塞）和汽缸将工作气体封入到汽缸中，其中一端加热，另一端进行冷却。图2-6所示的是置换活塞在加热一端的状态。封入的气体（工作气体）大部分聚集于冷却一端，气体被冷却，其压力不断下降。另一方面，置换活塞向冷却端移动时，大部分工作气体通过置换活塞和汽缸之间的间隙流到了汽缸加热区的高温端，工作气体不断地被加热，压力升高。这样，由于工作气体在加热区和冷却区的往复运动，产生压力变化。另外一组汽缸和活塞连接到冷却区一端，利用压力变化推动活塞往复运动从而输出动力（图2-7）。

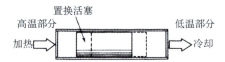

图2-6　斯特林发动机工作说明图

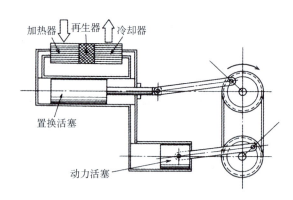

图2-7　置换活塞式斯特林发动机

斯特林发动机的优点很多，例如热效率高、可利用能源多样、低公害等。因此在日本国内外进行了多种用途的研究和开发。但是现在斯特林发动机的比功率很低，相同功率所需的发动机质量、尺寸都非常大，而且气体密封也很困难，采用的各种热交换器结构复杂、价格昂贵，目前来看，还很难将其应用于汽车上。

（3）醇类发动机　甲醇和乙醇是石油替代燃料。甲醇是天然气的合成燃料，乙醇是利用甘蔗等生物制成的燃料。这两种燃料对降低CO_2的排放等也有积极的作用，因此受到了重视。目前，美国、德国等国家已经开始在汽油中加入低浓度的乙醇。巴西在乙醇的使用方面有了进展。不过现在由于产量很小,供给量也不稳定,因此,只是作为过渡阶段的对策。汽油—甲醇或乙醇的多种混合燃料汽车(Flexible Fuel Vehicle,FFV)已进入实用阶段。

(a) 醇类发动机的特点:表2-5列举了醇类和汽油物理性能上的差异。如表所示,甲醇的辛烷值较高,稀薄燃烧的稳定性好,作为发动机燃料具有极其优异的性能。不过甲醇也有不足的地方,比如低温蒸气压力过低,汽化潜热过大,导致甲醇发动机的低温启动性不好。此外,甲醇的发热量较低,同等质量的燃料,甲醇的行驶里程短。乙醇的特点介于甲醇和汽油之间。

表2-5 醇类燃料和汽油的物理性质比较

项目	甲醇	乙醇	汽油
密度/(kg·L^{-1})	0.795	0.790	0.72~0.74
沸点或沸腾范围/℃	65	78	30~210
发热量/(kcal·kg^{-1})	19.7	26.8	约44.0
理论空燃比	6.5	7.0	14.7
汽化潜热/(kcal·kg^{-1})	1110	905	290~380
研究法辛烷值	110以上	100以上	约90
十六烷值	3	8	14

(b) 点燃式甲醇发动机:火花点火式甲醇发动机和汽油发动机的结构大体相同。但是燃料喷射系统的材质以及混合气体的空燃比等不同。甲醇发动机的燃烧温度低,放热损失和热分解少。和汽油发动机相比,热效率高,NO_x的排放量减少。甲醇发动机虽然也排出HC,但和汽油发动机排放的HC成分比较,未燃甲醇的性质比较稳定,光化学反应性十分低,生成的臭氧也相对较少。甲醇发动机的最大缺点是甲醛的排放量较大。除此之外,低温启动时滑动部分的磨损量过大,机油老化过快。

(c) 压燃式甲醇发动机:甲醇的十六烷值非常低,不适合采用压燃着火方式。因此,开发了以下方式:①柴油和甲醇双燃料喷射;②添加可提高十六烷值的添加剂;③火花辅助点火方式等。和柴油发动机相比,压燃着火式甲醇发动机的NO_x、烟雾的排量低。不过由于是将甲醇直接喷射进汽缸中,很难完全燃烧,未燃燃料的排放量也较多。

(4) 氢气发动机 氢气作为一种有前途的未来燃料,具有其固有的特点,如所需要的最小点火能量小,可燃混合气体的空燃比范围较大,无CO_2的排出等。

(a) 氢气发动机的特征:点燃式氢气发动机与汽油发动机相比,具有以下优点:①可实现稀薄混合气体燃烧,低负荷时的热效率较高,NO_x的排放量少;②理论上不产生HC、CO;③机油老化现象不明显,燃烧室内的沉积物少。当然氢气发动机也有许多缺点,例如,混合气体的单位容积发热量小,而且在理论空燃比附近,很容易产生异常燃烧。因此预混合燃烧的火花点火发动机,最大功率只有汽油机的60%。

(b) 车用氢气发动机的研究开发:由于氢气性质的限制,氢气很难压缩着火,所以,大都在预混合火花点火式发动机上燃用氢气。为了抑制异常燃烧和高负荷时的NO_x的发生,正在研究缸内喷射以及向缸内喷水等技术。

氢气汽车的氢气的车载方法目前已经开发了液化氢储气罐、金属氢化物燃料箱等多种方案,但都由于单位容积的能量密度过小,车辆的续驶距离很短,这些都是亟待解决的重要课题。

2.2 产品规划方法

在设计发动机时,必须考虑根据车辆的目标性能要求确定发动机性能,如将来的发展性、搭载车型推广、生产工厂等各个方面因素,然后确定发动机形式和主要参数。

本节以市场使用的发动机为例,针对在确定发动机参数时应该研讨的基本要点和构造进行说明。

2.2.1 基本要点

2.2.1.1 目标性能

(1) 基本动力性能 发动机的动力性能十分重要,对0~400 m加速时间以及车辆行驶性能都有很大的影响。近年来,对发动机的油耗改善以及排气净化要求十分高。另外功率以及转矩特性也越来越重要。为了确保车辆的安全性,在增加车身本身质量的同时,也综合了具体车辆在世界各地的实用性等前提下对转矩的特性进行考虑。

(a) 最大功率:一般都使用升功率(比功率,单位为kW/L)来比较由于燃料的种类和发动机的形式的不同产生的差异。以下的项目对升功率的提高有很大影响:

① 提高平均有效压力：压缩比、进气量（吸入气体动态效果·增压）、燃烧速度等。

② 提高最大功率的转速：进排气性能（气门直径、气门升程、进排气口形状）、行程/缸径比（活塞速度）等。

③ 降低摩擦损失：主运动系统（活塞、曲轴）的滑动摩擦、气门机构驱动损失、附件（冷却水、润滑油泵、发电机、空调压缩机等）驱动损失。

④ 减少排气损失：尾气净化装置（催化剂、微粒过滤器等）、消声器等损失。

车用自然进气汽油发动机一般的升功率可达到 30~70 kW/L。现在部分发动机已经达到了 90 kW/L。增压发动机大概在 60~100 kW/L（图 2-8）。

柴油机的升功率较低，自然进气柴油发动机为 25~40 kW/L，增压柴油发动机为 30~55 kW/L（图 2-9）。

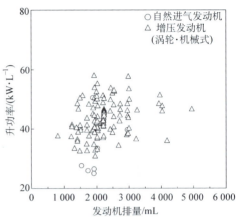

图 2-9 乘用车用柴油发动机升功率

（b）最大转矩和转矩特性：和升功率一样。一般都使用升扭矩（N·m/L）来评价发动机的最大扭矩，和最大功率不同的是将重点放在了最大扭矩的转速上。

一般情况下，排量越小的发动机，最大功率的转速越高。将高速发动机安装到汽车上时，必须根据车辆的特点，确定适宜的扭矩特性以及排量，这一点十分重要（图 2-10）。

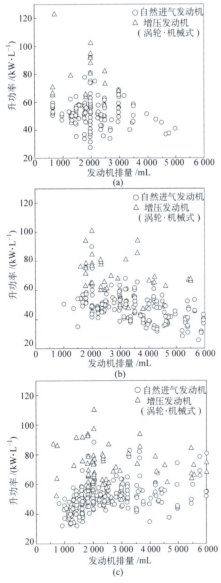

图 2-8 乘用车用汽油发动机升功率
（a）日本；（b）美国；（c）欧洲

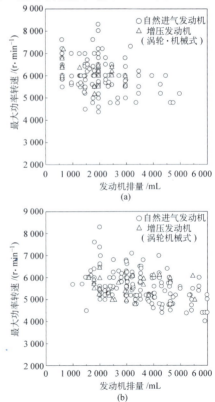

第2章 发 动 机

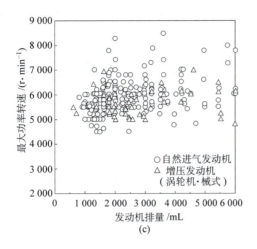

图 2-10 排量与最大功率的转速
(a) 日本；(b) 美国；(c) 欧洲

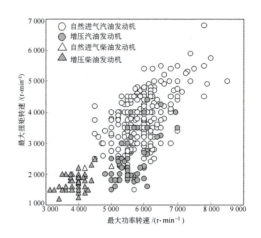

图 2-11 最大功率和最大扭矩的转速

最理想的转矩特性，是希望在所有转速范围内得到平顺的转矩曲线，以及取得油门操作量与转速成比例的功率为好。考虑到车辆需要在低速到高速的大范围内使用，以及常用转速范围的使用便利性，在较大的范围内能获得大扭矩是今后追求的目标。

图 2-11 展示了最大转矩和最大功率转速之间的关系。可以看出，如果发动机的最大功率转速越高，发动机产生最大扭矩的转速也越高。即使是在几个有相同最大功率转速的发动机中，其操作性也是不一样的，其中有在其最大转矩时转速相对比较低的发动机，在较大范围内可以维持较高的转矩，从而成为易于操作运行的发动机。柴油机的转速范围较窄，最大转矩转速一般在 2 000 r/min 左右。

(2) 燃油经济性 近年来从防止全球变暖的角度（减少温室效应气体 CO_2 排放量）来看，燃油经济性越来越受到重视。各个地区都制定了降低 CO_2 排放量的目标。有些国家还在税制上给予了优惠政策。图 2-12 所示是日本的优惠政策，图 2-13 所示是欧盟的自主法规。

油耗一般采用实车评价的方法，与发动机单机性能、变速器性能、车身性能等密切相关。因此设计阶段就要设定发动机效率、变速器效率、行驶阻力、车身质量等目标值，使开发的产品满足车辆要求的性能。在提高发动机的效率方面，

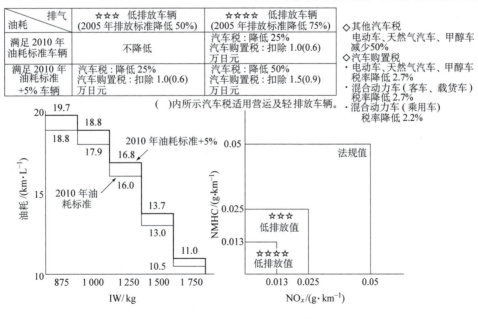

图 2-12 日本税制优惠政策（2004 年、2005 年）

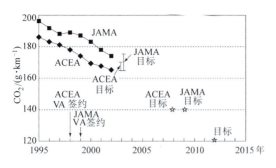

图 2-13 欧洲 CO_2 自主法规

JAMA：日本汽车制造者协会　VA：维也纳协定。
ACEA：欧洲汽车制造者协会（法文）

进行了多领域、多渠道的开发并得到实用化。例如降低发动机机械损失、降低相位和升程可变等可变气门机构带来的泵气损失、改善缸内直接喷射方式的汽油发动机以及柴油发动机等，利用稀薄燃烧以提高燃烧效率、利用涡轮增压回收排气能量、混合动力的怠速停车，以及减速能量的回收等多种措施。

变速器已经开始实现多级化，开发出了锁止控制式自动变速器（AT）以及可实现与 BSFC（Brake Specific Fuel Consumption）最佳匹配的 CVT，并将其实用化。

油耗性能方面考虑到社会的要求以及发动机、变速器、车身性能等，需要进一步改善排放水平，以满足法规的要求。

（3）舒适性（振动、噪声）　主要的发动机振动及噪声来源如下：

① 发动机整体振动；
② 气门机构振动噪声；
③ 曲轴振动、噪声；
④ 排气管系统振动、噪声；
⑤ 进气系统振动、噪声；
⑥ 附件、零部件的振动、噪声；
⑦ 燃烧波动噪声、燃烧噪声；
⑧ 活塞噪声。

最近的倾向是在利用模拟分析改良发动机整体结构、各零部件刚性等的同时，采用了很多新结构和新技术。例如，平衡轴结构、装载（发动机等的）结构、采用共振的消声设施、电子减震设备隔声材料等，对发动机的静谧性有很大的改善。

（4）耐久、可靠性　世界各国的车辆使用环境有很大区别，为了满足不同国家地区的不同环境要求，必须对各地的温度、湿度、大气压（海拔高度）等大气条件，沙尘、冬季撒盐融雪所造成的耐腐蚀性及耐水性等环境条件，油脂种类、燃料性状、行驶距离、使用负荷的频率等进行有针对性的研究开发，采取相应的对策。

（5）维修性　车辆的维修分为检测维修和拆卸维修。检测维修在道路运输车辆法中有明确的规定，要求车辆的检测要能够快速并正确的进行。对于拆卸维护，虽然现在免维护的零部件越来越多，不过以油脂类和易损件为主的需要定期更换的仍然很多，因此，对发动机的构造和发动机舱的布置要求越来越高，使其能够在不需要特殊工具以及有合理的发动机空间布置的情况下即可迅速进行拆卸操作。

（6）生产性和成本　为了提高生产效率、降低投资及成本，要充分考虑工厂的生产设备、生产方案、组装部件等问题，而且如何最大限度地利用现有设备以及与已有生产设备共用等问题也非常重要。特别是最近国内外生产互相补给以及零部件供应等越来越多，在换型等方面更需要加强工作的计划性。

2.2.1.2　法规适应性

现在对环境问题的关注程度越来越高。需要针对不同地区的不同法规情况，在有害物质的排放、再循环等方面进行充分考虑之后制定出计划。下面对必需符合法规要求的主要项目进行概略的介绍。

① 尾气排放（大气污染物质）：关于尾气排放出的大气污染物质（CO、HC、NO_x、PM）的法规。汽油发动机大部分使用三元催化转换器，利用理论空燃比控制技术对空燃比进行控制。柴油发动机大都通过共轨等技术达到高喷射压力，并采用涡轮增压系统、EGR 以及氧化催化剂净化系统。为了应对更为严格的法规要求，针对 PM 排放开发出了 DPF 系统，针对 NO_x 排放开发出了 NO_x 催化剂。

② 蒸发排放（大气污染物质）：关于蒸发碳

氢化合物的法规，主要针对加油、白天停车以及行驶时的车辆作了规定。主要通过吸附碳氢化合物（炭罐）和被吸附碳氢化合物在发动机内的燃烧来解决。

③ 车载故障诊断系统（OBD：On Board Diagnostic System）：利用车辆的电子装置监视对尾气排放有影响的所有零部件。当发生故障时，通过视觉信号将故障传递给驾驶员。以上事项被列在法规中，要求强制执行。

④ 噪声法规（静肃性）。

⑤ 电磁波干扰。

⑥ 再循环。

⑦ 化学物质。

上述法规强化要求越来越紧迫，因此需要针对法规的具体趋势制定开发计划。图2-14是全球报废车辆再循环法的动向，图2-15是有害物质法规的发展趋势。

在尾气排放法规方面，各个地域（欧洲、美国、日本）的测量模式和法规内容不尽相同。需要针对不同地域的不同法规制定计划。特别是在美国，加州和联邦的法规有差异。图2-16是尾气排放的测量模式，图2-17是全球尾气排放法规的采用情况。表2-6~表2-9表示图2-17尾气排放法规的法规值。

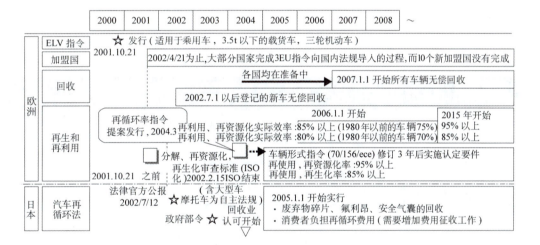

图2-14 全球报废车辆再循环法的动向

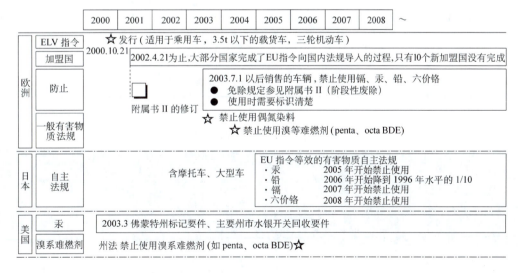

图2-15 有害物质法规动向

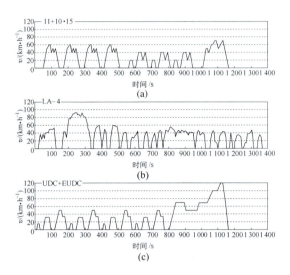

图2-16 测量模式
(a)日本；(b)美国；(c)欧洲

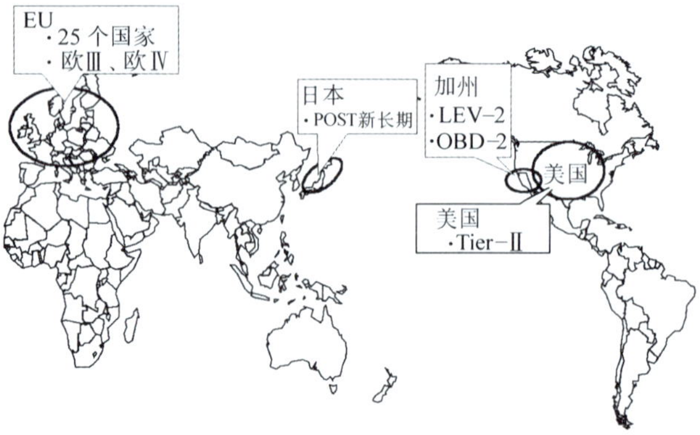

图2-17 全球尾气排放法规

表2-6 日本汽车尾气排放法规值

分类	车型	CO	HC	NO$_x$	PM	工况循环
汽油车新短期法规	乘用车（含微型车）	0.67/19.0	0.08/2.20	0.08/1.40		10·15工况法/11工况法（g/km；g/test）
	轻型货车	↑	↑	↑		
	中型货车	2.10/24.0	↑	0.13/3.60		
	微型货车	3.30/33.0	0.13/1.50	2.20		
柴油车新短期法规	小型乘用车	0.63	0.12	0.28	0.052	10·15工况法（g/km）
	中型乘用车	↑	↑	0.30	0.056	
	轻型货车	↑	↑	0.28	0.052	
	中型货车	↑	↑	0.78	0.06	

注：↑表示同上。小型乘用车：车辆质量1 265 kg以下。中型乘用车：车辆质量1 265 kg以上

表2-7 欧洲尾气排放法规值

比较项目	CO L1/(g·km^{-1})		HC L2/(g·km^{-1})		NO$_x$ L3/(g·km^{-1})		HC+NO$_x$ (L2+L3)/(g·km^{-1})		PM L4/(g·km^{-1})
	汽油	柴油	汽油	柴油	汽油	柴油	汽油	柴油	柴油
欧Ⅲ	2.3	0.64	0.2	—	0.15	0.5		0.56	0.05
欧Ⅳ	1	0.5	0.1	—	0.08	0.25		0.30	0.025

表2-8 美国联邦LA4尾气排放法规值　　　　　　　　　　　　　　　　　　(g·m^{-1})

序号	类别	STD.	结束	120 km 法规 (100k mile for Interim [LDV/LLDT])					50 km 法规				
				NO$_x$	NMOG	CO	HCHO	PM	NO$_x$	NMOG	CO	HCHO	PM
11	MDPV			0.90	0.280	7.3	0.032	0.12	0.60	0.195	5.0	0.022	0.12
10	HLDT/MDPV	仅市内 (INTERIM ONLY)	2008年	0.60	0.230	6.4	0.027	0.08	0.40	0.160	4.4	0.018	0.08
9				0.30	0.180	4.2	0.018	0.06	0.20	0.140	3.4	0.015	0.06
8				0.20	0.156	4.2	0.018	0.08	0.14	0.125	3.4	0.015	0.08
10			2006年	0.60	0.156	4.2	0.018	0.06	0.40	0.125	3.4	0.015	0.06
9				0.30	0.090	4.2	0.018	0.02	0.20	0.075	3.4	0.015	0.02
8	所有 (LDV/LLDT/HLDT/MDPV)	TIER Ⅱ 或市内 (INTERIM)	N.A.	0.20	0.125	4.2	0.018	0.02	0.14	0.100	3.4	0.015	0.02
7				0.15	0.090	4.2	0.018	0.02	0.11	0.075	3.4	0.015	0.02
6				0.10	0.090	4.2	0.018	0.01	0.08	0.075	3.4	0.015	0.01
5				0.07	0.090	4.2	0.018	0.01	0.05	0.075	3.4	0.015	0.01
4				0.04	0.070	2.1	0.011	0.01			N.A.		
3				0.03	0.055	2.1	0.011	0.012					
2				0.02	0.010	2.1	0.011	0.011					
1				0.00	0.000	0.0	0.000						

注: LDV (Light Duty Vehicle): 乘用车 (定员12人以下)。
　LLDT: GVWR (Cross Vehicle Weight Kate) 0~6 000 lb (1 lb (磅) =0.45 kg) 的LDT (Light Duty Truck), 原来的LDT1/LDT2。
　HLDT: GVWR (Cross Vehicle Weight Kate) 6 000 lb以上的LDT (Light Duty Truck), 原来的LDT3/LDT4。
　MDPV: GVWR (Cross Vehicle Weight Kate) 10 000 lb以下的大型P/C。

表2-9 美国加州LA4尾气排放法规值
LEV·Ⅱ EM Category: 认证标准　　　　(g·mile^{-1})

续驶里程	EM Category	NMOG	CO	NO$_x$	HCHO	Di-PM
50k mile	LEV	0.075	3.4	0.05	0.015	N.A.
	LEV (Op)	0.075	3.4	0.09	0.015	N.A.
	ULEV	0.04	1.7	0.05	0.008	N.A.
120k mile	LEV	0.09	4.2	0.07	0.018	0.01
	LEV (Op)	0.09	4.2	0.1	0.018	0.01
	ULEV	0.055	2.1	0.07	0.011	0.01
	SULEV	0.01	1	0.02	0.004	0.011
150k mile	LEV	0.09	4.2	0.07	0.018	0.01
	LEV (Op)	0.09	4.2	0.1	0.018	0.01
	ULEV	0.055	2.1	0.07	0.011	0.01
	SULEV	0.01	1	0.02	0.004	0.01

注: LEV-EM为认证标准

2.2.2 基本参数及结构

2.2.2.1 排量及汽缸数

理论上是以车辆性能为目标, 根据车辆总质量、行驶阻力、变速器规格 (形式、速比) 等计算出所需的动力特性, 再利用与平均有效压力和发动机转速成正比的升功率计算出排量。

在实际操作时, 还要考虑到市场动向、装载车型、发动机系列化以及不同排量车的税制、保险制度等诸多内容。

另外, 即使是同一排量的发动机, 由于汽缸数的不同, 发动机的基本特性也有很大的差异。表2-10所示是日本、美国、欧洲的典型发动机汽缸数所占比重, 可以看出, 汽缸数从3~16缸均有不同类型的发动机。汽缸数多当然动力性能好, 而且在振动噪声方面也有很大的优势。但是在成本、安装性以及机械效率等方面也存在着不足。现阶段的主流是4缸发动机。在确定汽缸数的时候, 除了考虑与排量相同的研究项目以外, 还要考虑到发动机的汽缸布置和生产设备以及将来性能要求提高等而需要排量增大、高转速比、增压等相应的情况。

表2-10 发动机类型与汽缸数的现况（汽油车）

发动机类型	直列				V型				水平对置		W型			总数
汽缸数	3	4	5	6	5	6	8	10	12	4	6	8	12	16	
日本	8	110	0	19	0	17	4	0	1	3	1	0	0	0	163
美国	15	222	19	15	2	51	31	3	8	6	6	1	2	1	382
欧洲	1	63	4	10	0	66	53	0	2	4	6	1	0	0	210
汽缸数合计	24	395	23	44	2	134	88	3	11	13	13	2	2	1	
类型合计		486					238				26		5		755

2.2.2.2 汽缸布置

发动机的排量、汽缸数等都对发动机的结构布置有影响，尤其是对车辆的尺寸和质量的影响更大。一般汽缸的布置形式有三种，即直列、V形和水平对置。其中，直列布置的汽缸占大多数。但是大排量（3 000 cc[①]以上）的发动机，如果仍采用直列式，则发动机全长很长，对装载性不利，为此，大都采用V形布置形式。

最近由于对车辆内部空间或碰撞安全性能、油耗性能及运动性能等方面的要求越来越高的原因，要求发动机不断地向小型化以及轻量化发展。

图2-18和图2-19所示是排量和发动机质量以及发动机体积的关系。随着排量的增加，质量和体积的分布范围也越来越广。

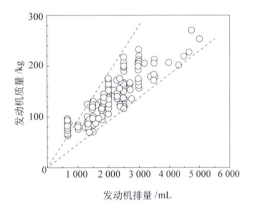

图2-18 排量与发动机质量（日本产汽油车）

2.2.2.3 缸径/行程

在确定了发动机排量和汽缸数后，下一个

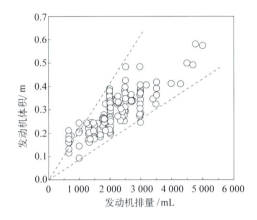

图2-19 排量与发动机体积（日本产汽油车）

步骤就是选定缸径和行程。在选定时要对以下项目进行讨论。

（1）活塞速度（v_p） 行程过长，则往复运动部位的惯性力增大，导致负荷过大及机械损失增加。一般将（汽油机）活塞速度控制在20 m/s左右。从对主要国家发动机进行调查的结果发现，大部分的发动机都将活塞速度控制在20 m/s以下（图2-20）。另外，从与排量的关系来看，排量小则活塞等的质量小，因此，存在着可选取更大v_p值的趋势。然而即便是大排量情况下使用多汽缸，很多时候仍然有将转速极限提高的倾向，特别是在欧洲，与排量的关系不是很大，因此v_p值相对较高。

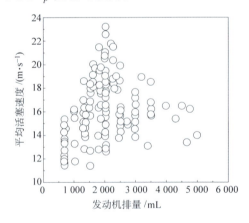

图2-20 活塞速度分布（日本产汽油车）

以2 L、4缸发动机为例，缸径尺寸一般分布在80～88 mm，v_p = 20 m/s。此时的转速极限在6 000～7 300 r/min（表2-11）。在对发动机家族进行扩展以实对实现高动力性进行研究的时候，一

---
① 1 cc = 1 mL。

般都会将缸径增大，提高极限转速。

表 2 - 11 缸径/行程与转速

(2 000 mL 4 汽缸发动机, v_p = 20 m/s 的场合)

S/D 比	缸径/mm	行程/mm	回转数/(r·min^{-1})
1.24	80	99.5	6 030
1.20	81	97.0	6 186
1.15	82	94.7	6 336
1.11	83	92.4	6 494
1.08	84	90.3	6 648
1.04	85	88.1	6 810
1.00	86	86.1	6 960
0.97	87	84.1	7 134
0.93	88	82.2	7 299

（2）气门数、气门直径　要想在有限的排量下达到更高的升功率，提高单位时间内吸入的空气量就尤为重要。一般是采用增加气门数量的方法。另外，增加气门直径也是有效的方法之一。不过受低转速、低负荷时燃烧稳定性、燃烧室壁对进气遮蔽的影响以及耐久性对气门座间尺寸的限制，气门直径也受到一定的限制。

（3）压缩比　一般情况下，如果汽缸工作容积相同，缩小缸径，增大行程/缸径比（以下简称为 S/D 比）则压缩比升高，而且活塞顶部形状的设计自由度更大。同时也可以减小热负荷引起的变形量，保证表面积/容积比（以下简称为 S/V 比）在较小的范围，从而改善燃烧。

（4）缸心距　如图 2 - 21 和图 2 - 22 所示，要想缩短发动机全长，应在取较大的 S/D 比的同时减小缸心距。另外减小汽缸间的最小壁厚也可以将缸心距控制在较小的范围内。但是受到汽缸垫的密封性、热负荷、汽缸体以及汽缸盖材质的影响，在 4 缸发动机中，一般将该值控制在 6 ~ 14 mm 的范围内。然而用 6 缸组成 V 形布置时，由于受曲柄构造的制约，缸心距也有超过 20 mm 的情况。

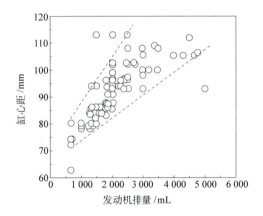

图 2 - 22　排量与缸心距（日本国产汽油发动机车）

（5）行程及发动机总高度　增大 S/D 比则行程变长，发动机总高度增加。这样对发动机罩高度设计的自由度有很大影响，因此，要对行程大小进行限制。

综上所述，对确定行程/缸径时需要注意的从（1）—（5）五项内容进行了简单的说明。从图 2 - 23 可以看出，日本国产车的 S/D 比一般分布在 0.8 ~ 1.2。

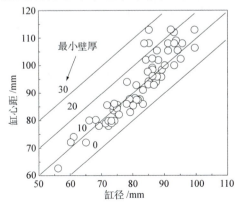

图 2 - 21　缸径与缸心距（日本国产汽油发动机车）

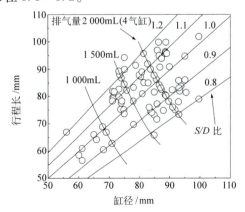

图 2 - 23　行程/缸径设定（日本国产汽油发动机车）

2.3 主要结构元件

发动机的主要结构包括如下几部分,即形成燃烧室的汽缸盖、汽缸体、支承曲轴的曲轴箱。除此之外,还包括发动机上的各种壳体零件,例如,储存润滑油的油底壳,缸盖上部覆盖气门机构的汽缸盖罩壳,覆盖凸轮轴驱动机构的前置等。上述主要结构件的刚性以及与变速器的连接结构对动力装置的刚性有很大的影响。

2.3.1 汽缸体

2.3.1.1 功能

现在,车用发动机大都为水冷四冲程往复式发动机。发动机汽缸体的具体功能参见图2-24。风冷发动机没有冷却水套,取而代之起冷却作用的是空冷散热片。和四冲程发动机不同,二冲程发动机在汽缸部分和曲轴箱内布置有各种进排气口。除了摩托车用发动机之外,大都把汽缸和曲轴箱制成一体。下面,介绍一下包括曲轴箱在内的各部分的基本构造和设计上的注意点。

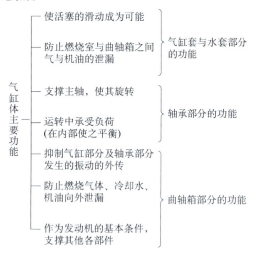

图2-24 汽缸体主要功能

2.3.1.2 基本参数

(1) 缸心距 作为汽缸体全长的决定因素的缸心距是缸径与相邻两缸之间壁厚之和。缸体间壁厚是确定缸体自身强度、冷却性、汽缸盖气体密封性等必要的尺寸。从生产角度考虑需要确定最小极限尺寸(图2-25)。如果将来有增加缸径、提高动力性等扩展计划,则需要预先留出较富余的缸心距,以确保最苛刻的条件下所需的缸体间壁厚。另外,V型发动机一般是一组轴承之间承载两个汽缸,因此,从曲轴以及轴承的可靠性考虑,也需要设定相应的汽缸偏置量和缸心距(图2-26)。

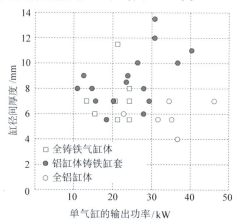

图2-25 缸径间尺寸示例

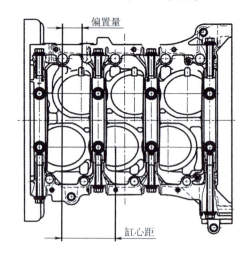

图2-26 V型发动机两排缸偏置

(2) 汽缸体高度尺寸 通常,以曲轴轴心线为基准,把汽缸体高度尺寸分为两部分,即上部高度X和下部高度Y。其中,上部高度尺寸为$X = r + l + H + h - t$(图2-27)。

在确定挤气间隙h时,一般考虑到生产公差和运转中汽缸体的变形,最终确定间隙的最小值。

在确定汽缸体的下部高度Y时,必须综合地考虑多种因素，例如曲轴箱的刚性、各种附件的安装及轻量化等，以选定最佳尺寸。配合使用高强度的材料而不再设置下部高度的情况（半裙结构）也很多。

（3）汽缸偏置　在中低转速范围内，与活塞惯性力相比，燃烧爆发压力起到更关键作用。为了降低活塞侧压（摩擦），一般会将汽缸中心位置偏离曲轴中心位置距离δ，如图2-27所示。

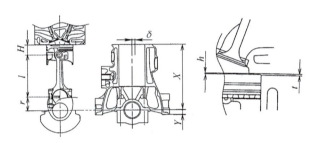

图2-27　汽缸体周边尺寸

r——曲轴半径；X——汽缸体上部高度；
l——连杆大头中心距；Y——汽缸体下部高度；
H——活塞压缩高度；t——汽缸垫厚度；
h——挤气间隙；$δ$——汽缸偏置

2.3.1.3　缸体部分

（1）构造　汽缸体部分主要包括以下两种结构，一是与机体设计成一体的缸体结构；二是使用其他材料制造的分体缸套结构。通常把缸套分为以下两类，即外周直接与水接触的湿缸套和外周不与水接触的干缸套。从制造方式进行分类，可以分为直接浇铸式和压入式。柴油发动机大都采用一体缸体结构，汽油发动机以浇铸式分体干式缸套为主。实际应用时要根据具体的性能要求确定缸体的结构。

（2）材质　柴油发动机一般采用一体式缸体结构，使用比普通铸铁材料更耐磨损的加入合金的铸铁。随着高压力化的不断发展，高刚性、高强度的CV铸铁的应用越来越广泛。汽油发动机一般采用分体缸套结构，基材使用压铸铝合金。缸套使用与铸铁汽缸体相同的材料。不过为了达到轻量化、高动力性、增加排气量、提高耐爆燃等目的，缸套一般采用高硅（Si）系铝合金材料，也有在铝基材中熔入硬质材料形成复合材料的做法。另外，也能看到其他各种各样的制造方法和材质，比如铁系等离子喷镀、在缸筒内表面镀镍（Ni）等，作为活塞摩擦保护。

（3）汽缸内表面加工　汽缸内表面一般进行珩磨精加工。在珩磨加工时，不仅要处理好表面的粗糙度，还需要处理好表面加工沟槽的切口形状、切口周围的塑性变形等，以保证滑动面的品质。一般认为平台珩磨加工对机油的保持性较好，有利于降低摩擦，耐烧结性也相对较好。

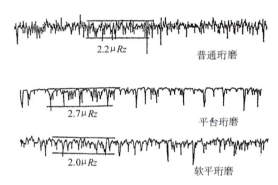

图2-28　缸筒珩磨粗糙度状态

2.3.1.4　水套部分

（1）构造　水套上部的缸筒部分与外壁不连接，这种开放式结构有利于生产加工。不过如果对刚性要求较高，则需要通过芯子将水套上部连接起来，形成封闭式结构（图2-29）。

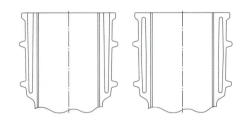

图2-29　开放式结构和封闭式结构

（2）缸套的温度分布及改善方法　现阶段主流结构是相邻汽缸间无水套的结构。但是对于高动力性发动机来说，缸体间的壁温有可能过高。缸体间要进行钻孔加工或槽加工形成新的结构，使冷却水流过进行冷却（图2-30）。

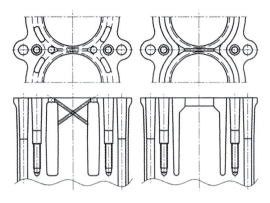

图 2-30 钻孔加工和槽加工

2.3.1.5 主油道

(1) 结构 汽缸体油道包括两部分，输送压力机油的油道和回流油道。部分机油在参与汽缸盖上部润滑后返回油底壳。在设计压力油道时，要注意防止气体阻塞或异物积存。回流油道要注意避免由于机油回流不畅导致汽缸盖充满机油。

(2) 冷却活塞喷油嘴 为了冷却活塞，有时候在高压油道中设置活塞冷却喷嘴。为防止喷嘴机构的堵塞，要选用可使粉尘与铁屑不存留的良好的油孔结构。

2.3.1.6 主轴承部分

通常，主轴承大多采用水平分割的主轴承盖方式。考虑到振动、噪声、可靠性等性能，开发了多种结构。下面对典型结构进行说明。

(1) 连体轴承盖式 利用连接臂连接汽缸体主轴承，以此来提高主轴承的支撑刚性，这种结构称为轴承臂式（图 2-31 (a)）。该结构可以通过控制曲轴的动作降低振动。

(2) 梯形框架结构 为了提高主轴承的支撑刚性，也为了大大提高油底壳连接部分的刚度，而将汽缸体外壁与轴承连接起来，这种结构称为梯形框架结构（图 2-31 (b)）。为了避免轴承部分高温间隙过大，通常采用向铝中浇铸铸铁材料的方法，也有为了减轻质量浇铸硬质强化材料的。

(3) 下曲轴箱 与梯形框架结构一样，下曲轴箱主要是为了强化油底壳的刚性，但是与轴承不连接（图 2-31 (c)）。与梯形框架结构比较，

主轴承刚性较差，但优点是主轴承传给外壁的振动很小。

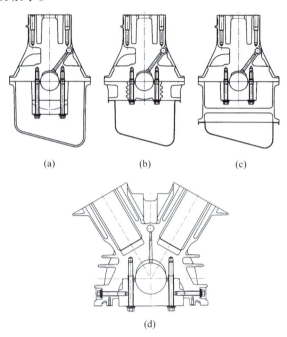

图 2-31 轴承部分结构示例

(a) 轴承臂式；(b) 梯形框架式；
(c) 下曲轴箱式；(d) V 型发动机轴承构造

另外，由于 V 型发动机的汽缸倾斜布置，因此轴承连接螺栓横向也受力，为了缓解横向受力，也有采用横向固定的轴承结构的（图 2-31 (d)）。

2.3.1.7 曲轴箱

(1) 结构 为了方便装拆曲轴等零件，曲轴箱大都采用上下分割式结构。并把曲轴箱的下部设计成单独的零件，这就是油底壳。为了防止从接合面漏油，通常都把分割面布置在油面之上。确定机油的油面时，首先要考虑发动机排量和机油更换时间，确保机油量足够。同时又不能使油面过高，以免曲轴产生搅油现象，即必须保证油面和曲轴之间有一定的间隙。

在设计曲轴箱的上部形状时，必须考虑连杆和曲轴平衡块的运动轨迹，保证足够的间隙。

在设计油底壳形状时，除了要确保油底壳的必需的油量之外，还必须考虑汽车加速及转向时油面的变动情况，防止油泵吸进空气。必要时，

可以在油底壳内加隔板,限制油的移动。

(2) 曲轴箱通风　在发动机运转时,燃气通过活塞环窜入到曲轴箱中,这不仅会加快机油老化,还会导致曲轴箱内的压力过大,从而引起机油泄漏。为此在汽缸体上设置了专用的曲轴箱通风口,以便排出窜气,吸进新气。同时,在采用PCV系统时,为了防止机油通过曲轴箱通风管路被吸到进气管中,必须选择合适的曲轴箱通风管路,并采用较好的油气分离结构,以降低机油消耗量,防止燃烧恶化、尾气恶化等。

2.3.2　汽缸盖

2.3.2.1　功能

汽缸盖的主要功能是提高进气效率和燃烧热效率。为了能实现上述基本功能,汽缸盖必须能承受一定的热负荷和机械负荷。

汽缸盖设在汽缸的上部,并和汽缸及活塞形成密闭的空间,这就是供混合气燃烧的燃烧室。四冲程发动机的汽缸盖结构很复杂,在其内部有进排气道和气门机构。

2.3.2.2　材质及壁厚

汽缸盖的内外结构很复杂,所以大都选用铸造性能好的材质。一般汽油发动机使用铝合金材料。铝合金导热性能好,具有良好的冷却性能,而且质量又比较轻,有关铝合金的使用情况,参见表2-12。

表2-12　汽缸盖用铝合金

分　类	材质 (JSI H 5202)	试验片抗拉强度/(N·mm^{-2})	特　征
Al-Cu-Si系	AC-2A	180以上	价格便宜、制造性能良好、耐久性略差
	AC-2AT6	280以上	
Al-Si-Cu系	AC-4B	180以上	价格便宜、铸造性能良好
	AC-4BT6	280以上	
Al-Si-Mg-Cu系	AC-4D	180以上	铸造性能、耐振性、耐腐蚀性良好,切削性能略差
	AC-4DT6	260以上	
Al-Cu-Ni-Ng系	AC-5A	220以上	高温强度良好、铸造性能及耐腐蚀性略差
	AC-5AT6	300以上	

近年来,乘用车用小型柴油发动机,也采用铝合金汽缸盖。而大型柴油机使用的时间要求较长,而且对可靠性要求也较高,因此其主流为采用灰铸铁或合金铸铁。

汽缸盖的各部分壁厚,以4~5mm为标准。其中,特别是汽缸盖的密封面,由于要求有较高的气密性,其壁厚约为$0.09 \sim 0.12D$,其中D为缸筒直径。另外,气门机构的支撑部位必须考虑负荷的大小及方向,为了确保工作正常,还应该适当地提高刚度。

2.3.2.3　燃烧室

燃烧室的作用在于:通过进气门吸入混合气体加以压缩、燃烧之后,再通过排气门将燃烧过的气体排出,燃烧室的形状极其重要,是决定发动机各种性能的重要因素之一。发动机的主要性能,如动力性、燃油经济性、排气的成分等,都与燃烧室的形状有关。

按照燃烧室的形状,可以把燃烧室分成以下几种类型。

① 浴盆形燃烧室:形状简单,容易布置火花塞。

② 楔形燃烧室:对汽油的辛烷值要求较低,容易实现高压缩比。

③ 半球形燃烧室:进排气口的形状平滑,但是火花塞的布置受到制约。

④ 多球形燃烧室:和半球形燃烧室相比,火花塞的布置比较容易,而且可以布置多气门。

⑤ 屋脊形燃烧室:很容易布置多气门,适用于高性能发动机。

(1) 气门布置　燃烧室按照气门布置方式,可分为以下三大类,即直列方式、V型方式和V型4气门方式。近年来,随着发动机的高功率化,便于布置多气门的多球形和屋脊形燃烧室应用较为广泛(图2-32)。

(2) 火花塞的位置　把火花塞布置在燃烧室中间是最理想的方案。燃烧室形状及气门布置对火花塞的位置和拆装有很大影响。

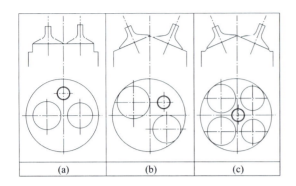

图 2-32 气门布置和燃烧室形状
(a) 直列气门布置；(b) V型气门布置；
(c) V型4气门布置

2.3.2.4 防爆燃措施

为了提高热效率，最有效的方法是提高压缩比，但这样容易导致发动机产生爆燃。为此，可以采取以下的防爆燃方法。

（1）设定挤气面积　在燃烧室内设置一定的挤气面积，这样既能增加混合气的气流扰动，又能促进边缘区域混合气的冷却（图2-33）。挤气间隙越小，发动机的抗爆性越好。在确定挤气间隙的下限值时，必须考虑发动机运转时活塞和挤气面积的干涉界限。

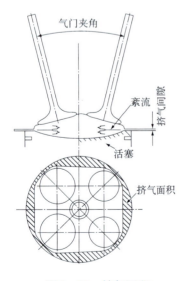

图 2-33 挤气面积

（2）缩短火焰的传播距离　缩短火花塞火焰的传播距离可以加快燃烧室内的燃烧速度。为此，在4气门的篷形燃烧室内，必须把火花塞布置在燃烧室中间，并尽量减小气门的夹角。这样能减少汽缸盖上的燃烧室容积。在活塞一侧设置适当的燃烧室容积，从而获得紧凑的燃烧室形状。此外，在某些发动机的燃烧室内，布置两个火花塞，也能有效地降低火焰传播距离。

（3）促进涡流和滚流的产生　在燃烧室内产生较强的混合气体湍流，也可加快燃烧速度。这可以通过下列方法实现：与进气通道的形状相配合，强化燃烧室周围方向的气流（涡流），以及强化沿轴方向的气流（滚流）或者利用可变动气门机构以控制涡流（图2-34）。

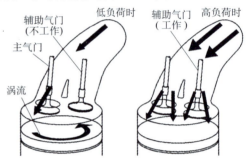

图 2-34 涡流生成机构

2.3.2.5 对排气成分的影响

燃烧室排出的有害成分中，CO的排出量主要与空燃比有关，而HC和NO_x的排出量很大程度上取决于燃烧室的形状。

（1）碳氢化合物（HC）　混合气体中的燃料未完全燃烧而直接排出来会产生HC。其排出量与燃烧室形状关系密切。燃烧室的面容比（S/V）越大，冷却面积越大，排出HC的量越多。此外，燃烧室火焰不能到达的区间，也将产生大量的HC。

（2）氮氧化物（NO_x）　是混合气燃烧时空气中的氧气（O_2）和氮气（N_2）化学反应的产物。燃烧的最高温度越高，燃烧速度越快，产生的NO_x排放量越多，所以燃烧室形状紧凑、火花塞设置在燃烧室中间的设计，都会增加NO_x的排放量。

2.3.2.6 柴油发动机燃烧室的特征

柴油发动机的燃烧室形式大体可以分为直接喷射式和间接喷射式（分隔式）。

（1）直接喷射式　直喷式燃烧室的凹坑布置

在活塞的顶面上，利用柴油喷油器，把柴油直接喷入活塞顶部。利用柴油喷雾自身的扩散能力，使柴油和空气混合。直喷式燃烧室的形状比较简单，表面积较小，所以热损失小，热效率高。最近汽车用柴油发动机大都采用直喷式燃烧室。

（2）分隔式　这种发动机有两个燃烧室，主燃烧室的凹坑布置在活塞上，副燃烧室布置在汽缸盖上，并利用一个狭窄的连通孔，把主燃烧室和副燃烧室连接在一起。发动机运转时，柴油被喷进副燃烧室中，在燃烧室内部分燃烧。在压力差的作用下，燃烧中的混合气从连通孔中喷出，与主燃烧室内的空气混合并继续燃烧。由于利用了燃烧室内的压力差，在主燃烧室内产生了强大的气流扰动，所以这种燃烧室燃烧完全，缺点是热损失较大。为了提高发动机的性能和耐久性，有些柴油发动机采用了陶瓷燃烧室。从燃油经济性来看，具有良好热效率的直喷式燃烧室的使用比例变得越来越大（图2-35）。

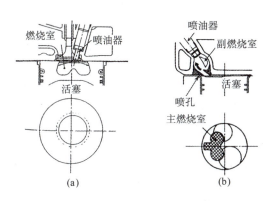

图2-35　柴油发动机的燃烧室性状

（a）直喷式燃烧室；（b）分隔式燃烧室

2.3.2.7　缸内直接喷射式汽油发动机

燃料喷射装置布置在汽缸盖燃烧室内部，直接向缸内喷射高压燃料。这种方式能够实现稀薄燃烧，而且缸内燃料气化也起到一定的冷却作用，提高了抗爆燃性。另外，也有需要注意的事项，如减少缸内壁上附着的燃料，要尽量在活塞顶部喷射燃料，以及在火花塞附近形成较浓的混合气体等。

2.3.2.8　进气道和排气道

按照进排气道和燃烧室的关系，可以把进排气道的布置方式分为以下两大类，即横流式布置方式和U型回流式布置方式。横流式布置方式的进气效率较高，在进排气门座圈之间容易布置水套，优点较多，应用较广泛。

（1）进气道　在设计进气道时，必须充分考虑如何提高进气效率，加强进气涡流及滚流，促进燃料的雾化。为了提高发动机的动力性，多气门化发展很快。随着多气门发动机每个汽缸的进气道数量的不断增加，进气道的分叉点也增加。在设计进气道时，要注意进气道分叉部分的形状，尽可能减小进气道的断面面积变化程度。另外，在设计汽油喷射式发动机的进气道时，应尽量减少壁面油的附着量（图2-36）。

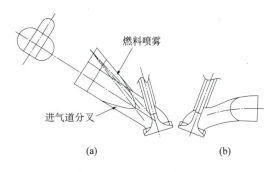

图2-36　进排气道形状

（a）进气道；（b）排气道

（2）排气道　排气道是高温废气的流出通道，在设计排气道时，必须充分考虑各个部分的冷却性，特别是排气门座圈附近，该处温度比较高。每缸有两个以上的排气门座圈时，必须在排气门座圈之间布置水套。另外，为了降低气门导管的温度，应该尽量减少气门导管在气道中的伸出量。

2.3.2.9　冷却水通道

通常利用汽缸体上部的出水孔，使冷却水通过汽缸垫的通水孔，从汽缸盖下面流经燃烧室、进排气道、火花塞周围等处。为了使汽缸盖的高温部分冷却均匀，大都利用汽缸垫的通水孔大小控制冷却水的流量。为了获得最佳的冷却水量控制，可以对各个部分进行温度测量、对水流进行观察以及模拟分析等来选择最佳的汽缸垫水孔大小。另外，某些热负荷较小的发动机还采用了风冷方式或油冷方式。

2.3.2.10 气门座圈及气门导管

（1）气门座圈　与气门紧密结合，防止燃烧室内的压力泄漏。为了保持与气门的气密性，要求气门座圈具有良好的高温强度、耐磨性和耐腐蚀性。气门座圈的材料一般选择耐热钢及粉末冶金材料。另外使用时还要注意发动机使用的燃料。气门座圈的锥面角度大都为45°。在选择与气门配合的密封带宽度时，既应该考虑气门的冷却性，又应该考虑气密性。通常密封带宽度约为 1~2 mm。在设计气门座圈的形状时，为降低气流阻力，一般都采用多锥面设计（图2-37）。

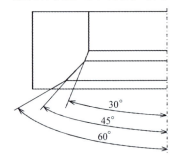

图 2-37　气门座圈形状

（2）气门导管　气门导管是气门运动的导向零件，在保证气门正确落座和冷却方面具有重大作用。一般都把气门导管压到汽缸盖的孔中，然后用铰刀连气门座圈一同加工，从而保证了两个零件的同轴度。气门导管的材料多为粉末冶金。为了加强气门导管的冷却性能和热传递效率，有时也采用铜系合金。在设计排气门导管的内孔时，大都在前端有一个阶梯孔，利用这个阶梯孔，可以刮掉气门上黏附的积炭（图2-38）。

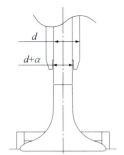

图 2-38　气门导管形状

2.3.2.11　汽缸盖罩

（1）功能　汽缸盖罩位于汽缸盖上部，用来防止发动机油从气门机构飞溅，并同时具有隔音功能。此外，为使泄漏气体（Blow-by Gas）与机油分离，特设有可以换气的有吸排气室的汽缸盖罩，其通常以4~8根螺栓穿过橡胶制成的汽缸垫固定在汽缸盖上。由于汽缸盖罩位于发动机机体的最上端，所以很多时候在此处设置了加油口（图2-39）。

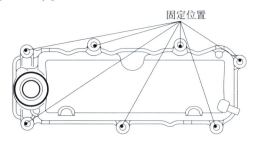

图 2-39　汽缸盖罩形状

（2）材质及壁厚　为了满足上述要求，一般会采用铝合金材料，这样复杂形状的成形性也较好。不过从轻量化的角度考虑，很多发动机采用镁合金或者尼龙树脂材料。一般轻质合金和树脂材料的壁厚为 1.5~2.5 mm。与汽缸盖连接的部位需要加强，以确保足够的刚性。

（3）密封性　一般在汽缸盖与汽缸盖罩之间使用具有耐油性的耐热丙烯酸酯橡胶制密封垫进行密封。需要注意的是，密封垫需要预留出过盈量，以免在低温运转时发生漏油现象。固定汽缸盖罩时，注意所用螺栓的数量和布置位置，保证密封垫面压一致。拐角位置面压较低，需要在附近布置固定点。

（4）隔音性　主要是隔断气门机构产生的噪声。除了要提高汽缸盖罩的刚性以外，汽缸盖不同的固定方法对隔音性能也有影响。以下介绍具有代表性例子。

① 刚性连接式：将汽缸盖罩的连接部位直接连接到汽缸盖上。此种方式较容易控制橡胶密封垫的紧固过盈量，不过需要准确设定过盈量，要求同时满足密封性和隔音性。

② 浮动式：中间通过橡胶垫连接。橡胶密封垫的过盈量通过螺栓长度、橡胶垫片形状及硬度等进行调节。虽然此种方法隔音效果好，但是与刚性连接式比较，橡胶密封垫的过盈量不好控

制。设计关键点是密封垫和垫圈的形状、硬度等（图2-40）。

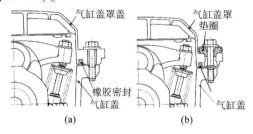

图2-40 汽缸盖罩安装方法
（a）刚性形式；（b）浮动式

2.4 主要运动部件

燃烧压力促使活塞往复运动，通过活塞销、连杆将其转换成曲轴的旋转运动，构成这一机构的零部件称为主要运动件。本章讲述的是主要运动件及降低这些运动所引起振动的机构。

2.4.1 活塞组

活塞构成燃烧室的一部分。活塞通过往复运动将燃烧压力转换为旋转能量。由于活塞暴露于燃烧气体中，使用环境非常严酷，因此性能和可靠性要求很高。近年来，汽油发动机的最大燃烧压力可达到11 MPa，柴油发动机可达到16 MPa。在这种高负荷，以及要求的低油耗的前提下，进一步对活塞提出了轻量化的要求。

2.4.1.1 活塞

在往复运动的活塞受到活塞销及连杆等曲轴机构产生的惯性力和惯性力矩作用，再加上燃烧气体压力，容易产生机械变形。另外，由于直接与燃烧气体接触，从火花塞附近及活塞燃烧室的筋部起始形成如图2-41所示的温度分布，从而引起热变形。针对这些负荷及热应力，必须充分研究对策，以避免活塞的疲劳破坏、融损、磨损、烧结等损伤。

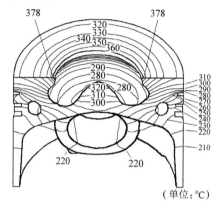

图2-41 活塞温度分布（直喷柴油发动机全负荷时）

另一方面，活塞工作以往复运动为主，缸套和活塞裙部之间的间隙会产生水平移动和摆头现象。这些都会对活塞与汽缸之间的撞击噪声以及机油消耗率有很大的影响，甚至会损坏活塞。为此必须将活塞的重心位置，活塞销部位、活塞裙部刚性进行优化设计。

活塞的质量会引起发动机的振动，对发动机整体的质量以及摩擦损失等有直接的影响。在设计时除要对以下项目进行研究外，也要注意轻量化的问题。图2-42所示为活塞各部分的名称及其关联部件。以下是设计各个部位时需要注意的事项。

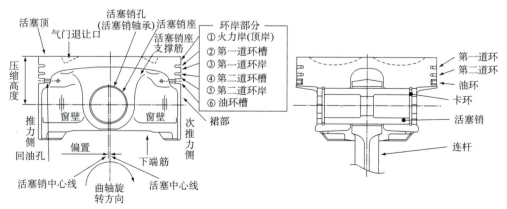

图2-42 活塞各部位的名称及其关联部件

（1）活塞顶　与汽缸盖一起构成燃烧室。它左右着发动机的性能，而且对活塞各部分的设计也有很大影响。图2-43是各种发动机燃烧室的示例。

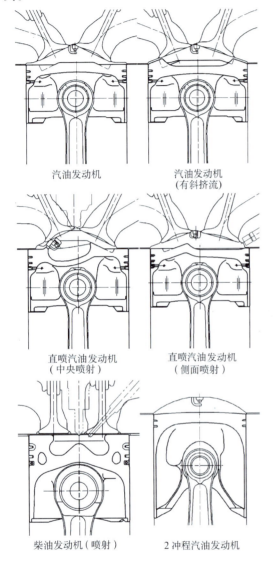

图2-43　各种发动机的燃烧室示例

汽油机以缸内直接喷射为代表，有活塞燃烧室化和高压缩比化的趋势。另一方面，为了考虑可变气门定时需要扩大气门退让槽、增设挤气区来改善燃烧效率。不过相对来说，燃烧室形状复杂使得表面积增大，这样会导致热效率恶化及活塞温度上升等。这样，将促使热应力的集中点的产生，为此有必要对其强度进行分析，另外，为了达到轻量化和稳定运行等目的，如图2-44所示，可将活塞顶内侧的壁厚减薄，但要对该部位的强度进行分析。

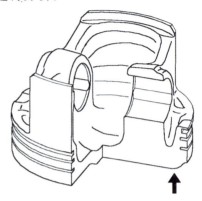

图2-44　活塞顶内侧减薄示例

在柴油发动机中，直接在活塞上设置的燃烧室内燃烧的直喷发动机为主流产品。该发动机燃烧室裙部形状为锐角，对燃烧有所改善，但是如图2-41所示，其会在超高温下产生高热应力，所以对其强度要求非常高，这就需要采取有效的冷却措施，在材质和加工方法上进行强化。

（2）环岸、环槽　为了能使活塞环密封住燃烧气体及附着在缸套上的机油，需要对其高度、宽度、厚度、形状、回油等进行严格的设计。另外考虑到活塞的热变形，环槽应向上略微倾斜一定角度。

为了减少残留于火力岸间隙内的未燃气体，需要缩小第一环岸的高度以及间隙。另外，其他环岸以及环槽由于轻量化的要求，宽度越来越小。不过这样会导致热负荷增大、环岸刚性降低，且由于环及环槽的变形磨损导致活塞环胶着、环岸损坏、活塞环折损等。为了解决上述问题，需要更换活塞材料和采取如表2-13所示的相应的对策。另外在减小活塞环宽度以降低摩擦损失的时候，要注意环槽的表面粗糙度、扭曲、倾斜的精度等问题。

表2-13　环槽强化对策

汽油发动机	硬质铝 Ni系电镀
柴油发动机	耐磨环（浇铸耐腐蚀高镍铸铁）MMC（加压浸渍铸造） 陶瓷纤维 Ni-Cr金属多孔体 Cr、Ni等电子束焊接

柴油发动机的第一道活塞环槽在超高温环境下很容易发生炭磨损。为了降低磨损，经常铸入高镍铸铁等进行强化，或者采用梯形环进行冷却强化。

油环槽需要设置回油孔，用来排出油环刮落的机油。由于油环变薄，油孔与环槽底部相遇，为了省去加工，有时将这些孔在毛坯时就已制成。

(3) 活塞销座　活塞销座主要是将燃烧室的爆发负荷和活塞的惯性力传递给活塞销。由于与燃烧室很近，温度较高，所以需要对其强度进行充分的验证。

一般情况下，与燃烧室面连接的部分要承受高热应力和高燃烧气体压力，所以对其强度的要求非常苛刻。为了缓和过大的压力，一般采用圆滑曲面、缩短销座间距以及与裙部相连接的筋壁尽量移向中心处等措施，以求分散其负荷。另外，可以利用冷却喷油嘴冷却活塞，确保活塞的强度。

销座孔内侧承受燃烧气机械负荷，而外侧则承受热应变，于是销座受到了高面压；就容易产生疲劳断裂及润滑不足咬死等情况，因此加工时要保证表面粗糙度 <3 μm，而且应设置飞溅润滑油的导入孔或槽。另外，对如柴油发动机等高负荷的活塞，也有采用压入青铜衬套等措施的例子。

活塞销的位置与活塞重心的关系对活塞的动作影响很大，因此要进行准确分析，合理布置。一般活塞销的位置布置偏高一些更好，与重心位置一同向推力一侧略微偏移，不过偏置汽缸不受上述条件限制[1]～[3]。

(4) 活塞裙部　裙部是将曲轴机构产生的侧压传递给汽缸套，稳定活塞的动作，在活塞的往复运动中起导向作用。由于汽缸套一直暴露于燃烧气体中，不能保证充分的润滑，导致摩擦损失增大，产生噪声等。因此，为了保持足够的润滑机油，需要对活塞裙部进行条痕加工。另外，在裙部喷涂二硫化钼、石墨、尼龙等材料来提高活塞裙部的耐磨性。为了使裙部所承受的压力，尽可能地均匀化，需要改善裙部形状、轮廓等以最终达到降低摩擦损失的目的[4]～[5]。近年来铝缸套的使用越来越多，为了避免铝材之间相互接触，一般采取在裙部表面镀铁喷铁等方法。

柴油发动机燃烧压力高，压力上升剧烈，为了确保活塞的刚性以及降低活塞与汽缸套间的敲击噪声，宽幅活塞裙部结构被广泛应用。

(5) 冷却　通常采用连杆大头机油飞溅的方式进行活塞的冷却。如图2-45所示，为了确保高动力性汽油发动机活塞销座周围的强度，一般采用喷油嘴机油喷射冷却方式。高增压发动机以及柴油发动机也要进行环槽冷却，因此，在环岸内侧增加循环油路（冷却通道），可以有效提高冷却效率。另外，高动力性柴油发动机的第一环槽上镶有耐腐蚀高镍铸铁，也有在较高位置设置冷却通道对燃烧室裙部和环槽进行积极的冷却的示例。

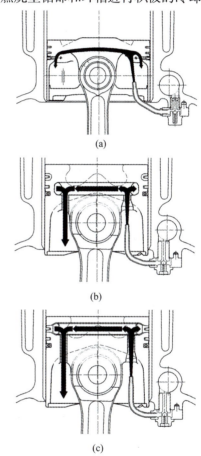

图2-45　活塞冷却方法
(a) 机油喷射；(b) 带冷却通道的机油喷射；
(c) 耐磨环一体式带冷却通道的机油喷射

(6) 材料及加工方法　从轻量化和冷却性方面考虑，活塞的材料以铝合金材料为主。通常由热膨胀率小、耐磨、耐热性优良的 Al-Si-Cu-Ni-Mg 系，及低膨胀铝合金重力铸造而成。为了稳定尺寸及保证足够强度，一般要进行T5～T7的热处理。近年来，随着铸造技术的不断提高，Cu、Ni 的添加量有所增加，有时也加入少量的Mn，更加耐高温的高强度材料已经开始应用于实际生产中[7]。而且类似 AC8A 的延展性材料、高硅（Si）粉末冶金钢坯锻造成的型件、低压铸造陶瓷纤维、浇铸镍铬（Ni-Cr）金属多孔体（MMC）等新型材料也随处可见。另外，有的中重型柴油发动机也采用薄壁精密铸造铸铁（FCD）活塞。

2.4.1.2 活塞销

活塞销将通过活塞传来的燃烧压力以及各部分的惯性力传送到摆动的连杆上，因此在销子上形成滑动着的高面压。通常活塞销制造材料使用铬·钼及镍系合金钢，其表面先进行渗碳硬化处理，再进行平滑面精加工（如抛光等）。活塞销内径端部进行锥形加工，外径变化顺畅，这样可以使面压分布均匀。活塞销破损主要发生在内表面，因此不仅需从强度分析来确定壁厚，还需要对内表面的表面粗糙度以及表面形状进行控制。活塞销的支承方式分两种，一种是压入连杆一端的半浮式，另一种是两端通过卡环支承的全浮式。考虑到活塞销两端压入时以及运转时与卡环的相对滑动，活塞销需要具有足够的强度且形状要圆滑，利于滑动。

2.4.1.3 活塞销卡环

在全浮式时，为了稳定活塞销，于销孔端部设置了沟槽，以放置卡环方便。当发动机采用活塞成水平对置等时，由于需要在缸筒内安装活塞销，结构上就需要加以考虑。此外使用活塞高速度运动的发动机时，由于惯性力的作用，卡环有可能向上浮动，因此要设置一定的预紧力。

2.4.1.4 活塞环

活塞环的作用是在活塞与汽缸之间密封燃烧气体和机油，与活塞一起进行快速往复运动即高速移动与停止；暴露于高温之下，且润滑情况极其严酷，将活塞的热量传给汽缸套；在二冲程发动机中还起到控制活塞动作的作用。

确保密封性最有效的方法是提高张力。但是这样会导致摩擦损失增大，对燃料消耗率的影响很大。因此设计了高度较小的活塞环，确保在低张力下也能具有很好的密封性，相应地采取了新的表面处理方法降低摩擦系数，减小磨损。

图 2-46 和图 2-47 所示为各个部位的名称，图 2-48 和图 2-49 所示为结构示例。表 2-14 是各种材质及其表面处理方法。下面针对不同部位，对在设计过程中需要注意的事项进行说明。

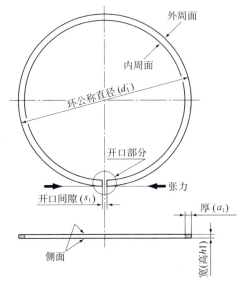

图 2-46　压缩环各部位名称

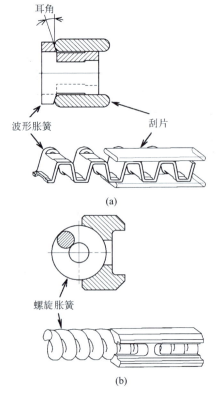

图 2-47　油环各部位名称

(a) 3体环；(b) 2体环

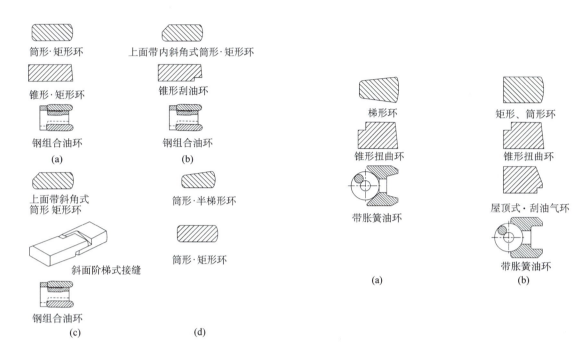

图 2-48 汽油发动机典型环结构
（a）4 冲程发动机；（b）可减少窜漏气体的结构；
（c）双环；（d）2 冲程发动机

图 2-49 柴油发动机典型环结构
（a）3 环构成；（b）4 环构成

表 2-14 活塞环材料和表面处理示例[14]

环种类		母 材	外表面处理	侧表面处理
气环	第一道环	球墨铸铁	镀铬	磷酸盐覆膜
		硅铬钢	镀铬	四氧化三铁 固体润滑覆膜
		马氏体不锈钢	气体渗氮 复合分散电镀 PVD	磷酸盐覆膜 固体润滑覆膜
	第二道环 第三道环	片状石墨铸铁	磷酸盐覆膜	磷酸盐覆膜
		球墨铸铁	镀铬	磷酸盐覆膜
		马氏体不锈钢	气体渗氮	磷酸盐覆膜
油环	三体式	碳素钢	镀铬	四氧化三铁 磷酸盐覆膜
		侧轨 马氏体不锈钢	气体渗氮 臭氧渗氮 PVD	磷酸盐覆膜
		鳞状弹簧 奥氏体不锈钢	盐浴渗氮	—
	两体式	碳素钢	镀铬	四氧化三铁
		本体 马氏体不锈钢	气体渗氮 PVD	磷酸盐覆膜
		片状石墨铸铁	磷酸盐覆膜	磷酸盐覆膜
		球墨铸铁	镀铬	磷酸盐覆膜
		螺旋胀簧 奥氏体不锈钢	盐浴渗碳	—

(1) 气环 用来密封燃烧室内的气体的环称为气环。通常由 1~3 根环组成。一般通过燃烧气体将活塞环挤压到活塞环槽下面和汽缸一起达到密封的目的，当燃烧室产生负压时通过汽缸和环槽上面密封。不过由于压缩环的惯性力，当外表面摩擦力及燃烧室内的压力发生变化时，压缩环就有可能从环槽下面浮起，导致密封不良，使得窜漏气体骤增，一般称这种现象为颤振。

① 宽度、厚度的确定：为了防止环颤振，减小惯性力，环的轻量化设计必不可少。但是确定宽度及厚度时还要兼顾环槽的磨损以及第一环岸刚性等问题。

② 断面形状的确定：第一道环由于直接承受燃烧室的高压，对润滑性的要求非常苛刻，所以一般采用密封性好且初期磨合好的筒形矩形环。为了防止颤振，采用上面带斜角的断面，形成上反角，使环内周不易浮起。为了保证第一道所需的最小润滑油膜厚度，其他压缩环多采用锥形结构。为了进一步增加刮油效果，可采用刮油气环以及上面带内阶梯式环，其目的也在于形成上反角。梯形环随着活塞的运动，侧向间隙发生变化，可防止环在环槽中咬死，所以可用作柴油发动机或二冲程发动机第一道环以防止胶着。

③ 开口形状：通常采取直角开口形状。为了防止颤振，一般距离燃烧室较远的环开口较大，防止环上下面压力逆转。图 2-48 所示为倾斜面梯式开口形状，可以确保在压缩气环只有一根时，仍有较好密封性。而且不同的组装方向密封效果不同，正向组装可密封燃烧气体，逆向组装可密封机油，一般情况下都是逆向组装。汽缸上设置通气口的二冲程发动机为防止开口处相干涉，水平对置的发动机为了防止停止状态时向燃烧室内浸油要设置止动锁销。如图 2-50 所示。侧面开槽的密封性较好，然而在使用薄环时，考虑到锁销强度，宜采用内周销。

(2) 油环 油环具有刮掉气环需要油量以外的多余润滑油，控制润滑油上升的作用。由于活塞的运动，油环下面的油膜厚度变化很大，经常需要将多余的机油刮掉。另外，为了适应缸筒的变形，一般使用刚性较低、较薄的油环的同时还

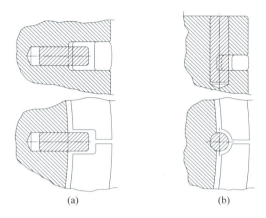

图 2-50 环止动销
(a) 侧凹销；(b) 内周销

在其背面装有弹簧涨圈以提高其张力。油环大致可以分为两体式（2 piece）和三体式（3 piece）两类，根据其特征而选用。

① 两体式：减小油环厚度，以降低油环的弯曲刚性，背面胀簧的弹性系数可随意设定，因此很容易适应缸筒的变形。另外，外周滑动面很平滑且较窄，刮油性能受摩擦影响较小，并且多余的油少，而具有抗烧结性，因此，主要用于柴油发动机和直喷式汽油发动机。

② 三体式：刮片背面设有胀簧，能够将油环上下片张开，压向缸筒，不仅对外周，上下刮片还可分别贴紧在环槽上下面，因而燃烧室发生负压时也能进行很好的密封而不使油上窜。由于上下刮片分别压向缸筒而动作，可以较好地适应活塞的摆动。这种方式适用于活塞运动速度较快的汽油发动机，不过要对自由状态的刮片的扩张量进行分析以免插入缸筒时，发生上下片卡死的现象。

为了从材质及表面处理方面提高与汽缸套的配合性，油环采用了拉伸率较高的钢材，并减小了壁厚。压缩环和两体式油环一般使用铸铁材料以确保锐角。为防止损坏缸筒，有的铸铁环外圆周表面硬镀铬，其他位置为磷酸盐覆膜或四氧化三铁覆膜。高热负荷一般采用渗氮处理的钢环。近年来钢环越来越多的采用耐磨性高、摩擦系数低的物理蒸发沉积（PVD）（离子电镀法）处理方法。现在以 TiN 和 CrN 为主，TiN 的性能优良，不过成膜时残余应力较高，成膜厚度无法保证。因此，柴油发动机等需要高

耐磨性的发动机一般采用可以厚膜化的 CrN。

2.4.2 曲轴

如图 2-51 所示，曲轴由主轴颈、连杆轴颈、平衡块和曲柄臂组成。曲柄臂和主轴颈、连杆轴颈接合位置成圆弧形状（以下称圆角 R）。通常一个汽缸组成一个曲拐，并在两端设有输出用法兰以及固定附件和凸轮轴链轮的轴。四冲程发动机普遍采用整体式曲轴，并设有由轴颈通向连杆轴颈的供油孔。二冲程发动机使用滚针轴承等，所以采用压入式或热压过盈配合的组合式曲轴（图 2-52）。材料一般采用碳素钢的锻造件和球墨铸铁的铸造件。

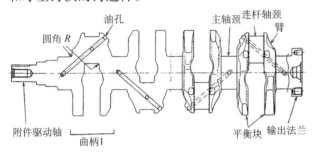

图 2-51 整体式曲轴（1 600 mL，四冲程发动机）

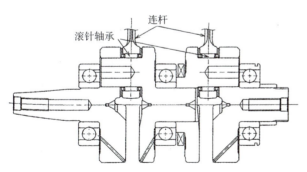

图 2-52 组合式曲轴（250 mL，二冲程发动机等）

曲轴在低转速时主要受到爆发负荷的作用，在高转速时主要受到惯性力和弯曲振动、扭转振动等附加负荷的作用。振动引起的附加负荷精确计算非常复杂。以往都是设计和台架试验并用，反复进行修改和验证，目前，由于 CAE 分析（将在后面篇幅介绍）的普遍采用，大大缩短了产品开发时间。

2.4.2.1 连杆轴颈、主轴颈、曲柄臂的形状设计

首先求出作用在连杆轴颈上的负荷和弯曲振动、扭转振动引起的附加负荷。然后求出这些负荷作用在各连杆轴颈和各主轴颈上的弯矩和扭矩，进而求出应力集中处，即圆角 R 处和油孔口处的最大应力振幅值，并与材料强度进行比较。

一般来说，飞轮一侧的曲拐受到的弯曲振动和扭转振动引起的附加负荷大，在相反一侧的曲拐受附件皮带的影响弯矩增加，所以，通常只分析两端的曲拐就可以了。

① 作用在连杆轴颈上的负荷有缸内压力、活塞及连杆等的惯性力。连杆轴颈的直径和宽度受这些负荷和轴承临界比压、PV 值的限制。

② 图 2-53 所示为紧挨飞轮端的汽缸惯性力产生的曲轴弯曲振动。其固有频率取决于汽缸体和曲轴的刚度以及飞轮等的质量。

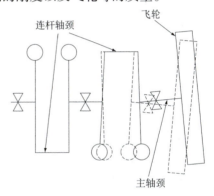

图 2-53 弯曲振动示意图

③ 扭转振动是爆发负荷和惯性力扭矩变化所引起的曲轴系统的振动。如图 2-54 所示，可将曲轴系统简化成模型，按霍尔茨（Holzer）公式来计算其固有频率。共振时的激振力所做的功和发动机各个部位的轴承滑动位置的摩擦、轴内部应力等滞后损耗，等同于扭转振动的附加负荷。于是可以求得这一附加负荷。通常，对于 N 缸发动机来说，四冲程的取 $N/2$、二冲程的取 N 的整数倍来计算共振时的附加负荷即可[15]。

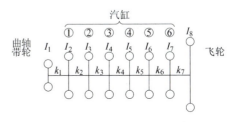

图 2-54 等价扭转振动模型

④ 强度计算。首先将曲轴看作连续梁，按①②③项求出负荷以及连杆轴颈、曲柄臂和平衡块的离心力，再求出附件等作用在连杆轴颈、主轴颈上的弯矩 M 和扭矩 T。利用连杆轴颈、主轴颈的圆角 R 处、油孔口处的应力集中系数求出最大应力振幅值，再根据材料的疲劳强度计算强度安全系数。

曲轴形状复杂，材料疲劳强度因锻件的纤维状态、铸件的铸造状态不同而变化很大，所以应该通过实体试验来求出这个疲劳强度。

2.4.2.2 其他部分的设计

（1）输出法兰　向变速器传递驱动力的飞轮等通过多个螺栓固定。由于受到驱动力矩和曲轴扭转振动的作用，必须选择适当的螺栓尺寸和数量以防止连接处有相对滑动。通常，法兰前端用止口和飞轮配合，以防止曲轴偏心。在其外周应设置有油封的移动部位。

（2）驱动附件用轴颈　一般沿轴中心线用一个螺栓将驱动附件用的带轮固定。驱动附件的负荷、带张力和曲轴的扭转振动作用在轴颈上。这部分的设计也和法兰一样，不得出现相对滑动。

（3）平衡块　研究了以下项目，求出必要的质量和安装位置，确定最终形状。

① 使发动机的不平衡力和不平衡力矩得以平衡。

② 减轻主轴颈的负荷。

③ 曲轴强度（计算①时使用的离心力）。

④ 制造方法的限制。

（4）油孔　油孔设置在曲柄销和主轴颈上负荷低的地方。油孔口应倒角以避免应力集中。

2.4.2.3 CAE计算

将按照上述顺序确定的曲轴和与其连接的其他零部件尺寸以及承载它们的汽缸体造成三维分析模型（图2-55），然后进行CAE分析。参考分析所得结果中的轴颈负荷、摩擦力、强度、振动等，对曲轴形状重新进行修改。

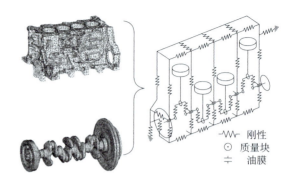

图2-55　CAE计算模型概念图

2.4.2.4 曲轴的材料和处理方法

（1）锻造曲轴　锻造通常采用压力机模锻，有时按照曲柄销的排列要求，利用高温扭绞机来实现所需的立体形状。整体锻造的曲轴内部纤维连续，材料缺陷少，可靠性高，所以被广泛采用。材料一般使用碳素钢，有的加钒以省去淬火回火工艺。另外，有的发动机采用Cr-Mo钢。

（2）铸造曲轴　铸造的曲轴容易实现主轴颈和连杆轴颈中空化，减少部件质量。但是，铸造缺陷和石墨孔对轴承有不良影响，所以大功率发动机不常使用，材料一般用可锻铸铁、合金铸铁。

（3）热处理　为了减少轴颈磨损和强化圆角，常进行高频淬火或气体碳氮共渗等处理。一般采用工艺时间较短的高频淬火工艺，但是由于硬化层只有几毫米厚，所以圆角淬火容易发生变形、薄壁处发生裂纹。渗氮的硬化层很薄，可以控制在几十微米以下，热处理后缺陷少，但是处理时间长。

（4）其他处理　采用圆角滚压强化曲轴，时间短又稳定，所以被广泛采用。

2.4.3 连杆

如图2-56所示，连杆由小头、大头和杆身组成，通常由非调质碳素钢、铬钢、铬钼钢锻造或粉末冶金铸造而成。小头分为两种，一种是直接压入活塞销；另一种是压入衬套，且在小头顶部或杆身上设有机油孔。此外也可在大头设有喷油孔，向缸套或活塞喷油，进行润滑和冷却。此时喷油孔口处要加厚或倒角,避免引起应力集中。

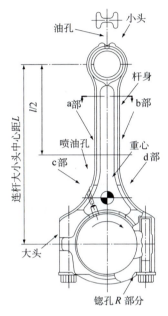

图 2-56 连杆各部位名称

大头的尺寸取决于连杆轴颈的尺寸。通常大头由孔中心线水平切开,装入半圆形滑动轴承,大头内攻有内螺纹,用高强度螺钉连接。大头为了准确定位,通常在螺栓上设有定位销或在螺栓上增加定位结构。最近,为了提高生产性和定位精度,也采用了断口定位法(Cracking 法),将大头分割,取消定位销。另外有的出于组装需要,不分割大头,采用滚针轴承。通常,由大头的两个侧面和曲柄臂来确定连杆的推力方向。

设计连杆时,首先根据活塞、活塞销、曲轴等确定小头和大头的孔径、宽度和长度 l。然后根据下述负荷分析各处强度,最后确定其他尺寸。

2.4.3.1 小头

活塞及活塞销的惯性力、活塞销及衬套等压入时的圆周方向应力等作用于小头部位。爆发力作用于下部。先求出这些负荷,然后再确定形状,以保证足够的强度。

2.4.3.2 杆身

爆发力引起的压缩力、惯性力引起的拉伸力、摆动引起中心周围的弯矩等作用于连杆杆身。拉伸力和压缩力的最大值发生在上死点附近,弯矩的最大值发生在摆角最大时。由图 2-57 可知,对于杆身前者(即在上死点附近)值的最大。由这些负荷来计算疲劳强度和最大压缩负荷时的纵弯曲强度,最终确定断面形状。杆身通常做成 H 形端面,抗弯强度好,向大端方向扩大并成圆弧过渡。

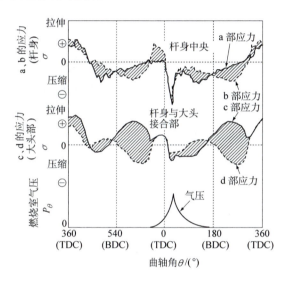

图 2-57 应力实测值(6 000 r/min)
(斜线部分为弯曲扭矩的影响)

2.4.3.3 大头

为了减少对轴承产生的不良影响,必须对壳体刚性、安装螺钉用锪孔 R 处的强度(图 2-56)、分割位置的开口负荷(使连接位置开始分离的力)和螺钉强度进行仔细分析。要提高开口负荷,主要是提高螺钉分担的负荷,将螺栓做得尽量小,用尽可能大的轴向力连接[18]。根据开口负荷确定最低轴向力和连接方式,再利用其轴向力波动来求出最大轴向力,最终确定螺钉尺寸。螺钉在强度方面必须满足加在螺栓上的负荷要求。

用扭矩法连接很难控制轴向力的波动,所以最近也采用转角法和塑性域连接法来缩小波动范围。这种方法也可以减小螺钉硬度波动,从而减小轴向力的波动。

如前所述,用大头断口定位法时,为了对裂

纹起点进行控制以及达到简单分离的目的，一般在大头内径位置设置两处切口，利用夹具扩张内径，使之分离断裂。需要注意的是断裂面必须为解理①断口，分离后的两个大头尺寸和内径尽量不发生变化，而且考虑到组装性的问题，断裂面需要保留一定的表面粗糙度。要达到上述要求，关键在于材料选择、形状设计、分裂条件设定等方面。

图 2-58 所示为断裂面参考图。

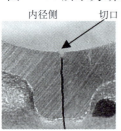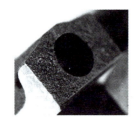

图 2-58　断裂面

2.4.4　飞轮

飞轮吸收爆发负荷和惯性力引起的扭矩变动，用来防止怠速和启动时发动机熄火。装有变矩器的发动机其本身就能吸收扭矩波动，所以不需要飞轮。通常，飞轮的最外缘装有齿圈，用来传递起动机的驱动力。

飞轮的惯性力矩可以根据汽缸数和排列求出。但起步负荷因车而异，所以应通过实车行驶试验来确定。

通过分析离心力引起的拉伸应力来确定飞轮的形状和材料。另外，和曲轴连接处的形状应具有一定的刚度，以免增大曲轴的弯曲振动。通常采用铸铁和铸钢材料。

连接螺钉要使用高强度螺钉，并保证在驱动力矩和曲轴扭转振动的作用下，连接处不应松动。

2.4.5　减震机构

2.4.5.1　平衡轴

在活塞连杆曲柄机构式发动机中，活塞等的往复惯性力引起振动，这种惯性力也叫激振力。表2-15[19]所示的是典型发动机的一阶、二阶惯性力和惯性力偶，它们可以通过平衡轴来抵消。三阶以上的因绝对值小，通常不予考虑。发动机除上述惯性力以外还会产生激振力矩。这是由于连杆摆动，惯性力和爆发压力通过活塞产生一个转动发动机的激振力引起的。一般采用平衡轴等无法抵消这种激振力矩。但是作为特例，四冲程四缸发动机的激振力矩主要是二阶成分，所以恰当地选择平衡轴配置可以减小激振力矩。

表 2-15　典型发动机惯性力和惯性力矩[19]

汽缸布置	点火间隔	惯性力 1次	惯性力 2次	惯性力矩 1次	惯性力矩 2次
直列四缸	180°等间隔	0	$\dfrac{4}{\lambda}M$	0	0
直列六缸	120°等间隔	0	0	0	0
V型六缸	120°等间隔	0	0	$\dfrac{3}{2}ML$	$\dfrac{3}{2}ML$

注：$M = mr\omega^2$，$\lambda = l/r$。式中 m 为每缸的往复质量；r 为曲轴半径；ω 为曲轴旋转角速度；l 为连杆大小头中心间长度；L 为汽缸偏置

下面以四冲程四缸发动机为例，说明减小激振力、激振力矩的方法。

如图 2-59 所示，配置两根偏心质量为 m_b、偏心距为 r_b 的平衡轴，以曲轴的二倍转速相互逆

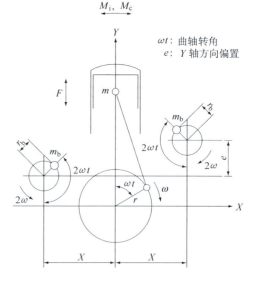

图 2-59　平衡轴配置

---

① 受力后常沿一定方向的平面破裂，这种性质称为"解理"。——译者注

转。设激振力为 F，惯性力引起的激振力矩为 M_i，爆发力引起的激振力矩为 M_c。如果恰当地选择 m_b 的值，使平衡轴产生的起振力 F_b 和激振力 F 平衡，就能够抵消上下方向的激振力。由于两根平衡轴上下偏心配置，使其产生一个反向力矩，正好抵消激振力矩。但是，M_i 的值取决于发动机转速，M_c 和 M_i 反相位且随着发动机负荷的变化而变化，所以 M_i 与 M_c 之和反倒减少。因而不能在所有的运转条件下都平衡掉激振力矩，只能在某种负荷条件下通过设定上下偏心距去平衡。

近年来，为了达到发动机的小型化，多在曲轴下方设置直列4缸二阶惯性力平衡轴。这种结构虽通常不考虑启动转矩，但其优点是从与油泵的功能整合、驱动系统结构简化等方面考虑的，从而成为主流。平衡轴驱动方式比较普遍的是链、带驱动，当然也有通过曲轴齿轮驱动的。齿轮驱动时，通常采用垫片调整齿轮啮合间隙，以防止噪声的产生。另外采用树脂制齿轮也可以抑制噪声的产生，而且不需要进行啮合间隙调整（图2-60）[21]。

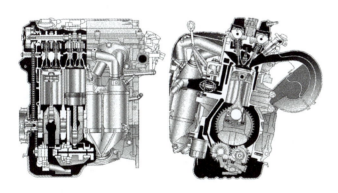

图 2-60　齿轮驱动平衡轴

以轻量化为目的的直列4缸发动机，可将其二阶激振力矩作为含变速器在内的动力装置中心位置的力矩考虑，可以将平衡轴配置在实际产生负荷力矩的3号轴颈下侧，变速器的反面。这种方式已经进入了大量生产规模，这样可以较大程度地达到轻量化的目的。但是从理论上来说这样并不能完全消除振动，因此在设计时要考虑实车状态时的噪声影响（图2-61）。

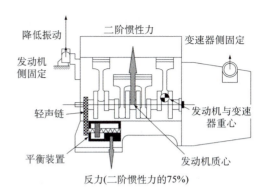

图 2-61　力矩平衡

2.4.5.2　带扭振减震器的飞轮

发动机受到爆发力和往复部件质量所引起的惯性力的作用，使曲轴产生扭转变动。这种扭转变动传到驱动系统产生变速器齿轮敲击声和驾驶室内的空腔共鸣声。特别是柴油机燃烧压力高，扭矩变动大，所以问题较多[22]。

为了减小传到变速器的扭转变动量，附加扭振减震器的飞轮已经被普遍采用。图2-62所示是其基本构造之一。飞轮质量分为发动机一侧和变速器一侧两部分，其间插入压缩弹簧和滑片，变速器一侧的质量作为阻尼来使用。扭转变动被压缩弹簧和滑片的滞后所吸收。

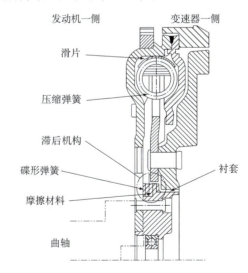

图 2-62　带扭振减震器的飞轮构造

要想充分减小扭转变动，必须将飞轮的扭振固有频率设定在实际转速以下而且尽可能低为好。而当启动发动机时，曲轴转速和固有频率一旦相同,就会产生过大的扭振。所以,一般装有滞后机构来降低振动,保护机体。

2.4.5.3 扭振减震带轮

在实际使用的发动机中,曲轴系扭转固有频率的一阶乃至高阶的共振点都处在转速范围内,所以影响曲轴的强度、振动、噪声等问题时有发生。一般使用扭振减震器加以解决。考虑到安装空间,通常将减震器安装在曲轴前端的带轮上。图2-63所示的是各种减震带轮的示例。小型发动机多用单质量型橡胶减震器,在减震能力不足时采用双质量型[23]或黏性减震器[24,25]。黏性减震器利用硅油的剪切黏弹性对振动进行衰减,减震能力强。多用于大功率大型柴油机。

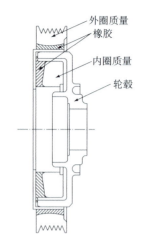

图2-64 双重减震器的构造

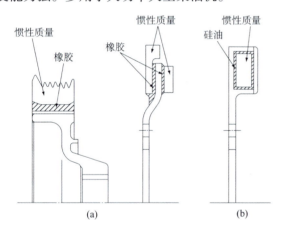

图2-63 各种扭振减震器的结构
(a)橡胶减震器;(b)硅油减震器

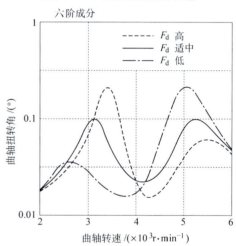

图2-65 F_d的值与扭振振幅

（1）双重减震器[26] 除了曲轴的扭转振动以外,弯曲振动引起的噪声也是一个问题。图2-64所示是双重减震器示例,即在扭转减震器外圈质量之外又附加了内圈质量,这可以同时减小曲轴前端的弯曲振动,对抑制噪声很有效。

（2）扭振减震器的设计 采用单质量型橡胶减震器后,曲轴扭振共振分割为两个峰值:低速区域为一阶振动模型,高速区域为二阶振动模型。

如图2-65所示,两个峰值的高度随减震器共振频率F_d的值变化,峰值最低时,一、二阶的峰值相等。通常将这一点定为F_d的最佳值[27]。若将曲轴系的等效振动模型和减震带轮转换为图2-66所示的二自由度模型,则F_d的最佳值为

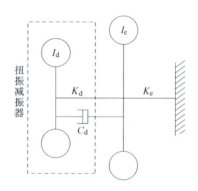

图2-66 二自由度等效振动模型

I_e——曲轴质量惯性距;I_d——减震器质量惯性矩;
K_e——曲轴系等价扭转弹性常数;
K_d——减震器扭转弹性常数;C_d——减震器衰减系数

$$F_d^* = \frac{1}{1 + I_d/I_e} F_e$$

I_d/I_e的比值称为质量比,由于受尺寸的制

约，通常范围设定在 0.1~0.4。质量比小，共振峰值上升，减震能力下降，同时减震器质量和曲轴的相对扭转角增大，可能超过橡胶的断裂变形容许值而损坏橡胶。因此，在设计上希望尽量取大值。另外，F_d 值随着橡胶温度的变化而变化，不一定能够得到预定的性能，所以，必须充分确认共振时的发热情况和周围环境温度。近年来，为了达到轻量化的目的，带的轮毂逐渐开始采用铝制或铁板材料。

2.4.6 可变机构

可变压缩比发动机的压缩比越高，理论热效率越高，才可能降低油耗。但是，提高压缩比容易发生爆燃，所以实际的发动机在最严酷的条件——全负荷时，参考爆燃发生极限来选择压缩比。另一方面，在部分负荷时燃烧气体温度低，不易发生爆燃，可以一定程度上提高压缩比。所以，如果对应各种不同的工况而设定最佳压缩比，就会提高热效率[33]。特别是低压缩比的增压发动机在非增压区效果更加明显。

很久以前就开始了可变压缩比发动机的技术开发，但是由于构造复杂，仍然没有实用化。但是以下研究方案可作为参考。

① 燃烧室容积可变。在汽缸盖、活塞、连杆和曲轴上设置各种结构，达到燃烧室可变的目的。

② 活塞行程可变。连杆上设置连接杆，可使大头偏置，使活塞行程可变。

③ 曲轴位置可变。通过电动机转动偏心曲轴主轴承改变曲轴位置[34]。

2.5 配气机构

2.5.1 概要

与曲轴旋转同期运行，开闭进、排气门的机构称为配气机构。如图 2-67 所示，配气机构可以按照凸轮轴的位置、数量以及从动机构的形式来分类。配气机构的形式、尺寸参数和进排气门升程曲线是决定该发动机性能的重要因素。表达气门升程曲线特性的诸因素中，气门升程、开启角度和气门开、闭时间很重要，这些很大程度上决定了发动机功率、扭矩、油耗率、排放物成分、怠速稳定性等性能。

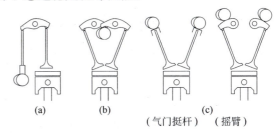

图 2-67 气门机构的形式
(a) OHV 型；(b) OHC 型；(c) DOHC 型

一般来说，确定气门进排气时间时，要考虑利用进排气管内的压力波以提高进排气效率。排气门关闭时间和进气门开启时间重叠称为气门重叠时间。排气门的打开时期，要符合扫气效果及吸气效果最好的原则。进气门的关闭时期，则要求符合吸气惯性效果最大的时期。随着发动机转速的增加，进排气管内的波动向滞后角一侧移动，因此要想最大限度地利用各种效果，最理想的是气门开闭时间能够随着发动机的转速变化而变化。

近年来可变气门定时机构已经得到普及。各个公司都在推行量产化的进程无疑是在利用这一效果。另外，可变气门定时机构在气门开闭时间、升程分级或无级变化方面，降低常态运转时的泵气损失以及减少燃料消耗等方面也有所应用。

现在，已经开发出利用摇臂改变气门开闭时刻、改变凸轮轴相位和气门开闭时间及升程连续可变等机构，这些都对提高动力性和降低油耗产生了效果。不过这些机构比较复杂，且质量、尺寸都有所增加，成本偏高，有待于进一步的开发改进。

2.5.1.1 气门机构的特性

用上述方法可以确定气门升程特性，然而实际上，气门升程曲线是通过摇臂、凸轮从动件而转换成计算出的凸轮轮廓线得到的。

在气门机构运转过程中，由于部件的质量和气门加速度产生的惯性力，会引起气门机构整体变形。变形量与气门机构的刚性有很大关系。刚性越低，变形量越大，也就意味着得不到满足设计要求的气门升程曲线。

从其产生的效果来看，特别是对高转速发动机的影响很大。会导致气门飞脱以及落座跳动。由此，一旦负荷超过设计值，对各部位的强度、滑动面的磨损等都将产生很大的影响。因此，在设计气门机构时要充分考虑到刚性和质量的影响。

下面对 OHV、OHC、DOHC 等基本气门机构型式进行说明。

OHV 是凸轮轴位于曲轴箱内、用推杆通过摇臂驱动气门的形式，因此，不需要驱动凸轮轴用的正时带和正时链，简化了汽缸盖内的结构，降低了汽缸盖的高度。不过由于驱动用推杆要通过汽缸盖，因此布置时受汽缸盖周围空间限制，并且气门机构设计自由度较小，最近新设计的汽车发动机基本上不采用此种形式。

图 2-68 介绍了摇臂式 OHC 及 DOHC 的零件构成。与 DOHC 相比较，OHC 在零件数量和机构尺寸等方面有优势。特别是对 V 型发动机来说，可以缩小整个发动机的宽度。实际上 7 000 ~7 500 r/min 转速范围的发动机已经存在，这样，说兼顾了尺寸和性能两个方面的要求。

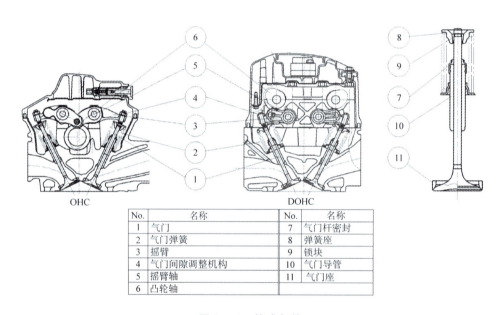

No.	名称	No.	名称
1	气门	7	气门杆密封
2	气门弹簧	8	弹簧座
3	摇臂	9	锁块
4	气门间隙调整机构	10	气门导管
5	摇臂轴	11	气门座
6	凸轮轴		

图 2-68　构成部件

高转速大功率型发动机比较倾向于采用 DOHC 形式。该形式的气门机构惯性质量和刚性方面优势比较明显。不过零部件数量较多，成本较高，质量较大，而且气门机构的体积相对较大。究竟采用哪种形式，取决于发动机的使用目的与性能要求。

DOHC 形式分为摇臂式和挺柱式。挺柱式在气门机构刚性、零部件数量方面优势较大，但是从升程曲线的自由度方面来看，摇臂式更具有优势。通过对杠杆比和支点位置的恰当选择，摇臂式 DOHC 也可以达到不逊色于挺柱式 DOHC 的惯性质量。近年来，为了减小气门机构的摩擦，采用滚轮形式的越来越多。这也可以说是摇臂式的又一大优点。

2.5.1.2　气门升程曲线

气门升程曲线不仅是决定发动机性能的重要曲线，而且对各个零件的耐久性也有很大影响。一般情况下，为了提高容积效率，希望气门能够快速开闭。但是，这时由于气门和挺杆的惯性引起的冲击力增大，会降低零件的耐久性，所以，采用各种气门升程曲线以兼顾两者。汽车发动机气门升程曲线多用多项式、高次方、特殊正弦等形式的曲线。下面介绍各种气门升程曲线的特

征。首先将气门升程曲线用凸轮轴转角 θ 的函数 $y=f(\theta)$ 表示,则有

$$\dot{y}=\frac{\mathrm{d}f(\theta)}{\mathrm{d}\theta}, \quad \ddot{y}=\frac{\mathrm{d}^2 f(\theta)}{\mathrm{d}\theta^2}$$

式中,$\dot{y}$、$\ddot{y}$ 分别叫做速度系数和加速度系数。

多项式曲线 y 用 θ 的多项式表示,所以加速度系数没有间断点,气门开闭时不发生撞击。但与特殊正弦曲线相比,加速度系数的最大值偏大。与多项式曲线相比较,高次方曲线进行了气门机构的弹性变形修正,所以特别在使用摇臂的场合,能够使实际的气门运动和理论多项式曲线相一致。特殊正弦曲线将 $f(\theta)$ 用直线和两段正弦曲线相组合。在两段正弦曲线的边界上加速度系数不连续,但是速度系数连续,撞击较小。

不管采用哪种曲线,$\ddot{y}$ 的最小值 $\ddot{y}_{\min}$ 及最大值 $\ddot{y}_{\max}$ 都是决定最大惯性力的值,对气门弹簧设计、凸轮面压、气门杆端应力等有很大影响,必须特别注意。

图 2-69 所示为特殊正弦曲线的计算结果示例。

另外,这种气门升程曲线一定要有缓和撞击的缓冲曲线部分。用来缓和对开启气门的撞击力以及关闭时气门与气门座之间的碰撞声。

近年来汽缸盖大多采用铝材铸造,气门挺杆低温时容易堵塞,高温时容易膨胀。因此为了保证气门顶起及间隙扩张时不偏离缓冲曲线范围,要对气门间隙和缓冲曲线高度进行恰当的设定。此外,这一部分也对低速运转时的气门重叠具有影响。因为,吸入空气量的变化成为空燃比变动的主要原因。为此,缓冲曲线部分的高度,以及装配气门间隙的设定,必须加以控制。

自动间隙调整装置是气门间隙的修正装置。通过液压装置使之始终保持在零间隙的状态下。这对降低气门机构的噪声、避免气门间隙配合复杂化等有很好的效果。

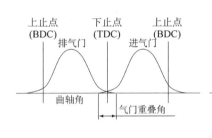
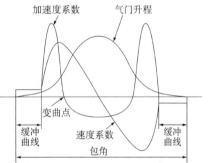

图 2-69　气门升程曲线

2.5.2　凸轮轴

2.5.2.1　概要

对凸轮轴的要求是要具有与曲轴转动同步、驱动和控制各个汽缸气门开闭的功能,而且要具有保持气门升程特性的持久性和轴的刚性。

耐久性方面,要求轴承部位具有耐磨性、凸轮部位具有耐磨性和耐烧结性,另外,在使用滚动随动件时要承受高压缩应力,还要具有耐点蚀性。为了确保这些性能,采用了各种各样的材料,大致分为铸铁、铸钢、铁基粉末冶金等。为

了确保刚度,要在尺寸、质量允许的范围内尽可能将轴承直径选得大一些。

近年来,为了达到轻量化和简化加工工序的目的,开发出了轴和凸轮的组装方式。一般采用的是压入法,或者利用扩管法固定轴和凸轮。

近年来的趋势是多气门化,高功率发动机几乎都是每缸 4 个气门。为了不增加发动机尺寸,只好减小凸轮宽度。再加上高转速化,使接触面压增加,所以对其耐久性必须特别注意。随着驱动扭矩的增加,轴的扭转负荷增加,正时带以及正时链等凸轮驱动部分产生的弯曲负荷也增加,因此要充分考虑到轴承结构、凸轮轴本体的强度

等问题。

2.5.2.2 设计注意事项

（1）表面压力 计算表面压力的时候，必须考虑从怠速到最高转速范围的最大值。凸轮和从动件的接触点随气门升程的变化而变化。设某一行程的杠杆比为 λ，凸轮接触面的负荷为

$$F = \lambda \cdot \left\{ F_s + m \cdot \left(\frac{2\pi}{60} \cdot \frac{n_e}{2} \right)^2 \cdot \ddot{y} \right\}$$

式中，F_s 为气门弹簧负荷；m 为等效惯性质量；n_e 为发动机转速（r/min）。

设此时的表面压力为 P，凸轮和从动件的曲率半径、拉伸弹性模量、泊松比分别为 R_1、R_2、E_1、E_2、v_1、v_2。设凸轮宽度为 W，弹性形变引起的接触宽度为 $2b$，根据赫兹圆柱体弹性接触应力公式求出表面压力为

$$b = \sqrt{\frac{4(k_1 + k_2) R_1 R_2}{R_1 + R_2}} \cdot \sqrt{\frac{F}{W}}$$

$$k_1 = \frac{1 - v_1}{\pi E_1}, \quad k_2 = \frac{1 - v_2}{\pi E_2}$$

$$P = \frac{2F}{\pi b W}$$

当面压超过允许值时，可以采取增大凸轮宽度、减小摇臂的杠杆比、减小气门弹簧负荷等措施。

（2）PV 值 面压乘以凸轮与从动件之间的滑动速度即为 PV 值。按照上述方法求出面压 P，再按照下面的公式求出速度 V，计算出 PV 值。

$$V = \left(\gamma + \frac{y}{\lambda} \right) \cdot \frac{2\pi}{60} \cdot \frac{N_e}{2}$$

式中，γ 为凸轮基圆直径；y 为气门升程量。

一般降低面压有增大基圆直径、减小凸轮基圆曲率等方法。但这样会引起滑动速度上升，导致 PV 值增加。PV 值的容许值取决于凸轮从动件的材质、表面粗糙度、润滑条件等。

（3）润滑 虽然计算的面压相同，但是由于润滑条件不同，耐磨性以及耐点蚀性也会发生变化。凸轮表面给油的方法大致可以分为油池式、强制式和飞溅式等。如图 2-70 所示为油池式 SOHC 和强制式 DOHC。特别是在高转速高负荷的情况下建议使用强制润滑方式。另外与滑动式相比，虽然滚动从动式对润滑不是很敏感，不过当高转速使用频率较高时，也需要保证充分的润滑环境。

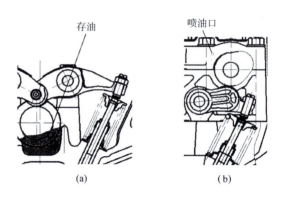

图 2-70 凸轮表面润滑方法
（a）油池型（OHC）；（b）强制给油型（DOHC）

2.5.3 气门挺柱（直接驱动式）

2.5.3.1 概要

如图 2-71 所示为气门挺柱使用示例。这种形式与后面讲到的摇臂式相比较，优点是从凸轮到气门的刚度较大，气门机构的运动性能优良。不过在增大气门升程时，需要注意保证不能使凸轮与挺柱的接触点脱离。

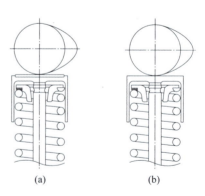

图 2-71 直接驱动式气门挺柱
（a）垫片调整型；（b）挺杆调整型

气门间隙调整一般采用垫片调整形式或者挺柱自身调整形式。上述调整形式虽然结构简单，但是维修保养比较麻烦。此外，也有自动间隙调整装置，不需要手工进行间隙调整的结构。

2.5.3.2 设计注意事项

（1）形状　为了防止挺柱局部磨损，通常使挺柱中心与凸轮中心相距 0.5～3 mm，强制挺杆转动如图 2 - 72 所示。确定外径时，必须注意挺柱外周与凸轮接触的部位不能脱离。另外，凸轮和气门的力矩会使挺柱产生侧压，所以，必须准确设定挺柱的长度以免被卡住。

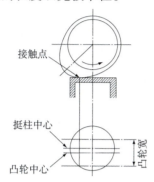

图 2 - 72　凸轮与挺杆的位置关系

（2）气门间隙　发动机工作时，汽缸盖和气门机构会发生热膨胀或收缩，气门与气门座之间会产生磨损。为了保证气门在任何情况下都能够自由落座，要事先在气门与挺柱或者气门与摇臂之间设置气门间隙。采用铝合金汽缸盖时，由于汽缸盖与气门的线膨胀系数不同，低温时气门间隙有减小的趋势。另外，排气门受排气温度的影响，气门间隙进一步减小。再加上气门和气门座的允许磨损量，气门间隙有一个最小限值。该限值因气门长度、气门机构的形式不同而不同。一般进气门侧为 0.1～0.2 mm，排气门一侧要比进气门大 0.05 mm 左右。如果取值过大，气门周围的噪声会很大。

2.5.4　摇臂

2.5.4.1　概要

如图 2 - 73 所示是摇臂的使用示例。在各种形式中，有的使用滑动从动件，有的使用滚柱轴承。

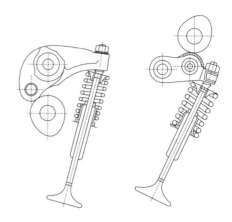

图 2 - 73　摇臂使用示例

最近，为了提高耐磨性以及降低气门机构的摩擦阻力，滚柱轴承的使用成为主流。

2.5.4.2　设计注意事项

（1）结构尺寸设计　在前期布置时初步确定气门夹角、气门弹簧高度和气门长度。然后根据气门与挺柱（以下将调整螺栓和气门顶端接触的零件称为挺柱）的接触应力、接触圆直径以及挺柱的移动量来确定图 2 - 74 中的 A、M、R 的值[①]。通过接触应力确定 M 的最小值。如图 2 - 75 所示，在确定 A、M、R 的配合关系时要注意挺柱的移动量 b 不能超过气门端部直径 D_v。C 应使 $b = b'$。在上述范围内 b 的值越大对防止气门的局部点蚀越有利。

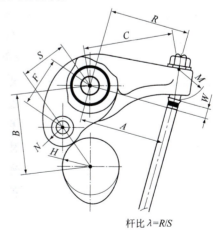

图 2 - 74　摇臂结构尺寸

---

① 原书写为 E，但图上没有，故在此改为图文一致，在此改为 R。——译者注

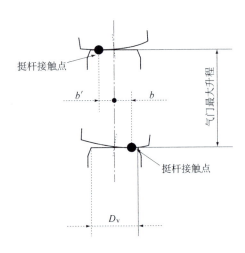

图 2-75 气门顶端挺杆移动量

凸轮一侧的尺寸 B、F、N 由以下条件确定。N 值根据滚轮的寿命确定。影响转子寿命的因素有滚轮的转速、动态额定负荷、滚轮负荷等。计算滚轮寿命时,要考虑怠速到最高转速之间负荷的最大值,需要注意的是该值随着润滑条件的变化而变化。

在图 2-74 中,λ 是摇臂的杠杆比。减小 λ 值可以降低凸轮的表面压力。但是易出现凸轮型面上有凹面、摇臂变重等情况。另外 λ 过大会增加气门机构的噪声。一般取 λ 值为 1.5~1.8 比较合适。

(2) 摇臂形状尺寸。确定时要考虑摇臂的材料和形状。材料一般为钢、铸铁或者铝合金。

形状要根据各部位的强度以及对气门机构运作的影响等确定。从强度而言一般滚动轴承的轴支撑臂比较弱,容易产生高应力。因此要根据材料的疲劳极限确定臂的尺寸、轴周围的壁厚等。另外,需要注意摇臂轴孔周围也容易产生高应力,以此来确定壁厚。

影响气门机构的因素有惯性质量和刚性。采用铝合金材料对降低惯性质量有很好的效果。另外,为了确保足够的刚性,在尺寸、质量允许的范围内可以增大端面二次惯性矩。

2.5.5 自动间隙调整器

防止气门间隙产生噪声的机构叫做自动间隙调整器。它可以自动调整由热膨胀和磨损产生的尺寸变化,保持气门间隙为零,而且可以防止气门不落座(图 2-76)。

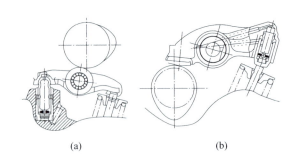

图 2-76 自动间隙调整器
(a) 摆臂式;(b) 内置摇臂式

该机构的优点是噪声低,无须维修。缺点是零件数、质量、成本均增加,润滑油路也增加。

另外,采用自动间隙调整器后,由于气门落座要克服油压的反力,所以,为了确保落座的负荷,必须加大气门弹簧的安装负荷以与油压反力相平衡。

2.5.6 气门组

2.5.6.1 气门

(1) 概要 气门在气门机构的往复惯性质量中占的比重最大。所以在满足功能、耐久性要求的同时必须尽可能轻量化。根据工作时气门头部的最高温度来选择材料。一般进气门采用马氏体合金钢,排气门采用奥氏体耐热合金钢。也有的头部和杆部用不同材料连接而成。这样做,主要是从降低成本角度考虑,温度较低的轴部采用较便宜的材料。相反,杆部与气门导管等接触的应力较高时,使用耐磨损性较好的材料。如果用同一种材料,在落座面和杆部摩擦及应力较集中的部位也多用高频淬火或采用 Co 系、Ni 系合金等金属堆焊层。

另外,也有采用量产发动机上很少见的 Ti 合金气门的,其主要是减小往复部位惯性质量和气门落座时的冲击噪声。另外为了控制温度上升,特别是排气门,有时也采用成本很高的中空充钠气门。

(2) 设计注意事项

① 各部分尺寸、形状:为了确保生产性及耐

久性，一般会采取减小 D/d，增大 R 的办法。为了提高头部刚性、增加热容量，可以将 T 加厚。但是要注意避免增加多余的厚度而导致零部件过重。

另外，为了减少进气门的进气阻力，一般将头部的形状设计成多级圆锥形，不要使 d、R 值过大（图2-77）。

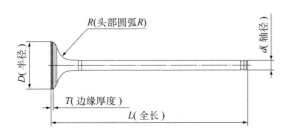

图2-77 气门各部分尺寸

② 耐久性：这里着重讲述落座面磨损和杆端的点蚀磨损。

(a) 落座面磨损：材料和热处理的选择对落座面磨损有很大影响。此外，必须注意以下因素。

- 落座面压：落座面压用气门弹簧安装负荷/落座面投影面积来表示。落座面压过高会引起落座面磨损，过低会导致压缩不良。
- 气门的转动：气门主要受气门弹簧卷曲方向的影响进行自转。如果气门弹簧的螺旋角过大，将导致自转过快，会引起密封锥面的磨损。另外，完全不转也会因燃烧生成物的卡阻引起局部熔损。

(b) 杆端点蚀磨损：点蚀磨损是挺杆的弹性接触应力反复作用在材料表层附近引起的疲劳破坏。设气门组的等效惯性质量（参照 2.5.6.3 (2)）为 m_1，则加在气门杆端的负荷为

$$F = F_s + m_1 \cdot \left(\frac{2\pi}{60} \cdot \frac{n_e}{2}\right)^2 \cdot \ddot{y}$$

容许剪切应力由杆端部的材质及硬度决定。要根据产生的应力确定气门杆端材料、淬火硬度以及淬火深度。

2.5.6.2 气门杆密封圈

(1) 概要 现在的发动机中，为了防止气门与气门导管之间漏油，一般采用橡胶气门杆密封圈。

为了保证对发动机机油的高温耐久性，通常使用氟化橡胶材料。气门杆密封不仅仅是为了防止漏油，同时也向气门和气门导管的滑动面提供一定量的机油，保证滑动面的润滑。另外由于气门杆偏心等尺寸偏差、进排气口的内压变化使得对裙部的韧性有很高的要求。

(2) 设计注意事项 如图2-78所示为普通气门杆油封的断面形状。设计时需要考虑裙部的初始过盈量、弹簧位置及张力、裙部的上下角度（α、β）。机油泄漏量基本上取决于 α 和 β。通常容易发生烧结的排气门所用的密封圈的空气侧密封角 α 比进气门的密封圈的空气侧密封角 α 小，使机油的供给量多。由于由气门杆的偏心及外径尺寸的偏差而引起的密封件的变形，以及由于气道内压的变化而使弹簧的位置变化，最后使 α 及 β 角都发生变化，从而影响到机油泄漏量的偏差变化。

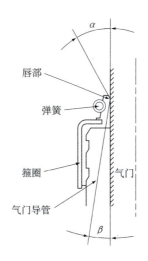

图2-78 气门杆密封的构造

2.5.6.3 气门弹簧

(1) 概要 气门弹簧的作用是使气门在发动机运转时能正常工作。

气门弹簧使用的材料，一般使用 JIS 标准中的气门弹簧用钢。根据使用条件，有时也进行喷丸硬化和盐浴渗氮等表面处理。另外，为了抑制共振，有时也采用不等距螺旋弹簧、圆锥形弹簧等非线性

弹簧[1]。

(2) 设计注意事项

① 气门机构等效惯性质量：在简要设定气门弹簧的负荷时，可将往复部分的质量换置为气门杆顶端坐标上的等效惯性质量 m。

$$m = m_v + m_r + m_c + \frac{1}{3}m_s + \frac{I_r}{A^2}$$

其中 m、m_v、m_r、m_c、m_s 分别为气门、弹簧座、锁块、气门弹簧的质量，I_r 是摇臂对于摇动中心的惯性力矩，A 是摆动中心和气门的距离。

② 负荷设定：气门弹簧的固定负荷由 2.5.6 (1) 的气门落座面压等决定。确定工作负荷时要考虑到气门的飞脱和反跳（图 2-79）。气门弹簧工作时的负荷低于作用在往复运动零件上的惯性力时，气门将偏离升程曲线（气门飞脱）。气门飞脱会导致活塞和气门或者进排气之间的干涉。只要气门弹簧不并圈，对发动机的危害就不会太大。但是，偏离升程曲线的飞脱量大，在落座后会发生气门反跳。反跳量也就是落座时气门受到的冲击能量的大小。过大的反跳会导致气门、气门座圈以及气门弹簧等的损坏。一般来说，能够使反跳量达到一定量的发动机转速 n_e，以及气门弹簧工作负荷 P_2 之间的关系如下。

$$P_2 = m \cdot \left(\frac{2\pi}{60} \cdot \frac{n_e}{2K_b} \right)^2 \cdot \ddot{y}_{min}$$

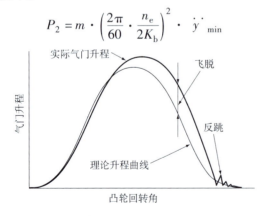

图 2-79 气门飞脱及反跳

式中，$\ddot{y}_{min}$ 为气门升程曲线的加速度系数的最小值，K_b 为气门机构随刚性而变化的值。

以往气门飞脱和反跳都是利用试验进行验证。最近由于引进了气门机构刚性的模拟试验，已经可以进行准确的预测。

③ 气门弹簧共振：所谓共振是指气门弹簧被升程曲线的高频成分激振而引起的共振。共振强烈时，会因应力增加产生疲劳破坏。图 2-80 为气门弹簧共振的状态。

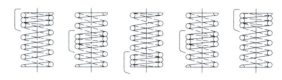

图 2-80 气门弹簧的振动状态

抑制共振有几种方法，比较有效的方法是采用具有非线性弹簧特性的不等螺距弹簧。下面就设计制造较简单的二段不等螺距弹簧来加以叙述。

二段不等螺距弹簧如图 2-81（a）所示，由疏圈部和密圈部组成。一般密圈部作为固定端。有时也采用两端设计成密圈结构的无方向性的对称型二段不等螺距弹簧（图 2-81（b））。

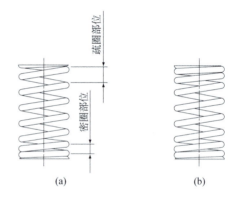

图 2-81 二段不等螺距气门弹簧

(a) 普通二段螺距弹簧；(b) 对称二段螺距弹簧

压缩时密圈部先并圈，所以形成如图 2-82 所示的非线性弹簧特性。通常将弹簧常数变化点作为安装高度。当发生共振时，密圈部离散，使固有频率改变，最终达到抑制共振的效果。

④ 设计顺序：一般二段不等螺距气门弹簧的设计顺序如下。

(a) 确定固定负荷 P_1、工作负荷 P_2、工作行程 y（气门升程高度）、装配高度 L_s、弹簧中心直径 D、弹簧钢丝直径 d 以及并圈高度 L_m。

从容许应力考虑，d 随着 D 增大而增加。另外，弹簧座套质量也随之增加。但是即使 D 或 d 过小，由于引起圈数增加而质量增加，因此，发

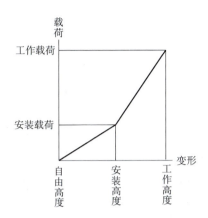

图 2-82 二段不等螺距气门弹簧的负荷特性

生弹簧压曲的问题都要加以充分考虑。

L_m 比 $(L_s - y)$ 要短 1~2 mm。

(b) 先求得疏圈位置的弹簧常数 $K_2 = (P_2 - P_1)/y$,总有效圈数 $N_0 = (L_m - d) - \alpha$(根据弹簧端部加工厚度,α 一般取 1~2)。疏圈位置有效圈数为

$$N_2 = \frac{G \cdot d^4}{8K_2 D^3}$$

式中,G 为材料的切变弹性模量,弹簧钢为 78 500 N/mm²[2]。

(c) 根据下面的公式求出固定以及工作时的应力 τ_1 ($P = P_1$),τ_2 ($P = P_2$),再求出平均应力 τ_m,应力振幅 τ_a,即

$$\tau = k \cdot \frac{8PD}{\pi d^3}$$

式中,k 为华尔应力修正系数,即

$$k = \frac{4c - 1}{4c - 4} + \frac{0.165}{c} \quad (c = \frac{D}{d})$$

(d) 根据下面的公式求出密圈和疏圈的固有频率 F_1 ($N = N_0$),F_2 ($N = N_2$),即

$$F = \frac{d}{2\pi ND^2}\sqrt{\frac{g \cdot G}{2\rho}}$$

式中,g 为重力加速度;ρ 为材料密度。

(e) 确定下列项目。

• 为了进一步降低共振效果,建议密圈圈数 $N_1 = N_0 - N_2$ 在 1.5 以上。

• 工作时的应力 τ_2 应低于材料的抗拉强度的 0.4 倍。

• 疲劳极限取决于材料和表面处理,τ_m、τ_a 要满足一定的安全系数。

• F_2 要大于凸轮最大转速的 8 倍。另外,为了进一步提高衰减效果,一般 F_2/F_1 的值要求取大。

2.5.6.4 弹簧座圈、锁块

(1) 概要 弹簧座和锁块的锁紧形状有图 2-83 所示的几种。内锁式易在气门杆锁槽中产生应力集中,所以不常用于现在的高速发动机。外锁式大致有两种:一种是靠锁槽来锁紧气门(锁槽式),另一种是锁槽确定位置,靠锥度的楔形效果来锁紧气门(锥度式)。

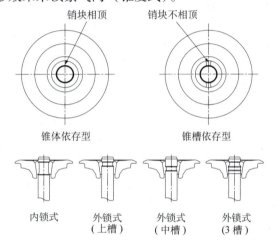

图 2-83 锁块锁紧形状

(2) 设计注意事项

① 锁槽式:用于气门头径大、杆径大、气门转动难的场合。锁块和气门之间相对转动,两个锁块互相顶住,气门不起楔子效果。为了耐负荷必须增加锁槽数,提高锁块和锁槽的硬度。

② 锥度式:组装状态时两个锁块不能发生碰撞,要注意锥度和过盈量等。锥度越小楔形效果越好,气门锁得越紧。但是,弹簧座圈下端易破损,所以,必须加大弹簧座下端直径以确保其刚性。另外,弹簧座安装高度的误差也大。一般取 1/5~1/3 左右的锥度。锁块硬度控制在 HV700 左右,内径对气门杆径为过盈配合。过盈量选择不当时,气门和锁块之间产生转动,会导致锁块和气门损伤。

2.5.7 凸轮轴驱动机构

2.5.7.1 概要

在四冲程往复活塞发动机中，采用齿形带或链条或齿轮等使凸轮轴以曲轴的1/2转速与曲轴同时旋转。OHV 发动机一般采用齿轮驱动方式。OHC 发动机大多采用称为正时齿带的齿形橡胶带或者正时链。最近由于发动机小型化的不断发展，链条驱动已经成为主流方式。正时带的优点：长期使用后磨损和伸长小，噪声小。正时带的缺点：怕油和水，所以必须加防护罩以挡住机油和水的侵入，高温下寿命短等。正时链条的优点：传动能力大，宽度可以做得小。正时链条的缺点：磨损和被拉长后噪声大，质量大[3]。

正时带和正时链条的构造概略如图2-84所示。正时带的齿形有梯形、圆弧形等，齿的节距有8 mm、3/8 英寸①等。正时链条采用滚子链或者无声链，与一般动力传动用的链条相比，要求长度方向的尺寸精度高。另外，无声链比滚子链的容许负荷高，噪声较低，但是磨损和伸长等方面较差，关于带和链条的耐久性，在设计时要注意以下事项。

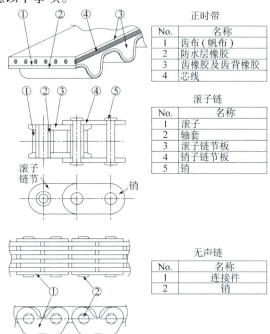

图 2-84 凸轮轴驱动装置构造

2.5.7.2 设计注意事项

(1) 正时带 带的破坏形态大致分为过大的齿根剪切应力造成的掉齿和弯曲疲劳造成的芯线拉断。

① 齿根剪切应力：当实际工作应力大于带单体试验中得到的容许剪切应力时，齿根会发生龟裂以至于掉齿。齿根剪切应力可由带张力、带宽度和带轮啮合齿数等计算求得。

上述的张力应按下面要求计算得出。要由凸轮面上所受的负荷所形成扭矩算出。而这一扭矩则是等于所有缸筒的进、排气门所合成的、在凸轮轴上所形成的驱动扭矩。由于齿带的长度和各轴的惯性力矩等原因，有时会在工作转速内发生共振，这时必须将带周边转化成振动模型以求出共振点的张力。

如图2-85为齿根剪切应力的计算结果示例。与齿盘相比齿带的纵向弹性系数要小，所以，右边的第一啮合齿的应力值最大，该值必须在容许值以内。

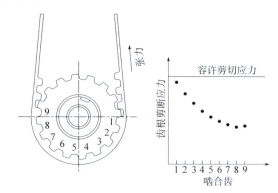

图 2-85 齿根剪切应力

② 弯曲疲劳：芯线断裂的耐久性可以判断如下。对于齿带绕过的所有带轮和惰轮，按式 (1) 求出弯曲疲劳系数 γ，其总和必须小于单体疲劳试验中得到的极限值。

设带的总齿数为 T，节距为 P，驱动轮齿数为 T_d，各轮的带曲率为 $1/R$，包角为 θ，发动机最高转速为 n_e，则

---

① 1 英寸 = 2.54cm。——译者注

$$\gamma = \frac{T_d}{T}\left|\left(\frac{1}{R}-\frac{1}{R'}\right)\right|\theta n_e \qquad (1)$$

式中，$n_e = \dfrac{TP}{2\pi}$

注意，带反向弯曲时，R 成负值。

(2) 正时链条

① 传动能力：链条必须在相关标准规定的传动能力范围内使用。传动能力（单位 kW）根据加在链条上的负荷和链轮转速来选定。转速高时容许负荷下降，可由图2-86加以说明。通常，链条的耐久性取决于链节板的疲劳断裂（A—B）。但是，链轮转速高时，链轮齿对滚子的冲击变大，滚子和轴套产生疲劳断裂（B—C）。转速进一步升高时，弯曲后的销和轴套之间的摩擦速度加大，最终导致烧结（C—D）。通常将A—B—C—D以传动能力表的形式进行表示。

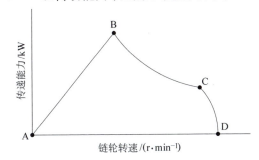

图2-86 滚子链的传动能力

② 磨损伸长：链条伸长主要是由销和轴套磨损引起的。发生磨损伸长后，啮合时的冲击变大，不仅出现噪声而且传动能力也随之下降。充分的润滑可防止磨损。设置限位器和张紧器对抑制波动有很好的效果。

2.5.8 可变机构

近年来，量产发动机的气门机构中已经大部分采用可变机构。采用可变机构的目的是为了能够在同一个发动机上实现多种特性。

量产可变气门机构中，被使用最多的是凸轮轴相位可变机构。该机构的凸轮相位可变机构（图2-87（a））内置于从动链轮内，可连续改变进排气门的开闭时间。主要目的是提高输出功率，以及利用排气装置的废气再循环系统（EGR）降低燃料消耗率。不过由于气门升程曲线和开启角无法改变，所以无法分别在高转速和中低转速区域内实现理想的调整效果。

另外，也可将可变机构内置于摇臂内，可以获得多个气门升程曲线（图2-87（b））。①为了提高动力性，在低速及高速的不同区域内进行气门升程曲线切换；②低速及常态运转时产生涡流，实现稀薄燃烧；③可以完全停止某一汽缸的气门运动，降低泵吸损失，最终达到降低油耗的目的。

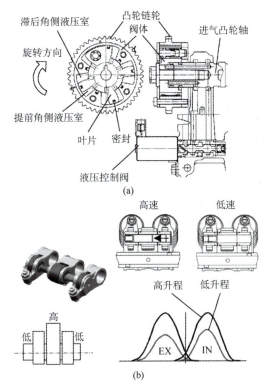

图2-87 可变气门机构
(a) 可变气门开、闭时间；
(b) 可变气门升程、开启角度、开闭时间

如图2-88为连续可变气门机构示例。通过偏心轴的微小转动改变凸轮—中间杆—摇臂的接触点位置，使气门升程量及开启角连续可变。而

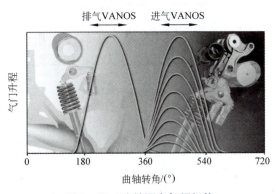

图2-88 连续可变气门机构

且与凸轮轴相位可变机构组合可以提高输出功率,并通过非节流运转可以达到降低油耗和尾气排放的效果。

可变机构的优点是能够提高动力性和降低油耗,不过结构复杂、质量和尺寸增加、成本偏高等仍然是尚待解决的问题,因此,有必要结合特性加以选择。

2.6 轴承

轴承是指能够顺利地支撑轴件进行往复滑动及旋转运动的机件。发动机所使用的轴承一般可分为滑动轴承和滚动轴承。

一般情况下,水泵轴承、交流发电机等的主轴承,以及滚动摇臂的滚针轴承等多采用滚动轴承。

另外,曲轴主轴承及推力轴承、连杆大头及小头、凸轮轴、活塞销等采用的多为滑动轴承。发动机内部相对滑动运动部位一般也采用滑动轴承。典型示例如图2-89所示。

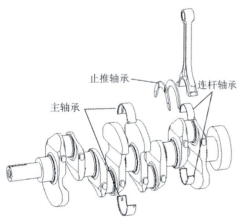

图2-89 轴承的使用示例

下面,分别介绍轴承的基本特性和设计参数,材料及其选择,润滑方法,损伤及其对策。

2.6.1 基本特性和设计参数

2.6.1.1 滑动轴承的负荷容量和轴心轨迹

在轴类零件旋转时,轴和滑动轴承之间产生相对运动,从而使轴与轴承之间的油膜产生压力。正是由于油膜的压力,才产生了与外部负荷相平衡的反作用力,把轴支撑起来。此时油膜的压力(分布)被称为轴承的负荷容量。

图2-90所示为径向轴承和轴。轴在负荷W的作用下旋转,圆周速度为U。由于轴的旋转作用,产生了楔形的油膜压力,其合力P和负荷W相平衡,并使轴心偏移到O'的位置。利用雷诺方程式,可以求解此时的油膜压力P。图2-90中发动机的负荷W不是一个静态负荷,而是一个大小和方向都发生周期变化的动态循环负荷。此时轴心的运动可以用极坐标表示为轴心轨迹(图2-91)。

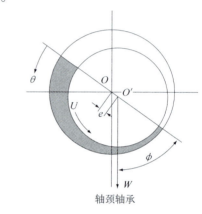

图2-90 轴颈轴承

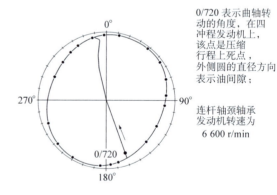

图2-91 轴心轨迹示例

2.6.1.2 设计参数

为了充分发挥轴承的性能,除了轴承本身之外,轴和轴承座的参数也是轴承的重要设计参数。例如,轴的表面形状(油孔直径等)、表面状态(组织、表面粗糙度)、轴的刚性以及轴承座的刚性、安装精度等,都对轴承有很大的影响。下面主要介绍轴承的设计参数。

为了在轴承内产生油膜压力,关键是轴承的间隙,大多数的设计参数都和轴承间隙有关。图2-92和图2-93列举了典型的轴承形状,可供参考。

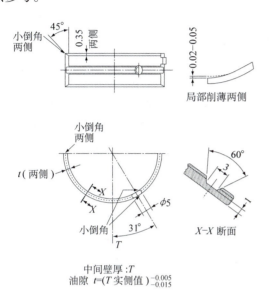

图2-92 主轴承形状

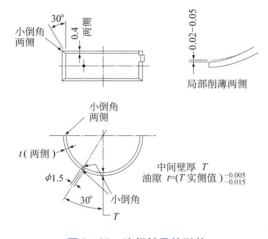

图2-93 连杆轴承的形状

(1) 间隙比（C_d/D） C_d/D（轴承间隙/轴承直径）是滑动轴承的重要参数之一,通常取为 $5\times10^{-4} \sim 20\times10^{-4}$。轴的圆周速度越大,间隙直径比的取值也越大。轴旋转时,由于摩擦生热将使轴承温度上升,热膨胀导致间隙减小,选择合理的间隙直径比,能防止间隙过小。同时,间隙直径比越大,单位时间通过的油量越多。可提高轴承的冷却效果,从而保证了大圆周速度下高效率地运转。

当负荷较大时,为了保证油膜厚度,降低摩擦系数,应该选用较小的间隙直径比。另外,C_d/D 还与后述的 L/D（轴承宽/轴承直径）关系密切。表2-16列出影响间隙直径比的各种因素。

表2-16 C_d/D 影响因素[1]

设计制造条件	C_d/D 小	C_d/D 大
滑动速度	小	大
旋转方式	摇动	单向旋转
负荷	大	小
负荷形态	旋转负荷	静负荷
轴承直径 D	大	小
宽径比 L/D	小	大
材料的弹性模数	小	大
产生的热、导热性	小	大
支撑方式	调心	刚性支撑
轴表面粗糙度	小	大
加工、组装精度	高	低

(2) 宽径比（L/D） 由于设计目的不同,L/D 的取值范围差别较大。例如,为了提高轴承的高速运转可靠性、缩小轴承尺寸、减少摩擦损失、降低轴承温度等,一般将 L/D 取为 $0.2 \sim 0.3$,取值范围十分大。汽车用轴承大都把 L/D 取为 $0.2 \sim 0.5$。今后,随着轴承负荷的增大、轴承表面精加工技术的进步,特别是发动机小型轻量化的发展,L/D 的取值将会越来越小。L/D 取值的不同,对轴承的各种功能影响很大,例如,油膜状态、摩擦损失和冷却能力等,表2-17列出了与 L/D 有关的各种因素。

表2-17 L/D 影响因素的比较[2]

比较条件	短轴承（L/D 小）	长轴承（L/D 大）
油膜厚度	小	大
油膜压力	大	小
摩擦损失	小	大
油量、冷却能力	大	小
轴承刚性	小	大
衰减能力	小	大
一端接触	有利	不利
所占空间	小	大

(3) 油孔和油槽 为了从回油孔把压力机油

输送到主轴承的油槽中,在主轴承上开了油孔。在普通发动机上,主轴承只有一个油孔。为了增加供油量,采取了各种油孔设计方案。图2-94列举了各种油孔结构,例如,三油孔、长油孔、复合长油孔等。为了从主轴承把机油输送给连杆轴承,在主轴承上开了专用的油槽,这也是主轴承独有的特征。为了布置油槽,主轴承的厚度比连杆轴承厚。过去,在主轴承的圆周上都开了油槽,这种设计方案很容易产生轴承的敲击声。现在,大都在主轴承的半周上开油槽。在采用半周油槽结构时,为了防止连杆轴承供油量不足,采用V形油孔结构或H形油孔结构。具体结构请见2.6.3的介绍。

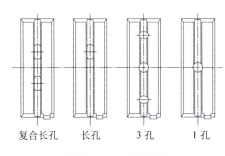

图2-94 各种油孔

复合长孔　长孔　3孔　1孔

(4)轴承间隙 C_d　滑动轴承为了获得油膜,必须保证一定的轴承间隙。由于轴径公差和轴承座内孔公差,轴承间隙变化很大。如果间隙过小,轴承很容易产生烧结问题。反之,如果轴承间隙过大,很容易产生较大的敲击噪声,必须把轴承间隙控制在合理的范围内。例如,如果轴径处于公差上限,即轴径较大时,可以配装薄壁的轴承;如果轴径处于公差下限,即轴径较小时,可以配装厚壁的轴承。这样,可以按照轴承的壁厚,把轴承分为几组,和不同轴径的轴配装。现在,一般把轴承分成3~7组,每组轴承的壁厚公差约为3μm或4μm。特别是乘用车发动机,对轴承的敲击噪声要求十分严格,所以,都对轴承进行分组选装。排量4L以上的载货车、大型客车和船用发动机很少使用。

(5)轴承组装时的过盈量　为了充分发挥滑动轴承的性能,把轴承组装到轴承座的内孔中时,轴承必须具有合适的过盈量。如图2-95所示,将轴承固定在高度尺上,用压盘在轴承的凸起端施加负荷 P_0,然后测量凸出量 C_{rs}(轴承安装过盈量)。表2-18表示过盈量所产生的轴承压缩应力。为了使轴承和轴承座产生贴合压力,并确保轴承不在轴承座内滑动,通常轴承的过盈量取为10~130μm。

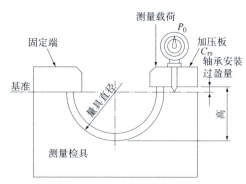

图2-95 高度尺测量轴承安装过盈量

表2-18 标准过盈量的轴瓦压缩应力

轴承形状	使用分类	轴承应力 σ_B/MPa (kgf/mm²)	
		最小 $\sigma_{B\min}$	大致范围
半圆形	薄壁 $t/D \leq 0.05$	100 {10}	100~200　{10~20}
	薄壁 $t/D > 0.05$	50 {5}	50~(150)　{5~(15)}
	大型厚壁 ($t/D>0.05$,$D>130$)	20 {2}	20~(200)　{2~(10)}
	铝合金轴套	200 {20}	200~300　{20~30}

注:t/D:底材厚/轴承外径(或轴承盖内径);σ_B:装配时的底材压应力(轴承盖扩大变形量);当螺栓、轴承强度不足时,加减{ }内的数值进行调整;( )表示该数值单位为kgf/mm²

2.6.2 轴承材料和功能、结构及性能特性

2.6.2.1 轴承材料

这里对发动机内部使用的滑动轴承典型材料进行说明。

滑动轴承一般由轴瓦底材和内衬形成双金属结构。有时也在铜合金内衬上电镀 20 μm 左右的铅（Pb）合金覆盖层。具体参数参见表 2-19。

表 2-19 轴承材料诸参数

零件名称	材料			对应标准	特殊事项
	轴瓦底材	内衬	覆盖层		
小头衬套	S10C	Cu-10Sn-10Pb	无	SAE792	高温、氧化环境
连杆	S10C	Al-12Sn-3Si	无	SAE788	普通负荷发动机，铸造轴时用
轴瓦	S10C	Cu-3Sn-23Pb	Pb-8Sn-2Cu	SAE794/192	高负荷发动机
主轴瓦	S10C	Al-12Sn-3Si	无	SAE788	

（2）内衬 内衬要求保证与活塞销、连杆轴承/曲轴轴颈等之间的滑动性，同时也要求具有高疲劳强度以应对油膜压力。一般可分为铜合金材料和铝合金材料。

（3）覆盖层 当单纯靠内衬材料其金属性能不足时，为了获得更强的配合性，提高耐烧结性，一般采用镀镍（Ni）中间层，在铜合金内衬上电镀铅（Pb）合金覆盖层。对应于柴油发动机等高面压一般采用 PVD 技术形成 Al-S 覆盖层的方法。

2.6.2.3 主要的轴承材料构成（图 2-96）

（1）铅覆盖层三层轴瓦 一般是在低碳钢底板上与（Cu-Sn-Pb）粉末共同烧结而成的双金属上，镀上 Ni 中间层和铅合金覆盖层。主要用于高转速发动机的连杆轴瓦。日本以外的厂家也有使用铜（Cu）合金铸造的双金属片。铅合金覆盖层一般都通过添加 Sn、Cu、In 等提高金属层的性能和耐腐蚀性。

（2）铜（Cu）合金内衬双层轴瓦 一般用于小头衬套和平衡轴衬套。材料要求具有良好的耐磨性、耐热性、耐腐蚀性等。

一直以来，考虑到滑动轴承的相对滑动的钢铁件与之形成的耐热性、配合性等因素，铅（Pb）材料被广泛应用。但是最近由于铅被列为非环保材料之列，无铅覆盖层/内衬材料开始受到关注。

2.6.2.2 金属构成材料的功能

（1）轴瓦底材 底材材料要求具有良好的成型性，并且在反复实际运转应力下也要保持足够的压紧力。

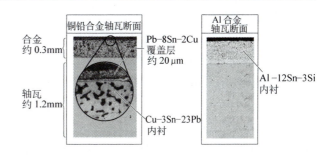

图 2-96 轴承材料的构造及种类

（3）铝（Al）合金内衬双层轴瓦 由于耐磨损性和耐腐蚀性较好且价格便宜，普遍被用于连杆轴瓦、主轴瓦、平衡轴轴瓦、推力垫圈等。特别是铸造轴不能使用铅（Pb）覆盖层，基本上都使用本材料。不过要充分考虑到与轴承接触一端的耐烧结性和内衬的疲劳损坏等。从制造方法上来看，多数情况下是采用铝合金的连续铸造并经压延而制成轴承带。

2.6.2.4 轴承性能特性

构成轴承滑动面的轴承合金内衬应具有以下特性。

（1）耐烧结性 从局部与固体接触时不易产生烧结这一特性来看，铅（Pb）覆盖层轴瓦要比

铝合金轴承更好。当然有时也根据轴的材料来选择轴瓦的材料。

（2）耐疲劳性　选择的材料要能够承受高负荷高温下反复的应力作用，且不易发生疲劳破坏。耐疲劳性低意味着轴承的寿命短。最近随着发动机的高动力化的不断发展，燃烧压力增大及转速不断上升导致负荷（轴承面压及轴圆周速度）不断增加，因此对轴瓦的耐疲劳性要求也越来越高。

（3）密合性　弯曲及装配差错等会使一端接触轴承产生塑性变形以及轻度磨损。一般来说从轴与轴瓦的密合性考虑，铅覆盖层轴瓦要比铝合金轴承的密合性更好。

（4）耐磨损性　发动机用滑动轴承一般采用流体润滑的形式，如果能充分润滑，是不应该发生磨损的。不过在发动机启动、异物进入等情况下易产生磨损。阻碍润滑油膜生成的因素主要有轴、轴套的加工精度不好、组装精度低、轴表面性状不好、异物混入等。

（5）耐腐蚀性　发动机机油氧化严重会使轴承发生化学腐蚀，导致轴承磨损。

铅覆盖层三层轴瓦的覆盖合金一般耐腐蚀性较高，不过合金中的镍层断裂等会使覆盖层的合金成分向内衬中的铅基扩散，使之浓度下降，不仅耐腐蚀性会下降，也容易产生烧结问题。因此有必要加以注意。铝合金轴承还未发现有腐蚀现象。

（6）异物吸收性　为防止润滑油中的异物（铁粉、铸砂）进入到滑动面损坏轴及轴承表面，要求轴承具有吸收异物的能力。一般铜合金轴承要比铝合金轴承的吸收能力强。

2.6.3　润滑方法、损伤和对策

2.6.3.1　润滑方法

本节主要介绍轴承的供油结构。图2-97表示了发动机轴承最常用的压力润滑结构，压力机油的供给和分配要点如下。

① 利用油道，一部分压力机油通过回油孔分配给发动机气门机构。但主油道中的大部分压力

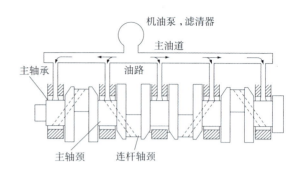

图2-97　轴承供油结构示例

机油，都分别利用油道输送给了主轴承。

② 在主轴承上设有油孔和油槽。油槽种类较多，如半圆周油槽、部分油槽和全圆周油槽等。利用油孔和油槽，把压力机油输送到主轴承的滑动面上，并把油送到主轴颈的油孔中。

③ 利用主轴颈通向连杆轴承表面的油孔向连杆轴承输送压力机油。

图2-98所示为主轴轴承油槽和曲轴油孔。表2-20为影响轴承给油特性的设计因素。在进行润滑供油的设计时，必须注意以下各点。

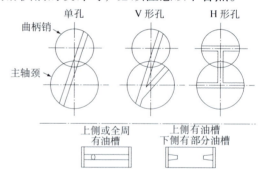

图2-98　主轴承油槽和曲轴柄油孔例

表2-20　影响轴承给油特性的设计因素

主要设计因素		发动机运转条件
滤油器	吸入阻力	发动机低温启动时影响最大
油泵	供油量	高转速区域内影响也较明显
油路	通油阻力	
主轴承槽	通油阻力	
滤清器、冷却器	压力损失	
主轴承槽	通油阻力	高转速区域内影响最大
曲轴轴颈油孔	流入阻力	

（1）低温时的供油特性　以-25℃以下的严冬为例，在温度极低的寒冷冬季，如果使用的机油为SAE黏度：10W-30时，机油的低温黏度过

大，不能充分向轴承供油，轴承会出现异常磨损。为了避免这种现象，在设计润滑系统时，必须考虑好机油泵的吸入和排出系统，使其工作顺畅，确保低温时具有足够的供油能力。最有效的方法是降低吸油阻力，为此必须合理选择吸油管的孔径、长度、集油器的有效面积等。同时还要降低机油泵的排油阻力，如机油滤清器、机油冷却器、油孔、主轴承油槽的断面面积等，从而增大机油泵的供油量。

（2）高温和高速运转时润滑供油的设计要点

为了充分满足连杆轴承的润滑需要，应该尽量加大主轴承油槽的断面面积。当然，在增加断面面积时，不得损失主轴承的承载能力，并充分协调好二者关系，选出最佳的设计方案。如果无法确保油槽的断面面积，可以采用图2-99所示的结构。在这种结构中，主轴承座上设置了专用的油槽，并利用主轴承上的多个油孔，使主轴承油槽和主轴承座油槽连通，从而降低主轴承油槽的机油流动阻力，加大向连杆轴承供油的能力。近年来，随着发动机的高性能化和高可靠性的发展，一般汽车采用这种结构的例子也在增多。图2-100给出了发动机高转速时为保证向连杆轴颈供油的极限油路油压，以及包含在其中的曲轴主轴颈油孔入口处的通油阻力（油柱离心力、计算值）。

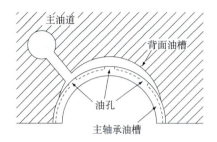

图2-99 主轴承背面油槽

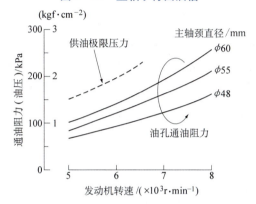

图2-100 给油极限油压和油孔通油阻力

2.6.3.2 损伤和措施

表2-21给出了轴承的损伤形态、原因及处理措施。按照轴承的损伤形态，可以将其分为磨损、烧结、疲劳剥落、腐蚀等。为了使轴承保持高可靠性，设计时必须控制好轴承、曲轴、主轴承座及其周围尺寸，采用最佳的设计方案，选择

表2-21 轴承损伤原因及措施

损伤现象	损伤原因	处 理 措 施
磨损	异物	除去异物（更换机油、改良滤清器），清洁发动机内部、改良轴组织，采用异物吸收性优良的材料
	润滑不足	增加润滑油量，降低润滑油温度，改善油槽位置及性状，使用耐磨损性强的材料，改进给油方法
	轴加工精度不足	改进表面加工精度（表面粗糙度、直线度、弯曲）
	负荷过大	增加轴承宽度、增加机油黏度、更换轴
	轴振动	改善轴系平衡、增加机油黏度、更换轴
	轴变形大	提高轴的刚性，改善轴的支撑方法
	轴、轴承材料不合适	改变选用的材料，硬化轴颈
烧结	异物、润滑不足	同上
	轴加工精度不足	同上
	面压高	降低面压
	轴承温度上升	增加润滑油量，降低润滑油温度
	油膜间隙不足	增加油膜间隙、溢流量
	滑动速度过大	增加润滑油流量，增加油膜间隙、溢流量
	组装精度不足	改善轴承座组装精度

损伤现象	损伤原因	处理措施
疲劳剥落	面压高 轴承温度上升 轴加工精度不足 组装精度不足	减小面压,更换为高强度轴承材料 增加润滑油量,降低润滑油温度 更换为高温耐疲劳性优良的高强度轴承材料 改善表面精加工精度(粗糙度、直线度、弯曲) 同上
腐蚀	润滑油劣化 轴承温度上升	定期更换(升级)润滑油,减少窜气量 更换为耐腐蚀性优良的轴承材料,改善燃料

注:其他损伤现象包括敲击声、断裂破损、穴蚀、锈蚀等

合适的材料匹配(特别是与轴的配合),严格掌握好加工精度和安装精度。当然,选择合适的发动机机油,维修的方便性等也十分重要。

2.7 进排气部件

把空气或混合气导入发动机汽缸的各种零部件的集合称为发动机进气系统,把汽缸内燃烧废气导出发动机的各种零部件的集合称为发动机排气系统。发动机进气装置是由能够清除进入发动机汽缸的空气中灰尘的空气滤清器、把空气或含有燃料的混合气分配给发动机各缸的进气歧管、通过控制进气流量调整发动机功率及转速的进气节流装置(节流阀体)以及各种连接管道等零部件组成。发动机排气装置是由把各缸燃烧气体(以下称排气)汇集在一起的排气歧管、净化排气中有害成分的催化剂、把排气导入车后方出口的排气管以及降低发动机排气噪声的消声器等零部件组成(图 2 – 101)。

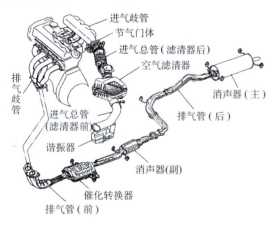

图 2 – 101 进排气装置

2.7.1 进气歧管

2.7.1.1 进气歧管的功能和结构

进气歧管的作用是把空气、燃料以及活塞的窜气、EGR(废气再循环)的废气均匀地分配给各汽缸。另外利用惯性效应、波动效应、谐振效应等空气动力学的动态效果尽量增大进入汽缸的空气量,以此来提高发动机的动力性(窜漏气体和 EGR 气体分别参照 2.13.5 节 PCV 和 2.13.3 节 EGR 的各项)。进气歧管设计的好坏对发动机启动性、尾气排放特性以及输出功率等有很大的影响。

迄今为止已经有各种形式、形状的进气歧管应用到实车上。在设计进气歧管时,要针对不同车辆的发动机特性、车辆装载性等综合地进行考虑,以确定合适的形状。

图 2 – 102 是现阶段最常用的乘用车用直列 4 缸发动机的进气歧管。图 2 – 103 是直列 4 缸、直列 6 缸以及 V 形 8 缸发动机用的各种形式的进气歧管。

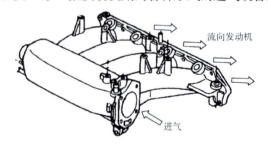

图 2 – 102 直列 4 缸发动机用进气歧管

2.7.1.2 进气歧管设计要求

为了达到上述 2.7.1.1 项中的各项功能,在

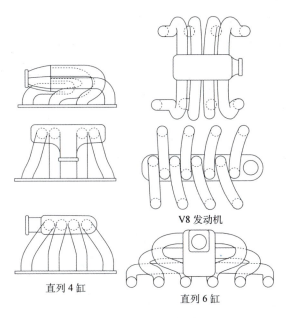

图 2-103 进气歧管

实际设计时要注意以下各项。

（1）均匀分配各汽缸进气的方法　为了使各个汽缸进气均匀，设计进气歧管时要考虑点火顺序即进气顺序，同时要考虑影响进气重叠的每个进气歧管的位置关系。从各个汽缸来看，进气的流动方向，管路阻力等特性应该保持一致。

（2）均匀分配窜漏气体以及EGR气体的方法　为了把活塞窜漏气体，EGR气体均匀地分配给各汽缸，要慎重选择歧管的形状以及结构（图2-104）。另外，由于EGR气体中含有碳烟这类大量的灰尘等颗粒，可能会堵塞管路等，需要充分注意。

（3）增加充气效率的方法　这里对增加进气体积的动态效应进行简单的说明。动态效应一般分为惯性效应、波动效应和谐振效应三类。

惯性效应是指进气行程时，依靠进气管内气柱的惯性，在活塞达到下死点之后还能向汽缸内输送新鲜气体，利用惯性效应可以增加充气效率，而且在提高发动机动力性能方面有非常显著的效果，因此得到了广泛的应用。为了有效地利用惯性效应，在发动机低转速区域内要使用直径较小、长度较长的进气管，高转速区域内要使用直径较大、长度较短的进气管。

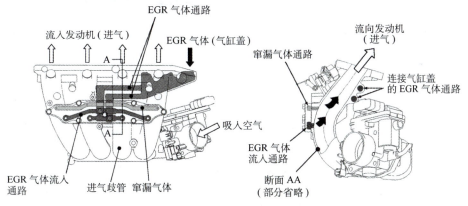

图 2-104　进气歧管内 EGR 通路以及窜漏气体导入通路

图2-105为不同惯性效应的进气歧管充量系数变化示例。

进气行程中产生的压力波动在进气管内部多次反射，从而影响进气量，被称为波动效应。波动效应也可以改变充气效率。为了有效利用波动效应，最好使正压波与进气门开放的时间同步。但是压力脉动振幅，到下一次循环时间内就要衰减。为此在设定进气管长度时，要使其与反射时间相配合并与目标发动机转速中的低转速同步为好。

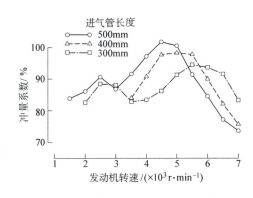

图 2-105　进气管长度不同带来的充量系数变化

谐振效应是指通过各汽缸产生的进气波动作用于进气歧管自身或与之连接的谐振容器上，以增加进气歧管特定频率时的压力振幅，从而提高同步于发动机转速区域内的充量系数。

设计进气歧管的尺寸、形状时，要充分利用这些动态效应。为了能够在发动机运转广泛的范围内有效利用这些动态效应，已经开发出在发动机工作时长度可变的进气管，其内容可参照 2.7.7 可变机构。

(4) 降低管路阻力（压力损失）的方法

进气歧管的形状要能够维持低转速区域内的运转特性，而且在高速运转时能够达到较高的动力性能。为此，要充分考虑到进气歧管空气通路各位置的弯曲部分及其曲率、进气管断面形状及其变化趋势以及歧管内壁表面粗糙度等多方面。

2.7.1.3 材质

最近倾向是，进气歧管大都采用了新型的材料。这主要是为了实现轻量化、降低成本或者循环再利用等。今后新材料的使用将会进一步扩大。下面对现阶段进气歧管主要使用的材料及使用这些材料制造的歧管的特征进行介绍。

(1) 铝合金 铝合金材料是应用时间最久的材料，一般采用铸造方法，其形状受铸造加工的制约较小，今后仍将是进气歧管的主要制造材料。图 2-102 所示为铝合金制进气歧管。

另外，也有利用将铝制管材弯曲后焊接组装生产的进气歧管。此种方法制造成本较低，且质量轻，有不少厂家将其与其他形式的歧管分别使用于不同的车型。不过弯曲制造时，曲率较大的进气歧管制造困难，设计自由度受到制约。

(2) 铁 铁制歧管也有利用弯曲铁管焊接组装生产而成，不过现在很少采用这种形式。虽然制造成本较低廉，但在防锈方面仍需要下功夫。

(3) 树脂 以尼龙材料为主，经分体注塑成型后再焊接成一体。如图 2-106 所示为直列 4 缸发动机用树脂制进气歧管。这种树脂进气歧管一般成本较低，而且质量较轻。很多产量较大的车型都在扩大采用此种歧管。另外，与铝合金铸造歧管等相比，进气管内表面粗糙度较好，可以有效地降低压力损失。而且与金属制歧管相比，树脂歧管隔热效果好，不会因为进气温度上升而导致输出功率下降。但是其耐热性稍差，要对 EGR 导入部位充分注意。树脂制歧管的另一个缺点是进气噪声很容易透过歧管辐射，使用时也要注意这一点。另外树脂材料除了考虑组装性之外，从循环再利用角度来看，其分解性也不容忽视。

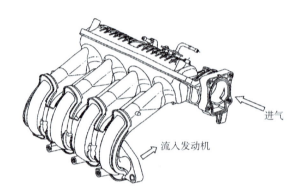

图 2-106 直列 4 缸发动机的树脂进气歧管示例[2]

2.7.2 节气门体

节气门体是控制发动机进气量的元件。

不管是采用机械式还是采用电控式，都是通过节气门拉线控制。节气门根据拉线位置控制进气量。设计节气门面积（孔径）时，重要的是根据发动机排量及输出特性所需的进气量而定。

另外，节气门开度传感器（油门传感器）置于节气门体内，可利用其输出信号计算燃料喷射量、判断怠速状态以及检测故障等。

节气门体分为机械控制式和电子控制式两种。

2.7.2.1 机械控制式节气门体（图 2-107）

油门操作量通过拉线直接传递给节气门，节气门按照油门踏板的开度的比例工作，确定进气量。为了更精确地进行怠速控制，也使用怠速控制阀（ISC：Idle Speed Control）等二次空气控制专用部件。

2.7.2.2 电子控制式节气门体（图 2-108）

电子控制式节气门体是利用计算机控制节气

门的开闭来运作的,将油门踏板的操作量转换为电子信号,利用发动机控制用计算机并根据车速、发动机转速、负荷、变速器变速状态等条件确定节气门开度。电子控制可以更加精确地控制空气量,对降低油耗、排放、稳定车速等有很好的效果,因此被越来越多的发动机所采用。图2-109为该系统构成图。

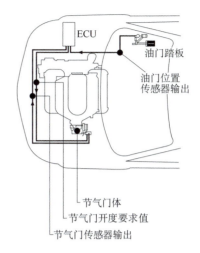

图2-109 电子控制式节气门体系统

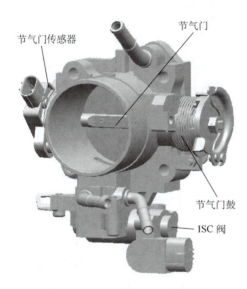

图2-107 机械控制式节气门体

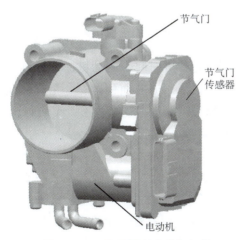

图2-108 电子控制式节气门体

2.7.3 空气滤清器

空气滤清器的作用是除掉进气中的灰尘,防止发动机功能下降。此外,行驶时静肃性也可以得到提高。

2.7.3.1 空气滤清器的设计要点

设计通路面积时,要保证在最大进气量时,进气阻力最小。滤清器的通道形状要利于均匀阻拦灰尘。

另外,为了更加合理地控制发动机最佳空燃比,在空气滤清器上安装空气流量计,它可直接检测进气量。空气流量计的安装位置不能影响进气气流。

空气滤清器的盖和壳体材质多选用树脂材料,不仅能够保证足够的刚性,而且质量较小。一般采用注塑成型等方法制造。

空气滤清器设在进气口和节气门体之间的进气管上。滤清器的结构要便于滤芯的清洁和更换。其固定在车身上时,为了防止将吸入空气产生的波动压力传给车身,中间要连接弹性件。同样,固定在发动机上时,也需要通过弹性件连接,以防发动机本身的振动传给滤清器。弹性件与车身或发动机的管路相连接时,要选择合适的连接件,能够有效地吸收相互运动产生的振动。

进气管内产生共鸣,进气波动压力增加,从而使进气噪声增大。因此,当空气滤清器本身消声效果不理想时(低频带时相当于扩张型消声器),要在前后进气管上增加多个消声器(谐振器),降低特定频率内的噪声。消声器的安装位置合适不仅能够减小进气噪声,而且对进气效果也有影响(图2-110~图2-112)。因此,需要注意其位置。

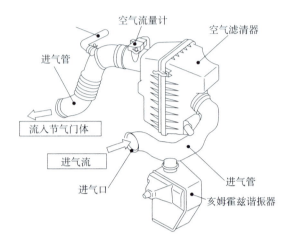

图 2 - 110　空气滤清器和消声器[4]

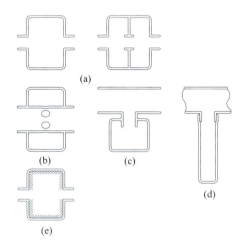

图 2 - 111　消声器（谐振器）内部构造[5]
（a）扩张型；（b）筒型；（c）亥姆霍兹型；
（d）侧支管型；（e）带吸音材料扩张型

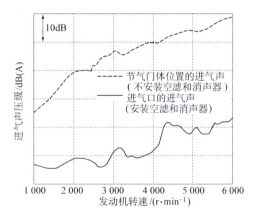

图 2 - 112　带消声器的进气管噪声减低效果

在进气管开口处粘贴多孔材料（无纺布），使增幅的波动压力不经反射直接穿透，以此来抑制进气管内的谐振。

该种方法是对进气噪声的谐振发生源进行控制，不需要单独的消声器，大量节省空间，并且达到了轻量化的目的（图 2 - 113）。

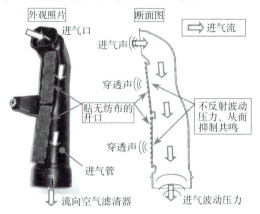

图 2 - 113　非反射式进气管例[6]

通过调整进气管上开口的位置及波动压力的穿透率，合理调整进气噪声和穿透噪声的比例，改善涉及整车消声措施的进气系统音响效果。

进气口要设在不受发动机热量影响的位置，且进气管结构设计要合理，尽量避免吸入空气以外物质，一旦吸入这些物质，进气管要能够使之从空气中分离出去。

2.7.3.2　空气滤清器的种类及用途

按照规定保养时间内发动机进气量算出阻挡到的灰尘量，求出滤芯面积，确定相应使用条件下的滤芯材料。一般使用条件下，车辆每行驶 50 000 ~ 60 000 km，滤芯应更换一次。

一般情况下，为了确保滤芯面积，空气滤清器滤纸按照一定顺序反复折叠，安装在空气滤清器中（图 2 - 114），过滤器分为干式（滤纸和无纺布）和湿式（浸有黏性油的滤纸）以及海绵式（图 2 - 115、图 2 - 116）。

滤纸式过滤器是在纸的表面吸附灰尘，因此滤孔容易堵塞，需要清洁、更换等保养。

无纺布过滤器通过内部逐层变化的纤维层吸附灰尘。利用无纺布各层不同大小的孔过滤不同粒径的灰尘，过滤效果更好。

湿式过滤器是在滤网的表面形成浸透了油的

第2章 发动机

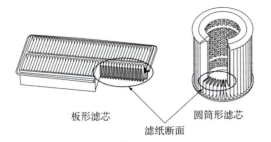

图 2-114 空气滤清器

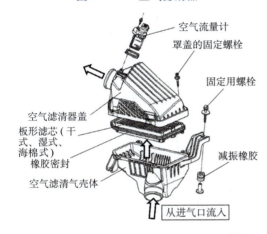

图 2-115 平板式空气滤清器的结构[7]

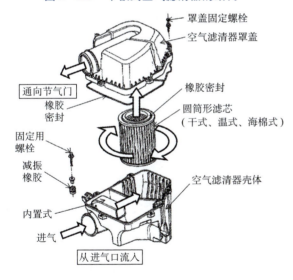

图 2-116 圆柱式空气滤清器的结构[8]

灰尘层，而在反复使用中继续形成灰尘层，使得灰尘的捕捉量更多，因此不必清扫。

海绵式过滤器是由不同密度的海绵层及浸油层组成的多层海绵结构，利用各层的容量调整灰尘吸附量，保养周期比较长[9]。

2.7.3.3 进气系统模块化

车辆本身的小型化不断发展，需要将占据较大装配空间的空气滤清器或者消声器与周边的多个进气系统零部件进行功能整合，实现进气系统的模块化，以达到节省空间、降低质量的要求。而且模块化可以减少零部件的数量，并降低零部件成本（图2-117）。

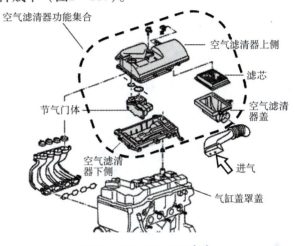

图 2-117 进气模块[10]

模块化可以简化制造现场的进气系统零部件组装工序，提高工厂内外物流系统的效率，对降低车辆整体成本也有很好的效果。

2.7.4 排气歧管

排气歧管的作用是把多缸发动机每个缸排出的废气汇集在一起，并导入排气总管。

其主要功能如下（图2-118）：

图 2-118 直列4缸发动机用排气歧管

① 提高发动机性能；
② 提高尾气排放性能；
③ 确保耐久可靠性。

2.7.4.1 提高发动机性能

可以采取以下方法提高扫气效率、充量系数

从而提高发动机的性能。

① 设定合适的断面面积，弯曲部分使之较平缓。

② 为了避免由于点火顺序相连续的缸间压力波的干涉，要将排气歧管的集合部设置在下游部位。

③ 集合部位的设计要考虑合流后的压力波疏密并使之同步的问题。

具体示例如图2-119所示。

图2-119　大功率发动机用排气歧管

2.7.4.2　提高尾气排放性能

要满足日益强化的尾气排放法规，催化转换器的早期活性非常重要。为此，要求降低排气歧管热容量及质量，并具有良好的隔热效果。其典型结构即是图2-120所示的薄壁中空双重结构式排气歧管。另外，为了减小发动机与催化转换器的距离，有时也将催化剂直接连在歧管下方（图2-121）。现阶段排气歧管的材料都由原来的铸铁改为了不锈钢材料。

图2-120　薄壁中空双重结构排气歧管

图2-121　与催化转换器一体的排气歧管[11]

2.7.4.3　确保耐久可靠性

反复的热胀冷缩产生的应力集中在特定的位置会导致歧管龟裂或破损。因此需要考虑能够吸收热量排气歧管的热伸缩结构。

2.7.5　排气管

把排气歧管排出的废气传送到汽车后方的管路称为排气管。如图2-122所示，由于催化转换器、多个消声器串接在排气管路上，故排气管由几段构成。

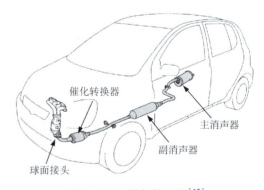

图2-122　排气管系统[12]

另外排气管通过几个支架固定在车身上，因此为了隔断发动机传来的振动，要通过球面接头或者柔性接头（图2-123）吸收振动。

最近作为进一步提高排气惯性效果的手法将催化转换器前的前排气管的两根管处加长，以此来提高发动机中低转速区域的扭矩。

图2-124为L4及V6发动机用加长前排气管例子。

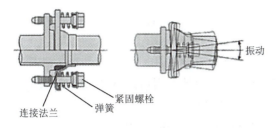

图 2 – 123　球面接头[13]

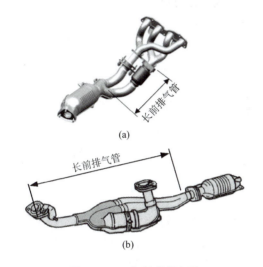

图 2 – 124　加长前排气管

（a）L4 发动机用；（b）V6 发动机用

2.7.6　消声器

消声器有扩张型、共鸣型、吸音型等类型。通过对各种类型消声器的容量、布置以及组合进行研究，最终达到消声的目的（图2 – 125）。

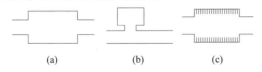

图 2 – 125　消声器种类

（a）扩张型；（b）共振型；（c）吸声型

最近，消声器的内部结构普遍采用 U 回转形内管结构。主要是为了加长排气管后尾管（图 2 – 126）。这样可以在不改变消声器的布置位置的前提下，改变发生噪声的位置，也就是在气柱共振中重要的第二级和第三级音压模型的腹部附近布置消声器，可以大幅度提高低频消声效果（图 2 – 127）。

一般定义是用衰减量来评价消声效果，可以

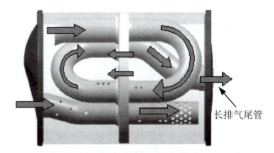

图 2 – 126　消声器的内部构造

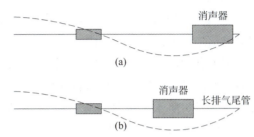

图 2 – 127　排气管内第二级声压模式

利用装备消声器时的声压和不装备消声器时的声压差值求出（图 2 – 128）。

衰减量的理论计算历来采用四端子传递矩阵法等一维分析方法。最近，由于三维模型的不断发展，通过 BEM（边界元法）和 FEM（有限元法）对声响进行分析，可以较容易地算出衰减量（图2 – 129）。

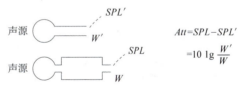

图 2 – 128　衰减量的定义

$Att = SPL - SPL'$
$= 10 \lg \dfrac{W'}{W}$

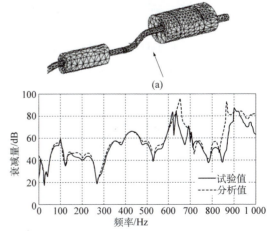

图 2 – 129　衰减量分析示例

（a）三维 FEM 模型；（b）衰减量曲线

2.7.7 可变机构

2.7.7.1 可变进气

为了提高充气效率，在发动机尽可能广泛的转速范围内有效地利用进气惯性效应、进气波动效应以及进气（谐振）效应，已对进气歧管的可变性进行开发。

可变进气主要是指进气管的有效长度可变。目前已经开发出多种形式的可变机构，并应用于实际车辆上。另外有的进气机构可以根据不同的工况在进气歧管上游的多个平衡箱之间进行切换。

如图2-130所示，进气歧管内部的转换阀可根据发动机的转速进行旋转运动，来改变进气管的有效长度。采用这样的可变进气系统，发动机可以在较大的转速范围内提高充量系数φ_c，其结果如图2-131所示。

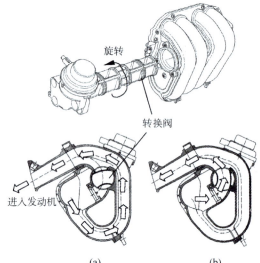

图2-130 采用可变机构的进气歧管[15]

(a) 转换阀关闭：进气管长（低中速扭矩提高）；
(b) 转换阀开启：进气管短（最大功率提高）

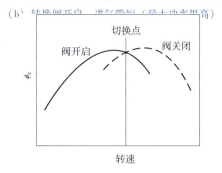

图2-131 使用可变进气歧管后的充量系数变化

2.7.7.2 可变排气

为了不影响静肃性，提高发动机的功率，一般都在消声器内部采用可改变排放气路的可变气阀（图2-132）。

发动机转速较低时，消声器内部的气体压力也相对较低，此时可变气门关闭。尾气通过扩张室降低排气噪声。

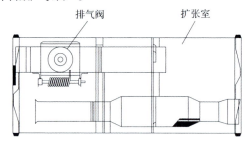

图2-132 带排气阀的消声器

随着发动机的转速升高，消声器内的压力也随之上升，可变气门开启，排气通路增大，可以降低排气压力（图2-133）。

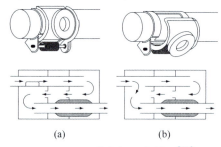

图2-133 排气阀工作情况[16]

(a) 低转速时；(b) 高转速时

2.8 冷却系统

2.8.1 概要

燃烧室产生的热量，一部分被汽缸盖、汽缸体、气门、活塞等部件吸收，如果这些零部件温度上升过高，就会产生热变形，破坏缸壁的油膜，导致润滑不良。如图2-134所示，导致重大的热故障。

另外，温度过高还会引起燃烧状态恶化，产生爆燃及早燃等异常燃烧，导致活塞烧熔。不仅如此，还会导致热效率下降，使输出功率下降。相

第2章 发 动 机

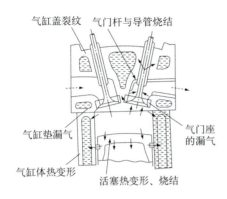

图2-134 汽油发动机燃烧室周围的热故障示例[1]

反，如果冷却过度，将使动力性、经济性、排放性能下降，并产生汽缸的低温磨损。因此，必须适当控制发动机各部位的温度。

冷却系统设计的要求是：①防止零部件产生过热损坏及热变形；②保持适当的壁温、进气温度和油温。

发动机的冷却方式有两种，一种是通过发动机零部件表面直接把热量传到空气中的空冷式；另外一种是热量经过燃烧室表面传给液体，再通过散热器散至空气中，即水冷式。空冷和水冷的优缺点比较如表2-22所示。

表2-22 水冷式和空冷式的优缺点比较

冷却类型	冷却效果	功率、耐久性	质量、容量	油耗、机油消耗量、磨损	噪声	维修
水冷	各处冷却均匀，冷却性能高	可用高压缩比，平均有效压力大，从而使输出功率增大。热负荷容量大，耐久性好	必须冷却水套、散热器、水泵等但必须使其体积简洁化	热效率较好、油耗低，热变形小，机油消耗量少，可能产生低温磨损	水套隔音，噪声小	冷却液需要维护检查
空冷	无法均匀冷却，容易产生热变形	压缩比低，由于冷却风扇损失功率等，很难达到大功率	必须冷却风扇汽缸、导风盖等，引起容积增大	油耗，机油消耗量大，机油高温老化，低温磨损小	冷却风扇及叶片噪声大	维护检查较简单

水冷式汽车发动机一般所用的冷却系回路如图2-135（a）所示。近年来为了提高汽缸盖的冷却性能以及使汽缸体提前预热，开发了各种不同形式的冷却系统。如汽缸盖纵流、汽缸盖先行水流动、进气先行冷却、双系统冷却等［图2-135（b）～（e）］。一般采用长效应冷却液（LLC，Long Life Coolant）。下面介绍水冷式汽车发动机冷却系的各部件。

2.8.2 水泵

水泵是使冷却液产生循环，汽车使用的大多为离心式水泵，如图2-136所示。

发动机冷却液的循环量为40～140 L/(kW·h)。进出口温差为7～10℃[3]。

水泵叶轮除了用钣金材料制造外（图2-137），还可以用树脂材料（图2-138）。叶轮的形状有闭式和开式两种。汽车多采用开式叶轮。在实际使用时必须注意水泵壳体和叶轮之间的间隙对水泵性能的影响。

水泵上密封冷却液的常用机械密封构造如图2-139所示。采用可以用水润滑的滑动面材质。对于转速范围大的车用发动机来说，转速下降，即密封件滑动速度下降时，就有可能由于润滑膜变薄，发生黏附性滑动而产生异响。为了预防此种情况的发生，一般在正常运行状态下使用，滑动面处可以产生微量蒸汽的机械密封。另外，为了使蒸汽不凝结在轴承位置，一般在轴承与机械密封之间设有如图2-136所示的排气孔和排水孔。能够满足上述性能要求的材料[4]，一般为陶瓷和铸型石墨组合的材料。

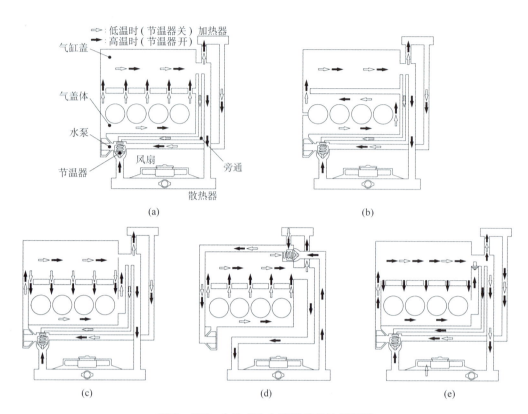

图 2-135 水冷式汽车用发动机冷却回路
(a) 普通的入口控制；(b) 汽缸盖纵流；(c) 汽缸盖先流；(d) 进气先行冷却；(e) 双系统冷却

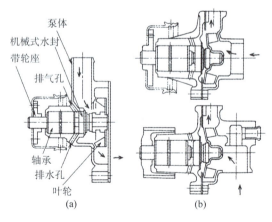

图 2-136 水泵结构
(a) 上进口式；(b) 下进口式

 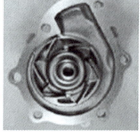

图 2-137 钣金叶轮

图 2-138 树脂叶轮

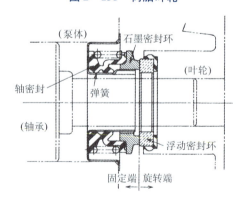

图 2-139 机械密封构造

2.8.3 冷却风扇

发动机冷却风扇一般采用轴流式。可分为发

动机驱动式冷却风扇（直接连接冷却风扇及黏性连接冷却风扇）和电动冷却风扇两种。设计发动机冷却风扇要考虑到风扇应具有较大风量、噪声低、耗能少等特点。

2.8.3.1 发动机驱动式冷却风扇

（1）顶部间隙（前端框架与风扇的间隙）由发动机带动的风扇通常安装在发动机上，而前端框架固定在车身上。考虑到发动机摆动等因素，风扇和前端框架之间的间隙应保证在 20 mm 以上。与此相反，电机带动的风扇和前端框架都安装在车身上，故其间隙为 3~6 mm。图 2-140 为发动机驱动的风扇特性，从性能方面来看处于不利状态[5]。

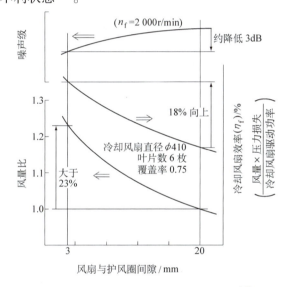

图 2-140 顶部间隙导致的性能变化[5]

最近，有的载货车也把前端框架装在发动机上，间隙取 5~8 mm，以增加风量，降低噪声[6]。

（2）冷却风扇主要参数及性能 一般情况下，风量 Q、风扇直径 D 与风扇转速 n 之间存在如下比例关系[7]：

$$Q \propto D^3 n \quad (2)$$

另外，风扇噪声的声压级（Sound Pressure Level，SPL）和风扇直径 D、转速 n 之间存在如下比例关系[7]：

$$\text{SPL} \propto D^8 n^6 \quad (3)$$

根据公式（2）、公式（3）可得

$$\text{SPL} \propto Q^3 n^3 / D \quad (4)$$

根据如上公式，在同一风量条件下，为了降低噪声，可以增大风扇直径，降低转速。

风量与叶片的升力系数和叶宽的乘积成正比。升力系数越小，叶面上的流动就越平顺，附面层就越难剥离，噪声也就越小。因此，规格相同的风扇，叶幅较宽的噪声低[7]。风扇其他的主要技术参数：叶片角度、叶片数量、安装间隙、扭转角（叶片顶部和根部的角度差）、弧弦比（翅度比，图 2-141）、轮毂比（风扇直径与风扇轮毂直径的比值）和前端框架的覆盖率等（图 2-141）。因为这些参数都影响风扇性能，设计时应予以充分的考虑[5]。

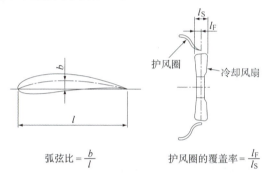

图 2-141 弧弦比（翅度比）、前端框架覆盖率定义

（3）风扇的形状和性能 发动机舱内风的流动是非常复杂的。并且各种车辆情况都不一样。因此，对每一种车辆都应确定合适的风扇形状。以下所说的是风扇形状特征和其示例。

① 带有护风圈的风扇：如上所述，发动机驱动的风扇顶部间隙比较大，为了防止在此处产生与进气流动相反的逆流和降低叶片顶端的涡流，在风扇上安装了护风圈，如图 2-142 和图 2-143 所示。为了使从护风圈处流出的气体畅通，护风环设计成喇叭口状。对于顶部间隙较小的电动冷却风扇，也有采用此种方法的例子。其目的是降低由风扇顶端的涡流而产生的紊流噪声。采用此种方法时，对材料及其强度应该加以认真研究。

② 带导流片式风扇：在风扇的叶面上安装很薄的小型导流片（图 2-144）。这种结构在轴流式风扇的基础上又附加了离心式风扇的作用，因此，它又具有沿着散热器和发动机内的斜流方向

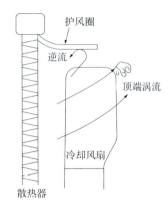

图 2-142　顶部涡流及前端框架内的逆流[8]

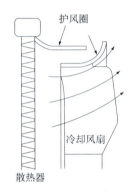

图 2-143　带护风环的风扇气流[8]

送风的作用。采用该结构目的是为了消除叶面上气流的剥离和逆流的产生，降低风扇噪声，提高送风量。

图 2-144　带导风片的风扇

③ 前倾式叶片风扇：为了增加风量，发动机驱动风扇叶片顶端的设计形状越来越大。各种叶型的风扇性能如图 2-145 所示。从图中可以看出，前倾式叶片风扇无论是噪声还是风量都优于其他各种叶型的风扇。由于前倾式叶片可以防止气流在叶片顶端分离，因此，可以抑制涡流噪声（图 2-146）。

如果把叶面向进气方向倾斜，能更有效地抑

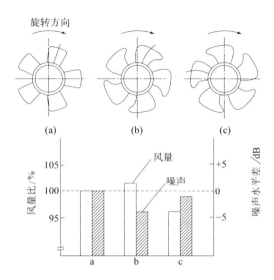

图 2-145　叶片形状、风量、噪声特性[8]

（a）直叶片；（b）前倾叶片；（c）后弯叶片

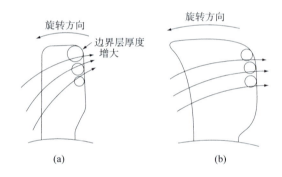

图 2-146　直叶片、前倾叶片上的气流[10]

（a）直叶片；（b）前倾叶片

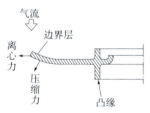

图 2-147　进气方向前倾角对附面层的影响

制气流的分离（图 2-147）。

（4）自动风扇（离合）器　风扇的转速是以车辆行驶中温度最高时，仍能避免发动机过热为前提设定的。因此，在车辆正常行驶情况下，应该把风扇的转速控制在适当范围内，这样才能降低噪声，提高发动机经济性。对于发动机驱动的风扇，一般使用自动风扇（离合）器（以下简称 AFC）控制转速。在 AFC 内部封有黏性流体（硅油），靠其剪切力传递扭矩。在风扇前面装有双金属片，用来感知流过散热器的空气温度，由此控制风扇工作腔内的硅油量，并在必要时传递扭矩使风扇旋转。以往一般采用的是在高温和低温时切换旋转动力的 2 挡控制离合器。但是，随着车辆对油耗及噪声特性要求的变化，更精确的 3 挡温度—转速控制和无级控制已经得到了普及，其特性如图 2-148 和图 2-149 所示。

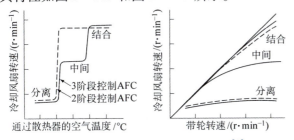

图 2-148 3 挡风扇离合器的特性[8]

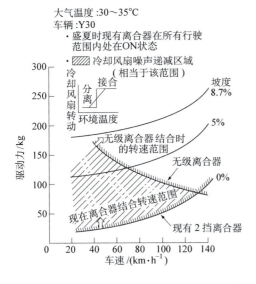

图 2-149 无级 AFC 和 2 挡 AFC 工作范围比较[10]

风扇噪声之一是冷启动时风扇被带动旋转所产生的噪声。产生此问题的原因是发动机停止工作时，硅油回流入工作腔内，冷启动时使风扇旋转。为了消除这种现象，在硅油回流孔处设置防止硅油流入的挡壁或在风扇工作腔的背面增设一个储油室。这种结构（AFC）已经被采用（图 2-150）。

2.8.3.2 电动冷却风扇

该系统仅在需要时由电动机带动风扇工作，供给所需的风量。这种系统布置的自由度较大，因此在发动机横置（FF）车上的应用逐渐增加。

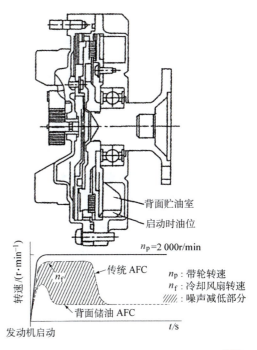

图 2-150 背面储油式 AFC 及其效果[11]

用这种方式控制的风扇，在冷却液温度低时风扇停止转动，而在冷却液温度高时风扇转速增加。由于电动风扇易实现上述控制，因此具有能够提高发动机预热性能、提高经济性即降低油耗、降低噪声的优点。电动机多采用铁素体电动机。但由于装配空间的制约，多采用轴短、扁平的电动机（print motor）。

（1）系统的构成　装用电动风扇的设计方案如图 2-151 所示，有吸入式和压入式两种。吸入式是基本型。如图 2-152 所示，散热器、空调用的冷凝器和电动冷却风扇构成整个系统。最近，为了进一步降低噪声和油耗，即便是 FR 车上也不再采用离合式风扇，而是越来越多地采用了电动冷却风扇。

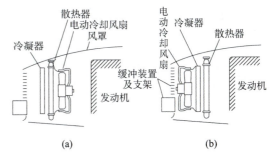

图 2-151 电动冷却风扇布置
(a) 吸入式；(b) 压入式

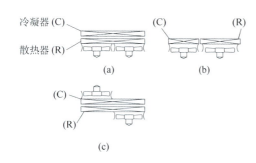

图 2-152　电动冷却风扇排列

（a）串联排列（吸入式）；（b）并联排列（吸入式）；
（c）串联排列（吸入式+压入式）

（2）风扇转速的控制　电动冷却风扇一般是由设在发动机冷却回路的水温开关（图 2-153）的信号，通过继电器对风扇的动作进行合理控制。接通—断开（ON—OFF）2挡控制系统比较多。但是，考虑到降低噪声、提高燃料经济性、易于充放电控制等因素，也有采用在中间追加控制区域的3挡式控制。也有利用电阻值随温度大幅度变化的热敏电阻（水温传感器）和利用计算机对电动风扇实现多挡控制的。

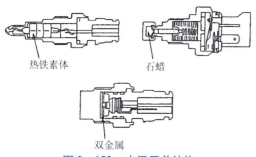

图 2-153　水温开关结构

2.8.3.3　车辆通风系统和风扇特性的匹配

发动机冷却风扇装在发动机舱内，因此和车辆（发动机舱）通风系统的匹配是很重要的。

图 2-154 所示的是通风系统不同的车辆 A 和 B 的压力损失特性以及风扇 a 和 b 的特性。通风阻力低的车辆 A 与风扇 a 相匹配时风量大，而通风阻力大的车辆 B 与风扇 b 相匹配时风量较大。设计时需要掌握车辆的通风阻力，选择与其对应的风扇尺寸[10]。另外，车辆通风系统的阻力受散热器、空调冷凝器等热交换器和散热器格栅等风扇前方构件的影响很大。设计时要特别注意蓄电池和发动机附件不要靠近电动风扇的出风口。后方构件对风扇性能影响如图 2-155 所示。

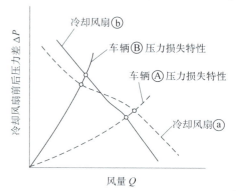

图 2-154　车辆压力损失特性及冷却风扇特性[12]

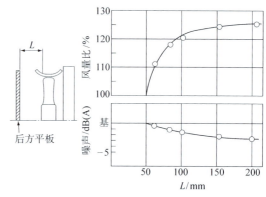

图 2-155　距后方平板的距离及冷却风扇性能

电动冷却风扇的电动机支架形状对气流也有一定影响。一般是利用计算机辅助设计（CAE：Computer Aided Engineering）进行发动机舱模型气流影响分析（图 2-156）。

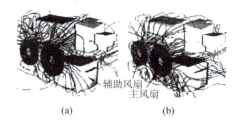

图 2-156　发动机舱内的气流[13]

（a）怠速；（b）高速（120km/h）

2.8.4　散热器

2.8.4.1　结构及材料

汽车用散热器的典型构造如图 2-157 所示。以前散热器的材料，大部分是把纯铜的散热片钎

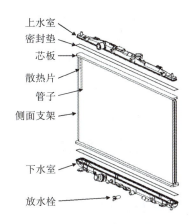

图 2-157 散热器结构

焊在黄铜管上，即大部分散热器是由铜合金制成的。现在考虑到轻量化的要求以及对有害物质的使用限制，散热片和管都用铝制成。

另外，上下水室的材料也由原来的黄铜或铝制水室改为了由树脂材料制作的。而且在乘用车上的应用已经超过了1/2。上下水室的树脂材料一般是采用尼龙66（加入玻璃纤维）。上下水室与芯子用机械方式通过密封填料接合。另外不采用硬钎焊和软钎焊联接方法，只用扩管及铆接等机械接合方式构成的组合式散热器也被实用化。

2.8.4.2 散热性能

给出散热器散热量的计算公式为

$$Q = K_a F_a \Delta T_m \quad (5)$$

$$\frac{1}{K_a F_a} = \frac{1}{\phi \alpha_a F_a} + \frac{T_S}{\lambda_t F_w} + \frac{1}{\alpha_w F_w} \quad (6)$$

式中 K_a 为以 F_a 为标准的总传热系数；F_a 为空气散热面积；F_w 为冷却液散热面积；ΔT_m 为冷却液和空气的平均温差（用对数平均温度差来加以定义）；α_a 为空气侧传热系数；α_w 为冷却液侧传热系数；T_S 为管壁厚；λ_t 为管导热系数；ϕ 为综合散热片效率。

因为管子是由铝或者黄铜制成，且管壁较薄，式（6）右边第二项与其他项比较，其比例在 1/100 以下，可以忽略不计，则式（6）可简化为

$$\frac{1}{K_a F_a} = \frac{1}{\phi \alpha_a F_a} + \frac{1}{\alpha_w F_w} \quad (7)$$

在散热器通常使用条件下，空气的热阻 $\frac{1}{\phi \alpha_a F_a}$ 是冷却液热阻 $\frac{1}{\alpha_w F_w}$ 的 5~10 倍，因此，改善空气（散热片）的散热性能是提高散热器散热性能的较为有效方法。

散热器使用波纹状散热片时（图 2-158（b）），散热片与管子之间用硬钎焊或软钎焊连接在一起，具有强度高的优点。与平板式散热片（图2-157）相比，散热片较薄，有利于轻量化。

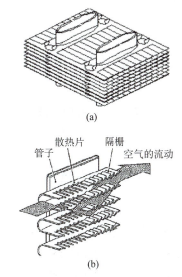

图 2-158 散热片形状
(a) 平板式散热片；(b) 波纹状散热片

铝质散热器与铜质散热器相比，散热片的导热率低，因此，一般通过增加其厚度的方法来提高散热片的效率。另外，由于增加了散热片和管子的厚度，就会增加空气的压力损失，因此要注意在爬坡及堵车等低风速条件下，散热器性能对整车的影响。

2.8.4.3 横流式散热器

过去，散热器大部分采用水室上下配置、冷却水由上至下的竖流式结构。现在，欧、美广泛采用水室左右布置、冷却水水平流动的横流式结构（图2-159）。

如果散热器外形结构尺寸相同，对于横流式散热器，其芯部面积可以做得更大，对提高散热性能有利。但是，横流式散热器存在冷却水流动阻力过大等问题。另外，也有部分欧洲厂家采用 U 形回流的横流式结构。

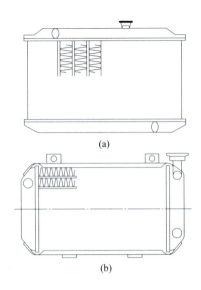

图 2-159 冷却水流向
(a) 竖流式;(b) 横流式

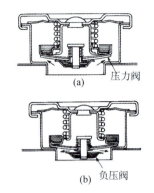

图 2-160 散热器盖的结构及工作原理[2]
(a) 冷却系内压力上升时（压力阀开启）；
(b) 冷却系内为负压时（负压阀开启）

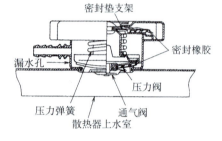

图 2-161 通气阀式散热器盖[14]

2.8.4.4 压力式散热器盖

汽车用的冷却系统几乎全部是压力式系统，该系统中装有压力式散热器盖。如图 2-160 所示，由控制最高压力的加压阀和系统内出现负压时开启的负压阀构成。采用这种结构的优点：①可以抑制冷却水和空气的接触，防止冷却水的氧化；②由于有正压阀（冷却液正压），可以提高系统内冷却液的沸点（抑制沸腾），降低气穴作用，提高系统冷却能力；③负压阀提高了发动机冷却回路排气性能。为了增加系统气液分离性能，保持系统的压力，提高冷却系的耐久性，取消了图 2-160 所示的负压阀弹簧，采用通气阀（图 2-161）。在此种情况下，负压阀处于常开状态，冷却液在负压阀的作用下溢出使阀门关闭，对整个冷却系统加压。

2.8.4.5 膨胀水箱

冷却液在发动机冷却回路中流动，发动机发动之后，温度升高，体积膨胀。吸收这部分体积膨胀的气相空间就是膨胀水箱。带膨胀水箱的冷却系统根据膨胀水箱有无加压分为两种系统形式。其特点及设计要点如表 2-23 所示。

2.8.4.6 水管

水管用于发动机冷却回路中，有吸收发动机振动和水箱相对运动的作用。因此，耐热性、耐候性、耐臭氧性、耐压性、冷却液的适应性以及柔软性是水管应具有的性能。

表 2-23 冷却系统的特征及设计要点

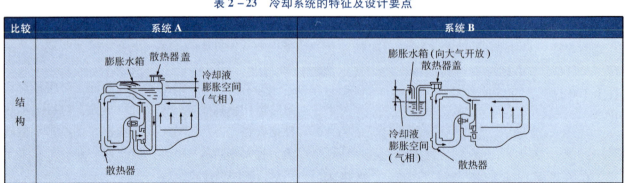

续表

比较	系统 A	系统 B
特征	• 加压系统内部有膨胀空间（膨胀水箱） • 膨胀空间内冷却液进行循环，发动机运转过程中实现气液分离	• 加压系统外部有膨胀空间（膨胀水箱） • 只有在冷却液溢出时，用压力盖进行气液分离
设计要点	应注意：• 膨胀水箱的耐热、耐压性、容量和位置 • 冷却系统内的系统压力应适当	应注意：• 膨胀水箱的耐热性、容量和位置

水管有纯橡胶型和中间加强型两种。从耐压性、耐久性方面考虑，后者被使用得较多。

中间加强型软管的种类如图 2-162 所示。编织型的水管多用于散热器，螺旋软管多用于被加热的管子，针织型多用于直径差异较大的异型管。

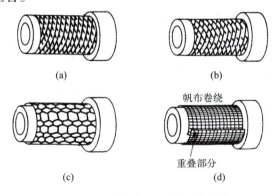

图 2-162 中间加强型软管的种类

（a）螺旋管；（b）编织；（c）针织；（d）卷绕

实际使用时，一般都使用壁厚 4 mm 以上、橡胶硬度为 60~70HS 的软管。从柔软性方面考虑，中间加强型管的硬度一般为 60HS，纯橡胶一般为 70HS。

考虑到软管连接处的强度，软管内径比与其连接的软管的外径小 1 mm 左右。软管两端与其他管相连接时，应有 30 mm 左右的插入量。

2.8.5 节温器

控制冷却液的温度常由蜡式节温器来进行。由于把石蜡封存在膜盒中，利用蜡的热膨胀特性来开关阀门。因此，应设计成石蜡不容易受到冷却回路中压力影响的结构。蜡式恒温器既满足了耐高温的要求又提高了冷却效率，且冷却系统的设计自由度比较大，因此成为主流。近年来，为了提高冷却水流量控制精度，有时也采用电热并用蜡式节温器或者电动阀门等结构。

2.8.5.1 构造和原理

节温器可以根据冷却液的温度而改变冷却液循环路径面积、控制各个回路的冷却液循环量，以保证发动机各部位温度维持在适当的范围内。根据使用目的的不同，节温器有图 2-163~图 2-165 所示的几种不同的结构形式。

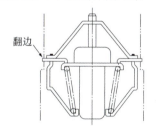

图 2-163 串联式节温器[15]

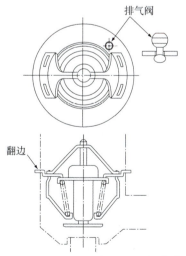

图 2-164 底部旁通型节温器[15]

因为串联型节温器只有一个阀体，所以只能

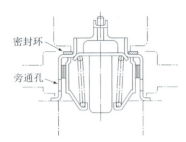

图 2-165　侧面旁通型节温器[15]

控制散热器一侧的冷却液流量。底部旁通型和侧面旁通型节温器有两个阀体，除了可以控制散热器一侧的冷却流量以外，还具有控制旁通通路冷却液流量的功能。即在冷却液温度上升时，恒温器在打开散热器通道的同时，关闭旁通通路，切断冷却液在旁通通路内的流动。这种结构，可以增加冷却液流经散热器的流量，冷却效率高。旁通通路直径越大，节温器的负荷就越小，发动机内的冷却液温度分布就越均匀。但是，加大旁通通路的直径会降低加热回路的流量。

阀开启—升程特性如图 2-166 所示，S 的左侧是石蜡固体膨胀阶段特性，L 的右侧是石蜡液体膨胀阶段特性。$S \sim L$ 是固相到液相时体积急剧膨胀阶段。冷却液温度上升后，根据节温器感温部位的温度改变阀门升程量，进行温度控制。温度进一步上升则达到全开行程，此时的温度比较容易测量，通常设定比该温度稍高的温度作为阀门全开启温度，一般比阀门开启温度高 13℃ 左右，此时升程为 8~12 mm。

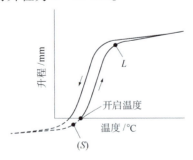

图 2-166　节温器开启特性

2.8.5.2　节温器的安装位置

从原理上讲，节温器可以装在发动机冷却液的进口处或出口处。安装位置不同，具有不同的工作特征。

（1）节温开启温度　节温器装在冷却液出口处时，控制的是经发动机冷却后的高温冷却液的温度。节温器装在冷却液的入口处时，控制的是从散热器流出的低温冷却液和从发动机流回的高温冷却液混合后的温度。因此，如果采用开启温度相同的节温器，则进口控制的冷却液温度比出口控制的冷却液温度高。通常，在采用发动机出口处控制的情况下冷却液温度一般为 82~88℃，而在水泵入口处控制时冷却液温度一般为 76~82℃。

（2）水压的影响　在采用出口处控制时，节温器阀面直接承受的是水泵输出压力，开启负荷大，因此容易产生冷却液温度波动和超温现象。特别是串联式节温器，由于旁通回路直径小，更容易产生图 2-167 所示的超温现象。在入口处进行控制时，节温器沿水流方向开启，开启负荷低，耐久性好。另外，在入口处进行控制是在距离低温冷却液最近的位置进行控制，冷却水温度比较稳定，没有超温现象。不过容易产生水泵吸入阻力增大的问题，故必须注意防止气穴的产生。

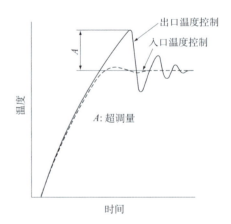

图 2-167　超温特性图

除了以上所述之外，在出口处安装节温器，还具有有利于节温器维护保养和注入冷却液时便于空气排出等特点。

2.8.5.3　排气阀

在向发动机加冷却液时，为了确保空气的排出，同时防止在发动机预热时冷却液流入散热器，在节温器法兰上设置了排气阀（图 2 - 164）。为了有利于排出空气和降低漏液量，通常阀孔的面积为 1.5～2.5 mm²。加液时，约 5～10 L/min 的空气从发动机冷却回路中被排出。另外，为了减少漏液量，一般设计成当排气阀前后的压差为 1.3 kPa 时，阀就关闭。

2.8.5.4 节温器壳体

如图 2 - 168 所示，节温器阀的直径为 V，节温器壳外径为 H，如果由 H 和 V 之间间隙确定的面积小于 $\pi/4V^2$，那么水流阻力变大，流量降低。

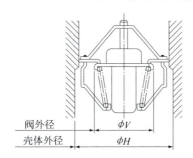

图 2 - 168　节温器阀口直径和壳体外径

2.8.6　冷却液

2.8.6.1　冷却液的特性

要求冷却液应具有以下特性：
① 防冻性。
② 防腐蚀性（不能腐蚀冷却系统的金属）。
③ 热传导性。
④ 对橡胶、树脂等各种冷却系零部件要有适应性。

现在，以乙二醇为主要成分，添加防腐剂及水构成的 30%～50%（体积含量）的 LLC 防冻液能够满足上述要求，并得到广泛应用。汽车用防冻液在 JISK 2234 标准中有相关规定。一种是只在一个冬季使用的（标记：AF），一种是可以常年使用的（标记：LLC）。

2.8.6.2　冷却液的防腐蚀性

要求冷却液对钢、铸铁、铝、铜、黄铜、焊锡等多种金属不能有腐蚀作用。冷却液的防腐蚀性由所选的防腐剂决定，而万能的添加剂是没有的，只能用多种添加剂的组合来满足整体防腐蚀性要求。此外，为了保持防腐添加剂的效果，市场上必须进行合理的针对稀释水的管理。

2.8.6.3　冷却液的老化

长期使用冷却液后，由于其接触的使用环境（主要是消耗了防腐蚀添加剂）和外部因素（主要是浓度降低）的影响，冷却液的防腐蚀性能下降。特别是由于主要成分乙二醇氧化变质产生的腐蚀性物质（酸）和使用温度的提高，加速了冷却液的老化。为了保持冷却液的防腐蚀性能，需要进行定期更换，还要保持适当的浓度。最近，为了降低环境影响、节约资源等，要求维修保养周期越来越长。通过采用或适当添加有机碳酸盐和无机盐金属防腐剂，可以延长金属的防腐蚀性能。并且对冷却系统各部件所产生的影响与现行的冷却液具有同等的性能。

2.9　润滑系统

润滑系统的作用是向发动机内各轴承处和滑动部位供给润滑油，确保摩擦面的流体润滑，减少摩擦和磨损，同时对摩擦部位进行冷却。润滑系的构成，由于供油方式不同而不同。汽车用发动机一般采用机油泵式强制润滑方式由油底壳、滤油网、机油泵、机油滤清器和机油冷却器等部件构成。油底壳内的机油依靠滤网滤出较大的异物后，由机油泵加压输送。再经机油滤清器除去比较小的异物，通过机油冷却器达到适当的油温后，供给发动机内的摩擦部位（图 2 - 169）。

2.9.1　机油泵

为了进行发动机内部的润滑和冷却，机油泵把贮存于油底壳内的机油泵出，送到曲轴、凸轮轴、活塞等轴承和摩擦部位。按照齿轮的啮合方式可以分为内啮合齿轮型和外啮合齿轮型。内啮合齿轮型一般有次摆线（图 2 - 170）、多齿次摆线齿型（图 2 - 171）以及内啮合渐开线齿轮型

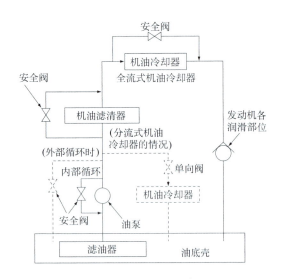

图 2-169　润滑系统图

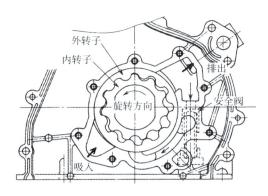

图 2-171　内齿轮式机油泵
（内啮合多齿次摆线转子示例）

（图 2-172）。外啮合齿轮型一般是渐开线齿轮型（图 2-173）。机油泵的驱动分为同曲轴直接联接的驱动和通过带、齿轮、链条或其他驱动轴的驱动。从对机油泵小型化的要求出发，有使用同曲轴直接连接型式的，或是在曲轴下部设置，并用链条驱动从而使曲轴可以变得更短。机油泵结构的示例如图 2-171 所示。由于机油泵流量与发动机的转速成正比，故设置溢流阀，使润滑系管路内的油压不会超压。溢流方式有在机油泵内循环的内溢流式和在机油泵外流出的外溢流式，图 2-171 所示为内溢流式。

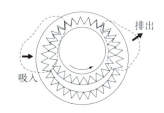

图 2-172　内啮合带月牙板渐开线齿廓机油泵

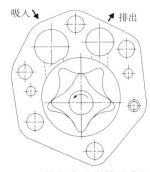

图 2-170　偏心内啮合转子式机油泵
（内转子 4 个齿，外转子 5 个齿，齿廓线为次摆线）

机油泵的流量由路径阻力和发动机内各处所需要的油压决定。可以利用下面的理论流量公式，考虑最苛刻条件，确定机油泵参数。

2.9.1.1　渐开线齿轮

内啮合齿轮的每转理论流量为

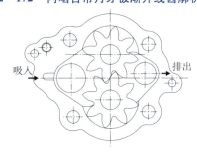

图 2-173　外啮合渐开线齿轮机油泵

$$V_{th} = \pi b m^2 \left\{ 2z + (1-i)\left(1 - \frac{1}{12}\pi^2 \cos^2\alpha_n\right)\right\}$$

外啮合齿轮的每转理论流量为

$$V_{th} = 2\pi b m^2 \left(z + 1 - \frac{1}{12}\pi^2 \cos^2\alpha_n\right)$$

式中，V_{th} 为每转的理论流量（mL/r）；b 为齿宽（cm）；m 为模数（cm）；z 为驱动齿数；i 为齿数比（驱动齿数/从动齿数）；α_n 为（齿轮）刀具压力角（°）。

2.9.1.2　次摆线转子

每转理论流量为

$$V_{th} = S \times b \times z$$

式中，S 为一对齿之间空间面积最大值和最小值的差。

由于泵各处间隙存在泄漏，实际流量 V_e 用

体积效率 η_v 和 V_{th} 的积求出，即

$$V_e = \eta_v \times V_{th}$$

η_v 因受泵的转速、油温、各部间隙的影响，一般设定在60%~90%的范围内，以此确定泵的规格参数。图2-174所示为发动机管路阻力和机油泵流量特性的关系。近年来，汽车用机油泵以高效率、高性能化为目标，从带低压腔的渐开线齿过渡到没有低压腔的多齿次摆线型齿（图2-175）。但是，次摆线型式每一齿的容积变化率大，压力波动大，有可能产生较大的振动和噪声。于是，也出现了改变转子的齿形、进出口的形状，并且在增速情况下使用的做法。近年来L4发动机油底壳内与平衡轴功能进行整合，实现了轻量化和小型化的目标。另外，有的正时链凸轮驱动方式的发动机也采用机油泵内置于前罩盖内的形式。

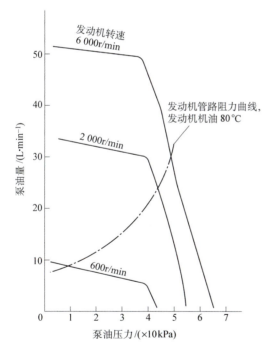

图2-174　机油泵特性及发动机管路阻力曲线

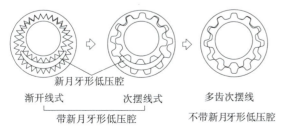

图2-175　内啮合机油泵的演变

2.9.2　机油滤清器

由于金属磨损的粉末、吸进空气中的灰尘、燃烧生成物、机油本身的劣化等，发动机机油中不溶解成分不断增加，加剧了滑动部位的磨损。一般采取安装机油滤清器的方法来避免上述情况的发生。机油滤清器按照润滑油的过滤方式，分为全流式、分流式和组合式机油滤清器。

2.9.2.1　全流式（图2-176）

汽车发动机大多使用此型式的滤清器，这是把从机油泵排出的机油全流过滤的方式。由于滤清器本身直接成为流路的阻力，为了降低压力损失，过滤用材料选用比较粗的滤芯（10~30 μm）。另外还设置了溢流阀，以防止冷启动时机油滤清器的滤芯堵塞。

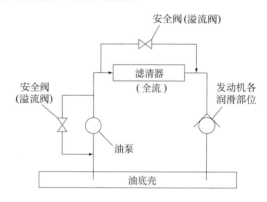

图2-176　全流式

2.9.2.2　分流式（图2-177）

这是把从机油泵泵出的机油一部分过滤后返回油底壳，其余的机油供给发动机各部位的方式。由于发动机各部位的油压很少受滤清器的阻力所左右，所以同全流式相比较，过滤用材料可用更细的滤芯，可以滤去2~10 μm的颗粒。分流的流量通过滤清器内的节流孔控制。但是，因为没有直接过滤供给发动机各部位的润滑油，所以很少单独采用分流式机油滤清器。

2.9.2.3　组合式（图2-178）

这是把前面介绍的全流式、分流式组合在一

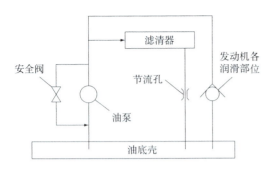

图 2-177　分流式

起的方式。润滑油的大部分用全流式滤清器过滤，供给发动机各部位；另一部分用分流式滤清器过滤后，返回油底壳。其目的是增大滤清的容量，延长保养维修周期。

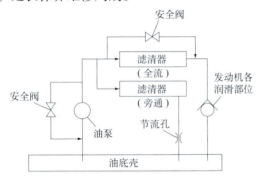

图 2-178　组合式

经过一定的行驶距离或者一定的时间后就需要更换机油滤清器。为了易于保养，采用旋转连接式（图 2-179）或中心螺栓式（图 2-180），以便于拆装。按照机油滤清器的过滤材料，可分为滤纸式、片式、铁线式、棉纸式、烧结式等。另外，还有不使用过滤材料的离心式（图 2-181）。其中，滤纸式以寿命长、效率高、成本低，成为机油滤清器的主流。对同样尺寸的滤清器，为了增加过滤面积，延长使用寿命，滤纸需折叠使用，各种折叠方法如图 2-182[2] 所示。

当吸收存于油底壳内的滑润油时，要滤去润滑油中的大颗粒异物，因此一般滤网都装在机油泵的前端。其结构由金属网或多孔板（冲孔金属）和钢管等构成，金属网的网眼为 0.5～2.2 mm。为了实现轻量化及降低成本，最近也采用一体化的树脂制滤网。其安装于发动机的形式如图 2-183 所示。

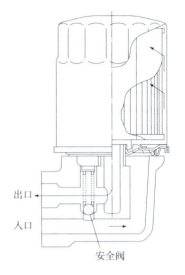

图 2-179　旋转连接式

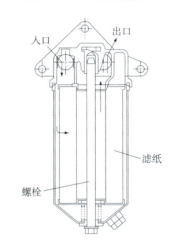

图 2-180　中心螺栓式机油滤清器

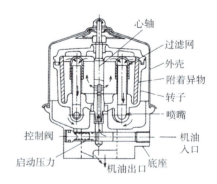

图 2-181　离心式机油滤清器

近年来，由于发动机的高转速化和车辆转弯性能的提高，一方面由曲轴等旋转部件等带入机油内的空气量增加，另一方面转弯时润滑油向油底壳一侧偏移，容易吸进空气。为了避免这些问题，把滤网的吸入口放在接近油底壳底面的位置

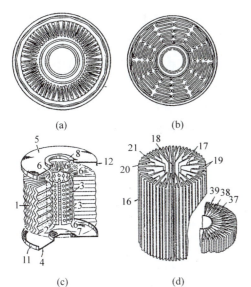

图 2-182 滤纸的折叠方法
(a) 滤纸折叠方法1；(b) 滤纸折叠方法2；
(c) 滤纸折叠方法3；(d) 滤纸折叠方法4

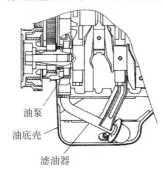

图 2-183 机油滤网

上成为比较有效的做法。图 2-184 为其中的一例。在原有滤网前端部位设置罩盖，罩盖上设有吸入口，使吸入口靠近油底壳底部，防止吸入空气。最近越来越多的滤清器开始采用树脂制的滤网，以达到轻量化的目的（图 2-185）。

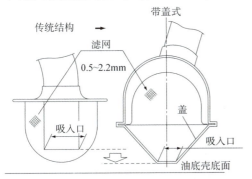

图 2-184 带盖式机油滤网

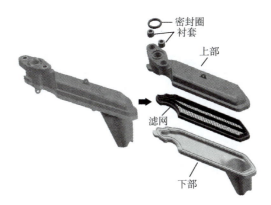

图 2-185 树脂制机油滤清器

2.9.3 机油冷却器

机油冷却器保证向发动机各部位供给适当温度的润滑油，来防止滑动部位的磨损、烧结等。其分为水冷式和空冷式两种形式。水冷式冷却器机油的热量被冷却液吸收，按其结构可分为多片式和管式两种。空冷式冷却器将润滑油的热量借助行驶产生的风释放到大气中去，其结构一般多采用层压式。

2.9.3.1 水冷式机油冷却器

图 2-186 为多片式机油冷却器。合理选择热交换片的片数，就可较容易得到所需的热交换量。热交换片的片数由冷却液和润滑油的热交换关系式求出。

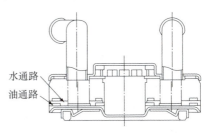

图 2-186 水冷式机油冷却器

实际上，因为 $\alpha \times F$ 值由不同的机油冷却器决定，故可以利用冷却热量和放热温度求出叠层片数。

管式机油冷却器的例子如图 2-187 所示，它属于外置式冷却器，可以同发动机机体分离，因此其组装性能较好。

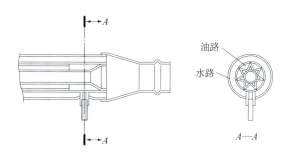

图 2-187　管式水冷机油冷却器

2.9.3.2　空冷式机油冷却器

空冷式机油冷却器一般为叠层式结构（图2-188）。与多片式水冷机油冷却器一样，可以通过改变叠层片数获得所需的热交换量。另外，由于是外置式，同管式的一样具有良好的组装性能。润滑管路中的机油冷却器位于机油泵的下游端，可分为润滑油全量流过冷却器的全流式和部分机油在冷却器中流过的分流式。在图2-169的润滑系统图中，实线表示的为全流式，虚线表示的为分流式。

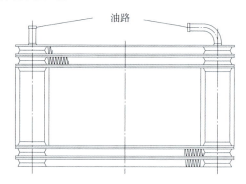

图 2-188　叠层式空冷机油冷却器

在全流式中，为防止机油冷却器发生网眼堵塞的情况，设置了安全阀。为防止管路堵塞，一般把安全阀装在机油滤清器的后面。在分流式中，利用单向阀在机油滤清器的前端分流，对流量进行控制。

2.9.4　油标尺

油标尺用于确认油底壳内的机油量。在油标尺的前端刻有表示机油量的刻度。其结构有平板式和钢丝式两种，一般采用平板式。当游标尺导管为三维弯曲时，采用钢丝式。近年来为了减小质量也有采用树脂游标尺的。

另外，为了简化日常的检查保养，目前汽车上开始使用油位检测系统。这种油位检测系统由油位传感器、传感器信号控制装置及指示灯（报警灯）构成。驾驶员在座位上即可通过仪表板监测油位，以防止机油不足导致发动机烧结等故障的发生。油位传感器按照连续检测油位或只检测油位的某一点来分类。

2.9.4.1　连续检测油位

连续检测油位一般采用电阻线型的检测方法，其检测原理是：根据油位不同，电阻线的放热量发生变化，使得电阻值发生改变，其结构如图2-189所示。

图 2-189　油位传感器（电阻线式）

2.9.4.2　检测油位某一点

检测油位某一点的方法，有浮子型、压电元件型、热敏电阻型等。浮子型的例子如图2-190和图2-191所示。前者把触点装于浮子内，利用油位变化接通或切断。后者把磁铁装于浮子内，与舌簧开关组合进行接通、切断。当温度达

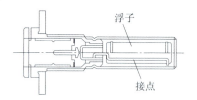

图 2-190　油位传感器（触点内置浮子式）

到一定数值以上时，为了能够更加精确地检测油位，设置了热敏开关来提高检测精度。近年来，不仅要检测油位，还出现了同时测知机油变质的检测系统。这一系统或是利用油温与行驶时间的关系来预测机油寿命，从而使驾驶室仪表板上的灯点亮发出警告，提示机油更换时间；或是机油内通入电流，通过测知静电容量来了解机油的老

化情况。

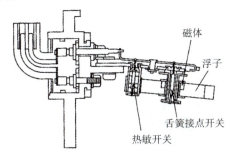

图2-191 油位传感器（磁铁内置浮子式）

2.10 燃料供给系统

2.10.1 概要

内燃机的工作原理是将空气和燃料进行混合，然后将其在燃烧室内进行燃烧。这一完成气体混合的装置加上燃料箱到发动机之间运送燃料的装置称为燃料供给系统。

在汽油发动机中，大体上有两种供油方式，利用吸入发动机内的空气量在喉管处形成的负压将燃料吸出，这种供给方式称为化油器式。另外，根据发动机的工况，对加压后的燃料的喷射量以及喷射时间进行电子控制的方式称为电子控制燃料喷射方式。

电子控制燃料喷射方式又可分为进气管喷射方式与缸内直接喷射方式两种。

近年来，由于高动力性、低油耗、低排放要求的不断提高，能够精确控制空燃比的电子控制燃料喷射方式已经成为主流。

在柴油发动机中，由于向燃烧室内喷射高压燃料，与空气混合后自燃，因此要求对燃料的喷射量和燃料喷射时刻进行控制。这样就需要燃料供给系统将燃料输送给燃料喷射泵进行了控制喷射。燃料喷射泵可分为直列式喷射泵、分配式喷射泵和共轨式喷射泵。

近年来由于共轨式喷射泵能够对燃料压力、燃料喷射时间等进行最佳控制，已经成为燃料喷射泵的主流。

2.10.2 化油器

2.10.2.1 概要

化油器是利用蒸发原理将燃料汽化，然后与空气混合，将混合气体供给燃烧室。

2.10.2.2 化油器基本结构

一般的化油器结构如图2-192所示，备有多个燃料供给装置。根据发动机不同工况，产生合适的混合气体供给燃烧室。

（1）浮子系 为了根据发动机不同工况供给相应的混合气体，化油器内部需要储存一定量的燃料。浮子可以调节浮子室内燃料的储存量。

（2）主供给系统 主供给系统是向发动机大部分工况供给燃料的系统，分为首要系统和辅助系统。首要系统在一般行驶状态下负责供给燃料，辅助系统在大功率输出以及高速行驶时辅助首要系统追加供给混合气体。

（3）低速系统 低速系统在主供给系统的下游，为低速行驶供给燃料。

（4）加速系统 为防止加速时产生的混合气流的延迟，增设了加速泵，用来补充供给燃料。

（5）加浓系统 高负荷时增加系统燃料，提高动力性能。

（6）阻风系统 增设阻风阀，提高混合气体浓度，改善低温启动性。

2.10.3 电子控制喷射方式（进气管喷射方式）

电子控制喷射方式是通过喷油嘴将燃油泵加压的燃料供给发动机。

2.10.3.1 燃料喷射系统

一般的燃料喷射系统如图2-193所示。燃油泵输送的燃料经滤清器过滤后，再经压力调节器将压力调整为400 kPa左右，然后由分配管送到各个喷油器。喷油器利用接收到的空气流量计、发动机转速传感器、节流阀传感器、进气温度及水温传感器、O_2 传感器等的信号，根据启动、

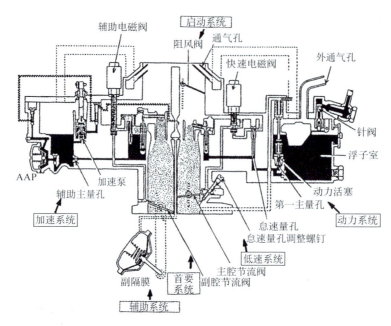

图 2-192 化油器构成

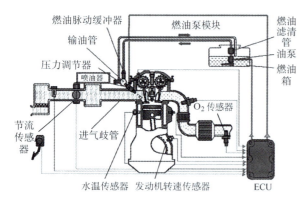

图 2-193 燃料喷射系统（进气管喷射）[1]

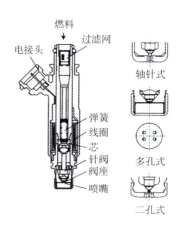

图 2-194 喷油嘴结构[2]

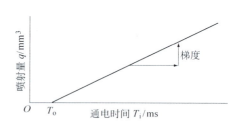

图 2-195 喷油器喷射量特性

预热、常态、加速、减速等不同的工况，综合到 ECU，ECU 发出控制信号从而向发动机供给所需的喷射量。

2.10.3.2 喷油器

典型喷油器结构如图 2-194 所示。通过电接头向线圈内通电，利用产生的磁性吸引芯子（可动铁芯），与芯子一体的针阀根据流量特性所决定的升程开启，反之，切断电流则弹簧的反作用力使阀门关闭，以此来控制燃料的喷射量。一般情况下，针阀的行程和开启压力被设定成一定值，发动机需要的喷射量 q 由向线圈通电的时间 T_i 决定（图 2-195）。此外，当选用单缸动力较大的发动机时，必须具备更大流量的喷油特性。此时应选用更大梯度的喷油器。

另外，从最近汽车的发展趋势来看，在喷油器上改进排放性能也是一个主要研究方向。喷射的燃料如果附着在喷口或者汽缸壁上，会使排气成分恶化。为此通过对喷射方式的优化以及雾化质量的改善，可以得到良好效果。

图 2-196 所示为喷油器的安装示例。喷油器安装在进气歧管或者汽缸盖上，向进气口喷射燃料，尽量靠近进气门有利于减少燃料的附着。从喷射方式来看，取狭角可以减少附着量。另外要处理好喷射角度和喷油器安装角度的关系，以便提高雾化效率。对双进气道发动机来说，为了提高各个气道的燃料分配均匀性，一般多采用复式喷射模式。

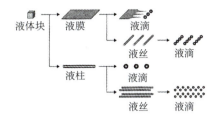

图 2-197 雾化过程（形态图）[2]

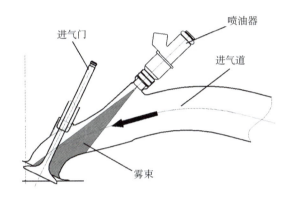

图 2-196 喷油器安装示例

另外，为了提高雾化效果，现在多采用多点式喷射代替以往的针式喷射和两点喷射。多点喷油器是在喷油器的顶端增设了一个圆板，板上开了 4~12 个小的喷射孔（图 2-194）。喷射孔的直径越小越有利于燃料的雾化，不过单个汽缸输出功率大的发动机要求的流量也较大，因此喷射孔的直径可相应加大。

除此之外，也有采用空气辅助装置的，这是利用进气道内的负压，向雾束中导入高速流动的空气，也可以促进燃料的雾化。

大块的液体燃料如果不借助外力的作用就很难瞬间雾化，因此一般都是利用燃料与燃料喷射环境的压力差、液体流速以及空气带来的液体湍流效果，先形成图 2-197 中的液膜、液柱以及液丝等，然后再形成液滴。不过这种雾化过程只是一个外表形态而已，实际的过程非常复杂也很不稳定，到目前为止，这种形成机理还不是很清晰。

图 2-198 所示为实际喷油器燃料喷出后的图像。从图中可以看出，燃料喷射出来形成的是液膜，阶段性地不断发生变化形成液滴。

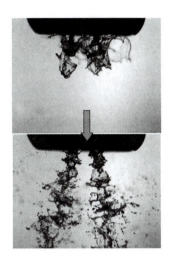

图 2-198 从喷油器出来的喷射状态[3]

2.10.3.3 压力调节器

针对进气道内压力或大气压，压力调节器可以将燃料压力保持在一定压力范围内。喷油器的燃料喷射量通过电磁阀的通电时间可以加以控制，但是喷油器要喷射的进气道内的环境压力在负压与大气压（增压发动机为正压）之间变化，因此，为了保证喷射适量的燃料，需要保持一定的相对燃料压力。

利用进气道内压力调压的装置其内部结构，如图 2-199 所示。从入口进入的燃料通过进气道负压与弹簧的平衡作用与膜片形成一体，利用阀体的开闭调节压力。

2.10.4 电子控制喷射方式（缸内直喷方式）

2.10.4.1 混合气体的形成

缸内直接喷射方式（以下简称直喷）发动机分为分层稀薄燃烧发动机和均质直喷发动机。分

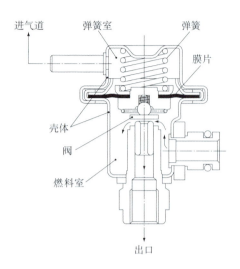

图 2-199 压力调节器的构造[4]

层稀薄燃烧发动机的分层混合气体的形成可以分为三类：壁面引导（Wall-guided）型、气流引导（Air-guided）型和喷雾引导（Spray-guided）型（图2-200～图2-202）。壁面引导是向活塞顶内腔喷射高贯穿力的燃料喷雾，以活塞凹坑为引导，将成层混合气体导向火花塞。气流引导是利用在缸内流动的低贯穿力的燃料喷雾，在火花塞周围形成成层混合气体。喷雾引导是不需要借助活塞凹坑以及缸内空气流动，燃料喷雾直接在火花塞周围形成成层混合气体。因此喷雾引导型一般都将喷油器和火花塞布置得很近。

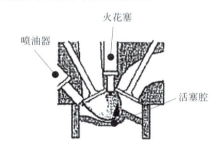

图 2-200 壁面引导[5]

2.10.4.2 燃料喷射系统

一般的燃料喷射系统如图2-203所示。高压油泵之前与进气管喷射系统是一样的。高压油泵将燃烧压力提升到4～13 MPa，再通过输送管分配给各个喷油器。喷油器根据ECU的喷射信号向缸内喷射所需的燃料。一般在输送管上安装燃油压力传感器，用来反馈控制燃油压力。采用

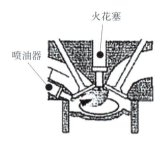

图 2-201 气流引导[5]

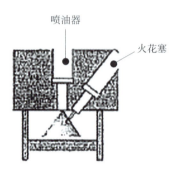

图 2-202 喷雾引导[5]

油泵电磁阀将燃油压力控制在最佳状态。另外，为防止输送管内的燃油压力超过一定压力值，还安装减压阀以进行控制。

2.10.4.3 喷油器

直喷式喷油器的结构与以往的喷油器基本相同，只是要求喷射时间更短，因此对针阀响应性的要求进一步提高。一般采用升压式（70～150 V左右）电流控制驱动器驱动的低阻力喷油器，弹簧负荷设定值也较大。另外，毫无疑问，喷油器的结构也要保证与发动机的密封关系，而且要能承受缸内的爆发压力和高燃烧压力。一般采用涡流式结构形成喷雾，使燃料形成旋转运动，形成喷雾和液滴（图2-204）。另外有的也采用缝隙式喷油器，形成贯穿力较强的扇面形喷雾（图2-205）。

2.10.5 混合比控制

与发动机的运转情况相对应的最合适的燃料喷射量完全决定于发动机吸入的空气量（表2-24）。电子控制燃料喷射方式的进气量计算有三种方法：检测直接进气量、利用发动机转速和进

气歧管内压计算进气量和利用发动机转速和节气门开度计算空气量。第一种方法是利用检测出的空气量确定燃料喷射量，这种方法也称为质量流量（Mass flow）方式；第二种方法是利用发动机充量系数与进气歧管内压的比例关系进行计算，也称为速度密度（Speed density）方式；第三种方法是由发动机转速和节气门开度等确定所需的燃料喷射量，也称为节流速度（Throttle speed）方式。近年来比较普及的空燃比控制方式为方法一和方法二。

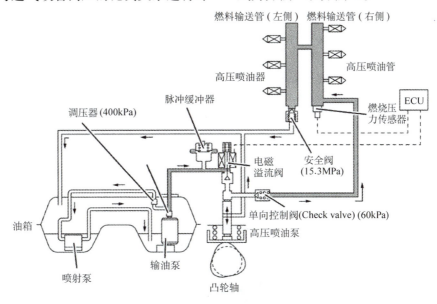

图2-203 一般的燃料喷射系统[6]

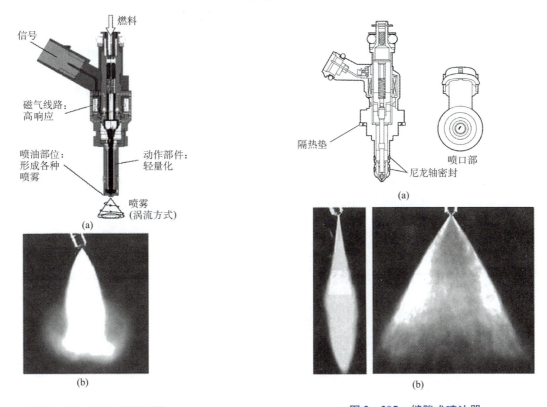

图2-204 涡流式喷油器

（a）涡流喷油器的概貌；（b）涡流喷油器的喷雾状况

图2-205 缝隙式喷油器

（a）缝隙式喷油器的概貌；（b）缝隙式喷油器的喷雾状况

表 2-24 混合比控制分类

测量方式	直接测量	间接测量	
	质量流量方式	速度密度方式	节气门速度方式
控制条件 空气流量 G	○		
进气管压力 P		○	
节气门开度 α			○
转速 n	○	○	○
控制公式	$q \propto G/n$ (q = 喷射量)	$q \propto f$ (P, n)	$q \propto f$ (α, n)

2.10.5.1 质量流量方式

如图 2-206 所示，该方式由燃料系统、空气系统和控制系统三个分系统组成。控制单元由电子回路构成，通过接收空气流量计、发动机转速传感器、节气门传感器、进气温度及水温传感器、O_2 传感器等的信号，驱动喷油器，根据启动、预热、常态、加速、减速等运转状态向发动机供给燃料。这种方式最大的特点是利用空气流量计直接测量空气量。空气流量计有卡门涡旋式、叶片式、热线（膜）式等。卡门涡旋式流量传感器的测定原理是在涡流发生器的末端产生涡流的变化以其周波数的形式加以捕捉，其周波数

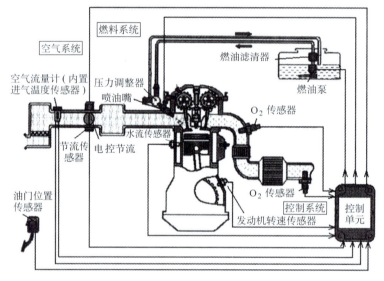

(a)

	机能	构成部件
燃料系统	压送燃料 过滤 调量 调压	燃油泵 燃油滤清器 喷油器 压力调整器
空气系统	空气量测量 输出控制	空气流量计 电控节流阀
控制系统	闭环控制 喷射量修正	控制单元 节流传感器 油门位置传感器 水温传感器 O_2 传感器 发动机转速传感器

(b)

图 2-206 电子控制式燃料喷射装置的构成（质量流方式）

(a) 构成[9]；(b) 构成部件

与空气流速成正比。叶片式流量传感器是利用进气气流通过时的压力差推动叶片旋转，电位计再将叶片的位移转化为电气信号（电阻值的变化）。热线（膜）式流量传感器是由混合集成电路保持热线温度与吸入空气温度相差为定值，当空气质量流量增大时，混合集成电路使热线通过的电流加大，电压也随之改变，利用电压值的变化测量进气量。一般的热线都使用白金线等，有的也用热膜或硅元件。近年来普遍采用的是热线（膜）式流量传感器，可以降低进气管的进气阻力，减小进气波动导致的测量误差，而且组装也很方便（图2-207、图2-208）。利用上述的空气流量计的信号和发动机转速计算燃料喷射量，将空燃比控制在最佳。

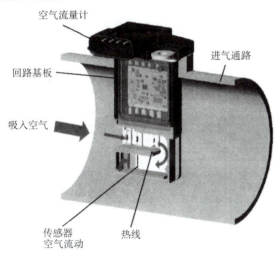

图2-207 热线式空气质量流量计的结构[10]

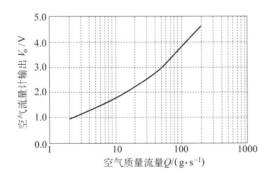

图2-208 热式空气流量质量计的特性[10]

2.10.5.2 速度密度方式

根据发动机转速和进气歧管内压力决定的运转状态，把所需的燃料量精确地编入程序。用进气歧管内压力值和发动机转速代替原来质量流量方式的空气流量计计算空气流量，利用进气温度传感器和水温传感器等的信号以及运转条件确定燃料喷射量。需要注意的是安装压力传感器的部位，要避免受到进气波动及进气流动产生的压力影响。

2.10.6 柴油机喷射

2.10.6.1 概要

柴油机燃油喷射装置要求具有如下功能：压送燃料、调节喷射压力以满足发动机的要求，对喷射量的调节、喷射时间调整以及形成喷雾。经喷油泵调节、压送的燃料通过喷射管到喷油器，并以雾状形态喷射到燃烧室中。主要的燃料喷射方式有直列燃料喷射泵、分配型燃料喷射泵、时间控制式单缸泵系统（泵-喷嘴）和共轨式（蓄压式）系统。现在大多采用电子控制式来保证更加精确地控制这些功能。

2.10.6.2 直列燃料喷射泵

（1）泵结构如图2-209所示。对应于发动机的各个汽缸都装备柱塞/柱塞套总成，利用凸轮轴驱动。柱塞的行程一定，然而柱塞侧面加工有螺旋槽，旋转可改变其有效行程，进而调整燃料的排出量。柱塞顶端关闭进油孔时开始加压，与柱塞上部的柱塞室连接的螺旋槽到达进油孔位置时，燃料供给停止。控制示例如图2-210[11]所示。

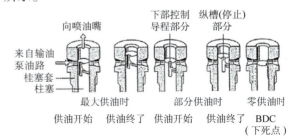

图2-210 直列燃料泵的燃料喷射控制[11]

（2）出油阀 目前比较普及的是等容出油阀和等压出油阀，其结构如图2-211所示。出油

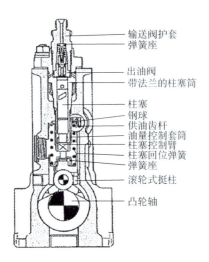

图 2-209　直列泵方式[11]

阀与开阀压力要分别设定。为了减小喷油器的反射压力波,增加了节流装置,防止喷油器关闭后再度开启。对于高压燃料喷射装置和小型高速直喷发动机来说,为了维持稳定的压力特性,一般都使用等压阀[11]。

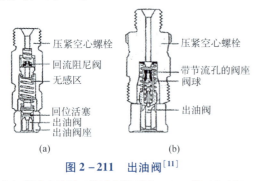

图 2-211　出油阀[11]

(a) 等容出油阀(带回流阻尼阀); (b) 等压出油阀

(3) 调速器　调速器的主要功能是限制发动机的转速。此外,还有具备以下的附加机能的调速器,即可以控制怠速转速的稳定以及阶段性地控制怠速到最高转速范围内的转速。另外,还可以根据发动机转速、压升或大气压来调整全负荷时的供油量,也可用于启动时燃料增量的计算。调速器是通过调整控制齿条的相对位置而对这些项目进行控制的。

① 机械式(离心式)调速器:发动机的凸轮轴驱动调速器。调速器弹簧限制飞锤移动,而此移动量则通过控制杆传递给控制齿杆。其主要性能曲线如图 2-212 所示。为了获得在性能曲线各点上的发动机动力与之相对应供油量,控制齿条的位置是通过离心力与弹簧力而加以调整,机械式调速器根据不同的使用目的会增加一些辅助功能,具体情况如下。

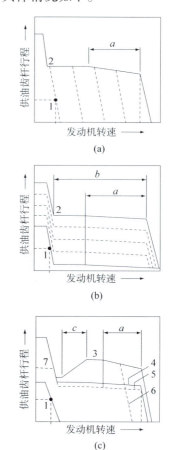

图 2-212　调速器性能曲线[11]

(a) 全程调速器; (b) 两极调速器;
(c) 增加控制功能的复合调速器
a—发动机高转速范围内正扭矩校正;
b—未调速范围; c—低转速范围内负扭矩校正
1—怠速转速设定值; 2—全负荷特性曲线;
3—全负荷特性曲线,涡轮增压发动机;
4—全负荷特性曲线,非增压发动机;
5—全负荷特性曲线,有高原修正功能的非增压发动机;
6—中间转速发动机转速控制; 7—启动油量

(a) 全程调速器:与控制杆的位置无关,使发动机转速维持在一定范围,其结构如图 2-213 所示。

(b) 最高最低速调速器(两极调速器):只在怠速时以及发动机达到最高转速时工作。这中间的发动机扭矩仅由油门踏板的操作量决定,其结构如图 2-214 所示。

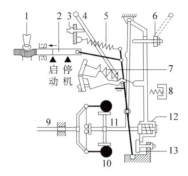

图 2-213 全程调速器[11]

1—油泵柱塞；2—供油齿杆；3—最高转速用限位器；
4—控制齿条（调速手柄）；5—启动弹簧；
6—限位器或怠速限位器；7—调速弹簧；
8—怠速弹簧；9—喷油泵凸轮轴；10—飞锤；
11—调速套筒；12—校正弹簧；13—油量限制器

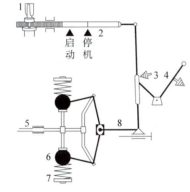

图 2-214 两极调速器[11]

1—柱塞；2—供油齿杆；3—全负荷时限位器；
4—调速手柄；5—喷油泵凸轮轴；6—飞锤；
7—调速弹簧；8—调速套筒

（c）复合式调速器：是上述两种调速器的组合。

② 电子式调速器：电子式调速器取消了原来的飞锤，采用了带非接触式电磁感应型位置传感器的线圈电磁执行元件。电磁执行元件根据油门踏板操作量、发动机转速等信息，利用 ECU 进行控制，将控制齿杆准确地移动到固定的位置。电子控制式调速器可以利用检测到的发动机以及其他元件的信息计算燃料的供给量，与机械式调速器比较，具有以下多种优点。

- 利用最大燃料喷射量与增压的准确配合抑制黑烟的排放。
- 对气温/燃料温度进行修正。
- 根据启动时的温度增加燃料量。

- 等速行驶控制。
- 最高转速限制。
- 稳定的低怠速转速控制。
- 控制有效振动。
- 选装牵引力控制或自动变速器的介入机能。
- 故障诊断维修保养[11]。

（4）供油自动提前器 离心式供油自动提前器如图 2-215 所示。供油自动提前器设在发动机与喷油泵之间的驱动部位，当发动机转速上升时，飞锤推动喷油泵凸轮轴向使供油量时间提前的方向旋转[11]。

未提前位置

图 2-215 供油自动提前器[11]

（5）机械式附加装置 为了最大限度地发挥发动机的性能，使其在稳定的状态下运行，增加了燃料喷射量控制的辅助功能。

① 歧管压力修正控制：根据增压压力对全负荷时的燃料喷射量进行修正。增压上升时，膜片推动控制齿杆移动，增大燃料的喷射量。其具体结构如图 2-216 所示。

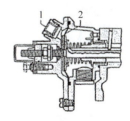

图 2-216 歧管压力修正装置[11]

1—进气压力接口；2—膜片

② 海拔高度修正装置：高海拔地区气压（空气密度）降低，因此需要对全负荷时的燃料喷射量进行修正。气压下降时，控制齿杆向燃料喷射量减少的方向移动。其具体结构如图 2-217 所示。

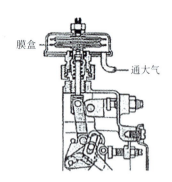

图 2-217　海拔高度修正装置[11]

③ 冷起动装置：根据启动时的温度对燃料喷射量进行修正。冷启动时，一般使用热膨胀元件，使控制齿杆向喷射量增加的方向移动，其具体结构如图 2-218 所示[11]。

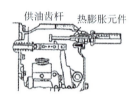

图 2-218　冷起动装置[11]

2.10.6.3　直列型油量控制套筒燃料喷射泵

具体结构如图 2-219 所示。直列型油量控制套筒喷射泵利用电子控制对进出油孔关闭位置（泵供油开始时刻）进行调整（图 2-220）。

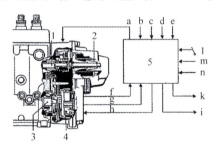

图 2-219　直列燃料喷射泵的电子控制[11]

1—控制齿条；2—执行元件；3—凸轮轴；
4—发动机转速传感器；5—ECU 输出输入值
a—切断；b—增压；c—车速；
d—温度（水、空气、燃料）；e—燃料喷射量控制；
f—速度；g—供油齿杆位置；h—电磁阀位置；
i—油耗及发动机转速指示；k—诊断；
l—油门位置；m—设定速度（定速巡航控制）；
n—离合器、制动器、发动机制动器等信号

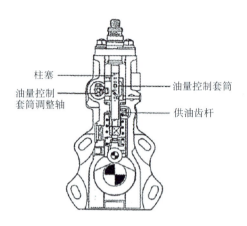

图 2-220　直列控制套筒泵[11]

回油口与各个柱塞/柱塞套内的控制套筒组合在一起（图 2-221）。利用与电子控制式直列喷射泵类似的电磁式位置控制机构转动控制杆，上下移动滑块，调整喷射时间。利用喷油器处的针阀升程传感器检测喷射开始时间，通过 ECU 进行控制，使其与设定值一致[11]。

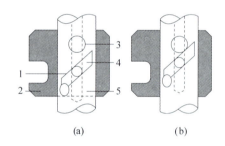

图 2-221　带控制套筒柱塞/柱塞套总成[11]

(a) 供油开始；(b) 供油结束

1—控制用斜切槽导程；2—油量控制套筒；
3—回油口；4—控制槽；5—柱塞

2.10.6.4　（分配泵）(VE)

(1) 泵具体结构如图 2-222 所示。分配型燃料喷射泵对所有的汽缸共用一个柱塞/柱塞套。柱塞在喷射燃料的同时进行旋转运动，向各个喷口分配燃料。凸轮盘与柱塞随着燃料喷射泵驱动轴的转动而转动。滚柱环向上挤压凸轮盘底部的凸轮突起部分，推动凸轮盘和柱塞进行旋转运动和往复运动（燃料喷射及分配）。

(2) 机械式调速器　控制套筒借助调速器杆，根据调速器弹簧的弹力和飞锤的离心力运

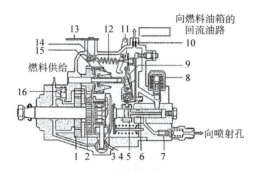

图 2-222 分配型喷射泵（VE）[11]

1—叶片式输油泵；2—调速器驱动装置；
3—供油提前角自动提前器；4—凸轮盘；
5—油量控制套筒；6—分配柱塞；7—出油阀；
8—电磁断油阀；9—调速机构；10—溢流节流孔；
11—机械式停机操纵杆；12—调速弹簧；
13—发动机调速杆；14—控制套筒；
15—飞锤；16—调压阀

动。关于调速器形式的说明可参考直列喷射泵的相关内容。附加装置也与直列泵基本相同。

（3）液压机械控制式供油提前角自动提前器 与发动机转速相对应，燃料供给泵压力经由节流孔作用在供油提前角自动提前器柱塞前端。与发动机转速成一定比例，柱塞使滚柱环沿着泵的反方向旋转，这样可以使喷射时间提前[1]。

2.10.6.5 电子控制式（分配泵）

（1）带旋转电磁执行元件的分配型燃料泵 与机械控制分配式燃料喷射泵比较，拥有电子控制调速器和电子控制式供油提前角自动提前器。带旋转电磁执行元件的分配型燃料泵的具体结构如图 2-223 所示。

① 电子控制式调速器：控制套筒的位置由旋转电磁执行元件的角度决定，同时，也决定了泵的有效行程。ECU 根据各种各样的信号（油门踏板操作位置、发动机转速、空气/发动机冷却水/燃料温度、增压、气压等）计算出恰当的燃料喷射量，求出控制套筒的具体位置，进而控制旋转电磁阀。非接触型位置传感器与执行元件连接，将控制套筒的位置信号传递给 ECU。

② 电子控制式供油提前角自动提前器：将传感器检测到的喷射嘴开启时间信号与设定值比较，将比较结果传递给与供油提前角自动提前器

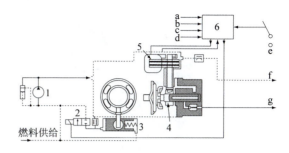

图 2-223 分配型燃料喷射泵电子柴油控制[11]

1—输油泵；2—电磁阀；3—供油提前角自动提前器；
4—油量控制套筒；5—带传感器的旋转式执行元件；
6—ECU 输出输入值
a—发动机转速；b—喷射开始时间；c—各种温度；
稳压；e—油门操作位置；f—燃料回路；g—燃料流向喷嘴

柱塞动作室连接的电磁阀，柱塞受到的压力变化时，电磁阀动作供油提前角自动提前器的位置发生变化。以下列出的是电子控制的优点（与机械控制比较）。

- 燃料喷射量控制精度高，使得发动机油耗、发动机功率、尾气排放得到提高。
- 发动机运转控制得到提高（急速转速稳定性、空调使用时负荷波动的修正）。
- 舒适性得到提高（振动降低、运转平稳）。
- 提高了喷射开始时间的精度，使发动机燃料消耗量、尾气排放改善。
- 维修保养性得到改善。

（2）电磁控制分配型喷射泵 通过对泵室关闭一侧的控制来计算燃料量。这种形式可以进一步扩大计量及喷射时间的调整范围。

从电磁阀关闭开始喷射，一直持续到阀门开启，喷射量与阀门关闭时间成正比。泵室的开闭与发动机转速无关。与带机械式调速器的泵及带旋转电磁执行元件的泵比较，由于可以通过电磁阀直接控制，无感区减小，高压密封性较好从而获得高效率。图 2-224 所示为带电磁控制径向柱塞的分配型喷射泵的示例。

先导喷射：电磁阀可以高精度、动态地控制燃料喷射量。利用这一特性完成先导喷射可以进一步降低燃烧噪声。先导喷射不需要增加硬件，只需要电磁阀在数微秒间内完成两次动作即可实现[11]。

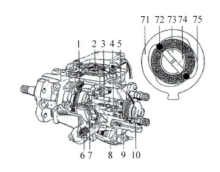

图 2-224 带电磁控制径向柱塞的分配型喷射泵[11]

1—传感器（角度/时间）；2—ECU；3—分电器轴；
4—电磁阀针；5—分电器盖；6—供油提前角自动提前器；
7—径向柱塞泵；71—凸轮环；72—滚柱；
73—分电器轴；74—输油柱塞；75—滚柱导轨；
8—定时阀；9—回流节流阀；10—磁性衬套（bush magnet）

2.10.6.6 时间控制式单缸泵系统

模块结构的时间控制式单缸泵系统分为电子控制式单体喷嘴系统（UIS）和单体泵系统（UPS）[11]。

（1）商用车用单体喷嘴系统　电子控制式泵喷嘴是组合喷嘴和电磁阀的单缸喷射泵，直接安装在汽缸盖上，其具体结构如图 2-225 所示。每个汽缸都有专用的喷嘴，是由在发动机的凸轮轴上设置喷射用的凸轮驱动摇臂而动作的。喷射时的喷射量则由电磁阀加以控制。泵柱塞喷射过程中电磁阀通电关闭，使被推送的燃料产生高压。这个高压直接传到喷油嘴，当超过针阀开启压力时，即开始向燃烧室内喷射燃料。其构造非常紧凑，且电控泵喷嘴由于取消了高压油管，所以容易产生极高的喷射压力，而且与电磁阀的电子控制相结合，能够同时达到降低尾气排放和降低油耗的效果。追加功能也可以在 ECU 内设置加以控制。可以举出自适应式汽缸配合系统（Adaptive Cylinder Matching），用以抑制动力传动系统全体的不规则运转振动，使发动机能够平顺地运转。另外，电控先导喷射也可以利用电磁阀进行控制[11]。

（2）商用车用单体泵系统　商用车用单体泵系统（USP）也具备时间控制功能，可称作模块式单缸高压泵系统，其具体构成如图 2-226 所

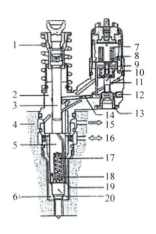

图 2-225 单体喷嘴系统（UIS）[11]

1—回位弹簧；2—泵体；3—泵柱塞；
4—汽缸盖；5—弹簧支架；6—压紧螺母；
7—定子；8—电枢板；9—电磁针阀；
10—电磁阀压紧螺母；11—高压火花塞；
12—低压火花塞；13—电磁限位器；14—节流孔；
15—燃料回流油路；16—供油油路；17—调压弹簧；
18—压力销；19—隔片；20—喷油器

示。图 2-227 所示为单体泵的结构。单体泵与汽缸体组合，借助滚轮式气门挺杆，依靠发动机喷射凸轮驱动。电磁阀的工作原理与单体喷嘴系统相同。该系统的高压系统体积也较小，喷射压力很高。与泵喷嘴相同，也可以添加辅助功能。

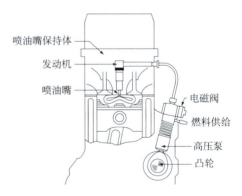

图 2-226 单体泵系统（UPS）[11]

（3）乘用车用单体喷嘴系统（UIS）　乘用车用泵喷嘴系统是为了满足最新的高性能直喷柴油发动机的性能要求而开发的。其主要特点是：结构紧凑、喷射压力高、贯穿于特性曲线的全域、可用先导喷射以大幅度抑制燃料噪声等。该系统也属于单体喷射泵系统，每个发动机汽缸都安装一个泵喷嘴。由顶置凸轮轴借助摇臂驱动泵

第2章 发 动 机

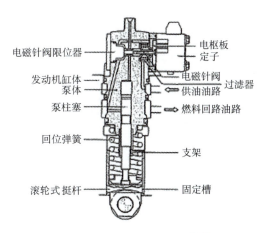

图 2-227 单体泵（UP）[11]

喷嘴。系统体积较小，电磁阀工作原理及添加功能参照前面的系统[11]。

2.10.6.7 共轨（蓄压式）系统

共轨系统构成如图 2-228 所示。共轨系统利用蓄压器将加压功能和喷射功能分离，提高了燃烧过程的控制自由度。喷射压力基本上摆脱了对发动机转速及喷射量的依赖，可以自由设定。另外，为了降低尾气排放和噪声，可以采用预喷射和多段喷射。

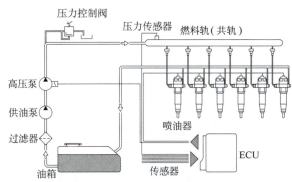

图 2-228 共轨系统组成图[11]

其主要的构成零部件有高压泵、共轨、燃料供给管路、喷油器等。

（1）高压泵 油压由高压泵形成，一般情况下商用车使用直列泵，乘用车使用径向柱塞泵。如图 2-229 所示为径向柱塞泵。偏心凸轮顺序驱动柱塞，给燃料加压。输油泵内置于同一轴上，从燃料箱吸取燃料。也有的高压泵一侧不设输油泵，利用电动泵供给燃料。流向柱塞的燃料由 ECU 进行控制，通过电子控制调节阀调节燃料量，进而调节共轨内的燃料压力。利用燃料进行泵内润滑，润滑后燃料流回油箱。

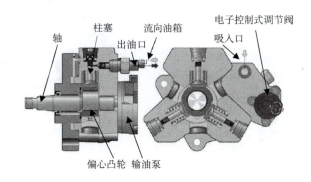

图 2-229 高压泵

（2）共轨 图 2-230 所示为共轨示例。燃料泵处设有燃料入口，喷射器处设有出口（与汽缸数匹配），并由喷射钢管连接。燃料压力传感器和限制阀内置于共轨一端。燃料压力传感器检测到共轨内的燃料压力，将信号传送给 ECU，ECU 将信号传递给燃料泵的调节阀，对燃料压力进行最佳的反馈控制。当发生异常情况而产生高燃料压力时，限制阀开启，承担安全阀的工作，将燃料送回油箱。也有的系统用电磁控制调节阀代替限制阀进行燃料压力控制。

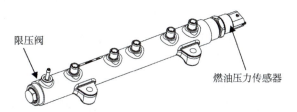

图 2-230 共轨

（3）喷油器 图 2-231 所示为喷油器示例。利用电磁阀控制压力平衡的方法进行喷射控制。从共轨而来的燃料，在不通电的状态下，由于受压面积不同，针阀反压力超过针阀前端的力时，针阀向下挤压喷嘴，而被封住在喷嘴里。ECU 向电磁阀通电后，针阀受力平衡逆转，针阀前端燃料将针阀向上挤压，开始喷射燃料。ECU 停止通电后，针阀燃料通路关闭，针阀反压力上升，喷嘴再次被挤压，停止喷射。喷雾形状由喷嘴的喷孔形状决定。近年来由于响应速度向高速化发展，压电陶瓷执行元件已逐步替代了电磁阀。

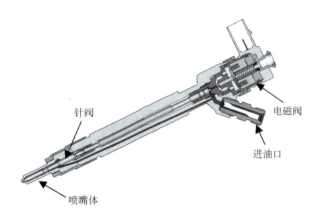

图 2-231 喷油器

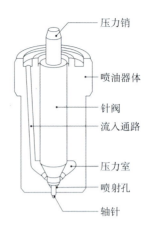

图 2-232 轴针式喷油嘴[11]

2.10.6.8 喷油嘴

喷油嘴的功能如下：
- 辅助测量燃料量。
- 雾化燃料。
- 确定喷射特性。
- 封闭燃烧室。

另外配备有泵（直列泵、分配泵等）的系统是将喷嘴和喷嘴座组合在一起的。泵喷嘴系统和共轨系统的喷嘴和喷油器为一体式结构。喷油器喷嘴的长度、直径、喷射方向以及喷嘴开放位置的形式等对混合气体的形成有很大的影响，而且对发动机动力性、燃油消耗以及尾气排放等都有影响[11]。

（1）轴针式喷油嘴　如图 2-232 所示，喷射模式要求轴针与孔在同一轴上，否则会出现偏心的喷雾。主要用于对喷雾要求不高的涡流式燃烧室和预燃式燃烧室发动机。其工作特点是利用针阀运动行程改变喷射开口面积，进而改变流量。在喷射行程的最后阶段轴针后撤，喷射量增加，而在喷射开始阶段开口面积变化缓慢，只喷射出少量的燃料。这种阶段性的喷射对控制燃烧噪声有很好的效果[11]。

（2）孔式喷油嘴　如图 2-233 所示，孔式喷油嘴与各种形式的喷油嘴座配合使用。安装时要注意喷油孔的角度与发动机的匹配关系。经过局部的改良后目前多用于乘用车直喷式燃烧室的柴油发动机。通过调整喷射孔的几何形状以及对喷嘴内无感区的合理分配，使喷嘴出口处达到最

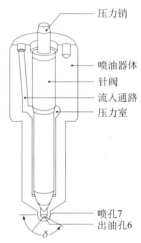

δ.喷射孔锥形角度
死区容积区=喷孔容积
　　　　　+出油室容积

图 2-233 孔式喷油嘴[11]

大喷射压力，获得最佳混合气体[11]。

（3）喷油嘴座　喷油嘴座分为标准喷油嘴座（图 2-234）和弹簧型喷油嘴座（图 2-235）。弹簧型喷油嘴座一般多用于对预喷射准确性要求较高的直喷式发动机。为了最大限度的发挥这一作用，要对以下参数进行合理调整，以达到最佳的喷射状态。

① 开阀压力 1；
② 开阀压力 2；
③ 预行程；
④ 主行程[11]。

第2章 发动机

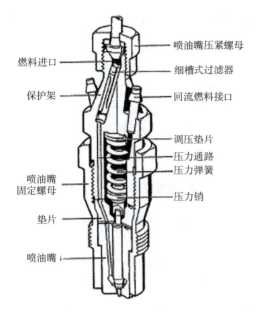

图2-234 标准型喷油嘴总成（带轴针）[11]

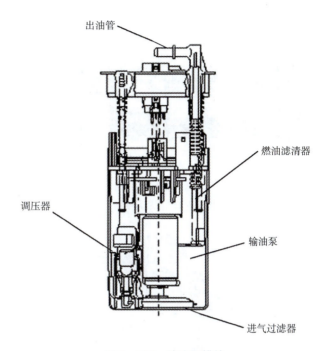

图2-236 输油泵模块

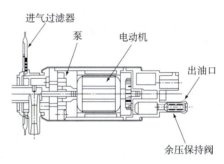

图2-237 次摆线泵

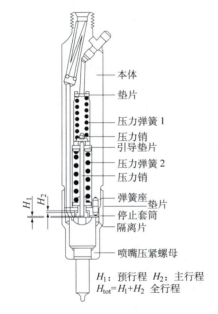

H_1：预行程 H_2：主行程
$H_{tot}=H_1+H_2$ 全行程

图2-235 弹簧型喷油嘴

图2-238 次摆线泵局部

2.10.7 输油泵

2.10.7.1 概要

最近，油泵与燃料箱内的其他零部件进行一体化模块（图2-236）设计已经成为主流趋势。输油泵由电动机来驱动，大致可分为次摆线泵和旋涡泵。

2.10.7.2 输油泵结构

次摆线泵（图2-237）是通过次摆线齿轮的转动来改变容积，以压送燃料（图2-238）。其特点是效率高，但是容积变化产生的燃料波动较大，噪声较大。旋涡泵（图2-239）是旋转涡轮叶片（图2-240）通过燃料的流体黏性摩

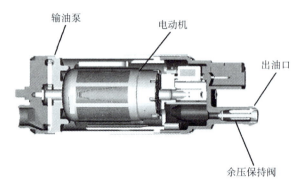

图 2-239 旋涡泵

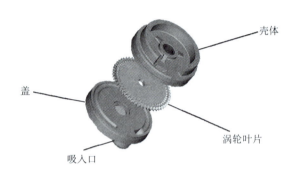

图 2-240 旋涡泵局部

擦在油泵进口不断升压，然后将燃料输送到发动机。其特点是低噪声、波动小，但是升压后的燃料容易从高压侧（出口）向低压侧（进口）泄漏，因此与次摆线泵比较，油泵效率相对较低。近年来，为了提高车辆的静肃性，次摆线齿轮式已经渐渐退出了市场，旋涡式成为主流。柴油发动机一般都利用输油泵吸取燃料，因此油箱内也有不设油泵的。也有的与汽油发动机一样，在油箱内设输油泵，由于柴油低温黏性较高，旋涡式泵的泵油性能无法满足要求，在这种情况下多使用次摆线泵。输油泵的模块化不断发展，燃料滤清器、压力调节器、进气过滤器等以整体形式安装在输油泵与输油泵支架上。

2.10.7.3 无回油系统

在以往的燃料喷射式燃料系统中，由油泵压送的燃料经过发动机后，剩余的燃料借助压力调节器流回燃料箱。因此由于回流燃料的温度高使得燃料箱内的燃料温度上升，产生蒸气。近年来，为了满足美国的蒸发排放法规要求，采用无回油系统的越来越多。该系统可以控制油泵不向发动机压送多余的燃料。在该系统中，压力调节器、燃油滤清器与油泵结合为一体，形成油泵模块，装在燃料箱内，油泵泵出的燃料由燃油滤清器过滤后，再经压力调节器调压，然后只将必要的量压送给发动机。剩余的燃料由压力调节器返还给燃料箱，这样可以抑制燃料温度的上升，降低产生蒸气的可能性。

2.10.8 燃油供给

一般内燃机的燃油供给系统由燃料箱、燃油滤清器、油泵以及燃料供给装置构成。汽油系连接用配管以铁管和塑料管为主。另外受美国等世界各国排放法规的影响，配管系统使用的材料对 HC 穿透性要求也越来越严格。使用钢管时，为了确保耐腐蚀性，一般在外表面进行镀锌处理，内表面镀镍处理。塑料制配管一般多采用以尼龙为主要材料的三层结构配管，内侧一般为氟化乙烯树脂。橡胶管一般采用以醇类橡胶为主的三层结构配管，内侧一般为氟化橡胶。汽油缸内直喷方式的高压配管一般采用金属衬垫和 O 形圈密封高压气体。不过使用 O 形圈时，为了防止 O 形圈咬合，还要设置保护垫圈。另外，柴油发动机的高压油管要求具有输送燃料和密封的双重功能。配管材料一般使用 JIS 高压配管用碳素钢钢管，要特别注意配管内壁的表面粗糙度（加工纹理等），以满足耐高压燃料的要求。另外，也要特别注意内壁的清洁度控制。在连接部位，配管的前端部要使之有一定的变形以构成密封。

对于安装在发动机上的燃料供给装置附近的配管，燃料蒸气积存于管内，阻碍燃料的流动。为了防止这种气阻现象，在设计配管时要考虑周全，如配管固定点隔热、降低环境温度、配管尽量平直等。

最近由于排放法规的不断强化，对燃料喷射控制精度的要求也不断提高，要尽量减小管内压力变化带来的不良影响。对汽油发动机来说，要在与喷油器连接的输送管的形状、容量以及燃料流向方面下功夫；也有设置减震器以减少脉动的。而对柴油发动机高压共轨燃料配管来说，为减小汽缸间喷射量的差别，需要对共轨与喷油器之间的管长进行合理等同设计。

2.11 点火系统

2.11.1 概要

2.11.1.1 点火系统的构成

点火系统由以下5个部分构成：对发动机燃烧室内压缩混合气点火的火花塞、能产生10～35 kV高压的高电压部分（点火线圈）、为了使点火线圈产生高电压而对电流进行ON/OFF切换的电流断续部分、点火时间控制部分、将点火线圈产生的高电压向火花塞分配的配电部分。点火系统大致可分为机械配电方式和电子配电方式两种。

（1）机械配电方式　点火线圈产生的高电压向各个汽缸配电一般采用如图2-241所示的分电器。分电器除了配电功能以外，很多时候还兼有电流断续部分和点火时间控制部分的功能。该方式如表2-25所示分为三类。

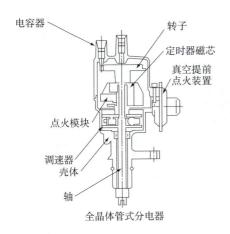

图2-241　分电器构造

表2-25　机械配电方式分类

类型	电流断续部分		点火时刻控制部分	
	机械式	晶体管式	机械式	电子式
触点式	○		○	
晶体管式		○	○	
曲轴转角传感器内藏式		○		○

① 电流断续部分：与由机械接点进行的点接触式相比，电流断续不需要保养，而且电子控制的成本低，电子化的可靠性高，因此，总的趋势是向采用电力晶体管的型式方向发展。

② 点火时刻控制部分：可大致分为机械式和电子式两类。机械式由内置于分电器内部的离心点火提前装置和真空点火提前装置组成。随着汽车电子控制技术的不断发展，利用汽车专用计算机的电子式点火控制系统不断发展以取代前述的机械式的。机械式系统如图2-242所示。

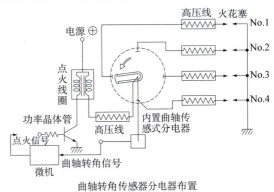

图2-242　系统图

（2）电子配电方式　利用晶体管进行电气分配的电子配电方式可以分为同时点火方式和独立点火方式。同时点火方式的点火线圈数为发动机汽缸数的1/2，是两缸同时进行点火的系统。另外，利用高压线将高电压从点火线圈传递到火花塞，价格相对低廉。但是由于排气过程为无用跳火，火花放电的次数倍增。同中心电极相比，高温外侧电极由于是负极性，火花塞电极消耗较快。

由于独立点火方式具有同发动机汽缸数相同数目的点火线圈和功率晶体管，因此价格偏高。但是，由于把点火线圈布置在火花塞正上方，不需要点火高压线，所以可以降低点火能量的损失。这是它的优点。

2.11.1.2 点火系统的变迁

近年来，为了强化尾气排放法规以及满足车辆保修期延长的需求，对提高点火时间控制精度以及延长点火系统寿命的要求也越来越高。

随着汽车电子控制技术的推进，发动机控制

的计算机化也得到发展,点火系统也快速地向电子化控制迈进。最早的是前面提到的分电器点火提前装置。后来的线圈内置型分电器取消了原有的高电压配电点火高压线,这不仅提高了系统的可靠性,而且降低了二次电压损失。如今,在可以减少转子电极及侧电极的放电损失的同时,点火方式为独立点火方式的无分电器点火系统已经成为主流。

点火系统图如图2-243所示;点火系统的演变如图2-244所示。

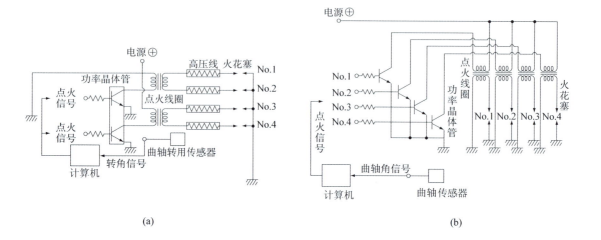

图2-243 点火系统图
(a) 同时点火方式电子配电;(b) 独立点火方式电子配电

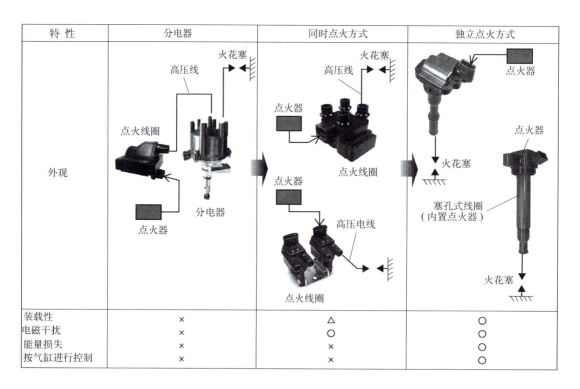

图2-244 点火系统的演变[1]

2.11.2 火花塞

2.11.2.1 概要

火花塞接受点火线圈产生的高电压，通过火花放电，在燃烧室内点燃压缩混合气体。如图 2-245 所示，火花塞由嵌接高压线的端子、保持高压电绝缘的绝缘体部分、与燃烧室连接的安装部分以及在燃烧室内形成放电火花的发火部分构成。

火花塞在发动机的每个燃烧行程中，都要经历在极短时间内从接近常温的混合气成为 2 000℃ 以上的高压燃烧气体这种变化非常剧烈的过程。另外，要承受 20 kV 以上的高电压并加以绝缘，还需要有耐发动机冲击的结构。为满足这些性能，对其绝缘性、耐热性和机械强度等都提出了较高的要求，在 JIS B 8301 中作了具体规定。

2.11.2.2 种类及尺寸

可以根据安装部位的螺纹的直径/长度、是否有防止电磁波干扰用的内接电阻、中心电极及接地电极的材料、火花间隙位置等对火花塞进行分类。

在日本，仿照北美和欧洲的电磁波干扰法规，使用内接电阻火花塞成为主流。为了使火花塞达到更高的性能，采取了一系列的措施，比如电极使用贵金属、改进电极形状以及点火位置向燃烧室一侧突出等。

火花塞的主要尺寸如图 2-246 所示。

在 JIS B 8031 中对火花塞的种类、性能和尺寸作了规定。ISO（国际标准化组织）针对火花塞制定了以下 8 项标准，即 ISO 1919、2324、2345、2346、2347、2704、2705 和 8470。

由于火花塞是互换部件，因此对各国之间的互换性也有一定要求，特别是广为使用的小型六角形火花塞。由于发动机上的火花塞高度非常重要，因此 ISO 将其高度标准化，各国产品都具有对应的互换性。

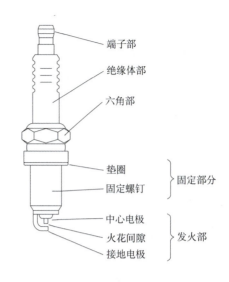

图 2-245 火花塞各部分的名称

2.11.2.3 热值

为了充分发挥火花塞的作用，在发动机工作时，需要将发火部位的温度控制在适当的范围内。高速高负荷行驶时，发火部位温度过高会导致点火过早而导致发动机损伤。反之，发火部位温度上升不够，就不能清除（自我清洁）附着在发火部位绝缘子表面的积炭。积炭污损会导致启动不良。

表示火花塞冷却性的指标称为热值。在选定适合于发动机的火花塞时，其热值的选定（适合性评价）是非常重要的。

高热值型也叫冷型火花塞，不易发生过早点火，但易引起积炭污损。相反，低热值型也称热型火花塞，不易引起积炭污损，不过容易导致过早点火及电极早期劣化。

2.11.2.4 跳火性能

火花放电电压取决于放电部位的间隙、电极形状、空气密度和混合气的种类。发动机的压缩比越高，点火时刻越接近上死点，空燃比越大，则放电电压越高（但是，空燃比若极小，则放电电压上升，$A/F = 11$ 左右时，放电电压最低）。

火花塞的间隙和电极直径越大，则放电电压越高（图 2-247）。

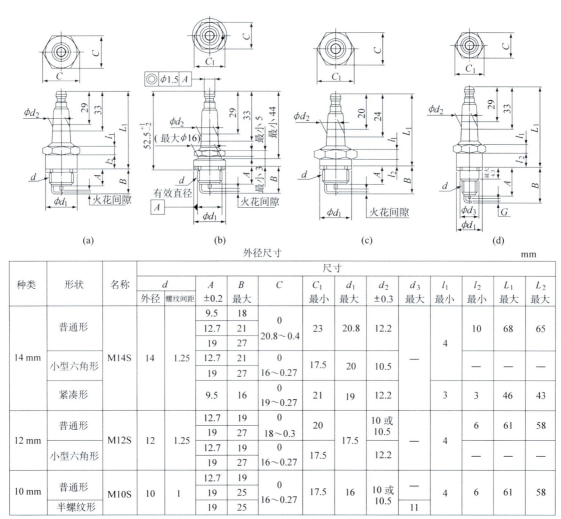

图 2-246 火花塞主要尺寸

(a) 普通形；(b) 小型六角形；(c) 紧凑形；(d) 半螺纹形

种类	形状	名称	d 外径	螺纹间距	A ±0.2	B 最大	C	C_1 最小	d_1 最大	d_2 ±0.3	d_3 最大	l_1 最小	l_2 最小	L_1 最大	L_2 最大
14 mm	普通形	M14S	14	1.25	9.5	18	0 20.8~0.4	23	20.8	12.2	—	4	10	68	65
					12.7	21									
					19	27									
	小型六角形				12.7	21	0 16~0.27	17.5	20	10.5			—	—	—
					19	27									
	紧凑形				9.5	16	0 19~0.27	21	19	12.2	3	3	46	43
12 mm	普通形	M12S	12	1.25	12.7	19	0 18~0.3	20	17.5	10 或 10.5	—	4	6	61	58
					19	27									
	小型六角形				12.7	19	0 16~0.27	17.5		12.2			—	—	—
					19	27									
10 mm	普通形	M10S	10	1	12.7	19	0 16~0.27	17.5	16	10 或 10.5	—	4	6	61	58
					19	25									
	半螺纹形				19	25					11				

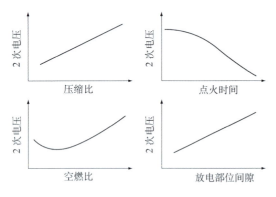

图 2-247 各种参数与二次电压的关系

近年来，随着发动机的高功率化，发动机所要求的二次电压也随之上升。为了降低二次电压，一般会缩小放电间隙，中心电极使用贵金属等，以达到缩小电极直径的目的。

2.11.2.5 着火性能

产生的二次电压只要超过发动机要求二次电压，点火系统就会跳火。但是，跳火未必就会着火。对发动机和点火系统来说，在火花塞间隙附近要有易燃的混合气，且需要供给充分的点火能量。火花塞需要尽可能抑制电极的消焰作用，增大火花塞间隙、细化电极直径、缩小与火焰核的接触面积等办法可以达到上述要求。

随着发动机的低油耗和低排放的不断推进，对火花塞发火性能的要求也逐渐提高。如图 2-248 所示，可采用大间隙火花塞、使用多种电极形状、中心电极前端采用白金合金或铱（Ir）合金触点等方法或是将电极位置突出（将电极伸向燃烧室中心附近）等来提高火花塞的着火性能。

另外,近几年市场上销售的缸内直喷式发动机采用的是直接向缸内喷射燃料的方式,因此火花塞一直处于喷雾环境中,容易产生燻烟污垢,发火性能急剧下降。为了解决上述问题,恢复火花塞的着火性能,一般采用电极多极化的办法,或者利用潜流放电使堆积的积炭全部燃烧。

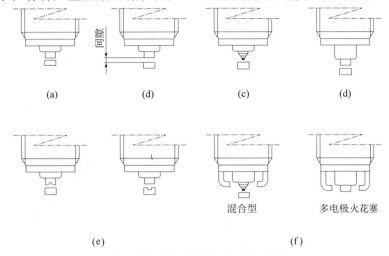

图 2-248 可火花塞的各种电极形状

(a)标准火花塞;(b)大间隙火花塞;(c)使用贵金属电极细径电极的火花塞
(d)电极突出式火花塞;(e)各种电极形状;(f)多电极火花塞

2.11.3 点火线圈

2.11.3.1 构造

点火线圈由与连接蓄电池电源的一次端子、流过一次电流的一次线圈、圈数比一次线圈多且产生高电压的二次线圈以及形成磁路的铁芯构成。

按照磁路的构成可以将线圈分为开磁路和闭磁路两类。

开磁路型点火线圈由配置在中心的铁芯和外装铁芯构成磁路。这种线圈内侧布置了二次线圈,外侧布置了一次线圈。由于铁芯形成的磁路为开回路,容易在空隙漏磁,效率很低。

此后,随着发动机高功率化的发展,发动机要求的二次电压不断升高,线圈通过铁芯把磁通路作为闭回路,磁通的损失少,效率提高。这种线圈是在内侧布置一次线圈,外侧布置二次线圈。二次线圈绕在沟槽型结构的线轴上,在输出电压相同的情况下,与开磁路型线圈比较,可以减少一次线圈匝数。

另外,高电压绝缘体由原来的油填充物改为了现在的环氧树脂等热硬化性树脂,提高了耐热性能和抗振性能。线圈的固定位置也由原来的车身固定改为了现在普遍采用的发动机上固定。

内置分电器式线圈以及双缸同时点火线圈是在闭磁路型线圈的基础上改进的。采用与各汽缸火花塞直接连接的第一道线圈后,可以取消点火高压线,降低高压线带来的能量损失。因此现在普遍采用的是独立式点火方式。

最近,由于高集成化的发展,内置点火器型线圈以及将线圈置于塞孔内部的结构也已经开发成功。现在搭载性能优良的塞孔式线圈已经开始实用化。塞孔线圈的安装示例如图 2-249 所示。

将以上归纳起来,其点火线圈种类如图 2-250 所示。

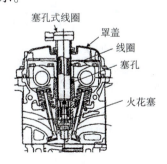

图 2-249 塞孔线圈安装示例[2]

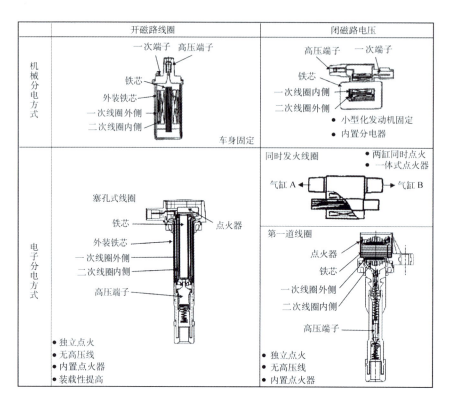

图 2-250 点火线圈种类

2.11.3.2 工作原理

一次电流由电源电压、一次线圈的电阻值以及通电时间决定。一旦向一次线圈的通电被切断，一次线圈会产生与此时的一次电流相对应的反电动势。受反电动势的感应，二次线圈中产生二次电压，一次电压与二次电压的线圈数成比例，且成正比。设线圈的能量转换效率为100%，则二次电压为

$$V_2 = i_1 \cdot \sqrt{\frac{L_1}{C_1(N_1/N_2)^2 + C_2}}$$

式中 C_1、C_2 为线圈的一次、二次静电容量；V_2 为二次线圈被感应的最大电压；N_1、N_2 为一次、二次线圈的圈数；i_1 为一次线圈切断电流；L_1 为一次线圈电感。

图 2-251 所示为点火线圈一次电流波形以及二次电压波形。

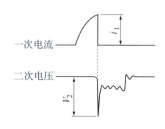

图 2-251 点火线圈一次电流、二次电压波形

2.12 增压器

2.12.1 概要

为提高比功率，通过对吸入空气加压提高充气密度的机构称为增压器。对吸入空气进行加压的压缩机则被称作增压机。

按照驱动方式分类，增压器大致有如下三种：

① 废气涡轮增压器；
② 机械增压器；
③ 电驱动增压器。

废气涡轮增压器，一般称为涡轮增压器。它是利用发动机排气能量驱动涡轮，依靠与涡轮同轴的叶轮压缩空气，供给发动机。涡轮增压利用的是发动机的排气能量，因此其优点是对发动机的机械能量没有损失，增压效率高。而且增压器的体积小，质量轻，搭载位置比较自由。其缺点是在低转速区域内排气能量小，不能使涡轮瞬间变为高转速，转速上升有时间滞后（或变化迟缓），也就是所说的增压滞后。为了使涡轮增压与发动机达到最佳匹配，进行了多方面的改进。

机械增压器有多种类型。由发动机曲轴通过齿轮或带驱动。这种增压器的优点是，由于增压器同发动机转速成比例旋转，因此发动机负荷急速变化时的响应性良好；其缺点是机械损失较大。因此，为降低在无增压区域增压器的驱动损失，用电磁离合器使其停止旋转，进气旁通，加速时则把离合器结合，进行增压。其次，增压器本身体型比较大且一般装置在发动机周边，因此有必要在布置上进行大的变动。

电驱动增压器利用电动机驱动，按照要求的扭矩进行适时的增压。可以分为只利用电动机驱动的增压器和涡轮增压与电动机组合补偿低转速区域增压滞后的增压器。

对增压后高温高压气体的冷却可以提高充气密度。这种空气冷却器称为中冷器，一般与增压器一起使用。

2.12.2 涡轮增压器

涡轮增压发动机的装载示例与基本结构如图2-252和图2-253所示。排气从排气歧管引向涡轮，进气经压缩机压缩、中冷器冷却后，进入进气歧管。涡轮轴的转动由排气回收的涡轮所做功以及压缩机的压缩所做功两者之间的平衡来决定。

2.12.2.1 涡轮增压器结构

其结构如图2-254所示。旋转部分由将排

图2-252 涡轮增压器装载示例

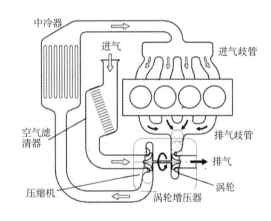

图2-253 带涡轮增压器的发动机基本部件

气能量转化为旋转能量的涡轮以及同轴连接的压缩机构成。而包含旋转部分的壳体是由形成排气回路的涡轮壳、轴承体（包含支撑涡轮轴旋转的轴承）和形成进气回路的压气机集气器组成。

一般涡轮叶轮都采用耐热强度高的镍基耐热合金材料制成。考虑到要适应150℃以上的压缩空气的温度，压气机叶轮一般采用耐高温的铝合金材料制作。从效率和耐压力波动特性来看，压气机叶轮多采用后弯叶片式（图2-255）。

为将排气能量有效地引导到涡轮叶轮，需要精心地设计涡轮壳的通路断面面积及断面形状。特别是为了抑制增压滞后，开发了各种形式的涡轮壳以及可变机构。轴承部分主要采用的是全浮式轴承或者半浮式轴承，也有采用滚珠轴承来降低轴承摩擦损失的。为提高轴承的可靠性，也可在轴承周围使用冷却水套。

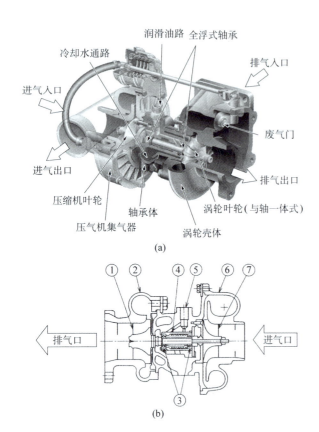

图 2-254 涡轮增压器的构造

（a）全浮动轴承；（b）滚珠轴承

1—涡轮叶轮；2—涡轮壳；3—滚珠轴承；4—油膜减震；
5—轴承体；6—压缩机集气器；7—压气机叶轮

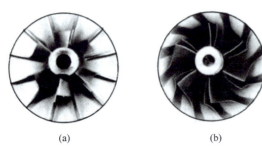

图 2-255 压气机叶轮叶片形状

（a）径向叶片；（b）后弯叶片

2.12.2.2 涡轮增压器的性能

设涡轮增压器总效率为 η_{tot}，则

$$\eta_{tot} = \eta_{mech} \cdot \eta_c \cdot \eta_t$$

$$= \frac{\left\{\left(\frac{P_2}{P_1}\right)^{\frac{K_a-1}{K_a}} - 1\right\}}{\left(\frac{G_g}{G_a}\right) \cdot \left(\frac{C_{pg}}{C_{pa}}\right) \cdot \left(\frac{T_g}{T_a}\right) \cdot \left\{1 - \left(\frac{P_4}{P_3}\right)^{\frac{K_g-1}{K_g}}\right\}}$$

式中：η_{tot} 为涡轮增压器总效率；η_{mech} 为机械效率；η_c 为压气机效率；η_t 为涡轮效率；G_a 为空气质量流量；G_g 为涡轮入口废气流量；T_a 为压气机入口空气温度；T_g 为涡轮入口废气温度；C_{pa} 为空气定压比热容；C_{pg} 为排气定压比热容；P_2/P_1 为压气机压力比；P_3/P_4 为涡轮膨胀比；K_a 为空气比热容比；K_g 为排气比热容比。

利用该公式可以对一些常态运转的性能进行评价。汽车用发动机转速及负荷范围较广，因此需要涡轮增压器具有大范围高效率以及良好的加速响应性。而涡轮增压器达到小型高速化的同时也使得流体力学性能下降、机械损失增加。上述问题已经成了近年来备受关注的课题。为了降低旋转体的惯性力矩，压缩机叶轮以及涡轮机叶轮的最大外形设计越来越小，同时为了保证最大空气、废气的流量，必须对压气机和涡轮机流体力学特性进行改善。设计叶片以及流路时利用计算流体力学（CFD）进行分析。如图 2-256 所示为可降低机械损失的滚珠轴承示例[4]。

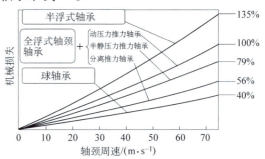

图 2-256 轴承机械损失比较[4]

2.12.2.3 与发动机的匹配

叶轮尺寸以及涡轮流量等匹配参数与发动机性能的关系如下。叶轮入口直径 D_1 的设计尺寸决定最大空气流量。图 2-257 所示为叶轮入口直径二次方 D_1^2 与发动机最大功率的关系图。由图中可以看出，功率与 D_1^2 大致成正比。但是由于压气机存在由叶轮旋转速度决定的最小容许流量，当流量到达这个限值以下时，会间歇产生从压力高的压气机出口侧向入口侧逆流的现象，这就是所谓的喘振现象。与发动机的正常运转相

比，该现象更容易发生在发动机从高转速区域减速的过程中。对于比较重视高速功率的发动机来说，有时在不进入喘振的前提下，会尽量增大 D_1 的值，提高高流量区域的压气机效率 η_c。图 2-258 所示为不同叶轮 D_1 带来的 η_c 变化。

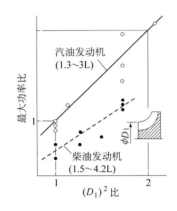

图 2-257 D_1^2 与最大功率的关系

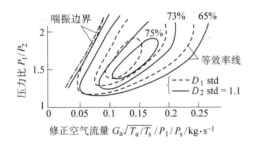

图 2-258 压缩机效率图谱比较

图 2-259 所示为涡轮流量特性。涡轮流量的大小由 A/R（图 2-260）和涡轮叶轮的各个参数决定。乘用车用发动机为了改善低速扭矩和增压滞后，一般选择比较小型的涡轮（叶轮外径为 $\phi35 \sim \phi50$）。当全负荷运转的中速区域内增压达到目标值时（增压压力控制点），为了防止在更高转速时增压压力及背压过大、涡轮旋转过度，一般多会使流入涡轮端的排气产生旁流（By-pass）来抑制过度增压（废气门方式）（图 2-261）。使用的涡轮越小，则增压压力控制点的转速越向低速移动。不过由于高转速区域内的背压和旁通气体增加，会导致泵气损失的增加和涡轮效率的下降，最终导致发动机功率下降。因此在选择废气门规格的时候要充分考虑好与发动机功率特性的匹配关系。

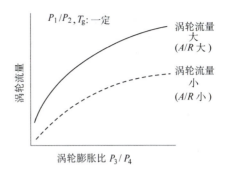

图 2-259 涡轮流量特性

图 2-260 涡轮的 A/R

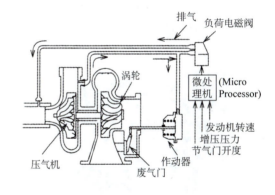

图 2-261 废气门方式构造

由此可见排气通路面积一定的涡轮对改善低速扭矩及增压滞后、同时对提高动力性能都有一定的制约，为此开发出了新的可变容量型涡轮。图 2-263 所示为可变喷嘴涡轮增压器。在叶轮外周（排气上流侧）的壳体上配置了多个可动喷嘴叶片，通过外部的执行元件控制其开度。在发动机低转速区域内，喷嘴叶片开度变小，排气压力上升，从而提高涡轮转速以提高增压压力。在高转速区域内利用喷嘴的逐步开启进行增压控制。图 2-264 所示为其涡轮流量特性。可变喷嘴涡轮增压器可以同时控制增压压力与背压，因

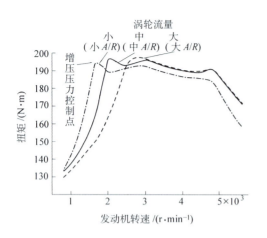

图 2-262　发动机全开性能、涡轮流量差

此也具有排气再循环流量控制功能。现代柴油发动机大都采用此种结构。

此外，作为另外一种匹配的方法，为了最大限度地发挥涡轮在发动机高转速区域内的优势，一般尽可能采用流量较大的涡轮，提高在无增压状态的容积效率，进行适应发动机低速扭矩的匹配。这样，增加的排气能量使涡轮转速上升，使扭矩进一步提高（图 2-265）。

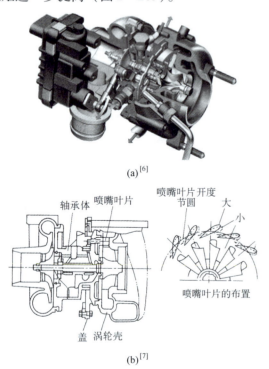

图 2-263　可变喷嘴涡轮结构

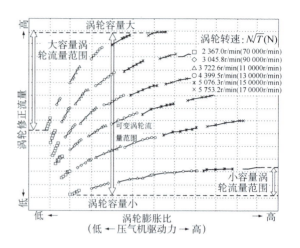

图 2-264　可变喷嘴涡轮流量特性

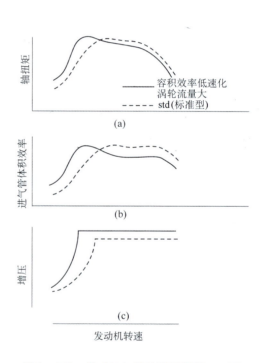

图 2-265　发动机与涡轮增压器的匹配图

2.12.2.4　课题及改进方法

为了兼顾低速扭矩和最大功率，提高加速响应性（消除增压滞后），可以在叶片设计和降低机械损失方面下功夫，这方面的内容在前面已经讲过。为达到这同一个目的，现已采用或正在研究增压器结构，下面以部件为单位做如下介绍。

（1）降低旋转体的转动惯量　为消除增压滞后，正在研究选择涡轮叶轮以及压缩机叶轮的材质。

① 陶瓷涡轮叶轮[9]：陶瓷与金属的相对密度分别为3.4和8.2，这样可以降低1/2的转动惯量，可以大幅度提高加速性能（图2-266）。陶瓷如果出现细微的缺陷，会导致其强度大幅度下降。因此在设计叶片时，要考虑到陶瓷强度不均匀以及脆性材料的特性等问题（图2-267）。

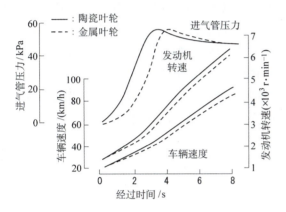

图2-266 加速性能比较

图2-267 陶瓷涡轮叶轮[9]

② 钛铝合金涡轮叶轮[10,11]：密度为3.8 kg/cm³比上述的略重，但是耐撞击性优良，叶片厚度也比较小，同样可以达到降低转动惯量的效果。因此已开始被采用。

③ 压缩机叶轮材料更换[12,13]：与涡轮机叶轮一样，采用相对密度较小的镁合金或树脂材料。其重点在于选择的材料要适用于空气压缩产生的高温条件下的离心应力。

（2）涡轮的高效率大范围化 与开发上述可变喷嘴涡轮增压器的目的一样，另外开发了其他机构的可变容量涡轮。同时对降低排气干扰也在采取积极的措施。

① 双涡管涡轮增压器：涡轮壳由中间隔壁分成两个完全独立的涡管。安装于排气歧管内的控制阀，在发动机低转速区域和高转速区域控制向各自涡管引导排气（图2-268）。在低转速区域把排气全部导入主涡管P，以增加涡轮流入部位的排气流速，提高涡轮旋转力矩，进而提高加速响应性。在高转速区域，把排气也导入副涡管S，降低发动机排气背压，减小泵气损失，增加空气填充率，进而提高输出功率。

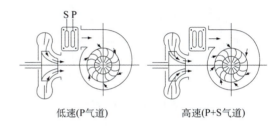

图2-268 双涡管涡轮[14]

② 可变流量涡轮增压器[8]：涡轮壳内不同容量的内外涡管沿叶片径向布置，在涡轮入口处设置流量控制阀（F/C阀）。低转速区域内阀门关闭，高转速区域内阀门渐渐开启，以此来调整涡轮叶片的气体流速和流入角度。该机构高温环境下的可动部分较少，与可变喷嘴涡轮的效果基本相同（图2-269）。

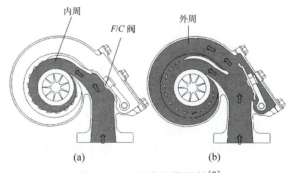

图2-269 可变流量涡轮[8]
(a) 低转速时（F/C阀全闭）；(b) 中、高转速时（F/C阀开启）

③ 双入口涡轮增压器[9]：涡轮壳体同前面介绍的双涡管涡轮增压器一样，有两个涡管，但是这里的目的是防止排气干扰，该结构不会与排气歧管之间引起排气干扰（图2-270）。在排气流量少的低转速区域，通过抑制排气干扰提高汽

缸内废气扫气效率的同时，积极利用变压增压增大涡轮输入能量，提高涡轮转速。近年来，有把这类增压器也称作双涡管涡轮增压器的。

④ 双涡轮增压器[15]：将排气干涉较少的间隔爆发的汽缸排气道集合一起，各自配置相同容量的小型涡轮增压器，与双入口涡轮增压器一样可以降低转动惯量（图2-271）。

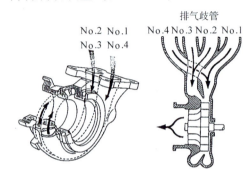

图 2-270　双入口涡轮[9]

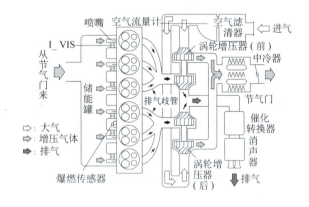

图 2-271　双涡轮[15]

（3）压缩机的高效率大范围化　通过改进涡轮增加低速区域的压缩机驱动力。同样，压缩机也要求对喘振边界进行改善（低流量化），从而在开发方面有所进展。

① 压气机·可磨密封[16]：压气机集气器与叶轮接近的部位采用切削性优良的树脂件，减小相互间隙，以达到整个工作范围内的高效率化（图2-272），而进入了实用化阶段。

② 压气机·集气器的处理[17]：为了改善压气机喘振现象，在集气器入口处增加空气回流结构，最大可以降低30%~40%的喘振极限流量。该结构已经在大型涡轮增压器上采用（图2-273）。

③ 压气机·出入口可变叶片[18,19]：与流入空气量相配合，合理化控制叶轮上下游空气的流动方向，扩大可用空气的流量范围，并还在研发另外的其他形式（图2-274、图2-275）。

（4）多个涡轮增压器组合：在仅仅通过改善涡轮增压器自身来达到发动机性能很难做到的情况下，可以根据发动机的工作状态采用多个涡轮增压器组合的方法。采用多个涡轮增压器时，增压器以及配管、切换控制阀等的数量都要增加，这样装载空间以及各个通路的压损也会相应增加，排气系统热质量也要提高，因此设计时，需要充分考虑尽量抑制这些数值。

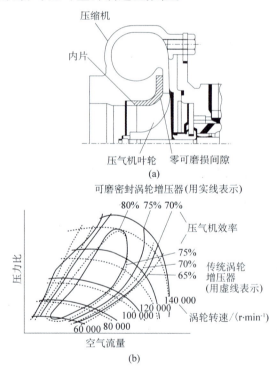

图 2-272　可磨密封涡轮[16]

（a）可磨密封涡轮结构；（b）压气机图谱比较

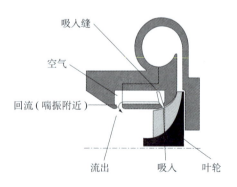

图 2-273　压气机集气器处理结构示例[17]

② 并列顺序涡轮增压系统：在发动机低转速区域内，排气全量流入一个涡轮，在中高转速区域内两个涡轮同时工作（图2-277）。这种系统需要解决的问题也是如何减小从一个涡轮工作向两个涡轮转换时的扭矩落差。

2.12.3 机械增压器

涡轮增压器是利用发动机排气能量进行增压。而机械增压器是利用发动机输出轴直接驱动增压机构。图2-278和图2-279所示为机械增压器的搭载示例。机械增压器设在进气系统的空气滤清器下侧与发动机之间，通过发动机的输出轴借助带等带动压气机构进行增压。

图2-274 可变进气导向叶片结构[18]

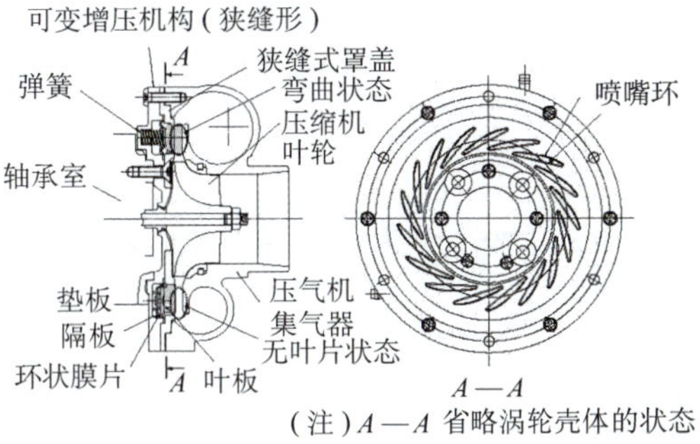

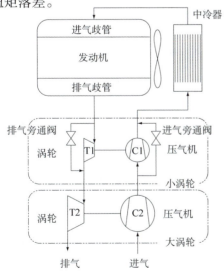

图2-275 可变增压结构[19]

① 直列顺序涡轮增压系统[20]：在发动机的低转速区域内，用小流量涡轮使排气全量流入；而在中高转速区域内，徐徐打开排气旁通阀，使排气流入旁通道而进入大涡轮（图2-276）。这种小流量用涡轮入口和出口的压力差很小，之后的增压工作由大涡轮完成。这种系统也存在一定问题，就是如何降低从小流量向大流量涡轮转换的扭矩落差。

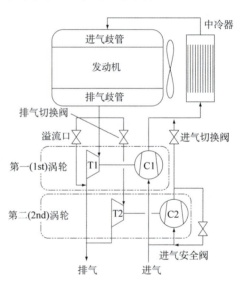

图2-277 顺序涡轮增压系统（并列型）

图2-276 直列涡轮系统（直列型）

图2-278 机械增压器的装载示例[21]

2.12.3.1 机械增压器的种类和结构

机械增压器大致可分为容积式增压器和离心式增压器。容积式增压器又分为不压缩空气直接送出的非压缩型和压缩空气后送出的压缩型。容积式增压器比离心式增压器的低速增压响应性优良。另外压缩型与非压缩型相比，高压力比效率更高。现在市场上销售的车辆一般都采用容积式机械增压器。下面介绍其主要的机型。

（1）罗茨型（非压缩型） 也称为蚕茧型。在壳体内有两个蚕茧型转子，依靠安装于轴上的齿轮，使其相互反转吸入和吐出空气，将吐出气体速度能量转化为压力进行增压（图2-280）。其适用于低压力比的情况。转子为轴对称型，因此能够高速旋转。不过由于其内部压缩而有输出侧的逆流，为此，如何降低噪声是今后研究的课题。

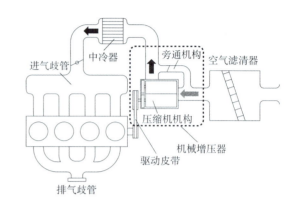

图2-279 机械增压器发动机的结构例

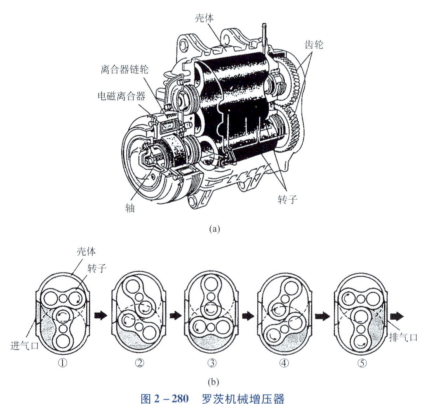

图2-280 罗茨机械增压器
（a）罗茨机械增压器的外观；（b）罗茨机械增压器的工作原理

（2）涡旋型（压缩型） 也称为螺旋形。螺旋状的置换器在螺旋状的壳体中偏心运动。壳体与置换器之间形成的空间由吸入侧向吐出侧移动，而形成吸入—压缩—吐出，从而压送空气（图2-281）。

（3）螺杆型（压缩型） 也称为利肖姆型。它是把螺钉形状的凸形转子和凹形转子组合反方向旋转。两个转子切割的空间沿着轴向移动，依靠进入—压缩—排出运动方式，压送气体。这种形式为非接触式工作，因此可以达到高转速化，高压缩比且效率较高。由于单位循环的输出量小，需要设定较高的工作转速（图2-282）。

(4) 转子型（压缩型） 壳体内有3个开口的圆筒型外转子，而在其中又有蚕茧型的内转子。内、外转子的轴心位置偏置，沿同一方向转动。圆筒形壳体与转子分割开的空间随着转子的转动形成进入—压缩—排出的工作过程，从而完成空气压送。旋转部分都是轴对称结构，没有失衡现象，因此可使用的转速极限较高（图2-283）。

2.12.3.2 机械增压器的性能

机械增压器的性能主要从以下四个方面进行评价。

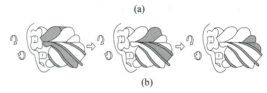

图 2-282 螺杆型机械增压器
(a) 螺杆型增压器的外观；
(b) 螺杆型增压器的工作原理

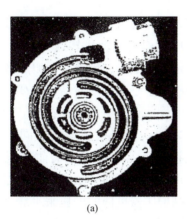

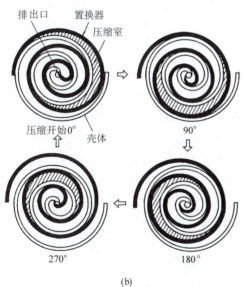

图 2-281 涡旋型机械增压器
(a) 涡旋型机械增压器的外观；
(b) 涡旋型机械增压器的工作原理

(1) 容积效率 η_v 用理论流量与实际

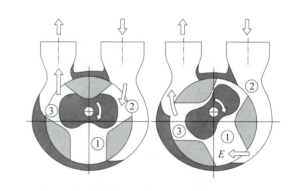

图 2-283 转子型机械增压器

流量的比值来表示，公式如下。

$$\eta_v = \frac{Q_d}{Q_{th}}$$

式中 Q_{th} 为机械增压器的理论流量（m³/min）；Q_d 为吸入状态下换算的实际流量（m³/min）。

(2) 驱动损失 L 机械增压器消耗的功率加上机械损失以及压缩做功的总和。结果由实际测量得出（图2-284）。

(3) 绝热效率（η_{ad}） 实际压缩做功和理论绝热做功的比值为

$$\eta_{ad} = \frac{\left[\dfrac{p_2}{p_1}\right]^{\frac{\kappa-1}{\kappa}} - 1}{\left[\dfrac{T_2}{T_1}\right] - 1}$$

式中：p_1 为进气侧压力（Pa）；p_2 为排气侧压力（Pa）；T_1 为进气侧温度（K）；T_2 为排气侧温度（K）；κ 为比热容比（绝热指数）。

(4) 总绝热效率（$\eta_{t \cdot ad}$）　实际需要的驱动力与理论隔热压缩需要的驱动力的比值为

$$\eta_{t \cdot ad} = \frac{\dfrac{P_1 \times Q_d}{60 \times 1\,000} \times \dfrac{\kappa}{\kappa - 1} \times \left\{ \left[\dfrac{P_2}{P_1} \right]^{\frac{\kappa - 1}{\kappa}} - 1 \right\}}{L}$$

式中：L 为驱动损失（kW）。

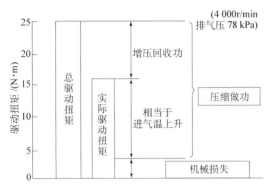

图 2-284　机械增压器的驱动损失[24]

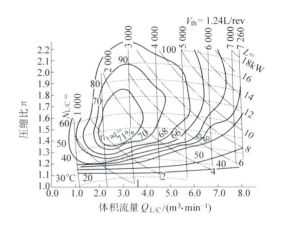

图 2-285　小型螺杆型机械增压器的性能[23]

图 2-285 为小型螺杆型机械增压器的性能示例。

2.12.3.3　与发动机的匹配

机械增压器的压缩机是根据发动机的转速进行增压，这可以提高低速区域的扭矩，而且响应性较好。不过由于利用的是发动机的输出功率进行空气压缩，所以也会损失一部分发动机功率。为了避免不需要增压的低、中负荷区域的损失，有的增设了电磁离合机构，或者将排出气体回流到进气侧的旁通机构。

在确定增压器规格时，先利用发动机最大功率时所需的最大空气流量求出发动机对应的增压器的理论排气量，以及发动机最大扭矩时增压器的理论排气量。再将各个值进行比较，最终求出增压器的流量以及压比。在确定流量和压比时，由于在低转速时漏气等原因，容积效率有所下降，考虑到机械耐久性以及设计极限问题，还应尽量将压比设置得稍高一些，这样可以防止低速时性能下降。

2.12.4　电驱动式增压机构

为了弥补涡轮增压器以及机械增压器的不足，研究人员开发出了电气驱动式增压机构。电驱动式增压机构与发动机转速无关，可以瞬间、自由地设定增压范围，因此，可以在极低速范围内进行增压。但是电驱动式增压器要通过发电机形成发电能量，有一定的驱动损失。而且需要大型电动机才能获得与机械增压器同等的驱动能量，电能损失大，而且对车辆油耗也有不良影响。现在正在研究新的方法，如何通过比涡轮增压器及机械增压器更低的增压来平缓地提高发动机功率。以下举出若干个已研发的例子。

(1) 电动增压器　用电动机代替涡轮增压器的排气涡轮（图 2-286）。同样，也在研究将机械增压器的动力部分由原来的发动机输出轴换为电动机这样的做法。

(2) 电动辅助涡轮增压器　直接将电动机安装在原来的涡轮增压器的涡轮轴上以辅助涡轮增压器工作，可以缩短增压延迟（图 2-287）。

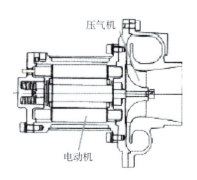

图 2-286　电动增压器[26]

第2章 发 动 机

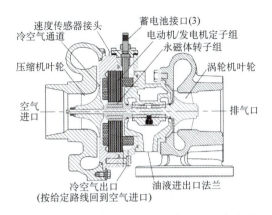

图 2-287　电动辅助涡轮增压器[27]

2.12.5　中冷器

用增压器压缩空气时，由于是绝热压缩，发动机吸进的空气温度上升。为了降低进气温度，一般在增压器和发电机之间设置热交换器，即中冷器。通过中冷器降低进气温度，提高了空气密度及空气填充效率。同时混合气体温度下降也可以抑制爆燃的产生，提高输出功率（图 2-288）。

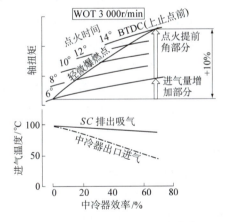

图 2-288　中冷器冷却效果[28]

一般中冷器分为水冷式和空冷式两种。图 2-289 和图 2-290 所示为中冷器的安装示例。水冷式中冷器以冷却液为介质，不需要靠汽车迎面风冷却中冷器。因此，对中冷器安装位置的制约条件较少。但是发动机冷却液温度过高时需要中冷器专用的热交换器和冷却液泵。

空冷式中冷器，由于直接用行驶风冷却高温吸入空气，因此，需要把中冷器安装在行驶风容易遇到的地方。空冷式中冷器同水冷式中冷器相

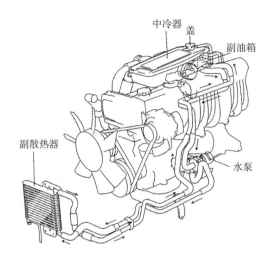

图 2-289　水冷式中冷器

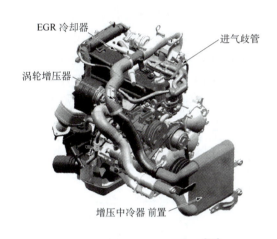

图 2-290　空冷式中冷器[29]

比，需要较长的进气管路。由于热交换是在空气与空气之间进行，低速区域的热交换效率比水冷式要略逊一筹。但是在高速区域内冷却风量增加，热交换率也大幅度提高。另外与水冷式中冷器相比，其构成部件少，系统整体的质量较轻。

2.12.5.1　中冷器的结构

汽车用中冷器主要有铝钎焊叠片式、管式以及叠层式等形式。铝钎焊叠片式中冷器制造简单，适合种类多且量产小的车辆上，一般用于载货车。管式中冷器的中冷器管多为挤压成型制造，有的内部采用散热片或者多孔管来提高散热量。叠层式中冷器是将散热片和中冷器盖层叠一起钎焊制造而成。

中冷器一般采用铝材。为了减小质量，副油

箱部分有时也采用树脂材料，而且已经投入量产。

2.12.5.2 中冷器的性能

空冷式中冷器的效率为

$$\eta_{aH} = \frac{T_{aH1} - T_{aH2}}{T_{aH1} - T_{aC1}}$$

式中 T_{aH1} 为中冷器入口侧发动机进气温度；T_{aH2} 为中冷器出口侧发动机进气温度；T_{aC1} 为冷却风入口侧空气温度。

空冷式中冷器的性能如图2-291所示。中冷器的性能基本上受冷却方式以及中冷器的布置位置的影响，不过也要考虑通路压力损失对发动机性能的影响。压力损失大的中冷器对增压器的负荷较大，会导致增压器做功增加以及进气温度上升，因此在布置中冷器时，要考虑使其与自然吸气式发动机情况一样成为低压损的吸气系统。

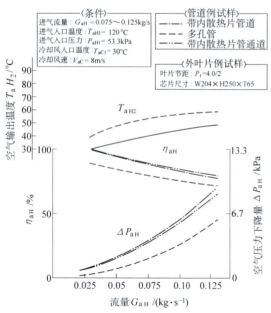

图2-291 中冷器的性能[30]

2.13 排气净化系统

2.13.1 概要

汽车产生的大气污染物，包括从排气管排出的尾气、从其他部位排出的窜漏气体以及蒸发气体。排气管排出的尾气包含 CO、HC 和 NO_x。另外窜漏气体以及蒸发气体大部分是 HC。

在日本，已经开始实施新短期法规（2000年法规），对汽油汽车要求尾气排放要比昭和53年（1978年）法规降低68%。而且进行了一系列的法规强化工作。如延长耐久行驶距离、强化蒸发气体限制、引入车载自我诊断系统（OBD）法规等。柴油汽车除了与汽油汽车采取相同的法规强化措施以外，还引入了新的 PM 法规。对地方政府而言，根据这些条例的贯彻落实，进一步强化了排放的管制。另外还实施了清洁税制，以此来普及、促进低公害车和低油耗车的发展。今后还将引入新长期法规，继续对法规内容进行强化（图2-292）。

抑制尾气排放系统大致可以分为燃烧控制方式和三元催化转换器方式。前者一般用于汽油稀薄燃烧以及柴油机上。在发动机改进的基础上，增加废气再循环系统，可以降低 NO_x 的排放量，并可利用氧化催化转换器进一步对残留的 CO、HC 进行净化。有的也采用稀薄 NO_x 催化转换器以及尿素 SCR（选择性还原催化转换器）系统并用来进一步降低 NO_x 的排放量。燃料喷射系统、增压及 EGR 系统的改良改善了燃烧，降低了发动机的排放。三元催化转换器一般用于汽油机的理论空燃比控制，与空燃比传感器等空燃比电子控制系统结合使用，实现更高的净化性能。下述一系列的改进措施对满足法规要求有很重要的意义：降低发动机的冷启动排放、通过改善燃料微粒化特性降低发动机排放、开发催化转换器早期活化技术、采用 HC 吸附催化剂等。

2.13.2 点火时刻

使点火时刻滞后，可以有效缩短启动后催化转换器活化时间并在催化剂活化后降低 HC、NO_x 的排放量。但是不当的点火滞后会导致启动性能以及低温时的驾驶性能下降，输出功率以及油耗等也会受到不良影响。为此需要利用微机控制的电子式点火时间控制装置，在所有运转状态下，都能够实现对燃油消耗、输出功率以及排气净化性能所要求的最适宜的点火时刻控制。

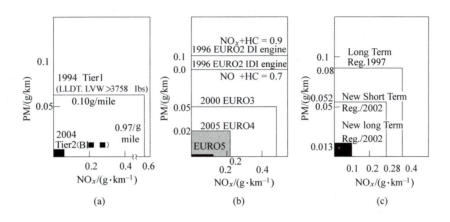

图 2-292 日美欧柴油尾气排放法规（乘用车）
(a) 美国；(b) 欧洲；(c) 日本

2.13.2.1 点火时刻与排出气体

若点火时刻比最大扭矩提前点火最小值（MBT：Minimum spark advance for Best Torque）滞后 10°，则 NO_x 大约下降 20%~30%；若滞后 20°，大约下降 40%~65%。这是因为点火时刻滞后，燃烧最高温度下降，使 NO_x 浓度下降，同时 HC 的排放量也随着点火时刻的滞后而下降。有人认为，这是因为排放气体温度上升，促进了排气过程中 HC 的氧化反应速度。点火滞后虽然降低了尾气排放量，但是对输出功率和油耗性能却产生了不良的影响，因此，一般点火滞后都应用于催化转换器净化不彻底的高负荷运转区域内。

2.13.2.2 点火时刻及排气温度

在怠速运转时，若推迟点火，则排气温度上升[1]，如图 2-293 所示。此时，发动机效率下降，使得维持发动机怠速转速所需的混合气体量增加，故排气热量迅速上升。为了改善废气排放，缩短催化转换器活化时间是必要的。因此为了实现催化转换器的早期活化，会在发动机启动后的怠速运转时期内实施推迟点火，增加排气热量。这是使催化剂早期活化较常用的做法。

2.13.3 EGR

把排放气体的一部分从排气管取出再返回发

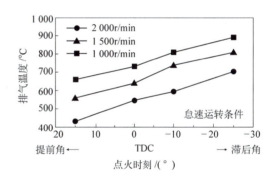

图 2-293 点火时刻与排气温度

动机的进气系统，与混合气混合燃烧的方法称为排气再循环（EGR：Exhaust Gas Recirculation）。EGR 可以降低发动机排气中的 NO_x 排量，汽油发动机以及柴油发动机均已采用该系统。

燃烧室内生成的 NO_x 主要是进气中的氮气燃烧后的高温热离解产物。因此，降低燃烧温度是减少 NO_x 生成量的有效办法。采用 EGR 装置，使可燃混合气体中不活泼气体（H_2O、N_2、CO_2 等）的份额增加，因而成为这方面的有效手段。与柴油发动机相比，汽油发动机由于 EGR 而使流入汽缸的气体状况有所不同，因此其运作方式也多少有所差异。

在汽油发动机中，一般根据理论空燃比燃烧情况，利用进气节流进行输出功率控制。输出功率与进气量基本成正比例关系。因此在输出功率一定的前提下，采用 EGR 发动机汽缸内混合气体增加量仅仅是 EGR 气体的量。而且 EGR 气体主要是比热容较大的 CO_2、H_2O 等，因此，汽缸混合气体的热容量增加，燃烧温度下降，有效地抑制了 NO_x 的生成。

另外，由于汽油发动机采用 EGR 后，可以降低部分负荷区域内泵气损失，还可以合理选择最佳的点火时刻，改善油耗。这也是 EGR 的优点之一。

由于柴油发动机没有进气节流，EGR 气体代替了一部分的吸入空气进入汽缸，因此进气量有所减少。这样汽缸内的氧气浓度下降，燃烧速度减慢（预混合燃烧量减少），燃烧温度降低，抑制了 NO_x 的生成。

但是如果 EGR 量过大，会导致燃烧状态不稳定，NO_x 以外的排放物（HC、PM、黑烟）的量会增加，经济性能下降。因此，需要对 EGR 流量进行控制，平衡好 NO_x 生成量和发动机稳定性的关系。EGR 流量控制范围是随着发动机负荷及转速而大范围的变化的。空燃比越大，点火时刻越晚，则这个控制范围越小。通过减少燃烧室内的涡流等乱流以防止燃烧速度的下降是确保这一控制范围的有效手段。

2.13.3.1 结构

图 2-294 所示为自然进气发动机的 EGR 系统的一个案例。EGR 气体回流到节气门下游的进气室内，利用节流产生的进气管压力与排气管压力的压力差，通过 EGR 阀控制 EGR 的流量。EGR 阀与利用发动机负压工作的膜片连接，利用负压调整阀控制膜片负压的大小，进而控制 EGR 阀的升程。

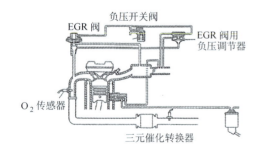

图 2-294 汽油发动机 EGR 系统[2]

另外，为了提高 EGR 控制的精度和提高响应性，有的也采用了利用线性电磁阀及步进电动机、直流电动机等电动执行元件直接驱动的 EGR 阀（图 2-295）。另外有的还在 EGR 阀上安装了位置传感器，直接检测 EGR 阀的开度，根据其运转状态重新确定目标开度，进行反馈控制。

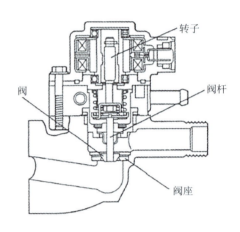

图 2-295 步进电动机式 EGR 阀[2]

图 2-296 所示为乘用车用增压柴油发动机使用的 EGR 系统。带增压器的发动机使用 EGR 系统时，排气管压力与进气管的压力是很重要的，EGR 气体回流的位置也有可能产生 EGR 不再流动的情况。EGR 与已经开始实用化的可变涡轮喉口截面增压器（VGT）相组合可以升高排气压力，现阶段乘用车用柴油发动机大多采用如图 2-296 所示的 EGR 系统。

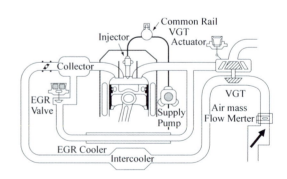

图 2-296 柴油发动机 EGR 系统[4]的例

柴油发动机与汽油发动机比较，进气与排气的压力差小，所需的 EGR 流量大，因此一般

EGR 管路要比汽油发动机的粗，使用的 EGR 阀也相对较大。另外，为了进一步降低 NO_x 的排量，使用冷却水冷却 EGR 气体的 EGR 冷却器也已经开始实用化。

2.13.3.2 控制方式

电子控制式 EGR 系统利用各种传感器检测发动机的运转状态，执行元件根据 ECU 输出的电信号自由控制 EGR 阀的开度。根据适应发动机转速和吸气量的最佳 EGR 量（MAP），控制向线圈通电的占空比。该系统可以将与 MAP 相对应的 EGR 阀开度记忆在计算机内（图 2-297）。另外，还可以根据冷却液温度控制 EGR 量的多少，对过渡运转进行修正，以及在怠速时和全开加速时中止 EGR。

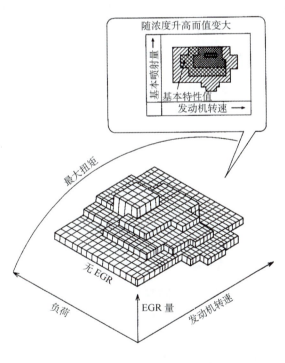

图 2-297　EGR 特性图[5]

由于柴油发动机没有进气节流，EGR 气体的进入使得进气量相应减少。利用这一原理，作为控制最合适 EGR 率的手法，通过反馈控制使空气流量传感器检测到的新鲜空气的进气量以及通过采用一种控制逻辑进行反馈的方式与根据实际运转状态重新设定的目标值达到一致。

2.13.4　催化转换器

2.13.4.1　催化转换器的作用

三元催化转换器原来是将 CO、HC、NO_x 等尾气中的有害物质进行如下化学反应，转化成无害物质过程中使用的。近年来，为了净化汽油稀薄燃烧车辆以及柴油发动机车辆的排放尾气，减少 CO_2 的排放量，开发出了多种性能的催化转换器，用做汽车尾气净化催化转换器。

三元催化反应如下：

$$\left.\begin{array}{l} 2CO + O_2 \rightarrow 2CO_2 \\ HC + O_2 \rightarrow CO_2 + H_2O \\ 2H_2 + O_2 \rightarrow 2H_2O \end{array}\right\}氧化反应$$

$$\left.\begin{array}{l} 2NO + 2CO \rightarrow 2CO_2 + N_2 \\ NO + HC \rightarrow CO_2 + H_2O + N_2 \\ 2NO + 2H_2 \rightarrow N_2 + 2H_2O \end{array}\right\}还原反应$$

$$\left.\begin{array}{l} CO + H_2O \rightarrow CO_2 + H_2 \\ HC + H_2O \rightarrow CO_2 + H_2 \end{array}\right\}水煤气置换反应$$

在上述反应中，氧化物质（O_2、NO_x）与还原物质（CO、HC、H_2）的平衡非常重要，一般利用控制系统控制排气成分。另一方面，汽油稀薄燃烧车与柴油车尾气中的还原物质相比，氧元素过剩，促进氧化反应的发生，同时使得还原 NO_x 的成分被氧化，而不复存在。以往的三元催化转换器就存在无法还原 NO_x 的问题。为了解决这一问题，近年来对新型的可净化 NO_x 的催化转换器（稀释 NO_x 催化剂）的研究开发逐渐盛行起来。

2.13.4.2　催化转换器的构成[6]

汽车用催化转换器主要由载体、载体涂料、催化剂成分构成。

（1）载体　载体是为发生催化反应而使用的结构体，最早的汽车用催化剂载体使用的是球式氧化铝制载体。现在大多使用的是整体式蜂窝载体。材料方面要满足以下要求。

① 足够的结构强度。

② 足够的耐热性及耐热冲击性。

③ 对排气流通没有大的阻力。
④ 与所载物质之间有足够的接合强度。
⑤ 不会导致催化剂成分劣化。

现在普遍使用的是低热膨胀系数的多孔陶瓷硫银铜载体，另外也有使用 Fe–Cr–Al 金属载体的（图 2–298）。

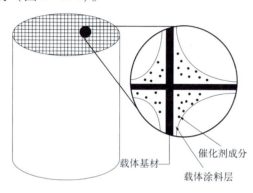

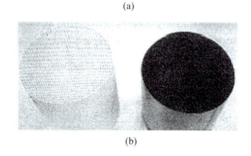

图 2–298 催化剂的构成及载体
(a) 催化剂的构成；(b) 陶瓷载体和金属载体

在载体改良方面，从提高催化剂反应性（增大几何表面积）、提高启动时的低温活性（降低热质量）的观点来考虑，已经开发出从原先的壁厚 0.3 mm、小孔通道数 300 通道/平方英尺到现在的壁厚 0.05 mm、通道数为 900~1 200 通道/平方英尺的载体。

(2) 载体涂料 在载体上涂有涂层，该涂层保持催化剂成分分散，而且也承担促进催化反应的辅助催化剂的作用。一般材料要满足以下要求。

① 表面积大，可提高催化剂与反应物质的接触概率。
② 高耐热性。
③ 针对催化剂中毒物质具有较高的化学稳定性。
④ 催化剂成分不能加快其劣化。
⑤ 与载体之间有足够的接合强度。

现在普遍使用的是以 γ–氧化铝为主要成分的材料。

(3) 催化剂成分 催化剂成分由活性成分和添加成分（助催化剂、稳定剂）组成。活性成分以白金（Pt）、钯（Pd）、铑（Rh）等贵金属为主。使用不同的贵金属，催化剂的反应特性也不相同。不同的车型以及控制方法使用的贵金属种类、量、担载比率也各不相同。一般 Pt–Pd 系多用于促进氧化反应，Pt–Rh 多用于促进三元反应。虽然已经对 Pt–Rh 三元催化剂进行了改良，但是随着 1990 年以后美国加州以及全美 HC 法规的不断强化，Pd 对 HC（特别是烯烃）的选择氧化性开始受到注意。新开发的三金属催化剂（图 2–299）将 Pt、Pd、Rh 分为两层，在不影响 NO_x 净化性能的前提下可以提高 HC 的净化特性。

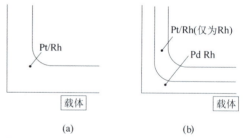

图 2–299 Pt–Rh 催化剂及三金属催化剂构造
(a) Pt/Rh 催化剂（单深层）；(b) 三金属 (TRI–METAL) 催化剂（双深层）

添加成分里有抑制辅助催化剂（促进催化反应）、活性成分和氧化铝的热劣化所使用的稳定剂。

辅助催化剂的典型成分是储氧成分（OSC：Oxygen Storage Component），主要使用的是铈（Ce）的氧化物 CeO_2。CeO_2 通过化学反应式反复吸收、放出氧气。这样可以降低空燃比的变化幅度，改善三元催化剂的净化效率。反应式为

$$Ce_2O_3 \underset{(\text{浓 A/F}) -O_2}{\overset{(\text{稀薄 A/F}) +O_2}{\rightleftharpoons}} CeO_2$$

另外 CeO_2 可以促进 2.13.4.1 中的水煤气置换反应，改善 CO、HC 的净化率。

最近已经开始强制安装车载故障检测系统（OBD：On-Board Diagnostics）。当催化剂劣化程度超过规定值后，系统会向驾驶者发出故障警报。现在催化剂劣化检测使用的是氧传感器系统。利用氧传感器检测催化剂 OSC 性能来判断催化剂是否劣化。由此可见，为了使 OBD 系统能正常运作，CeO_2 已成为重要的辅助催化剂。

另一方面，作为稳定剂的钡（Ba）、镧（La）、锆（Zr）也被广泛使用。通过添加这些成分，可以抑制高温耐久后氧化铝比表面积的下降以及相位的变化。除此之外，作为 OSC 材料，人们知道可以利用 $CeO_2 - ZrO_2$ 固溶体提高耐热性能。

2.13.4.3 新型催化剂

2.13.4.2 中已经提到过，近年来对尾气净化催化剂的需求呈现多样化的趋势。下面简要介绍各种催化剂：①HC 捕集催化剂；②稀薄燃烧用 NO_x 净化催化剂；③尿素 NO_x 催化净化剂；④PM 净化催化剂。

（1）HC 捕集催化剂　将发动机启动后到催化剂活化之前产生的 HC 临时捕集起来，等温度达到催化剂活化温度后再将 HC 放出，进行净化。HC 捕集材料一般使用沸石。另外还有的系统采用混合催化剂的形式。将 HC 捕集催化剂与三元催化剂分为上下两段布置，在一个催化剂中，下层为 HC 捕集催化剂，上层为三元催化剂而成为混合催化剂。图 2-300 所示为能进一步提高净化效率的混合催化剂上下两段布置的形式[7]。

（2）稀薄燃烧用 NO_x 净化催化剂（稀薄 NO_x 催化剂）　该项技术的研发活动是在 20 世纪 80 年代后期随着稀薄燃烧发动机的开发而快速发展起来的。可以在氧气过剩的环境中净化 NO_x，分为 NO_x 选择还原催化剂和 NO_x 吸附还原催化剂。

NO_x 选择还原催化剂是利用尾气中的 HC，选择性地将 NO_x 还原为 N_2。自从 Cu-Eeolite 催化剂被发现有高活性以来，这一类催化剂的研究工作变得十分活跃。根据催化剂的种类不同，反应

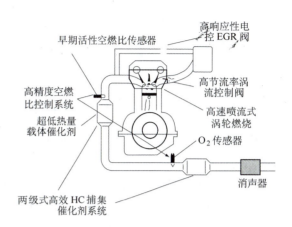

图 2-300　使用 HC 捕集催化剂的超低排放车辆系统图

结构也有各不相同，可以利用下面的化学式作为一种代表来简单地说明：

$$NO_x (gas) \rightarrow NO_x (ad) \quad (NO_x 的吸附点) \tag{8}$$

$$HC (gas) \rightarrow HC (ad) \quad (HC 的吸附点) \tag{9}$$

$$HC (ad) + O_2 \rightarrow HCO^{※} \quad (HC 部分氧化物) \tag{10}$$

$$HC (ad) + O_2 \rightarrow H_2O + CO_2 \tag{11}$$

$$HCO^{※} + NO_x + O_2 \rightarrow N_2 + H_2O + CO_2 + O_2 \tag{12}$$

重要之处在于在式（10）、式（11）两个反应中，如何来选择式（10）的反应问题。一般来说当温度升高后，则会发生式（11）的完全氧化反应，使得式（10）的选择性下降。因此要将温度设定在一定的范围内，保证 NO_x 选择还原催化剂具有较高的 NO_x 净化性能。汽油稀薄燃烧一般使用铱系的催化剂[9]，在正常使用的温度范围内还原活性较高。铱系催化剂在 20 世纪 90 年代中期曾投入使用，但是从 2000 年开始，随着日本国内法规的不断强化（NO_x 的法规值：0.25 g/km→0.08 g/km），现在，NO_x 吸附还原型催化剂成为主流。

NO_x 吸附还原型催化剂[10]：在氧气过剩的环境下将 NO_x 以硝酸盐的形式临时吸附在吸附剂中，利用发动机发生短时间燃料供给过量，放出 NO_x 并进行还原，反应结构如图 2-301 所示。

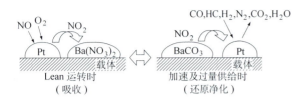

图 2-301 NO_x 吸附还原型催化剂的反应结构

NO_x 吸附剂一般使用碱土类金属或碱金属。贵金属一般用的是 Pt-Rh，在氧气过剩的情况下将 NO 氧化成 NO_2，还原高浓度下放出的 NO_x 作为还原用。NO_x 吸附还原型催化剂还能吸附尾气中的硫磺成分，形成的硫酸盐比硝酸盐的分解温度要高，因此会积蓄在催化剂中（催化剂中毒），导致 NO_x 的吸附能力下降。为了解决这一问题，在对催化剂本身进行改良的同时，发动机系统也要采取一定的对策（升温、A/F 控制），另外降低燃料的硫含量也是有效的对策。此前主要是针对汽油稀薄燃烧进行的研究开发，而现在人们已经将目光放在了稀薄燃烧柴油发动机的 NO_x 净化技术上。

在这种情况下，除了前述的对策之外，降低催化剂有效工作温度也是提高催化剂净化性能的有效对策。

（3）尿素 NO_x 催化净化剂　在 NO_x 还原净化催化剂和 NO_x 吸附还原净化催化剂出现以前，尿素 NO_x 催化净化剂被看作是最有效的高浓度氧气条件下净化 NO_x 的技术，作为柴油车降低 NO_x 的技术一直在向前发展[11]。基本上是利用氨气（NH_3）进行选择还原，反应机理如下：

$NH_2CONH_2 + H_2O \rightarrow 2NH_3 + CO_2$ （加水分解生成 NH_3）

$\left.\begin{array}{l} 4NH_3 + 4NO + O_2 \rightarrow 4N_2 + 6H_2O \\ 6NO_2 + 8NH_3 \rightarrow 7N_2 + 12H_2O \end{array}\right\}NO_x$ 还原反应

曾经考虑过用二氧化钛（TiO_2）和五氧化二钒（V_2O_5）作为催化剂。作为技术上的课题而言，还存在未反应的 NH_3 的排放问题、提高低温活性以及防止尿素水结冻等问题仍然有待解决。此外，用户需要定期补给尿素水，并且还需要供给尿素的基础设施。

（4）PM 净化催化剂　用来净化柴油车排出的微粒（Particulate Matter，以下简称 PM）。PM 主要是未燃烧的燃料（SOF）、煤烟（soot）以及硫酸盐。SOF 大部分可以通过 Pt 系的氧化催化剂氧化；煤烟是一种固体物质，原有的催化剂几乎无法净化。因此现在开发了新的柴油颗粒过滤器（DPF）来捕捉并减少尾气中 PM 的排放量。但是该系统 PM 的捕集量有限，当 PM 积蓄到一定程度后需要进行再生，也就是经常说的强制再生。再生时需要通过发动机控制将 DPF（Diesel Particulate Filter）的温度升高到煤烟的着火温度，这样就引起了燃料消耗等方面的问题。如果要在较低的温度下尽可能不需要强制再生即可实现 PM 连续再生，则需要催化剂的作用。作为连续再生方式的 DPF，现在比较有名的是 Johnson Matthey 公司的 CRT[12] 和 CSF（Catalyzed Soot Filter）。CRT 的结构如图 2-302 所示，它由前端的氧化催化剂和后端的 DPF 构成。其设计思想是前端的氧化催化剂将尾气中的 NO 氧化成 NO_2，再利用 NO_2 的高氧化能力将 DPF 捕集到的煤烟在更低的低温情况下氧化去除。

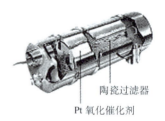

图 2-302　CRT 的构成

CSF 是对 DPF 作为其直接催化剂而存在，而一般使用贵金属、普通金属制成这一催化剂。连续再生可以降低强制再生的频率，不过强制再生时由于温度上升，催化剂的耐热性成为研究课题。

降低柴油发动机车 PM 的排放量已经成为了全社会关注的焦点，相关技术的实用化、成熟度研究在加速进行中。

2.13.4.4　催化剂的劣化及其对策

催化剂劣化的形态及其主要原因归纳如表 2-26 所示，其中影响大的是热劣化和中毒劣化。

催化剂暴露在 800~900℃ 及更高温度下就会产生热劣化。温度越高，时间越长，劣化的程度就越严重。热劣化的原因是由于活性成分结晶粒子的凝聚引起活性点减少、载体活性氧化铝的相位变化而引起的表面积减少以及细孔堵塞等。前面提到的添加稳定剂对降低热劣化有相当显著的效果，但由于不能完全防止热劣化，因此，需要注意不要使温升过高。

表 2-26 催化剂的劣化形态及其原因

种类	形态	原因
活性劣化	热劣化	温升过高
	中毒劣化	汽油中的铅、硫，机油中的硫、磷
	催化剂层剥离	振动、排气脉动
物理破损	裂纹	热冲击振动
	熔损	发动机失火

附着在催化剂上导致催化剂中毒的物质，有的是因汽油中的铅（Pb）和硫（S）引起的，有的是发动机机油中的磷（P）引起的。毒化物质吸附在催化剂活性点或覆盖在催化剂的表面，使活性劣化。为防止催化剂中毒劣化，现在全世界几乎都开始采用无铅汽油，装备催化剂的车辆强制使用无铅汽油。关于燃料中的硫，现在日本、欧、美等国都在执行低硫化计划。

防止磷中毒比较有效的方法是降低发动机的机油消耗量，而降低机油中的磷添加剂等将继续成为对机油质量采取的措施。

2.13.5 PCV

从燃烧室通过活塞和汽缸壁的间隙漏入曲轴箱内的窜漏气体，排放到大气中会引起大气的污染。因此，要求强制安装返回燃烧室进行燃烧处理的正曲轴箱通风（PCV：Positive Crankcase Ventilation）系统。这种窜漏气体有 75%~80% 是未燃气体（未燃的 HC 或部分被氧化的燃料），20%~25% 是废气。若不进行排放处理（未实施排放法规的车辆），这种窜漏气体所损失的汽油量将占全部汽油消耗的 2%~3%。也可以说从汽车排出的全部 HC 的 25% 为窜漏气体。另外，每 1 L 窜漏气体含有 0.04~0.05 g 的水分，这种水分由于呈现 pH2 的强酸性，使发动机内部污浊，导致润滑油的劣化。

窜漏气体的流量受汽缸内压力和曲轴箱内压力的影响很大。进气管负压越低，即发动机负荷越高，流量越大。根据发动机不同的保养条件，汽缸、活塞环及活塞的磨损程度有很大差别。一般来说，汽车以约 50 km/h 的速度行驶时，将有 15 L/min 左右的窜漏气体产生[13]。

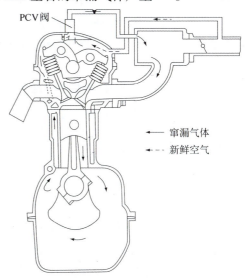

图 2-303 PCV 系统

图 2-303[14] 所示为闭环系统装置。利用进气管的负压，把窜漏气体导向进气管，利用 PCV 阀控制窜漏气体的吸入量（图 2-304）[15]。

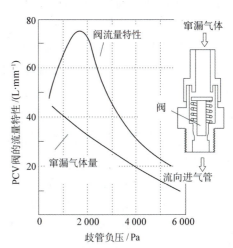

图 2-304 PCV 构造以及歧管负压与阀的流量关系

在该系统中，由于新鲜空气被导入曲轴箱，曲轴箱内的压力希望能维持在 -490 ~ +295 Pa。压力升高则机油会从密封垫片处渗漏[13]。

PCV 阀的流量增大，则吸入混合气就变稀，特别是使用三元催化转换器排气的系统，必须限制其流量。

还有一种预防气体窜漏的措施，即把全部窜漏气体从汽缸盖上方导入空气滤清器的封闭系统，该系统的优点是结构简单，不需要保养。但是其缺点是新鲜空气无法使曲轴箱换气，油分离一旦不彻底，空气滤清器的零部件就易被水分和机油弄脏，且容易附着灰尘。

柴油发动机的窜漏气体里未燃气体很少，因此不需要向曲轴箱内引入新鲜空气。

2.13.6 蒸发气体

由于排放法规的不断强化，发动机直接排出的 HC 已经非常少了。车辆排放出的 HC 中，大部分是油箱以及燃料管等燃料供给系统排放出的燃料蒸气（HC）。因此，以美国为首的全世界各个国家都开始针对燃料供给系统的燃料蒸气开展了一系列的法规强化工作。近年来的燃料供给系统排放出的燃料蒸气也越来越少。

图 2-305 所示为其中一例。油箱内燃料蒸发形成的 HC 蒸气随着燃料温度的上升而增加。因此油箱采取了防热、隔热的措施。

另外，为喷油器供给燃料时，向输送管以及油管送出的燃料温度上升后，再回流到油箱中会导致油箱内燃料温度上升。因此在油箱内增设油泵和调节器，用油泵给燃料加压，再通过执行元件将压力控制在 0.4 ~ 0.6 MPa 范围内，在向油管输送加压燃料时，油泵排出的剩余燃料不会排到油箱外，而是直接返回到油泵的上部。

另外，在图中所示的燃料供给系统中，发动机运转时，产生的燃料蒸气通过控制阀控制其流量并进入进气管与喷油嘴喷出的燃料一起燃烧。在发动机停止工作后，用活性炭罐临时捕集。等到发动机开始工作后再进入进气管进行同样的处理。

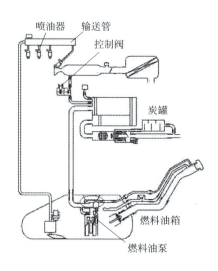

图 2-305 防止蒸发损失系统

微量的燃料蒸气会直接从油管的接缝处直接排到大气中，加油时，也会从加油口排放到大气中。因此作为此图中所示的系统能有效降低燃料蒸气排出，采用了相应的结构，保证燃料供给系统内的压力始终小于大气压力。

另外，如果进气管导入了大量的燃料蒸气，会导致燃烧状态恶化。因此要根据燃料量合理更改油箱的容量，将油箱内的空气量控制在最小，以此来降低燃料蒸气的产生，稳定燃烧状态。

2.13.7 微粒

2.13.7.1 柴油发动机的排放特性

由于柴油发动机是在空气过量系数大的区域进行燃烧。因此 CO 和 HC 的排放量少。与此相反，NO_x 和微粒的排放量较多，减少这些排放物是柴油发动机的一直以来的课题。微粒除了导致环境恶化之外，对人类的健康也有很大的影响。因此，各地都在实行排放法规并不断对其进行强化。

为了降低微粒的排放量，各部门开展了一系列改善燃烧的研究，如改善燃烧室形状和高压喷射等，并取得了一定的效果。微粒和 NO_x 的排放是相互矛盾的关系，两者同时降低是很困难的。为此，一般都采用后处理系统来降低微粒的排

第2章 发动机

放量。

2.13.7.2 微粒过滤器

作为后处理系统，微粒过滤器的开发活动空前高涨。它安装于排气系统，用来捕捉微粒。其材料和结构各种各样，具有代表性的示例如图2-306所示。

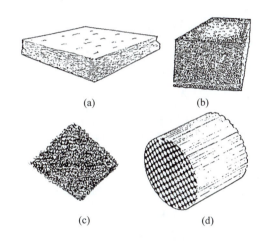

图2-306 各种微粒过滤器材料（SAE830085）
(a) 陶瓷纤维；(b) 陶瓷泡沫；
(c) 金属网；(d) 壁流式整体滤芯

作为过滤器必备的功能：①捕捉微粒效率高；②背压低；③耐久性高；④适合量产。现阶段，最符合上述条件的是壁流型（图2-307）。因此，这种形式开发的示例最多，在部分乘用车和大型车辆上已经实用化（图2-308）。

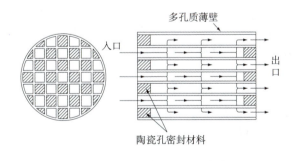

图2-307 壁流式滤清器构造

过滤系统的最大课题是如何去除捕集后堆积的微粒，即再生处理。如果不进行再生处理，微粒在过滤器上过量堆积，背压上升到容许值以上，则会导致燃料消耗增加和发动机停机等。

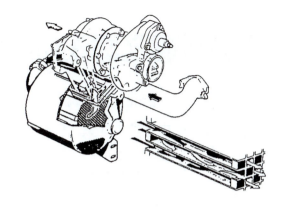

图2-308 乘用车（奔驰300D）装载的过滤系统

2.13.7.3 过滤器的再生系统

微粒的组成如图2-309所示。大部分是煤烟类（Dry soot）和有机物成分（SOF），可以通过燃烧去除从而得以再生。但是，由于微粒的着火温度高达600℃左右，在正常的运转条件下，很难进行自然的燃烧再生，需要有能够强制其着火的系统。

正在研究开发中的再生方式列于表2-27中。各种方式都有其优缺点，都存在各自的技术难题。为此，已经开发出了新的系统，把各种方式组合在一起（如过滤器催化剂涂层+排气过程燃料喷射），并已经进入实用化。

再生系统最大的问题是再生性能的可靠性。即如果在需要再生时不能进行再生，那么压力上升就会导致发动机停止工作，过剩堆积微粒燃烧产生的高温会造成过滤器破损。

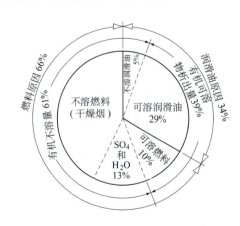

图2-309 微粒的组成以及起因物质（SAE880342）

表 2-27 过滤器再生系统

方　式	基本构成	优　点	缺点及需注意点
燃烧器	空气泵 燃烧喷嘴，火花塞（旁通）	着火可靠性高 再生效率高	燃烧器失火时过滤器熔损控制复杂 成本高
电加热器	加热器旁通 大型交流发电机	着火可靠性高 结构简单	再生率不稳定 要注意加热器的可靠性 需要旁通
进排气节流	节流阀（进排气）	结构简单	着火可靠性低 发动机燃烧不稳定
过滤器的催化剂涂层（CSF）	—	结构简单	中、低负荷着火困难 产生硫酸盐 要注意耐久性（催化剂劣化等）
排气过程的燃料喷射（后喷射）	—	结构简单，着火可靠性略好	油耗增加 机油易被稀释 低排气温度时的着火性差
燃料中添加催化剂	催化剂溶液添加系统 催化剂溶液箱	着火可靠性略好	添加物二次公害 发动机易积垢 过滤器易积垢
过滤器催化剂喷雾	催化剂溶液添加系统（排气喷射系统）	着火可靠性良好	添加物二次公害 催化剂滤网易堵塞 喷雾装置易堵塞

2.13.7.4　其他处理系统

作为微粒收集系统，除过滤器以外，还有旋风式、等离子静电式等正在被研究中。但由于存在装置的尺寸以及电力供应等装载于车上时会发生各种问题，这些系统的实用性还很差。

2.14　驱动部件

交流发电机、压缩机、泵类和风扇等通常都使用带驱动。利用带的摩擦力驱动附件运转。本节主要介绍与附件带驱动相关的零件。在驱动分电器、燃油泵和起动机时，有时还使用齿轮驱动和链驱动，但本节将不涉及。

2.14.1　带轮

2.14.1.1　概要

带轮的功能是将发动机输出轴的动力高效率地分配给各个附件。带轮上有沟槽，沟槽的形状和带的形状相对应。通常，带轮的材料为铸铁。最近几年，采用轻质材料的带轮越来越多，例如钢板、轻合金和树脂等材料。按照端面形状，可以把带分为两种：即普通带和齿形带。现在，主要使用 V 形带及多楔带（以下简称带）。下面分别介绍这两种带轮。

2.14.1.2 设计注意事项

（1）带轮的形状 在使用带传动时，带受到折曲，其断面形状产生极其复杂的变化。为此，应该根据带轮直径的大小，对带轮沟槽角度及宽度加以适当的规定。日本的 JASO E108 以及 JASO E111 分别对 V 形带和多楔带做了具体规定。带轮的沟槽形状及表面粗糙度对带寿命和传动效率有很大的影响，因此必须进行高精度的控制管理。如果带与沟槽的底面接触，则会减小带的侧面压力，导致传动能力下降。因此，在设计时应该保证带轮沟槽具有足够的有效深度。

（2）带轮的错位及不平衡度 曲轴带轮和附件带轮的错位程度极大地影响着带的使用寿命。通常，带轮错位的容许最大偏差应小于 (1/3)°。如果错位角度过大，将使带单边产生偏磨损，造成带损伤或翻转。

带轮是一个高速旋转的零件，如果其不平衡度较大，带将在轴摆动的影响下产生很大的抖动。在设计时，必须充分注意带轮的不平衡度。

由于发动机及附件旋转振动的影响，不可能完全消除带的抖动。特别是嵌入量较少的 V 形多楔带，为了防止因抖动使带飞脱，应该在带轮沟槽的外侧布置导向凸缘。

近几年，在抑制这种旋转振动方面也开发出了很多新的措施。比如使用带减震器的带轮、带单向离合器机构的带轮等。

2.14.2 带

2.14.2.1 概要

利用带和带轮之间的摩擦力，把所需要的动力由发动机的输出轴传递给各附件，并利用带驱动的变速功能，使附件以适宜的转速运转。带紧边的张力 T_t、松边张力 T_s、离心张力 T_c 以及带与带轮的接触角之间的关系为

$$(T_t - T_c)/(T_s - T_c) = e^{\mu\theta}$$

式中 μ 为摩擦系数。

从动力传递角度来看驱动带轮与从动带轮，带轮上的张力分布如图 2-310 所示。从图上可以看出，张力变化的部分为角度 θ_0（如变角）的部分，即驱动带轮上的 BC 部分和从动带轮上的 EF 部分。AB 部分与紧边一侧的张力相同；DE 部分与松边一侧的张力相同。也就是说驱动带轮的 BC 部分与从动带轮的 EF 部分进行动力传递，BC 部分的滑动是带滞后于带轮，EF 部分的滑动是带轮滞后于带。另外，AB 部分及 DE 部分（$\theta_1 - \theta_0$ 或 $\theta_2 - \theta_0$，休止角）与带及带轮一同运动，因此传递的动力大，则 AB、DE 部分变小，$\theta_0 = \theta_1$ 为最大传递动力的极限点。当达到过载时，带会发生打滑，即所说的移动滑动（Sliding slip）。当 $\theta_0 < \theta_1$ 时，带产生的滑动称为弹性滑动（Elastic slip）。

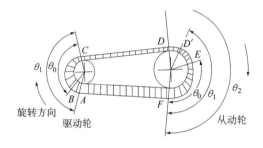

图 2-310 传动时的张力分布[1]

在设计带时，应该使其避开 AB 范围，并使其在 BC 的弹性滑动范围内运动。上面介绍的曲轴带轮上的两种现象在附件带轮上也会产生。唯一不同的是，带的速度要比带轮快。在设计带传动时，必须将二者的速度差限制在 3% 左右。如果带和带轮的速度差过大，容易引起带异响或过度磨损，严重时甚至使带被切断、翻转，给发动机工作带来极恶劣的影响。

2.14.2.2 带的种类及构造

无论是 V 形带还是多楔带，都是由多层结构组成的。表 2-28 所示为各种带的功能。

现在，日本在 JASO E 107 和 109 标准中，分别规范了汽车用 V 形带（图 2-311）以及多楔带（图 2-312）的标准。对于多楔带没有规定详细的尺寸公差，仅根据各个厂家产品的互换性，对所需的标准尺寸进行了规定。带厚度以及

表 2-28 带的构成及功能

编号	名 称	功 能	材 料
1	上层布	耐磨且有伸缩性的材料,保护带内部。近年来有取消此结构的带	棉、聚酯树脂、尼龙等织物,再加入橡胶
2	上层橡胶	拉伸部分,要求弯曲性优良,用于保护下层的芯线	CR
3	黏结橡胶	固定芯线,连接上层橡胶和下层橡胶	CR
4	芯线	抗拉伸部分,维持带的张力,对带的耐久伸长等重要性质有很大影响	V形:聚酯树脂 楔形:聚酯树脂、聚酰胺、尼龙纤维等交搓成的绳索
5	下层橡胶(楔)	压缩部分,选用永久变形量小的材料,反复拉伸后仍能保持断面的形状,利用摩擦传递动力	V形:CR 楔形:CR、H-NBR、ACSM、EPM、EPDM 等(有时也用短纤维进行加强)
6	下层布	使用耐磨且具有伸缩性的材料,保护带内部	斜交棉纤维织物

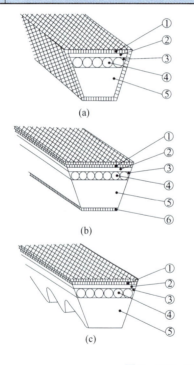

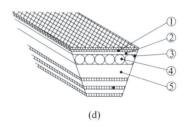

① 外层布
② 上层布
③ 上层橡胶
④ 连接橡胶
⑤ 芯线
⑥ 下层橡胶
⑦ 下层布
⑧ 层压布

图 2-311 V形带的构造[2]
(a) 包边式带(WB);(b) 平底式带(REP);(c) 横沟式(REC);(d) 层压(REL)式

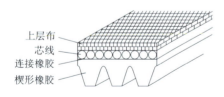

图 2-312 楔形带的构造[3]

楔形的角度等一般采取由当事人之间协商确定最佳尺寸的方法。近几年来多楔带已经成了汽车用带的主流产品。

2.14.2.3 设计方法

(1) 带轮直径的选定 首先要通过被驱动的附件的性能以及允许转速确定带轮比。然后通常参考小轮的最小直径,利用带轮比确定大轮的直径。在选择小带轮直径时,必须充分考虑带的寿命,带轮直径过小,会使带的曲率增大从而影响带的寿命。联系到大直径带轮,转速过高时,则离心力会导致带的传动能力下降,这一点也要引起注意。一般带速度设定值在 50 m/s（多楔带）和 40 m/s（V 形带）以内为好。

（2）带张力的计算方法 这里仅对二轴布置的带张力计算公式进行说明。

带速度 $v = \dfrac{\pi D_1}{1\,000} \cdot \dfrac{n}{60}$

有效张力 $T_e = \dfrac{1\,000 P}{v}$

紧边张力 $T_t = T_e \dfrac{e^{\mu\theta}}{e^{\mu\theta} - 1} + T_c$

松边张力 $T_s = T_e \dfrac{1}{e^{\mu\theta} - 1} + T_c$

初始张力 $T_0 = \dfrac{T_t + T_s}{2} + T_c = \dfrac{T_e}{2}\left(\dfrac{e^{\mu\theta}}{e^{\mu\theta} - 1}\right) + T_c$

式中：D_1 为驱动带轮直径（mm）；n 为驱动带轮转速（rpm）；P 为传递功率（kW）；T_c 为离心张力，μ 为 0.512（一般情况值）。

此外，当带较重，且速度较高时，再考虑 T_c。

（3）带楔数的计算 带的传动容量由带张力决定，带张力可以按照上述方法确定。另外一般都提供有确定了的带标准传递能力（每根带（多楔带则为每楔）的传动能力）。要注意在确定带的根数（楔数）时，不要使必要的传动能力超过带标准传递能力。也可以利用生产厂家推荐的简易方法求得。

（4）最大张力的计算 最大张力 T_{max} 为紧边张力 T_t 与离心张力 T_c 的和，根据带的种类有确定的极限值，设定时不要超过该值。

（5）初始张力的设定 带的固定张力会因使用时带的磨合、橡胶的磨损等导致张力下降。有鉴于此一般将初始张力值设为所需张力值的 1.2~2.0 倍。

（6）带张力的调整方法：

① 移动附件：移动从动轮一侧的附件（图 2-313）来调整张力。

② 增设惰轮：在驱动轮与从动轮的松边一侧增设惰轮，通过移动惰轮调整带张力。当惰轮设在内侧（图 2-314）时，应尽量靠近大轮一侧，增大与小轮的接触角；当惰轮设在外侧（图 2-

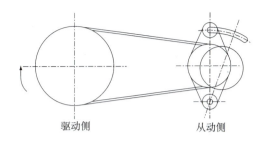

图 2-313 移动附件来调整张力

315）时，应靠近小轮一侧。带轮的弦长尽量大于 75 mm，最小也要达到 50 mm。另外，在外侧增加惰轮时，由于对带寿命有较大影响，带轮的直径应尽量大。

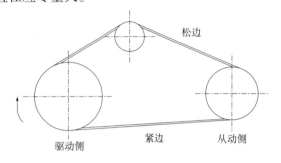

图 2-314 惰轮调整张力[1]

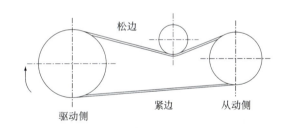

图 2-315 惰轮调整张力[2]

③ 增设自动张紧装置：近年来，利用一个带驱动多个附件的蛇形弯曲（Serpentine）布置形式越来越多的被采用。为了降低各个附件间的驱动力差产生的张力变化，便于维修保养等，大都采用了自动张紧装置（图 2-316 和图 2-317）。从减少总体布置的张力以及从自动紧张装置的设计观点来看，自动张紧装置一般与惰轮一样，也必须设在带的最松边一侧。自动张紧装置一般可分为两类：一类是螺旋弹簧的扭转反作用力与减小摩擦材料阻力的衰减力组合的自动张紧装置（图 2-318）；另一类是螺旋弹簧的压力与液压减震器的衰减力组合的自动张紧装置（图 2-319）。选择时，要根据发动机的布置以及各个张紧装置的特性结合起来考虑。

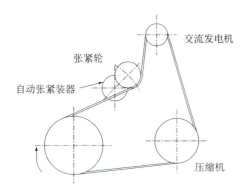

图 2-316　自动张紧装置调整张力[1]

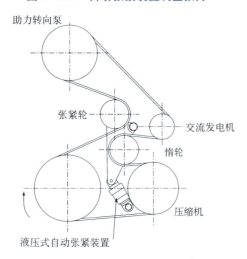

图 2-317　自动张紧装置调整张力[2]

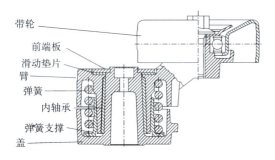

图 2-318　摩擦式自动张紧装置

2.14.2.4　设计要点

（1）环境导致功能下降　导致带功能下降的因素有很多，如沾水导致带打滑并产生滑动噪声、石子飞入导致带破损断裂、沾油导致楔形橡胶泡胀等。为解决上述问题，一般会在车身以及发动机一侧增设防护罩等，消除由外部原因导致的带功能下降问题。另外在高温或极低温度的情况下，橡胶硬化从而产生沟部开裂等缺陷，则要根据具体的使用环境选择合适的材料。

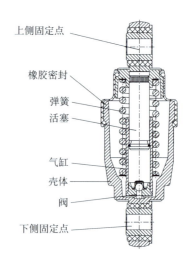

2-319　液压式自动张紧装置

（2）共振导致振动、异响。带的共振、驱动带轮的过大的转速变动范围导致的带抖动、打滑、异响或者带偏磨等问题可以通过调整附件布置顺序、选择适当的橡胶材料来解决。另外，为了减少交流发电机的惯性导致的带张力变化，可以用单向离合器代替带轮，从而有可能使之降低。

2.15　启动机构

2.15.1　起动机

2.15.1.1　概要

车辆的启动装置由起动机和蓄电池组成。其中起动机包括直流电动机、用电动机带动发动机旋转的传动机构和使启动齿轮滑动并和齿环啮合同时开闭通向电动机电路的机构。

2.15.1.2　启动条件[1]

为了启动发动机，必须使曲轴的转动超过某一转速，通常把这一转速称为发动机的最低启动转速。最低启动转速与多种因素有关，例如，发动机的工作循环方式及汽缸数、燃料系统和发动机的匹配性、点火线圈的跳火性能、燃烧室的形状等。一般最低启动转速约为 80~100 r/min。为了启动发动机，起动机必须具有足够的驱动力，使发动机的转速超过最低启动转速。发动机的启动性与下述三种因素的综合作用有关，即蓄电池的规格、旋转阻力和启动保证温度。

（1）蓄电池规格　蓄电池放电特性的高低对起动机的输出功率有着极大的影响。为了提高发动机的启动性，提高启动器运转速度，必须选用内阻小、放电特性优异的蓄电池。

（2）发动机启动阻力　发动机启动阻力的大小主要与下述两个因素有关。

① 发动机规格：发动机启动阻力与发动机自身关系十分密切。压缩比越高、汽缸容积越大，则发动机的启动阻力越大。另外，如果活塞和汽缸、曲轴和轴承、各种齿轮啮合轮之间的摩擦阻力越大，发动机的启动阻力也越大。

② 发动机机油：发动机机油的黏度和温度关系十分密切，在环境温度过低时，机油的黏度变大，发动机的启动阻力增加，发动机很难启动。在极其寒冷的地区，为了降低启动阻力，一般都使用低黏度的发动机油。

③ 启动保证温度：如果气温过低，发动机启动阻力增大，必然要求起动机具有更大的驱动扭矩。在温度过低时，蓄电池的放电性能大幅度下降，从而使起动机的启动扭矩变小。因而气温下降到何种程度仍然能够保证发动机启动，这一点十分重要。在设计阶段，大都根据车辆的用途及使用地区，确定适宜的启动温度。表 2-29 列举了常用的启动温度。

表 2-29　一般的启动温度

启动保证温度	使用地
-15℃	温暖地　日本本州以南
-25℃	寒冷地　日本北海道，东北，中部
-30℃	极寒地　北美，北欧

2.15.1.3　功能和设计上的注意事项

（1）结构和工作原理　如图 2-320 和图 2-321 所示为历来最常用的直接型起动机结构。

起动机包括如下三部分：①产生旋转力的部分（电动机）：电枢、励磁线圈和电刷等；②带动发动机旋转的传动机构：超速离合器、启动齿轮等；③使启动齿轮滑动并和齿环啮合以及使通

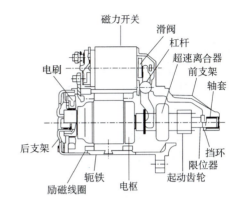

图 2-320　启动齿轮移动式起动机

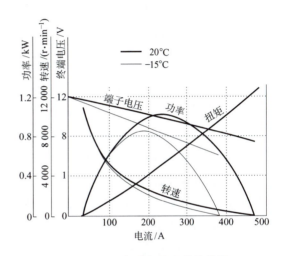

图 2-321　起动机输出特性曲线

向电动机的电路开闭的机构，如电磁开关，启动杠杆等。在操作启动开关时，蓄电池电流流过电磁开关的线圈，利用电磁力吸引滑阀运动，滑阀拉动启动杠杆运动，启动杠杆推动启动齿轮滑向飞轮的齿环，使启动齿轮和齿环啮合。在这一过程中，开关内的主接点接通，使电动机和蓄电池直接连接，电动机转动并带动发动机旋转。

（2）选择输出功率时的注意事项[2]　图 2-321 给出了串激电动机的输出功率曲线。如图所示，在负荷电流增加时，电枢电流和磁通量都在增加，而电动机的转速急剧下降。另一方面，由于蓄电池内部电阻的关系，当其负荷电流增加，而蓄电池的终端电压下降。由于这个原因，为了获得较高的启动转速，必须选用大容量的蓄电池，同时蓄电池应处于良好的充电状态，保证具有较高的蓄电池电压。除此之外，必须注意尽量降低电源接线和蓄电池接线端子的电压降。在

日本的 JIS 标准中，对车用蓄电池的放电特性进行了标准化规定。在实际选定起动机的规格时，不能只看公称输出功率，还必须考虑符合发动机低温冷启动条件的蓄电池放电特性和起动机的输出功率。另外，必须尽量降低接线电阻。+B～-B、-B～E 之间的接线电阻值应该被推荐为小于 0.002 Ω（图 2-322）。

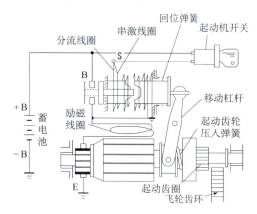

图 2-322　启动齿轮移动式起动机

(3) 工作环境方面的注意事项[2]：

① 耐热耐寒：如果起动机位于排气管附近，起动机温度过高则导致轴承异常磨损，或使电磁开关的吸力变弱。在北美等寒冷地区行驶时，由于滑动部位的润滑油黏度增加，有时会使启动齿轮的动作失灵，这时必须考虑选用低温用的润滑脂。

② 耐油：如果油类浸入到电枢的电刷上，或浸入到电磁开关的接点上，电刷或接点将产生异常磨损。必要时，要在滑阀部位加装橡皮套等防油结构。

③ 防尘：如果尘土粘附在起动齿轮的滑动轴上，将增加起动齿轮的滑动阻力，并破坏启动齿轮和齿环的啮合。为此，用于农业机械等方面时，多采用滑动部位被内藏起来的突出型，而基本上应该在发动机上加装防尘结构为好。

④ 耐振：起动机直接安装在发动机上，这样在发动机运转时，起动机将受到大小和方向不断变化的振动。为了降低发动机等对起动机的影响，要对起动机的安装方法、尺寸、固定支架的刚性等进行分析。

⑤ 防水：如果启动齿轮的滑动部分和电磁开关的接点等处有水侵入，将产生锈蚀。在日本的 JIS 标准中，对起动机的耐水性评价标准（洒水、喷水和浸水）有明确规定。

⑥ 防锈：在沿海地区的道路或寒冷地区撒盐的道路上，起动机很容易被盐腐蚀，从而产生下列故障：①由于锈蚀使螺纹部分破损或锈死；②接线端子部分因锈蚀而产生短路烧损；③插接式接线插头接触不良等。为此，在设计时应该采取以下措施：①特殊的电镀处理；②确保足够的表面绝缘距离，涂上润滑脂；③在接线端子上加装防护套，把插接式的接线插头改成螺纹连接式或防水结合式。

(4) 安装和外形尺寸　发动机不同，起动机的安装方法和尺寸大不相同。为了使其尽量统一，各国制订了一些标准，力图把起动机的安装尺寸和外形尺寸标准化，有关这方面的内容参见表 2-30。

表 2-30　标准号表

标准	JIS	ISO	SAE
功率相关	D 1607	9548	J544
组装相关	D 5203	7650，9548	J542

2.15.1.4　起动机的种类（图 2-323，图 2-324）

根据启动啮合方式的不同，起动机可以分为启动齿轮电磁移动式、启动齿轮惯性移动式（Bendix 式）和启动齿轮惯性电磁移动式。起动齿轮移动式的起动机是利用电磁开关的引力作用，通过移动杠杆推出启动齿轮，使其和飞轮的齿圈啮合。启动齿轮惯性移动式的起动机是利用电动机的旋转和起动齿轮的静止惯性力，使起动齿轮和飞轮的齿圈啮合。启动齿轮惯性电磁移动式起动机是将环形电子开关与起动齿轮惯性移动式起动机同轴布置，利用启动齿轮的静止惯性力和电磁开关推动起动齿轮，使其和飞轮的齿圈啮合。惯性移动式的起动机，由于啮合时产生较大的冲击，容易产生齿轮磨损，所以这种起动机使用范围很小，只在极少数的小型发动机上采用。

第2章 发动机

图 2-323 各种起动机

图 2-324 各种起动机
(a) 直接式；(b) 双轴减速悬伸式；(c) 同轴减速前伸式；(d) 同轴减速悬伸型；
(e) 惯性电磁移动同轴减速前伸型；(f) 同轴减速组装型

与此相反，启动齿轮移动式起动机优点较多，啮合时的启动齿轮被推出的力较大，启动齿轮容易旋转，能确实可靠地和齿圈啮合在一起，因而获得了广泛的应用。启动齿轮移动式起动机中，若内部没有减速机构，则称为直接式起动机（参照 2.15.1.3），是以往的汽车采用得最多的起动机。内部减速式起动机利用高转速电动机使之减速而产生大扭矩，而且可以大幅度降低电动机的额定功率，相同功率的条件下体积也比直接式起动机小，现在已经取代了直接式起动机成为了主流产品（见 2.15.1.5）。另外，由于连接法兰形状自由度大，组装式起动机的安装方便性好，在某些发动机舱尺寸较小的汽车上，大都装用了组装式起动机。

2.15.1.5 内部减速式起动机的特性和分类

这种起动机选用了尺寸小、转速高的电动机。由于小型化而下降的扭矩，则利用内部的减速机构获得了较大的补偿，而且大大减小了起动机的质量。这种起动机最大的特点是内部装有减速齿轮，利用减速齿轮把电枢的高转速降下来，使启动齿轮具有足够的启动力矩。这是其最大的特征。可以把内部减速式起动机分为以下两大类，即启动齿轮与电动机不同轴的双轴内部减速式，及使用行星齿轮机构的起动齿轮与电动机同轴的同轴内部减速式。这两大类又各自分为前伸型与悬伸型两小类。与直接型从结构、外观上相同的同轴内部减速的前伸型是目前最为主导的产品。

2.15.1.6 起动机相关装置

（1）磁力开关 如同惯性移动式起动机一样，可以直接把电动机的电流切断的装置，或是大型起动机上的电磁开关那样能切断大电流的装置，在这些装置上，有使用独立的电磁开关的情况。按照磁力开关的结构，可以将其分为两大类：电磁线圈式和继电器式。现在，大都使用触点容量大、尺寸小的电磁式电磁开关。

（2）起动机保护装置　为了防止由于人为操作不熟而引起的起动机过度旋转而破损，采用了起动机保护继电器。其运作机理：当发电机启动之后所产生的电压可以自动地切断起动机的供电线路。最近还开发了新的保护装置，即利用发动机控制用计算机或者单独的计算机处理信号，对起动机进行准确控制。

2.15.2　怠速停车系统

2.15.2.1　概要

驾驶员适时地进行怠速停止操作对降低汽车尾气排放量和CO_2的排放量有很好的效果。这种方法已经在公共交通（客车）和配货载货车等商业用车上实施。一般的车辆还没有采用等待交通停车时的怠速停车系统。其原因如下：①启动、停止发动机时发动机钥匙操作麻烦；②担心发动机启动滞后或加速滞后容易导致交通堵塞；③担心起动机以及蓄电池的耐久性变差；④担心空调、指示灯失效等。为了消除怠速停车的上述顾虑，开发了再启动辅助装置也即怠速停车系统，这可以简化发动机启动及停止的操作。搭载该辅助装置的"怠速停止车辆"已经开发成功，进入生产阶段。

按照启动装置的驱动方式，怠速停车系统可以分为两大类（不含混合动力汽车）：起动机启动[3]和M/G（Motor Generator：电动机发电机）带驱动启动[4]。

系统构成如图2-325和图2-326所示。根据车辆速度、发动机转速、变速器挡位、制动液压等信息确定是否需要怠速停车，然后判断是否需要进行发动机停止、启动的操作。该系统由怠

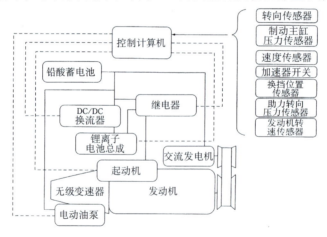

图2-325　起动机驱动怠速停止系统[3]

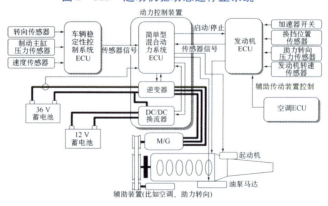

图2-326　发动机—发电机（M/G，Motor Generator）带驱动启动怠速停止系统[4]

速停止计算机、发动机控制用计算机以及电源构成。只有满足以下条件，停止系统才会启动：达到规定的水温，满足规定的行驶条件时停车；在规定的挡位制动；电源电压达到规定值以上等。但是需要注意的是，不能发生启动时车辆耸车（飞车）、乘员上下车时车辆再启动导致事故以及电源容量下降而无法再启动等问题。

起动机起动系统构成如图2-325所示。启动电源包括锂离子电池、锂离子电池控制器、DC/DC转换器等。发动机再启动时锂离子电池替代铅电池工作。随着起动机启动次数的增加，对起动机的寿命要求也随之增高。为实现起动机的长寿命化，要相应提高如下技术水平。

① 提高电刷耐磨损性；
② 提高单向离合器的耐久性；
③ 提高开关接点的耐磨损性等。另外，为了提高充放电性能，需要增加蓄电池的容量和起动机的功率，以减小负荷电流。

2.15.2.2 起动机主发电机（M/G：Motor Generator）带驱动启动

系统构成如图2-326所示。M/G通过多楔带将发动机及附件连接到一起。M/G与发动机曲轴、空调压缩机、助力转向泵、水泵连接，通过带来启动、停止发动机及驱动附件。M/G由动力控制单元（PCU）控制，根据需要可以进行起动机和发电机的互相转换。图2-327所示为M/G急速停止系统的工作状态。发动机曲轴和曲轴带轮之间设置了电磁离合器，通过电磁离合器的切断和连接，可以在需要时分离驱动曲轴及M/G等附件的带。以往发动机初期启动时使用的是12V的起动机，急速停止后是利用M/G重新启动。急速停止时，电磁开关切断，当接收到发动机再启动的指令后，电磁开关接通，离合器工

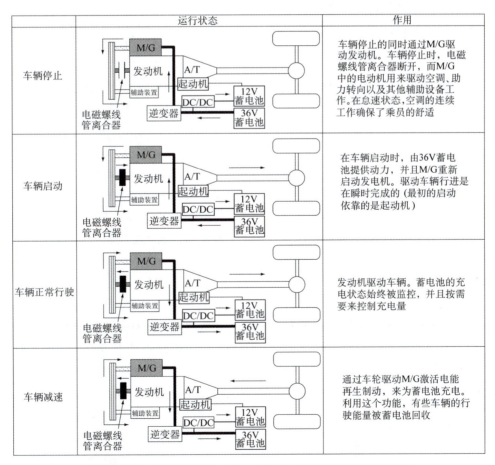

图2-327　M/G（Motor Generator）怠速停车系统工作状态

作,此时 M/G 作为电动机使用。借助带将 M/G 的旋转力传递给曲轴,使发动机重新启动。发动机停止时离合器断开,需要时,可以通过 M/G 驱动带带动周围的附件。这样,在急速停车时,空调、助力转向等也仍可以使用。M/G 发电及驱动用电源一般采用 36 V 蓄电池。可以在发动机启动以及驱动附件时提供较大的电量,并可以提高减速以及制动时的能量再生效率。当需要提供 12 V 的电压时,通过变换器将 36 V 电压变压为 12 V。M/G 采用线圈励磁方式控制线圈的电流,进而控制磁场强度。

2.16　动力装置悬置部件

动力装置悬置的功能是防止动力装置错位,同时也起减震支撑作用。动力装置大都采用多个发动机悬置软垫进行支撑,安装时应该充分考虑好安装方便性以及与实际使用时合适的部件。本节以对动力装置悬置零部件的基本考虑以及对已成为频繁被使用的高性能悬置为中心进行说明。

2.16.1　与动力装置悬置零部件相关联的事项

2.16.1.1　振动噪声事项

① 发动机扭矩变动引起的车身振动及催眠声:
・发动机启动、停止运转时的振动;
・急速时的振动、催眠声。
② 发动机惯性力及力偶引起的车身振动及催眠声。
③ 发动机燃烧导致高负荷时发动机的振动噪声。
④ 摇摆导致的乘坐舒适性问题。
⑤ 加速及变速等突然扭矩变化时的冲击。

2.16.1.2　与其他零部件的干涉及破损

① 瞬间高扭矩作用时的过大位移。
② 坏路面激励导致的过大位移。

2.16.2　振动源及频率

悬置零部件的频率范围较广,低频率(50 Hz 以下)范围内的振动如下。
① 发动机燃烧产生的扭矩变动。
② 发动机曲轴转动产生的惯性力以及力偶所引起的动力装置振动。
③ 轮胎转动时不平衡力导致的车身振动。
④ 路面轮廓通过悬架系统使车身产生的振动。
⑤ 驱动系统万向节夹角产生的力偶及推力导致的动力装置振动。
⑥ 节气门操作产生的发动机扭矩变化引起驱动系统扭振等。

高频率(50 Hz 以上)范围内的振动如下。
① 发动机高速旋转时曲轴-活塞系旋转往复运动所产生的惯性力及力矩导致的动力装置振动;
② 变速器内部齿轮啮合振动;
③ 燃烧时汽缸体壁面振动;
④ 发动机配气机构振动;
⑤ 曲轴弯曲、扭转振动;
⑥ 动力装置弯曲、扭转振动等。

2.16.3　悬置系统应具备的功能和示例

一般都采用多个软垫来支撑动力装置。因此,必须从整个悬置系统的角度的考虑下,来确定每个橡胶软垫的性能。下面根据悬置系统所要求的主要功能,即减震功能和限位功能进行介绍。

2.16.3.1　减震功能

当外力在 20Hz 以下的情况时,一般来说动力装置是处在刚体的共振范围内。如何设定共振频率以及振动模式很重要。其中,典型的例子是摇摆。此时,对动力装置而言,在对车体及悬架所构成的弹簧以上、弹簧以下所产生共振加以考虑的基础上,需要调整悬架位置、支撑弹簧及其衰减特性,从而设定动力装置的刚性共振。

外力在 20~30 Hz 的情况:一般应将该共振频率设定在外力频率的 $1/\sqrt{2}$ 以下。同时减小衰减系数来降低振动的传递率。例如，怠速运转时的车体振动。燃烧压力使车身产生振动，此时可以把燃烧产生的扭矩作为振动的外力。该外力最容易激起的振动形式为横滚，使汽车围绕曲轴中心线左右摆动。该外力的频率和发动机的怠速转速成正比。如果是4缸四冲程发动机，转速为600 r/min，为了把振动的传递率控制在1以下，必须将动力装置和悬置的共振频率控制在14 Hz以下。

外力在30 Hz以上的情况：由于作用力的频率较高，对动力装置的共振影响很少。为了减小动力装置振动时对车身的影响，除了软垫的最佳弹性的选定之外，还要设定以下的性能目标，即要确保动力装置上及车体上的软垫支架的安装刚性，以及通过悬架以形成双重防振结构。

2.16.3.2 位移限制功能

从保证耐久性和可靠性的要求出发，在设计发动机悬置时，必须把位移限制在适当的范围内。这是因为如果动力装置的位移过大，将使动力装置本身，或排气系统零部件、管路零部件等周围的机件发生干涉，造成损伤。

以较大的扭矩或在不平路面行驶时会使动力装置的位移增大。一般会在位移增大的方向上设置弹簧限位器。设计限位器弹簧时，除了要满足最大容许位移量以外，还要考虑到限位器的动态弹簧特性。

2.16.3.3 不同驱动方式而有所不同的典型的动力装置悬置设计

下面按驱动方式的不同，对典型的动力装置悬架设计进行分类和说明。

首先是前置后驱方式（FR）的典型悬置布置。在发动机左右及变速器各布置一个悬置软垫。侧倾共振频率主要由发动机左右的悬置软垫的弹性系数决定。其次，对驱动反向力，也要利用这两点的弹性系数及其距离来决定转动刚性的限制位移。FR方式的驱动反向力不含最终减速比部分从而很小，因此可以将动力装置侧倾轴系的悬置弹性系数设定的相对低一些，同时必要时可以设定低的侧倾共振频率。

然后是前置前驱方式（FF）的典型例子如图2-328所示，在动力装置质量由A、B、C 3个位置进行支撑，驱动反作用力比FR的方式增大了3~4倍（含最终减速比部分），可以进行位移限制和设定低侧倾共振频率。为此，在C、D位置使用限位器以及液体封入式悬置等非线性弹簧特性的悬置。这样的例子很多。

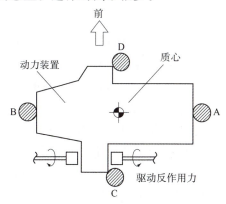

图2-328　FF发动机悬置布置

另外，近些年欧洲产的车普遍采用的是摆动式悬置（图2-329）。为了支撑动力装置的质量，在侧倾主轴上尽量靠近的位置左右布置两点悬置，利用扭力杆控制前后侧倾方向的位移。通过采用这种方式，使得扭矩变动的输入点设定在车身感受度比较低的前后方向，以降低整车的振动与噪声。

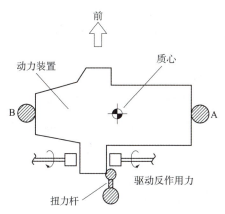

图2-329　摆动方式

使用4缸或6缸发动机的中、高级车，在确定动力装置悬置方式时，为了降低中、高频率区域内传递的振动噪声，一般在前副车架上设置一个分担负荷的悬置，还有不少在副车架与车身之间采用橡胶浮动式双重减震机构。

舒适性、急速振动和噪声都是处在低频区域中，为了降低这一区域的动力装置的振动，对上述各种方式而言，可以采用液体封入式或可变特性软垫。

2.16.4 部件设计

2.16.4.1 基本设计

参考前面已经讲过的悬置布置方式可以确定每个悬置分担的动力装置的负荷以及驱动反向力的负荷。另外，还要考虑坏路行驶时的路面负荷，尽量使悬置的弹簧特性和可靠性能够完美地结合。

（1）静态弹簧特性　在 JIS K 6385 中规定了关于静态时橡胶的负荷变化及其变形量。根据动力装置分担的负荷、加速时的驱动反向力负荷以及规定的位移量，确定目标静态弹簧特性。为了使悬置橡胶在常用范围内具有减震功能，又能够使其由于加速及过渡性受力而引起的变位对之有良好的限位功能。一般都将其设定为非线性特性。动力装置悬置一般由悬置本体和限位橡胶构成。设计悬置本体一般都优先考虑分担动力装置负荷时的减震功能。设计限位橡胶时优先考虑由于其加速及过渡性负荷而需要的位移限制功能。

（2）动态弹簧特性　在 JIS K 6386 和 JIS K 6394 中对正弦振动状态的橡胶负荷变化及其变形量的相互关系进行了规定（图 2 - 330），其关系式如下：

绝对弹性系数：$K^* = |P_0/X_0|$
储藏弹性系数：$K_1 = K^* \cos\delta$
损失弹性系数：$K_2 = K^* \sin\delta$
损失系数：$L = K_2/K_1 = \tan\delta$

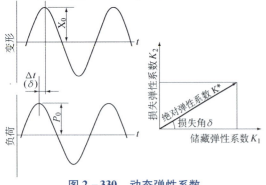

图 2 - 330　动态弹性系数

为了提高减震性能，一般会将动态弹性系数设定的较低。但是关系到低频区域的乘坐舒适性，为了使动力装置刚体——悬架系统所决定的固有振动数及固有模式形态得以控制，还要将动态弹性系数和衰减能力提高。具体做法是采用液体封入式悬置，使衰减性能和低频动态弹性系数达到最佳配置。

（3）耐久可靠性　发动机悬置要承受动力装置的负荷及驱动反向力、瞬间大扭矩以及路面的作用力等，因此要求其具有很高的耐久性。另外由于发动机室内的温度很高，对其耐热性也有一定的要求。设计时，本体橡胶部分以及限位部分都要考虑由于负荷而形成的变形和应力，还要能耐得住循环受力及高温，从而选择合适的形状与材料。

2.16.4.2 形状

设计时要根据设定的静态弹性系数、动态弹性系数、静态弹性比阻尼、最大功率、位移量等确定橡胶的形状和尺寸。使用目的不同，橡胶的形状也不同，表 2 - 31 为橡胶悬置的基本形状。

最常使用的是压缩与剪切形式相结合的倾斜式橡胶，圆锥形橡胶也属于倾斜式橡胶的一种，还可以把限位橡胶加上，附加了限位功能与非线性特性。

表 2 - 31　悬置基本形状

		压缩式	倾斜式	剪切式
形状				
弹性特性		上下：硬 左右：软	根据倾斜角可自由设定	上下：软 左右：硬
基本特性	弹性变化	有利 ←		
	时效劣化	→ 有利		
	主要用途	振动受力 小 支持负荷 大	振动受力 大 支持负荷 大	振动受力 大 支持负荷 小

2.16.4.3 橡胶材料

发动机悬置使用的橡胶材料通常是在以天然橡胶（NR）为主体混合 SBR、BR、IR 等合成橡胶硫化成型的。另外，应根据减震性能要求的特性以及使用环境选择合适的合成橡胶材料。一般通过静态弹性系数与动态弹性系数的比以及损失系数来评价橡胶材料的动态特性，而高低温的影响特性较少的一类是比较理想的。另外，在可靠性方面，要进行耐久疲劳性、耐热性、耐候性（臭氧等）弹性变化、粘接性等方面的评价。

合成橡胶材料及其适合性如下：
- NBR 耐油性好；
- CR 耐候性、耐油性好；
- IIR 衰减性、气密性好；
- EPDM 耐热性好。

2.16.4.4 液压式悬置

为了提高乘坐舒适性和静肃性，最近的动力装置悬置已经普遍开始采用液压式悬置。

（1）基本结构　主要是圆锥形悬置和衬套式悬置，其原理都是一样的（图2-331和图2-332）。

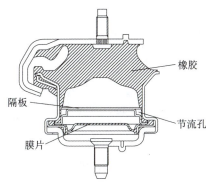

图 2-331　液压式圆锥形悬置

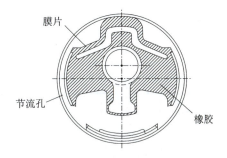

图 2-332　液压衬套型悬置

圆锥式悬置是在本体橡胶中加入液体，然后用膜片密封，在其中间设置隔板，形成两个液压室，中间布置节流孔。悬置的衰减特性由本体橡胶的形状、节流孔的内径及长度决定。本体橡胶受力变形后，液体通过节流孔，在特定频率下利用液柱的共振产生衰减。一般情况下，其频率数选用与动力装置的共振频率数相近，通常封入液体选用与防冻液类似的不冻液体，以防止液体在低温时产生剧烈的动态特性变化。

（2）动态特性的改善　节流孔的共振产生衰减，同时内压上升也使得动弹性系数由于受到微小振动的影响而变大，导致动态特性变差。基本上本体橡胶很多都采用可吸收液压能的可动板等结构（图2-333）。

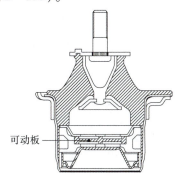

图 2-333　液压式液压吸收型悬置

另外，为了抑制怠速振动，有的也增设消除数十个共振的第二个节流孔，以同时起到衰减和隔断振动的作用。

2.16.4.5 环境对策

由于近年来对环境越来越重视，环保方案也层出不穷。轻量化即是其中之一。悬置的质量主要集中在固定橡胶的金属件上，因此，现在越来越多的悬置开始采用铝制及树脂材料来减小质量（图2-334）。

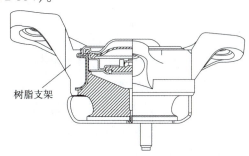

图 2-334　轻量液压式悬置

2.16.5 高性能悬置

2.16.5.1 可变特性悬置

液压式悬置的节流孔是可变的，常用的这类悬置是根据发动机转速来切换怠速特性及行驶特性。根据驱动方式可以分为负压式和电动机式（图2-335和图2-336）。

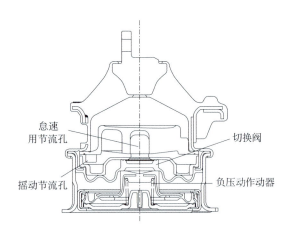

图2-335 负压式可变特性悬置

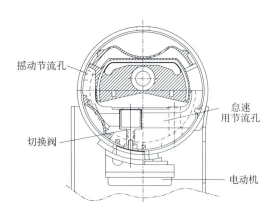

图2-336 电动机式可变特性悬置

2.16.5.2 主动控制悬架

针对老式发动机悬架装置难以抑制较大振动的问题而开发的主动控制悬架（ACM）现在已经开始实用化。ACM是利用执行元件驱动液体封入式悬架内的加振板使液压发生变化，并使悬架产生的振动与发动机振动相反，以达到吸收振动的效果，因此作为怠速的低转速化及柴油机等的大振动隔断装置而被使用。

ACM的执行元件大致可分为负压膜片式和电磁执行式两种。另外，控制方式有根据发动机运转条件重新确定转速及相位和增量的前反馈控制方式，利用悬置下方的传感器使受力保持为零的自适应前反馈控制方式，以及利用发动机曲轴脉冲推算发动机振动的前反馈控制方式等。且后一种已进入实用阶段（图2-337~图2-339）。

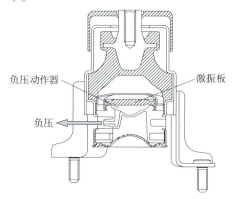

图2-337 负压执行元件式ACM

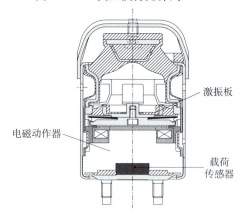

图2-338 带负荷传感器的电磁执行元件式ACM

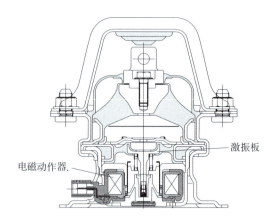

图2-339 电磁执行元件式ACM

2.16.6 动力装置搭载设计要点

发动机悬置是将动力装置装载于车身的零部件，因此各个位置的尺寸公差要求同时能使装载精度得到严格的控制。这样首先必须要明确对基准而言吸收误差的部分，其结构也要有利于定位点的固定。另外，尤其对 FF 车来说，采用较低的静态弹性系数并确保限位橡胶的性能是非常重要的，为此需要设置调整机构。

2.17 控制机构

2.17.1 概要

为了最大限度地发挥发动机的性能，必须要有控制机构来控制空燃比、点火时刻等主要参数。过去，化油器和分电器这种机械式机构是较为普通的控制机构。现在为了满足严格的排放法规、节能、动力性能方面的要求，通常都使用控制准确度较高的电子控制机构。

2.17.2 空燃比

发动机需要与其进气量相适应的燃料。另外，所需的空燃比因发动机的运转状态不同也有所差异。检测发动机的运转状态、计算出适合其状态的空燃比、供给能够实现其空燃比的燃料的机构即为空燃比控制机构。

2.17.2.1 系统构成

这里以具有代表性的电子式燃料喷射系统为例介绍其构成。图 2-340 所示为该系统的示例。

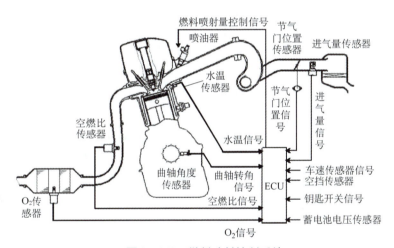

图 2-340 燃料喷射控制系统

2.17.2.2 控制方式

控制概念图如图 2-341 所示。

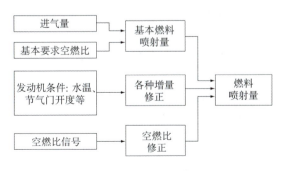

图 2-341 控制概念图

（1）基本燃料喷射量 在电子式燃料喷射系统中，基本燃料喷射量与发动机每一转的进气量成正比。如 2.17.4 节所述，使用三元催化剂的系统中，为了控制在理论空燃比范围内，这样，基本燃料喷射量就成为实现理论空燃比的燃料喷射量。

（2）增量修正 根据发动机的运转状态，有时需要理论空燃比以外的空燃比。为此，要进行以下列出的修正。

① 高转速、高负荷增量：高转速、高负荷工况，需要比理论空燃比更浓的混合气，因此要附加增量修正。

② 预热增量：发动机在预热过程中，由于燃料的雾化性能下降，因此需增加燃料喷射量。

③ 加速增量：由于喷射的燃料附着在进气口等的壁面上，因此从喷射到进入燃烧室的时间有滞后。滞后对加速性有较大影响，因此，需要对这部分增量进行修正。

④ 燃料切断：减速时不需要供给燃料，应切断燃料的供给。

2.17.2.3　燃料喷射方式

各汽缸的燃料喷射阀（喷嘴）进行燃料喷射的多点喷射有三种喷射方式。

（1）同时喷射　发动机每一工作循环喷射一次，所有汽缸的喷射阀同时喷射燃料。系统简单，价格比较便宜，缺点是响应性不好。

（2）分组喷射　把喷油嘴分为几个组，每个组分别进行燃料喷射。这种方式具有同时喷射和顺序喷射的特点。

（3）顺序喷射　各个喷嘴在最佳时间进行燃料喷射。一般在要打开各汽缸的进气阀之前这一瞬间是喷射的最佳时间。控制机构的结构比较复杂。不过由于过渡特性好，可以提高发动机的控制性，近年来，几乎所有的汽缸都采用这一方式。

2.17.3　点火时刻

点火时刻是极其重要的控制参数，它决定了发动机的功率、稳定性、爆燃、排气浓度等。

2.17.3.1　系统的构成

过去点火时刻是依靠分电器内的离心提前角机构和真空提前角机构设定的（机械式提前角机构）。但是，为了设定最佳的点火时刻，现在大多采用设定自由度较高的电子式点火时刻控制（图2-342）。

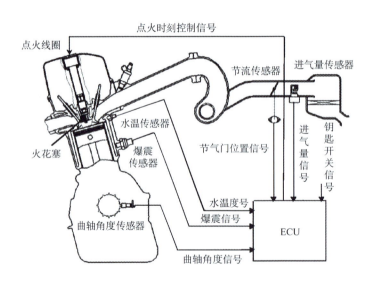

图2-342　电子式点火时间控制系统例

2.17.3.2　曲轴位置传感器

为了设定点火时刻，需要测出相对于运动中的发动机曲轴的角度位置，这一过程中使用的传感器即为曲轴角度传感器。

按照工作原理可将现在使用的曲轴位置传感器分为光学式、电磁式和半导体式传感器（表2-32）。

另外，根据传感器的固定位置可以分为凸轮轴安装和曲轴安装两种（表2-33）。

2.17.3.3　控制方式

控制概念如图2-343所示。

第2章 发动机

表 2-32 曲轴角度传感器的原理比较

方式 比较		光学式	电磁式	半导体式	
				Hall 式（霍尔式）	MR 式（磁阻因子元件）
基本原理		LED/隔板/IC/PDi 输出	线圈 磁铁/金属转子/输出	Hall-IC 磁石/金属转子/输出	MR-IC 磁石/金属转子/输出
精度*		○	○	△	○
分辨率（曲轴角度）		◎（1°）	○（6°）	○（6°）	○（6°）
信号形态自由度		○	×	△	○
转换的难易度		○	×	○	○
低转速检测		○	×	○	○
耐杂波性		○	×	○	○
耐环境性	温度	◎	○	○	○
	灰尘	⊗ 需要防尘密封	○	○	○

*：对精度而言，不仅要求"信号位置精度"，还要加上"重复倍号位置精度（Repeatability）"这一重要的评价参数

表 2-33 曲轴角度传感器的安装比较

传感器位置 比较		凸轮轴		曲轴		
		凸轮带轮	凸轮轴	曲轴带轮	曲轴	飞轮
精度	检测精度	△	△	○	○	○
	机械结合部位误差	凸轮轴曲轴角度错位	凸轮轴曲轴角度错位	无结合部位	无结合部位	无结合部位
	传感器特性/保证	○	○	○	△	△
	传感器安装性能	○	○	△	△	△
汽缸识别信号		可识别	可识别	需要凸轮角度传感器	需要凸轮角度传感器	需要凸轮角度传感器
传感器安装部位环境（温度）		○	△	○	△	△
传感器种类	光学式	适合	不适合	不适合	不适合	不适合
	电磁式·半导体式	适合	适合	适合	适合	适合

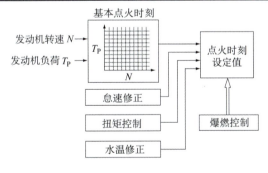

图 2-343 控制概念图

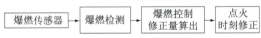

图 2-344 爆燃控制概念图

（1）基本点火时刻 基本点火时刻由发动机转速和负荷构成的 MAP 图设定，设定值基本上为 MBT（Minimum advance for Best Torque）。但是在产生爆燃的区域，一般采取推迟点火提前角的办法避开爆燃。另外，在排气温度较高的区域，提前角应确定在排气温度控制在排气系零部件耐热温度以下的情况。

（2）怠速修正 怠速时为了提高发动机的稳定性以及降低油耗，要进行怠速修正。

（3）水温修正 发动机冷却水水温状态不同，点火时刻也有所不同，因此需要修正。预热时，因为燃烧室的温度较低，不易发生爆燃，所以不需要推迟点火。不过也有推迟点火提前角使排气温度上升，尽快发挥三元催化转换器的功能这种做法。相反，当高水温、高进气温度时容易产生爆燃，因此需要推迟点火。

（4）爆燃控制 所谓的爆燃是指燃烧室内混合气的火焰传播的最终燃烧部分，在那里的未燃烧混合气，依靠自燃点火而猛烈燃烧的不正常燃烧现象。爆燃产生出很大的压力波往返于汽缸内，形成特定频率（5～20 kHz）的压力变化，

并发生噪声与振动。发动机爆燃的产生随着湿度、温度等大气条件、汽油辛烷值、发动机状态的变化而变化。在如此条件下，为了经常使之接近MBT的点火时刻，而对爆燃的产生进行检测，把点火时刻控制在爆燃极限之内，从而控制爆燃。

对于爆燃的检测，一般使用的是振动检测型爆燃传感器。爆燃发生后，要求检测出前面讲过的特定频率下的振动级变大的情况。爆燃传感器安装于汽缸体某处，但需巧妙地设计振动传递路线，这样才能够实现具有高检测精度且价格便宜的系统。

检测到爆燃时，要修正点火时刻即推迟点火提前角。未检测到爆燃时，根据点火提前角修正进行反馈控制，将点火时刻控制在爆燃极限内。

另外，有的还从在爆燃控制的控制量来判定使用中的汽油是优质的还是标准的。

2.17.4 排气净化

一般利用空燃比反馈控制和EGR控制等进行排气净化控制。

2.17.4.1 空燃比反馈控制

以理论空燃比燃烧时，三元催化转换器的转换效率最高。将氧传感器信号以及空燃比（A/F）传感器的信号进行反馈，达到以理论空燃比进行燃烧的目的，即为空燃比反馈控制。

（1）氧传感器　传感器中有内外表面涂有白金的二氧化锆元件，内部与空气接通，外部与排气系统相接。这个元件的特性是其内外的氧浓度有落差就产生电动势。当二氧化锆温度达到一定值后，白金由于其催化作用会进一步促使电动势以理论空燃比为极限而发生剧烈变化（图2-345）。

（2）空燃比传感器　在激活状态下，空燃比传感器将与空燃比成正比的电流波形输入到ECU。如图2-346所示，空燃比越低，输出电流越高；空燃比越高，则输出电流越低。由于可以检测出与空燃比成正比的输出电流，因此，与氧传感器不同，空燃比传感器可以在较广的范围内进行空燃比反馈。

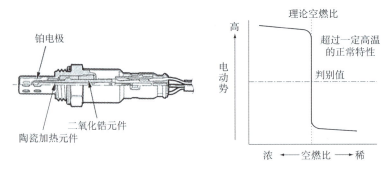

图2-345　O_2传感器及输出特性

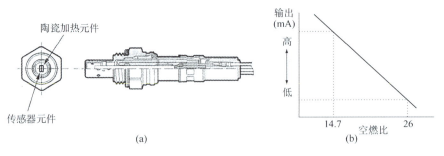

图2-346　空燃比传感器及输出特性

（3）控制形式　ECU根据氧传感器以及空燃比传感器的信息进行燃料喷射的时间及量的控制，尽量使发动机吸入的混合气体达到ECU设定的目标空燃比。

另外,将传感器组合地使用并进行修正,可以进一步提高空燃比的控制精度(图2-347)。

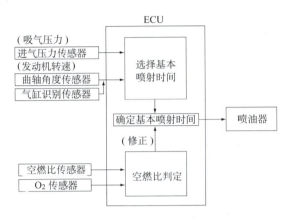

图2-347 反馈空燃比控制概念图

2.17.4.2 EGR控制机构

EGR控制机构以电子控制方式为主。发动机在预热过程中以及减速、怠速时不需要EGR,则EGR电子控制系统强制EGR停止工作,并控制其流量以达到与发动机运行情况相适应的EGR率。

2.17.5 发动机综合控制

发动机控制系统为了实现"强化尾气法规"、"降低油耗以节省能源、防止全球变暖"、"提高动力性能"、"提高安全性能"、"提高可靠性"等要求,已经由传统的机械式控制发展到了今天的以电子控制为主的全盛时代。另外,以前的发动机ECU仅控制燃料喷射和点火时间,而现在不仅利用ECU协调控制变速器等驱动系统,还可以利用CAN等的通信协议与多个车身控制ECU形成的控制网络达到了协调控制的目的,不仅对发动机而且对车辆整体进行控制,从而成为车辆控制系统的核心。

2.17.5.1 系统构成

(1)汽油发动机的控制 发动机系统的概念如图2-348所示。由检测发动机和车辆状态及驾驶员操作状态的传感器部分、仪表及车辆控制等的个别单元、根据传感器及个别单元所输入的信号计算出最佳控制状态的ECU、根据计算结果进行发动机操作的执行元件等构成整个系统。传感器有测量进气量的进气流量传感器、进气压力传感器和检测发动机转速的曲轴角度传感器等。个别单元是指在进行双向通信的元件,如向仪表输出车速及警告灯显示信号,防止车辆侧滑的安全控制单元(可对车速及发动机功率的增减要求等进行反复修正工作)等。

作为执行器,除了对供给燃料的喷油器、电子控制节气门等进行发动机的控制之外,还要对自动变速器、无级变速器等的控制阀进行协调控制。

发动机ECU由微处理器、ROM、RAM等存储器输入/输出接口电路等构成。微处理器使用16位或者32位计算机,ROM储存有控制程序和控制数据,RAM保存有计算结果。

图2-349所示为实际汽油发动机的系统构成。

(2)柴油发动机的控制 充分发挥柴油机热效率高的优势,降低排气污染是柴油机的主要研究课题,与燃烧改进、后处理技术一样,控制技术的进步也是非常重要的。共轨式喷射装置可以独立控制喷射压力、喷射量以及喷射时间,同时降低氮氧化物(NO_x)和颗粒物质(PM)的排放量,并抑制噪声及振动。另外高精度、高响应EGR控制,可变涡轮增压器,可变涡流等电子控制技术也越来越多。利用NO_x吸储式催化剂以及柴油微粒过滤器(DPF)虽然可有效降低NO_x和PM的排放量,但是需要还原和再生。为了防止燃料消耗的恶化以及黑烟的产生,而进行的空燃比变化或排气温度的提升所需要的还原过程以及再生氛围的创造,都需要高精度的发动机控制。

(3)直喷式汽油发动机的控制 直喷式汽油发动机的特点是可以通过分层燃烧实现超稀薄燃烧,改善油耗性能;可以根据不同的运转条件,在油耗性能优良的分层燃烧和高输出功率的均一燃烧之间进行切换。在控制方面,可以利用油门踏板传感器算出驾驶员需要的扭矩,利用求出的扭矩以及发动机转速确定燃烧方式以及EGR阀升程量等控制参数,即采用了扭矩随需变动方式(Torque on Demand)。为了在较短的压缩行程完

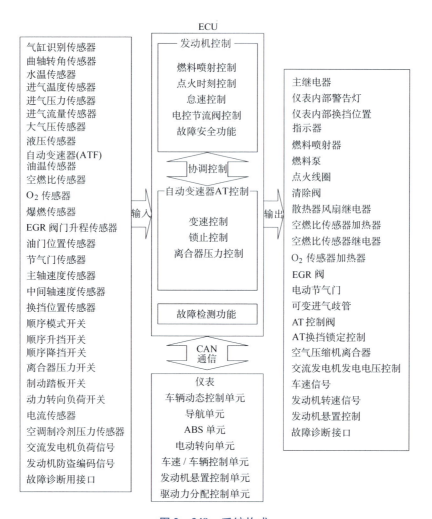

图 2-348 系统构成

成喷射、蒸发并形成混合气体,需要更高精度的喷射控制以及可变燃烧压力控制。为了提高点火系统的着火性能以及耐积炭性,目前开发了大电流放电以及多重放电技术。在使用分层直喷汽油发动机时,即使没有区别驾驶员要求的功率,电子控制节气方式也可以控制空气量,不需要油门与节气门直接连接。除此之外,还对催化转换器内空燃比进行控制,以促进 NO_x 吸附式催化转换器以及 NO_x 的还原。

2.17.5.2 学习控制

发动机 ECU 大多已采用学习控制。学习控制是指根据监测发动机运转状态的传感器等的信号,记忆发动机状态、部件性能、偏差、劣化状态、使用燃料、气候条件等与发动机控制性能相关的参数,根据其记忆值确定最佳控制参数。

除此之外,作为学习控制应用的领域,有依靠爆燃传感器进行反馈的爆燃控制以及用曲轴转角传感器检测到的转速而进行的怠速转速反馈控制等。

2.17.5.3 自我诊断

发动机电子控制系统规模变得庞大,且由于多个系统相互交织在一起结构复杂,一旦发生故障,很难查明其原因。为了更容易进行故障诊断,对车载(on Board)ECU 附加了用以诊断系统构成中部件的异常状况,并加以记忆的自我诊断功能。

在北美,对发动机电子控制系统强制装备了 OBD 系统,因而具备自我诊断功能。在检测出排气恶化方面的故障时,通过仪表板上的警报显示尽快地修复故障车辆,将对大气的污染控制在最

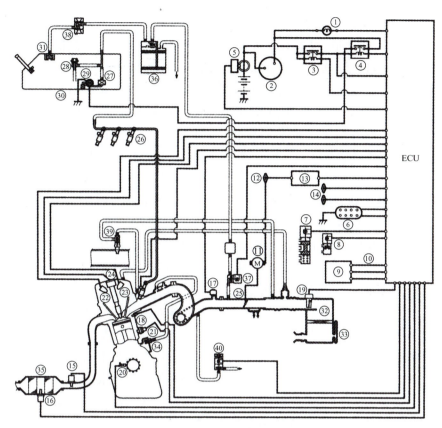

图 2-349 发动机综合控制系统的构成

1—发动机检查灯（仪表）；2—点火开关；3—主继电器-1；4—主继电器-2；5—电流传感器；6—服务接口；
7—气门正时控制阀；8—阀门升程控制阀；9—仪表；10—CAN总线；11—节气门执行器；12—节气门传感器；
13—电控节气门控制单元；14—油门位置传感器；15—空燃比传感器；16—O_2传感器；17—进气压力传感器；
18—水温传感器；19—进气流量传感器；20—曲轴转角传感器；21—爆燃传感器；22—汽缸识别传感器；
23—凸轮转角传感器；24—点火线圈；25—节气门；26—燃油喷射器；27—燃油滤清器；28—调压器；29—燃油泵；
30—燃油箱；31—燃料切断阀；32—空气滤清器；33—谐振器；34—PCV阀；35—三元催化转换器；
36—活性炭罐；37—清除阀；38—二位阀；39—空气辅助控制阀；40—发动机悬置控制阀

小范围。1996年以后开始强制实行OBD-Ⅱ（包含各种传感器故障、催化剂劣化、失火监测、蒸发气体控制装置等的监视和显示）。这就是说，将车辆的排气水平，用与之相关的各控制装置是否在正常运转的显示来加以代替的这一做法。OBD或类似的法规已经在欧洲以及南美洲、亚洲地区开始陆续被实施。

2.18 密封、连接材料

2.18.1 概要

为了密封进气、燃烧气体、润滑油、冷却水、燃料等，发动机采用了各种形式的密封结构。在设计密封结构时，要综合考虑密封对象的流体及结构体周围的温度、压力条件、化学特性，以及结构体的运动、密封材料自身的时间劣化等，选择最合适的密封材料、形式以及尺寸等，经过有关部门的评价之后进行最后的决定。

2.18.2 气压密封件

2.18.2.1 汽缸垫

（1）概要 汽缸垫在汽缸盖与汽缸体之间被连接并固定，其基本功能是将燃烧气体密封在燃烧室内。还具有密封上述部件间流动的润滑油、冷却水的功能。汽缸垫还要能吸收燃烧以及热负荷对部件所产生的动态变形，同时又能有充分的密封功能以防止故障的出现。因此，应按此要求来进行设计。特别是缸筒周围直接暴露在燃烧气体面前而处在严酷的条件下，为此对汽缸垫而言，必须要考虑到发动机的各种使用条件，而且要十分周到地考虑到其耐久可靠性。

（2）结构：

① 材料：汽缸盖的基体材料由原来的纤维系及石墨材料发展成现在的耐衰减性、热传递性及耐热性均十分优良的金属材料。为了保证金属表面的微观密封（与材料表面粗糙度相符的密封性），一般都会在材料表面涂上 NBR、氟化物质等。

② 燃烧气体密封部位的基本结构：金属制的汽缸垫上有一体成型的波纹结构，随着气压的变化而使汽缸盖产生的升程（浮起）动作，也要确保密封所需的压力。当发动机气体压力设定值有所提高时，一般的做法是增加波纹形状的高度，提高其随动性以确保其密封性。不过波纹凸起处的疲劳强度也有一定的界限，因此，有时也采用多层重叠板材。为了保证必要的密封面压而需要具有的宏观密封功能的同时，为了达到前述的微观密封，往往在汽缸盖并与汽缸体之间的接触面及多层间，施以橡胶结合体。

在增加波纹板层数以应对上升的气体压力时，由于橡胶层总的厚度增加，层间的接触热阻力也增大，导致汽缸垫的热传递恶化，可能导致密封件温度的上升，因此需要平衡好气体密封性能与温度的关系。

在柴油发动机以及高性能汽油发动机中，为了保证对更高气体压力的密封性，在缸径周围布置了挡块和垫片，表 2-34 所示为金属汽缸垫燃烧气体密封部位的基本结构。

③润滑油，冷却水等密封结构：表 2-35 所示为润滑油、冷却水密封部位的典型结构。以结构项中决定的基本构造为基础，利用波纹形状密封润滑油和冷却水，在密封不充分的地方一般采用压鼓式或封油环式密封件等加强密封。另外需要注意的是距离缸径较远的位置，由于上述的被密封的流体有通道导致构件刚性不足无法保证密封压力时，要注意增加紧固凸体等结构。

表 2-34 燃烧气体密封部位基本结构

形　式	结　构	适应的气体压力
波纹板		
波纹板（多层板）		
波纹板+橡胶		低 ↕ 高
波纹板+挡块		

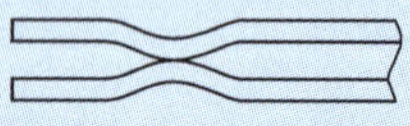

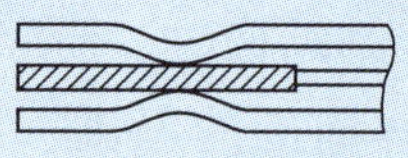

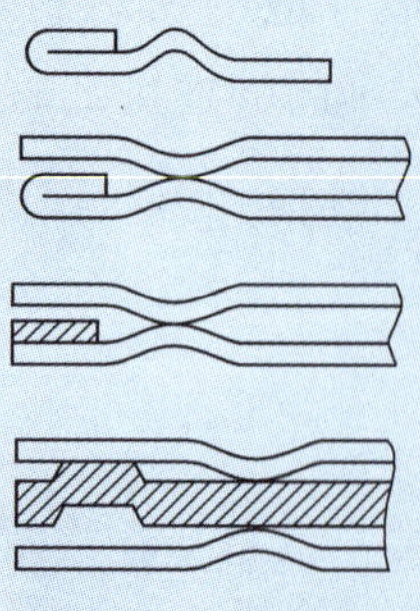

第2章 发动机

表 2-35 润滑油、冷却水密封部位基本结构

形　式	结　构
冲孔式	
波纹板（多层板）	
压鼓式	
封油环式	

（3）设计注意事项　如图 2-350 所示为感压纸测得的连接时密封面的压力分布，反映出了结构体的刚性，并对寻找静态密封性不足的点很有帮助。

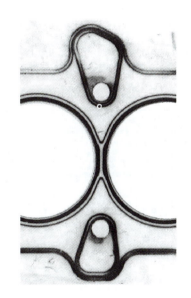

图 2-350　密封面压分布

图 2-351 所示为对各种各样的发动机实际气体压力与平均缸径密封压力所构成的关系图。利用液压等的静态压力加压来评价实际燃烧时的残存密封压力，可以大致判断出密封性能的好坏。实际运转时，由于构造体的热膨胀、收缩等会导致压力变化，另外，各位置的机械应力也会产生变形，而对这些仍未加以考虑。因此对实际发动机功能评价也是不可或缺的。一般为了提高气体密封性，会提高缸径周围的密封面压力，但是这样会导致汽缸变形、机油消耗量及窜漏气体量增加等问题。因此在设计汽缸垫时，要尽量在满足发动机正常工作的前提下，将密封面压力分布控制在最小限。要达到上述目的，不仅要对汽缸垫本身，还要综合考虑汽缸盖、汽缸体以及汽缸盖螺栓等整个构造体的刚性、热分布以及机械受力等多个方面，这样被纳入广泛的视野中进行设计是很重要的。

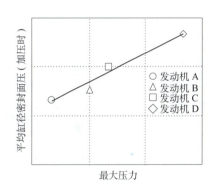

图 2-351　最大气体压力与平均缸径密封面压的关系

2.18.2.2　歧管密封垫、EGR 密封垫

（1）概要　必须根据被密封的流体特性以及使用环境条件来选择合适的材料结构，其概要参见表 2-36。

① 进气歧管密封垫：汽缸盖和歧管的材质不同，其热膨胀差别会很大，因此要考虑到密封垫的随动性。另外在同时密封气体和液体时，要满足它们对密封特性不同的要求。

② 排气歧管密封垫：由于处于排气高温环境下，因此首先要具有较高的耐腐蚀性这一基本要求。由于使用时的温差较大，要特别注意耐衰减特性以及随动性，另外还需要保证高温时紧固所需的表面压力。

表 2-36 要求的功能概要

功能 部位	密封流体				密封流体 温度/℃	主要功能			
	混合气空气	排放气体	冷却水	窜漏气体 中的机油		耐热性	随动性	耐腐蚀性	耐油性
进气歧管密封垫	○		○	○	100～150		○	○	○
排气歧管密封垫		○			700～950	○	○	○	
EGR 密封垫		○	○		150～180			○	

③ EGR 密封垫：需要注意排放尾气带来的低温腐蚀。

(2) 技术动向　需要满足高性能化（轻量化、高动力性）及高可靠性（免维护）的要求，因此能够满足上述要求的金属密封垫成为主流产品。金属密封垫的特点是：作为其基材而使用金属材料可以确保足够的机械强度，金属表面复合的耐油、耐溶剂性能优良的弹性体能够确保良好的使用性能。

(3) 基本构造　根据材料分类，其基本构造、特征及使用位置参见表 2-37。

① 进气歧管密封垫：以往以石棉材料为主，现在普遍不再使用石棉而是使用软性材料以及金属材料。

② 排气歧管密封垫：以往以陶瓷材料为主，现在普遍使用的是金属系多层结构以及耐热金属材料。

③ EGR 密封垫：金属系材料即可满足其基本功能的要求，其中一般采用的是单层金属结构。

(4) 设计注意事项　一般来说进气歧管密封垫的固定螺栓形状很难进行设计更改，因此，要在设

表 2-37 基本结构

材料分类		基本结构	特性				适用部位和流体				
			耐热性	机械强度	耐疲劳性	热传导性	进气歧管密封垫		排气歧管密封垫	EGR 密封垫	
							空气混合气	冷却水	排放气体	排放气体	冷却水
软密封垫 不含石棉系非金属材料制成		有树脂涂层或压鼓	△	△	△	△	◎	◎			△～○
金属系密封垫	半金属密封垫 金属材料与软密封垫所使用的非金属材料组合制成	金属/非金属 非金属/金属 金属/非金属	○	○	○	△～○	◎	○	○	○	◎
	金属密封垫 由金属材料制成	1层 多层	◎	◎	◎	◎	○	△～○	◎	◎	◎

△—性能较好；○—性能很好；◎—性能最好。

计初期阶段进行充分的研究。紧固用的翻边刚性不足时需要增加固定螺栓数量，且螺栓的布置位置要确保均匀的面压。如果要满足更高的要求，不仅要进行单体和实机试验，还要根据 FEM 分析把应力、面压值、弹性系数等数值化，寻求相互间的最佳匹配。

2.18.3 水密封

（1）密封垫　由于布置条件的限制，有时会产生汽缸垫局部面压不足。这时，可在汽缸垫上涂敷环氧树脂（图 2 - 352），或使用水泡胀性的汽缸垫等。

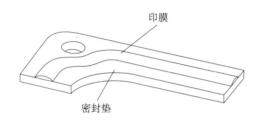

图 2 - 352　涂层密封垫

虽然为提高汽缸垫的密封性，可以提高翻边的刚性，或加大汽缸盖螺栓的紧固力矩，但是，因使用表面贴覆有橡胶的经过压鼓（Bead）的金属密封垫，可以取得更好的密封性，故其使用有不断增多的趋势（图 2 - 353）。

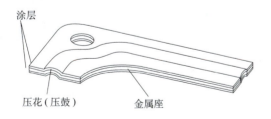

图 2 - 353　金属密封垫

（2）O 形环　因为密封性、装配性和维护性好，所以在冷却系统管路中需要密封的连接部位多使用 O 形环（图 2 - 354）。但是，由于低压时，有时容易泄漏，因此需要进行充分的确认测试。此外，没有密封的方向性，布置时比较紧凑，成本又低，也有安装到环形沟的 O 形环的使用方法（图 2 - 355）。

（3）液体密封　由于材料的发展和接合面自

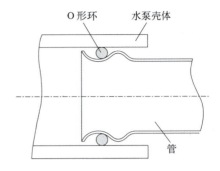

图 2 - 354　冷却系统用 O 形环

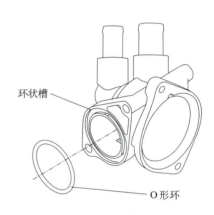

图 2 - 355　冷却系统用 O 形环

动涂布装置的开发，液体密封胶的使用范围正在逐步扩大。由于流动性好，密封面的凹凸容易顺从密合，在零部件之间可直接连接，因此，提高尺寸精度的同时，也解决了密封垫的弹性衰减问题，从而确保了稳定的密封性。因使用条件、形状的不同，需要选定不同的液体密封材质、黏度，而且要对零部件的涂胶面进行脱脂和干燥处理。使用量多的时候，用自动涂胶装置能够确保稳定的密封。手动操作涂胶时，涂胶量不足有可能导致密封不良；涂胶量过多，则会出现密封胶外溢以及破坏外观等问题。另外，在安装温度传感器等小零部件的螺纹部位时，有使用可涂布微密封化的密封固定剂，利用螺纹紧固力以提高螺纹连接处的密封性。

2.18.4 油封

2.18.4.1　密封垫

润滑系统分为低压侧和高压侧。在低压侧使用软密封垫、O 形圈、液体密封胶等。在高压侧使用铜、铝密封垫或O形圈。而液压传感器类的螺纹部位则使用密封胶（液体密封）。

（1）软密封垫：同水密封一样（见2.18.3节（1））。油底壳、汽缸盖罩盖等的油密封面的密封长度长、紧固力难以均匀且表面精度低等为其特征。

（2）铜、铝密封垫：一般用于较小的零部件。优点是密封性能优良。图2-356所示为活塞冷却用机油喷射喷嘴的使用示例。

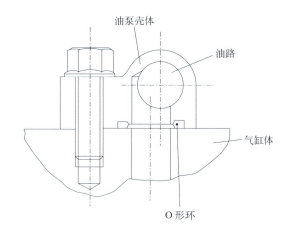

图2-357　O形环

2.18.4.3　液体密封

基本同水密封（见2.18.3节（3））一样。发动机油底壳、汽缸盖罩盖、油箱密封盖等部位油密封面多，密封长度也大，因此使用量也大。

2.18.4.4　油封

（1）概要　发动机机油封用于曲轴、凸轮轴等轴的两端，密封对象是发动机机油，要求在高油温、高转速条件下具有较高的可靠性。

（2）结构：

① 形状：在日本JASO F 401中规定了12种油封形状（表2-38）。其结构由外圆配合部、

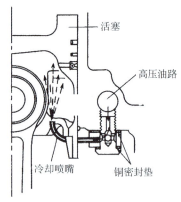

图2-356　铜密封垫

2.18.4.2　O形环

O形环同2.18.3节（2）一样，作为油密封，一般用于高压一侧。在机油通路上用的O形环如图2-357所示。

表2-38　油封的种类

比较项目 种类	形　式	参考图例
装有弹簧的外圆橡胶	由使用弹簧的单唇和金属组成，外圆面用橡胶覆盖	
装有弹簧的外圆金属	由使用弹簧的单唇和金属环组成，外圆面由金属环构成	
带防尘罩装有弹簧的外圆橡胶	由使用弹簧的单唇和金属环以及不使用弹簧的防尘罩构成，外圆用橡胶覆盖	
带防尘罩装有弹簧的外圆金属	由使用弹簧的单唇和金属环以及不使用弹簧的防尘罩构成，外圆由金属环构成	
装有弹簧的组装	由使用弹簧的单唇和金属环组成，外圆为金属环构成的组装形式	
带防尘罩装有弹簧的组装	由使用弹簧的单唇和金属环以及不使用弹簧的防尘罩构成，外圆为由金属环构成的组装形式	
无弹簧外圆橡胶	由不使用弹簧的单唇和金属组成，外圆面用橡胶覆盖	
无弹簧的外圆金属	由不使用弹簧的单唇和金属组成，外圆面由金属环构成	

第2章 发动机

续表

比较项目 种类	形 式	参考图例
带防尘罩的无弹簧外圆橡胶	由不使用弹簧的多唇和金属组成,外圆面用橡胶覆盖	
带防尘罩的无弹簧外圆金属	由不使用弹簧的多唇和金属环组成,外圆面由金属环构成	
带侧槽的弹簧外圈橡胶	由使用弹簧的单唇、金属环、不使用弹簧的防尘罩以及侧槽防尘构成,外圆用橡胶覆盖	
带侧槽的弹簧外圈金属	由使用弹簧的单唇、金属环、不使用弹簧的防尘罩以及侧槽防尘构成,外圆由金属环构成	

背面部、裙部和防尘罩构成。一般使用的油封,裙部有很浅的螺纹槽,用于轴旋转时回流泄漏的机油。

② 材料:裙部的材料要求具有耐油性、耐热性、耐低温性和耐磨损性。曲轴前后端油封普遍使用氟化橡胶。也有一部分还使用硅橡胶。

(3) 设计注意事项

① 温度:裙部的前端温度的上升大致与发动机转速的 1/2 次方成正比(图 2-358),故应选取容许温度范围内的橡胶材料。另外,使用硅橡胶时,油温上升带来的油封热膨胀会导致过盈量下降,轴偏心极限降低(图 2-359)。

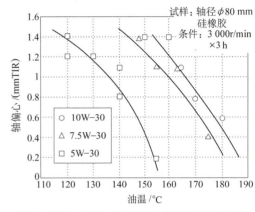

图 2-359 油温、黏度及轴偏心限界的关系

部会发生磨损。因此需要保持机油的清洁度。

④ 润滑油量:流到机油油封的机油少的时候,由于裙部的过大磨损和自励振动会产生噪声。因此需要设计好结构,以保证能供给适量的机油。

⑤ 灰尘:为防止从外部侵入灰尘,设计了防尘罩。密封螺纹时,由于油封的密封作用,防尘罩和裙部之间会产生负压。为了防止裙部与轴的吸附现象,在某些油封上,添加了各种密封添加材料,取得了良好效果。

⑥ 轴、壳体:在日本 JASO F 401 中已被标准化。

2.18.5 紧固件

2.18.5.1 汽缸盖螺栓

(1) 概要 需要向汽缸盖各密封部位分配适当的面压。为此,汽缸盖螺栓的初始紧固轴向力的最佳化以及紧固轴向力的稳定化是很重要的。

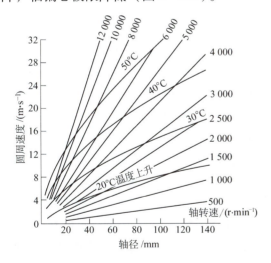

图 2-358 轴径、圆周转速及裙部前端温度的变化关系

② 机油性状:由于机油而引起的泡胀会造成硬度下降和耐磨性降低,特别是对于低黏度机油,这种倾向更显著。

③ 油中异物:当滑动部位有异物进入时,裙

(2) 功能 汽缸盖螺栓紧固轴向力要求在最高爆发负荷下，仍能确保密封面压在泄漏极限以上。螺栓和密封垫的弹性系数与发动机负荷、密封负荷的关系如图 2-360 所示。

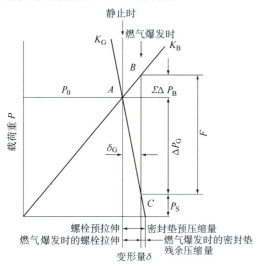

图 2-360 汽缸盖螺栓的紧固三角形

P_0—静止时的螺栓紧固负荷（=缸垫所受负荷）；

$\Sigma\Delta P_B$—螺栓动态轴向力；ΔP_G—密封垫变化负荷；

P_S—密封垫密封负荷；F—燃烧气体压力；

K_B—螺栓弹性系数；K_G—缸垫弹性系数；

δ_G—螺栓的拉伸变化量（=缸垫的压缩变化量）

由图所见，密封功能主要受螺栓紧固轴向力变化的影响。另一方面，以前在缸盖螺栓的螺纹部分及底座部，由于润滑油的摩擦系数分散而不一致，需要加以抵消而使用扭矩法紧固，常使螺栓在屈服点以下工作。但是该方法由于螺纹部位及支撑面的表面状态、润滑状态等的不同，摩擦系数会发生变化，导致轴向力大幅度变动。为改善这一点，现在普遍采用轴向力变动小的塑性区域紧固法。塑性区域紧固法是把螺栓初始紧固轴向力提高到屈服点以上的紧固方法。为了确保轴向力处于屈服区域内，必须先了解相对于紧固转角的扭矩变化，即测量扭矩梯度，并根据该扭矩梯度确定紧固力矩，或利用支撑扭矩 T_s 和转角 θ_s 控制紧固法（图 2-361）。将塑性区域紧固法和扭矩紧固法产生的轴向力进行比较，塑性区域紧固法能够获得更高的轴向力，误差也小（图 2-362）。还有，当外力对紧固体作用时，把螺栓轴向力增加部分与外力的比称为内力系数。螺栓的初始轴向力越高，内力系数越小，因为相对外力的增加，轴向力的增量小。从这一点来看，塑性区域紧固法是更有利的[2]。

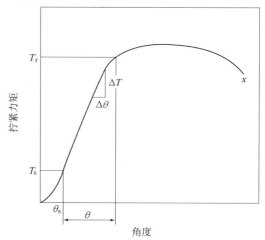

图 2-361 塑性域螺栓紧固法

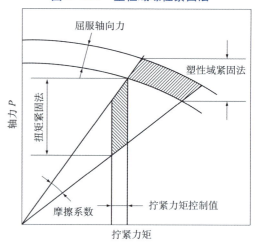

图 2-362 螺栓紧固法与塑性域紧固法的螺栓轴向力偏差

由于塑性区域紧固法在屈服点以上的范围使用，因此螺栓的强度要比以前更加严格。特别是由于屈服点是塑性区域紧固法的基础，要设定公差，并需要严格控制。为此，必须对材料强度、加工硬化的程度、热处理控制标准等进行研究，缩小屈服点分散误差。另外，塑性区域紧固法增大了延迟破坏的危险性。所谓延迟破坏，是指紧固后自几个小时到数年后发生脆性破坏的现象。首先在应力集中部位产生龟裂，渐渐扩大直到最终破坏。负荷越高，应力集中越大，破坏得就越快[3]，其原因之一是由于氢蚀脆性增加。因此，对于电镀处理的螺栓，需要进行防氢蚀脆性处理。另外，为缓和应力集中，在螺栓头下方圆角处选择较大半径 R。有时也要严格控制切削螺纹上部 R 的精加工。而且，热处理时，表面渗碳会增加延迟破坏的危险性，因此要对表面脱碳气体进行一定的控制。对于延迟破坏，有必要采取充分的措施。

再次，使用塑性区域紧固法重复用螺栓时，螺栓被拉长，因此必须控制重复次数的极限值。最后，目前几乎所有的被紧固件（汽缸盖）都是铝合金制品。由于热胀差引起的螺栓的负荷较大，而且螺栓更容易被拉长。这样由于初期热负荷之后所引起的螺栓拉伸而引起的轴向力的降低比较大。为此，有必要设定较高的初始轴向力。

2.18.5.2　歧管安装螺栓

（1）概要　歧管螺栓通过密封垫将进气、排气歧管和汽缸盖连接起来，气密性是其首要要求。

（2）功能　歧管安装螺栓振动外力大，因此需要选取较大的轴向力，并缩小紧固部位的内力系数。另外排气管和汽缸盖的温差有时达数百度，汽缸盖和歧管法兰的相对位移大，紧固力容易下降。从这方面来看，初始轴向力的设定也是很重要的。另一方面，由于产生螺纹旋转松弛，以至连接不良。为解决上述问题可以采用传统的双螺母式。目前利用螺纹部位变形而产生锁止功能的螺栓螺母也被广泛应用。在材料方面，进气歧管紧固螺栓用碳素钢，排气管紧固螺栓用耐热钢和 SUS 钢。另外，部分厂家采用 Cr 或 Al 表面涂层的方法提高耐热性，以求降低成本。

2.19　转子发动机

2.19.1　概要

本节对汪克尔型转子发动机（以下简称 RE）进行说明。这种转子发动机是内燃机的一种，由德国的福莱克斯·汪克尔（Felix Wankel）博士研究成功，由 NSU 公司于 1959 年试制成功了 RE 并将其公之于世。转子发动机的特点是质量轻、体积小、结构简单、振动小等。日本的汽车厂家于 1967 年将其生产的双转子 RE（排量 491 mL×2）应用于实际车辆上。此后排量不断扩展到 573 mL×2、654 mL×2。而且装配了涡轮增压器、三转子、四转子等高输出功率技术也不断推出。2003 年从保护环境考虑设计了新的侧排气方式的 RE，对气道进行了重新布置（见 2.19.4）。降低尾气排放及油耗、氢气燃料利用的可能性等相关技术也得到了发展。

2.19.2　转子发动机工作原理

2.19.2.1　旋转发生机构

（1）工作室　转子发动机（以下简称 RE）的工作室图 2-363 所示，由断面类似蚕茧形状的转子壳体（相当于汽缸）和壳体中间的三角形转子（相当于活塞）构成。在此工作室内进行混合气体的压缩、燃烧，产生燃烧压力。

（2）长轴与短轴　从转子壳体的形状上来看，工作室容积最大的位置，即蚕茧的长圆方向的中间轴（图 2-363 的上下方向）称为长轴。另外，工作室容积最小的扁圆方向的轴（图 2-363 中的水平方向）称为短轴。

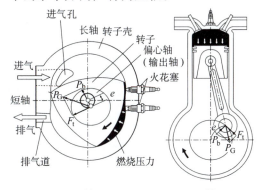

图 2-363　转子发动机的旋转机构

（a）转子发动机；（b）往复式发动机
e—偏心轴偏心量；P_G—作用于偏心轴的膨胀气体压力的合力；F_t—作用于偏心量 e 的 P_G 转矩分量；P_b—P_G 的非扭矩分量

---

① 1 cc＝1 mL。

(3) TDC 与 BDC 转子发动机的上死点（TDC）定义为工作室容积最小的位置；下死点（BDC）定义为工作室容积最大的位置。这样 TDC 与工作室中央短轴上两个点重合，BDC 与工作室中央长轴上两个点重合。

(4) 旋转机构 工作室内产生的燃烧气体压力推动转子旋转。如图 2-363 所示为产生燃烧压力的转子发动机与普通往复式发动机的比较。作用于转子的燃烧压力（图中的合力 P_G）直接传给内侧的偏心轴（图中的 e 为偏心轴偏心量），转换为旋转扭矩。RE 的旋转机构不需要进行往复运动的活塞/连杆/曲轴机构，而且不需要进行气体交换的复杂气门机构，所以结构简单且振动小。这样就形成了前述的转子发动机的特征。

2.19.2.2 气体交换和工作循环

(1) 气体交换 转子发动机的工作循环如图 2-364 所示。从图中可以看出，转子沿着顺时针的方向旋转，随着转子的旋转移动自动完成进气孔和排气孔的开闭过程，完成气体交换。进气孔和排气孔分别在图 2-363 所示的第二象限和第三象限打开时开启。

(2) 工作循环 工作腔随着转子的旋转而移动，独力完成进气、压缩、膨胀、排气的各个行程，形成四冲程发动机。如 2.19.2 节中（1）(c) 中定义，压缩 TDC 为压缩行程结束的位置（图 2-364 的 No.7，短轴上）、做功 BDC 为做功行程结束的位置（图 2-364 的 No.10，长轴上）、排气 TDC 为排气行程结束的位置（图 2-364 的 No.13，短轴上）、进气 BDC 为进气行程结束的位置（图 2-364 的 No.4，长轴上）。各个行程所用的时间为输出轴旋转角度270°（往复式发动机为180°），四冲程结束后共为 1 080°（往复式发动机四冲程共720°）。转子发动机的输出轴每旋转一周，单转子燃烧一次，双转子（双汽缸）RE 的燃烧间隔与往复式发动机四缸四冲程发动机及两缸两冲程往复式发动机相同。这样看来，与达到同等输出功率的往复式四冲程发动机比较，转子发动机的体积要小些即为其特征。

2.19.2.3 旋转机构与工作腔的结构

双转子（双汽缸）转子发动机的旋转机构与工作腔的结构如图 2-365 所示。工作腔由两个蚕茧型的转子壳体（图中的 E）、壳体内侧的转

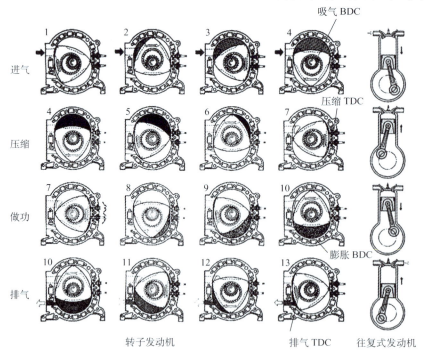

图 2-364 转子发动机的工作循环

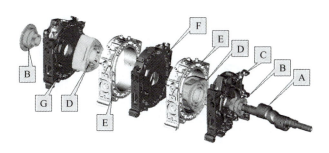

图 2-365 转子发动机的基本结构

A—偏心轴；B—固定齿轮；C—前隔板；
D—转子；E—转子壳体；F—两缸间隔板；G—后隔板

子（图中的 D）以及侧面的三个侧隔板（图中的 C、F、G）重叠而成。转子（图中的 D）的旋转运动由输出偏心轴（图中的 A）和确定转子旋转相位的固定齿轮支撑。固定在转子上的转子齿轮与固定在上述侧隔板上的固定齿轮啮合，绕着固定齿轮无滑动地转动，从而可以准确地控制转子的旋转相位。气体交换的进排气道在侧隔板（图中的 C、F、G）和转子壳体（图中的 E）上。点火装置安装在形成燃烧室的转子壳体（图中的 E）短轴附近。

为了确保工作腔的气密性，在转子周围设置了气体密封结构（相当于活塞环）。如图 2-366 所示，气体密封结构由三角形的转子顶部的顶端密封、转子侧面的侧密封以及连接这些密封部位的拐角密封等构成（表 2-39）。另外，转子侧面也设置了油封刷，以防止转子轴承飞溅的润滑油进入工作腔内。

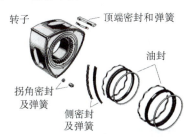

图 2-366 转子的气体密封

表 2-39 气体密封结构

零部件名称	周边排气 RE	侧排气 RE
顶端密封	材质：特殊铸铁 + 冷铁	←
侧密封	材质：铁系烧结	←
拐角密封	材质：特殊铸铁 + Cr 电镀	材质：特殊铸铁 + Cr 电镀 + DLC 涂层
封闭密封		材质：球墨铸铁
注：←表示同左		

2.19.3 基本参数

本节针对图 2-363 所示的蚕茧型转子壳体的几何形状、转子的几何形状、旋转机构偏心轴的偏心量、保持转子旋转相位的转子齿轮以及固定齿轮的轴径等的发动机基本参数及其导出方程式进行说明。

2.19.3.1 长短辐圆外旋轮线方程式

将转子发动机蚕茧形几何形状定义为次摆曲线的一种，即长短辐圆外旋轮线。根据这种圆外旋轮线来确定气体密封轨迹、理论压缩比以及工作时的形状等。

如图 2-367 所示，长短辐圆外旋轮线是指半径为 q 的圆 B 沿着半径为 p 的固定基圆 A 外径旋转时，固定于圆 B 的臂前端 P 点描绘出的曲线轨迹。基圆 A 与旋转圆 B 的圆心间距离即为图 2-363 中的偏心量 e。基圆 A 相当于 2.19.2 节（3）中所说的固定齿轮，旋转圆 B 相当于转子齿轮。旋转圆 B 的公转角度与输出偏心轴旋转角度相同。

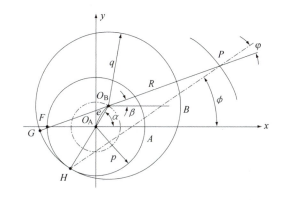

图 2-367 圆外旋轮线的展开

实际的转子壳体内面的形线是把圆外旋轮线仅仅向外侧平行移动一定量 a 的曲线，可以用下式表示：

$$\begin{cases} x = e\cos\alpha + R\cos(\alpha/3) + a\cos(\alpha/3 + \psi) \\ y = e\sin\alpha + R\sin(\alpha/3) + a\sin(\alpha/3 + \psi) \end{cases} \quad (13)$$

式中：e 为偏心量（基圆 A 与旋转圆 B 的圆心距离）；R 为展成半径（固定于旋转圆 B 的臂长）；α 为输出轴的旋转角度（旋转圆 B 的公转角）；ψ 为下面要讲到的摆动角。

2.19.3.2 长短辐圆外旋轮线内包络线

如图 2-368 所示，谓内包络线是指圆 B 静止不动，固定于圆 A 的旋轮线旋转时描绘出的包络线内侧线（图 2-369）。该包络线表示的是转子的外廓形状。

实际的转子与转子壳体一样，使用的是把内包络线向外侧平行仅仅移动一定量 a' 的曲线。可以用下面的公式表示：

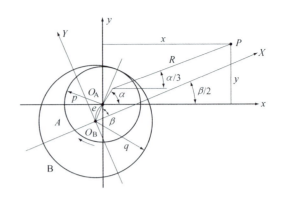

图 2-368 圆外旋轮线内包络线的展成

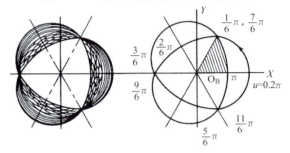

图 2-369 两段圆外旋轮线的包络线

$$\begin{cases} X = R\cos 2u + \dfrac{3e^2}{2R}(\cos 8u - \cos 4u) \pm e(\cos 5u - \cos u) \times \\ \quad (1 - \dfrac{9e^2}{R^2}\sin^2 3u)^{\frac{1}{2}} \pm \dfrac{3ea'}{2R}(\cos 5u - \cos u) + a'\cos 2u(1 - \dfrac{9e^2}{R^2}\sin^2 3u)^{\frac{1}{2}} \\ Y = R\sin 2u + \dfrac{3e^2}{2R}(\sin 8u - \sin 4u) \pm e(\sin 5u - \sin u) \times \\ \quad (1 - \dfrac{9e^2}{R^2}\sin^2 3u)^{\frac{1}{2}} \pm \dfrac{3ea'}{2R}(\sin 5u + \sin u) + a'\sin 2u \times (1 - \dfrac{9e^2}{R^2}\sin^2 3u)^{\frac{1}{2}} \end{cases} \quad (14)$$

式中：u 为方便计算的置换变量。

这个函数是周期为 2π 的周期函数对应公式 (14) 的内包络线，u 的范围为

$$u = (1/6)\pi \sim (3/6)\pi,$$
$$(5/6)\pi \sim (7/6)\pi, (9/6)\pi \sim (11/6)\pi$$

2.19.3.3 摆动角

摆动角是长短辐圆外旋轮线的展成半径 R 和旋轮线法线所成的夹角。实际发动机中也指顶点与密封圆外旋轮线滑动面的接触，也是影响气体密封性以及磨损性等重要的因素。可以用下式表示：

$$\cos\phi = \dfrac{3e\cos\dfrac{2}{3}\alpha + R}{(9e^2 + R^2 + 6eR\cos\dfrac{2}{3}\alpha)^{\frac{1}{2}}} \quad (15)$$

另外，摆动角的最大值用下式表示：

$$\begin{cases} \cos\varphi_{max} = \left[1 - \left(\dfrac{3e}{R}\right)^2\right]^{\frac{1}{2}} \\ \sin\varphi_{max} = \dfrac{3e}{R} = \dfrac{3}{K} \quad (K = \dfrac{R}{e}) \end{cases} \quad (16)$$

式中：K 称为旋轮线常数（$K = R/e$），是表示旋轮线几何形状的典型参数（图 2-370）。

2.19.3.4 平行移动量

如图 2-371 所示，在设定转子壳体的平行移动量 a 时，要使圆弧形（半径 a）顶端密封的顶点与转子壳体内面的接触线在最大摆动角范围内平滑移动。另外，通过设定转子的平行移动量 a' 来保持转子与转子壳体的最小间隙 $a - a'$ 一定。

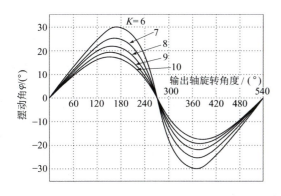

图 2-370 摆动角与主轴转角

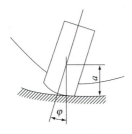

图 2-371 顶端密封的平行移动量与摆动角的关系

2.19.3.5 工作室容积

设转子壳体宽度为 b，工作室容积为

$$V = V_{max} + \frac{3\sqrt{3}}{2}eRb\left[1 - \sin\left(\frac{2}{3}\alpha + \frac{\pi}{6}\right)\right] \quad (17)$$

式中

$$V_{max} = \left[\frac{\pi}{3}e^2 + 2eR\cos\varphi_{max} + \left(\frac{2}{9}R^2 + 4e^2\right)\varphi_{max} - \frac{3\sqrt{3}}{2}eR\right]b$$

$$(18)$$

如式（17）所示，转子发动机工作室容积对输出轴回转角而言是按照正弦曲线变化的。转子发动机的工作室容积变化周期为往复式发动机的 1.5 倍，且变化平缓。

转子发动机的行程容积为

$$V_H = 3\sqrt{3}eRb \quad (19)$$

计算往复式发动机排气量的主要参数为缸径直径、行程长度和汽缸数。转子发动机与其相对应的参数是圆外旋轮线的展成半径、偏心量、转子宽度和转子数量。

2.19.3.6 理论压缩比

理论压缩比为

$$\varepsilon_{th} = \frac{V_{max}}{V_{min}}$$

$$= \frac{2eR\cos\varphi_{max} + \left(\frac{2}{9}R + 4e^2\right)\varphi_{max} + \frac{\pi}{3}e^2 + \frac{3\sqrt{3}}{2}eR}{2eR\cos\varphi_{max} + \left(\frac{2}{9}R_2 + 4e^2\right)\varphi_{max} + \frac{\pi}{3}e^2 - \frac{3\sqrt{3}}{2}eR}$$

$$= \frac{2K\cos\varphi_{max} + \left(\frac{2}{9}K^2 + 4\right)\varphi_{max} + \frac{\pi}{3}K + \frac{3\sqrt{3}}{2}K}{2K\cos\varphi_{max} + \left(\frac{2}{9}K^2 + 4\right)\varphi_{max} + \frac{\pi}{3}K - \frac{3\sqrt{3}}{2}K} \quad (20)$$

式中：R 为展成半径；e 为偏心量。

由此式可以看出，理论压缩比只取决于旋轮线常数 K。从而成为由几何学计算出的最大压缩比。

图 2-372 所示为旋轮线常数与理论压缩比以及最大摆动角的关系图。

实际发动机的转子表面设有称为 rotor recess 的凹坑，而形成燃烧室并用来调整压缩比。

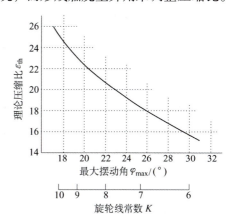

图 2-372 旋轮线常数、最大摆动角以及理论压缩比的关系

2.19.3.7 转子顶点圆周速度及加速度

转子顶点圆周速度也就是径向密封在圆外旋轮线上的滑动速度，相当于往复发动机活塞速度/活塞环速度。它是影响径向密封以及旋轮线滑动面耐久性的重要参数。

转子顶点圆周速度为

$$v = \frac{\omega}{3}\left(9e^2 + R^2 + 6eR\cos\frac{2}{3}\alpha\right)^{\frac{1}{2}} \quad (21)$$

式中：ω 为输出轴的角速度；α 为输出轴旋转角度。

图 2-373 所示为发动机转速 6 000 r/min 时转子发动机顶点圆周速度与往复式发动机活塞速

度的比较。转子发动机的转子沿同一方向转动，因此不存在速度为零的点，这是二者最大的不同之处。

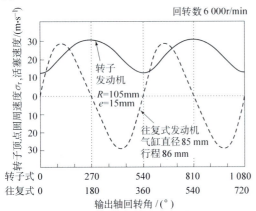

图 2-373 转子顶点速度与活塞速度

圆周速度的最大值和最小值分别为

$$\begin{cases} V_{\max} = \dfrac{\omega}{3}(R+3e), \alpha=0, 3\pi \text{ 时（长轴上）} \\ V_{\min} = \dfrac{\omega}{3}(R-3e), \alpha=2/3\pi, 9/2\pi \text{ 时（短轴上）} \end{cases}$$
(22)

这里，长轴是 2.19.2.1（2）中所说的蚕茧型转子壳体的长圆方向的坐标轴，短轴是内侧扁圆方向的坐标轴。

作用于转子顶点的加速度为

$$a = \dfrac{\omega^2}{9}\left(81e^2 + R^2 + 18eR\cos\dfrac{2}{3}\alpha\right)^{\frac{1}{2}} \quad (23)$$

将 a 分解为展成半径方向的分量 a_r 和与其垂直的分量 a_n，则

$$\begin{cases} a_r = \dfrac{\omega^2}{9}\left(R + 9e\cos\dfrac{2}{3}\alpha\right) \\ a_n = \omega^2 e\sin\dfrac{2}{3}\alpha \end{cases}$$
(24)

根据加速度分量可以求出作用于顶端密封的惯性力。该惯性力是影响径向密封功能的重要因素。

2.19.4 进排气道配置方式

转子发动机的进排气道如前面的 2.19.2.2 所述具有气体交换功能。按照气道的布置形式，可以分为下面 2.19.4.1 和 2.19.4.2 中所述的进气方式和 2.19.4.3 和 2.19.4.4 所述的排气方式。转子发动机的气道布置方式从工作原理上不仅对进排气的气体交换过程有影响，而且也是影响输出功率、排放气体、油耗、回转振动（Rotary feeling）等多项性能的极其重要的设计因素。

从转子发动机的发展过程来看，1959 年，第一台试制 RE 诞生，设计重点放在了高速区域充气效率以及进排气气流等方面，由 2.19.4.1 和 2.19.4.3 中的气道布置方式构成。1967 年，重新对应用于量产车型的 RE 进行了设计改进，改用了 2.19.4.2 和 2.19.4.3 中的气道布置方式，提高了在常用运转区域频率较高的怠速以及低速低负荷区域内的运转性能。这成为常规方式。到 2003 年，由于降低尾气排放、降低油耗以及环保等要求的不断提高，又重新设计开发了 2.19.4.2 和 2.19.4.4 中式的气道布置方式，并得到了实用化。下面对不同气道的设计要点以及特性进行简单的说明。

2.19.4.1 周边进气方式

进气道是指 2.19.2.3 中所说的蚕茧型转子壳体的开口方式。由于开口位置位于长短辐圆外旋轮线面上，因此称为周边进气道。如图 2-374 所示，吸入空气沿着工作室转子的旋转方向直线式地直接流入，进气阻力小。周边进气道的开闭时间由转子通过顶端密封的时间决定。虽然从几何学的角度来讲，开口时间较长有利于提高高速时的输出功率，但是这样进排气道开启重叠度也会增大，导致低速、低负荷运转时引起排气逆流而燃烧残留气体增加，怠速等的燃烧不稳定。

2.19.4.2 侧面进气方式

进气道设在工作室的侧面，如前面 2.19.2.3 中所述是在侧隔板壳体上开口的方式。图 2-366 所示的气道轮廓形状受到拐角密封、侧密封以及油封轨迹的制约。工作室的两侧都可以布置，一般一个转子设两个气道。如图 2-374 所示，吸入空气从工作室的侧面垂直于转子的旋转方向进入，进气阻力较大。不过在工作室内可以形成涡流和湍流，促进混合气体的生成并稳定燃烧。侧气道的开闭时间由转子通过侧密封时间决定，因

此在进气上止点（TDC）后设定进气道开启时间滞后角，这样可以缩小重叠角。这些效果与上述的周边进气方式比较，提高了低速范围以及低负荷区域的燃烧稳定性。

侧面进气方式可以在单侧设置多个进气道，再加上梭动机构等，构成了后面 2.19.5.8 中叙述的可变气道正时和可变气道面积的进气系统。根据不同的运转条件，采用提高低速范围的进气流速，或者加入增大高转速范围内的气道面积等措施，可以增大燃烧控制以及输出控制的自由度。这也是降低尾气排放及油耗、减小环境污染的有效方法。

2.19.4.3 周边排气方式

与前面 2.19.4.1 所述的一样，排气道开在蚕茧型壳体上的方式。如图 2－374 和图 2－375 所示，排气沿着工作室转子的旋转方向直接流出。周边排气道的开闭时间由转子通过顶端密封时间决定。这种排气方式的优点是对燃烧生成物的排出及高热负荷工况而言，排气路径较短，气道形状简单。

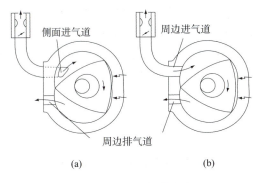

图 2－374　进气道方式
（a）侧面进气；（b）周边进气

2.19.4.4 侧面排气方式

如前面 2.19.4.2 所述，排气道被开在侧隔板壳体上，而气道的轮廓形状同样受到密封轨迹的制约。工作室的两侧都可以布置，一般一个转子设两个气道。气道布置如图 2－375 所示。侧面排气道的开闭时间由转子通过侧密封的时间来决定，与前面 2.19.4.3 所述的相比较，排气道的开启时间可以设置滞后角，另外，关闭时间可

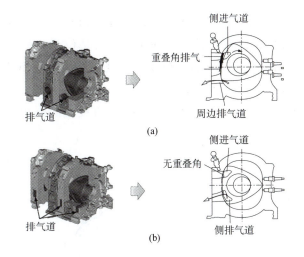

图 2－375　排气道方式
（a）周边排气 RE；（b）侧排气 RE

以设置提前角。图 2－376 所示为侧面排气方式与周边排气方式的进排气道开闭时间及开口的比较。

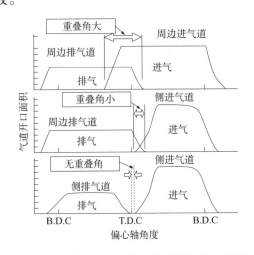

图 2－376　排气和进气道开闭时间与开口面积

侧面排气方式能够根据转子发动机特有的工作原理、气道的正时特性以及排气道开口位置所形成的机理等，最大限度地提高转子发动机的性能，并产生下述效果。

（1）减少残留废气　侧排气方式与前面 2.19.4.2 所述的侧面进气方式组合，可以将进排气重叠角缩小到零，这样就可以利用工作室内的 EGR 减少多余的残留废气，提高转子发动机低负荷运转区域的燃烧稳定性。

（2）减少 HC 的排放量　在侧气方式的情况下，顶端密封的通过位置上并没有排气道的开

口，而在燃烧室中的顶端密封的位置如前面 2.19.2.2 所述的图 2 - 364 所示，是位于未燃气体 HC 浓度较高的残余废气区域内。如图2 - 377 所示，顶端密封通过时，如前面 2.19.4.3 所述的方式，密封附近的未燃 HC 会直接流向周边排气道，而侧面排气方式可以抑制此情况的发生。其结果是发动机排出 HC 得到减少。与前面（1）中稳定燃烧的作用结合起来可以大幅度降低转子发动机的尾气排放。

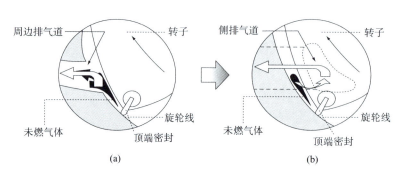

图 2 - 377　排气道开口与通过径向密封的关系
(a) 周边排气道；(b) 侧排气道

（3）有效膨胀比的增加　侧面排气方式可以增大排气道开启时间的滞后角范围，从而可以增加有效膨胀比。其结果是如图 2 - 378 所示，与前面 2.19.4.3 所述的比较，发动机的油耗率有所改善。

能够达到上面（1）（2）（3）所述的效果的侧面排气方式与前面 2.19.4.2 中所述的侧面进气方式相组合，在 2003 年首次应用于量产车辆的新发动机上[1]。这是最初被实用化的最新方式。该发动机为进气可变正时 3 气道 + 排气 2 气道，为 5 气道（每个转子）转子发动机，若与（在后面的 2.19.5.8 和 2.19.5.9 中会讲到的）新燃烧技术及尾气排放后处理系统相组合，可以达到 2003 年全球（日、美、欧）尾气排放法规水平。

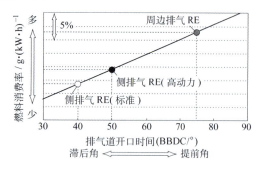

图 2 - 378　排气道开口时间与 BSFC 的关系

2.19.5　转子发动机结构

转子发动机的结构使前面 2.19.2 节所述的工作原理得以成立，并在提高汽车发动机的性能，确保其耐久性、可靠性的情况下，由壳体、旋转系统、冷却系统、润滑系统、进气·燃烧系统以及排气处理系统等构成。下面就 2.19.4.4 中所讲的最新侧面排气方式发动机的主要零部件以及结构设计、提高其性能、环境对应技术等进行说明。

2.19.5.1　壳体

双转子发动机壳体如图 2 - 365 所示，由两个转子壳体和 3 个侧壳体组成。

（1）转子壳体的结构　转子壳体的蚕茧型内周面形状由前面 2.19.3.1 和 2.19.3.4 中的参数决定。转子发动机工作室的工作情况参照 2.19.2.2 中及图 2 - 364。进气行程与做功行程之间会产生温度差，顶端密封沿着壳体的内周面滑动，不同位置的密封压力也各不相同。通过设定 2.19.3.4 中所述的平行移动量可以抑制滑动面的磨损，但是要注意顶端密封与内周面的接触线相对于转子的旋转变化要平顺。

内周面的外侧有冷却水通路，为提高壳体的

刚性和冷却效果，要设置加强筋和散热片。

在短轴附近的燃烧室位置设置了火花塞连通孔。一般市面上的车辆采用的是两点点火方式，因此布置两个火花塞。耐久竞赛用的四转子RE为了确保高速范围内的燃烧速度，采用三点点火方式，因此需要布置3个火花塞。

另外，如2.19.4.3所述，周边排气方式一般在转子壳体上布置气道。

（2）转子壳体的材质及内表面处理　由于转子壳体承受高热负荷，因此需要选择高温强度优良、热传导率高的材料。一般选用的是铝合金材料，并在内表面实施镀硬铬、铬钼等，提高耐磨性。为加强表层油膜保持力，还进行V形多沟槽多孔状电镀处理。V形多沟槽多孔状电镀处理是在镀铬表面形成无数细微小孔，将这些孔连接到一起形成非常细小的网状结构，并且在其表面披覆一层氟化树脂皮膜，用来提高耐磨性和润滑功能。为提高电镀的黏合性，采用了称为"SIP"（Sheet metal Insert Process）的结构。图2-379所示为SIP的断面结构及电镀多孔铬的表面形状。

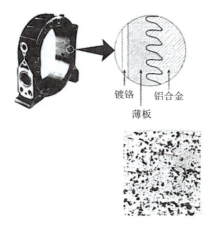

图2-379　SIP断面结构及镀铬表面状态

（3）侧隔板壳体的结构　侧隔板壳体说明参见前面的2.19.2.3以及图2-365中的C、F、G。它由前隔板、中间隔板和后隔板三部分构成，并分别设置了进排气道。

其内部设有冷却水回路。为提高壳体的刚性和冷却效果，还设置了加强筋。中央位置设置了回油通路，用来使转子内冷却的机油回流到油底壳。

如图2-380所示，为了抑制热负荷，在排气道处设置了图中形状的镶嵌衬套。中间隔板的排气道镶嵌衬套设在前后两侧排气通路合流的位置，因此也起到一定的抑制排气干扰的作用。另外，还设置了尾气后处理系统必需的二次气体供给回路。

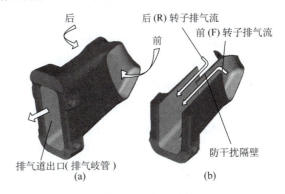

图2-380　排气道镶嵌衬套

（4）侧隔板的材质及滑动面的表面处理　侧隔板的热负荷不像转子壳体那么高，因此一般使用铸铁。对滑动面要实施渗氮处理和高频淬火等硬化处理，提高滑动面的耐磨损性。

2.19.5.2　转子

如上面2.19.2（1）（2）（3）所述，转子在构成旋转机构的同时，也具有开闭进排气道进行气体交换的功能以及通过移动工作室，以形成工作循环的功能。

（1）转子的结构　转子的外廓形状以上面2.19.3.2和2.19.3.4中所述的圆外旋轮线的内包络线为基础，将其向外侧平行移动形成的曲线。如前图2-366所示，转子上装有3个顶端密封、6个侧密封、6个拐角密封、4个环状油封以及支撑各个密封的密封弹簧。

如前面2.19.4.4中所说明，侧面排气方式发动机转子的两侧增加了环状的阻断密封。如图2-381所示，环状的阻断密封位于油封外侧、侧密封的内侧，主要是为了隔断转子侧面和侧隔板滑动面之间的微量间隙导致的进排气连通。该处微小的间隙也会影响2.19.4.4（1）中所述的减少残留废气的功能。

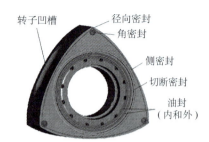

图 2-381 转子各个密封安装位置及阻断密封

如前面 2.19.2.3 中关于旋转机构的说明，转子中心组合了转子齿轮和转子轴承。转子内部为中空结构，减轻了一定的质量，增加了提高刚性和冷却性能的加强筋。

（2）转子凹槽 转子外廓面中央位置的凹坑称为转子凹槽。转子凹槽如前面的 2.19.2.2 中所述，在工作室的压缩 TDC 附近形成燃烧室。可利用转子凹槽的容积调整发动机的压缩比。2.19.3.6 所述的理论压缩比即是转子凹槽容积为零时候的情况。转子凹槽的位置及形状是对转子发动机的燃烧特性有很大影响的设计参数。

（3）转子凸缘 为了将转子与侧壳体接触的部位限定在利于润滑的位置，在转子的两侧面设置了称之为转子凸缘的凸出部分，用来限制转子的轴向运动。凸缘设在相对于侧隔板的滑动速度较小且能够充分供给润滑油的油封内侧。

转子凸缘突出量过小，转子倾斜时会和凹槽以外的部位接触；同时要防止由于燃烧气体侵入与侧密封的接触面积增大，导致密封温度上升以及形成产生 HC 的凹槽容积等。转子凸缘与侧隔板壳体之间的间隙，既要防止两者的黏结，又要防止噪声的产生，一般设定在 0.1~0.2 mm。

（4）转子的材质及密封槽的表面处理 转子的材料要满足如下要求：①较高的高温疲劳强度；②热膨胀系数小；③耐磨损性好；④铸造性及切削性好等。材料一般使用球墨铸铁，在顶端密封槽部为提高其耐磨性要进行激光热处理或者高频淬火等局部硬化处理。为提高发动机的容许转速，应减小转子的质量，抑制旋转失衡，提高密封槽等的加工精度。这些都很重要。

2.19.5.3 相位齿轮机构

在蚕茧型转子壳体中，为获得正确的转子旋转运动，设置了相位齿轮机构。这种相位齿轮机构相当于图 2-367 的圆外旋轮线展成的基圆 A 和转圆 B（见 2.19.2.3 中），是由固定在侧壳体上的固定齿轮和安装在转子上的转子齿轮（内齿轮）构成的。根据这种相位齿轮的啮合，将转子和输出轴的转速比规定为 1:3。

（1）相位齿轮的结构 相位齿轮一般为修正直齿轮。固定齿轮和转子齿轮的齿数比为 2:3。由于中心距同偏心量 e 相等，因此节圆直径分别设计为 $4e$、$6e$。齿轮的齿隙要由转子轴承和主轴承间隙来确定。

如图 3-382 所示，固定齿轮内侧与主轴承并列，转子齿轮借助吸收齿轮负荷变动及冲击的弹簧销安装在转子上，另外转子齿轮侧面兼有前面 2.19.5.2 中所述的转子凸缘的功能。图 2-383 所示为转子齿轮及弹簧销固定结构。

图 2-382 固定齿轮

图 2-383 弹簧销固定的转子齿轮

（2）齿轮材质及齿面的表面处理 齿轮材料通常为 S45C 级的、进行调质处理的结构碳素钢，高性能发动机为增强疲劳强度，也可进行离子渗氮等表面硬化处理。

（3）齿轮负荷 作用于齿轮齿面的负荷产生的机制由以下原因形成。

① 转子转速及角速度的变化。

② 旋转系的惯性力不平衡。

③ 轴承和轴颈的间隙导致转子位置变化。

④ 输出轴的挠度导致转子位置的变化。

⑤ 齿形的制造误差和安装误差。齿轮负荷随着转速及发动机负荷的增高而增大，但受支配于

特定的发动机转速下，发生的共振影响。

抑制上述负荷产生的原因，对减轻齿轮负荷是非常重要的。而改变齿轮系的弹性系数，把共振点移到使用转速区域外的方法也是有效的。将前面（1）中的转子齿轮弹簧销由原来的9根增加到12根，实际中有这样的事例，这可以有效地避开齿轮负荷的共振高峰。

2.19.5.4 输出轴及轴承

相对于旋转中心偏心的转子轴径承受转子做功的燃烧压力，输出轴以旋转力的方式输出。图2-384所示为双转子RE的输出轴结构。

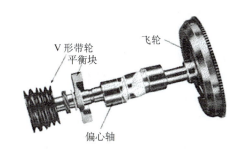

图2-384 输出轴系统的构成图

输出轴由与固定齿轮组合在一起的主轴承支撑、输出轴前端安装的平衡块、附机驱动齿轮以及多槽V形带轮等组成，后端固定兼具平衡块功能的飞轮。

（1）输出轴的结构与材质　图2-385所示为双转子RE输出轴的结构实例。转子轴径相对于输出轴旋转中心的偏心量为e，轴内部设有轴承以及为冷却转子向转子内部供给润滑油的油路。输出轴的弯曲刚性是决定发动机容许转速的重要因素之一。另外，由于扭转刚性较高，可以不考虑扭转振动。

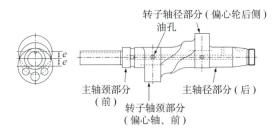

图2-385 输出轴构造实例

输出轴的材质一般采用弯曲刚性较高的铬钢、铬钼钢等锻造件，各个轴承部位要进行淬火处理。

（2）惯性力的平衡　只需考虑旋转运动质量的平衡，转子发动机能够达到完全平衡。图2-386所示为单转子到四转子的一般平衡条件与平衡重布置方式。

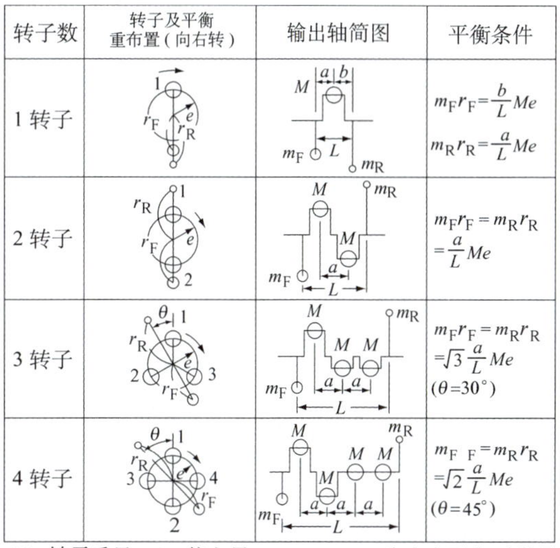

转子数	转子及平衡重布置(向右转)	输出轴简图	平衡条件
1转子			$m_F r_F = \dfrac{b}{L} Me$ $m_R r_R = \dfrac{a}{L} Me$
2转子			$m_F r_F = m_R r_R$ $= \dfrac{a}{L} Me$
3转子			$m_F r_F = m_R r_R$ $= \sqrt{3}\dfrac{a}{L} Me$ ($\theta = 30°$)
4转子			$m_F r_F = m_R r_R$ $= \sqrt{2}\dfrac{a}{L} Me$ ($\theta = 45°$)

M：转子质量；e：偏心量；$m_F r_F$、$m_R r_R$：为完全平衡而所需的平衡容量。

图2-386 转子发动机的平衡条件例

（3）轴承和轴承负荷　转子发动机的主轴承及转子轴承是由适用于高速高负荷的滑动轴承构成的，其结构是采用以铁系母材上配的铜质合用的表层所形成的圆筒状轴套。

图2-387所示为主轴承的负荷特性。作用于主轴承的负荷基本上只是转子所承受的燃烧气体压力沿中心方向的分量。作用于转子轴承的负荷为燃烧气体压力和转子的行星运动产生的惯性力两部分组成。但是，这两种力由于大致成相反方向（相互抵消的方向）作用，因此，转子轴承的负荷相对于转速具有如图2-388所示的特性。该图表示在各种转速下轴承负荷的最大值，在低速区域，主要是气体压力；在高速区域，主要是惯性力在起支配作用。

（4）允许转速的高速化的对策　为了达到高比功率及高转速化要采取以下措施：①为了抑制轴承负荷，要求旋转系的轻量化及降低气体密封的惯性力；②提高润滑功能，使气体密封滑动部位达到高转速化；③改进进气、燃料系统的设

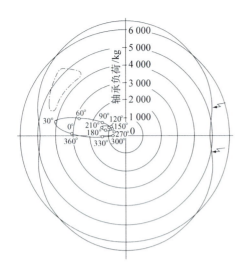

图 2-387 主轴承负荷

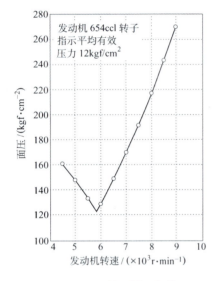

图 2-388 转子轴承负荷

计,使低速到高速之间的充填系数范围得以拓宽。

下面介绍市面出售的汽车用 RE 的实例。以下是 2003 年实用化的高转速型侧面排气方式 RE 的设计方法。与 2003 年以前的旧 RE 相比较,对上述①②③各项相关内容进行了相应的如下改进。允许的最高转速由 7 500 r/min 提高到了 9 000 r/min,提高了 20%。对于①而言采用了精密铸造技术使转子、飞轮以及径向油封质量分别减轻了 5%、15% 和 40%。在不增加作用于滑动面的密封的惯性力的前提下转速提高了 20%。对于②而言,应对在后面 2.19.5.7(3)中所述进行分离油油膜的改进。对于③而言,应对在后面 2.19.5.8 中提到的进气、燃料系统和燃烧进行改良。

2.19.5.5 气体密封机构

转子发动机的气体密封机构已经在前面的 2.19.2.3 和 2.19.5.2(1)中转子结构项中提到过,由顶端密封、侧密封、拐角密封以及各个密封背面配置的弹簧构成。另外 2.19.4.4 中提到的侧面排气方式发动机还设置了阻断密封。图 2-389 为传统周边排气方式发动机气体密封构成与侧面排气方式发动机气体密封构成一览表。与往复式发动机比较,密封面较大,由于各密封为立体组合,因此各连接部分的结构上凝聚着很多在设计上所下的苦功。

(1)顶端密封的气体密封作用:顶端密封如图 2-390 所示,被作用于密封底部的气体压力、弹簧力和密封本身的惯性力推向旋轮线内的周面(称为一次密封面)。同时,被作用于密封侧面的气体压力压向密封槽的一侧(称为二次密封面),这样,由顶点的线接触和侧面线接触保持气体密封。

(2)作用于顶端密封的惯性力 设转子半径方向的惯性力分力为 F_r,其垂直方向的惯性力分力为 F_n,则 F_r 与 F_n 分别为

$$\begin{cases} F_r = W/g \cdot \omega^2 \cdot (r/9 + e \cdot \cos^2 3\alpha) \\ F_n = W/g \cdot \omega^2 \cdot e \cdot \sin^2 3\alpha \end{cases}$$

式中:W 为顶端密封片的质量;r 为顶端密封片重心和转子中心的距离;g 为重力加速度。

F_r 在旋轮线长轴及短轴处分别为最大值和最小值,即

$$\begin{cases} F_{r.max} = W/g \cdot \omega^2 \cdot (r/9 + e) \\ F_{r.min} = W/g \cdot \omega^2 \cdot (r/9 - e) \end{cases}$$

一般情况下 $r/9 < e$,短轴产生的 $F_{r.min}$ 为向心力,因此,由长轴到短轴移动的过程中离心力变为向心力。

设计顶端密封弹簧时要注意确保大于这一向心力,使密封片顶部能确实与壳体内周面接触。

(3)顶端密封的分割形状 分割密封的目的是提高相当于往复式发动机的活塞环合口处间隙

第2章 发动机

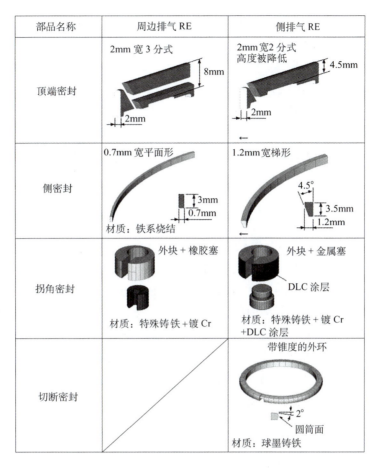

图 2-389 气体密封系的形状及参数一览表

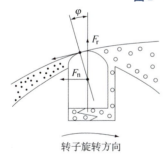

图 2-390 径向密封的密封机构

的密封端面和侧壳体的密封性,提高密封侧面(二次密封面)的随动性和密封性。分割密封采用二分密封或三分密封。

高转速化侧面排气方式发动机的顶端密封形状如图 2-389 所示。考虑到顶端密封的两个侧端面要滑过侧面排气通道的边缘,同时由于允许转速由原来的 7 500 r/min 增加到了 9 000 r/min,实况了 20% 的高速化,对二分式密封形状进行了刚性的优化,密封高度减小了 40% 以达到轻量化从而减少了其惯性力。

(4)顶端密封的材质 顶端密封的材料与被称为振纹的汽缸体内周面波状磨损有密切关系,目前已对此作了大量的研究。为了防止这种波状磨损,一般采取 2.19.5.1(2)中所说的多孔铬电镀内周面同电子束激冷特殊铸铁的金属密封片的组合,并已经得到了实用化。

(5)侧密封 材质一般为粉末冶金,形状如图 2-389 所示。随着侧面排气方式的高速化,为了提高侧密封的弯曲、扭转刚性,密封的随动性,采用了断面为梯形的结构。以往的周边排气发动机中其断面则为长方形。

(6)拐角密封 拐角密封的作用是保持三角形转子顶尖面上顶端密封和侧密封直角连接处的气密性,结构如图 2-389 所示。为了使其直径方向具有弹性,同时又能确保转子的密封孔的气密性与转动的顺畅性,在此密封中央的空洞部位插入一辅助件。

材质一般选用特殊铸铁,利用镀铬提高其耐

磨性。另外，高转速型侧面排气方式的 RE 还在拐角密封外周部涂布仿金刚石的碳涂层（DLC），加强其耐磨性。

（7）阻断密封　阻断密封如图 2 - 389 所示，是侧面进排气发动机必需的密封形式。其功能在 2.19.5.2（1）中转子结构中已经讲过，主要是为了隔断转子侧面和侧隔板滑动面之间的微量间隙导致的进排气连通。材料一般使用球墨铸铁。

2.19.5.6　冷却机构

由于转子发动机的进气、压缩、燃烧（膨胀）和排气各行程是在各自不同的位置进行，因此壳体各部位温度差大。壳体壁面的温度对润滑油膜的保持具有很大影响，另外，滑动面的热变形与气体密封的密封性下降有关。为此，进行壳体冷却时，在降低最高温度的同时，还要尽量缩小各部位温度差。抑制局部热应力和热变形的产生是非常重要的。另外，为确保密封的耐久性和耐爆燃性，还要强制进行转子冷却。此举还对燃烧和油耗也有正面影响。

（1）壳体冷却　转子发动机的冷却方式，一般根据冷却介质种类分为空冷式、水冷式和油冷式，另外，根据冷却介质流动路径可以分为周流式和轴流式。

目前量产车型的发动机中，使用最多的是水冷轴流式冷却方式。图 2 - 391 所示为水冷轴流式实例。在热负荷较高的火花塞连通孔的周围，布置筋和散热片，增加散热面积，同时提高冷却液的流动速度，改善冷却效果。另外，温度低的进气口周围被循环的冷却液加热。这样通过冷却介质的循环、热交换使各处壁温均匀从而预热燃料混合气以及促进气化。

（2）转子的冷却　作为车用已经实用化的方法，转子的冷却是通过发动机机油喷射完成即油冷式。作为冷却介质的机油如前面 2.19.5.4（1）中所提到从输出轴喷射到转子内部。随着转子的旋转，喷射的机油一边旋转一边从转子内壁面吸收热量，然后依靠作用于转子的向心力，机油被压出，通过侧壳体流回油底壳。

为了保持转子温度在一定的合适数值内，从

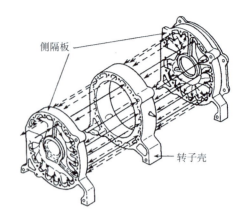

图 2 - 391　水冷轴流式壳体水路

密封的耐久性和爆燃方面来考虑，高负荷运转时需要冷却；而从热效率这方面考虑，低负荷运转时要抑制其冷却作用，图 2 - 392 所示为控制冷却油的被称为控制喷射机构一个示例，该装置装于喷油孔内。为了抑制油温上升过高与水冷式机油冷却器或空冷式机油冷却器并用。

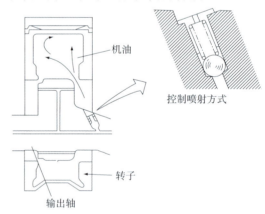

图 2 - 392　油冷式转子的喷射控制

2.19.5.7　润滑机构

润滑油除了供给主轴承、转子轴承、相位齿轮等输出轴系以外，也要供给气体密封及其滑动面少量的润滑油。输出轴系采取油泵强制压力供油的方式，气体密封滑动面采用装配有微量机油计量机构的分离供油方式。

（1）输出轴系的润滑　图 2 - 393 所示为转子发动机强制压力供油油路示例。

（2）转子油封　如 2.19.5.6（2）所述，为了防止主轴承以及转子轴承的端流机油以及转子冷却机油向燃烧室渗漏，如图 3 - 366 所示，将环状双重油封（内、外）安装在转子侧面。设计

第2章 发动机

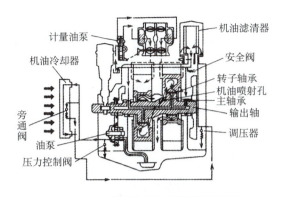

图 2-393 转子发动机的润滑油路径

的要求是,能够使侧面壳体滑动面上的多余的油膜刮回到密封圈的里侧。为了提高转子密封槽与油封之间的密封性,一般使用耐热强度较高的氟化橡胶 O 形环。油封的材质一般是局部镀铬的硼铸铁。

(3) 气体密封滑动面的润滑　油雾分离供油系统由向蚕茧型转子壳体内周面直接供油的空气辅助式喷嘴和带微量计量电子控制机构的柱塞式计量机油泵构成。最新的侧面排气方式转子发动机采用的是新开发的双喷油器方式(图 2-394),可以根据不同的运转条件进行精密地控制。允许转速可从 7 500 r/min 提高到 9 000 r/min。另外,与传统发动机相比较,只需要原来的 1/10 油量即可进行密封润滑。

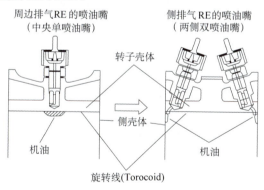

图 2-394 直接喷射机构

2.19.5.8 进气、燃料系统和燃烧

转子发动机的进气及燃料系统具有体积小、功率大、高转速区域振动低等优点。这些优点很突出,但同时又要抑制其扁平的燃料室这种燃烧上的缺点。这是设计上极其重要的事项。构成进气及燃料系统的零部件与四冲程往复式发动机的类似,不过在设计进气管路的时候转子发动机有其特有的注意事项。下面对主要的机理及设计事例进行说明。

(1) 进气系统　主要的零部件群如图 2-395 所示。设计上的注意事项如下。

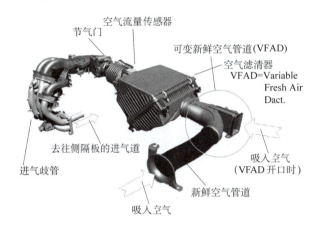

图 2-395　RE 进气系统 (图中 VFAD 为可变新鲜空气管道)

① 为了在较大的转速范围内获得高充气效率,要灵活应用管路内产生的波动、惯性效应以及谐振效应。

② 采用有效的方法将气道部位喷射的燃料与空气的混合气向工作室的燃烧空间输送。

对上面的①而言,与四冲程往复式发动机比较,转子发动机进气道的关闭时间要比开启时间短很多。为了利用这时的波动效果,在设计管路时要考虑能够灵活应用前面转子与后面转子各个进气道产生的压力波。这一点很重要。对②而言,转子发动机从燃料混合气进入到点火期间,工作室由图 2-364 中的 No.1 向 No.7 移动。液相燃料喷雾与气体混合,随着工作室的移动输送到燃烧室,在此期间适当地调节气道的气流速度是重要的。下面介绍有关可变机构以及进气及燃料系统的示例。

(2) 可变机构　通过进气道开闭时间、开口面积的可变机构以及进气管路的切换机构可以使调节气道流速以及运用管道内的波动效果成为可能。前者的功能相当于四冲程往复式发动机使用的可变气门正时和升程机构的功能。可变正时六气道进气系统的气道布置如图 2-396 所示,进气管路设计如图 2-397 所示。每个转子(工作

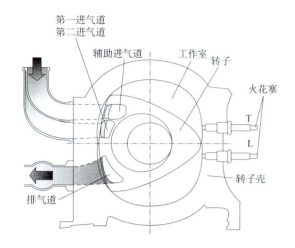

图 2-396 进气道的布置图

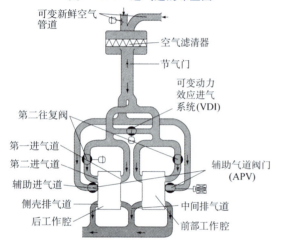

图 2-397 可变正时六气道进气系统图

腔)设置三个进气道,由第一气道、第二气道、辅助气道以及可切换管路构成,根据发动机的转速分别使用。在进气量较少的低速范围内,只有第一进气道工作,保证较高的进气流速,促进燃料雾化和燃烧。随着转速的上升,第二进气道参与工作,在更高的转速范围内辅助气道也开始工作,增加气道的开口面积和开口时间,从而始终保持适当的气道流速。该系统第二进气道管路开闭机构 (SSV: Secondary Shuttle Valve) 的设计实例参见图 2-398。图 2-399 所示为辅助进气道的开闭机构 (APV: Auxiliary Port Valve)。它是在圆筒状内侧形成进气通路的回转阀。另外,在同图中,为了提高管内的波动效果,设置了可变脉动效应进气管 (VDI: Variable Dynamic effect Intake),可改变连接前转子与后转子气道的管路长度。在中低速范围内延长管路的长度、高速范围内缩短管路长度,以此来提高充气效率。另外,图 2-395 中的可变新鲜空气管道 (VFAD: Variable Fresh Air Dact) 还可以改变上游进气道的长度。上述气门切换时间与发动机转速的关系如图 2-400 所示。

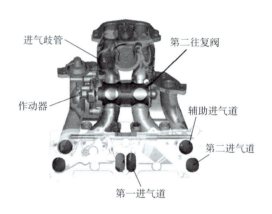

图 2-398 Sry 气道切换阀 (SSV)

(3) 燃料系 喷油器的流量范围、数量以及安装位置由动态范围和混合性能决定。以前面图 2-397 的系统,与一个转子相对应,要安装分别使用的三根喷油器,其位置如图 2-401 所示。参考上述 (1) 中②的内容,第一进气道旁边第一个喷油器最好是低流量区域专用的,有良好的燃料雾化特性的低渗透多孔式喷油器,对发动机的响应性和燃烧稳定性也有一定的积极作用。第二个和第三个喷油器分别布置在第一进气道和第二进气道的上游,这样可以确保混合时间、扩大高转速化需要的动态范围。图 2-402 所示为向工作腔及燃烧空间输送喷雾的功能,使系统可利用进气管内的负压进行空气与燃料混合。设计该系统的目的是为了将气流导入到喷雾冲击的气道壁面附近,使局部流速提高 10 倍,避免燃料在壁面的附着。

(4) 点火系统 转子发动机的火花塞形状如图 2-403 所示。转子发动机的特点是电极位置位于气密封的滑动面上的火花塞孔内,电极无法深入到燃烧室内。因此设计的时候要注意使电极产生的火焰核沿着电极的轴向传播从而成为专门形状的火花塞。为了强化着火性能、扩大火焰传播路径,最好使用极细、耐热性好、寿命长的铱或白金电极。

第2章 发动机

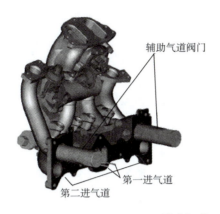
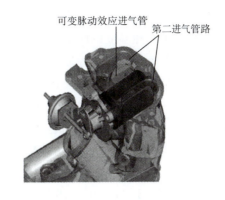

图2-399 辅助气道，管长切换阀（APV、VDI）

SSV	关闭	开启		
VFAD	关闭		开启	
APV	关闭			开启
VDI	关闭			开启
发动机转速(r/min)	3 750	5 500	6 000	7 250

图2-400 不同转速下进气系统的工作情况

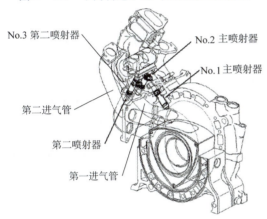

图2-401 燃料喷射器安装位置

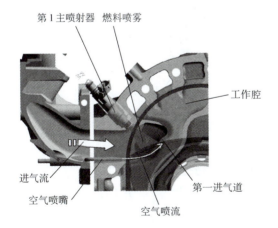

图2-402 空气、燃料混合系统

2.19.5.9 排气处理系统

2.19.1中已经介绍过，为了减轻环境污染设计

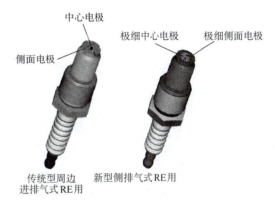

图2-403 转子发动机专用火花塞

了侧面排气方式RE尾气处理系统（2003年）。下面对其设计注意事项进行说明，主要分两个方面考虑：①通过发动机本体改良降低排气的有害成分；②通过后处理系统净化排气。第一种主要是改善转子发动机特有的扁平燃烧室排放HC机制；第二种采取的方法与四冲程往复式发动机基本相同。

（1）发动机本体的改良 前面2.19.4.4中已经讲过，侧面排气方式的RE可以改善HC排放。

① 前面2.19.4.4（2）中所述的可利用顶端密封减少未燃HC的渗出作用；

② 如前面2.19.5.7（3）中所述通过改良气体密封性能以及降低润滑油的消耗量可减少HC的排放；

③ 通过前面2.19.4.4（1）中提到的提高燃烧稳定性减少残留气体、提高前面2.19.5.8（1）（2）（3）中所述进气流速的优化以及燃料的雾化、混合、输送性能，还有根据前面（4）所述的提高点火系的火点形成及传播性能等均可一定程度地减少HC的排放。

（2）后处理系统系统功能 ①缩短发动机启动到达到排气净化催化剂活性温度的时间及控制排出气体能量；②进行严格的空燃比控制和气体温度控制，保持高度的催化剂反应活性。作为上述①的设计示例，图 2 - 404 所示为抑制排气道排出气体热损失的镶嵌衬套、促进催化剂达到活性温度的二次气体导入机构以及双重结构的排气歧管。作为上述②的控制系统的示例，图 2 - 405 所示为排气处理控制系统。通过采用上述结构，侧排式方式 RE 已经满足了日、美、欧的尾气排放法规[3]。

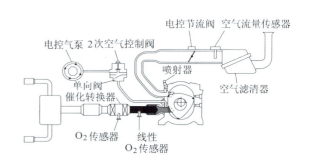

图 2 - 405 排气处理控制系统

2.19.5.10 氢气转子发动机的结构

由于氢气燃烧不产生 CO_2，将来有望成为汽车用替代燃料。通过有效利用转子发动机工作室形状的几何特性，能够较易形成适合氢气燃料的燃烧系统。图 2 - 406 所示为正在研发的在 2.19.5 节提到过的侧排气方式 RE，以其为基础，在壳体长轴上增加两个直喷式氢气喷射器（双转子共计 4 个）。在进气行程后半段至压缩行程前半段的时间内向工作腔内直接喷射氢气燃料，控制过量空气系数在 1.6 以上，利用稀薄燃烧抑制异常燃烧和 NO_x 的产生。如图 2 - 407 所示为两种燃料氢气与汽油都可使用的双系统燃料喷射系统的设计示例。

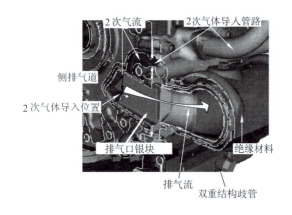

图 2 - 404 二次空气导入、双重结构隔热排气歧管

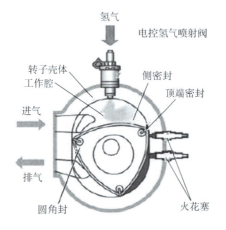

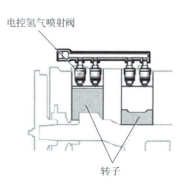

图 2 - 406 氢气转子发动机的结构、氢气喷射器安装位置

2.19.6 转子发动机外观形状

轻量小型的转子发动机、双转子发动机与相同扭矩的四冲程直列四缸发动机（L4）以及与相同功率的 V 型六缸发动机（V6）的外观比较如图 2 - 408 所示。发动机外形容积比为 V_{V6}：V_{L4}：V_{RE} = 1.3：1.0：0.7。使用相同包装的铝合金材料的汽缸体质量比为 V_{V6}：V_{L4}：V_{RE} = 1.26：1.00：0.96。

图 2 - 409 所示为作为已经投放市场，并为改进环境污染而设计的汽车用侧面排气方式的双转子 RE，排气量为 654 mL × 2（2003 年）的实例。

第2章 发动机

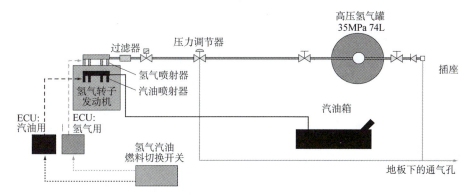

图 2-407 氢气、汽油双燃料供给系统

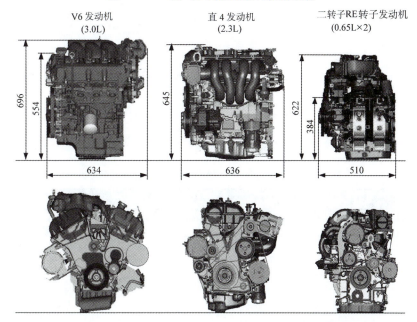

图 2-408 V 型 6 缸、直列 4 缸、双转子 RE 的外观形状比较

图 2-409 侧面排气方式双转子 RE（2003 年）

图 2-410 24 h 耐久赛车用四转子 RE（1991 年）

以该发动机为基础继续研发着氢气 RE。图 2-410 所示为 24 h 耐久赛车用的周边排气方式的四转子 RE，排气量为 654 mL×4（1991 年）[5]。润滑方式采用干油底壳式润滑方法，进气系配备了可变进气系统和四联动节气门。

2.20 燃油、润滑油

2.20.1 燃油

2.20.1.1 汽油

汽油的馏程范围为 35~200℃，主要成分是 C_4~C_{12} 的碳水化合物。作为车用燃料，汽油重要的性能有抗爆性、挥发性、氧化稳定性以及进气系清洁性等。图 2-411 所示为发动机实用性能和汽油性质的关系。

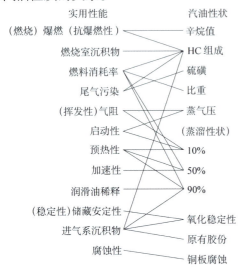

图 2-411　汽油性状与使用性能的关系[1]

（1）抗爆性　通常使用以下三种指标来评价汽油的抗爆性。其一、二分别为使用试验发动机（CFR 发动机）测量出的研究法辛烷值（RON），以及马达法辛烷值（MON）；其三为实车行驶测量的道路辛烷值。通常人们所说的辛烷值，都指试验室辛烷值，即研究法辛烷值或马达法辛烷值。图 2-412 给出了道路辛烷值和试验室辛烷值的关系。通常，在低速时研究法辛烷值和道路辛烷值关系密切，在高速时马达法辛烷值和道路辛烷值关系密切。

如表 2-40 所示，汽油由各种不同辛烷值的挥发油的混合物构成以调整到合适的辛烷值。高辛烷值汽油一般多使用辛烷值较高的重整油和烷基汽油。

（2）挥发性　汽油的挥发性对车辆的行驶性能有很大的影响，其相互关系如图 2-413 所示。

表 2-40　各种汽油基体材料的制造方法及形状等

汽油基体材料	轻质直馏挥发油（L't Naphtha）	催化重整油（Reformate）	催化裂解油（CCG）	烷基汽油（Alkylate）	异构油（Isomerate）
制造方法（例） 原料油 反应压力/kPa 反应温度/℃ 催化剂	常温蒸馏装置中 40~100℃馏分（除硫）	重质挥发油 390~4 900 450~540 Pt、Pt-Re	减压轻油 68~245 430~550 氧化铝、沸石	C_2、C_4 聚烯烃，异丁烯 约 980 5/30 H_2SO_4/HF	轻质挥发油 约 2 450 250 Pt
汽油基体材料性状 研究法辛烷值 马达辛烷值 碳氢化合物/（vol%） 饱和 聚烯烃 芳香族	65~70 63~68 95~98 0 2~5	94~104 84~89 30~50 0 50~70	90~93 78~80 25~40 40~50 20~25	94~96 90~94 100 0 0	80~85 79~83 100 0 0
汽油基体材料特征	辛烷值低，由于是轻质馏分产品混合受限制	轻质馏分少，辛烷值高	聚烯烃含量高	辛烷值高，汽车汽油中以沸点馏分为主	辛烷值不高，以 C_5 和 C_6 为主

它主要对车辆冬季低温启动性、夏季高温再启动性以及发动机预热前的运转性能有影响。

（3）氧化稳定性　汽油的氧化稳定性十分重要，与发动机使用性能密切相关。例如汽油贮存的安定性、燃料供给系统中沉积物的生成等。日本 J1S K 2287 标准对汽油的氧化稳定性试验方法做了规定，并使用氧化诱导期来评定汽油的氧化稳定性。汽油的组成成分不同，氧化稳定性差别很大。汽油所含烯烃越多，氧化稳定性越差，即氧化诱导期越短。一般通过添加抗氧化剂来有效地抑制汽油的氧化。

汽油抗氧化剂一般使用芳香族氨系、烷基酚类物质。另外，利用燃料系各种金属的催化作用也可以抑制汽油的氧化稳定性的恶化，因此有时也添加金属不活性剂。

（4）清洁性 现在，汽油喷射式发动机越来越多，这种发动机能精确地控制空燃比。为了充分发挥汽油喷射的优点，保持进气系统的清洁十分重要。为了防止沉积物的生成和黏附，使用了各种清洁剂，例如聚酯酰胺系（PEA系）、聚丙烯酸丁酯系（PBA系）等，在日本将其添加到高辛烷值汽油中。

（5）硫黄成分 为了维持催化剂的高性能，需要减少汽油中含硫量。日、美、欧的关于含硫量的法规以及排放法规的变革如图2-414所示。

（6）标准 作为有代表性的汽油标准现列出 JIS 和 ASTM 的要点，参见表2-41和表2-42。

表2-41 汽油标准（JIS K 2202:2004）

试验项目	种类	
	1号	2号
辛烷值（研究法）	96.0以上	89.0以上
密度（15℃）/（g·cm^{-3}）	0.783以下	
蒸馏性状（减失量计算）		
10%馏出温度/℃	70以下	
50%馏出温度/℃	75~110	
90%馏出温度/℃	180以下	
终点/℃	220以下	
残油量/%（体积）	2.0以下	
铜板腐蚀（50℃,3h）	1以下	
硫/（质量%）	0.0050以下	
蒸气压力（37.8℃）/kPa	44~78 *1	
原在胶/[mg·(100 mL)$^{-1}$]	5以下 *2	
氧化稳定度/min	240以上	
苯/（体积%）	1以下	
MTBE/（体积%）	7以下	
乙醇/（体积%）	3以下	
氧气/（体积%）	1.3以下	
颜色	橙色系	

注：寒冷气候使用的蒸气压上限为93 kPa，夏季使用的蒸气压上限为65 kPa。未清洁时，胶着物含量为20 mg/100 mL以下。

表2-42 汽油标准（ASTMD 4814[7]）

蒸汽压/蒸馏组	蒸汽压力 A 最大 kPa (Psi)	蒸发量最大 B 时蒸馏温度/℃（℉）					蒸馏残余体积% 最大
		10%体积	50%（体积比）		90%体积最大	全部蒸发最大	
			最小	最大			
AA	54 (7.8)	70. (158.)	77. (170.)	121. (250.)	190. (374.)	225. (437.)	2. 597. (1 250.)
A	62 (9.0)	70. (158.)	77. (170.)	121. (250.)	190. (374.)	225. (437.)	2. 597. (1 250.)
B	69 (10.0)	65. (149.)	77. (170.)	118. (245.)	190. (374.)	225. (437.)	2. 591. (1 240.)
C	79 (11.5)	60. (140.)	77. (170.)	116. (240.)	185. (365.)	225. (437.)	2. 586. (1 230.)
D	93 (13.5)	55. (131.)	66. (150.)	113. (235.)	185. (365.)	225. (437.)	2. 580. (1 220.)
E	103 (15.0)	50. (122.)	66. (150.)	110. (230.)	185. (365.)	225. (437.)	2. 569. (1 200.)

2.20.1.2 柴油

柴油是馏程范围在170~370℃的碳氢化合物的混合物。近年来，由于需求量不断增长，为了提炼更多的柴油，大都利用重油做原料，采用催化裂解方法生产柴油，并把裂解的柴油混入到分馏柴油中。柴油的性质与柴油机的关系很大，其中重要的性质有着火性、低温流动性、黏度、含硫量等。

（1）着火性 着火性（十六烷值）是柴油最重要的特性。测量柴油的十六烷值和测量汽油的辛烷值一样，需要使用 CFR 试验发动机。柴油十六烷值测量十分费时费工，所以大都不进行直接测量，而是通过蒸馏状态密度并根据经验公式算出一般被采用的十六烷指数。十六烷指数与实测十六烷值的关系如图2-415所示，两者之间的相关性是相当高的。但是有时由于柴油状况的不同也有与十六烷值相差很大的情况。

十六烷指数的计算有很多种经验公式，各个国家根据各自不同的柴油特性采用相应的公式。现在将日本 JIS 采用的公式为

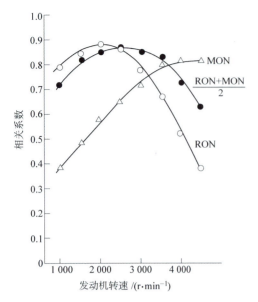

图2-412 道路辛烷值与RON、MON的关系[2]

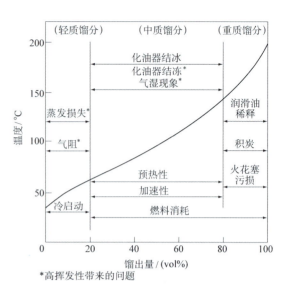

图2-413 汽油挥发性与使用性能的关系[4]

年份	1992	1993	1994	1995	1996	1997	1998	1999	2000	2001	2002	2003	2004	2005	2006	2007	2008	2009	2010
日本 含硫量法规 排放法规					0.01%max 12年法规									50ppmmax 新长期法规			10ppmmax		
美国 含硫量法规 排放法规					第一阶段									30ppm(are.)max 第二阶段					
欧洲 含硫量法规 排放法规	0.05%max 第一阶段			第二阶段					0.015%max 第三阶段					50ppmmax 第四阶段				10ppmmax	

注：日本含硫成分法规值为品质保障法中的法规值。

图2-414 汽油含硫量法规与排放法规的演变[5]

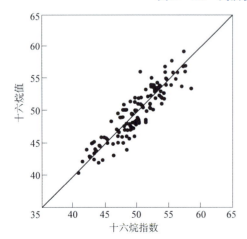

图2-415 十六烷指数与实测十六烷值的关系[8]

十六烷指数 $= 45.2 + (0.0892)(T_{10N}) +$
$[0.131 + (0.901)(B)][T_{50N}] +$
$[0.0523 - (0.420)(B)][T_{90N}] +$
$[0.00049][(T_{10N})^2 - (T_{90N})^2] +$
$107(B) + (60)(B)^2$

式中：$B = [\exp(-0.0035 D_N)] - 1$；$D_N = D - 850$；$D = D_1 \times 1000$ （kg/cm³）；D_1：15℃时的密度（g/cm³）；$T_{10N} = T_{10} - 215$，$T_{50N} = T_{50} - 260$；$T_{90N} = T_{90} - 310$；T_{10}为10%容量馏出温度（℃）；T_{50}为50%容量馏出温度（℃）；T_{90}为90%容量馏出温度（℃）。

（2）低温流动性　低温时，柴油中的蜡质析出来，使其流动性变差。特别是寒冷地区，析出来的蜡可能堵塞燃料滤清器，导致发动机启动不良，甚至使运转中的发动机熄火。因而车用柴油的低温流动性十分重要。一般低温流动性用蜡的析出温度（Cloud Point；CP，浊点）、燃料滤清器的堵塞温度（Cold Filter Plugging Point；CFPP，冷滤清器堵塞点）和流动性的极限温度（Pour Point；PP，流动点）等表示。各国根据柴油车燃料供给系统的具体情况，选其一作为评价柴油低温流动性的指标。近年来，为了提高柴油的低温流动性，使用了一些添加剂。

（3）黏度　柴油的黏度与燃烧室内的雾化和高压油泵的润滑密切相关。如果黏度过低，很容易使高压油泵产生磨损。反之，如果黏度过高，会影响燃烧效果。为此，柴油必须具有合适的黏度。

（4）含硫量　强化尾气排放法规的同时，为了减小对排气系统及DPF系统的不良影响，需要降低柴油中硫黄的含量。不过减少硫的含量会导致燃料润滑性的下降，因此，还要在燃料中添加润滑剂来提高燃料的润滑性能。

（5）标准　代表性柴油标准有JIS和ASTM，见表2-43和表2-44。

表2-43　柴油标准（JIS K 2204：2004）

状态 种类	着火点/℃	蒸馏状态 90%馏出 温度/℃	流动点/℃	堵塞点/℃	10%残油 含碳量 /（质量%）	十六烷指数[2]	运动黏度 （30℃）/ （mm²·s⁻¹）	含硫黄成分 /（质量%）	密度 （15℃）/ （g·cm⁻³）
特1号	50以上	360以下	+5以下	—	0.1以下	50以上	2.7以上	0.0050 以下	0.86 以下
1号	50以上	360以下	-2.5以下	-1以下	0.1以下	50以上	2.7以上	0.0050 以下	0.86 以下
2号	50以上	350以下	-7.5以下	-5以下	0.1以下	50以上	2.5以上	0.0050 以下	0.86 以下
3号	45以上	330以下①	-20以下	-12以下	0.1以下	45以上	2.0以上	0.0050 以下	0.86 以下
特3号	45以上	330以下	-30以下	-19以下	0.1以下	45以上	1.7以上	0.0050 以下	0.86 以下

注：①运动黏度（30℃）在4.7 mm²/s以下时为350℃以下；
②十六烷指数也可以用十六烷值表示

表2-44　柴油标准（ASTM D 975）

	ASTM 测试方法	低硫等级 No. 1-D[C]	低硫等级 No. 2-D[C,D]	No. 1-D[E] 等级	No. 2-D[D,E] 等级	No. 4-D[E] 等级
燃点/℃，最小	D93	38	52[D]	38	52[D]	55
水和沉积物/（%·vol）最大	D2709	0.05	0.05	0.05	0.05	—
	D1796	—	—	—	—	0.50
蒸馏温度/℃，90%，%吸收率	D86					
最小值		—	282[D]	—	282[D]	
最大值		288	338	288	338	
动黏滞率/（mm²·S）（40℃）	D445					
最小值		1.3	1.9[D]	1.3	1.9[D]	5.5
最大值		2.4	4.1	2.	4.1	24.0
灰1%多数，最大	D482	0.01	0.01	0.01	0.01	0.10
硫1%多数，最大	D2622[G]	0.05	0.05	—	—	—
	D129			0.50	0.50	2.00
铜片腐蚀率，最大3 h，50℃	D130	No. 3	No. 3	No. 3	No. 3	—
十六烷值 最小	D613	40[I]	40[I]	40[I]	40[I]	30[I]
必须满足以下条件之一：						
（1）十六烷指数，最小	D976[G]	40	40	—	—	—
（2）芳香度/% vol，最大	D1319[G]	35	35	—	—	—
浊点/℃ 最大	D2500	J	J	J	J	J
在10%蒸馏残液时的焦炭残渣，%多数，最大	D524	0.15	0.35	0.15	0.35	—

年份	1992	1993	1994	1995	1996	1997	1998	1999	2000	2001	2002	2003	2004	2005	2006	2007	2008	2009	2010
日本* 含硫量法规	0.2%max					0.05%max								50ppmmax			10ppmmax		
尾气排放法规	短期法规					长期法规					新短期法规					新长期法规			
美国 含硫量法规	0.05%max													15ppmmax					
尾气排放法规	现阶段			第一阶段										第二阶段		（07年法规）			
欧洲 含硫量法规	0.2%max				0.05%max				0.035%max					50ppmmax				10ppmmax	
尾气排放法规	Euro1			Euro2					Euro3					Euro4				Euro5	

注：日本硫量法规值为质量保证法中的法规值。

图2-416　柴油含硫量法规与排放法规的变革[5]

2.20.1.3 LPG

液化石油气的主要成分是丙烷和丁烷。常温常压下为气体，但只要将其加压到10个大气压，常温下石油气变成液体，便于运输，广泛用于民生、产业等领域。在日本，以出租车为主使用液化石油气。和汽油及柴油相比，液化石油气的组成成分比较简单。液化石油气的燃烧方式和汽油相似，其所有的重要性质都与丙烷和丁烷的混合比有关。图2-417所示为各种丙烷和丁烷混合比及蒸气压力。表2-45所示为日本的液化石油气JIS标准。

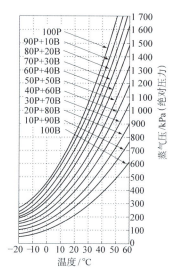

图2-417 丙烷-丁烷混合物的蒸气压力[12]

表2-45 LPG标准（JIS K：1991）

项目 种类		组成/（mol%）			丁二烯	含硫量/ （质量%）	蒸气压力（40℃） （MPa）	密度（15℃） （g·cm⁻³）	钢板腐蚀（40℃，1 h）	主要用途
		乙烷+乙烯	丙烷+丙烯	丁烷+丁烯						
第一种	1号	5 以下	80 以上	20 以下	0.5 以下	0.015 以下	1.53 以下	0.500 ~ 0.620	1 以下	家庭用燃料，业务用燃料
	2号		60 ~ 80	40 以下						
	3号		60 以下	30 以上						
第二种	1号	—	90 以上	10 以下	—*	0.02 以下	1.55 以下	—	—	工业用燃料、原料、汽车用燃料
	2号		50 ~ 90	50 以下						
	3号		50 以下	50 ~ 90			1.25 以下			
	4号		10 以上	90 以上			0.52 以下			

*：在汽车、工业（包括作为燃料或原材料）之外使用时，丁二烯含量应在对使用目的不发生阻碍的范围内

2.20.1.4 新燃料

从全球发展的角度来看，为了摆脱石油资源紧张局面，降低公害、减少CO_2的排放量、确保能源安全等，寻找汽油、柴油以及LPG以外的新燃料已经是大势所趋。其使用形态多种多样，可以是在原有的车辆上继续使用的汽油或柴油的混合燃料系统，在专用车上使用的单一燃料系统，或气体燃料等。

（1）生物燃料 代表性的生物燃料有可用于汽油发动机的乙醇燃料以及ETBE（乙醇与丁烯的化合物。作为合成燃料而使用了生物乙醇燃料，其生物成分约占50 vol%）；用于柴油发动机的脂肪酸甲脂（FAME：Fatty Acid Methy Ester）。

乙醇有纯净乙醇和低浓度牌号乙醇，纯净乙醇一般用于FFV（Flexible Fuel Vehicle）专用车，低浓度牌号乙醇一般与汽油混合（比如E10 = 乙醇10 vol% + 90 vol%汽油）后用于在用车型上。关于生物燃料的导入以及生物成分（乙醇等含氧化合物）与汽油的混合等，各个国家及地区已经完善了相关的法律法规，并对混合比例等进行了规定（表2-46）。

表2-47为乙醇、ETBE与汽油的物理性质比较。两者其优点是辛烷值高，缺点是发热量小。另外，与乙醇混合产生的共沸现象会导致蒸气压力上升，需要注意蒸气排放以及发动机运转性能。

（2）CNG CNG（Compressed Natural Gas）是指压缩天然气，将天然气经热量调整并加入臭味剂而高压加压后储存在高压储气罐中。其主要成分是甲烷，也含有丙烷、丁烷等成分。日本一般使用的是代号为13 A的城市气体（表2-48）。

全球天然气的储存范围较广，埋藏量大，据说可采年限比石油要长。与以往的矿物燃料比较，氮化物及硫化物的排放量小并且促使形成酸雨的硫化氢产生得少也是其优点。

表 2-46 汽油中含氧化合物的允许含量[14]

地域	法规/标准	分类	含氧规定	备注
美国	清洁空气法案① (1990年)	传统汽油	0~2.7wt%	单纯乙醇时，在10 vol%（相当于含氧3.7%）④以内即可
		重整汽油	2~2.7wt%	
		加利佛尼亚州法规汽油②	1.8~2.2wt%	含氧成分基本上只有乙醇
欧洲	EU 指令 98/70/EC 附件 I (1998年)	—	2.7 质量% max.	关于各种含氧成分最大允许量的规定（容量%） 甲醇 3 vol%（相当于含氧1.61%）④ 乙醇 5 vol%（相当于含氧1.86%）④ 异丙醇 10 vol%（相当于含氧2.82%）④ 第三丁醇 7 vol%（相当于含氧1.61%）④ 异丁醇 10 vol%（相当于含氧2.32%）④ 乙醚（C5以上） MTBE 15 vol%（相当于含氧2.74%）④ 乙醚（C5以上） ETBE 15 vol%（相当于含氧2.35%）④ 其他含氧化合物 10 vol%
日本	挥发油等质量保证相关法律 (2003年)	—	1.3 质量%以下	乙醇混合率 3 vol%以下
巴西	10.203 法规 (2003年)	—	—	乙醇混合（22±1）vol%③

注：①联邦法规40CFR Sec. 80.45；
②加利佛尼亚州法规 Title 13 Sec. 2262；
③巴西总统批准，酒精混入%最高为24（±1），最低20（±1），容许在此范围内变动；
④表示质量百分比

表 2-47 含氧化物的物理性质[15]

含氧化物 性质		乙醇	MTBE	ETBE	汽油
分子式		CH_3CH_2OH	$CH_3OC(CH_3)_3$	$C_2H_5OC(CH_3)_3$	C_4~C_{12}碳水化合物
分子量		46	88	102	约100（平均）
组成①/（%）	碳	52.2	68.2	70.6	85~86
	氢	13.1	13.6	13.7	约15
	氧	34.7	18.2	15.7	0
相对密度（15℃）		0.79	0.74	0.75	约0.75
沸点/℃		78.4	55.3	73.1	10%点 50~55 90%点 160~165
理论空燃比		9.00	11.7	12.17	约15
着火点/℃		13	-26	-19	约-40
相溶性(20℃)	与水的溶解度/（w/w%）	∞	6.48	2.37	约240 ppm②
	水的溶解度/（w/w%）	∞	1.2	0.58	约80 ppm
辛烷值	研究法	111	117	118	标准：91；高级：98
	马达法	92	101	102	标准：82；高级：88

注：①表示为质量百分比；
②1 ppm = 1×10^{-6}

表 2-48　13 A 城市气体组成[16]

成分	组成	13 A 城市气体 (热量：46.5 MJ/m³)
甲烷	CH_4	88.2%
乙烷	C_2H_6	7.0%
丙烷	C_3H_8	1.8%
丁烷	C_4H_{10}	3.0%

（3）GTL　GTL（Gas To Loquid）是最近研究开发的一种新燃料，指天然气中的甲烷聚合后形成液体燃料。图 2-418 是 GTL 在 C1 化学（C1 chemistry）中所处的位置。GTL 是 CO 和 H_2 经 FT（Fisher Toropsch）合成反应后生成的碳氢化合物。目前正在发展的品牌有 Sasol 南非以及 Shell 马来西亚（SMDS）。另外，欧美则作为单体或作为降低石油制品中的芳香族部分和硫黄部分的基材而加以利用。由于 GTL 的十六烷值较高，且几乎不含硫黄、芳香族成分，今后有望成为新一代清洁柴油燃料。

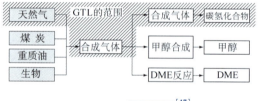

图 2-418　C1 化学[17]

（4）DME　DME（Dimethyl Ether）是将天然气中的甲烷经 DME 合成反应后生成常温下无色透明的气体，一般代替氟利昂用于雾化剂等，现在作为高十六烷值的柴油燃料备受关注。

（5）氢气　需要注意的是，氢气用于内燃机时，燃烧会生成 NO_x。由于其燃烧主要生成物是水（水蒸气），又是可再生燃料，很有可能成为新一代的清洁燃料。另外，近年来广泛地开展着研发工作的是固体高分子型燃料电池汽车中氢气和氧气反应产生能量，且排放气体为水蒸气的工作过程，采用这一原理的汽车有望成为最终的生态汽车。

最近，针对这种燃料电池车设置了加氢站。不过现在氢气的生产仍然是以矿物燃料为主要原料。因此生产过程中还要排出 CO_2，而且要消耗一定的能量。氢气为低密度气体，储藏及运输需要储藏在高压储气罐中。综上所述，氢气成为真正的清洁能源，尚需要研究解决很多的问题。

2.20.2　润滑油[18]

2.20.2.1　发动机油的作用和组成成分

汽车用发动机油应具有以下多种性能：
① 良好的黏度特性；
② 抗磨损性；
③ 清洁分散性；
④ 氧化稳定性；
⑤ 抗泡沫性；
⑥ 抗锈蚀性；
⑦ 抗轴承腐蚀性；
⑧ 提高燃料经济性。

发动机机油和其他工业用润滑油以及驱动系统润滑油的差别较大。其中最大的差别是，从燃烧室中排放出来许多有害物质，极大地影响着机油的品质。另外，燃烧使活塞周边温度升高，发动机即处于这种高温环境下。在这种环境下，窜漏气体等含有的 NO_x 会进一步促进机油的劣化。而且未燃烧以及部分燃烧生成的积炭和堆积物会随着窜漏气体混入发动机机油中。因此发动机机油除了要具备润滑、密封、冷却等基本功能以外，还要具有良好的抑制热劣化、氧化劣化性能以及良好的清洁分散性，将各种燃烧产物分散在机油之中，以防止生成的有害燃烧产物集中分布在发动机的各个部位。

机油的组分大体上有两种，一种是基础油，另一种是添加剂。作为基础油，有使用合成润滑油的，但是大多数基础油都是原油精炼成的矿物油。最近随着发动机油的高性能化，高精度即氧化稳定性、黏度特性优良的基础油越来越普及，API 的具体分类参见表 2-49。除了人们经常说的机油外，在二冲程发动机上，也将机油和汽油掺混在一起使用。这时，需要添加煤油，还有为减少黑烟的排放量也有加入聚丁烷的。

通常，最基本的添加剂有如下几种成分[19]。

① 抗磨损剂；
② 金属清洁剂；
③ 无灰分分散剂；
④ 提高黏度指数添加剂；
⑤ 降低流动点添加剂；
⑥ 抗氧化剂；
⑦ 防锈剂；
⑧ 消泡剂；
⑨ 抗蚀剂；
⑩ 摩擦调节剂。

表 2-49 API 车用发动机油的基础油成分

	饱和成分/(wt%)	含硫黄成分/(wt%)	黏度指数
Ⅰ组	90 以下 及/或	0.03 以上 及	80~120
Ⅱ组	90 以上 及	0.03 以下 及	80~120
Ⅲ组	90 以上 及	0.03 以下 及	120 以上
Ⅳ组	聚 α-烯烃		
Ⅴ组	Ⅰ~Ⅴ组之外		

2.20.2.2 实用性能

发动机油要求具有以下的主要性能。

（1）氧化稳定性、高温清洁性 机油由于燃烧而暴露于高温会导致氧化劣化。机油的氧化引起黏度上升会导致油泵无法向各处供油。另外，活塞环等高温部位的机油沉积物会胶着在活塞环上，影响发动机性能。针对高温氧化现象，各国采用了各种评价试验方法，APISM/ILSAC GF-4 标准采用的是 Seq.ⅢG 试验方法。与该标准的上一版本 APISM/ILSAC GF-3 的 Seq.ⅢF 比较，氧化劣化达到原来的两倍左右，其试验条件是非常严格的。

（2）清洁性 在反复进行如怠速这种低温低负荷运转与高温高负荷运转的条件下，机油容易产生油泥。油泥的产生主要受低温运转时贮在机油中的水和燃料、高温运转的热量和窜漏气体中 NO_x 的影响。

为了在试验过程中再现上述现象，开发了 Seq.ⅤE 试验。利用 ASTM Seq.Ⅴ 对油泥进行评价，其评价结果参见图 2-419[19]。现在该试验由于试验用发动机及条件发生改变已经更改而为 Seq.ⅤG。

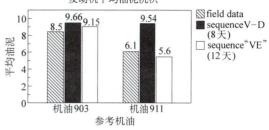

图 2-419 油泥评价

（3）燃料消耗 随着降低油耗的要求越来越高，人们对机油润滑部位摩擦耗功量也越来越重视。一般用（黏度×滑动速度）/面压来评价滑动部位的摩擦损失（图 2-420 的实线部分）。降低油耗的方法[21]有流体润滑区域低黏度化和边界润滑区域的低摩擦两种。利用低黏度化降低油耗的效果如图 2-421[22]所示。降低油耗效果可以用高温高剪切下的黏度表示。高温高剪切下的黏度越低，油耗越低。需要注意的是如果黏度过低，有时油耗改善率会恶化（图 4-422）[23]。

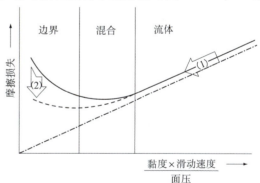

图 2-420 各润滑区域的摩擦损失

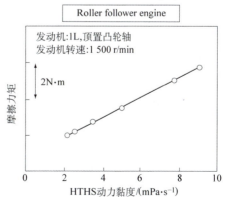

图 2-421 发动机机油黏度及燃料油耗降低率
（已获得 SAE 的 1999-01-3468
论文的出版许可）

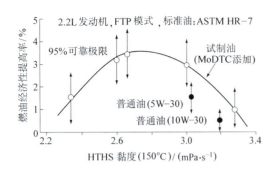

图2-422　HTHS黏度与燃油油耗提高率的关系

要充分注意低黏度时的摩擦、高温时的润滑性以及机油润滑部位耗功量等。利用摩擦调整剂可以改善极限摩擦区域的摩擦（图2-423）[24]，需要注意的是选择调整剂时不能产生腐蚀、摩擦以及影响氧化稳定性等副作用。

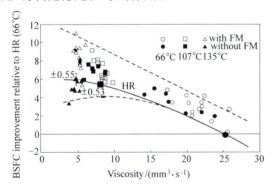

图2-423　低黏度化及摩擦调整剂对燃耗降低的效果

（4）机油消耗　影响发动机机油消耗量的最重要因素有两个：一是机油黏度；二是机油的挥发性。现在，有若干个计算公式被提出[25]，例如：

$In(OC) = -2.38/3.84\mu - 0.523\mu^2 + 0.056W$

式中：OC为机油消耗量（g/h）；μ为黏度（149℃）（mm²/s）；W为399℃的馏出比例（%）。

图2-424所示为机油消耗量与挥发性的关系。在机油黏度相同的条件下，挥发性越高，机油消耗量越大。当然，这里谈的只是机油性质的影响。实际上，机油消耗与多种因素有关，例如、发动机的结构、行驶里程、磨合情况等，都对机油消耗量影响很大。

（5）低温启动性　低温启动性与CCS（Cold Cranking Simulator）黏度密切相关。图2-425所

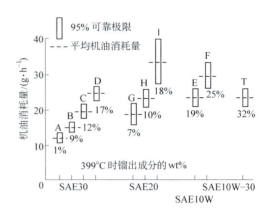

图2-424　挥发性对机油消耗的影响

（已获得SAE　1995 Society of Automotive Engineers，Inc.951037号论文的出版许可）

示为日本产发动机的试验评价结果。机油泵的低温泵送能力对发动机启动后的润滑效果十分重要。尤其要注意以下两点。

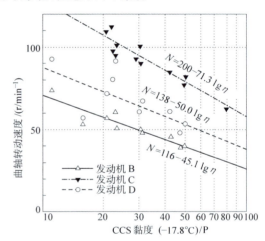

图2-425　CCS黏度与曲轴转速的关系

① 应具有良好的低温泵送能力，防止由于流动不良而引起的气蚀；

② 应防止从进油口吸入空气。

不会由于限流而影响气蚀的低温泵送能力与MRV的黏度[27][28]。

另外，如果SBV（Scanning Brookfield Viscometer）黏度计测得的凝胶指数（Gelation Index）很大，会导致吸入空气，因此ILSAC对标准数值进行了规定。曲轴转动、气蚀、吸入空气等分别按照上述的方法进行试验评价。图2-426所示为结合各个现象而进行黏度测定时，剪切速度都有所不同是其特征。

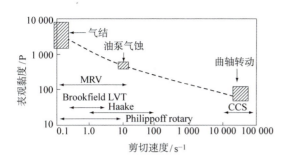

图2-426 低温时发动机油黏度相关现象与剪切速度

(6) 轴承磨损 在铜铅轴承的材料中，铅是机油中劣质氧化物的主要攻击目标，它会引起轴承的失铅。图2-427所示为机油老化程度和轴承腐蚀的关系[29]。机油氧化产生的有机酸和酸性氧化物是造成轴承腐蚀的主要原因。为了防止轴承的腐蚀，必须抑制上述物质的生成，或在轴承表面使其形成一层保护膜。作为具有这两种功能的添加剂为二烷基二硫代磷酸锌，它能有效地防止轴承腐蚀，大部分机油都添加这种抗蚀剂。图2-428所示为二烷基二硫代磷酸锌的防腐蚀效果。

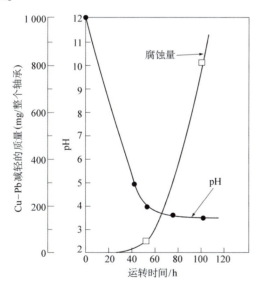

图2-427 机油的pH值与轴承腐蚀

(7) 磨损 防止发动机磨损是机油的最主要功能。在发动机上，最容易产生磨损的部位如下：

① 活塞环和汽缸壁；
② 凸轮、挺杆和摇臂；
③ 连杆、曲轴轴承。

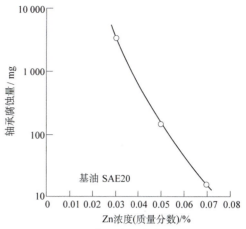

图2-428 二烷基二硫代磷酸锌的防腐蚀效果
(L-38试验)

其中活塞环和汽缸壁的主要磨损原因是腐蚀。在机油中添加高碱性清洁剂，能有效地防止腐蚀。另一方面，气门机构的磨损大都是黏着磨损，或为疲劳磨损。在机油中添加二烷基二硫代磷酸锌能有效地减少这类磨损。日本的顶置凸轮轴（OHC）发动机大都使用含这种添加剂的机油。在图2-429上给出了这种机油的效果。如图所示，由于添加了二烷基二硫代磷酸锌，有效地防止了摇臂刮伤和凸轮磨损。

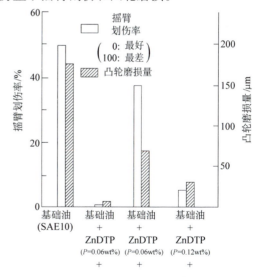

图2-429 二烷基二硫代磷酸锌的效果

其次，仍然是轴承的磨损，其主要原因是前面已经提到过的腐蚀磨损。

对于柴油机来说，由于以下的附加条件，磨损问题更为突出。

① 混入机油中的炭烟；
② 生成的硫化物；
③ 活塞周围温度过高。

2.20.2.3 标准

（1）黏度分类　在 SAE J 300 中对发动机油的黏度进行了规定。现阶段的黏度标准参见表 2-50。该分类标准对低温侧和高温侧黏度都做了规定，黏度级别从 0 W 到 60 为止，共有 11 个级别。从低温方面来说，有两个测定方法，一是用于低温启动性能相关的冷启动模拟器法（CCS）以确定黏度及其所处温度，二是用于测量低温泵相关性能的微型转动黏度计法（MRV）来加以确定。

高温方面是由 100℃ 的动态黏度和高温高剪切黏度（High Shear High Tenperrature 黏度，HTHS 黏度）加以规定。HTHS 黏度是在活塞环-缸套滑动部位、气门机构摩擦部位以及轴承部位等机油被剪断时所推定的黏度，且作为判断轴承部位的耐烧结性以及节油性能的指标来使用的。

（2）质量标准　国际上使用的最广泛的品质标准是 API（American Petroleum Institute，美国石油协会）标准。另外有关汽油发动机油，结合起来使用的是 ILSAC（International Lubricant Standardization and Approval Committee，国际润滑油标准化及认证委员会）标准。ILSAC 标准在 API 分类的基础上对节油性能以及催化剂中毒性能提出了要求。API 分类及发动机试验归纳成表 2-51～表 2-54。这一标准与被使用的 ASTM 试验法一起都进行了多次修订。

表 2-50　SAE 黏度分类

分类	CCS 黏度	MRV	运动黏度		THS 黏度
SAE 黏度等级	Low Temperature Cranking Viscosity, mPa-sMax	Low Temperature Punping Viscosity, mPa-s Max with No Yield Stress	Low-Shear-Rate Kinematic Viscosity/(mm²·s⁻¹) (100℃)		High Shear Rate Viscosity. mpa. s at 150℃ Min
			Min	Max	
0 W	6 200（-35℃）	60 000（-40℃）	3.8	—	—
5 W	6 600（-30℃）	60 000（-35℃）	3.8	—	—
10 W	7 000（-25℃）	60 000（-30℃）	4.1	—	—
15 W	7 000（-20℃）	60 000（-25℃）	5.6	—	—
20 W	9 500（-15℃）	60 000（-20℃）	5.6	—	—
25 W	13 000（-10℃）	60 000（-15℃）	9.3	—	—
20	—	—	5.6	<9.3	2.6
30	—	—	9.3	<2.5	2.9
40	—	—	12.5	<16.3	2.9(0 W-40,5 W-40,10 W-40,) 3.7(15 W-40,20 W-40,25 W-40,40)
50	—	—	16.3	<21.9	3.7
60	—	—	21.9	<26.1	3.7
试验法	ASTM D 5293	ASTM D 4684	ASTM D 445		ASTM D 4683 CEC L·36·A·90 (ASTM D 4741) or ASTM D 5481

表2-51 API机油按用途分类

分类		说明
汽油发动机油	SA	纯矿物机油,无任何添加剂。适用于不需要添加剂、轻度运转条件的发动机,不要求机油具有特殊性能
	SB	添加了部分添加剂。适用于轻度运转条件的发动机,但添加剂仅能提供很小的保护性能。这种机油具有抗擦伤性,具有一定的氧化稳定性和轴承防腐蚀性
	SC	用于1964—1967年间的美国汽油乘用车以及汽油载货车。作为车用汽油机的润滑机油,防止高低温沉积物生成的能力以及防腐蚀性要求都在SC级别以上
	SE	供1971年以后的部分车辆以及1972年以后的美国乘用车及部分汽油载货车用。与SD、SC级的机油相比,具有更高的防止沉积物生成的能力,具有更好的抗磨损性和防腐蚀性
	SF	供1980年以后的美国乘用车以及部分汽油载货车用。氧化稳定性和抗磨损性比SE更好
	SG	供1989年以后的汽油乘用车、箱式货车以及轻型载货车用。SG机油与API分类的CC级(柴油机用)等比较,具有更好的防止沉积物生成的能力,具有更好的氧化稳定性、抗磨损性、防锈蚀性以及防腐蚀性
	SH	用于1993年以后的汽油车。SH的最低基本性能要高于SG,防止火花塞沉积物性能、耐氧化性、耐磨损性、耐锈蚀性以及防腐蚀性能优于SG。尾气排放处理后磷含量在0.12%(质量分数)以下
	SJ	用于1996年以后的汽油车。最低基本性能要高于SH,防止火花塞沉积物性能、耐氧化性、耐磨损性、耐锈蚀性以及防腐蚀性能优于SH。为了适应尾气排放处理催化剂磷质量百分比在0.10以下
	SL	用于2001年以后的汽油车。最低基本性能要高于SJ,提高高温时机油的耐久性能、清洁性能、氧化稳定性的同时,满足了严格的机油挥发性试验的环境对策标准
	SM	用于2005年以后的汽油机车。最低基本性能要高于SL,不仅提高了燃油经济性,在耐氧化性能、耐磨损性等方面都要优于SL。增加了劣化油低温黏度试验,对低温流动性以及氧化劣化提出高的要求
柴油发动机油	CA	用于轻以及中负荷运转的柴油机,也用于轻负荷汽油机。这个级别的机油必须配合高质量燃料,在此条件下,轴承的防腐性及高温下的防沉凝性还是必要的,而对耐磨损性以及沉积物方面没有要求
	CB	用于轻负荷及中度负荷的柴油发动机,但是在使用低质量燃料时对磨损以及沉积物性能方面有要求。使用含硫高的燃料时要求具有耐腐蚀性和防止高温沉积物生成性能
	CC	用于轻增压柴油发动机的中程度及增压运转条件,也用于高负荷运转的汽油发动机。可以防止轻度增压柴油发动机高温时生成沉积物,能提高汽油机的耐腐蚀性、防锈蚀性以及防止低温生成沉积物的能力
	CD	用于对高转速大功率运转时对高度磨损以及沉积物生成要求较高的柴油发动机。针对多种燃料,具有较高的轴承防腐蚀性,并能够防止沉积物生成
	CE	用于1983年以后生产的低速高负荷和高速高负荷运转的重型增压柴油发动机。机油消耗率、防止沉积物生成能力等方面要优于CD
	CF	为建设用机械以及农业用机械等所谓的越野柴油发动机车开发的机油。作为CD的换代产品,性能更加优越
	CF-4	用于20世纪90年代的低硫(0.5%以下)的重型柴油载货车等。与CE比较,防止沉积物生成能力等都有所提高,热稳定性以及机油消耗量等都有所改善

表 2-52 API ILSAC 汽油发动机油的品质标准的演变

	采用年度	1972~	1980~	1988~	1993~	1996~	2000~	2004~
标准	API 用途分类	SE	SF	SG	SH	SJ	SL	SM
	ILSAC 标准				GF-1	GF-2	GF-3	GF-4
相关性能试验	防锈性能	Seq. ⅡC		Seq. ⅡD			BRT	
	氧化稳定性	Seq. ⅢC	Seq. ⅢD		Seq. ⅢE		Seq. ⅢF	Seq. ⅢG
	清洁性	Seq. VC	Seq. VD	Seq. VE			Seq. VG	Seq. VG
	气门磨损性						Seq. ⅣA	Seq. ⅣA
	轴承腐蚀性			CLC L38			Seq. VⅢ	
	高温清洁性				Cat. 1H2	—	TEOST Pr33	TEOST MHT-4	TEOST MHT-4
	节油性能				Seq. Ⅳ	Seq. ⅣA	Seq. ⅣB	Seq. ⅣB
	防止催化剂中毒性能				磷0.12%以下		磷0.1%以下	磷0.08%以下
	蒸发性能（NOACK）				25%以下	22%以下	15%以下	15%以下

表 2-53 API 发动机试验评价标准（汽油发动机油）

发动机试验	评价项目	API 用途分类			
		SH	SJ	SL	SM
CRC L38	轴承失重/mg		40 以下	—	—
Seq. VⅢ	轴承失重/mg	—	—	26.4 以下	26 以下
Seq. ⅡD	锈蚀平均评分	8.5 以上	8.5 以上	—	—
BRT	平均灰度值	—	—	100 以上	100 以上
Seq. Ⅲ		ⅢE	ⅢE	ⅢF	ⅢG
	375% 黏度上升时间/h	64 以上	65 以上	—	—
	黏度上升率/%	—	—	275 以下	150 以下
	活塞裙部硬膜评分	8.9 以上	8.9 以上	9.0 以上	9.0 以上
	活塞沉积物评分	3.5 以上	3.5 以上	4.0 以上	4.0 以上
	凸轮+挺杆磨损/μm	30 以下	30 以下	20 以下	60 以下
	活塞环结胶	无	无	无	无
Seq. ⅣA	凸轮磨损量/μm	—	—	120 以下	90 以下
Seq. V		VE	VE	VG	VG
	发动机沉积物评分	9.0 以上	9.0 以上	7.8 以上	7.8 以上
	下罩盖沉积物评分	7.0 以上	7.0 以上	8.0 以上	8.0 以上
	活塞裙部硬膜评分	6.5 以上	6.5 以上	7.5 以上	7.5 以上
	发动机清漆硬膜评分	5.0 以上	5.0 以上	8.5 以上	8.5 以上
	机油滤网阻塞/%	20 以下	20 以下	20 以下	20 以下

欧洲汽车业界团体 ACEA Association des Constructeurs Europeens d'Automobile（Association of Europeensd Automobile Constructeurs，欧洲汽车制造者协会）制定了自己独立的标准体系，具体参见表 2-55 和表 2-56。

API 主要以美国的柴油发动机特性为着眼点，由于出现了不适应于日本柴油机的状况，于是日本 JASO 发动机油标准普及促进协会制定了 DH-1（大型车标准）、DH-2（排放法规对应的大型车）以及 DL-1（排放法规对应小型车）标准。

第2章 发动机

表2-54 API发动机试验评价标准（柴油发动机机油）

发动机试验	评价项目	API用途分类				
		CC	CD	CE	CF	CF-4
CRC L38	轴承失重/mg	50以下	50以下	50以下	43.7-48.1-50以下	50以下
Seq. VⅢ	轴承失重/mg				29.3-31.9-33.0以下	33以下
CATER-PILLAR		1H2	1G2	1G2	1M-PC	1K
	第一道环积炭/%	45以下	80以下	80以下	70以下	24-26-25以下
	总缺点评点	140以下	300以下	300以下	240以下	332-339-342以下
	第一道环槽脊重质积炭/%	—	—	—	—	4-4-5以下
	活塞环磨损（mm）	0.013以下	0.013以下	0.013以下	0.013以下	—
BRT	平均灰度值					
CUMMINS NTC 400	机油消耗	—	—	合格	合格	—
	凸轮随动器消磨损/in.	—	—	0.002以下	0.002以下	—
	环槽脊沉积物/%	—	—	15以下	15以下	—
MACK T-6	机油消耗/（lb/bhp-hr）①	—	—	—	—	0.0014以下
	第一道和第二道环磨损量/mg	—	—	—	—	200以下
	黏度上升/cSt	—	—	—	—	14以下
	活塞缺点评分	—	—	—	—	650以下
	活塞环开口间隙/in	—	—	—	—	0.020
	优点评分	—	—	—	90以上	90以上
MACK T-8	100~150 h 黏度上升率（100℃）/（cSt/h）					0.2以下

注：①表示磅/马力·时，换算比例见附录

表2-55 ACEA发动机试验评价标准（汽油发动机机油）

汽油发动机机油	试验方法	条件	单位	标准			
				A1-02	A2-96 I 第3次发布	A3-02	A5-02
黏度等级	—	SAE J300 最新发布实施	—	剪切稳定性，高温高剪切黏度规定以外的不限制			
剪切稳定性	CEC-L-14-A-93	30循环后的黏度	mm²/s	xW-20; saty in grade xW-30≥8.6 xW-40≥12.0	xW-30≥9.0 xW-40≥12.0 xW-50≥15.0	all gra-de saty in grade	all grade saty in grade
高温高剪切黏度	CEC-L-36-A-97	@150℃10⁻⁶	mPa·s	最大3.5 xW-20≥2.6 其他≥2.9	>3.5	>3.5	≥2.9 ≤3.5
蒸发性	CEC-L-40-A-93（NOACK）	@250℃1 h	wt%	≤15	10W-Z及其以下≤15 其他≤13	≤13	≤13
硫酸成分	ASTM D874		%	≤1.3	≤1.5	≤1.5	≤1.5
				以下各标准通用			

续表

汽油发动机机油	试验方法	条件	单位	标准 A1-02	A2-96 I 第3次发布	A3-02	—	A5-02
硫磺			10^{-6}	报告				
磷			10^{-6}	报告				
氯			10^{-6}	报告				
油封橡胶性能	CEC-L-39-T-96	7天		橡胶种类 RE1(氟化) RE2-99(丙烯酸) RE3(硅) RE4(NBR)				RE5（VAMAC）戴姆勒克莱斯勒提供
		硬度变化	点	1/+5	-5/+8	-25/+1	-5/+5	
		抗拉强度变化率	%	-40/+10	-15/+18	-45/+10	-20/+10	
		断裂时伸长变化率	%	-50/+10	-35/+10	-20/+10	-50/+10	
		体积变化率	%	1/+5	-7/+5	-1/+30	-5/+5	
起泡	ASTM D892	起泡度/泡沫稳定性	mL	Seq. I（24℃）			10-0	
			mL	Seq. II（92℃）			50-0	
			mL	Seq. III（24℃）			10-0	
高温起泡	ASTM 6082		mL	Seq. IV（150℃）			150-0	

表2-56 ACEA发动机试验评价标准（柴油发动机机油）

柴油发动机机油	试验法	条件	单位	标准 B1-02	B2-98 Issue2	B3-98 Issue2	B4-02	B5-02
黏度等级	—	SAE J300 最新发布实施	—	剪切稳定性、高温高剪切黏度规定以外的不限制				
剪切稳定性	CEC-L-14-A-93	30循环后的黏度	mm²/s	xW-20; saty in grade xW-30≥8.6 xW-40≥12.0	xW-30≥9.0 xW-40≥12.0 xW-50≥15.0	all grade saty in grade	all grade saty in grade	all grade saty in grade
高温高剪切黏度	CEC-L-36-A-97	150℃ 10^{-6}	mPa·s	最大3.5 xW-20≥2.6 其他≥2.9	>3.5	>3.5	>3.5	≥2.9 ≤3.5
蒸发性	CEC-L-40-A-93（NOACK）	250℃ 1h	wt%	≤15	100W-x ≤15 ≤13	≤13	≤13	≤13
硫黄成分	ASTM D874		%	≤1.3	≤1.8	≤1.5	≤1.6	≤1.5
				以下各标准通用				
硫酸成分			ppm	报告				
磷			ppm	报告				
氯			ppm	报告				

续表

柴油发动机机油	试验法	条件	单位	标准				
				B1-02	B2-98 Issue2	B3-98 Issue2	B4-02	B5-02
油封橡胶性能	CEL-L-39-T-96	7天		RE1	RE2-99	RE3（NBR）	RE4	RE5（VAMAC）
		硬度变化	points	1/+5	-5/+8	-25/+1	-5/+5	
		抗拉强度变化率	%	-40/+10	-15/+18	-45/+10	-20/+10	
		断裂时伸长变化率	%	-50/+10	-35/+10	-20/+10	-50/+10	
		体积变化率	%	1/+5	-7/+5	-1/+30	-5/+5	

参 考 文 献

2.1.2 種類

[1] 五味努ほか：自動車工学全書，4巻，ガソリンエンジン，山海堂（1980）

[2] 八田ほか：内燃機関ハンドブック，朝倉書店（1960）

[3] C. F. Talor：The Internal - Combustion Engine in Theory and Practice, MIT Press (1985)

[4] 長尾：内燃機関講義，上巻，養賢堂（1994）

[5] The 4th International Conference on STIRLING ENGINES, Nov., 1988, Tokyo, Japan

[6] 24th Automotive Technology Development Contractor's Coordination Meeting, Stirling Engine Systems and Technology, 1987, MTI

[7] 25th Automotive Technology Development Contractor's Coordination Meeting, Stirling Engine Systems and Technology, 1987, MTI

[8] 平尾収監修：燃料アルコールの問題，開発社（1980）

[9] 西独研究技術省監修，海上次郎訳：自動車用代替燃料，JARI-ATI-14A（1976）

[10] W. Bernhardt, et al.: 15th Symposium on Combustion (1974)

[11] VIII Int. Symposium on Alcohol Fuels (1988)

[12] 古浜庄一：自動車工学全書，8巻，山海堂（1980）

[14] R. G. Murray, et al.: SAE Paper 700608

[15] Y. Kobayashi, et al.: Hydrogen Energy Progress III, Vol. 2 (1980)

[16] W. Penshka: Hydrogen Energy Progress IV, Vol. 3 (1982)

2.3 主要構造部材

[1] 国産エンジンデータブック，02/03，山海堂（2003）

[2] 自動車工学全書編集部：国産乗用車エンジン構造図諸元表，別冊②，山海堂（1980）

[3] 土橋正造ほか：シリンダライナの材質と表面処理仕上げ，内燃機関，Vol. 28，No. 356

[4] 五味勉ほか：自動車工学全書，4巻，ガソリンエンジン，山海堂（1980）

[5] 自動車技術，Vol. 41, No. 9 (1987)；Vol. 42, No. 8 (1988)；Vol. 43, No. 7 (1989)

[6] 機械工学便覧，日本機会学会，第14編

[7] トヨタ技術，Vol. 37, No. 2

[8] 自動車技術会：自動車工学便覧，第4編

[9] モーターファン（1988.2）2.4 主要運動部品

[1] 鈴木恭一ほか：ピストンスラップ音の衝撃力低減の試み，自動車技術会学術講演会前刷集（1998.5）

[2] 中田輝男：数値シミュレーションを用いたピストンスラップ運動の研究，日本機械学会論文集（B編）（1998.12）

[3] 竹永英明ほか：クランク軸オフセットの摩擦低減効果とピストンの2次運動の関係，自動車技術会学術講演会前刷集（2004.5）

[4] 影山博ほか：ピストンスカート部の接触面圧と応力予測手法の開発，自動車技術会学術講演会前刷集（2003.9）

[5] 中尾裕典ほか：ピストン系摩擦特性に関する研究，自動車技術会学術講演会前刷集（2002.9）

[6] 梶原英彦：ディーゼルエンジン用ピストン温度予測に対する計算的アプローチ，自動車技術会学術講演会前刷集（2001.9）

[7] 高橋智一ほか：高温強度を高めたピストン用アルミニウム合金の開発，自動車技術会学術講演会前刷集（1998.5）

[8] 山縣裕ほか：高温強度と耐磨耗性に優れた粉末冶金アルミニウム合金ピストン，自動車技術，Vol. 52, No. 4（1998）

[9] 山内利夫ほか：ホウ酸アルミニウム強化ピストンの開発，自動車技術会学術講演会前刷集（1998.5）

[10] 小田伸行ほか：気体加圧複合技術による部分複合強化ピストンの開発，マツダ技報（1999）

[11] 吉田秀樹ほか：3ピースオイルリングの薄幅？低張力化によるオイル消費への影響，自動車技術会学術講演会前

刷集（1998.10）

[12] 一杉英司ほか：オイルリング側面シール性能のオイル消費への寄与について，自動車技術会学術講演会前刷集（2004.5）

[13] 田牧清治ほか：1.5 mm 幅 PVD2 ピースオイルリングの開発，自動車技術会学術講演会前刷集（2004.5）

[14] 小野田元伸：ピストンリングへの最新表面処理技術，月刊トライボロジー（2004.5）

[15] 粟野誠一：内燃機関工学，山海堂（1981）

[16] 名internalised末晴ほか：エンジン運転時のクランク軸の曲げ振動，自動車技術会秋季学術講演会前刷集，8 - 12，p. 237（1984）

[17] H. Hasselgruber：MTZ，8，21，p. 335（1960）

[18] 日本ねじ研究協会訳：VDI（ドイツ技術者協会）編，VDI2230（高強度ねじ結合の体系的計算法），日本ねじ研究会（1977）

[19] 瀧本藤夫：自動車工学便覧，第 4 編，自動車技術会（1983）

[20] 小倉勝：単気筒機関のつり合い，内燃機関，Vol. 12，No. 141，p. 71 — 83（1976）

[21] トヨタ自動車エスティマ新型車解説書（2000.3）

[22] 榎本岳夫ほか：新型 QR エンジンシリーズの開発，日産技報，第 48 号（2001.2）

[23] 岡村宏ほか：クランク軸ねじり振動によるエンジン騒音とその低減法，三菱重工技報，Vol. 20，No. 3（1983）

[24] 岡村宏ほか：高粘度ビスカスダンパの開発，三菱重工技報，Vol. 40，No. 9（1986）

[25] 石塚瑞郎：新ビスカスラバーダンパ，内燃機関，Vol. 5，No. 53，p. 19 — 24（1966）

[26] 神谷純ほか：新型ダンパ付クランクプーリーの開発，自動車技術，Vol. 41，No. 13，p. 1557 — 1561（1987）

[27] 川村博ほか：クランク軸トーショナルダンパープーリーの性能予測，自動車技術，Vol. 40，No. 12，p. 1581 — 1587（1986）

[28] 若林克彦：クランク軸ねじり振動解析，自動車技術，Vol. 35，No. 12，p. 1423 — 1427（1981）

[29] 引野清治：大型商用車ディーゼルエンジンのトーショナルダンパについて，自動車技術，Vol. 38，No. 12，p. 1440 — 1447（1984）

[30] 北堃一成ほか：クランク軸トーショナルダンパによるエンジン騒音低減の解析，内燃機関，Vol. 25，No. 317，p. 58 — 66（1986）

[31] K. Yoshikawa：Vinbration of Crankshafts at High Engine Speeds, SAE Paper 865026

[32] 田中四郎：自動車工学便覧，第 4 編，自動車技術会（1983）

[33] P. Walzel, et al.：Variable Steuerzeiten und variable Verdichtung beim Ottomotor, MTZ, 47, p. 15 — 20（1986）

[34] ガソリンエンジン，年鑑 12，自動車技術，Vol. 58，No. 8（2004）

2.5 動弁機構

[1] 石川：自動車用ガソリンエンジン設計の要諦，山海堂（2003）

[2] 日本規格協会：JIS ハンドブック 7 機械要素（2004）

[3] 益子：機械設計製図，産業図書（1981）

[4] 機械設計便覧編集委員会：機械設計便覧，丸善（1985）

[5] 野平秀隆：欧州における燃費向上技術の動向，自動車技術

2.6 軸受

[1] 日本潤滑学会編：潤滑ハンドブック，養賢堂（1987）

[2] 日本潤滑学会編：潤滑ハンドブック，養賢堂（1987）

[3] 日本規格協会：JIS D 3102 - 1987，自動車機関用半割り滑り軸受け

[4] 森早苗：すべり軸受けと潤滑，幸書房（1988）

[5] 日本潤滑学会編：潤滑ハンドブック，養賢堂（1987）

2.7 吸 - 排気部品

[1] HONDA ACCORD パーツリスト，NO. 11SEA0J3，p. E - 3 - 1（平 16.10）

[2] HONDA Fit パーツリスト，NO. 11SAB402，p. E - 1（平 16.6）

[4] マツダ株式会社：MAZDA TRIBUTE 新型車の紹介，吸気装置系統構成図（L3 - DE），01 - 13A - 2（2003.11）

[5] 自動車技術ハンドブック（設計編），第 3 章エンジン，p. 89（1992.6）

[6] 無反射吸気ダクト（資料提供：豊田合成株式会社）

[7] Honda Motor Co., Ltd.：ACCORD COUPE CM7（A？C？L）CM8（A？C？L？X）TYPE, PARTS CATALOGUE 3, B - 1 AIR CLEANER（L4），p. 259（2004）

[8] 本田技研工業株式会社：INTEGRA DC - 100, 200, 210, 220, 230 パーツカタログ4 版，B - 1 エアークリーナー，p. 190（2004.8）

[9] Neville J. Bugli - Visteon Corporation, et al.：Performance and Benefits of Zero Maintenance Air Induction, SAE Technical Papers No. 2005 - 01 - 1139（2005.4）

[10] 日産自動車株式会社：MARCH K12 型系車新型車解説書，p. B - 18（2002.2）

[11] TOYOTA 新型解説書，ヴィッツ 1SZ - FE エンジン，p. 1 — 9（2001）

[12] ヴィッツ新型車解説書，p. 1 — 54，トヨタ自動車㈱サービス部（1999）

[13] ヴィッツ新型車解説書，p. 1 — 56，トヨタ自動車㈱サービス部（1999）

[14] プロナード新型車解説書，p. 1 — 37 頁，トヨタ自動車㈱サービス部（1999）

[15] 榎本勝：可変吸気システム―その原理と自動車用エンジンへの応用，ENGINE TECHNOLOGY，Vol. 6，No. 1，p. 92（2004）

[16] プラッツ新型車解説書，p. 1－80，トヨタ自動車㈱サービス部（1999）

2.8 冷却機構

[1] 機械の研究，Vol. 41，No. 3，p. 8（1989）

[2] 星満：自動車の熱管理入門，山海堂（1985）

[3] 機械工学便覧応用編，内燃機関 B7－37，日本機械学会編（1987）

[4] 機械工学便覧応用編，内燃機関 B1－141，日本機械学会編（1987）

[5] 片桐晴郎：自動車エンジン冷却ファンと冷却通風系の性能に関する研究（1985）

[6] 日野サービスニュース，No. 113（1987）

[7] 鈴木敏ほか：低騒音形ラジエータ冷却ファン，自動車技術，Vol. 36，No. 1，p. 54（1982）

[8] 林正治ほか：エンジン冷却ファンの低騒音化，内燃機関，Vol. 28，No. 354，p. 38（1989）

[9] 片桐晴郎ほか：エンジン冷却ファン試験法とガイドフェンス付きファンの開発，豊田中央研究報告，TR－43，p. 1（1986）

[10] 道家勝治ほか：低騒音ファンカップリングの開発，自動車技術，Vol. 41，No. 10，p. 1196（1987）

[11] 浜本徹ほか：エンジン冷却ファンの騒音低減について，技術の友

[12] 改定自動車用ラジエータ，日本自動車部品工業会，ラジエータ技術委員会（1986）

[13] 大島竜也ほか：CFD による冷却性能予測手法の開発（第 1 報），自動車技術会論文集，Vol. 33，No. 2，p. 39（2002）

[14] Plymouth Dodge Chassis－Body Service Manual，Chrysler，Chrysler（1977）

[15] JASO E 402 サーモスタット

2.9 潤滑機構

[1] 市川常雄：歯車ポンプ，日刊工業新聞社

[2] 外崎ほか：部品技術の変遷〈3〉，エアクリーナ，オイルフィルタ，自動車技術，Vol. 40，No. 3（1986）

[3] トヨタ自動車タウンエース新型解説書（1988.8）

2.10 燃料供給機構

[1] 沢田行雄ほか：ガソリンエンジンインジェクタの微粒化開発，自動車技術，Vol. 59，No. 2（2005）

[2] 日本液体微粒化学会編：アトマイゼーションテクノロジー，森北出版（2001）

[3] Anfo World 安藤幸司氏ホームページ，http：//www.dango.ne.jp/anfowld/HSI1000.html

[4] 藤沢英也ほか：自動車工学シリーズ 新電子制御ガソリン噴射，山海堂（1993）

[5] トヨタテクニカルレビュ，Vol. 50，No. 2（2000.12）

[6] TOYOTA 電子技術マニュアル CROWN，構造と作動，高圧フューエルポンプ（2003.12）

[7] 日立評論（2004.5）

[8] DENSO Technical Review，Vol. 5，No. 1（2000.6）

[9] 松尾哲治ほか：ガソリンエンジンインジェクタの微粒化開発，自動車技術，Vol. 59，No. 2，p. 40（2005）

[10] スロットイン型エアフローメータ（資料提供：㈱日立製作所）

[11] ロバート？ボッシュ GmbH，監修：小口泰平：ボッシュ自動車ハンドブック 日本語 第 2 版，㈱山海堂，p. 532－548，550－555（2003）

2.11 点火機構

[1] 青山雅彦ほか：自動車技術，Vol. 59，No. 1（2005）

[2] 杉浦登ほか：ENGINE TECHNOLOGY，Vol. 1，No. 5（1999）

2.12 過給機構

[1] BorgWarner，http：//www.turbodriven.com/files/picture_passenger/bwts_picture_passenger_21_27.jpg

[2] 過給機設計部ほか：高効率ボールベアリングターボチャージャの開発，石川島播磨技報，Vol. 26，No. 5，p. 265－270（1986）

[3] N. Watson，et al.：Turbocharging the Internal Combustion Engine，1st ed.，p. 32－37，London，The Mac－millan Press（1982）

[4] 石川島播磨重工業㈱：車両用過給機の歩みとターボ技術 1950~2000，p. 70（2002）

[5] 古浜庄一ほか：エンジンの事典，朝倉書店，p. 198（1994）

[6] V8－TDI－Motor von Audi，MTZ，Vol. 64，9/2003，p. 680（2003）

[7] 佐藤宏ほか：トラック？バス用バリアブルジェオメトリターボ過給機付エンジンの開発，三菱重工技報，Vol. 20，No. 5，p. 87－93（1983）

[8] 石井正人ほか：可変ターボチャージャ，自動車技術，Vol. 58，No. 4，p. 42－47（2004）

[9] 高間健一郎ほか：CT26 型ツインエントリセラミックターボチャージャ開発，トヨタ技術，Vol. 40，No. 1，p. 113－119（1990）

[10] 鉄井利光ほか：乗用車用 TiAl ターボチャージャの開発，三菱重工技報，Vol. 37，No. 1，p. 54－57（2000）

[11] 酒井宏ほか：新型レガシー搭載の新世代プレミアム BOXER エンジンの紹介，SUBARU Technical Review，Vol. 30，p. 109－115（2003）

[12] 半田浩一ほか：樹脂製コンプレッサインペラの開発，ターボ機械，Vol. 25，No. 11，p. 639－645（1997）

[13] 西野和彰ほか：ターボチャージャ用高性能合金，豊田中央研究所 R&D レビュー，Vol. 35，No. 3，p. 27 — 34（2000）

[14] 自動車技術会編：ガソリンエンジン，自動車技術，Vol. 40，No. 6，p. 689 — 690（1986）

[15] 吉田政一ほか：トヨタ 1G - GTEU 型エンジンの開発，トヨタ技術，Vol. 36，No. 1，p. 142 — 150（1986）

[16] 佐藤克彦ほか：ディーゼルエンジンとターボチャージャ，ターボ機械，Vol. 25，No. 12，p. 697（1997）

[17] 内田博：可変ターボ VGT，VNT の動向，ENGINE TECHNOLOGY，Vol. 5，No. 1，p. 22（2003）

[18] BorgWarner Turbo Systems：The Future of Turbocharged Gasoline Engine，AutoTechnology，Vol. 4，4/2004，p. 47（2004）

[19] 丹下浩史ほか：車両過給機用可変ディフューザ付コンプレッサの開発，石川島播磨技報，Vol. 44，No. 1，p. 29（2004）

[20] BorgWarner Turbo Systems：Zweistufig geregelte Aufladung，MTZ，Vol. 66，1/2005，p. 16 — 23（2005）

[21] 特集 ハートに火をつけろ—エンジン—，Motor Magazine 04 No. 573，モーターマガジン社，p. 46（2004）

[22] 自動車技術会編：ガソリンエンジン？補機（四輪），自動車技術，Vol. 45，No. 7，p. 70（1991）

[23] 石川島播磨重工業㈱：車両用過給機の歩みとターボ技術 1950～2000，p. 83 — 84（2002）

[24] 大仲英巳ほか：スーパーチャージャーの開発，自動車技術会，新しいエンジン過給システムシンポジウム，p. 23（1986）

[26] NEDO 技術開発機構：平成 15 年度成果報告書「エネルギー使用合理化技術戦略的開発高効率クリーンエネルギー自動車の研究開発」，新エネルギー？産業技術総合開発機構，p. 0 — 21

[27] 下田正敏ほか：商用車用中型？大型ディーゼルエンジンの技術変革と将来，自動車技術，Vol. 59，No. 1，p. 26（2005）

[28] 岡田徹ほか：デボネア用 V6 スーパーチャージャ付きエンジン，自動車技術会「新開発エンジン」シンポジウム，p. 35（1987）

[29] 自動車技術会編：ディーゼルエンジン，自動車技術，Vol. 57，No. 8，p. 96（2003）

[30] 宮崎総一郎：過給システムにおけるインタークーラについて，自動車技術会「新しいエンジン過給システム」シンポジウム，p. 37（1986）

2.13　排出ガス浄化機構

[1] 上野將樹ほか：自動車技術会学術講演前刷集，No. 9933060（1999）

[2] 自動車技術会編：自動車技術シリーズ 1. 自動車原動機の環境対応技術（1997）

[4] 長村謙介ほか：ディーゼルエンジンのλ制御手法の研究，自動車技術会学術講演会前刷集，No. 104 - 02，150（2002）

[5] 壺井芳昭：現代人のコンピュータ 自動車とマイコン，朝倉書店（1989）

[6] 菊池伸一：エンジンテクノロジー，Vol. 3，No. 4，p. 8 — 13，山海堂（2001）

[7] K. Nishizawa, et al. : SAE Paper, No. 2000 - 01 - 890（2000）

[8] M. Iwamoto, et al. : Chem. Commun., 1272（1986）

[9] 堀内真ほか：環境触媒ハンドブック，p. 479 — 484，エヌ？ティー？エス（2001）

[10] 田中俊明ほか：自動車技術会学術講演前刷集，No. 946，p. 45 — 48（1994）

[11] 掛川俊明：エンジンテクノロジー，Vol. 3，No. 4，p. 14 — 19，山海堂（2001）

[12] 村木秀昭：エンジンテクノロジー，Vol. 3，No. 4，p. 20 — 27，山海堂（2001）

[13] 五味努ほか：自動車工学全書，4 巻，ガソリンエンジン，山海堂（1989）

[14] 田中広光ほか：電装品と補機，自動車技術，Vol. 30，No. 6，p. 522（1976）

[15] 自動車技術会：自動車工学便覧，p. 7 — 16（1980）

2.14　補機駆動機構

[1] ベルト伝動技術懇話会編：ベルト伝動の実用設計，養賢堂（1996）

[2] JASO E107

[3] JASO E109

2.15　始動機構

[1] 狼嘉郎ほか：自動車工学ハンドブック，始動電動機，p. 10 — 38，39（1989）

[2] 中津川恵一：自動車工学便覧，第 7 編，スタータ（1987）

[3] 自動車技術会 エコラン自技会シンポジウム 0411081 Continuously variable Transmission Control System for Toyota Intelligent Idling Stop System

[4] 自動車技術会 学術講演会前刷集 ISSN 0919 - 1364 20025042 Development of Mild - hybrid System

2.18　シール？締結材料

[1] 星満ほか：内燃機関のシーリング入門（2），内燃機関，Vol. 18，No. 220，p. 73（1979）

[2] 槇前辰巳ほか：ディーゼルエンジン用塑性域締付けボルトの開発，日本ねじ研究協会誌，Vol. 18，No. 5，p. 129（1987）

[3] 星満：自動車エンジンの信頼性技術入門（10），内燃機関，Vol. 28，No. 354，p. 87（1989）

2.19　ロータリエンジン

[1] 田島誠司ほか：サイド排気ポート方式ロータリエンジン

の概要，マツダ技報，No. 21，p. 18 — 23（2003）
[2] 木ノ下浩ほか：RX - 8 搭載の新開発 RENESIS，マツダ技報，No. 21，p. 11 — 17（2003）
[3] 徳田祥治ほか：新開発 RENESIS のエミッション低減技術，マツダ技報，No. 21，p. 29 — 33（2003）
[4] 森本賢治：水素燃料エンジンの研究開発，自動車技術，Vol. 58，No. 11，p. 72 — 76（2004）
[5] 神原伸司ほか：ロータリエンジンの構造と歴史，マツダ技報，No. 21，p. 3 — 10（2003）

2.20　燃料，潤滑油

[1] 自動車技術会編：新編自動車工学ハンドブック（1970）
[2] 自動車工学全書，山海堂（1989）
[3] 自動車技術会シンポジウム，火花ノックと燃料に関する最近の話題
[4] 自動車工学全書，7 巻，自動車の燃料，潤滑油，山海堂（1989）
[5] 岡部伸宏：世界の自動車用燃料油の規制動向，ENGINE TECHNOLOGY，第 28 号，山海堂，Vol. 5，No. 5（2003）
[6] JIS K 2202
[7] ASTM D4814
[8] 出光石油技術，Vol. 30，No. 6，p. 110（1987）
[10] JIS K 2204
[11] ASTM D975
[12] JIS K 2240
[14] 第 6 回高濃度アルコール含有燃料に関する安全性等調査委員会（国土交通省，経済産業省合同調査委員会，2002. 8），配布資料 7，ガソリン自動車用燃料に関する海外調査結果
[15] 自動車技術会，第 24 回燃焼シンポジウム，p. 501（1988）
[16] 社団法人日本ガス協会ホームページ
[17] 小俣光司：GTL 製造技術の現状，ENGINE TECHNOLOGY，第 28 号，山海堂，Vol. 5，No. 5（2003）
[18] 桜井俊男：石油製品添加剤，幸書房（1979）
[19] 芳本雅博：月刊トライボロジー，2003，No. 12
[20] 八並憲治，Hitec Newsletter，No. 87152（1987）
[21] 増永邦彦：トヨタ技術，Vol. 29，No. 4（1980）
[22] H. Tanaka：SAE Paper 1999 - 01 - 3468
[23] K. Hoshino：SAE Paper 982506
[24] K. Inoue：SAE Paper 951037
[25] D. S. Orrin：SAE Paper 710141
[26] 杉浦健介：潤滑，Vol. 20，No. 7，p. 527（1975）
[27] H. Shaup：SAE Paper 790732
[28] H. Shaup：Eng. ，Vol. 37，No. 7，p. 377（1981）
[29] B. A. Cook：J. Inst. Petrol，Vol. 55，p. 544（1969）

第 3 章

电 动 汽 车

3.1 概述

3.1.1 电动汽车的历史

电动汽车的历史要比内燃机汽车悠久。1873 年英国人 Robert Davidson 制造了第一辆能够在路上行驶的电动汽车。这比戴姆勒（Gottlieb Daimler）和奔驰（Karl Benz）的汽油发动机汽车还要早 10 年以上。之后，涂膏式极板的发明（1880 年）推进了铅蓄电池的实用化进程。自此电动汽车开始不断普及，尤其在 20 世纪初期的美国，市场上形成了蒸汽机汽车、电动汽车和汽油汽车三足鼎立的局面，此时原动机是处于被淘汰的时代。由于蒸汽机汽车锅炉加热需要很长时间，而且蒸汽机汽车锅炉用的软水获取地区有限，加上蒸汽机汽车系统质量较大，且结构复杂、价格昂贵，渐渐失去了竞争力。电动汽车操作简单，噪声小且无污染，特别受到女性顾客的青睐。但是随着车辆在郊区使用频率的不断增加，电动汽车续驶里程过短的缺点渐渐暴露出来，而且充一次电需要花费很长的时间，也逐渐失去了竞争力。另一方面，随着福特公司采用大量生产方式，汽油汽车成本大幅度下降，随着电动起动机以及变速器同步机构的发明，操作方便性取得了划时代的提高。而且汽油燃料的获取比较容易，汽油汽车得到了迅速普及。

日本电动汽车的历史是在 1899 年从美国进口的电动汽车 progress 号开始的。之后逐渐应用于小型载货车、电动大客车等。由于战后汽油供给不足，电动汽车得到普及，到 1949 年电动汽车已经达到 3 300 辆。但是随后由于汽油车的普及以及逐渐暴露出来的"续航里程短"、"充电时间长"等缺点，电动汽车的热度也渐渐冷却下来。1965 年前后，随着发电形式的多样化，对化学石油燃料的依赖程度越来越小，而且人们的环保意识越来越强，再加上从技术的发展趋势考虑，对电动汽车的关注重新被拾起，且其研发再次被启动。1971 年开始，依照日本通商产业省（现经济产业省）的大型项目制度，产、学、官联合，历时 6 年进行无公害电动汽车的研究开发。20 世纪 90 年代以后，由于地球人口规模以及城市环境问题的高涨，1990 年，美国加利福尼亚州率先实行了 ZEV（Zero Emission Vehicle）法规。此后各个汽车厂家开始纷纷加入了可高速行驶且具有高性能的电动汽车的开发行列。

电动汽车用电池由原来的铅酸蓄电池过渡到了先进的镍氢电池和锂电池，续航里程得到了飞跃性的提高。另外，充电技术迅速发展，开发出了感应（非接触式）充电等新的充电方式，从而推动了电动汽车技术的进步。不过车辆搭载多个蓄电池导致车辆价格偏高，很难普及到一般的用

第3章 电动汽车

户。最近低速单人乘用车的实用化进程得到了积极推进。

研究人员对混合动力汽车的动力方式进行了各种各样的尝试。这里所说的混合动力汽车主要是指发动机和电动机共同作为动力源的电动汽车。其历史可以追溯到20世纪初，比较早的例子是1900年制造的Lohner - Porsche油—电混合动力汽车（奥地利）和Fischer combination混合动力公共汽车（美国）。上述动力方式以在电动汽车上配备发动机—发电机的串联混合方式为主，以发动机作为电动汽车的电力源。之后又对混合动力汽车的动力方式进行了多方面的开发。1990年以后，在研究电动汽车技术的同时，混合电动汽车技术也得到了不断发展。自从1997年末，丰田量产混合动力汽车Prius上市以来，混合动力汽车得到了现在这样的普及。

燃料电池汽车将电动汽车的电池换成了燃料电池，利用燃料电池释放的能量行驶。燃料电池是利用氢气和氧气的化学反应发电的装置。反应生成物只有水，无污染，属于清洁能源。而且氢气燃料资源丰富，对构建未来可持续发展氢能源社会有着积极的作用。如果将燃料电池看成发动机-发电机，那么燃料电池车的电驱动技术与混合动力电动汽车的系统技术、基础技术可以说属于同一个范畴。

本章将以上述的技术动向和背景为前提，对电动汽车和混合动力电动汽车的电驱动技术为中心进行说明。关于电动车辆及燃料电池请参照第2分册第3章电动车辆。

3.1.2 混合动力汽车

在ECE R83中对混合动力汽车的定义：作为驱动使用，至少有两种能源储存系统和两种能源转换装置的车辆，大致可分为三类。

3.1.2.1 串联混合动力（图3-1）

由于发动机、发电机、电动机以机械形式或电动形式直列连接，因此称为串联混合动力。发电机由发动机驱动产生电力，并将产生的电供给电动机，电动机的驱动力再传递给轮胎。串联型

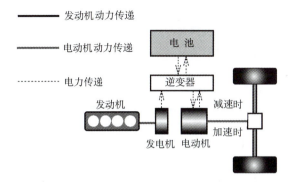

图3-1 串联混合动力系统

混合动力中发动机的驱动力并不是直接传递给轮胎，而是通过发电机转变为电力传递给电动机最终通过电动机的驱动完成行驶。因此，可以说等同于电动汽车。另外发电机与电动机之间由电力存储装置连接，可以临时存储电能和回收能量，并向电动机供给补充电力。稳态行驶时的剩余电力储存（充电）在电力存储装置（电池）中，当电动机所需电能不足时，由电能存储装置向其供给电能，这样就正常运转。丰田Coaster混合动力汽车就是其中代表车型[1]。

3.1.2.2 并联混合动力系统（图3-2）

并联式混合动力系统如图3-2所示。相对于驱动轴来说，有发动机直接驱动的驱动力和通过电动机传递的驱动力两种并存的路径，这样并列的或一体化的形式称为并联混合动力系统。根据不同的行驶情况，可以选择发动机驱动、电动机驱动或者二者同时驱动。在高速行驶或爬坡行驶等高负荷区域由发动机驱动，在低速行驶及稳态行驶等低负荷区域由电动机驱动。减速时电动机作为发电机使用，将动能转化为电能储存到电池中。

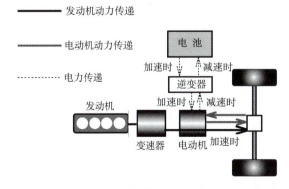

图3-2 并联混合动力系统

本田 IMA 系统（思域混合动力、雅阁混合动力）、铃木双混合动力、配备 CVT 的日产天籁混合动力[10]和丰田 Estima 混合动力[11]、日野的重型车 HIMR 都属于此类范畴。

3.1.2.3 串并联混合动力系统（图3-3）

串并联混合动力系统如图3-3所示。

该系统是为了最大限度发挥串联和并联两种形式各自长处而诞生的。通过动力分配机构（图3-4）可以将发动机的动力作为机械动力传递或作为电力传递。通过对两者的合理控制可以达到发动机的最大效率。与其他的混合动力形式相比较，控制系统和结构较复杂，不过能够大幅度提高燃油经济性并降低尾气排放。

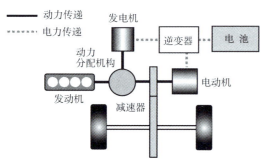

图3-3 串并联混合动力系统

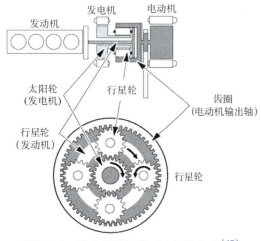

图3-4 动力分配机构（丰田 Prius）[12]

从其所用行星轮的动力分配方式的角度来看，也可以称为混合动力[2-4]。采用发电机、驱动电动机同轴布置的车辆有丰田的 Prius[5,6]，Harrier 混合动力汽车[7]；采用发电机、驱动电动机双轴并列布置的车辆有福特的 Escape[8,9]混合动力汽车。

图3-5 所示为发电机、发动机和电动机转速关系的共线图。图3-6 所示为 Prius 系统运转示例。

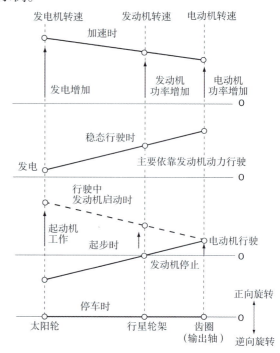

图3-5 动力分配机构的轴转速[13]的共线图（丰田 Prius）

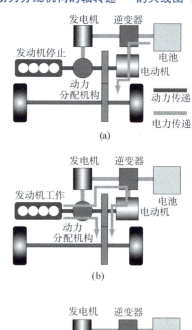

(a)

(b)

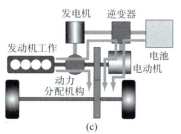

(c)

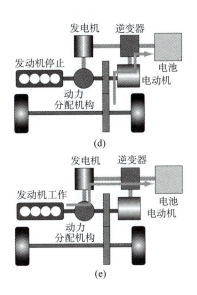

图3-6 混合动力系统动作模式（丰田 Prius）
(a) 起步及低负荷时；(b) 一般行驶时；(c) 全开加速时；
(d) 减速·制动时；(e) 电池充电时

（1）起步及低负荷时 在起步和极低速行驶时，等发动机低效率区域内可切断燃料供给，利用电动机行驶。为了确保行驶所需的电动机功率和行驶距离，电池需要有足够的电量。

（2）正常行驶 利用动力分配机构将发动机的动力分为两条路径，一部分直接驱动车轮，另一部分用来驱动发电机发电，产生的电力驱动电动机工作。在这里要求控制实现这两条路径的动力分割比率具有最大的效率。

（3）全油门加速 全油门加速时，电动机提供部分动力，以此来增加驱动力。

（4）减速、制动 减速、制动时车轮带动电动机作为发电机使用，将动能转化为电能储存在电池中。

（5）电池充电 对电池的充电状态进行控制，使其处于一定的范围之内。当电池电量达到该范围的下限时，发电机启动，开始充电。达到上限时停止充电。

3.2 电动机[14]

3.2.1 概要

电动汽车用驱动系统要求具有起步、高速行驶、倒车行驶等速度可变的输出性能，并且能够利用电动机的发电功能再利用制动能量。在电动汽车的实用化研发阶段，曾经与内燃机汽车一样采用变速器。为了满足实车搭载性以及小型轻量化的要求，现在一般都采用电动机和减速机构组成的无变速器驱动系统。燃料电池车所需的特性和机构与电动汽车基本相同（图3-7）。近年来，采用内燃机与电动机组合驱动的混合动力电动汽车已经开始实用化，如丰田的 Prius、本田的思域混合动力汽车等。混合动力电动汽车的电气与动力的组合方式有很多种，如有将内燃机输出的全部或一部分来带动一个发电机（它是与驱动电动机相区别而单独设置的）转变成电力的串联混合动力方式或串并联混合动力方式。这就如 Prius 那样，将变速功能由发电机与可变速驱动电动机的组合来代替，从而不再需要机械式的变速机构。这样的使用例子是很多的（图3-8）。另外也有采用本田思域车那样的并联混合动力机构

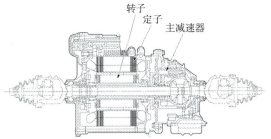

图3-7 电动汽车电动机驱动方式
（丰田 RAV4 EV）[15]

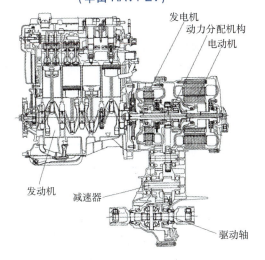

图3-8 混合动力电动汽车电动机装载示例
（丰田 Prius）[16]

的车辆，与内燃机车辆那样带有变速器，即在内燃机和变速器之间设置一个小容量的驱动电机，除了起转矩辅助的作用，在再生制动及给电池充电时将电动机作为发电机使用（图3-9）。

图3-9 混合动力电动汽车电动机装载实例
（本田思域混合动力汽车、IMA系统）[17]

另外，最近利用电气动力配置的自由度，取消原来通过旋转轴传递动力的新驱动方式也已经研发成功，并应用到实车上。日产的March就是其中之一。它取消了控制电动机用的变频器和储存能量的蓄电池，利用发动机的动力发电，并直接将电力输送给电动机，驱动车辆后轴（图3-10）。

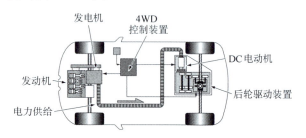

图3-10 电动机式4轮驱动系统
（日产 Marach e-4WD）[18]

丰田的 Coms、宝贝（タカラ）Q-CAR 等低速型电动汽车采用了将电动机内置于车轮内的轮毂电机。这种方式不需要变速器、差速齿轮等，不仅相应降低了这些部分的机械损失，也增加了车辆平台设计的自由度。这就有了车轮得以独立驱动的新的运动特性的希望，为此，现在正在研发应用于高速行驶的轮毂电机（图3-11）。

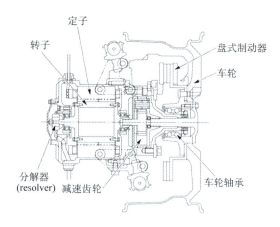

图3-11 轮内电机构造[19]

综上所述，无论是哪种电动机系统，都要具有轻量小型、高效率、良好的环境适应性及可靠性、高冷却性能、低振动噪声以及低电气干扰性能等汽车用原动机必备的基本性能。

3.2.2 驱动电动机种类

一般电动机及控制装置按照电动机输入端子电压种类、励磁方式、界磁方式进行区分。如图3-12所示的是电动汽车以及混合动力电动汽车已经实用化或者正在进行实用研究的电动机的种类。永磁式电动机（PM：Permanent Magnet motor）也叫做无刷式直流电动机（DC：Brushless）。现在已经统一称之为永磁式交流同步电动机。

表3-1是对直流电动机、PM电动机、感应电动机、开关型磁阻电动机典型特征的比较。此表完成于1992年，之后经历了各种改良，数据的绝对值部分发生变化，不过基本特征依然没有太大的变化。

直流电动机可以利用简单的控制装置控制驱动电池的直流电压，以达到可变速运转，因此多用于电动汽车的初级阶段。不过由于很难达到高动力性，而且电刷寿命较短等问题，近年来有减少使用的趋势，但是现在在单人电动车，以及电动4WD辅助驱动轴电动机等较低输出功率和有限的条件下则被有效地使用着。

目前，交流感应电动机作为产业用电动机被广泛使用。与PM电动机相比较效率较低，不过

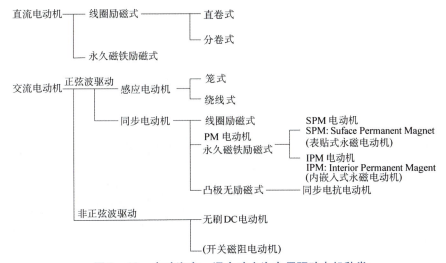

图 3-12　电动汽车、混合动力汽车用驱动电机种类

表 3-1　电动机典型特征比较

电动机类型 比　　较	直流电动机	永磁电动机	感应电动机	串励电动机
最大效率/%	85~89	95~97	94~95	<90
10%负荷效率/%	80~87	79~85	90~92	78~86
最大转速/(r·min^{-1})	4 000~6 000	4 000~10 000	9 000~15 000	15 000 以上
费用/功率/(美元·kW^{-1})	10	10~15	8~12	6~10
控制器成本	1	2.5	3.5	4.5
牢固性	良	良	优	良
可靠性	一般	良	优	良

价格便宜，具有结实的转子结构，容易达到高速运转，因此从 20 世纪 90 年代开始被广泛应用于乘用车这类电动汽车和大中型混合动力汽车（图 3-13）。

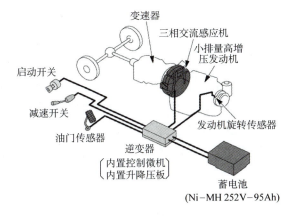

图 3-13　感应电机装载实例
（日野 HIMR）[21]

3.2.3　PM（永磁）电动机

作为电动汽车和混合动力电动汽车的驱动电机，近年来 PM 电机的使用非常广泛。其背景是，随着电磁钢板和磁性材料的开发，加之混合动力电动汽车用电动机对小型轻量化要求越来越高，其程度甚至超过了电动汽车，以及更易于量产化设计等方面的优势。

3.2.3.1　结构及特点

PM 电动机在转子内设置了永久磁铁产生磁极，通过定子线圈同步运转。与交流同步电动机有很大区别。无刷电动机在结构上与 PM 电动机属于同一种电动机，但是 PM 电动机是通过正弦波状电流驱动，而无刷电动机是靠非正弦波驱动（矩形波驱动）。图 3-14 所示为丰田 Prius 的电动机及发电机的构造。

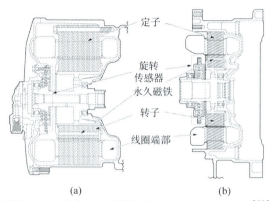

图 3-14 混合动力用 PM 电动机（丰田 Prius）[22]

(a) 电动机断面图；(b) 发电机断面图

3.2.3.2 转子的构造

永磁交流同步电机是采用永久磁铁励磁的交流电机。转子内设有永久磁铁，因此不需要励磁回路。与其他形式的电动机比较，具有体积小、质量轻、效率高等特点。PM 电动机分为磁铁装在转子表面的表贴式磁铁型（SPM）和磁铁装在转子内部的内嵌入式磁铁型（IPM）两类（图 3-15）。

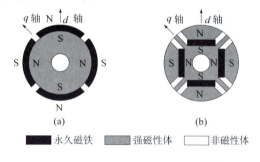

图 3-15 PM 电动机的转子结构[23]

(a) 表贴式磁铁型；(b) 内嵌入式磁铁型

PM 电动机具有磁铁产生的磁力矩及转子产生的磁阻力矩。在努力提高磁阻力矩的同时，可在减少磁铁量和进行弱励磁控制的前提下提高效率。将磁铁产生磁通量的方向设为 d 轴，与之垂直的方向设为 q 轴，利用 $d-q$ 坐标系进行矢量控制。

3.2.3.3 定子的构造

定子的绕线方式有两种：一种是线圈跨过多个齿而绕成的分布绕线方式；另一种是像滚筒那样缠绕在一个齿上的集中绕线方式。集中绕线方式与分布绕线方式相比，不足的地方是因磁铁涡流损失会发热，以及导致铁损增加。不过集中绕线方式的生产性较好，线圈两端的线头较短，因此实际应用的例子在增加（图 3-16）。

 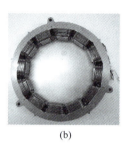

图 3-16 定子绕线方式[24]

(a) 分布绕线方式；(b) 集中绕线方式

以 IPM 转子为例，对分布绕线定子和集中绕线定子的性能作了比较，其结果如图 3-17 所示。两者使用的是相同的转子，仅仅是定子有所不同。从图 3-17 的右图可以看出，虽然转子是相同的，集中绕线方式产生的磁阻转矩较小，因此最大扭矩也较小。由图中转矩转速特性可以看出，分布绕线方式在最大转矩和功率方面存在优势。

3.2.4 电磁铁

为了实现电动机的小型化和高效率，电动机用的电磁钢板要求具有高饱和磁力线密度和低铁损等特性。为了获得上述磁力特性，需要减少碳及氮等杂质，合理控制结晶方位和粒子直径，以此来提高透磁率。另外，使用薄钢板或通过添加硅等成分可以提高固有阻力，降低铁损，有时也使用无方向性电磁钢板。不过添加硅会导致饱和磁力线密度下降，而且合金的硬度和脆性会增加，因而加工性会下降。因此，需要恰当地平衡好磁力特性与加工性之间的关系。除上述特性以外，能经受转子高速旋转的机械强度、绝缘皮膜的特性等也变得重要，因此，在设计电动机时，要将上述所有特性以及成本因素进行综合判断，选择最合适的电磁钢板。

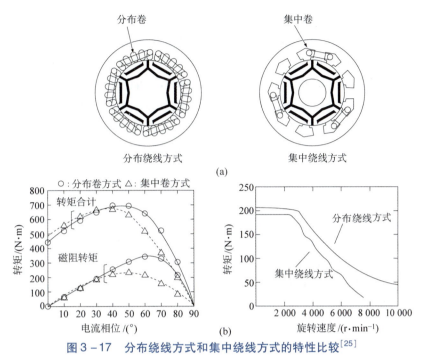

图 3-17 分布绕线方式和集中绕线方式的特性比较[25]
(a) 定子绕线方式；(b) 特性曲线

家电产品使用的电动机以及工业用通用型电动机一般都是在 50~60 Hz 的商用频率下定负荷工作，铁损参照 JIS C2552 中规定的 W15/50（1.5T，50 Hz 励磁下的铁损）的目标。以电动汽车以及混合动力汽车用电动机而言，要求从起步到高速行驶范围内的损失降到最低，而一般将使用频率较高、对油耗影响较大的中转速、中扭矩区域的铁损及磁力特性作为重点评价对象。

图 3-18 是专为混合动力电动汽车驱动用电动机而开发的高效率电磁钢板磁力特性与传统材料（50H 系列、35H 系列）的比较。对于相同的铁损 W10/400（1.0T，400 Hz 励磁下的铁损），磁力线密度 B50（5 000 A/m 的磁化力下的磁通量密度）和转矩都有所提高。

3.2.5 磁铁材料

图 3-19 所示为各种永久磁铁性能比较而言的最为基本的退磁曲线。图中例举了具有代表性的铁素体磁铁、铝铁镍钴磁铁、钐钴（Sm-Co）系磁铁、钕—铁—硼（Nd-Fe-B）磁铁。纵坐标为永久磁铁单位面积磁通量的残留磁通量密度（B_r），横坐标为表示受空气温度及磁铁形状的影响的磁铁使用时的退磁场的磁铁稳定性的保磁力

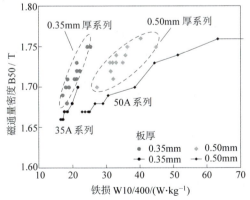

图 3-18 驱动电动机用电磁钢板磁力特性[26]

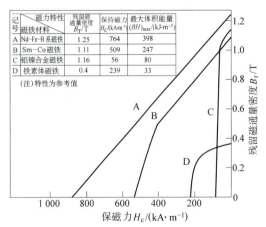

图 3-19 磁铁材料及磁力特性[27]

H_c。B_r 与 H_c 乘积值最大的点为永久磁铁能达到的最大工作量，表示为 BH_{max}（最大能量积）。如果退磁场超过了退磁曲线的弯曲点，永久磁铁会导致不可逆的退磁，失去了当初的特性。退磁曲线随温度而变化，因此，在设计永磁电动机的时候要注意永久磁铁在各个温度的工作点不要超过弯曲点。

图 3-20 所示是永久磁铁以 BH_{max} 为目标的开发动向。最新开发的 Nd-Fe-B 系磁铁比 Sm-Co 系磁铁的磁力要大得多。现在 BH_{max} 为 400 kJ/m^{-3}（50MGOe）的磁铁已经达到了量产水平并应用于实际当中。随着 Nd-Fe-B 系烧结磁铁的不断发展，开发更大容量的 PM 电动机有了可能，于是永磁电动机电动汽车和混合动力汽车成为首要选择。

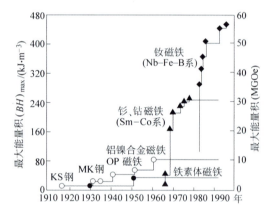

图 3-20　永久磁铁的开发过程[29]

不过 Nd-Fe-B 系磁铁的耐腐蚀性和耐热性较差。为了提高其耐腐蚀性，一般采用镀镍等表面处理方法使其与外界隔绝。为了提高其耐热性和维持较高的磁力效果，也会合理添加一些钕（Nd）、镨（Pr）、镝（Dy）等稀土类元素。如今根据其使用方法能够在 200℃ 以上的高温下使用的磁铁已经实用化，这样作为在汽车上使用已不存在问题[28]。

3.2.6　电磁线圈

将呈螺旋状缠绕、以磁场能为媒介、使电能与机械能相互转换的电线称为电磁线圈。汽车电动机用的电磁线圈一般在铜导体上披覆磁漆绝缘外皮，即漆包线。

设计电动机性能时，在确定槽形状、尺寸、转数和电流之后，根据槽满率等因素确定导体的形状（圆线或棱线）、直径和并联线圈数。同时，根据环境温度以及工作时温度上升的条件等选择绝缘外皮的材质以及厚度。混合动力电动汽车发动机舱的温度很高，而且爬坡等低速、高扭矩运转时的铜损耗很大，如果线圈端部的构造不利于散热，那么温度有可能达到 180℃。因此，绝缘外皮一般采用聚酯亚胺、聚酰胺亚胺、聚酰亚胺或者上述材料组合使用的双层外皮。虽然绝缘外皮的耐热性非常重要，但是绝缘性处在各种各样的被劣化的诱因中间，应以是否具有机器所要求的寿命，以及电动机的制造条件、运转时的使用环境等多种因素进行综合评价，慎重选择绝缘外皮。

首先，在电磁线圈的制造过程中漆包线要反复的弯曲、扭转、拉伸，除此之外还要经受各种的摩擦，因此对其挠性、密合性、圆滑性、耐磨损性等都有所要求。另外，在进行清漆处理的时候，由于要进行预热、干燥，随温度的上升，绝缘外皮容易被软化或因为绕线的残余应力而皲裂。因此，要求电磁线具有良好的耐热软化性和耐热冲击性。由于绝缘外皮与清漆及其溶剂要处于高温环境中，从而使绝缘外皮受到侵蚀，因此，绝缘外皮与清漆以及溶剂的适应性也非常重要。此外，有时不进行清漆处理，而是采用树脂压模的方法。此时，在预热过程中，绝缘外皮处在软化的状态下，接受高压高速的喷射填充处理，特别是在使用可以提高热传导性的有固体填充物混合在一起的压模材料时，必须注意绝缘外皮会被侵蚀的可能性。

前面已经讲过，电动机运转的一个比较苛刻的使用环境条件就是高温。变速器和减速器组合在一起的电动机是在高温润滑油的环境中工作。而且润滑油随着使用时间的增加，会劣化而含有一定量的水分。需要对绝缘外皮和润滑油的适合性及水分解性进行研究确认。

近年来，为使电动机高功率化，500 V 以上高电压系统也已经实用化。最近有人指出，受变矩器换向时喘振电压的影响，电动机电磁线圈的局部放电会加速电气绝缘性能的恶化。由于高压电场局部集中,导体间气隙产生局部放电。环境条件相同时,局部放电电压取决于气隙长度。而在电动机线圈中存在着庞大的导体组合,因此很难获得按设计要求的准确的气隙。要想提高其绝缘可靠性,除了注意设计变矩器、配线以及电动机的高频电气特性时不要让喘振电压波峰值超过电磁线圈的局部放电电压,还要注意布置线圈时尽量降低线圈间的电势差,保证绝缘外皮以及材料的厚膜化、低感应率化,乃至生产过程中防止损伤及包括质量检查技术在内的综合性措施。

3.2.7 旋转检测器

控制永磁电动机时需要准确检测转子磁极位置。而汽车所用的检测器要求在高速旋转、高温、振动、冲击、电磁干扰甚至高温机油环境中保持高度的可靠性。

在要求高角度分辨率时,一般都采用被称为Resolver的电磁感应型角度检测器(图3-21)。这一检测器是根据传感转子(Sensor Rotor)的旋转角而引起定子线圈中振幅变化的两组模拟信号为基础,并通过称作RD转换器(Resolve Digital Converter)的运算器而检测出绝对位置。其基本结构与电动机相似,且旋转的传感转子仅是一个铁芯,因此,很坚固。此外,虽在分解能力方面有其局限性,但是利用整流子的相切换的特点,整流子型传感器也正在被实用化。

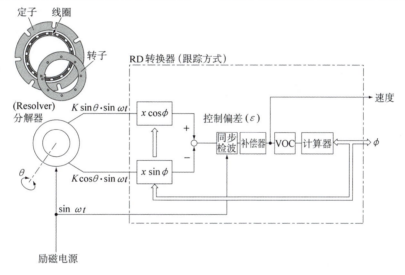

图3-21 检测器的构成和检测线路

3.2.8 电动机的设计

一般内燃机汽车都是借助变速器来获得不同车速所需的驱动力,驱动力曲线如图3-22所示。电动汽车所需的驱动力特性也基本相同。不过电动机与内燃机有所不同,可正反两个方向旋转并可从停止状态启动运转,不需要变速器,其驱动力曲线如图3-22中所示的虚线部分。混合动力电动汽车电动机分担的目标性能是将图中该曲线减去内燃机部分的扭矩之后的剩余部分。

研究电动机输出特性的时候,减速比是一个非常重要的参数。一般减速比通过最高车速和电动机的最大转速之间的关系求得。电动机为了小

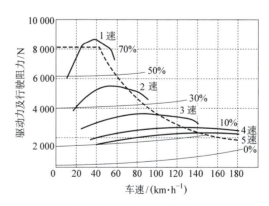

图3-22 驱动力曲线图

型化,使之高转速化是很有利的,不过还要综合考虑电动机以及减速器的损失的增加、电控的随动性、转子的离心力强度、振动/噪声、润滑等

多方面因素。目前，最大转速 12 000 r/min 的电动机已经实用化。

电动机的输出特性确定后，下一个问题就是温度条件。一般情况下，发动机舱内的零部件工作温度 -30~150℃，范围很大。预热后车辆行驶的周围温度以及工作时自身的温度会上升，因此为了进行功率设计一般都要进行代表性温度设定。磁铁以及电磁线圈需要选择温度特性值较大的材料。其次，为了确保达到最大输出功率，需要对变矩器电流、蓄电池电压的制约条件进行研究。蓄电池大电流放电时的电压下降很大，因此要想获得所需的输出功率，必须注意蓄电池的电流—电压特性。

上述准备工作完成后就可以着手进行电动机的设计。由于电动机属于驱动装置的一部分，因此在设计初期需要给出电动机转子中心轴的位置以及最大外径尺寸、为了扁平化所需的最大厚度尺寸等。为了兼顾小型化和功率的要求，需要短时间内高负荷领域的高精度设计。过去根据经验方法先假定各处的尺寸，然后推测计算各个典型工作点的性能，反复进行有限元计算。随着对设计周期的缩短及设计技术要求的不断提高，新的设计方法在不断地得以发展，目前，正在尝试通过自动设计引导出其外形，以及提出控制、回路、电磁等综合模拟技术方案等（图 3-23）。

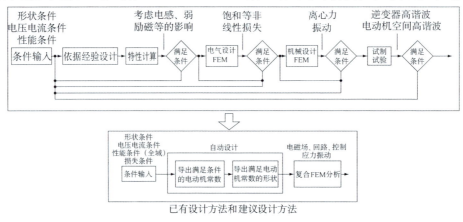

图 3-23 电动机设计的自动化[31]

3.3 逆变器

3.3.1 概要

为了不断地提高混合动力电动汽车、电动汽车电动机驱动系统的效率，一般都采用感应交流电动机、永磁交流电动机加逆变器驱动的交流驱动方案。作为电动机控制以及电力变换装置的逆变器需要具有以下特性。

① 能够按照驾驶员的要求控制驱动扭矩（不同油门开度的扭矩、功率）。

② 减速时的再生制动控制。

③ 坡路停车等停止状态时保持一定的扭矩。

④ 低速时的蠕变扭矩。

电力转换方式有表 3-2 所示的种类，从直流可以获得交流的装置称作逆变器。

表 3-2 电动汽车、混合动力电动汽车使用的电力转换装置种类

输入	输出	
	直流电	交流电
直流电	直流转换 ·直流变换器	反向转换 ·逆变器
交流电	整流转换 ·整流线路 ·高功率换流器	交流转换（频率转换） ·循环换流器

最近的电动汽车以及混合动力电动汽车主要使用的是自励式电压型的逆变器。这种逆变器使用的是 IGBT（Insulated Gate Bipolar Transistor）、MOSTET（Metal Oxide Semiconductor Field Effect Transistor）等半导体开关元件。电压型逆变器连接在负荷（电动机）与直流电源（蓄电池）之

间,为负荷提供矩形波交流电。与开关元件,逆向并连的还流双极管(FWD: Free-wheeling-Dibde)相连接,这一形式成为其特征。如图 3-24 所示为电压型逆变器的线路图构成。

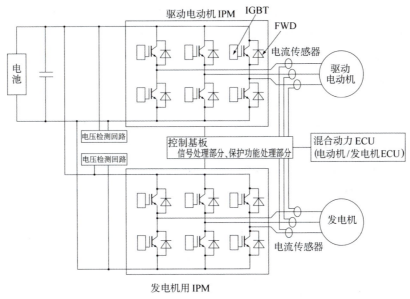

图 3-24 电压型逆变器的驱动电路

3.3.1.1 电压控制方式

电压控制方式一般使用的是矩形波输出电压脉冲幅度按照一定周期变化的 PWM 脉宽调制方式。这种方式采用的是改变一定周期内的输出电压平均值的控制方法,由交流电动机的 U、V、W 三相交流在桥式回路中形成切换回路。在桥式回路(称为主回路)中,利用电压指令信号与三角波载波信号相比较得到的开关信号,通过 IGBT、MOSFET 的 ON-OFF 操作,求出平均值与电压指令信号振幅成正比的高频矩形波输出电压。三角波信号的频率称为载波频率,通过调节施加于电动机的负荷大小控制载波频率的切换。

3.3.1.2 脉宽调制控制

脉宽调制控制(Pulse Width Modulation,PWM)控制是通过周期性改变矩形波输出电压的脉宽来改变脉动周期间的输出电压平均值。利用此种控制方式的逆变器称为 PWM 逆变器。三相桥式逆变器利用电压指令信号与三角波载波信号相比较得到的开关信号通过控制 IGBT 的 ON-OFF,得到平均值与电压指令信号振幅成正比的高频矩形波输出电压。利用电压指令信号变成正弦波的方式可以得到驱动电动机所需的交流输出电压(图 3-25)。

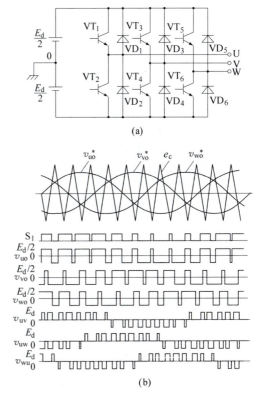

图 3-25 三角波比较式 PWM 逆变器动作波形[32]
(a)主电路机成;(b)工作波形

3.3.1.3 平滑回路

在逆变器主回路和蓄电池（直流）间的整流回路中插入平滑电容器。电容器的容量大小由电池内部电阻以及电容器自身的电流脉动量决定。电动汽车的电动机输出功率与蓄电池的输出功率从其损失来考虑可以看作基本一样。但是混合动力电动汽车发电机功率与电池功率可以同时供给驱动电动机，因此可以采用高功率设计。随着输出功率的增加，需要增大逆变器元件、电线以及工艺导线等的容量，同时也带来了装配性下降、成本增加等问题。另外驱动电压越高则越容易在高转速范围内获得电动机输出功率。因此很多时候都在逆变器回路和电池之间增设升压变频器。电动汽车以及混合动力电动汽车的驱动电动机和发电机多数采用永磁交流同步电动机的驱动时，一般都使用逆变器。从实车搭载性，以及动力控制装置（Power Control Unit）需要小型轻量化，而且与电动机以及驱动电池的线束布置也要从简洁等方面考虑，一般都采用一体式动力回路设计（图3-26）。

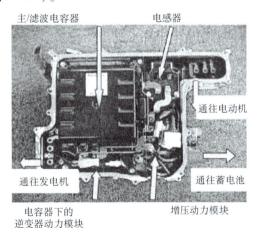

图3-26　动力控制装置（丰田 Prius）[33]

3.3.2　逆变器电路构成

纯电动汽车、混合动力电动汽车所主要使用的永磁交流同步电机用的是三相交流电。驱动电池的直流电压是通过 PWM 控制各相的电压及频率得到旋转磁场。再通过这一磁场产生所需的扭矩和输出电压。电动机控制电路的主要构成如图3-27所示。最近，随着车辆加速性能的不断提高，逐渐地在大型车辆上采用，因此对驱动电动机的功率要求也越来越高。也即从蓄电池的质量、体积等的装载性、成本下降等方面的考虑，蓄电池电压的降低、系统效率的提高，以及降低驱动电流的焦耳热损失等都成了主要课题。为此，开始采用了在蓄电池和逆变器之间插入了调整电压用的升压换流器电路这样的设计。此电路用于混合动力电动汽车时，不仅需要电力转换电路的高可靠性以及自我保护功能，还需要低损失及散热设计，以使发动机以及排气热量造成发动机舱内的温度上升时，还能够在高温环境下连续运转。另外，对外界气温以及断续运转产生的温度变化的耐久性也有一定的要求。

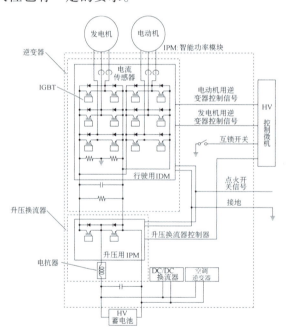

图3-27　电动机控制电路（带升压电路）[34]

3.3.2.1　动力装置

驱动车辆用的逆变器要对电动机达到最大转速前的频率进行控制，因此，要求动力元件具有高速化的开关特性。为此，使用 MOSFET 和 IGBT。IGBT 兼具动力 MOSFET 的高速开关及电压驱动特性和双极晶体管的大电流特性。按照其结构可分为平面形和沟槽形（图3-28）。

这一组合体称为智能功率模块（IPM：Intelligent Power Module）。控制电路（低电压）和动力电路（高电压）的绝缘采用的是光耦合器绝缘回路。IPM化后，可以实现动力电路的小型化、提高生产性，而且对电流、加热等电路异常情况的自我保护功能也能够实现高速、高精度化。其目前已经成为了汽车驱动用电力转换装置的主流（图3-29）。

电动汽车的装载环境温度较低，因此根据逆变器的损失大小，也有采用空冷方式进行冷却的例子，而混合动力电动汽车中智能功率模块一般都搭载于发动机舱内，多采用的是散热片式的水冷方式。

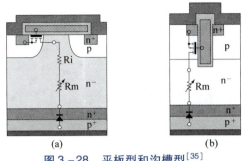

图3-28　平板型和沟槽型[35]

3.3.2.2　智能功率模块

多个动力装置、周边电路组成一个模块，称为动力模块。装置的驱动电路，保护电路，自我诊断电路都内藏在一起，配置在这一装置近旁。

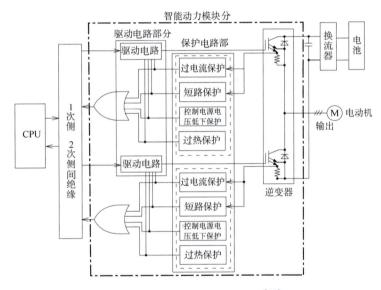

图3-29　IPM内部功能框图[36]

散热片材料一般使用SiC和Al的复合材料，可以降低元件钎焊时的热应力。散热片和冷却装置一般涂覆润滑脂来降低热阻力。最近又有了一种新的设计，将散热片与冷却装置设计成一体结构来直接冷却元件，元件布置的集中化可以缩小装置的体积，达到小型化的目的（图3-30）。

3.3.2.3　电容器

逆变器输出电压和蓄电池直流电压的平滑电容器使用的是电解电容器和薄膜电容器。电容器的容量设计的注意事项：①可进行PWM控制；②脉动电流对蓄电池没有影响；③满足符合条件的

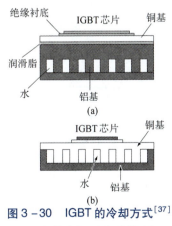

图3-30　IGBT的冷却方式[37]

（a）间接冷却；（b）直接冷却

容许温度及耐久寿命等。逆变器回路中的电容器大小与所要求的容量成正比，因此在进行逆变器小型化时，要注意兼顾电解电容器的小型化和放热效率。圆角形电容器以及薄膜电容器被开发成功具有良好侧面放热性的扁平式电容器所替代。

3.3.2.4 升压换流器

升压换流器电路由 IGBT 和 FWD（Free Wheeling Diode）构成的半桥式电路、电抗器以及滤波电容器组成。蓄电池和逆变器主电路双方采用可逆断/继开关电路方式转换直流电。换流器的控制方式采用前馈和反馈组合的方式。利用电池电压和目标升压电压的比确定 IGBT 的开关能率，并通过反馈项进行修正。IGBT 根据与升压电压目标值相对应以控制用 ECU 的指令值，推动断路器工作，完成升降压。电抗器为平滑电路用的电感器（Inductor）。为了增大电感或减少电感损失，采用电磁钢板层叠在一起的低磁应变芯片。

3.3.2.5 电抗器

为了实现升压回路中电抗器的小型化，要求通过改进卷线方式提高卷线效率，以及改进槽隙设计。另外，通电时电流脉动产生的电磁力以及芯子的磁应变会产生与开关同周期的高频噪声。因此一般推荐使用低磁应变芯子材料。

3.3.2.6 冷却设计

逆变器的冷却方式由其装载位置的环境温度和逆变器自身的发热量来决定。装载于发动机舱内时，一般采用 LLC 水冷方式，与发电机共用一个散热器，占用空间比较小。制冷剂驱动一般采用电动泵的方式，与驱动用电动机、发电机以及逆变器（PCU）的冷却器连接而成。

在电动机低输出功率系统中，一般都将电池组与逆变器以及 DC/DC 转换器等高压回路零件进行一体化装载，采用空冷冷却方式。无论采用水冷或空冷哪种方式，都要充分考虑好使用环境的温度以及自身发热量等问题来加以设计（图3-31）。

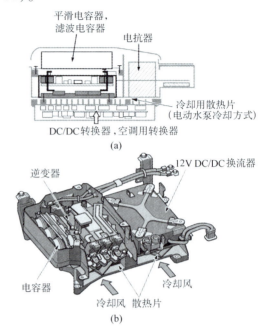

图 3-31 逆变器冷却方式
（a）丰田 Prius[38]；（b）本田思域混合动力[39]

3.4 电动机控制

3.4.1 概要

车辆驱动用电动机要求能够在车辆停止以及低速范围内提供大扭矩输出，在最高转速范围内提供所需要的功率输出。从最早的直流电动机、感应电动机发展到现在作为主流的永磁交流同步电动机（PM 电动机）。电动机控制的基本构成如图3-32 所示。永磁交流同步电动机的理由：永磁交流同步电动机与感应机相比，不需要励磁电流，没有二次铜损而具有高效率，利用稀土类磁铁可以提高磁通量密度，而且永磁电动机的体积相对较小等。当 PM 电动机中的逆突极型[①]而利用了磁阻扭矩方式时，因为可以使用磁场的减弱控制而由于在广泛范围的转速领域内可以输出功率，利用逆突极型磁阻扭矩方式的 PM 电机可通过磁场减弱控制实现在更大转速范围内的功率输出。

---

① 但未查到"逆突极型"的中文词汇，故此处忠于原著，以方便读者了解。日文原文为"逆突極型"。——译者注

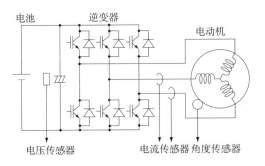

图 3-32 电动机控制的基本构成

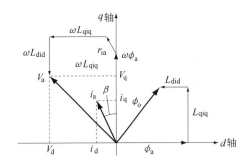

图 3-33 PM 电动机的矢量图

PM 电动机以电流振幅和相位控制的矢量控制为基础,转子的永久磁铁一侧作为 d 轴(Direct axis),永久磁铁间的中央一侧作为 q 轴(Quadratureaxis),并使用了利用 d-q 坐标的电压方程式和扭矩公式。将驾驶员所要求的扭矩转换成电流指令值,通过反馈控制使各相的电流值和指令值一致。交流电的传感器输出转换到 d-q 坐标上,再反馈给直流电流指令值,以此来抑制相位滞后(图 3-33 和图 3-34)。

电压的 d-q 轴分量和扭矩分别为

$$\begin{bmatrix} V_d \\ V_q \end{bmatrix} = \begin{bmatrix} r & -\omega L_q \\ \omega L_d & r \end{bmatrix} \begin{bmatrix} i_d \\ i_q \end{bmatrix} + \begin{bmatrix} 0 \\ \phi_a \end{bmatrix} \quad (1)$$

$$T = p_n \phi i_q + p_n (L_d - L_q) i_d i_q \quad (2)$$

式中:V_d、V_q 为电枢电压的 d-q 轴分量;i_d、i_q 为电枢电流 d-q 轴分量;r 为电枢电阻;L_d、L_q 为 d-q 轴电感;ω 为旋转角速度;ϕ_a 为永久磁铁的电枢交链磁通;T 为扭矩;p_n 为极对数。

式(2)的第一项是永久磁铁和电枢电流的磁转矩 T_m,第二项为转子凸极性下的磁阻转矩 T_r。具有逆凸极性的永磁电动机由于 $L_d < L_q$,负的 d 轴电流 i_d 流动可以得到正的磁阻转矩。

在励磁线圈式同步电动机中,磁通量 ϕ_a 的大小可变,高速运转时需要将电压控制在较低范围内,此时可以进行降低磁场的控制。另外,永磁电动机由永久磁铁产生磁通量,因此不能调整磁通量。为此,需要流通 d 轴电流 i_d 以消除永久磁铁的磁力线 ϕ_a 而实现等价的磁场减弱控制,从而控制定子的线圈所交割的磁力线 ϕ_0。因此,i_d 称为弱化磁场电流(图 3-33)。

3.4.1.1 最大转矩控制

可产生磁阻转矩的 PM 电动机在磁力转矩 T_m 与磁阻转矩 T_r 之和为最大的电流相位 β 处运转而得到最大转矩。电动机转矩在电流相位角略微超过 0°时最大(图 3-34)。连接各电流振幅转矩最大点的线是电流最小时的最佳工作线。PM 电动机电流控制如图 3-35 所示。使转矩在该线上动作称为最大扭矩控制(图 3-36)。

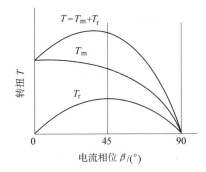

图 3-34 PM 电动机电流相位与转矩特性的关系

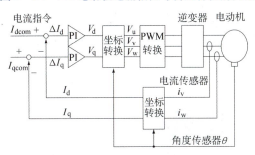

图 3-35 PM 电动机电流控制方块图

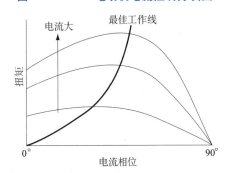

图 3-36 PM 电动机最大扭矩控制

3.4.1.2 弱化磁场控制

同步电动机中,由于与转子转速成正比例的反电动势的上升,会在电动机的端子上产生感应电压,当该感应电压超过逆变器的电源电压时,将无法获得电动机的输出电压。由于电动机的端子电压与旋转角速度 ω 成正比例上升,利用最大转矩控制而达到了电压限定后,增大弱化磁场电流 i_d,以增加电流相位角 β,从而消除永久磁铁的磁通量 ϕ,减少线圈的磁通量交割数,这一方法被称为弱化磁场控制(图3-37)。

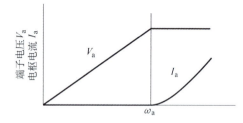

图3-37 扭矩 $T=0$ 时端子电压 V_a 和电枢电流 I_a 的关系

通过上述这些控制后,PM 电动机输出的范围如图3-38所示。图中 A 范围电流相位角 $\beta = 0°$,即 d 轴电流 $i_d = 0$ 时的输出极限。通过将电流相位角 β 控制在产生最大转矩的相位,将输出扩大到 B 范围。再通过弱化磁场控制来控制电流相位角 β 得到高转速范围 C 的输出性能。

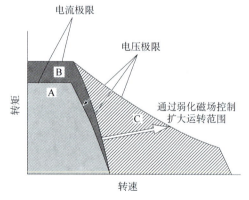

图3-38 各种控制方法的输出范围变化

3.4.1.3 电动机大功率化的对策

由于外加电压的限制,电动机在高转速范围内进行弱化磁场控制切换时会导致输出电压的下降。要达到电动机的大功率化,必须进行逆变器输出电压高压化和改进逆变器开关波形的工作。提高电池电压需要增加电池组数量,这样在质量、体积、成本等多方面都要受到设计上的限制。最近越来越多地采用在电池和逆变器之间插入升压转换器电路的办法。另外,可以通过切换逆变器输出电压波形的调制系数以提高高转速范围内的输出电压。

电压波形可以分为三种(表3-3):正弦波 PWM、过调制 PWM 和矩形波(1脉冲)。正弦波 PWM 是最常用的电压波形。电压和电流呈正弦波,转矩变化小,可以获得较为平滑的输出。与其他控制方式比较,其缺点是电动机的输出电压较低。矩形波理论上可以产生最大的基本波分量,调制率固定。电压振幅不可变,一般只能采用如图3-39所示的转矩反馈控制电压波形的方式。过调制 PWM 的调制率处于两者之间,能够有效地提高中速范围内的功率。

表3-3 PM 电动机电压控制时的电压波形和调制率

控制方式比较	正弦波 PWM	过调制 PWM	矩形波(1脉冲)
电压波形			
调制率	0~0.61	0.61~0.78	0.78

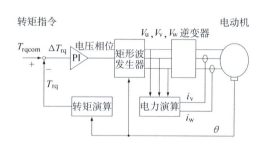

图3-39 矩形波控制方块图

3.4.2 可变电压控制

采用升压换流器电路的可变电压系统也是提高电动机输出的另外一个有效方法,而且最近采用得越来越多。该系统对电池电压的提高采用的是提高逆变器输出电压(电动机端子电压、电动机系统电压)的方法,日野 HIMR(2002 年)、丰田 Prius(2003 年)、丰田 Harrier 混合动力(2005 年)等都应用了该系统。升压换流器回路由一对 IGBT、电抗器、主电容器、滤波电容器构成(图 3-40)。

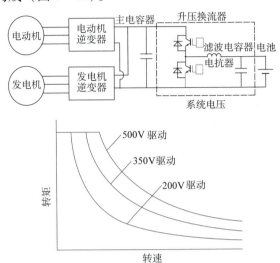

图 3-40 可变电压系统和电压控制时的扭矩特性

升压换流器的控制其目标是使系统的损失最小,换言之,是根据电动机、发电机的运作状况,进行连续变换以达到运算流程所要求的系统电压。这里所说的系统损失是指电动机损失(铜损、铁损)、逆变器损失(ON 损失、切换损失)、升压换流器 IGBT 的损失(ON 损失、切换损失)、升压电抗器损失(铜损、铁损)的总和。当电动机与发电机分别处于各自独立的运作方式时,各自的感应电压并不相同,因此,有些是选择系统电压中较高的一方作为升压控制的对象。这样一种选择的考虑是基于对弱化磁场控制而产生的损失与升压控制所形成的损失加以比较,使系统损失处于最小值所进行试验的结果(图 3-41)。

3.4.3 电动机控制技术展望

除了上述控制方法之外电动机控制技术还有,当电动汽车处于低路面摩擦系数 μ 的情况下,要求抑制驱动轮打滑的附着控制技术以及利用电动机控制性能的高响应性以抑制驱动系振动的技术等也已进入到研发阶段。另外,之前一直

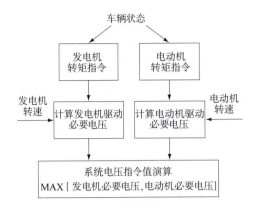

图 3-41 系统电压的演算流程

以电动机电流的基本波为控制对象,现在逐渐地向 PM 电动机的空间高调波控制的研究方向发展。为了提高混合动力汽车的燃油经济性,也就是实现混合动力电气系统的高效率化,今后电动机的控制技术还将有望得到进一步发展[40]。

3.5 电池系统

3.5.1 概要

电动汽车的行驶能量来源于二次电池。为了获得电动机的驱动电压,需要将电池串联起来作为高压直流电池组使用。为了与附件类使用的电池区分开,一般称为驱动电池(Traction Battery)。在混合动力电动汽车行驶过程中,需要发电、且可使再生电能得以充放电的能量蓄存装置,一般使用的是二次电池和电容器。上述装置统称为可再充电能量存储装置(Rechargeable Energy Storage System,RESS)。纯电动汽车以及混合动力电动汽车装载的电池需要具备以下特性。

① 高输入/输出特性。

② 质量小、体积小,即能量密度、功率密度高。

③ 可以对电池状态(SOC、SOH)进行检测,可以通过 ECU 进行控制。

④ 可在较大的温度范围内使用。

⑤ 足够的寿命性能。

⑥ 安全性能好。

⑦ 成本低。

以前，用 SOC（State Of Charge，电池荷电状态）作为电池的状态管理指标，随着混合动力汽车对电池寿命的要求进一步提高，从寿命劣化的概念考虑，开始用 SOH（State of Health，电池劣化状态）作为评价指标。

3.5.2 电动汽车用电池

电动汽车的行驶性能及充电的便利性很大程度上取决于电池的性能。电池的性能大致可归纳为能量、输出和充电时间三个方面。电动汽车的行驶距离（Driving Range）与装载的电池的能量成正比，而电池的能量密度（质量密度、体积密度）是电池最重要的性能。能量密度一般用单位质量的能量密度（W·h/kg）和单位体积的能量密度（W·h/L）来表示。另外，车辆的加速性能在很大程度上取决于电池的输出特性。因此，要求电池的输出不能因电池的充电状态（SOC）而产生大的波动。

根据电池的工作温度，可以将电动汽车用电池分为两类：常温电池和高温电池。常温状态工作型的有铅酸电池（Pb）、镍镉电池（Ni-Cd）、镍氢电池（Ni-MH Nickel Metal Hyaride）、锂离子电池（Li-ion）、锂聚合物电池（Li-polymer）等；高温状态下仍能持续工作的高温工作型电池有钠硫电池（Na-S）、钠镍氯化物电池（Na-NiCl$_2$）等。

电池的寿命是指电池反复满充电的循环寿命（cycle life）。一般以 80% 的放电深度以上（DOD：Depth Of Didcharge）作为循环寿命的评价指标。

美国加州 ZEV 示范项目对电动汽车性能的要求之一就是：在高速道路上具备与普通车辆同等的加速性能。为此，对密封型铅酸电池进行了改良，并开发出了高功率、高能量密度的镍氢电池、锂离子电池等先进的电池，并将其实用化。

最近，随着城市里通勤用小型电动汽车的开发成功，越来越多的这类车辆采用了成本较低的铅酸电池。

电池数量对行驶距离和行驶性能有很大的影响。因此在设计电动汽车时会尽量装载更多的电池。但是电池的质量会增加整个车辆的质量，而且对装载空间的要求也有所增加。乘用车类的电动汽车为了保证车内空间以及行驶的稳定性，一般都采用地板下部装载的设计方式（图 3-42、图 3-43）。

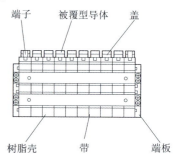

图 3-42　EV 用 Ni-MH 电池
(Panasonic EV Energy EV95)

图 3-43　EV 电池安装实例
(丰田 RAV4-EV)

将电池模块串联以电池组的形式进行设计时，注意要严格控制电池的温度。电池的充电效率取决于电池的温度。电池间的温差大是产生充电容量偏差的主要原因。为了避免上述情况的发生，在降低电池发热量的同时，一般都采用水冷或风冷的方式进行冷却，以保持电池温度均匀。

由于车辆外部充电电源向车辆供给电力的充电接头与接线的组合方式不同，电动汽车的电池充电方式可以分为传导（conduvtive）方式和感应（induvtive）方式。传导方式是通过导体接触的方式连接接头和接线，感应方式是利用电磁感应，借助电磁能量进行通电的方式。2002 年，在对充电方式进行统一比较的基础上，美国加州的 ZEV 法规为了促进 EV 车辆发展，规定并倡导统一采用充电设备相对较便宜的充电方式。

3.5.3 混合动力电动汽车用电池

混合动力电动汽车在制动时可以将电动机作为发电机使用,将车辆的动能转化为电能,进行能量回收。除了二次电池以外,电容器的实用化也在向前推进(图3-44)。

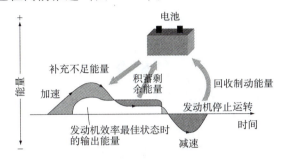

图3-44 能量管理

混合动力电动汽车用电池的设计要求满足以下条件:

① 为混合动力系统工作,而具有较高的充放电性能;
② 质量小、体积小;
③ 可以对电池状态进行检测,可以通过ECU进行控制;
④ 可在车辆使用环境的情况下,在较大的温度范围内使用;
⑤ 有足够的寿命性能;
⑥ 安全性能好;
⑦ 成本低等。

电池的充放电性能(输入/输入特性)由发动机启动时的电功率、制动时再生电功率的接收性能等决定。另外,设计电池容量时,要充分考虑到能量接收量(由再生电量的大小和频率求得)、车辆加速时电动机连续运作需要的用电量及行驶时的所需能量等。

作为能够满足上述要求的混合动力电动汽车用电池,镍氢电池、锂离子电池等二次电池以及电器双层型电容器(超级电容器)在实用化方面已经有所进展。

3.5.4 电池电压与输出的关系

混合动力电动汽车系统构成方式决定电池的规格式样。如图3-45所示为电池电压和电动机输出功率的关系。

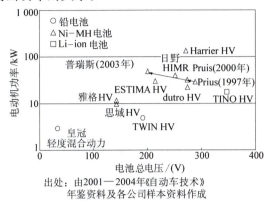

图3-45 混合动力电动汽车用电池输出与电动机输出的关系

在被称作中度混合动力(Mild Hybrid)这一范围内,设计时应装备:42V(充电电压)/36V(电池标称电压)的电池系统,包括再生时充电、急速停机时的附件负荷电源、发动机再启动时的驱动电源以及加速时的动力辅助电源等。一般采用的是密封式铅酸电池。电源系统由附件电池和DC/DC转换器连接构成。

在被称作深度混合动力(Strong Hybrid)这一范围内,为了实现发动机的最佳油耗率,需要将发电机产生的电量存储起来,重新利用再生电能,实现单纯使用电动机驱动的EV行驶模式以及实施加速时的动力辅助。为了达到上述目标,设计时要使用高输出大容量的电池。一般采用的是密封式铅酸电池、Ni-MH电池和锂离子电池(图3-46)。

对载重车、大客车等重型混合动力汽车,其车辆质量很大,再生电力的回收容量也很大,为此设计上需要装载大容量的电池(图3-46)。

3.5.5 铅酸电池

铅酸电池作为汽车用电源已经有一百多年的历史,长久以来电动汽车就采用了铅酸电池。铅酸电池的正极活性物质为二氧化铅(PbO_2),负极为金属铅(Pb)。硫酸电解液也是充放电反应中的介质。开放型铅电池的电解液在充放电反应中被消耗,因此需要补水。新开发的阀拉式铅酸

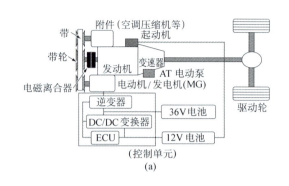

图 3-46 混合动力系统与电池的关系

(a) 皇冠轻度混合动力系统构成 (THS-M); (b) 丰田 Prius 升压方式的电池系统; (c) 日野 Dutro 混合动力系统

电池 VRLA (Valve Regulated Lead Acid) 电池由于不需要补水,现在已经成为电池的主流。电池中使正负极相分离并保持电解液流通的分离片,使用的是玻璃纤维材料,能够确保气体的透过性。这种电池是在极板上使用添加剂,利用充电末期到过充电范围内电解液分解产生的氧气与氢气结合,使生成的水重新回流到电解液中,以此达到免补水的目的。

铅酸电池成本较低,而且能够满足汽车市场对再循环的要求,因此,很多的小型电池车辆都已采用铅酸电池(图 3-47)。

$$\text{正极}: PbO_2 + 4H^+ + SO_4^{2-} + 2e \underset{\text{充电}}{\overset{\text{放电}}{\rightleftharpoons}} PbSO_4 + 2H_2O$$

$$\text{负极}: Pb + SO_4^{2-} \underset{\text{充电}}{\overset{\text{放电}}{\rightleftharpoons}} PbSO_4 + 2e$$

$$\text{合计}: PbO_2 + Pb + 2H_2SO_4 \underset{\text{充电}}{\overset{\text{放电}}{\rightleftharpoons}} 2PbSO_4 + 2H_2O$$

图 3-47 铅电池的充放电反应

3.5.6 镍氢电池

镍氢电池 (Nickel Metal Hydride, Ni-MH) 为氢气吸附合金二次电池,从 19 世纪 70 年代开始推进实用化的研究。1990 年,诞生了第一块真正实用化的镍氢电池。1996 年,首次作为车辆用电池应用于电动汽车上。1997 年末,混合动力用电池开始量产。正极以及电解液与镍镉电池相同,使用的是双氧氮氧化镍和氢氧化钙水溶液,负极使用氢化金属 (Metal Hydride)。此种电池由于不会产生电极活性物质的溶解析出反应,能够实现高输出设计,而且使用寿命较长(图 3-48)。

$$\text{正极}: NiOOH + H_2O + e \underset{\text{充电}}{\overset{\text{放电}}{\rightleftharpoons}} Ni(OH)_2 + OH^-$$

$$\text{负极}: 1/xMHx + OH^- \underset{\text{充电}}{\overset{\text{放电}}{\rightleftharpoons}} 1/xM + H_2O + e$$

$$\text{合计}: NiOOH + 1/xMHx \underset{\text{充电}}{\overset{\text{放电}}{\rightleftharpoons}} Ni(OH)_2 + 1/xM$$

图 3-48 Ni-MH 电池的充放电反应

镍的正极在 45℃ 左右的高温下,除了充电反应以外,还会发生剧烈的氧化还原反应,导致充电效率低下。这是由于镍的正极上的氧产生的过电压在高温的影响下会下降。为了避免上述问题的发生,通过在正极加添加剂的方法改良电解液组成的同时,采用电池冷却装置也是常用的方法。

电池结构可以分为单一尺寸的圆柱形模块和六个单电池组成的一体式角形模块。角形电池组模块通过与电池槽表面凸起结构的匹配来保证模块间的间隙，并作为电池冷却用通风路径。此外，电池电槽为使其能回复使用而由备有安全阀的树脂制成的上盖部分与将电极封入在电槽内而加以热熔结合起来的密封结构。另外，电池组采用端板持续为串联电池组加压的形式，可以减小电池反应时膨胀收缩产生的应力（图3-49、图3-50）。

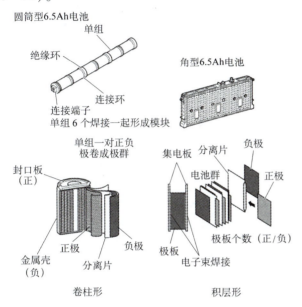

图3-49 混合动力用Ni-MH电池的构造

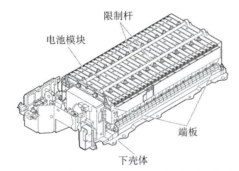

图3-50 混合动力用Ni-MH电池组的构造[42]

3.5.7　电池（Lithium Ion）

从1980年开始，研究人员开始研究开发锂离子二次电池，由于正负极的锂元素以离子的形式存在，因此称之为锂离子电池。20世纪90年代前期，正极开始使用钴酸锂（$LiCoO_2$）和负极则采用碳材料的钴酸锂电池进入实用化。当时电动汽车也曾尝试采用钴酸锂电池，但是纯电动汽车和混合动力电动汽车电池装载量很大，而钴酸锂使用的钴价格昂贵，因此大都转换成较为廉价的锰酸锂（$LiMn_2O_4$）、镍酸锂等电极材料。

锂离子电池的单体电压由于接近4 V，电解液中的水被电分解，为此，一般采用将电解质溶解在有机溶剂中的方法。电解质一般采用$LiPF_6$、$LiBF_4$、$LiClO_4Li$复合盐，有机溶剂一般采用丙烯·碳酸盐、乙烯·碳酸盐、二甲基·碳酸盐、甲基乙基·碳酸盐等的混合溶剂（图3-51、图3-52）。

$$正极：Li_{1-x}Mn_2O_4 + xLi^+xc \underset{充电}{\overset{放电}{\rightleftarrows}} LiMn_2O_4$$

$$负极：LixC \underset{充电}{\overset{放电}{\rightleftarrows}} C + xLi^{-4} + xe$$

$$合计：Li_{1-x}Mn_2O_4 + LixC \underset{充电}{\overset{放电}{\rightleftarrows}} LiMn_2O_4 + C$$

图3-51 锰酸锂电池的充放电反应

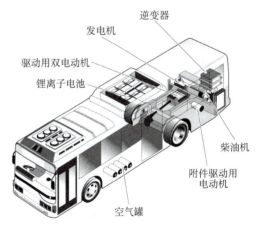

图3-52 锂离子电池的安装实例
（三菱汽车工业HEV）

3.5.8　电容器

混合动力电动汽车用电池系统除了二次电池以外，作为动力用电容器的双电层（Electric Double Layer）电容器的实用化研究也在不断开展。也就是在活性炭电极与电解液的界面形成双电层的大容量电容器，也叫做超大容量电容器（Ultra Capacity）、超级电容器（Super Capacity）或者电容电池。其充、放电时不发生化学反应，因此充、放电效率以及使用寿命方面有很大的优势。但是由于其能量密度较低,如何提高其能量密度也是一个尚待解决的课题。

电容器基本结构由一对活性炭正负极和将正负极隔开的隔片组成(图3-53)。通过与活性炭电极连接的铝电极进行电荷移动。上述的构成部分重叠在一起浸在电解液中并被密封。双电层电容器的耐电压受电解液电解电压的影响,因此电解电压较高的有机溶剂电解液对提高电容器的能量密度有很大的帮助(图3-54)。

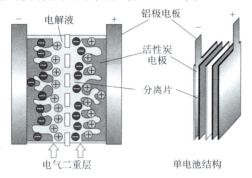

图3-53 电容器电池的基本构造

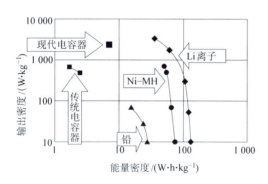

图3-54 电容器、二次电池的能量密度及输出密度[45]

3.5.9 电池组的装载设计

进行混合动力乘用车用电池组装载设计时,需要注意确保足够的室内空间、电池冷却的进排气性能、碰撞安全方面考虑的电池保护以及对乘员的触电保护等。电池组除了电池以及工作插头(Service Plug)遮断继电器、电池监测系统等电源电路零件以外,也有将逆变器和从高电压电源到辅机电源电压、为了升降压而与DC/DC变换器进行一体化设计后整体安装的实例(图3-55)。角形电池的实用化可以减小电池冷却空间。另外也有为了保证行李厢空间进行的新的安装设计,也有的为利用可能的空间而将其安装在座椅下面(图3-56)。

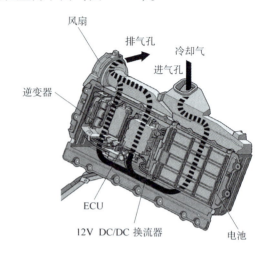

图3-55 逆变器一体式电池组的冷却系统设计

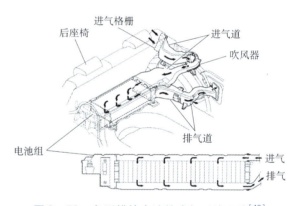

图3-56 角形模块电池的冷却系统设计[46]

3.5.10 电池管理

为了防止电动汽车、混合动力电动汽车的电池及电源系统由于过充电、过放电导致的电池劣化,需要构建与所用电池特性相一致的电池状态监测管理控制系统(图3-57)。

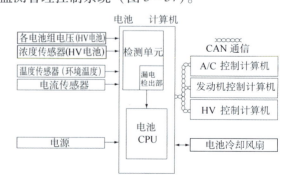

图3-57 混合动力电池控制系统[47]

电动汽车用电池充满电的机会比较多，因此需要构建以对满充状态进行判断为主的电池管理系统。铅酸电池对是否充满电的判断主要以充电电压为基础，对充电电流进行分阶段管理的多级充电控制。Ni–MH电池使用充放电电流积算处理和过充电反应时电池温度上升率 dT/dt（T为电池温度，t为时间）并用的SOC判断方法。锂离子电池的电池充电容量与电池电压呈线性关系，因此，一般用监测电压的方法进行控制。

混合动力用电池的容量较小，一般只利用电池SOC的中间范围，这可以防止过充电反应导致的电池劣化，而且可以提高电池的寿命（图3-58）。

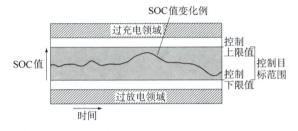

图3-58　混合动力电池SOC管理示例[48]

3.6　控制系统

3.6.1　概要

混合动力电动汽车除了发动机控制以外，还包括电动机、逆变器控制再生制动及液压制动的协调控制等从动力与能量两项控制的构建是关键。进行上述控制时需要的信号有油门、变速器挡位、电力系统各部位的电压、电流、电动机及发电机的转速信号等。混合动力最重要的技术就是利用上述的信号对高效的运转状态进行控制。

另外，通过对发动机、电动系统两个动力源状态的合理控制，以维持所需的动力，同时防止电池过充电等，以对蓄电池等的能量源进行保护控制。

3.6.2　发动机启停控制

通过对混合动力电动汽车停止时以及行驶过程中的发动机进行启停控制，可以大大改善油耗性能。但随之也会带来由于超过驱动系共振转速而产生的振动。设计发电机和电池输出功率时要保证发动机转速能够在短时间迅速启动。

3.6.3　驱动力控制

驱动力控制的输入信号有油门踏板开度、车速、电池状态（SOC）等，控制输出信号包括发动机的要求动力、发电机转矩以及电动机转矩等。首先根据油门踏板开度以及车速求出驾驶员需要的驱动转矩，根据该转矩和电动机的转速求出所需的驱动功率。求得的驱动功率、充电所需的动力以及系统的损失功率总和是整个系统所需的功率。接下来首先要算出为产生这一功率而有最佳效率时的发动机转速，将其作为目标转速。并根据电动机转速计算出发电机的目标转速，再利用PID控制确定发电机的转矩。这样就可以推算出发动机的转矩，进而求出发动机传递给电动机轴的转矩。最先算出的驱动转矩减去该传递转矩即是电动机的转矩。当未达到该确定值时，发动机停止工作，仅靠电池的电能输出完成行驶（EV行驶称为电动机行驶的行驶状态），此时发动机所需的动力为零（图3-59）。

3.6.4　动力管理

利用发电机输出功率与电池的输出功率之和求得电动机所消耗功率（驱动输出与损失），从而再算出电动机最大转矩。该计算结果超过额定转矩时，要将其控制在额定值以内（图3-60）。

3.6.5　再生制动协调控制

纯电动汽车、混合动力电动汽车利用驱动电动机作为发电机进行控制，因此可以获得再生制动力。另外，通过与液压制动力的协调控制，可以达到与普通内燃以往车型同等的制动感觉，而且通过再生制动进行能量回收得以降低油耗。图3-61所示为混合动力系统和制动系统的构成，它包括松开油门踏板时产生的与发动机等效的制动力以及操作踏下制动踏板时产生的制动力部分。为了能够使得这两者的制动力像普通内燃的车辆那样，驾驶员操作制动踏板即可，这样为了

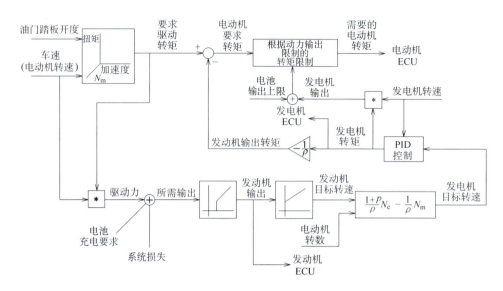

图3-59 THS系统控制图[49]

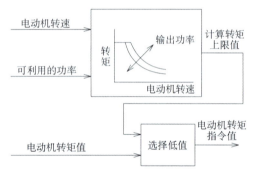

图3-60 电动机转矩指令推算[50]

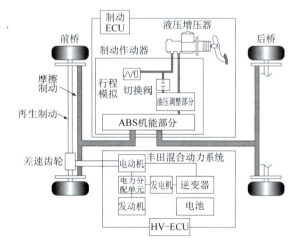

图3-61 混合动力系统和制动系统的构成

最大限度地得到再生,而使再生制动力与摩擦制动力得到合理的分配。这种控制称作再生制动协调控制。

车速较高的时候,由于电动机的转矩特性很难获得足够的再生制动力,因此需要用摩擦制动来补充不足的这一部分。随着车速降低,再生制动力得以不断增加,同时又减少摩擦制动力。当车辆停车时,再生制动力大幅度下降,此时利用摩擦制动力来满足驾驶员所需的制动力。

根据电池充电状态(SOC),电池可以接受的再生制动力会发生变化,因此需要根据具体情况对摩擦制动功率进行调整。该摩擦制动力是由车轮制动液压缸的液压控制而产生。除此之外,再生协调控制系统还要满足以下要求。

① 发动机停止不影响制动力。

② 制动时需要实时调整车轮液压缸液压,液压制动时要尽量避免操作噪声和振动的产生。

③ 液压控制对制动踏板行程感觉没有影响。

④ 由于要实时进行制动力电子控制,要求具有安全警示功能。

3.6.6 ECU控制系统

混合动力控制系统的ECU构成如图3-62所示。混合动力控制ECU的功能包括驱动力指令、诊断、安全警示等。混合动力控制系统是所谓的线控(By Wire)系统。当构成零部件发生故障时,为了防止驾驶员的驾驶意愿与车辆举动发生冲突,需要及时、准确的安全警示。具体要求如下。

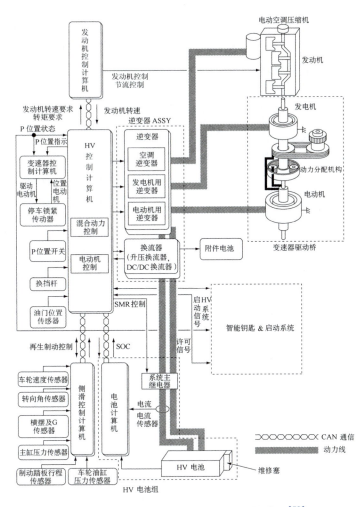

图 3-62　混合动力系统控制 ECU 构成图[52]

① 系统的构成要充分考虑安全警示的功能。
② 检测异常情况的功能。
③ 发生异常情况时系统的运转或停止方法。

3.7　其他要素设计

3.7.1　DC/DC 变换器

纯电动汽车与混合动力电动汽车搭载的电压电源主要有两种：一种是行驶用电源，即高压电池；另一种是车辆附件类以及控制 ECU 的电源，即 12V 电池。电动汽车无法利用交流发电机发电，一般采用的是降压型 DC/DC 电力变换器，即 DC/DC 变换器作为附件电源系统。混合动力电动汽车可以利用交流发电机发电，不过一般采用的也是能够进行高效率电力转换的 DC/DC 变换器。另外，配备二次电池的燃料电池混合动力汽车可以利用燃料电池作为电力辅助装置，除此之外，还要装载 DC/DC 变换器主要用于高电压时的双向转换。

图 3-63 所示为专门为乘用车附件电源系统

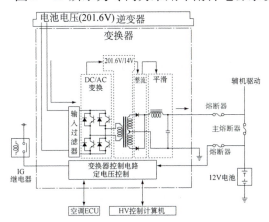

图 3-63　DC/DC 变换器[54]

设计的 DC/DC 变换器。主要由通过半导体开关 MOSFET 向高频交流转换的转换电路、高频变压器的降压电路、整流电路以及平滑电路构成。在设备的小型化、低成本化方面，进行了如下的努力：①提高工作频率，使变压器及平滑线圈小型化；②简化电路，减少零部件数量，整合电路基板，简化组装工序；③将空调逆变器等其他高电压电路进行一体化设计等[53]。

3.7.2 高压线束实例

3.7.2.1 高压线束

用来连接电动车辆的高压电池—逆变器以及逆变器—电动机—发电机的这些线束是传统车辆所没有的。该线束使用环境与传统汽车不同，需要通过高电压和大电流，因此，必须具备与传统线束不同的特殊性能的线束，且不在少数（图3-64）。

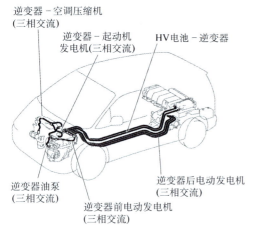

图3-64　高压线束布线实例（丰田 Estima HV）[55]

3.7.2.2 电线

发动机舱内的环境、地板下排气管附近的高温环境条件非常严酷，另外线束通过大电流时会产生热量，为了适应上述使用条件，一般高压线束使用的都是耐热聚乙烯包裹线芯而且加以密封的电线。由于现阶段还没有制定电动车辆专用的电线标准，所以一般各个公司都引用 JASO D608《汽车用耐热低压电线》、JASO D611《汽车用薄皮低压电线》、JASO D6722《道路车辆 60～600V 单芯电缆尺寸》、SAE J1654《高压主线缆》，并

制定了相应的各公司独自的内部标准。今后系统电压还有可能超过 600 V，所以，希望电动汽车的专用标准早日得到完善。

3.7.2.3 接头和端子

为了满足线束大电流通电的要求，普遍采用的是用螺栓固定圆形端子的方法。为了确保操作性以及维修性能，有时候也使用圆销形或 8.0 型、9.5 型的片状阴阳端子（图3-65）。

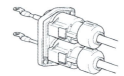

 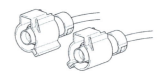

图3-65　高压接头

不论何种情况下，为了降低各个接头连接部分的放射电磁干扰，都采用了低压线束用接头很少采用的电磁屏蔽结构。在设计高压接头及端子时，请参照关于绝缘距离 JIS C 0704《控制机器绝缘距离·绝缘阻力以及耐电压》相关内容。

3.7.2.4 高压保险丝

在玻璃或者难燃树脂圆柱壳体两端上设置带电极的螺栓连接方式被广泛采用。作为结构的特征，为了应对高电压、大电流能量产生的电弧，在部件（一般为 Ag、Cu 合金的可熔体）周围填充消弧砂（主要成分为硅胶）（图3-66）。现在已经开始按照 JASO D612《汽车零部件——熔断器》进行标准化作业，在制定 JASO 标准的同时，日本还提出了追加 ISO 8820《Road vehicles Fuse links》标准的提案，目前正在审查过程中（图3-67）。

3.7.2.5 高压线束的识别

为了与一般的线束进行区分，提高操作方便性，日本电动车辆标准 JEVSTG Z003—2002《电动汽车用高压电线标记颜色》中对高压线的颜色进一步研究当中（图3-68）。

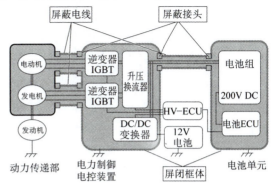

图3-68 高压电路电磁屏蔽的思路

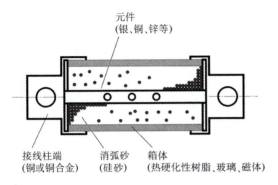

图3-66 高压熔断器

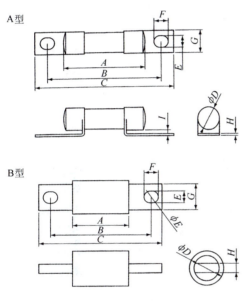

图3-67 高压保险丝的公称尺寸

进行了规定（橙色）[56]。

3.7.2.6 高压线束的动向

（1）铝线 高压线束的电线比普通电线要粗，一般为10~50 mm²，常用于高压电池、逆变器以及电动发电机等。随着使用长度的增加，其质量也相应地增大。为了解决质量增加的问题，部分车辆开始采用铝制电线，但是端子连接方法以及如何提高电线本身的机械强度、柔软性等课题尚待解决。

（2）屏蔽材料的简约化 接头连接部等都需要进行屏蔽处理。高压线束的制造工序，特别是屏蔽电线末端加工工序非常复杂。为了解决上述难题，目前正在开发新的材料，利用非屏蔽电线在线束制造完成后整体进行屏蔽的加工方法也在

3.7.3 继电器

用于连接高压电池与高压部件动力线上的继电器群称为系统主继电器（System Main Relay），除了具有开闭电路负荷的作用以外，还要求具有电路保护功能，在发生车辆异常情况时能够及时切断故障电流（断电器）。在通电状态下，打开继电器会产生电弧电流，这样会加速连接点的劣化，为此，基本的做法是在开关系统电路时切断逆变器电路，让继电器工作。驱动电池的充电电荷储存在与逆变器并连连接的平滑电容器中，为了避免继电器工作时产生电弧电流，一般借助电阻器来减小连接点之间的电压差，避免过大的电流通过（图3-69、图3-70）。

3.7.4 高电压安全对策

电动汽车、混合动力电动汽车及燃料电池车需要装载大型电池组或燃料电池，需要采取安全对策避免触电及电气灾害等。因此，需要对高压电路进行区分、标记、触电保护等，并能够监测高压电路的异常情况，必要时可及时切断电路。

（1）电压的区分 电动汽车、混合动力电动汽车电气电路的要求电压一般多设计在60 V以上。作为电动汽车防触电的安全要求，ISO 6469已经做出规定，直流电60 V以上以及交流电25 V以上需要进行触电保护。因此为了区分60 V以上的系统电压与附件电源，将其称为高电压。

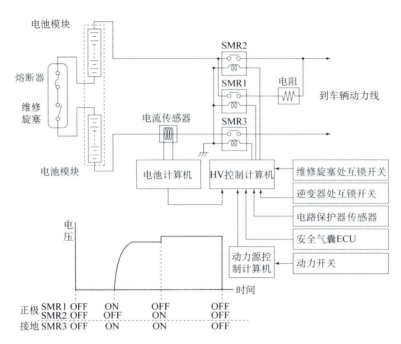

图3-69 高压电路的继电器控制[57]

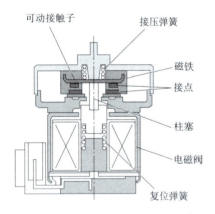

图3-70 高压电路用继电器[58]

使用高电压时，出于让使用者对安全方面引起注意，需要采取一定的安全对策。相关标准及规范已经做出规定，对于绝缘电阻值500 Ω/V以上或者人体容易触及电压在100 Ω/V以上的线以及高压电路的配线用橙色（JIS Z9821的8.8R5.8/12.5）进行区分。混合动力汽车辆以及燃料电池车也应该遵守该标准，不过混合动力汽车辆中也有采用42 V配线的。

42 V配线虽然不属于上述的高电压，但是与过去使用的12 V有所不同，为了区分，日本汽车技术学会发行的技术论文"汽车42 V配线识别颜色导引"中也主张使用JIS Z9821的颜色标记[60]。对于在高电压定义范围以外的电压，设计者要充分考虑相关标准、规范以便进行最终判断、合理应对。

（2）高压电路的隔离　保证触电安全的基本思路，是在于隔离高电压部位以及异常时的切断。隔离高电压是将电路的两极从车身本体处绝缘。高压单元增设壳体或外部披覆，避免与导电部位直接接触，壳体内部要与高压电路绝缘。另外，为了检测高压回路与本体之间的电隔离情况，还增加了绝缘阻力变差的检测功能。当绝缘阻力下降时，警报灯亮灯发出警示。

（3）高压电路的切断　高压电路是通过系统主继电器进行切断控制。为了保证在维修操作以及误操作时彻底切断电路，在电池电路中设置了维修旋塞，从而使其具有手动切断功能。另外，作为自动切断功能，当出现如下情况时，继电器打开，从而切断电路。

① 点火钥匙开关（IG key）处于OFF位置时；

② 高压单元的罩盖打开时；

③ 拔下维修旋塞而使继电器被切断时。

当发生碰撞事故高压单元受损时，为了防止触电，继电器会根据安全气囊的动作信号自动断开。为了保护高压电路避免短路，在电路内设置了高压用熔断器（图3-71）。

第3章 电动汽车

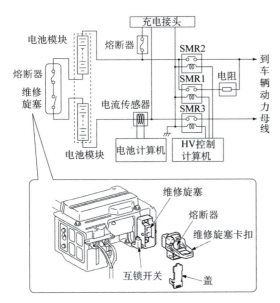

图3-71 高压电路的切断功能[61]

3.8 电气动力技术的未来

在汽车中,电气动力技术特别是混合动力技术已经成为现阶段最受人们关注的技术。20世纪90年代开始的,先进的电动汽车的开发、混合动力电动汽车的量产化、进而燃料电池车的实用化研究以及各国的示范应用等,使电气动力技术得到了飞跃性的发展。随着人们对地球温暖化问题的

日益关注和环保意识的不断提高,以及由原来的矿物燃料发展到氢燃料的这些背景,人们已经充分认识到电气动力乃是其关键技术。

电动汽车既有可以高速行驶的先进型EV,又有可以在城市内作为通勤用的微型交通车。后者是一种小型电动车,可以被人们共同利用而正在对其开展着一系列的试验活动。最近单人乘坐的低速近距离型电动车辆已经开始向实用化推进。对于日本即将来临的老龄化社会来说,将其作为一种交通工具,扩大其普及的可能性是存在的。

混合动力电动汽车不仅可以大幅度降低油耗,与发动机以及电动机控制组合后,还可以进一步发挥电动机的驱动力特性,从而达到从未有过的动力感觉。另外还可以通过轮毂电动机的安装技术实现新的运动性能。今后技术革新还将有望不断地向前发展,如燃料电池车上混合动力技术的应用等。

与这种趋势同步,作为支撑电气动力的主要技术,电动机、逆变器、电池原料、加工制造、售后服务、维修保养以及再循环等相关领域的技术革新同样不可或缺。为了推进这一汽车产业整体技术革新,也期待着今后电力电子学、电池技术等相关技术领域的革新有更加活跃的持续的发展。

第 4 章

动力传动系统

4.1 概述

动力传动系统是指由发动机输出功率传递到驱动车轮的各种装置所构成的系统。本章主要针对本系统构成的各要素起步装置、变速器、四轮驱动装置、传动轴、主减速器以及动力输出装置的功能、结构及各个装置所需的润滑油等进行说明。

4.1.1 动力传动系统的功能及结构

车辆的动力传动系统的功能主要包括起步、变速、主减速、差速、驱动力分配以及驱动力方向转换等。

(1) 起步功能 车辆动力传递时，需要具备反复将动力切断、连接的功能。车辆从静止状态到将发动机驱动力传递给变速箱输入轴，车辆开始行驶的过程中，驱动力要在两个不同转速的旋转半轴之间传递，这种功能被称为起步功能。

车辆用起步装置分为摩擦离合器装置和液力传递装置。摩擦离合器装置分为两种：一种是与手动变速器组合使用的干式离合器；另一种是在润滑油环境中使用的湿式离合器。

(2) 变速功能 发动机实现最佳输出特性的转速范围与实现最佳油耗特性的转速范围是不同的。而且车辆行驶状态中的低速、高速、加速、减速等由于受周围环境与驾驶者的意图影响而有很大的变化。起步加速和高速巡航时，如果不改变发动机转速和车轴转速的比例，很难高效率地利用发动机的输出功率。这种对转速比，即驱动力比进行变换的装置称为变速器。变速器分为驾驶员手动操作的手动变速器和根据运行状态自动判断最佳转速的自动变速器。自动变速器一般由具有起步、变速两个功能的液力变矩器和能够根据行驶状态自动选择不同多速比的液压式自动变速装置组成。

近年来，随着燃油消耗和加速性能要求能够双双得到满足，自动变速器的多挡化以及采用金属带的无级变速器的使用也越来越普及，而且使用特殊油脂利用向高压面挤压传递驱动力的环型（toroidal）无级变速器也开始了实用化。另外，以手动变速器为基础进行自动变速的 AMT（见 4.3.4 平行轴齿轮式自动变速器）也开始应用于实际当中。

(3) 驱动力的分配功能 四轮驱动车辆需要将驱动力分配到前后轮，一般分为全时四轮驱动式和二轮、四轮驱动进行切换两种形式。

(4) 主减速功能 将变速器的输出转速最终转化为与车轴相适合的转速的齿轮装置称为主减速装置。当发动机和变速器相对于车辆纵向布置的时候，该主减速装置也应能够进行旋转方向的转换。

(5) 差速功能 二轮驱动车的驱动车轮在左右两侧，车辆在行驶过程中，由于驱动轮的左右车轮行驶轨迹不同，需要相应的装置吸收左右车轮的转速差，并能进行驱动力分配。四轮驱动车的前后车轴也会产生转速差，同样需要该装置。

另外，当单侧驱动轮空转时，为了将驱动力传动给另外的驱动轮，有时也需要对差速进行限制。

（6）驱动力方向转换功能　悬架系统搭载于发动机，传动装置及车轮之间，需要联轴节进行连接，在允许一定量的相对运动的基础上传递动力。联轴节要具有能够改变旋转轴方向和伸缩的功能。

（7）润滑油　为了充分发挥动力传动系各个装置的功能，润滑油必不可少。传统式手动变速器、自动变速器、无级变速器以及 AMT 等各种装置对润滑油的要求也不尽相同，因此相应的使用各种不同的润滑油。

4.1.2　动力传动系统布置

完成车辆总体设计时，发动机的安装位置、安装方式和驱动轮的确定以及随之产生的动力传动系统的布置等都是车辆开发的重要项目。另外，发动机和动力传动系统的布置对车辆的造型设计以及行驶性能有很大的影响。反之，造型设计和车辆总体设计对动力传动系统的制约条件也很多。因此，为了确保动力传动系统布置的自由度，在维持一定强度水平的基础上，如何使该系统小型化、轻量化也是重要的课题。

各装置的布置对动力传动系的振动、噪声特性都有很大的影响，故需要针对产生振动的各个因素进行系统地改进，而包括了发动机和驱动轴等动力传动系统的弯曲振动、扭转振动的分析以及有效的减震研究，特别是对高速行驶车辆来说是不可或缺的课题。

4.2　起步装置

4.2.1　概要

4.2.1.1　起步装置的功能

以内燃机作为发动机的汽车，在其停车状态下，车轮一侧不转动的轴与发动机一侧旋转轴之间要进行动力传递，所以驱动车辆行驶的起步装置是必要的。起步装置要求具备以下功能。

① 发动机一侧的旋转轴转动时，车轮一侧的轴转速可以为零，而且转速为零时也可以进行驱动力传递。

② 能够持续、高效率地将发动机一侧的旋转轴动力传递给车轮一侧的轴。

③ 能够顺畅地在上述两种状态之间进行切换。

4.2.1.2　起步装置的分类及特征

典型起步装置大致可以分为干式离合器、湿式离合器和液力传递装置。根据它们各自不同的特点有选择地使用。

（1）干式离合器　干式离合器的特点是能够有效地进行驱动力的断续切换，一般与手动变速器组合使用。离合器断开时摩擦损失小，行驶状态时，维持直接驱动状态的能力比较强，但是极低速时微小的驱动力控制比较困难。

（2）湿式离合器　湿式离合器与干式相比对微小驱动力的控制比较容易，一般用于对滑移力要求较高的自动变速器和部分无级变速器，有在相对转动状态下对驱动力的控制比较容易的特点。但是与干式离合器比较，湿式离合器断开时的摩擦损失比较大。

（3）液力传递装置　液力传递装置是借助液体的作用传递动力，在吸收和降低旋转波动、振动方面有很大的优势，一般与对舒适性要求比较高的自动变速器和无级变速器相组合而使用。由于该装置是利用输入输出轴之间的相对旋转来传递动力，与离合器相比较，行驶状态下的传递效率比较低。为了弥补这一不足，一般都会在其内部增加直接连动功能（锁止机构）。

4.2.2　干式离合器

4.2.2.1　干式离合器的功能

一般干式离合器与手动变速器组合使用，驾驶者通过离合器踏板进行操作，不过电磁离合器等则是自动地工作。

如图4-1所示为典型汽车用离合器。踩踏离合器踏板，利用液压或者拉杆机构通过分离叉推压分离轴承，以此来解除施加于连接在变速器输入花键轴上、可以滑动的离合器从动盘上的负荷，最终使离合器分离。当抬起离合器踏板后，离合器盖内的弹簧的反作用力使踏板回位，离合器重新接合。

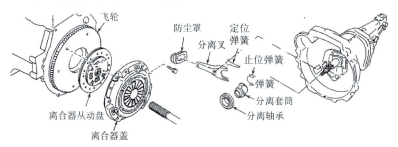

图4-1 车用离合器结构

4.2.2.2 干式离合器的特征

（1）干式单片离合器 干式单片离合器由离合器盖和离合器从动盘构成。

离合器盖通过螺栓与发动机的飞轮连接。其主体构成要素包括离合器盖、与离合器从动盘相互滑动的压盘以及对压盘施加轴向力的弹簧。根据轴向力施加方式的不同，离合器盖分为膜片弹簧式（图4-2）和螺旋弹簧式。

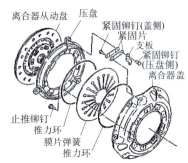

图4-2 膜片弹簧式离合器盖

离合器从动盘位于飞轮和离合器盖之间，通过花键可沿着变速器输入轴轴向滑动。离合器从动盘连接在变速器输入轴上，由沿旋转方向有一定刚性和滞后作用的缓冲部分以及与飞轮、压盘相互滑动的摩擦片组成（图4-3）。

干式单片离合器具有以下特征。

① 结构简单、质量小；

② 离合器切断性和变速器操作性好。

（2）干式多片离合器 并列使用两组以上的离合器从动盘与压盘的离合器称为干式多片离合器。

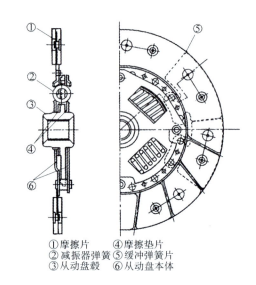

①摩擦片　④摩擦垫片
②减振器弹簧　⑤缓冲弹簧片
③从动盘毂　⑥从动盘本体

图4-3 离合器从动盘

干式多片离合器与单片离合器比较，具有以下特征。

① 获得的传递扭矩与离合器从动盘数量成正比，因此，离合器外径可小型化。

② 传递扭矩相同时，施加的推力负荷较小，可以减小离合器的踏板力。

4.2.2.3 基本参数

尺寸和离合器盖的负荷是离合器最重要的基本参数。尺寸由离合器的热负荷（主要是起步时的发热量）决定，而离合器盖的负荷则由所需的扭矩容量决定。

（1）起步时的发热量 设离合器接合完成的时间为 t_1，发热量为

$$Q = \int_0^{t_1} T_c(\omega_e - \omega_c)\mathrm{d}t$$

式中：ω_e 为发动机旋转角速度；ω_c 为离合器从动盘旋转角速度；T_c 为离合器扭矩。

为了简化计算，将车辆行驶阻力设为 0，另外离合器接合过程中假设 T_c 和 ω_c 一定，Q 与离合器接合结束后车辆得到的动能相等，即

$$Q = \frac{1}{2}I_v\omega_e^2$$

式中：I_v 为离合器轴上的车辆惯性力矩。

将离合器摩擦片的外径和内径分别设为 r_0 和 r_1，并将 Q 除以摩擦片面积，可得

$$\mathrm{d}Q = Q \cdot \{2\pi(r_0^2 - r_1^2)\}^{-1}$$

可以将 $\mathrm{d}Q$ 看成是离合器的热负荷指标。在确定离合器尺寸的时候要将 $\mathrm{d}Q$ 控制在使用的实际范围以内。

（2）扭矩容量　离合器可传递的扭矩最大值称为扭矩容量，扭矩为

$$T_c = 2n\mu \int_{r_1}^{r_0} 2\pi r \cdot pr \cdot \mathrm{d}r = \frac{4}{3}n\mu p \frac{r_0^3 - r_1^3}{r_0^2 - r_1^2}$$

式中：r_0 为摩擦片外径，r_1 为摩擦片内径，p 为摩擦片面压，n 为离合器从动盘数量（单片时为 1），μ 为摩擦系数（0.25～0.45）；离合器盖的负荷 $P = \pi p(r_0^2 - r_1^2)$。

当离合器扭矩容量过多地超过发动机扭矩时，容易过急的接合，而且剧烈的离合器操作会导致动力传动系统产生的冲击性扭矩增大。相反，当传递扭矩容量小时，离合器接合稳定，但是结合时的滑移时间较长，使离合器的使用寿命缩短。

传递扭矩容量与发动机最大扭矩的比值一般为 1.2～2.5，乘用车取小值，载货车和客车等大型车辆则取大值。

4.2.2.4　摩擦离合器

（1）离合器盖（图 4-4）　发动机扭矩通过离合器盖，从飞轮传给压盘。如图 4-4 所示，若分离叉通过套筒推动分离轴承，以支撑环为支点，膜片弹簧产生变形，压盘就会脱离离合器从动盘。

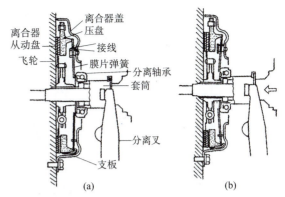

图 4-4　膜片弹簧式离合器盖工作原理
（a）压合时；（b）工作时

分离轴承移动量和压盘移动量的关系见图 4-5。当完全踏下踏板时，压盘移动量应包括离合器从动盘的缓冲弹簧挠性移动量（见 4.2.2.4 小节（2））+α（α 为离合器从动盘的轴向跳动量）。

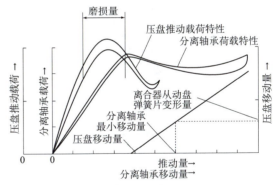

图 4-5　离合器盖特性曲线

膜片弹簧的特性见图 4-6。在 4.2.2.3 小节中规定了离合器盖负荷 p，其特性要求是必须在从动盘初始直至磨损这个阶段一直要保持不变。拉式离合器盖的断面图见图 4-7。拉式比传统的膜片式（图 4-8）的膜片弹簧杆杠比（A/B）大，因此可以减小分离所需负荷。

随着膜片式离合器盖中的摩擦片的磨损，分离轴承负荷不断增加。为了防止分离负荷的增加，有的离合器盖增加了磨损随动机构。带磨损随动机构的离合器盖的实例参见图 4-9。

对离合器从动盘的表面磨损量要加以监测，使膜片弹簧的状态保持一定，从而可以防止分离负荷的增加。

（2）离合器从动盘（图 4-3）　减震器弹

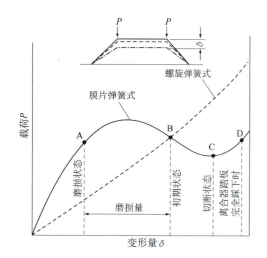

图4-6 膜片弹簧特性

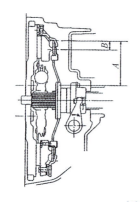

图4-7 拉式离合器盖[2]

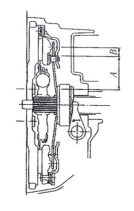

图4-8 膜片弹簧式离合器盖[2]

簧和摩擦垫片装在盘毂和离合器从动盘车体之间，吸收离合器接合时的冲击，而且可以吸收发动机的振动。有的离合器用橡胶代替减震器弹簧。

缓冲弹簧片是装在两片摩擦片之间的波形扇形板簧。通过它可保持平顺接合及半离合状态。波形片的挠曲量为0.4~1.5mm。

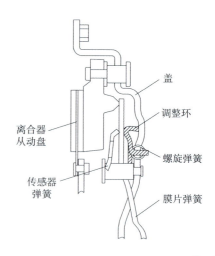

图4-9 带磨损随动机构的离合器盖[157]

离合器摩擦片材料要求具有以下特性。

① 具有一定的摩擦系数，并且对温度、滑动速度、表面压力的稳定性好。

② 具有充分的耐磨损性、耐热性。

③ 具有足够的抗离心力强度。

④ 为降低变速器同步机构的负荷，材料密度要小。

为满足上述条件，摩擦件过去使用石棉材料，制成纱线卷材料，或石棉纤维、摩擦调整剂，用树脂和橡胶均匀地混合，经加热而成型。但是由于法规对石棉的限制不断提高，最近都换为了非石棉材料，主要以玻璃纤维来代替石棉材料。另外，当离合器处于半接合状态时，车身会产生异常振动的抖动现象，这种现象受离合器摩擦片的摩擦特性影响很大。摩擦材料的特性，即滑动速度与摩擦系数的关系如图4-10（B）所示。摩擦片在离合器接合过程中μ上升，如果接合过急，会产生抖动现象。在决定摩擦片材料时，除考虑上述因素以外，还要考虑锈蚀导致的贴附性问题。

（3）离合器操纵机构：

（a）机械式操纵机构：离合器踏板和分离叉用金属线或连杆连接。机械式操纵的特点是结构简单且易维修等。操纵机构的缺点：①由于从分离轴承到离合器踏板是机械连接，所以驾驶员容易感觉到离合器的振动；②由于离合器从动盘摩擦片的磨损而引起踏板连接位置变化，所以，需要定期调整。

第4章 动力传动系统

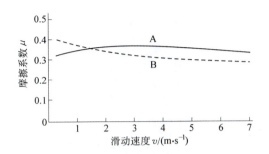

图 4-10 滑动速度和摩擦系数的关系[3]

(b) 液压式操纵机构：在离合器踏板侧和分离叉侧都装有液压缸，它们之间用液压软管连接。将踏板侧和分离叉侧液压缸分别称为主缸和工作缸。

由于液压式操纵装置采用工作缸结构，所以，即使离合器从动盘磨损，离合器踏板连接位置也不变。另外，由于没有离合器长拉杆的滑动摩擦，所以操纵平稳。但是，若空气混入离合器工作缸中，操纵就会不到位、不可靠，因此在装配和维修时应特别加以注意。

(c) 主缸（图4-11）：主缸由铸铁或铝合金缸体、活塞以及活塞皮碗、回位弹簧、树脂制成的储液室构成。活塞皮碗可采用不怕离合器工作油浸蚀的 SBR 等橡胶。当踏下离合器踏板时，通过主缸推杆带动活塞移动，堵住通往储液室的油孔之后，工作油就会通过管路送给工作缸。

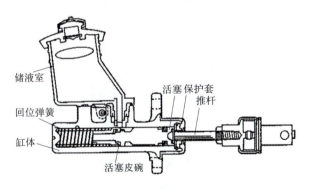

图 4-11 主缸液压出口[4]

(d) 工作缸（图4-12）：由主缸供给液压时，活塞被推动，并通过推杆推动分离叉。排气阀则是供排气时使用。

踏板回位，无液压后，活塞弹簧可防止活塞不必要的后退，使分离轴承与离合器盖杠杆部分（膜片弹簧前端）轻轻相接，这样，即使摩擦片

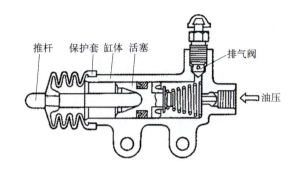

图 4-12 工作缸[5]

磨损也不需要调整工作缸的间隙。

(e) 分离轴承：通常，分离轴承一般采用润滑脂密封的球轴承。为了使发动机和变速器的偏心能得以吸收，有的还装备有自动调心结构。

(f) 同心从动缸（Concentric Slave Cylinder, CSC）（图4-13）：在液压式操纵机构中，液压缸布置在分离轴承的后侧，直接推动轴承形成工作行程。由于不需要分离叉，所以，零件数量少，可减小系统的总质量。

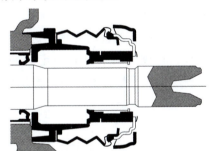

图 4-13 同心从动缸[158]

4.2.2.5 其他离合器

图 4-14 所示为 FF 车使用的电磁离合器的传动轴的例子。它一般装在带式无级变速器和发动机之间。主动件和从动件之间的磁粉通过线圈磁化后变为固体，可传递扭矩。

4.2.3 湿式离合器

4.2.3.1 湿式离合器的功能

湿式离合器是利用离合器接合的液压，在离合器分离以及全部接合的过程中，还包括有相对转动的状况下对驱动力进行控制的传递装置。

与自动变速器的滑移力一样，滑动状态下控

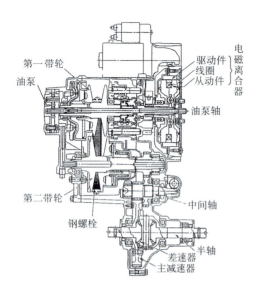

图4-14 电磁离合器[6]及其周边

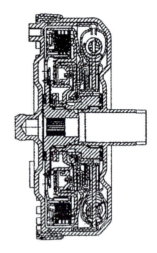

图4-15 Borg Warner 湿式启动离合器，组合有扭振减震器[8]

制较小的驱动力比较容易，但是需要有不间断的接合工作压力来维持接合状态。

湿式离合器与干式离合器不同，它主要依靠液压工作，一般用于对平稳性要求较高的自动变速器和无级变速器。

另外，与最普通的自动变速器起步装置——变矩器比较，行驶时对滑移有一定的抑制作用，因此在提高燃油经济性方面有所改善。

4.2.3.2 湿式离合器的基本形式和特征

湿式离合器分为单片和多片式。一般作为车辆用起步装置时，使用的大都是多片湿式离合器。多片方式可以增大摩擦面积，能够保证小直径大扭矩容量。

下面介绍典型离合器的形式及特征。离合器的基本结构不变，一般由多片摩擦板及金属板构成。

（1）发动机与变速器之间的布置形式 作为替换自动变速器启动装置的变矩器的机构，在发动机与变速器之间布置湿式离合器[7]。这种形式在既有的变速器上进行很小的改动即可完成，与变矩器比较，有轴较短这一优点。但是如果变速机构与使用变矩器时候相同的话，有可能速比范围不足，从而牺牲一部分动力（图4-15）。

（2）变速器与车轮轴之间的布置形式 属于在变速器与车轮轴之间布置起步装置的布置形式。如图4-16所示为本田无级变速器。此种布置形式需要确保离合器扭矩足够大。优点是在发动机一侧和车轮一侧均可以进行变速机构的接合与分离。

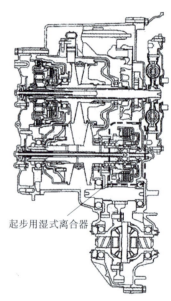

图4-16 本田无级变速器[9]

（3）与前进/后退切换离合器共用的形式 大部分的自动变速器以及无级变速器都具有前进/后退切换用的湿式离合器。为了简化结构，使变速器更加紧凑，也有采用前进/后退切换离合器与起步用离合器合二为一形式的[10]（图4-17）。

（4）与变速离合器共用的形式 从手动变速器发展而来的双离合器式 AMT 也采用湿式离

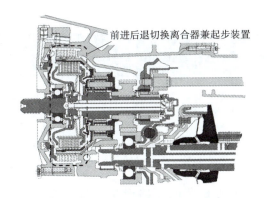

图 4-17 湿式多片离合器作为 Audi·Multitronic 无级自动变速器接合-分离元件

合器。双离合器 AMT 的湿式离合器兼具起步装置和变速离合器的功能，详情见 4.3.4 节（2）AMT 的基本形式和特征。

4.2.3.3 基本参数

摩擦面的内径 r_1 及外径 r_2、摩擦面的数量 z（z=摩擦板的片数×2）、摩擦面的负荷 f 以及摩擦面的摩擦系数 μ 等是湿式离合器的重要基本参数。

下面对确定各个基本参数而进行的代表性设计项目进行说明。

（1）传递扭矩容量　湿式离合器传递的扭矩为

$$T = \frac{2}{3}\mu \cdot f \cdot z \frac{r_2^3 - r_1^3}{r_2^2 - r_1^2}$$

一般利用液压活塞产生的负荷 f 来控制传递扭矩。

负荷 f 的最大值由最大液压、活塞面积、摩擦材料可承受的最大面压决定。负荷 f 达到最大值时的传递扭矩称为离合器的扭矩容量。

（2）热容量　湿式离合器的热容量由多片板的数量、板厚、直径等因素决定。一般情况下，与自动变速器组合的液力传递装置相比较，湿式离合器的热容量小，吸收相同热量后有更容易产生高温的倾向。

另外，与作为自动变速器的变速离合器使用相比较，湿式离合器作为起步装置时，由于需要在较高的相对转速下传递较高的扭矩，因此一般吸收热量较大。

这样，在特定的使用条件下，确保足够的热容量、抑制摩擦面在较低的温度成为重要的设计事项。

（3）润滑流量　湿式离合器允许在一定的允许滑动量内继续进行动力传递。

这样虽然可以确保热容量，但是摩擦面的温度也会慢慢上升，可能会给摩擦材料以及润滑油带来致命的损害。针对持续发热的情况，需要确保同等以上的散热量。一般增加润滑流量是最有效的方法。

4.2.4 液力传递装置

4.2.4.1 液力传递装置的功能

涡轮式液力传递装置是借助液体将发动机的动力传递给变速器的装置。仍然存在传递效率以及发热的问题，但是可以根据相应的负荷自动改变输出转速（自动变速性能），而且液体可以吸收一部分的振动冲击，在允许的滑动范围内，可以作为防止发动机停止的起步装置使用。

4.2.4.2 液力传递装置的基本形式和特征

汽车一般采用的是利用液体运动能量传递动力的涡轮式液力耦合器以及液力变矩器（以下简称变矩器）。

液力耦合器直接将输入轴的扭矩传递给输出轴。变矩器具有增加扭矩的作用，是应用相当广泛的汽车自动变速装置。变矩器根据不同的用途有多种多样的形式（表 4-1），乘用车一般使用结构简单的三元件单级二相式。元件数是指泵、涡轮以及定子的总数，级数是指工作涡轮的数量，相数是指类似单向离合器的机械性变化的功能分类数量（如变矩器范围和耦合器范围）。

4.2.4.3 变矩器

（1）变矩器的基本参数　变矩器由驱动泵轮、从动涡轮以及通过单向离合器固定在壳体上的导轮组成。各个叶轮浸在工作液体中，并以液

表 4-1 涡轮式液力传递装置分类

装置种类	液力耦合器	变矩器		
		三元件单级二相	四元件单级三相	三元件单级外流涡轮
叶轮的排列	T P	T P S(S_v)	T P S_1 S_2	S T P

注：P—泵轮；T—涡轮；S—导轮；S_v—可变叶片导轮。

体为媒质传递扭矩。如图 4-18 所示，根据输入轴的转动，液体从泵轮流出，按箭头方向顺次经过涡轮使之得到扭矩而转动，再经过导轮返回泵轮，周而复始地循环流动。

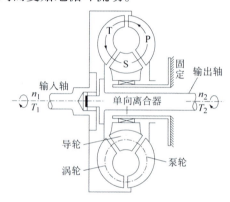

图 4-18 变矩器结构

变矩器的特性如图 4-19 所示。一般用转速比、扭矩比、效率以及容量系数来表示。扭矩比是输出轴扭矩和输入轴扭矩之比（$t = T_2/T_1$），容量系数用 $C = T_1/n_1^2$ 来表示，表现为在某一转速情况下输入的扭矩。

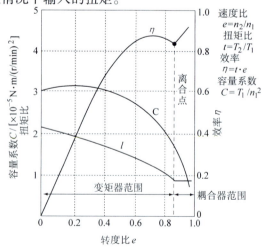

图 4-19 变矩器特性

（2）变矩器的流路形状　设计变矩器的时候，为了充分发挥发动机的性能，首先要通过发动机的扭矩特性求出所需的容量系数。一般容量系数与流路的典型尺寸的 5 次方成正比，即

$$C = T_1/n_1^2 = KD^5$$

其中 K 是由变矩器的形式、结构、工作流体的性质以及速度比决定的系数。通过上述关系求出流路外径的估算值。流路外径为变矩器的代表性尺寸，也是容量系数的重要决定因素，后面还会讲到，容量系数受各个叶轮的叶片角度影响，变化范围较大，因此，在选择流路外径时要充分考虑到尺寸和易加工的限制。另外，流路系数 $a = A/r^2$ 一般选 0.7 ~ 0.9。导轮由于受到单向离合器或轴的强度方面的制约，其平均流路上的半径比 $\rho_1 = \gamma_1/\gamma_2$，$\rho_3 = \gamma_3/\gamma_2$，一般选 0.5 ~ 0.6[12]。

确定流路形状时，要保证流路截面积沿着平均流线保持一定。过去形状曾以圆形或圆棱形为主，随着车辆前轮驱动的增加以及直结式离合器的采用，现阶段扁平式形状有所增加，这样受轴向制约较小（图 4-20）。

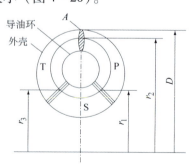

图 4-20 三元件一级式变矩器回路

（3）变矩器的叶片形状　在实际使用过程中，要求变矩器在大范围内具有很高的效率，因

此要将流动能量的损失降到最低限，各个叶轮也要选择最合适的叶片角度。

如图4-21所示，变矩器的损失分布分为各叶轮流路的摩擦损失和叶轮入口的碰撞损失，而摩擦损失随着速度比的增加而减少。

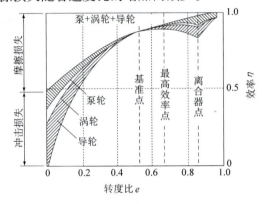

图4-21 变矩器损失分布

在设定平均流线上的出入口叶片角度时，要取得在某一速度比的情况下，各叶轮的碰撞损失均为0，同时根据变扭器的基础理论[11]的性能计算式所算得的效率为最大，在这一情况下来加以决定。此时转速比（Reference Point，基准点）设为e_0，循环流速设为β_0。选择基准点的时候可以利用图4-22所示的利用性能计算式求出的最高效率和零速扭矩比的性能图表[12]较为方便。

流路宽度范围内的叶片角度可以通过将流线分隔开并分别计算几个分割流线的方法求出，也可以用先假设流速分布，利用平均流线上的叶片角度求出其理论值。再参考求出的叶片进出口角度，用抛物线、圆弧或双曲线连接求出叶片形状。

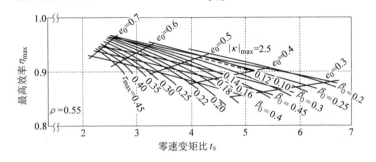

图4-22 性能图表（$\eta_{max} - t_s$ 曲线）

泵轮、涡轮是在基础曲线的基础上加厚形成的薄壁型叶片。

导轮中的流动，在一般情况下，与流路的长度相比较而言，转向角要大，因此，它可以被看作是沿叶片的流动。根据运动状态，流入角的变化很大。为此，前端半径要取得大些，以便使入射角在大范围内损失较小。且为了防止使流动剥离能够取得确定的转向角，需采用壁厚型叶片。

叶片数量理论上可以取无限多，但是叶片数量越多，流线阻力以及碰撞损失就越大；过少则不能使液体顺着叶片角度流动。一般来说，根据经验可将泵及涡轮叶片定在23~27片。再则，确定各叶轮的叶片数时，为了防止振动，叶片数应互不相同，且互成质数为宜。如图4-23所示，翼弦长度为l，导轮入口的平均流线上的间距为t，则$t/l = 0.5$左右，实际的叶片数量为10~20片左右[12,13]。

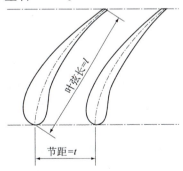

图4-23 导轮翼列的节距

设计变矩器的时候需要参考很多的试验性资料。当实际的性能与预测的性能有偏差的时候，一般会通过修改其中一个叶轮的叶片形状来对性能进行调整。如图4-24所示，是通过变更泵轮的出口角度来调整扭矩容量系数的（扭矩容量系数是容量系数被除以流线外径D的5次方）试验。

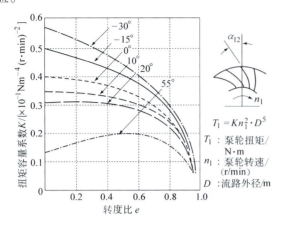

图4-24 泵轮出口角度的容量系数变化

另外，近年来利用计算机对变矩器进行理论分析发展的越来越快，可以通过更加严密的损失分析来寻求最合适的形状以进一步提高性能（图4-25）[15,16]。

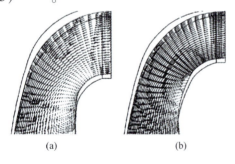

图4-25 涡轮速度矢量数值计算

（4）变矩器的零部件结构 为了实现变矩器的量产化，泵轮和涡轮一般采用冲压加工，导轮一般采用铝压铸成型方法。泵轮、涡轮的叶片设有多个突起形状，嵌在外壳和内核的槽上并将其突出及拆弯组装，也有的用点焊将叶片固定在外壳和内核上并经过铜液浸焊。导轮分沿径向拔模的压铸件和沿着轴向拔模的压铸件，乘用车量产一般采用的是轴向拔模方式。另外，变矩器本体一般都采用焊接整体式结构。

导轮的单向离合器有棘轮式、楔块式和滚柱式三种。目前广泛使用的是楔块式的。

（5）变矩器与发动机的匹配 液力耦合器及变矩器用于车辆时，需要选择与发动机和负荷特性相匹配的。例如当变矩器与发动机匹配的时候，要选择能够在大范围内获得高效率和高扭矩比，而且使发动机性能能够将容量系数充分发挥出来的那种变矩器。

图4-26所示是具有图4-19中特性的变矩器与发动机匹配的配合特性。容量系数曲线是相对于输入轴转速 n、转速比 e 一定的抛物线族。该抛物线与发动机扭矩的平衡点称之为整合点，转速比 $e=0$ 的容量系数曲线的左侧范围内不存在整合点。

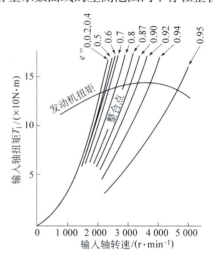

图4-26 变矩器输入轴特性

另外，变矩器的输出轴扭矩以及输出转速分别如下。输出轴特性参见图4-27。

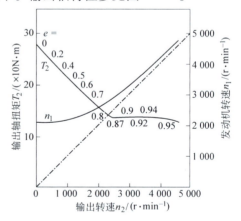

图4-27 变矩器输出轴特性

输出轴扭矩和输出转速分别为

$$T_2 = t \cdot T_1$$
$$n_2 = e \cdot n_1$$

变矩器应用于车辆时，零转速（一定输入扭矩下，涡轮不转动时的输入转速）是发动机最大扭矩转速的40%~100%。一般容量系数过大时，高效范围的利用率较高，对燃油经济性有利，但是加速性能明显下降,而且容易发生发动机停转现象。相反,如果容量系数过小的话,扭矩比较高的范围利用率较大,加速性能有所提高,但是燃油经济性下降。

4.2.4.4 液力耦合器

液力耦合器相当于没有导轮的变矩器,油循环路径由外壳和内核形成。其基本断面形状以圆形居多。有的耦合器没有内核(图4-28)。另外,由于液力耦合器的容量系数比变矩器大,具有同等容量的液力耦合器的尺寸要比变矩器小。

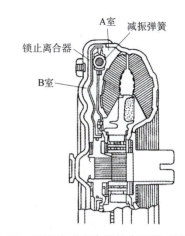

图4-29 带直接式离合器的变矩器(丰田)

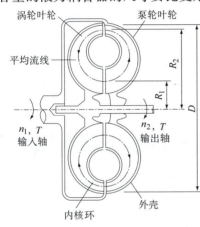

图4-28 液力耦合器结构

4.2.4.5 直接式离合器

液力耦合器和变矩器本身就是滑动元件,因此无法避免动力损失。为了提高车辆的燃油经济性,采取了输入轴和输出轴直接连接的方式。具体方法如图4-29所示,一般是通过花键嵌在涡轮轴上的活塞利用A、B室的液压差工作。但是也有利用离心力带动的离心式的。另外,直接式离合器工作时,为了吸收发动机扭矩的变化,采用了扭转减震器。扭转减震器大多使用弹簧,其特性分两级(图4-30)。

不过低速时扭转减震器吸收振动的效果不好,要利用液压控制,使直接式离合器的输入、输出轴之间产生相对转动,这就是锁止控制。如图4-31所示为锁止滑动控制的工作说明图,推动活塞工作的力 $F = F_1 - F_2$,在不工作时 $F < 0$,工作时 $F > 0$,通过液压控制改变 F_1 和 F_2 的大

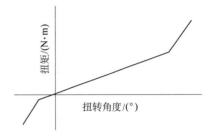

图4-30 锁止减震器扭转特性

小,使直接式离合器滑动并开始工作。

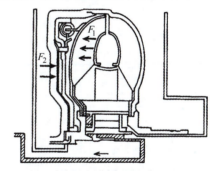

图4-31 滑动控制式直接离合器的工作说明图(本田)

另外,为了使滑动控制机构能够更加有效地工作,也有采用多片式锁止离合器的(图4-32)。

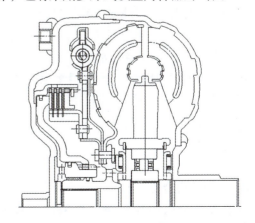

图4-32 带多片直接式离合器的变矩器(日产)

4.3 变速器

4.3.1 概要

4.3.1.1 变速器的功能

一般来说，汽车发动机旋转方向是不变的，实际使用范围内的扭矩也几乎不变。但是汽车的行驶工况是很多的，例如从停止到启动，从低速行驶到高速行驶，甚至倒车等。

因此，为了适应各种行驶工况并充分发挥发动机的性能，采用了变速器。首先，变速器要具有以下的基本功能：

① 改变速比；

② 改变旋转方向；

③ 能形成不进行动力传递的状态。

本节将针对上述的①和②的功能进行说明，③的内容请参照 4.2 起步装置的相关内容。

4.3.1.2 变速器的分类

变速器可以大致分为两类，一是具备上述 3 个基本功能的手动变速器，二是在上述 3 个功能的基础上增加以下 3 个功能的自动变速器。

① 自动切换速比。

② 自动分离与结合动力传递。

③ 与发动机协调，对上述自动变速以及自动分离与结合功能进行综合控制。

表 4-2 所示为按照变速器不同构成要素进行的分类。变速器的基本形式可以分为以下几类。

表 4-2 按照变速器不同构成要素进行分类

分类	起步装置	变速方式	挡位切换方法	采用示例
手动变速器	干式离合器	平行轴齿轮	手动	各公司大部分产品
自动变速器	干式离合器	平行轴齿轮	换挡执行元件	BMW SMG、法拉利 F1 挡位等
	湿式离合器		换挡执行元件、多片离合器	大众 DSG 等
	液力传递装置		多片离合器、单向离合器等	本田 Matic 等
		行星齿轮	多片离合器、单向离合器等	各公司大部分产品
无级变速器	干式（电磁）离合器	带驱动	—	富士重工 E-CVT
	湿式离合器		—	本田 multi-matic、奥迪 multi-tronic 等
	液力传递装置		—	丰田 Super-CVT、日产 extronic CVT 等
		牵引传动	—	日产 extronic CVT

（1）按照自动化情况分类

① 手动式：手动操作离合器和换挡切换。

② 半自动式：上述的部分动作自动化完成。

③ 全自动式：上述全部动作自动化完成。

现在半自动式变速器非常少，几乎全部是手动变速器和全自动变速器。另外很多也在全自动变速器上增加了手动切换变速比功能。

（2）按照起步装置分类

① 干式离合器。

② 湿式离合器。

③ 液力传递装置。

现在大部分的手动变速器都采用干式离合器，大部分的自动变速器采用变矩器（液力传递装置的一种）。这些起步装置的介绍请参照 4.2 起步装置的相关内容。

（3）按照齿轮排列分类

① 行星齿轮式（有级变速）。

② 平行轴齿轮式（有级变速）。

③ 无级变速式。

现在一般乘用车用手动变速器采用平行齿轮式前进变速挡位 5~6 挡的变速器，乘用车用自动变速器一般采用行星齿轮变速挡位 4~6 挡的变速器。上述齿轮系机构的介绍参见 4.3.2 手动变速器以及 4.3.3 自动变速器的相关内容。

另外，以平行轴齿轮式手动变速器为基础，组合了自动变速器功能的平行轴式自动变速器相关内容,见4.3.4节平行轴齿轮式自动变速器项。

另外,准确地说,相对于有齿轮系的有级变速式而言,不具有齿轮系的无级变速式也被归为此类。关于无级变速的详细内容见4.3.5节无级变速器的相关内容。

(4) 其他分类 除了上述按照基本功能分类以外,还可以按照手动变速器的操作方式分类,或者按照自动变速器的控制方式进行分类,以及按照两者通用的驱动方式分类。详细内容见4.3.2节手动变速器以及4.3.3节自动变速器的相关内容。

4.3.2 手动变速器

4.3.2.1 手动变速器的基本形式和特征

按照车辆的驱动方式以及变速器结构的不同,可以按照下面的方法对手动变速器进行分类。

(1) 按照驱动方式分类

① FR方式:变速器装在纵向前置发动机的后面,并通过离合器布置在发动机曲轴的同轴线上,如图4-33所示。它由输入轴、中间轴和输出轴三个轴构成。

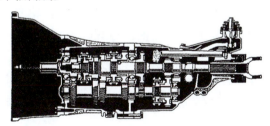

图4-33 FR车用手动变速器[17]

② FF方式:变速器和发动机以及传动车轴都装在汽车前面。为此,除离合器、变速器以外,通常也将主减速器装在同一齿轮箱内,一般将其称为变速驱动桥。

如图4-34所示,其布置方式有纵置型和横置型。另外,因为又加装了主减速器等,所以该形式的变速器有很多种,一般由输入轴和输出轴两轴所构成。

③ RR方式:发动机装在车辆的后面,变速

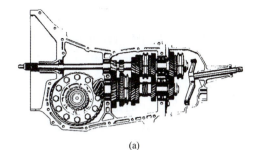

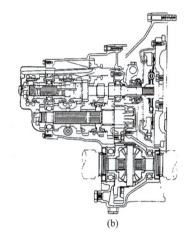

图4-34 FF车用手动变速器[19]
(a) 纵置型;(b) 横置型

器采用与FF方式(纵置型)相类似的结构。

④ 其他方式:包括全驱动方式、中置方式等。但是,除了有无动力分配装置和在车辆上装载位置不同之外,基本上采用与上述方式中某一种相同的方式。

(2) 按照齿轮系分类

① 输入输出轴同心型:由三个轴——输入轴、中间轴和输出轴构成。输入轴和输出轴通过轴承,装在同一轴线上。动力传递顺序有两种:按输入轴→中间轴→输出轴的顺序进行传递;使输入轴和输出轴直接连接,按输入轴→输出轴的顺序进行传递。一般用于FR车用变速器。

② 输入输出轴平行型:一般是由输入轴和输出轴两个轴构成。但是,也有由三个轴构成的(此外再加上中间轴)。上述各轴都是平行配置,按输入轴→输出轴或输入轴→中间轴→输出轴的顺序进行动力传递。一般用于FF车和RR车用变速器。

(3) 按照操作方式分类

① 直接操纵方式:如图4-35 (a) 所示,

将变速杆装在变速器，并通过变速杆直接操纵变速器内变速机构，是用于 FR 车用变速器的方式之一。

② 远距离操纵方式：如图 4-35（b）所示，变速杆不在变速器上，而是装在其他部位，变速器内的变速机构和操纵杆、操纵联动机构或推拉缆索等相连接。一般用于驾驶室内变速杆位置远离变速器的情况。

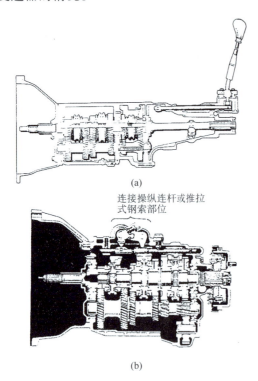

图 4-35 手动变速器按照操作方式分类
(a) 直接操纵方式；(b) 遥控方式

4.3.2.2 基本参数

手动变速器的基本参数如下。

(1) 中心距 影响手动变速器扭矩容量的齿轮强度和轴承容量，与输入轴和中间轴或输入轴与输出轴之间的距离（中心距）密切相关（图 4-36）。因此，一般把中心距作为表示变速器扭矩容量的代表参数来使用。另外，因为中心距对变速比的设定范围、变速器质量以及同步装置的能力等有直接影响，所以，要在充分考虑车辆性能（动力性能、油耗特性等）和操纵性能之后，再确定中心距这一重要的参数。

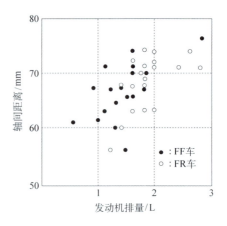

图 4-36 中心距示例（乘用车）[22]

(2) 变速比 变速比是影响车辆动力性能这方面的最重要参数。这里对决定变速比的基本思路予以介绍。

一般根据 1 挡变速比和最高挡变速比来确定变速比。根据最大爬坡能力的要求来确定 1 挡变速比[23]，即

$$i_1 = \frac{W r_D (\mu + \sin\theta_{\max})}{\eta_L T_e i_F}$$

另外，一般根据汽车要求的最高车速来决定最高挡变速比。若将 $V_{\max}$ 设为理论最高车速[23]，则

$$V_{\max} = \sqrt{\frac{T_e i_v i_F \eta_L / r_D - \mu_r W}{\mu_e A}}$$

式中：T_e 为发动机的最大扭矩；i_v 为齿轮变速器的高速变速比；i_F 为主减速比；η_L 为动力传动机构的效率；r_D 为驱动轮的轮胎滚动半径；μ_r 为滚动阻力系数；$\theta_{\max}$ 为最大爬坡角度；W 为汽车总重；μ_e 为空气阻力系数；A 为汽车正面投影面积。

另外，也有为了获得良好的燃油经济性，而在高速行驶时为降低发动机转数从而设置最高挡速比。

中间各挡变速比位于 1 挡和最高挡变速比之间，以各变速挡前后的发动机转数比不变的等比数列为基础，来决定中间挡变速比。但是，还应进一步考虑动力性和加速感觉从而作出更确切的选择。

表 4-3 所示为乘用车和载货车变速比的设定示例。图 4-37 所示为相关性能分析。若用

V1000（发动机转数为 1 000 r/min 时的车辆速度）进行比较，即可看出乘用车重视高速度，载货车重视整个变速比的大范围。乘用车的各挡速比间隔小，重视行驶时的操纵平顺性。

（3）齿轮系统　可根据挡数、速比、变速方式等来决定齿轮系统，但是，也需要考虑齿轮轴的刚度和组装性等。

表 4-3　变速比例

	1挡	2挡	3挡	4挡	5挡	倒挡	终减速器	发动机参数
乘用车	3.214	1.925	1.302	1.000	0.752	3.369	3.692	3L 汽油机涡轮增压
载货车	5.846	3.062	1.676	1.000	0.781	5.448	6.167	3.5L 柴油机涡轮增压

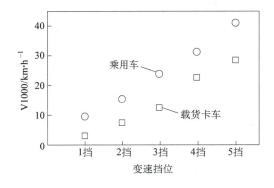

图 4-37　各变速挡的 V1000

关于变速器挡数，乘用车和小型载货车的主流采用 5 挡变速器。部分廉价车仍采用 4 挡变速器。在大、中型载货车上，使用可保证宽扭矩范围的 6 挡和 7 挡变速器的（图 4-38）。近年来，为适应车辆高性能、高级化的要求，在部分乘用车上也有采用 6 挡变速器的（图 4-39）。

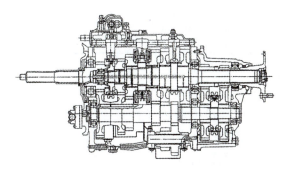

图 4-38　载货车用 7 挡变速器
（日产柴 MTS70A 型）[24]

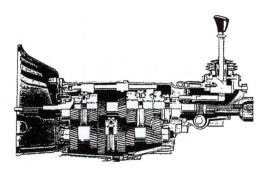

图 4-39　乘用车用 6 挡变速器
（雪佛兰 ZR1 用）[25]

（4）齿轮箱的结构　从齿轮的强度和噪声来看，箱壳不但要有足够的刚性，还要考虑传动系统的整体刚性，从而决定齿轮箱采用分体式结构。另外，因它直接影响齿轮箱整体质量和拆装性而成为重要的部件。

一般乘用车和小型载货车用的齿轮箱壳材料为铝制压铸件，大、中型载货车采用铸铁材料。另外，根据发动机形式、驱动方式、挡数、速比、变速方式、变速操纵方式的不同，齿轮箱的种类也越来越多，在设计时应考虑通用性和容易加工。

4.3.2.3　齿轮

变速器的齿轮不但要能高效率地传递动力，还要具有高耐用性和良好的噪声特性。

（1）手动变速器的动力传递路径　下面以平行轴式手动变速器的输入/输出轴同心型和输入/输出轴平行型的变速器为例，来图解各挡齿轮是如何传递来自发动机的动力的。图 4-40 所示为 FR 方式带超速挡的前进 5 挡变速器（输入/输出轴同心型）。图 4-41 所示为 FF 方式前进 4 挡变速器（输入/输出轴平行型）。

（2）齿轮的种类和材料　一般变速器齿轮使用渐开线齿形的斜齿轮，部分倒挡齿轮有时也使用直齿轮。

齿轮材料方面，为了满足齿轮严格的强度要求，一般使用渗碳钢。考虑到材料的易于采购和降低成本，多使用 SCr 钢和 SCM 钢。

（3）齿轮参数　齿轮的主要参数说明如下。

① 模数：表示轮齿的大小，一般低速挡齿轮使用大模数，高速挡齿轮使用小模数。

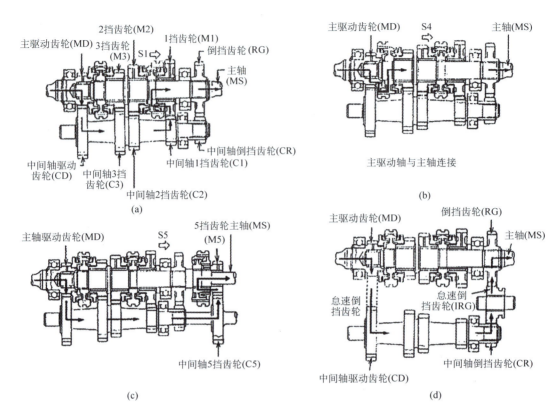

图4-40 FR方式前进5挡变速器动力传递路径
(a) 1挡；(b) 4挡（直接挡）；(c) 5挡；(d) 倒挡

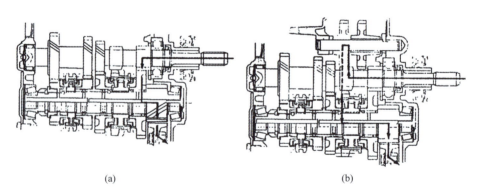

图4-41 FF方式前进4挡变速器的动力传递路径
(a) 1挡；(b) 倒挡

② 压力角：根据JIS的规定，压力角定为20°。但是，从减小噪声方面来考虑，也有使用17.5°和14.5°的。

③ 螺旋角：高速挡齿轮螺旋角大，一般设定在25°~30°。因为通过螺旋角会产生轴向推力，所以要充分考虑轴承等的支撑情况。

④ 变位系数：在中心距一定的两轴设置的几组齿轮对几乎全使用变位齿轮。影响齿轮强度的齿根齿厚，在正变位时增大，在负变位时减小。所以，确定变位系数时，要考虑与其配对齿轮的强度相平衡。表4-4所示为齿轮参数的计算公式[23]。

（4）齿轮强度 强度计算是指齿轮齿部的弯曲强度和齿面的表面接触强度的计算。一般急速启动时，1挡和倒挡齿轮将受到冲击扭矩，所以在设计时要注意使得主动齿轮和从动齿轮的齿根弯曲应力相等。还要考虑齿面的接触强度。

表4-4 齿轮参数计算表

参数		公式
模数	法向	m_n
	端面	$m_s = m_n/\cos\beta_0$
压力角	法向	α_n
	端面	$\alpha_s = \arctan(\tan\alpha_n/\cos\beta_0)$
扭转角	分度圆上	β_0
	基圆柱上	$\beta_g = \arctan(\tan\beta_0 \cdot \cos\alpha_s)$
齿数		z
转位系数	法向	x_n
	端面	$x_s = x_n \cdot m_n/m_s$
齿顶高		h_k
齿根高		h_f
分度圆直径		$d_0 = z \cdot m_s$
基圆直径		$d_g = z \cdot m_s \cdot \cos\alpha_s$
齿顶圆直径		$d_k = d_0 + 2h_k$
齿根圆直径		$d_r = d_0 - 2h_f$
节距		$t_0 = \pi \cdot m_s \cdot \cos\alpha_s$
法向节距		$s_0 = (\pi/2 + 2x_s \cdot \tan\alpha_s) m_s$
直径为d的圆上的弧齿厚		$s = d/2[1/z(\pi + 4x_s \cdot \tan\alpha_s) - 2(\mathrm{inv}\alpha - \mathrm{inv}\alpha_s)]$ (式中 $\alpha = \arccos(d_g/d)$、$\mathrm{inv}\alpha = \tan\alpha - \alpha$)
齿条形刀具齿顶高		$h_{kc} = h_f + x_n \cdot m_n$

另外，其他齿轮还要考虑到寿命的问题，在设计时要注意使得主动齿轮和从动齿轮寿命相等。近年来，也有采用对齿轮进行喷丸硬化的方法来提高其寿命的。

(5) 齿轮噪声 为了提高汽车的乘坐舒适性，对变速器齿轮噪声的要求也变得极高。众所周知，齿轮噪声包括啮合时产生的齿轮噪声和由于齿轮齿隙在旋转变化时引起齿面冲击时所产生的冲击声。

齿轮噪声与啮合度密切相关，一般端面啮合度和纵向啮合度分别定为1.2~1.3和1.3~1.7，总啮合度建议在2.5~3，但是也有时设为3以上。因此，要求齿轮高齿化和小节距化。另外，尽量将传递误差（齿轮对在旋转时产生的几何旋转误差）控制到最小，有利于降低齿轮噪声。为此，有时为了提高齿形精度和齿距精度也进行硬面（齿面已经过硬化处理）齿轮磨削。此外，如何实现齿轮支撑刚性和传动系综合的最佳化，也成为重要的研究课题。

另外，通过减小齿隙、提高齿轮箱隔声效果，以及传动系统刚性的最佳化，来尽量降低齿面冲击声。

4.3.2.4 同步器

为了进行平稳的变速操纵，在手动变速器上通常配备同步器。

同步器是在变速时通过摩擦力使同步侧和被同步侧的花键构件的转速相等而实现平稳变速操作的机构，由于其结构不同而有几种方式。下面对目前所用的主要同步器的结构、工作原理加以介绍。

(1) 锁环式 锁环式也称为Borg wahner方式。因为这种结构具有良好的操纵性、耐久性、组装操作性等，是现在最普遍使用的一种同步装置（图4-42）。

① 结构：由接合套、将外圈带有花键以便与

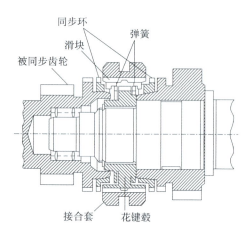

图4-42 锁环式同步器结构[23]

前述的套筒相结合的同步环、使之压在非同步齿轮摩擦面上的滑块和使滑块压在接合套上所用的弹簧等构成。

② 工作原理：

（a）接合套和滑块都向被同步齿轮方向移动，并由滑块推动同步环，一直压到与被同步齿轮摩擦面接触为止（图4-43（a））。

（b）若同步环与被同步齿轮的锥面接触，在同步齿环与非同步齿轮之间会有相对转动。所以同步环旋转量只要相当于滑块槽的间隙量时，接合套倒角和同步环倒角会处于对向的位置。这就是所说的定位（Indexing）状态（图4-43（b））。

（c）若接合套进一步移动，接合套和同步环倒角就会接触，同步环压紧被同步齿轮的摩擦面，从而产生摩擦扭矩，实现同步（图4-43（c））。

（d）同步结束后，摩擦扭矩消失，接合套移动并越过同步环，与被同步齿轮的花键相啮合，完成换挡（图4-43（d））。

最近为了在有限的空间内达到因发动机的大功率化和高转速化而增加的手动变速器输入容量，并且还要通过降低变速器操作力而提高操作性能。为了平衡上述两个相反的性能要求，而有采用多锥式同步器的（图4-44、图4-45）。

如上所述，一般单锥同步器的同步环和被同步齿轮只有一个摩擦面。相反，由于采用多个同

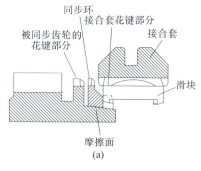

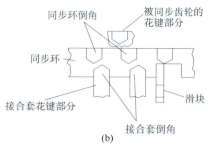

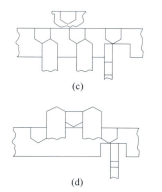

图4-43 锁环式同步器的工作原理[23]

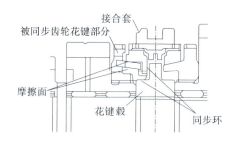

图4-44 双锥同步器的构造

步环和被同步齿轮锥部，而使摩擦面从以前的一个增加到两个甚至三个，同步容量增加2~3倍，这种同步机构即多锥同步器，前者称为双锥同步器，后者称为三锥同步器。用于装有大功率、高转速发动机的乘用车在变速时负荷较大的挡位以及四轮驱动车动力分配装置的2~4驱切换装置上。

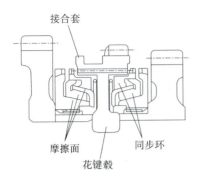

图 4-45 三锥同步器[26]

（2）锁销式　锁销式的结构及工作原理与锁环式相同。如图 4-46 所示，锁销兼有锁环式的推块与同步环外周的花键倒角的作用。

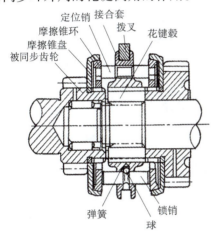

图 4-46 锁销式同步器结构[22]

锁销式的特点是它不受被同步齿轮花键直径的限制，可采用大直径摩擦面，所以可获得较大的同步容量，主要用于中、重型载货车等。

（3）伺服式（自行增力式）　伺服式也称为泊尔舍（porsche）式，其特点是利用同步作用时的自行增力效应，即使在苛刻的操纵条件下，也可在短时间内完成换挡操作，因此多用于赛车的手动变速器上。

① 结构：如图 4-47 所示，接合套的花键内径侧构成摩擦面，并在被同步齿轮上设置带摩擦面的 C 环状同步环，其内侧结构与鼓式制动器类似。

② 工作原理：若接合套移动，内径侧摩擦面就会与同步环的摩擦面相接触。通过摩擦可使同步环转动，并压向滑块、制动带。

进一步移动接合套，通过接合套与同步环之

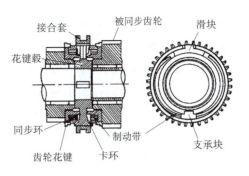

图 4-47 自动增力式同步器结构[22]

间的摩擦力矩以及底角块的支点作用使制动带弯曲、扩张产生增力作用。同步后，同步环缩小，并继续移动，与被同步齿轮的齿轮花键相啮合，换挡结束。

4.3.2.5　轴承

手动变速器的轴和齿轮的支撑部位要确保足够的旋转性能、传递效率以及耐烧结性能，因此要综合考虑负荷容量、支撑刚性、润滑状况以及空间等多种因素后选择不同的轴承。

（1）用于输出输入轴和中间轴的轴承　根据负荷容量和空间位置等的关系，对轴承的条件要求很高，不仅需要支撑输入输出轴和中间轴，还需要承受齿轮啮合而产生的径向负荷、轴向负荷等的反作用力（图 4-48）。

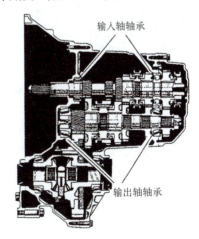

图 4-48 输入轴、输出轴轴承[27]

对负荷容量进行研究时，首先将上述反作用力换算成支撑轴承的等价径向负荷，根据各个挡位的使用频率，最终算出全变位挡的负荷容量。

一般多使用球轴承，也有的用滚子轴承、圆

锥滚子轴承和滚针轴承，也有同时使用多个不同轴承，使之相对排列设置的。

（2）用于被同步齿轮的轴承　在其他挡位行驶时，不工作的被同步齿轮在输出轴或中间轴上空转，当两者相对转速较小时，不用轴承。在齿轮或轴上设置润滑用的油槽和油孔，通过表面处理来防止烧结。如图 4-49 所示，相对转速大，并要提高耐烧结性，或减少空转旋转阻力，以及提高支撑精度时，则一般使用滚针轴承。

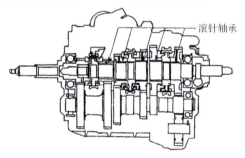

图 4-49　从动齿轮轴承[21]

（3）导向轴承　FR 车用手动变速器的输入轴需要支撑输出轴，该部位一般使用大容量的滚针轴承（图 4-50）。

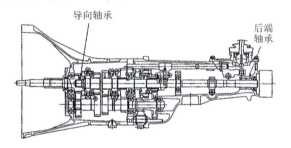

图 4-50　FR 车用手动变速器导向轴承

（4）其他　FR 车用手动变速器后端轴承多用铜类或巴氏合金类衬套。该处必须确保在高速行驶时对驱动系统的振动等有良好的耐烧结性能。

4.3.2.6　变速机构

为保证准确的变速操纵和良好的操纵性，要求变速机构具有以下功能。

① 各连接部位和滑动部位的阻力要小。

② 防止因传递扭矩的波动和路面凸凹不平等产生齿轮脱挡。

③ 防止因发动机、传动系统振动和变速操纵等产生噪声或共振。

④ 防止同时挂两个挡或误操作。

变速机构由以下部分构成：在沿轴承的方向上支撑变速操作部件的耦合套筒，在变速时使其沿轴的方向移动的换挡拨叉，将换挡杠杆的运动传给换挡拨叉的拨叉杆，换挡支架类零件，以及包括换挡杠杆在内的部件。此外，变速机构还由换挡自锁机构、选挡回位机构、防止齿轮脱挡机构、防止重复挂挡机构、防止倒挡齿轮误操作机构和防止倒挡齿轮冲击声等机构构成。

根据变速器内部结构，变速操纵可分为两大类型。一种如图 4-51 所示，换挡拨叉可以在固定于齿轮箱上的拨叉轴上滑动的单滑轨式。另一种如图 4-52 所示，拨叉分别固定在拨叉轴上，拨叉轴在齿轮箱支撑孔中滑动。但是，具体的直到拨叉为止的操纵力传递方法有很多种。

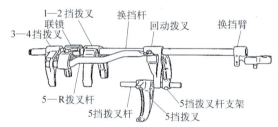

图 4-51　换挡拨叉滑动式变速操作部位（单滑轨式）

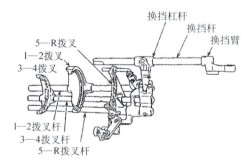

图 4-52　拨叉轴滑动式变速操纵部位

（1）换挡自锁机构　该机构的功能是当拨叉处于空挡位置以及换挡后的位置时，使变速操纵具有准确到位的手感，并产生防止齿轮脱出的反作用力。如图 4-53 所示，其结构一般是在拨叉杆和拨叉槽部嵌入钢球，通过弹簧来施加负荷。

（2）选挡回位机构　该机构的功能是防止

第4章 动力传动系统

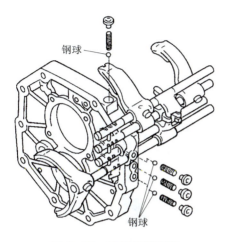

图4-53 换挡自锁机构

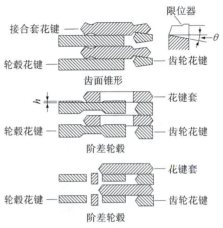

图4-55 防止脱挡机构

前进挡的误操作。

其结构如图4-54所示。在换挡杠杆的支点周边以及其他变速操作部件的周边装上弹簧及相关零件，产生作用力，使变速操纵杆保持在空挡位置，用以对上述变速操作部位施加负荷。另外该机构和自锁机构一起对变速操纵时的操纵性影响很大。

选择滑动式倒挡齿轮等时，在倒挡操作机构上增加自锁机构，或只在齿轮产生滑脱方向的力时操作机构具有停止功能，以此来防止齿轮脱挡。

（4）防止重要啮合的互锁机构 由于手动变速器每个挡位速比不同，需要确实防止多对齿轮同时啮合。

互锁机构就具有这种功能。如图4-56所示，当变速器中有多个拨叉杆时，一般在拨叉杆之间装互锁销和球。另外，当拨叉在一根拨叉杆上滑动时，也可在拨叉杆上装上锁板来防止双重啮合。

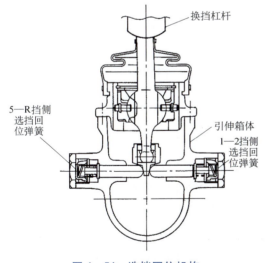

图4-54 选挡回位机构

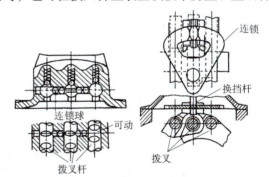

图4-56 防止重复啮合的互锁机构

（3）防止齿轮脱挡机构 常啮合式和同步啮合式变速器，在耦合套筒和被同步齿轮的花键啮合部双方设置斜度，用来防止在滑动齿套上产生齿轮脱挡方向的负荷。

另外，还有将有耦合套筒在上面滑动的同步齿毂的花键制成阶梯形的结构和去掉部分齿来减少同步齿毂花键的齿厚，提高花键的表面压力，以此来防止耦合套筒脱出（图4-55）。

（5）防止倒挡误操作机构是防止在前进挡行驶中误将变速器换为倒挡的机构。

结构上是在倒挡一侧的选挡回位机构上增加钢球和弹簧等锁止机构，或者当不压下换挡杆时无法进行换挡操作这样的形式。

另外，当5挡和倒挡对向布置时，增加上述结构。如图4-57所示，摘下5挡时，若换挡杆不回到空挡位置就无法换倒挡。

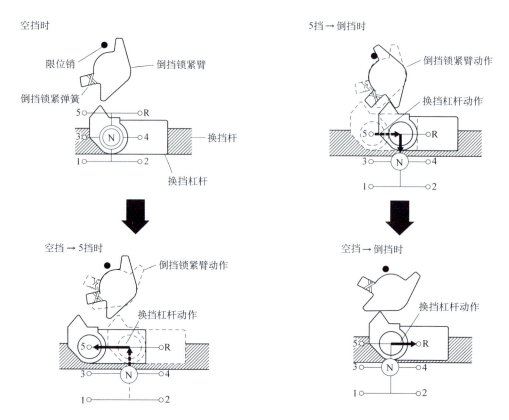

图 4-57　防止倒挡误操作机构

（6）防止倒挡齿轮冲击声机构　当车辆停止下来，切断离合器之后，挂倒挡的时候，由于惯性的作用，输出轴或中间轴仍继续转动。因此形成转速差的齿轮之间相互啮合，就会产生齿轮冲击声。为此，使用前进挡的某一个同步器或专门设置的制动器，在靠惯性转动的轴上进行制动，当换为倒挡时，就会消除啮合齿轮之间的转速差。将这种不产生齿轮噪声的机构称为防止倒挡齿轮冲击声机构（图4-58）。

除此之外，也有在倒挡上设置同步器，可以更加平顺地完成倒挡换挡操作的倒挡同步机构。

如果车辆不是完全停止，则防止倒挡齿轮冲击声机构不能防止齿轮冲击声，但是使用倒挡同步器，在其同期容量范围之内时，即使车辆有缓慢的前进趋势，也可以避免齿轮冲击声，较容易地完成进入倒挡的变速操作。

（7）其他　最近，为了提高操纵性，对同步器和变速机构都进行了一系列的改进。

采用轴承和树脂衬套来降低变速操作部件滑动时的摩擦阻力（图4-59），采用减震换挡杠杆时（图4-60）使橡胶衬套弹性系数达到最佳化，以及设定换挡杆杠杆比，来实现换挡杆换挡、选挡的理想行程。

4.3.2.7　其他

除上述外，手动变速器还有以下装置[23]。

（1）速度检测装置　根据齿轮变速器输出轴等的转速来检测车辆速度和行驶距离。

该装置有两种结构：一是在输出轴上装驱动齿轮，并通过速度表软轴来传递从动齿轮旋转运动的方式；二是不用速度表软轴，而是通过电信号来传递的方式。

（2）通气装置　该装置的作用是使齿轮变速器的内部压力与大气压经常保持相等，并且在齿轮变速器内的温度上升时保持内部压力不变，防止密封位置漏油。

其结构一般是在齿轮箱的上方安装雨水不能漏入的连通管状通气装置。

（3）防止噪声装置　在空挡时发动机处于怠速状态，由于转速变化会发生齿轮齿隙引起的噪声。

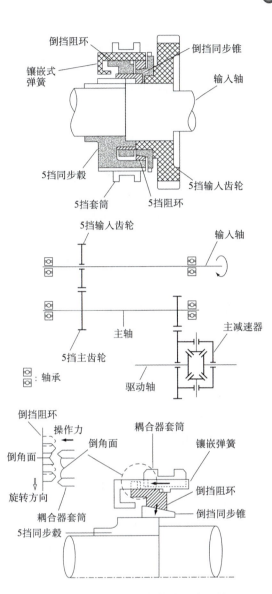

图 4-58 防止倒挡齿轮冲击声机构

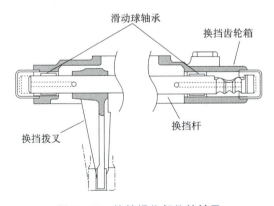

图 4-59 换挡操作部位的轴承

所谓防止异常噪声装置是指通过消除齿隙来防止齿轮噪声的装置，有摩擦齿轮方式（图 4-61）和剪式齿轮方式。

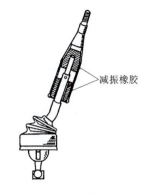

图 4-60 减震换挡杠杆

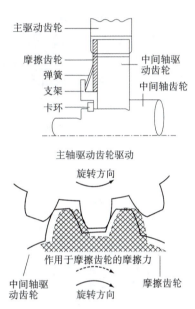

图 4-61 摩擦齿轮方式的结构和工作原理

摩擦齿轮方式是将与从动齿轮差一个齿数的摩擦齿轮通过弹簧压到从动齿轮上，并使两者都与驱动齿轮相啮合。转速差在两者之间产生摩擦力，通过驱动齿轮和摩擦齿轮的啮合来消除驱动齿轮和从动齿轮之间的齿隙，从而避免产生齿轮噪声。

此外，有时也采用摩擦减震器来降低空转时从动齿轮的轴向振动，减小齿侧面的冲击噪声（图 4-62）。

（4）副变速器　与齿轮变速器串接副变速器，以实现多挡化，主要用于载货车等（图 4-63）。

一般来说，根据不同的目的而将其分为增速型和减速型。增速型是用来降低中、高速区域的油耗和发动机噪声，减速型是为了增加高负荷时

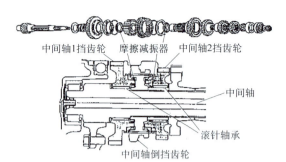

图4-62 摩擦减震器的结构[29]

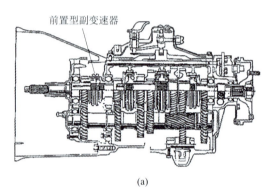

(a)

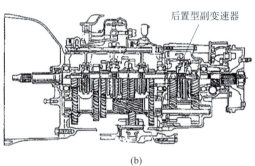

(b)

图4-63 带副变速器的手动变速器
(a) 前置型; (b) 后置型

的驱动力而增大变速比。

副变速器一般由两对齿轮构成。其布置方式有将副变速器布置在离合器和手动变速器之间的前置型和将副变速器布置在手动变速器与传动轴之间的后置型[22]。

4.3.3 行星齿轮式自动变速器

4.3.3.1 概要

本节主要针对自动变速器中种类最多的行星齿轮自动变速器的结构及其控制方法进行说明。

行星齿轮式自动变速器由数个行星齿轮和湿式多片离合器组合构成。其主要特点是可以通过一个行星齿轮实现两种变速比，可以进行逆向转动，并可以减少齿轮的数量。现在的变速器一般都是3~4个行星齿轮并用具有5~7个速比以及后退挡的变速器。

4.3.3.2 基本参数

自动变速器的基本参数有变速挡位数和齿轮速比。选择变速挡位数和速比时，要充分考虑到车辆油耗、尾气排放、动力性能、振动/噪声等多种因素的影响。

最近，为了有效地利用发动机输出功率，同时达到降低油耗的目的，对速比进行了宽范围（一挡和最高挡速比的范围）设计，使变速器实现多挡化（4、5挡升为6、7挡）。

4.3.3.3 控制方法

自动变速器的控制机构由油泵以及由各种液压阀构成的液压控制回路组成。最近，液压控制部分与电磁阀和液压开关组合使用，并利用计算机进行控制的电子控制方法已经成为主流。

电子控制的具体内容见4.3.5，而由原先的以车辆行驶速度与油门开度来决定齿轮挡位的主要控制项目，而变为在变速时要尽量减少变速冲击为目标的主要控制项目。并且，最近，自动变速器增加了自由选择挡位和根据驾驶者的驾驶方式更改换挡线路等控制，除了对换挡线路以及换挡冲击进行控制以外，对其他方面的控制也越来越多。这样的多方面控制仅靠单纯的变速器控制是很难实现的，必须与车辆的其他控制进行联合控制，共同提高车辆的性能。

4.3.3.4 行星齿轮系

行星齿轮装置由太阳齿轮、齿圈、与太阳齿轮及齿圈相啮合的几个行星齿轮以及行星架构成。太阳齿轮、齿圈以及行星架分别作为输入、输出以及反作用力元件，而对输入元件而言，可以使输出元件进行增减速、反转等。另外，若将行星齿轮系三个元件中的两个元件相连，可以进行一体化转动。

行星齿轮系的各元件转速关系如图4-64所

示,单行星齿轮公式为

$$Z_S n_S + Z_R n_R = (Z_S + Z_R) n_C$$

式中:Z 表示齿数;n 表示转速;下脚 S、R、C 分别代表太阳齿轮、齿圈以及行星架。

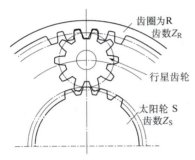

图 4-64 单行星齿轮系统

如图 4-65 的双行星齿轮公式为

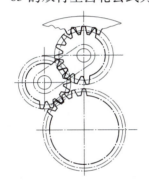

图 4-65 双行星齿轮系统

$$Z_S n_S - Z_R n_R = (Z_S - Z_R) n_C$$

将单行星齿轮和双行星齿轮的变速比 Z_S/Z_R 设为 ρ,其变速比见表 4-5 和表 4-6。

若将行星架固定,齿圈输入、太阳齿轮输出时的效率设为标准效率 η_0,则行星齿轮系效率 η 如表 4-7 所示。

表 4-5 单行星齿轮的变速比

输入	输出	固定	变速比
齿圈	行星架	太阳轮	$1+\rho$
太阳轮	齿圈	行星架	$-1/\rho$
行星架	太阳轮	齿圈	$\rho/(1+\rho)$

表 4-6 双行星齿轮的变速比

输入	输出	固定	变速比
齿圈	行星架	太阳轮	$1-\rho$
太阳轮	齿圈	行星架	$1/\rho$
行星架	太阳轮	齿圈	$\rho/(1-\rho)$

表 4-7 单行星齿轮的效率

输入	输出	固定	效率 η
齿圈	行星架	太阳轮	$(1+\rho\eta_0)/(1+\rho)$
行星架	太阳轮	齿圈	$\eta_0(1+\rho)/(1+\rho\eta_0)$
行星架	齿圈	太阳轮	$\eta_0(1+\rho)/(\eta_0+\rho)$
太阳轮	行星架	齿圈	$(\eta_0+\rho)/(1+\rho)$

一般用于自动变速器的行星齿轮系大都是辛普森式、拉维列式和 CR—CR 式。

(1) 辛普森式 辛普森式是指将两组单行星齿轮系的各个太阳轮连接,使一侧齿圈与另一侧的行星架连接的齿轮系(图 4-66)。它具有以下特点:

① 靠齿圈输入,对强度有利;

② 无动力循环(进行内部循环的动力);

③ 构成元件的转速低;

④ 效率高。

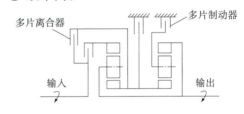

图 4-66 辛普森式齿轮系

(2) 拉维列式 是指一组单行星齿轮系与一组双行星齿轮系共用一个行星架和齿圈的齿轮系(图 4-67),它具有以下特点:

① 构成元件少;

② 轴向尺寸短;

③ 构成元件的转速低。

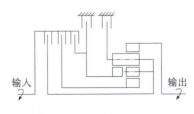

图 4-67 拉维列式齿轮系

(3) CR—CR 式 CR—CR 式是指将双排单行星齿轮系的齿轮架和齿圈分别连接的齿轮系(图 4-68),它具有以下特点:

① 变速比大;

② 效率高;

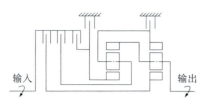

图 4-68 CR-CR 式齿轮系

③ 构成元件的转速低。

4.3.3.5 自动变速器的实例

（1）前进 3 挡自动变速器　3 挡自动变速器所用的齿轮系大都是辛普森齿轮系和拉维列齿轮系。

如图 4-69 所示为日产 3N71B 型变速器的构成图。该变速器采用的是辛普森齿轮系，并且是由 2 组离合器 C_1、C_2 和 2 组制动器 B_1、B_2 以及 1 组单向离合器 FW 构成。在 1 挡驱动时，单向离合器 FW 起反作用力元件的作用。

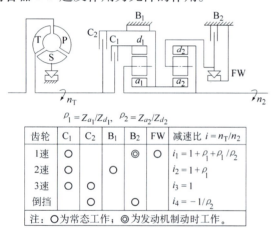

图 4-69　3N71B 型自动变速器

（2）前进 4 挡自动变速器　4 挡自动变速器由二组行星齿轮或者三组行星齿轮构成。

图 4-70 所示为 GM 公司 THM440—T4 型变速器的结构图。齿轮系由两组单行星齿轮组配而成。采用将一组行星齿轮和另一组行星齿轮的齿圈相结合的 CR—CR 式齿轮系。

（3）前进 5 挡自动变速器　图 4-71 所示为爱信 AW 的 95-50LS 型 FF 用 5 挡自动变速器。第一轴备有 CR-RC 型 4 挡变速器，在第二轴上增加了行星齿轮，以此来实现 5 挡化。1—2 挡和 4—5 挡变速通过单向离合器实现。

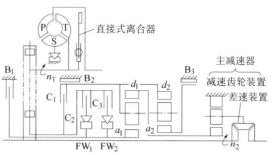

图 4-70　THM440-T4 型变速器

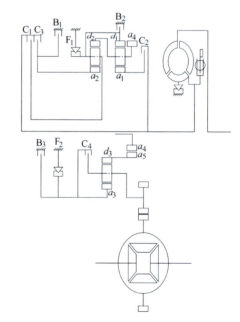

图 4-71　95-50LS 型自动变速器[31]

图 4-72 所示为 GMPT 制造的 5L50E 型 FR 用 5 挡自动变速器。在 4 挡拉维列齿轮系的基础

上增加了一组行星齿轮和环状齿轮，实现5挡化。虽然行星齿轮很简洁，但作为连接原件则装备有4组离合器、4组制动器、4组单向离合器；前进变速时都采用单向离合器。

组成的结构，传递效率较高，设有三个单向离合器，用于1~4挡变速。

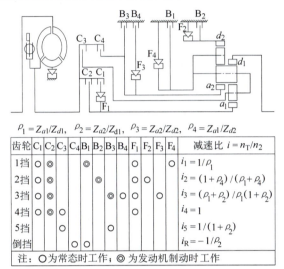

$\rho_1 = Z_{a1}/Z_{d1}$, $\rho_2 = Z_{a2}/Z_{d1}$, $\rho_3 = Z_{a2}/Z_{d2}$, $\rho_4 = Z_{a1}/Z_{d2}$

齿轮	C_1	C_2	C_3	C_4	B_1	B_2	B_3	B_4	F_1	F_2	F_3	F_4	减速比 $i = n_T/n_2$
1挡		◎		◎					○			○	$i_1 = 1/\rho_1$
2挡		◎		◎								◎	$i_2 = (1+\rho_4)/(\rho_1+\rho_4)$
3挡		◎	◎										$i_3 = (\rho_1+\rho_2)/\rho_1(1+\rho_2)$
4挡	○	◎											$i_4 = 1$
5挡	○						◎						$i_5 = 1/(1+\rho_2)$
倒挡						○		○					$i_R = -1/\rho_2$
注：○为常态时工作；◎为发动机制动时工作

图4-72　5L50E型自动变速器[32]

如图4-73所示为奔驰制造的W5A900型FR用5挡自动变速器。与W5A580相同，由三组行星齿轮串联组成的结构，传递效率有所提高，设有两个单向离合器，分别用于1—2挡和2—3挡变速。

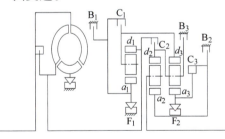

$\rho_1 = Z_{a1}/Z_{d1}$, $\rho_2 = Z_{a2}/Z_{d2}$, $\rho_3 = Z_{a3}/Z_{d3}$

齿轮	C_1	C_2	C_3	B_1	B_2	B_3	F_1	F_2	减速比 $i = n_T/n_2$
1挡				◎	◎		○	○	$i_1 = (1+\rho_1)(1+\rho_2)(1+\rho_3)$
2挡			◎	◎				○	$i_2 = (1+\rho_2)(1+\rho_3)$
3挡	○		○						$i_3 = 1+\rho_2$
4挡	○	○	○						$i_4 = 1$
5挡	○	○				○			$i_5 = \rho_3(1+\rho_1)/[\rho_3(1+\rho_1)+\rho_1\rho_2]$
倒挡1速				○		○			$i_{R1} = -(1+\rho_1)(1+1/\rho_2)\rho_3$
倒挡2速		○				○			$i_{R2} = -\rho_3(1+1/\rho_2)$
注：○为常态时工作；◎为发动机制动时工作。

图4-73　W5A900型自动变速器[33]

如图4-74所示为JATCO制造的JR507E型FR用5挡自动变速器，其由三个行星齿轮串联

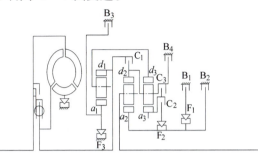

$\rho_1 = Z_{a1}/Z_{d1}$, $\rho_2 = Z_{a2}/Z_{d2}$, $\rho_3 = Z_{a3}/Z_{d3}$

齿轮	C_1	C_2	C_3	B_1	B_2	B_3	B_4	F_1	F_2	F_3	减速比 $i = n_T/n_2$
1挡	○						◎	○	○	○	$i_1 = (1+\rho_1)(1+\rho_2)$
2挡	○					◎		○	○		$i_2 = (1+\rho_1)(1+\rho_2)$
3挡	○			○				○			$i_3 = 1+\rho_1$
4挡	○	○									$i_4 = 1$
5挡		○		○							$i_5 = \rho_3(1+\rho_1)(1+\rho_2)/[\rho_3(1+\rho_1)(1+\rho_2)+\rho_1\rho_2]$
倒挡			○		○						$i_R = -(1+\rho_1)(1+1/\rho_2)\rho_3$
注：○为常态时工作；◎为发动机制动时工作

图4-74　JR507E型自动变速器[34]

如图4-75为爱信AW制造的TB-50LS型FR用5挡自动变速器。该变速器的齿轮系与该公司生产的TB-61SN6型挡自动变速器相同，有一组双行星齿轮系和两组行星齿轮构成，与JR507E一样设有三个单向离合器，用于1—4挡变速。

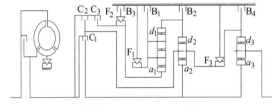

$\rho_1 = Z_{a1}/Z_{d1}$, $\rho_2 = Z_{a2}/Z_{d2}$, $\rho_3 = Z_{a3}/Z_{d3}$

齿轮	C_1	C_2	C_3	B_1	B_2	B_3	B_4	F_1	F_2	F_3	减速比 $i = n_T/n_2$
1挡	○						◎			○	$i_1 = 1+1/\rho_3$
2挡	○				◎				○		$i_2 = 1+1/(\rho_2+\rho_3+\rho_2\rho_3)$
3挡	○		○					○			$i_3 = 1+(1-\rho_1)/(\rho_1+\rho_2+\rho_2\rho_3)$
4挡	○	○									$i_4 = 1$
5挡		○	○								$i_5 = \rho_2(1+\rho_3)/(\rho_2+\rho_2\rho_3+\rho_3-\rho_1\rho_3)$
倒挡			○			○					$i_R = -\rho_2(1+\rho_3)/(\rho_1\rho_3)$
注：○为常态时工作；◎为发动机制动时工作

图4-75　TB-50LS型自动变速器[35]

（4）前进6挡自动变速器　图4-76所示为爱信AW制造的TF60型FF用6挡自动变速器。副变速器由三组离合器、两组制动器、一组单向

离合器、一组行星齿轮和一组拉维列型行星齿轮构成，其构造很简单。该齿轮系的基本构成与 ZF 制造的 6HP26 相同，只是增加了一个 1—2 挡变速用的单向离合器。

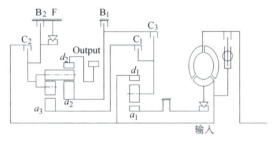

$\rho_1 = Z_{a1}/Z_{d1}$，$\rho_2 = Z_{a2}/Z_{d2}$，$\rho_3 = Z_{a2}/Z_{a3}$

齿轮	C_1	C_2	C_3	B_1	B_2	F	减速比 $i = n_T/n_2$
1挡					◎	○	$i_1 = (1+\rho_1)\rho_3/\rho_2$
2挡	○				○		$i_2 = (1+\rho_1)(1+\rho_3)/(1+\rho_2)$
3挡	○		○				$i_3 = 1+\rho_1$
4挡	○	○					$i_4 = (1+\rho_1)\rho_3/((1+\rho_1)\rho_3-\rho_1\rho_2)$
5挡		○	○				$i_5 = (1+\rho_1)/(1+\rho_1+\rho_1\rho_2)$
6挡		○		○			$i_6 = 1/(1+\rho_2)$
倒挡			○		○		$i_R = -(1+\rho_1)/\rho_2$

注：○为常态时工作；◎为发动机制动时工作

图 4-76　TF-60SN 型自动变速器[36]

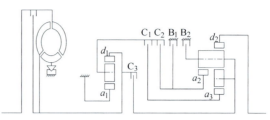

$\rho_1 = Z_{a1}/Z_{d1}$，$\rho_2 = Z_{a2}/Z_{d2}$，$\rho_3 = Z_{a2}/Z_{a3}$

齿轮	C_1	C_2	C_3	B_1	B_2	减速比 $i = n_T/n_2$
1挡	○				○	$i_1 = (1+\rho_1)\rho_3/\rho_2$
2挡	○			○		$i_2 = (1+\rho_1)(1+\rho_3)/(1+\rho_2)$
3挡	○		○			$i_3 = 1+\rho_1$
4挡	○	○				$i_4 = (1+\rho_1)\rho_3/((1+\rho_1)\rho_3-\rho_1\rho_2)$
5挡		○	○			$i_5 = (1+\rho_1)/(1+\rho_1+\rho_1\rho_2)$
6挡		○		○		$i_6 = 1/(1+\rho_2)$
倒挡			○		○	$i_R = -(1+\rho_1)/\rho_2$

注：○为常态时工作

图 4-77　6HP26 型自动变速器[37]

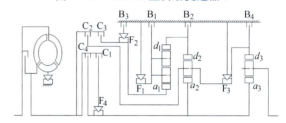

$\rho_1 = Z_{a1}/Z_{d1}$，$\rho_2 = Z_{a2}/Z_{d2}$，$\rho_3 = Z_{a3}/Z_{d3}$

齿轮	C_1	C_2	C_3	C_4	B_1	B_2	B_3	B_4	F_1	F_2	F_3	F_4	减速比 $i = n_T/n_2$
1挡	○							◎			○	○	$i_1 = 1+1/\rho_3$
2挡	○						◎		○		○		$i_2 = 1+1/(\rho_2+\rho_3+\rho_2\rho_3)$
3挡	○					◎			○	○			$i_3 = 1+(1-\rho_1)/(\rho_1+\rho_2+\rho_3+\rho_2\rho_3)$
4挡	○			○								○	$i_4 = 1$
5挡		○	○	○									$i_5 = \rho_2(\rho_1+\rho_3)/(\rho_2+\rho_2\rho_3+\rho_3-\rho_1\rho_3)$
6挡		○		○			○						$i_6 = \rho_2(1+\rho_3)/(\rho_2+\rho_3+\rho_2\rho_3)$
倒挡			○					○					$i_R = -\rho_2(1+\rho_3)/(\rho_1\rho_3)$

注：○为常态时工作；◎为发动机制动时工作

图 4-78　TB-61SN 型自动变速器[38]

图 4-77 所示为 ZF 制造的 6HP26 型 FR 用 6 挡自动变速器。齿轮系的基本构造与上述的 TF-60 相同，只是完全没有单向离合器。使用 5 个连接元件（与简单的 4 挡 AT 相同）可得到 6 速，结构简单且效率高。虽然多速化，但 AT 装载的空间并没有增加，而使离合器切换时间等的控制得到了加强，从而可以称为省略了单向离合器的自动变速器。

如图 4-78 所示为爱信 AW 制造的 TB-61SN 型 FR 用 6 挡自动变速器。该变速器由四组离合器、四组制动器、四组单向离合器、一组双行星齿轮以及两组行星齿轮构成。只在 5—6 挡时替代离合器而变速，而从 1—5 挡为止，使用了单向离合器。

图 4-79 所示为爱信精机制造的 A45X1 型 FR 用 6 挡自动变速器，与爱信 AW 制造的 TB-61SN 的构造相同。只有 1 挡使用单向离合器，是一种构造简单的 FR 用 6 挡自动变速器。

（5）前进 7 挡自动变速器　图 4-80 所示为奔驰制造的 W7A700 型 FR 用 7 挡自动变速器。

副变速器由三组离合器、四组制动器、变形拉维列式行星齿轮（一个太阳齿轮、两个环状齿轮）以及两组行星齿轮构成。不使用单向离合器，可实现前进 7 挡和后退 2 挡。

4.3.3.6 液压控制机构

（1）油泵　油泵一般使用齿轮泵，近年来为了提高效率，逐渐更多地采用了无月牙形齿轮泵（图 4-81）。

为了减少驱动损失，在高压情况下，运作的变速器油泵一般使用高效率的叶片型油泵。另

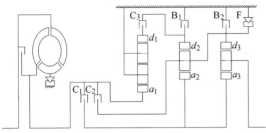

$\rho_1 = Z_{a1}/Z_{d1}, \quad \rho_2 = Z_{a2}/Z_{d2}, \quad \rho_3 = Z_{a3}/Z_{d3}$

齿轮	C_1	C_2	C_3	C_4	B_1	B_2	F	减速比 $i = n_T/n_2$
1挡	○					◎	○	$i_1 = 1 + 1/\rho_3$
2挡	○				○			$i_2 = 1 + 1/(\rho_2 + \rho_3 + \rho_2\rho_3)$
3挡	○		○					$i_3 = 1 + (1-\rho_1)/(\rho_1 + \rho_2 + \rho_3 + \rho_2\rho_3)$
4挡	○	○						$i_4 = 1$
5挡		○	○					$i_5 = \rho_2(1+\rho_3)/(\rho_2 + \rho_2\rho_3 + \rho_3 - \rho_1\rho_3)$
6挡		○			○			$i_6 = \rho_2(1+\rho_3)/(\rho_2 + \rho_3 + \rho_2\rho_3)$
倒挡				○		○		$i_R = -\rho_2(1+\rho_3)/(\rho_1\rho_3)$

注：○为常态时工作；◎为发动机制动时工作

图 4-79　A45X1 型自动变速器[39]

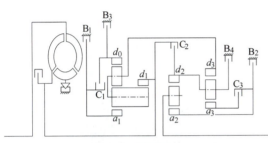

$\rho_0 = Z_{a1}/Z_{d0}, \quad \rho_1 = Z_{a1}/Z_{d1}, \quad \rho_2 = Z_{a2}/Z_{d2}, \quad \rho_3 = Z_{a3}/Z_{d3}$

齿轮	C_1	C_2	C_3	B_1	B_2	B_3	B_4	减速比 $i = n_T/n_2$
1挡			○	○	○			$i_1 = (\rho_0+\rho_1)(1+\rho_2)(1+\rho_3)/\rho_0$
2挡			○	○		○		$i_2 = (1+\rho_1)(1+\rho_2)(1+\rho_3)$
3挡	○			○		○		$i_3 = (1+\rho_2)(1+\rho_3)$
4挡	○	○				○		$i_4 = 1+\rho_2$
5挡	○	○	○					$i_5 = 1$
6挡		○	○				○	$i_6 = (1+\rho_1)(1+\rho_2)\rho_3/((1+\rho_1)(1+\rho_2)\rho_3 + \rho_1\rho_2)$
7挡		○				○	○	$i_7 = (\rho_0+\rho_1)(1+\rho_2)\rho_3/((\rho_0+\rho_1)(1+\rho_2)\rho_3 + \rho_1\rho_2)$
倒挡1速				○			○	$i_{R1} = -(\rho_0+\rho_1)(1+\rho_2)\rho_3/(\rho_0\rho_2)$
倒挡2速			○				○	$i_{R2} = -(1+\rho_1)(1+\rho_2)\rho_3/\rho_2$

注：○为常态时工作

图 4-80　W7A700 型自动变速器[40]

外，从驱动方式方面来看，有的也利用链驱动，将泵体与布置在发动机转动轴不同的轴上（图 4-82）。这样不仅能够实现泵本身与变速器整体的小型化（变速器长度缩短），而且可以提高工作效率。目前，这种形式的泵正越来越多地被采用。

（2）控制阀　油泵供给的液压通过控制阀分配给控制所必要的执行元件，液压回路如图 4-83

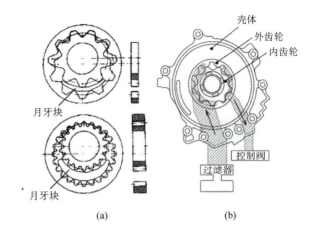

图 4-81　齿轮泵

（a）带月牙块齿轮泵；（b）无月牙块齿轮泵

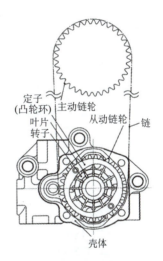

图 4-82　不同轴链驱动式叶片泵

所示的阀体构成，可进行液压切换和调节的线轴式阀内置于阀体中（图 4-84）。

图 4-83　阀体外观

通过 T/M 控制电脑向液压控制用电磁阀（图 4-85）输送的电流使之变化而进行液压控制。电磁阀可以分为三大类：一种是根据电波信号进行 ON-OFF 切换来改变液压；一种是定期

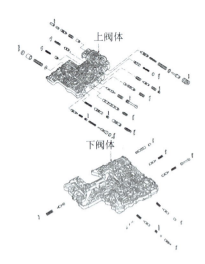

图 4-84 阀的构成

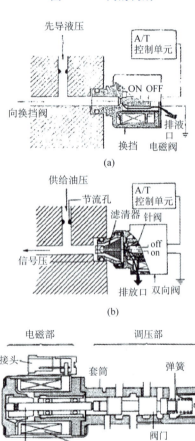

图 4-85 液压控制用电磁阀
(a) ON-OFF 电磁阀;(b) DUTY 电磁阀;
(c) 线性电磁阀

地供应脉冲电流,通过改变每个脉冲的电流附加宽度(DUTY)来模拟调整液压也即 DUTY 型;还有一种是内部设有调压阀,将电磁力转换为液压,即线性电磁阀。

通过组合上述电磁阀来构成图 4-86 所示的具有不同功能的液压控制回路。对所有控制功能进行整合后,形成了图 4-87 所示的阀总成部件。

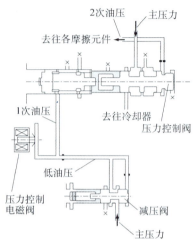

图 4-86 主压力控制回路

图 4-87 阀总成部件外观

4.3.3.7 电器元件

自动变速器的电器元件大体分为传感器、开关类以及执行元件类。

传感器、开关类电器元件包括检测自动变速器输出入轴转速的电磁检测方式,或 IC 方式的转速传感器、检测离合器等油量、状态的液压开关以及液压传感器、检测自动变速器内部变速器油温的油温传感器、检测驾驶员选定的齿轮挡位(P-R-N-D-L 以及 3……等位置)的位置开关等。

执行元件主要包括安装在液压控制阀上的进行液压回路切换的 ON/OFF 式电磁阀、离合器等摩擦元件上进行液压变换的 PWM 电磁阀以及线性电磁阀等。

4.3.3.8 AT 计算机

AT 计算机是对自动变速器的摩擦材料液压系统进行控制的计算机（图 4-88）。它分为安装在车辆室内或发动机室内的车载型和安装在自动变速器上的搭载型。

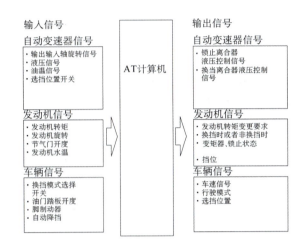

图 4-88　AT 计算机控制系统图

车载型分为单纯控制自动变速器的单体型和同时对发动机计算机进行综合控制的综合型。另外，搭载型分为自动变速器内部的传感器、执行元件以及 AT 计算机一体化的机电一体式和安装在自动变速器壳体外部的外部装配式。

AT 计算机内部由微型计算机的存储部分、输入信号回路部分、输出信号回路、电源回路以及通信回路构成（图 4-89）。

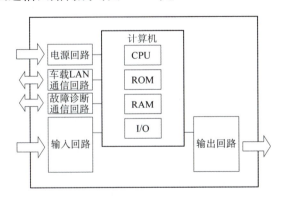

图 4-89　AT 计算机内部结构

微型计算机的存储部分由对 AT 控制程序和数据进行计算处理的微处理器 CPU、储存程序和数据的 ROM 暂时存储计算处理后数据的 RAM 存储器以及输出输入回路和 I/O 构成。

最近，使用闪存 ROM 可以在 AT 计算机车载的状态下完成程序和数据的重写工作。

电源回路的车辆电压用微型计算机或者其他 IC 的工作电压（3~5V）来替换。

输入信号电路部分要与自动变速器或车辆其他计算机的开关、传感器或者电气信号输入到微型计算机内的电压、电流和频率等相匹配。输入信号回路一般会增加去除干扰噪声的过滤回路。另外，一般都将模拟信号转换为数字信号的 A/D 转换器内置于微型计算机的 I/O 内部。

输出信号回路是将微型计算机输出的信号转换为驱动自动变速器电磁阀、车辆照明等的电压、电流和频率等。

电磁阀输出回路具有以下功能：当电磁阀、AT 计算机和自动变速器间的车辆电线检测到短路或断线情况时，将信号输送到微型计算机。

通信回路分为两部分，一部分是与发动机控制和制动控制等其他车载计算机进行通信的、与车载 LAN（Local Area Network）连接的回路，另一部分是与车外故障诊断机器进行通信的回路。

一般情况下程序的 OS 部和 I/O 部用汇编语言，应用程序用 C 语言来完成。

4.3.3.9　电子控制

（1）电子控制系统　由上述的传感器、执行元件等构成电子控制系统（图 4-90）。

（2）变速控制　一般根据车辆的速度以及油门开度进行变速控制。如图 4-91 所示，由实时 T/M 控制计算机对换挡图和现在变速器运转状态进行对照，判断是否需要升挡、降挡或者保持原来的挡位。

例如，当计算机判断需要 2—3 挡换挡时，就要进行以下的控制：释放 2 挡的连接元件，连接 3 挡的连接元件。图 4-92 所示为典型的 2—3 挡系统。当计算机改变电磁阀的电流后，产生变速需要的信号压力，该信号压力施加于 2—3 挡换挡阀上，换挡阀开始工作，释放带式制动器和连接直接式离合器同时进行，最终完成 2—3 挡

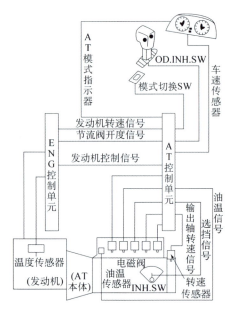

图4-90 电子控制系统

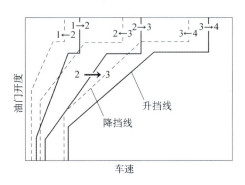

图4-91 换挡图

换挡工作。如图4-92所示,油压作用到伺服释放室后,使伺服活塞向制动带松开的方向移动。与此同时,油压也加到了直接式离合器的活塞上,从而实现了直接式离合器相连接的控制。

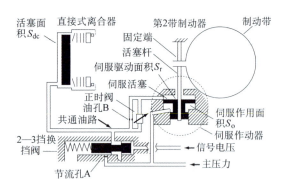

图4-92 2—3换挡系统示例

(3)换挡冲击控制 升挡换挡时,一般输出轴转矩会产生如图4-93所示的变化。换挡开始后,高速齿轮用离合器容量上升,会使输出扭矩发生变化(扭矩相)。

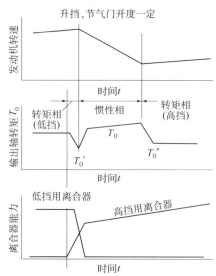

图4-93 换挡时输出轴转矩波形图

然后,发动机开始转动,发动机转动惯性能量释放后使输出轴转矩发生变化(惯性相)。最后发动机转动变化结束后再次发生转矩相。输出轴转矩变动幅度越大换挡冲击越大。各相的输出轴转矩 T_0、T'_0、T''_0 可以根据动力传动系统的构成以及连接方法为基础计算出来。代表性计算见图4-94。

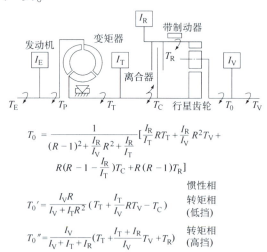

$$T_0 = \frac{1}{(R-1)^2 + \frac{I_R}{I_V}R^2 + \frac{I_R}{I_T}}[\frac{I_R}{I_T}RT_T + \frac{I_R}{I_V}R^2T_V +$$

$$R(R-1-\frac{I_R}{I_T})T_C + R(R-1)T_R]$$

$$T'_0 = \frac{I_V R}{I_V + I_T R^2}(T_T + \frac{I_T}{I_V}RT_V - T_C) \quad \begin{matrix}惯性相\\转矩相\\(低挡)\end{matrix}$$

$$T''_0 = \frac{I_V}{I_V + I_T + I_R}(T_T + \frac{I_T + I_R}{I_V}T_V + T_R) \quad \begin{matrix}转矩相\\(高挡)\end{matrix}$$

式中:I_T 为涡轮惯性力矩;I_R 为反作用力部件惯性力矩;I_V 为输出轴惯性力矩;T_T 为涡轮转矩;T_R 为反作用力部件(驻车制动)转矩;T_C 为离合器转矩;T_0、T'_0、T''_0 分别为输出轴转矩;R 为低挡齿轮减速比。

图4-94 典型动力传递机构换挡时的理论输出轴转矩

从理论公式中可以看出,输出轴转矩受各个

转动轴惯性量以及齿轮比的影响。

利用上述原理，在电子控制时，为了实现变速时输出轴转矩目标波形，应尽量对离合器的转矩容量进行精确控制。具体情况参见图4-95，它组合了离合器液压电子控制系统，对离合器液压的大小以及加压时间等可加以精确控制。

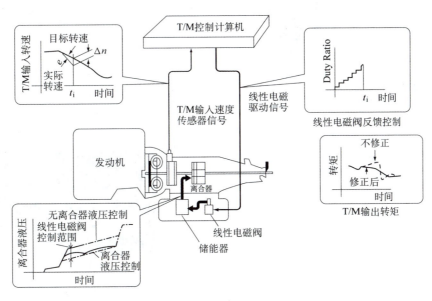

图4-95 离合器液压电子控制系统

另外，从各相的输出轴转矩可以看出涡轮转矩也有很大的影响，所以近年来升挡换挡时大多采取先将发动机转矩降下来的方法，以此来改善控制效果。通过减扭控制可以提高换挡速度，减小输出轴转矩变化，从而减小换挡离合器的热负荷（图4-96）。

（4）锁止控制 随着提高燃油经济性要求，越来越多的AT开始采用与变矩器直接连接的锁止机构（图4-97）。

通过向变矩器内部的离合器工作一侧施加锁止液压完成锁止工作。在锁止离合器状况下，液力变扭器的滑转就会消除，从而提高传动效率，但是同时也会失去液力变扭器的阻尼作用。特别是在发动机低转速区域，会产生使驾驶员感到不舒服的振动，所以在低速范围内锁止离合器通常不工作。

如图4-98所示，锁止离合器产生微小的滑转，可以吸收发动机转矩的变化，只要在这样水平的微小滑动时，就可以保证减少损失的效果。利用这一原理，近年来的电子控制式自动变速器，通过即使在直接连接时，仍能将直接式离合器的控制油压保持在微小滑动范围的FB控制，

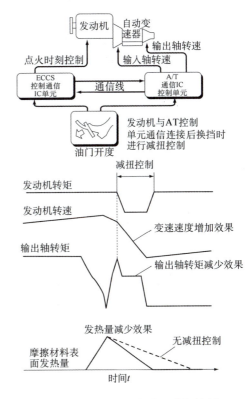

图4-96 换挡时发动机减扭控制

可以减小低速时变矩器滑动的损失。这一类的变速器出现得越来越多。

图4-99所示为锁止离合器的滑转控制系

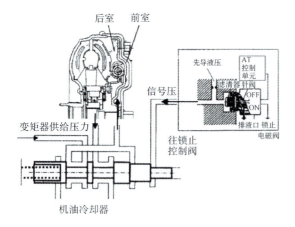

图4-97 锁止系统

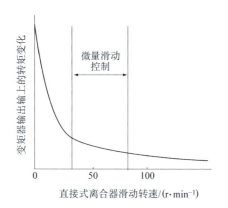

图4-98 由微小滑动引起的发动机扭矩变化吸收效果

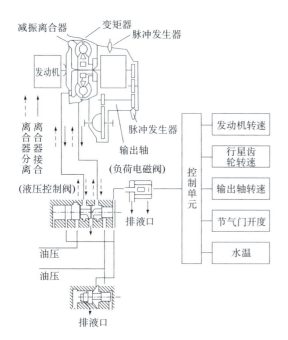

图4-99 锁止离合器滑移控制系统

统。根据车辆的行驶状态，电磁阀通过负荷控制可以高精度地控制锁止离合器控制液压。

（5）其他控制 近年来，根据驾驶员的驾驶习惯以及道路具体情况，采用了各种不同的控制方式。如图4-100所示为可以像手动变速器那样运作的手动模式的变速控制示例。

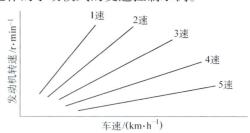

带手动模式的换挡装置

图4-100 手动模式换挡控制

通过换挡机构的操作可以选择手动换挡，关闭自动换挡功能。

也有采用以下的一种控制方式：在根据不同行驶道路状况进行控制时，可以对山路、爬坡弯度等利用加速度或NAVI系统加以检测并进行变速限制，或者自动进行降挡控制。目前，也在尝试通过模糊控制理论来改善乘员的感觉，而且通过电子控制改善驾驶员感觉以及操作方便性等方面的工作也在不断地向前发展。

4.3.3.10 变速元件

变速是通过接合、切断行星齿轮系的输入元件或固定、分离反作用力元件而进行的。因此一般变速元件使用多片离合器、多片制动器、带式制动器等摩擦元件以及单向离合器。

（1）多片离合器、多片制动器 多片离合器、多片制动器（图4-101）具有以下特点：由于多片离合器和多片制动器与相同转矩容量的带式制动器相比摩擦面积大，所以吸收能量的容量也大；通过改变盘式制动器的片数，即可很容易地改变转矩容量；作为反作用力元件使用时，不产生径向的集中反作用力。

多片离合器和多片制动器的传递转矩其面压假设为均匀分布,则

$$Q_c = \mu PZ \frac{(D_2^3 - D_1^3)}{D_2^2 - D_1^2}$$

上式也可以简化为

$$Q_c = 1/4\mu PZ(D_2 + D_1)$$

式中:Q_c 为离合器传递转矩;μ 为摩擦材料的摩擦系数;Z 为摩擦面的个数;D_1、D_2 为摩擦面的内径、外径;P 为作用于摩擦面的所有压力。两个公式的结果几乎相同(图 4-101)。

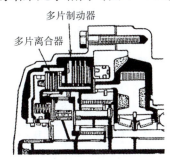

图 4-101 多片离合器、多片制动器

(2) 带式制动器 与相同尺寸的多片式制动器相比较,静转矩容量较大。由于制动鼓的制动方向不同,转矩容量也不相同,因而升挡的分离元件具有良好的变速特性,因此,作为反作用力元件已广泛采用。

如图 4-102 所示,带式制动器的传递转矩 Q_R 与制动方向同向(与作用力同方向)或者反向(与作用力反方向)而有所不同。

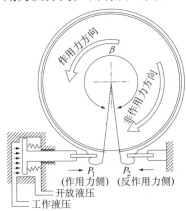

图 4-102 带式制动器

同向时: $Q_R = P_1 r (e^{\mu\beta} - 1)$

反向时: $Q_R = \dfrac{P_1 r (e^{\mu\beta} - 1)}{e^{\mu\beta}}$

式中:P_1 为工作侧的切线力;r 为制动鼓半径;β 为制动衬片的接触角。

由上式可知,同方向的 Q_R 是反方向 Q_R 的 $e^{\mu\beta}$ 倍。因此需要根据使用条件合理布置方向。在同方向时,带式制动器的制动衬片的表面压力 P 随着工作一侧的接触角一起变化,即

$$P = \frac{P_1 e^{\mu\beta}}{Br}$$

式中:B 为制动衬片宽度。

(3) 摩擦材料 从换挡冲击和耐久性方面来看,选择自动变速器的摩擦材料时,应该考虑其摩擦特性、耐热性、疲劳耐久性和自动变速器油以及摩擦副材料的匹配性能等。摩擦材料有以下几种:纸材、半金属、烧结合金、软木、石墨树脂等。车辆使用的摩擦材料大多是纸材。纸材摩擦特性优良,材质多孔且富有弹性,因此吸油能力强,耐热耐磨损性好。纸材一般以石棉纤维成分为主。但是近年来由于法规对石棉的限制,现在已经改用无石棉纸材了。如图 4-103 所示为各种摩擦材料的摩擦特性的比较。

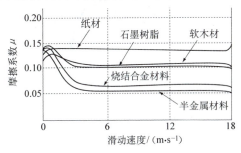

图 4-103 摩擦材料的特性比较

该结果是使用惯性式摩擦试验机测量出来的,试验方法是通过摩擦力使转动的惯性体停止。从图中可以看出,纸材与其他摩擦材料比较,摩擦系数 μ 大,对速度的稳定性好。与此相比,其他材料在低滑动速度区域摩擦系数 μ 有变大的倾向。这一倾向容易促成贴接滑动(Stickslip)现象,成为发生噪声和振动的原因,这就是广泛使用纸材的理由之一。

变速时摩擦材料吸收的能量是变速带来的旋转件惯性能量与发动机输入能量之和。前者与变速时间无关,能量是不变的,而后者随着时间的

变化而增大。若为实现变速平稳而使变速时间过长，摩擦材料所吸收的能量就会超出摩擦材料的允许范围而造成烧损。

相反，若变速时间过短，单位时间所吸收的能量就会增大，同样会导致烧损。在 4.3.3.5 中所述的变速中，对发动机进行减速控制也是降低摩擦材料吸收能量的有效手段。

（4）单向离合器 单向离合器只在一个旋转方向上传递转矩，反向不能传递转矩。其有楔块式（图 4-104）单向离合器、滚柱式单向离合器以及棘轮式单向离合器。与多片离合器等相比，它传递转矩容量大，且按旋转方向自动进行工作、空转时摩擦小。因为在变速控制时能自动切断或接通变速时的转矩，所以可以平稳变速。因此，单向离合器作为变速元件而被广泛使用（图 4-104）。

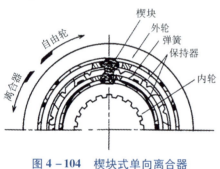

图 4-104 楔块式单向离合器

4.3.4 平行轴齿轮式自动变速器

4.3.4.1 平行轴齿轮式自动变速器的分类和概要

自动变速器的齿轮系一般采用的是手动变速器（Manual Transmission，MT）使用的平行轴齿轮，该方式的特点如下：

① 各挡位的变速比自由度较大；

② 传递效率高；

③ 零件可与手动变速器通用。

基本结构为平行 2~4 轴式，通过常时啮合的多个齿轮与离合器连接选择挡位的方式。也有以手动变速器为基础，通过换挡执行元件选择挡位这样的方式。

前者的示例有本田的 Smatic（图 4-105）。

与 V6-3.5L 发动机组合的 FF5 速自动变速器 MFHA 型为 4 轴结构，体积较小[41]。

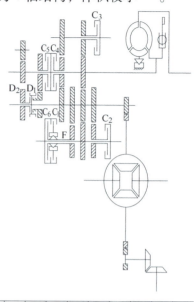

挡位	C_1	C_2	C_3	C_4	C_5	C_6	D_1	D_2	F
1挡	○					◎			
2挡		○							
3挡			○						
4挡					○				
5挡						○	○		
倒挡							○	○	

注：○为常态时工作；◎为发动机制动时工作

图 4-105 MJBA 型自动变速器

另外，近年来，以欧洲市场为中心，作为自动变速器的一种，正在对以 MT 为基础，组合自动选择同步器的变速器进行开发。

后者是一种自动机械变速器或自动换挡变速器（Automated Manual Transmission，AMT）。

AMT 吸取了 MT 的低摩擦、高传递效率及质量轻等优点，通过自动化达到降低驾驶员负荷、提高燃油经济性、降低排放的目的，主要用于小型乘用车和商用车。另外，由于不再通过变扭器就可以产生直接加速的驾驶感觉，从而从对离合器的操作中解放出来，以手动驾驶的快感为目标。作为两次踏板的 MT 目今在赛车上已被采用。下面对 AMT 进行详细说明。

4.3.4.2 AMT 的基本形式和特征

按照自动化了的动力切断/接合方式（离合器）以及执行这一自动化装置（执行器）的动力

源，AMT 分类如下。

（1）按照离合器方式分类

① 单离合器式 AMT：传统 MT 的干式单片离合器布置在发动机输出轴和变速器输入轴之间，自动进行动力切断/接合以及变速（图 4-106）。

只要踩下加速踏板，就可以自动地接合离合器。另外，低速行驶时可以通过半离合操作的蠕变功能轻易地完成起步过程。

换挡时，与手动操作 MT 一样，需要使节气门回位，切断离合器。这些连续的动作会自动完成，不过与普通 AT 无间断的加速相比，会随着动力的被切断而使加速间断。

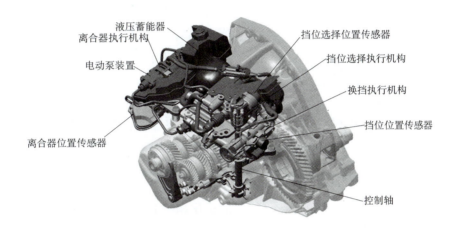

图 4-106　单离合器式 AMT（Quickshift 5 变速器）

② 双离合器式 AMT：变速器的输入轴按照奇数挡和偶数挡分为双轴结构，发动机输出轴和这两个输入轴之间分别设置一组奇数挡动力传动湿式多片离合器和偶数挡动力传动湿式多片离合器，通过各个离合器的交互接合实现变速（图 4-107 和图 4-108）。

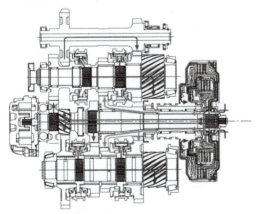

图 4-107　6 挡变速双离合器式的两根轴结构

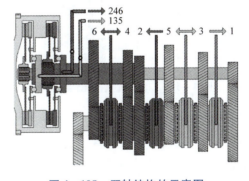

图 4-108　双轴结构的示意图

与单离合器式 AMT 相比，由于双离合器式 ATM 是通过离合器的交互连接进行变速，离合器不存在完全断开的瞬间，因此，可以实现与普通 AT 一样的无间断加速。

另外，在按照离合器的方式分类时，离合器自身的种类（干式单片或湿式多片）并不重要，单离合器方式也可以使用湿式多片离合器，相反双离合器方式也可以使用干式单片离合器，在这方面已有很多研究在进行。

（2）按照执行元件方式分类

① 液压执行元件：离合器的切断/接合以及变速机构的动作都是通过液压来完成，其优点是动作力较大、响应速度快。另外，液压发生机构和工作部位有一定距离，这样可以在中间布置液压管路（图 4-106）。

然而为了应对离合器控制等微小的控制，需要高的液压分辨力以及精度，在选择零部件，工作油时需要非常注意。另外在确保可靠性的基础上,在组装操作、维修时要十分注意异物的夹入等。

② 电动式执行元件:离合器的切断/接合以及变速机构的工作通过电动机完成。与液压式相比,其质量较小、价格便宜,避免了液压泵多余的驱动损失(图4-109和图4-110)。

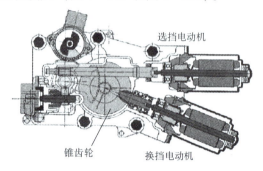

图4-109 电动式执行元件

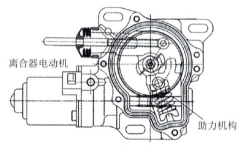

图4-110 电动式执行元件结构图

另外,需要在电动机与其控制对象离合器以及变速机构之间设置机械元件,将电动机的旋转运动转换为直线运动并将其推力增加。由于要增大推力,则电动机体积变大,对整体布置上的制约增大。另外由于离合器片磨损的反作用力增大,因此要考虑配置带反作用力自动调整功能的离合器机构(SAC)。

4.3.4.3 AMT的基本参数

(1) AMT的基本结构 如上所述,AMT的变速部分是以MT为基础,其基本参数、齿轮、同步器机构等的部件结构可见4.3.2节手动变速器的相关内容。

另外,单离合器式AMT基本上是通过手动操作进行挡位切换,离合器操作变为由执行元件自动完成。其变速的机理与普通的手动变速器的相同。

这里对AMT中可以作为其基础的双离合器式AMT的基本结构以及其变速机理进行说明。

(2) 双离合器式AMT的齿轮系 MT上通常有两根轴呈平行的布置,其中一根是输入轴,另一根是输出轴。这两根轴上各有一个齿轮互相啮合,其中一个固定在其轴上,另一个在其相对应的轴上可以自由转动;这一对齿轮则形成一个变速挡位。而上述可以自由转动的齿轮被设计成通过同步机构在其轴上完成接通或断开动力的传递。此外,这些齿轮对将同步器夹在了中间而形成相邻近的挡次。例如,1挡与2挡、3挡与4挡,配置成相互相对的方式。其结果是,例如,由1挡要变成2挡,则把与1挡齿轮相连接成一起的耦合套筒拨出而与2挡齿轮相连接。这一系列的变速操作是与换挡杠杆的运作相一致的,可以仅仅依靠耦合套筒的直线动作就可以完成。这样一种安排能简化变速机构的设计工作。

另外,由于通常MT采用了防止双重啮合机构,所以形成了选择了其中一个齿轮的时候不能再选择其他齿轮的结构。

与上述的情况有所不同的是,图4-107所示的6挡变速双离合器式AMT配置了奇数挡和偶数挡不同的两根输入轴结构,奇数挡轴上为1、3、5挡齿轮系,偶数挡轴上为2、4、6挡以及倒挡齿轮系。另外,这两根输入轴与发动机输出轴之间对各自的轴上布置了分内、外两层可切断/接合动力传递的各自的湿式多片离合器。除此之外,与普通的MT不同的是,这一AMT具备如下的结构:比如当奇数挡轴上选择3挡齿轮系进行动力传递时,在离合器断开状态下,可以同时选择另一侧的偶数挡轴上不进行动力传递的2挡或者4挡、6挡齿轮。

(3) 双离合器式AMT的变速机理 利用上述的特殊齿轮系和离合器布置,可同时选择奇偶数变速齿轮的功能,如1挡向2挡换挡时,与1挡的齿轮系相连接的奇数挡离合器在接合状态下行驶时,在偶数挡离合器尚处在分离的情况下,首先选择不传递动力的2挡齿轮。根据控制功能的变速指令,1挡方的离合器慢慢断开,与此同时，2挡方的离合器慢慢接合，离合器在交互转换的过程中完成换挡过程。然后2挡行驶过程中再选择离合器处于断开状态的3挡齿轮系，根据控制功能的变速指令，与之前一样进行离合器的交互切换，完成2挡向3挡的转变。之后重复同样的操作即可完成从低挡向高挡的换挡工作。高挡向低挡换挡时，按照与上述操作过程相反的动作即可完成。

4.3.5 无级变速器

4.3.5.1 无级变速器的功能

无级控制变速比的无级变速器（CVT，Continuously Variable Transmission），具有能够提高车辆的动力性能、降低油耗，而且能够最大限度地发挥发动机特性的进行动力传动综合控制的功能。

4.3.5.2 无级变速器的基本形式和特点

汽车用 CVT 分为流体式（液压驱动式、液力变矩器式等）和机械式（带传动式、牵引传动式等）。现在，具有实用价值的是带传动式（该方式用带或链以及可变槽宽度的三角带）和机械式（该方式通过旋转体的接触来传递动力的牵引传动式）。

（1）带传动式 带传动式是目前使用最广泛的 CVT 方式。根据传递动力所用的带不同，其分为金属带式、橡胶带式和链式三种。

金属带式 CVT 使用图 4-111 所示的金属带，是带传动式中的主流。金属带的特点是带轮上的最小卷绕半径设定得小，从而使变速比范围可以取得很大。以往，其只能用于微型车到1.5L级别的被称为小型的车辆上。随着带强度的提高以及油泵的大功率化，现在已经推广应用到了3.5L级别的大排量车辆上。链式以及橡胶带驱动是用链以及橡胶带代替金属带（图4-112），带轮以及变速机构与金属带基本相同。

起步元件有几个种类，如兼具起步功能的前进/后退切换离合器（图4-113），具有与有级AT相同的锁止机构的变矩器式（图4-114），以

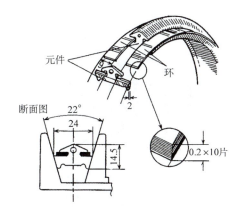

图 4-111 金属带（VDT）

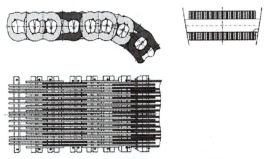

图 4-112 链式及橡胶式带驱动[10]

及与用前进/后退离合器不同的湿式多片离合器及电磁离合器等。

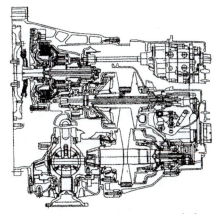

图 4-113 链式 CVT（奥迪）[44]

（2）牵引传动式 牵引传动式是指利用专门开发出来的牵引油的油膜的抗剪阻力进行动力传递的方式。很久以来，HAYES型已成为了研究的对象。不过只有在1999年唯一的一种半环形（日产）变速器上才实现了真正的商品化（图4-115）。该环形变速器将起步元件作为变矩器使用，变速机构以外的机构与带变矩器的带传动式CVT相同。环形变速器的特点是变速响应性优良。

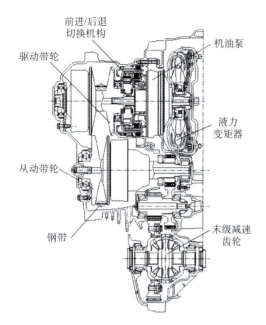

图 4-114 带传动式 CVT[45]

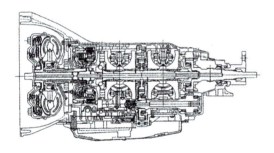

图 4-115 牵引传动式 CVT（半环形）（日产）[45]

4.3.5.3 基本参数

（1）变速比的设定　CVT 变速比范围（最大变速比/最小变速比）的设定，与变速机构尺寸密切相关，是 CVT 设计的重要参数。

① 最大变速比（LOW）：根据 CVT 所采用的起步机构不同，而设定也有所不同。

例如，起步机构使用变矩器的时候，由于其有增大转矩的作用，因此，在设定低速比时要将这一部分考虑进去。起步机构使用起步离合器的时候，由于没有增大转矩的作用，起步加速性能要比液力变矩器式稍差，为此要向更低（LOW）的方向设定。

② 最小变速比（OD）：需要将最小速比设在发动机燃烧效率高的范围内。已进入实用化的带式 CVT 一般为 5~6，比 4/5 挡 AT 的 3.5~4 要大。

（2）带轮的中心距　带轮的中心距根据与传动扭矩相对应的带的许用应力或带支撑环（图4-111）的许用应力，来决定最大速比（LOW）时带的最小卷绕半径，如图 4-116 所示。

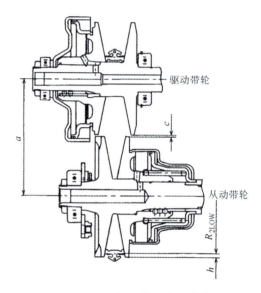

图 4-116 带的最大卷绕状态

带轮中心距为
$$a = 2(R_{2LOW} + h) + C$$
式中：a 为带轮中心距；R_{2LOW} 为 LOW 时带的最大节圆半径（输出带轮一侧带的最大节圆半径）；h 为带节圆半径与带轮外周半径的最小差；C 为输出/输入带轮之间的最小间隙。

为将带轮机构设计得更紧凑，一般采用 $i_{OD} = 1/i_{LOW}$ 这样的对称结构。

（3）转矩传递

① 带传动式：若将主动带轮和从动带轮与带相接触的半径设为 r_i、r_0，则

变速比 = 输出端带的半径/输入端带的半径

若在链条带这样的拉伸式带的情况下，带的张力设为 T_1（张紧侧）、T_s（松弛侧），如图 4-117 所示，则传递转矩为
$$T_i = (T_1 - T_s) r_i$$

金属带（VDT）这类压缩式带的张力设为 T_1（张紧侧）、T_s（松弛侧），如图 4-117 所示，则传递转矩为
$$T_i = (T_1 - T_s) r_i + Q \cdot r_i$$

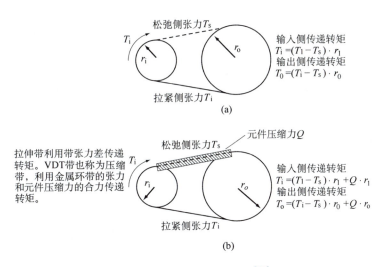

图4-117 带式扭矩传递[35]

(a) 拉紧带；(b) VDT 带

式中：r 为带接触半径；Q 为元件压缩力。

② 圆环式：变速比用 r_3/r_1 表示，传递转矩为 $M = r_1 \mu_t F_c$（图4-118）。

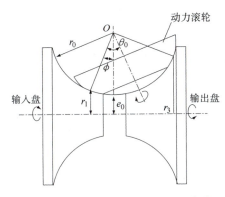

图4-118 半环形的几何学关系[46]

其中：$r_1 = r_0 (1 + k_0 - \cos\phi)$

$r_3 = r_0 [1 + k_0 - \cos\phi (2\theta_0 - \phi)]$

式中：$k_0 = e_0/r_0$；ϕ 为接触角；θ_0 为动力滚轮的锥形接触角；F_c 为压力；μ_t 为牵引系数。压力与输入转矩成正比（μ_t 为 0.06~0.10）。

(4) 液压控制机构 液压控制系的整体结构与普通的 AT 车相同，由油泵和各种阀类构成。基本管路由主压力控制回路、变速控制带轮回路和前进/后退切换回路构成。也有起步元件与前进/后退元件合二为一的结构。在设定变速特性时，应尽量从动力性和油耗方面来考虑如何有效利用发动机功率。同时，还要注意动态地从高挡变低挡以及从低挡变高挡时的变速过渡响应性，并在此基础上设定变速比和变速速度。

4.3.5.4 无级变速机构

无级变速机构由一对可沿着轴向改变槽宽的带轮和富有柔性的金属带构成。

(1) 金属带 该带有产生摩擦力的部件（环）和传递动力的部件（元件）的被分担的功能（图4-111）。通过环带的张力，可获得元件和带轮之间的摩擦力，并靠元件的压缩来传递动力。由于带轮与多个元件相接触，所以接触面压力降低，有利于耐久性的提高。靠带轮油缸液压，可获得环带的张力。但是，还必须考虑输入转矩和元件离心力的成分。

(2) 输入输出带轮 将输入/输出带轮分别固定在轴的一侧，另一侧通过滚珠花键与轴连接，靠液压可轴向滑动；输入输出带轮的定半轮分别对称布置，这时的变速比假定为1:1。同时，为了使带（该带夹在输出输入带轮中间）的中间对称平面与两轴直角相交，用这种方式来布置输出输入带轮的位置。这样，在其他带轮比的情况下，带中心就会产生图4-119中所示的轴线不对位（Misalignment）现象。有通过在带轮表面设冕状的方法来防止产生轴线不对位的做法。但是，这样存在着精度要求高和生产性差的问题。因而，大多采用将带轮表面设计为光平面的方法。这时，达到最大带轮比 i_{TOP} 时的带中心轴线不对位度最好为零。滚珠花键（图 4 - 120）的钢球在与动半轮和定半轮一体的轴轨道槽中移动，在设计带轮时，应注意滚珠花键的滚动间隙、锥部刚性、表面硬度等。

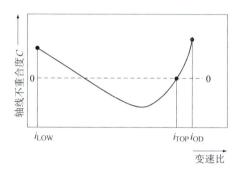

图 4 - 119　带的位置设定[47]

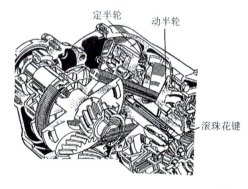

图 4 - 120　滚珠花键（FORD CTX）[48]

另外，从变速控制方面考虑，有的采用以下两种方法：一是控制两个带轮的液压进行变速；二是改变两个带轮液压缸的面积，通过一个变速控制阀来控制。在使用高转矩时，为避免油泵的输出压力过高，也有将带轮液压缸设计为两级的。

4.3.5.5　起步机构和前进/后退切换机构

现在用于 CVT 的起步机构大多是带锁止功能的液力变矩器或者湿式多片离合器。使用液力变矩器作为起步机构的时候，易于获得必需变转矩而且可以确保起步性与蠕变转矩增幅作用；使用起步离合器的时候，需要在停车的时候适当进行滑移转矩控制。此外，为了能够产生蠕变转矩，用较低的结合力而产生滑动，因此，还要考虑到离合器的耐热设计（图 4 - 16）[9]。

前进/后退切换机构上，采用行星齿轮式成为主流，同时用湿式离合器来进行切控。

4.3.5.6　变速控制机构

该机构由包括油泵、各种液压阀、油路等在内的液压控制管路构成。但是，当将行星齿轮用于前进/后退换挡机构时，需要加装摩擦元件转换用的液压管路。下面介绍一下液压控制管路系统的主要构成。

（1）油泵　因为一般油泵所用的压力比液力变扭器的有挡自动变速器高，所以大都使用叶片泵或者外齿轮泵。为了改善泵的效率，也有采用内接型齿轮泵的。选择泵的形式时要考虑到布置、成本以及目标性能等多方面因素。

（2）带轮压力控制　与变速相关的液压压力主要有管路压力和变速压力两种。管路压力是 CVT 中的最高压力而且能够阻止带发生滑动的液压压力；变速压力是指要达到指定变速比需要的液压压力。

将上述这些液压分别供给驱动带轮和从动带轮，其控制方式分为如下两种。

① 单调压方式：向被动带轮一侧常时供给管路压力，变速时向主动带轮一侧供给变速压力的方式。

② 双调压方式：低变速比一侧和高变速比一侧交替供给液压的方式。

各个方式的特征参见表 4 - 8。

（3）变速控制　图 4 - 121 所示为带传动式无级变速器的液压回路应用实例。该变速控制回路为带步进电动机的单调压方式系统回路。通过步进电动机带动变速指令阀加上通过连结器而使变速阀被连结并被推动，从而调整输入管路压力和可动主动带轮压力，最终实现对目标变速比的控制。这一步进电机和连接系构成的液压伺服机构的液压稳定性和响应性良好，能够很快实现变速响应。

下面对 CVT 的换挡图进行说明。将驾驶员的意图反映在油门开度上，根据车辆的速度，通过变速器控制单元（TCU）确定的输入转速数据称为换挡图（图 4 - 122）。该换挡图是结合车辆的特性，综合考虑车辆油耗、动力性能以及驾驶性能等多种因素后最终确定的。

另外，可以利用TCU数据轻松地实现CVT多挡化。例如，如图4-123所示为带手动功能的8挡变速器的换挡图。还有，可以通过CVT控制实现与MT车一样的驾驶操纵感觉，并可以按照驾驶员的意愿来进行发动机制动操作。

表4-8 带轮活塞液压供给方式[35]

方式	驱动带轮液压	从动带轮液压	优　点	变速范围
单调压方式	变速压力	管路压力	·阀系统结构较简单 ·驱动带轮面积大，不受管路压力限制时，高变速比一侧液压低，油耗低	整个变速范围
双调压方式	变速压力	管路压力	·双带轮活塞面积差较小，容易布置 ·从动轮面积大，最高液压按反比而低 ·通过控制有改善油耗倾向	低变速比一侧
	管路压力	变速压力		高变速比一侧

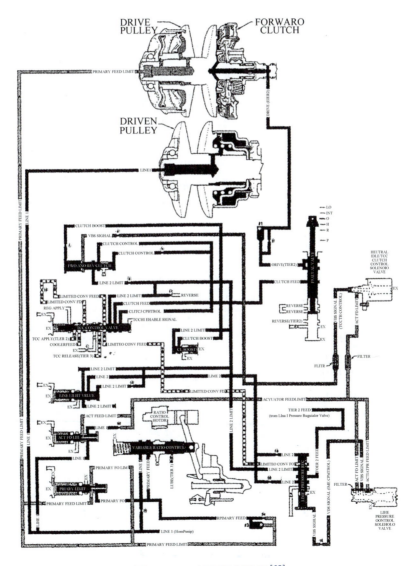

图4-121 液压控制油路[35]

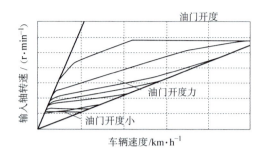

图 4-122 换挡图

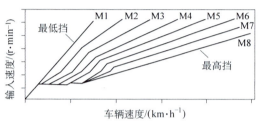

图 4-123 手动, 8 挡

4.4 四轮驱动装置

4.4.1 概要

4.4.1.1 四轮驱动装置的功能

所谓四轮驱动装置是指四轮驱动车（以下简称4WD）中可以将动力传递给前后驱动轮的装置的总称，一般附设在变速器上。

四轮驱动装置有以下功能[49,50]：首先是进行前后轮的动力分配，以保证驱动力，提高越野能力以及车辆的稳定性和操纵性的功能；其次是通过差速机构以及操作机构消除转弯行驶过程中由于前后轮转弯半径不同产生的转速差。

4.4.1.2 四轮驱动装置的基本形式及特征

如图 4-124 所示，4WD 方式大致可以分为分时式（切换式）、全时式（全时四驱式）和电动式。

（1）分时式 该方式是根据需要，用手动操作等方式来机械连接前后轮的方式。当4个车轮都处于摩擦系数相同的路面时，驱动力分配与前后轮的负荷成正比，即使前后轮的其中一个轮打滑，也能够实现与轮胎牵引力相应的驱动力分配。其缺点是由于前后轮的驱动轴转速相同，因此当前后轮的动负荷半径不同或前后轮转弯时的平均转弯半径不同时，会使轮胎和路面之间产生强制性打滑[51,52]，导致轮胎磨损过大、油耗增加等问题。

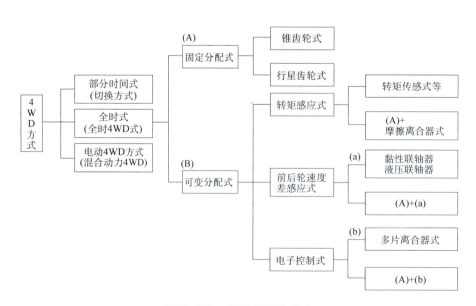

图 4-124 4WD 的基本形式

(2) 全时式　该方式是指在消除前后轮转速差的同时，将驱动力不断传递给前后轮的方式。分为固定分配式和可变分配式[54]。固定分配式是按一定的比例进行前后轮驱动力分配，可变分配式是根据路面状况和行驶状态等改变驱动力分配。

① 固定分配式：如图 4 - 125 所示，该方式将差速器装载在四轮驱动装置的内部，在消除转弯过程中产生的前后轮转速差的同时，通过差速齿轮机构，向前后轮分配一定比例的驱动力。这些差速齿轮一般采用伞齿轮和行星齿轮。该机构的缺点是若前后轮其中一个打滑，则非打滑侧的驱动力就会下降到与打滑车轮牵引力相等的水平，存在着总的驱动力下降的缺点，因此，一般都会设置防止差速的差速锁。

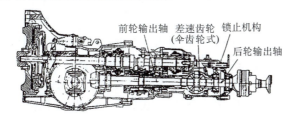

图 4 - 125　全时4WD（固定分配式，奥迪）

为确保最大驱动力和防止车轮滑转，这种方式的分配比一般与前后轮负荷分配成正比，这样可以有效地将驱动力传递给地面[55]。

② 可变分配式：该方式有两种结构，一种使用黏性传递装置，根据前后轮转速差自动改变驱动力分配（图 4 - 126）；另一种使用电磁（或液压）多片离合器，并靠电磁线圈的通电量（或运作轴压）来控制传递转矩容量（图 4 - 127）。将上述两种结构中的一种安装在前后驱动系统中，或者作为差速限制机构与差速齿轮并列安装，进行前后驱动力的分配（图 4 - 128）。

这两种方式的作用是根据行驶状态等实际工况，通过改变前后轮的驱动力分配，来提高轮胎滑移的界线，并能够提高行驶操纵稳定性[57]、制动时的稳定性以及防抱死系统（ABS）的控制性[58,59]。

用于可变分配式的差速限制机构，根据差速限制转矩的产生机理可分为三种：① 转矩感应

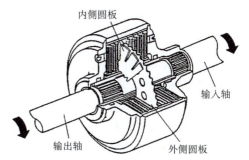

图 4 - 126　黏性联轴器式（日产等）

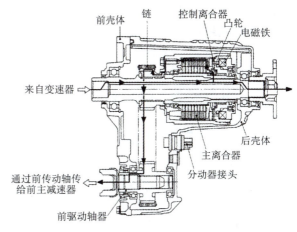

图 4 - 127　多片离合器式（日产）

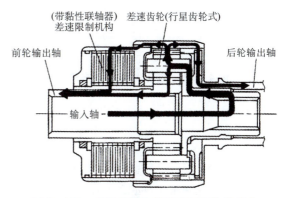

图 4 - 128　差速齿轮和差速限制机构的组合

式，该方式是利用行星齿轮轴部凸轮机构产生的轴向推力推压摩擦式离合器或是利用蜗杆等啮合时产生的齿面摩擦力的方式[60]；② 转速感应式，该方式是随着前后轮之间的转速差，来增减差速限制转矩[61]；③ 通过电子控制改变差速限制转矩。这三种方式中任何一个都是通过产生差速限制转矩，而作为差速抵抗转矩能够增大低速转速一侧的传递转矩。

(3) 电动4WD方式　使用发动机和电动机两种不同的动力源，根据不同的行驶状态改变前

后轮驱动力的组合。如图4-129所示，起步时以及低速行驶时发动机停止，依靠电动机向前后轮分配驱动力；加速等工况需要驱动力的时候，利用发动机和电动机向前后轮分配驱动力。如图4-130所示，当起步时或者前轮打滑时电动机向后轮分配驱动力，而当后轮不需要驱动力时，后轮驱动单元内的离合器机构断开。这种方式取消了传统的4WD系统必不可少的分动装置以及传动轴，减少了这一部分的摩擦，从而兼顾了行驶稳定性和燃油经济性。

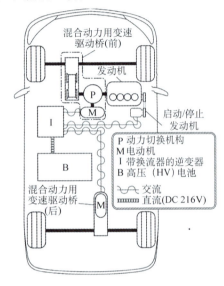

图4-129 电动式4WD（丰田）

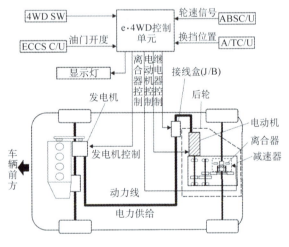

图4-130 电动式4WD（日产）

4.4.1.3 基本参数

根据差速机构和差速限制机构所具有的驱动力特性得到的前后轮驱动力分配比，是决定车辆所要求的特性的重要参数。在选择驱动力分配比时，要考虑其是由FR车辆所派生（以下简称FR基础）或是由FF车辆所派生（以下简称FF基础），或者车辆参数（质心位置、前后负荷分配、轮胎、悬架等）的不同而加以决定。

（1）固定分配比 下面介绍用于全时四驱的差速机构中，不同时使用差速限制机构情况下的差速功能和驱动力分配比。

如图4-131所示，在典型的行星齿轮机构中，设输入元件的角速度为ω_1，前轮输出元件的转矩为T_F，角速度为ω_F，后轮输出元件转矩为T_R，角速度为ω_R，其关系式成立如表4-9所示[63-65]。

（2）可变分配比 下面介绍两种驱动方式的驱动力分配比，即将黏性联轴器和液压多片离合器等单独配置的方式和将差速限制机构与具有固定分配比的差速齿轮并列配置的方式。

① 黏性联轴器式：该方式是将变速器的输出功率直接传递给前轮（或后轮），再通过黏性联轴器传给后轮（或前轮）。这时如果是在低摩擦系数路面上直接驱动轮打滑或者转弯时前轮比后轮转动快，导致转速不一致的时候，可以通过黏性联轴器内的硅油剪切力产生传递转矩，向后轮（或前轮）传递转矩。此时若将变速器的输出转矩设为T_0，前轮转矩设为T_F，黏性转矩设为T_V，其关系式如图4-132[66,67]所示成立。

② 液压多片离合器式：这种方式是将变速器的输出功率直接传递给前轮或后轮，即借助液压多片离合器传递给后轮或前轮[68-70]。

利用液压多片离合器向后轮传递动力时，为了使前轮比后轮转速高，变速器的输出转矩设为T_0，前轮转矩设为T_F，后轮转矩为T_R，液压多片离合器的传递转矩设为T_C，则关系式如图4-132所示[71,72]成立。液压多片离合器的推动液压采用电子控制方式，用于后轮传动系统时，则驱动力分配率从$T_F:T_R=100:0$（前轮驱动）到$T_F:T_R=$前轮负荷分配:后轮负荷分配（直接4WD）为止，可以实现连续控制。

表4-9 差速条件和固定分配比

分类 比较	(a) 锥齿轮式	(b) 单行星齿轮式	(c) 双行星齿轮式
差速条件	$\omega_F + \omega_R = 2\omega_1$	$\omega_R \cdot R_R + \omega_F \cdot R_S = \omega_1 (R_R + R_S)$	$\omega_1 \cdot R_R - \omega_R \cdot R_S = \omega_F (R_R + R_S)$
分配比	$\dfrac{T_R}{T_F} = \dfrac{R_R}{R_F}$ [但在等转矩分配时，$R_R = R_F$]	$\dfrac{T_R}{T_F} = \dfrac{R_R}{R_S}$	$\dfrac{T_R}{T_F} = \dfrac{R_S}{R_R - R_S}$

③ 差速齿轮和差速控制机构的组合方式：如图4-133所示，将带黏性联轴器的差速限制机构并列布置在行星齿轮机构各个输入/输出元件间，变速器的输出转矩设为T_0，前轮转矩和转速设为T_F、n_F，后轮转矩和转速设为T_R、n_R，黏性转矩设为T_V，其关系式如表4-10所示成立。式中，α为行星齿轮机构的前轮转矩分配比，等转矩分配时$\alpha = 0.5$。另外，取代黏性联轴器而采用电子控制式液压多片离合器时，将T_V转换为液压多片离合器的传递转矩T_C就可以。如图4-134所示，将摩擦离合器式差速限制机构布置在伞齿轮的两个半轴齿轮和差速器壳之间时，若将变速器的输出转矩设为T_0，低转矩（高速一端）一端的转矩设为T_L，高转矩一端（低速一端）的转矩设为T_H，单侧差速控制转矩设为T_C，凸轮机构的楔角设为θ，摩擦系数设为μ，则其关系式如下：

$$T_0 = T_L + T_H,\ T_H = T_0/2 + T_C,\ T_L = T_0/2 - T_C$$

扭矩比（斜线比）为

$$B_i = \dfrac{T_H}{T_L} = \dfrac{T_O}{T_L} = 1$$

$$T_c \propto T_0 f(\theta, \mu)$$

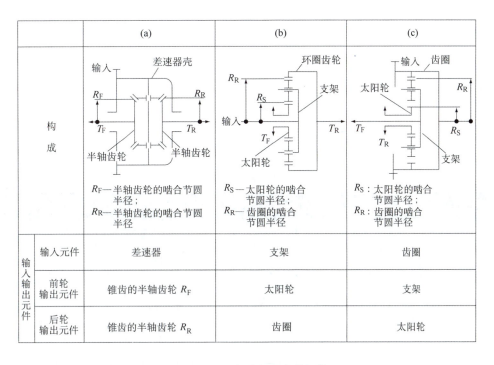

图4-131 各种行星齿轮机构
(a) 锥齿轮式；(b) 单行星式；(c) 双行星式

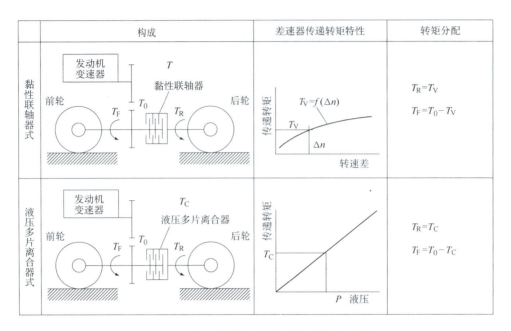

图 4-132 可变分配式 4WD 的构成和转矩分配

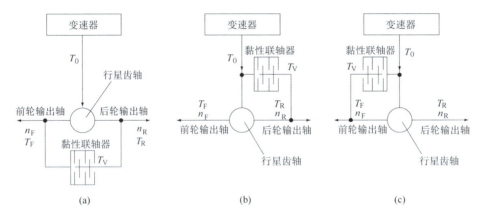

图 4-133 差速限制机构的布置示例

(a) 前后输出轴之间；(b) 变速器输出轴和后轮输出轴之间；
(c) 变速器输出轴和前轮输出轴之间

表 4-10 前后转矩分配

	$n_F > n_R$ 时	$n_F < n_R$ 时
(a)	$T_F = \alpha T_0 - T_V$ $T_R = (1-\alpha)T_0 + T_V$	$T_F = \alpha T_0 + T_V$ $T_R = (1-\alpha)T_0 - T_V$
(b)	$T_F = \alpha(T_0 - T_V)$ $T_R = (1-\alpha)(T_0 - T_V) + T_V$	$T_F = \alpha(T_0 + T_V)$ $T_R = (1-\alpha)(T_0 + T_V) - T_V$
(c)	$T_F = \alpha(T_0 + T_V) - T_V$ $T_R = (1-\alpha)(T_0 + T_V)$	$T_F = \alpha(T_0 - T_V) - T_V$ $T_R = (1-\alpha)(T_0 - T_V)$

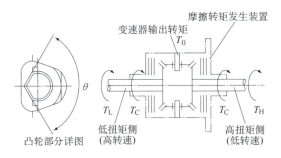

图4-134 摩擦离合器式

4.4.2 驱动力分配机构

4.4.2.1 锥齿轮式

因为根据车辆特性,要求该方式必须是等转矩分配,另外考虑到当径向尺寸受到限制时,以及与主减速装置的差速齿轮通用化带来的可靠性等要求,往往使用直齿锥齿轮。

(1) 结构与构成　FR基本车型和纵置发动机后驱动车,都是将锥齿轮装在变速器输出轴的延长线上。FR基本车型是通过链条,从差速齿轮一侧的半轴齿轮向前轮传递动力,从另一侧的半轴齿轮向后轮直接传递动力。纵置发动机后驱动车是将输出轴(该输出轴与一侧半轴齿轮连接)装在与空心变速器输出轴内的同一轴线上,并将动力传给前轮(图4-135)。另外,横置发动机后驱动车,一般使锥齿轮机构与装在变速器内的差速装置在同一轴上连接并通过分动齿轮,将动力传给另一驱动轮(图4-136)。

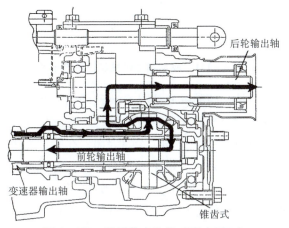

图4-135 纵置传力路线(富士重工)

(2) 齿数的选定　一般小齿轮齿数为10~

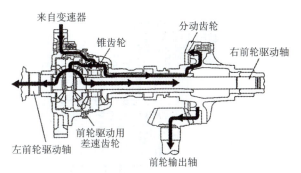

图4-136 横置发动机后驱车传力路线(丰田)

11,半轴齿轮齿数为14~25。等距离配置小齿轮的齿数条件是左右半轴齿轮的齿数之和必须是小齿轮个数的整数倍。

4.4.2.2 行星齿轮式

从车辆的目标或其特性考虑,而有必要有一定比例的转矩分配,并且当受到轴向尺寸制约时,一般采用单行星齿轮式或双行星齿轮式。

(1) 结构与构成　一般FR基础型车或纵置传动系统,如图4-137所示,将行星齿轮机构装在变速器输出轴延长线上。横置传动系统,如图4-138所示,将装在变速器内部的差速装置与装在同一轴线上的行星机构相连接。为使它们都获得所需的驱动力分配比,往往将行星齿轮的两个输出元件与前后轮的驱动轴连接。

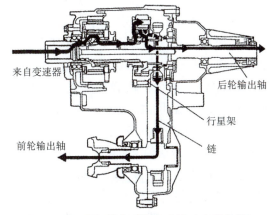

图4-137 FR基本型传力路线(克莱斯勒)

(2) 齿数的选定　由于几个小齿轮分担了在啮合点上的负荷,因此行星齿轮装置结构紧凑。但是,在选定小齿轮布置、数量以及各齿轮的齿数时,应考虑齿轮的安装状况和转动时的动平衡[74]。

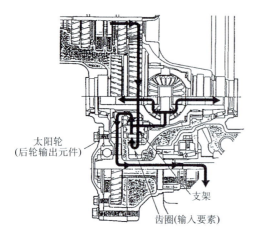

图 4-138 横置前驱动传力路线（马自达）

（3）负荷的平均分配 由于负荷带来的各部分变形和齿轮、齿轮架等加工精度的影响，作用在各行星齿轮小齿轮上的负荷不一定相等，所以要采取措施使作用在各啮合点上的负荷均等。例如，在提高各部位制造和装配精度的同时，经常采用使行星齿轮三个元件中的任何一个能径向浮动或用有弹性和易挠曲支撑的结构[75-77]。

4.4.2.3 黏性联轴器式

该方式多用于不需要特殊的操纵，也就是操纵既方便又安全、在低摩擦系数的路面上易于驾驶的 4WD 车上，而且从质量或成本方面的制约很强，或是不允许对四轮驱动装置进行大的改动的条件下，也往往采用这种方式[78]。

（1）结构与构成 如图 4-139 所示，一般尽量采用现有的直连式 4WD，并将黏性联轴器装在传动轴前后。黏性联轴器如图 4-140 所示，分别与输入、输出轴连接的内板和外板交错排列在有高黏度硅油和少量空气的密封容器中。图 4-141 所示为在传动轴上装配这一方式时的大转向角时的旋转轨迹。在传动轴上布置时，由于是向主减速器传递与前后轮平均传动差相对应的转矩，所以，黏性联轴器的转矩传递特性对紧角制动（Tight Corner Brake）现象有影响。

（2）传递转矩特性 若将传递转矩设为 T_v，板的间隙设为 ΔS，板半径设为 γ，流体的动黏度系数设为 ν，转速差设为 $\Delta\omega$，则有

$$T_v \propto \frac{\nu \Delta\omega\gamma}{\Delta S}$$

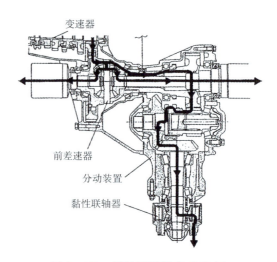

图 4-139 黏性联轴器式（日产）

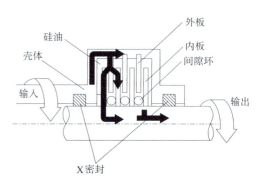

图 4-140 黏性联轴器的结构

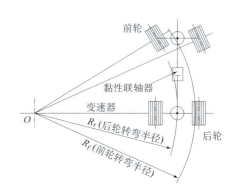

图 4-141 驱动轴上黏性联轴器的布置

但是，高黏度硅油具有转速差增大而动黏度系数反而减小的非牛顿流体特性，实际传递转矩特性如图 4-142 所示[80]。因而，在特性调整阶段，设计上必须考虑的参数是黏度、充填率、温度影响等[81]。另外，若以不变的转速差连续运转，会出现传递转矩急剧上升的峰值现象，但是一般行驶时不会产生峰值现象，只有当车辆在沙地环境中行驶时，才会出现峰值。

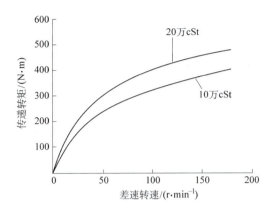

图 4-142 黏性联轴器的传递扭矩特性

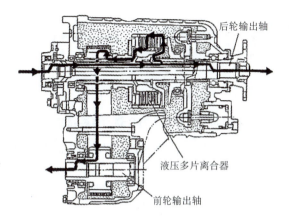

图 4-143 液压多片离合器式（日产）

(3) 传递转矩容量的设定　如果黏性联轴器装在传动轴上，当设定的转矩容量能在低摩擦系数路面上充分发挥起步性能时，则在高摩擦系数路面上以极低速的最大转向角转弯时容易产生转弯制动现象。为了避免发生这类现象而将容量降低又遇上发动机性能高的车，则在低摩擦系数路上急速启动时，与其直接相连侧的驱动轮就会打滑过大，并失去操纵性和稳定性。为此，虽然对于参数不同的汽车，转矩容量设计也不同，然而，一般在设计时，需要将转速差为 20~40 r/min 时的传递转矩所产生的转向力及室内噪声控制在标准允许值范围内。

4.4.2.4 多片离合器式

多片离合器往往用于以下的目的：通过电子控制使前后轮的驱动力得到恰当的分配，并通过保证驱动力来提高行驶稳定性、转向时的限界性能和提高 ABS 的控制性能等。

(1) 结构与构成　如图 4-143 所示，多片离合器装在 FR 基础型车的前轮驱动系上，以及 FF 基本车型的后轮驱动系上。再则，近年以来，除了前后轮的驱动力的分配之外，还出现了对后轮所分配的左右轮的驱动力，通过多片离合器再加以分配的实例。这些控制系统反过来又需要车轮转速、车辆加速度，油门开度等为把握车辆行驶状态的信号的提供者——各种传感器，以及离合器结合力的发生源。

(2) 传递转矩特性　若将转矩容量设为 T_c，离合器压紧压力设为 P，摩擦系数设为 μ，摩擦面的有效半径设为 γ，则

$$T_c \propto P\mu\gamma$$

(3) 传递转矩容量的设定　考虑爬坡和加速时的车辆重心移动而仍能发挥最大驱动力的情况下，设定转矩容量。但是，根据前后轮的负荷分配和将液压多片离合器装在前后驱动轴的哪一个轴上，容量设定就会产生差异。另外，由于受液压装置等制约，一般供给液压室的伺服液压控制范围是一定的。这样，若设定容量过大，与伺服液压的控制范围相对应的离合器压紧压力的变化量就会增大，而且传递转矩容量控制精度就会降低，因而很难控制急转弯制动现象的发生。另外，若容量不足，也会造成最大驱动力下降，摩擦片烧损以及磨损。因此设定容量时，应充分考虑车辆的设定目标及特性。

(4) 离合器的摩擦特性　离合器在工作时，根据不同工况的需要摩擦片将提供相对滑动，所以选择的液压多片离合器摩擦衬片材料必须耐磨性好，并且摩擦特性稳定。若将最终动摩擦系数（终摩擦系数，是从 SAE No.2 试验得到的）设为 μ_O，动摩擦系数设为 μ_D，静摩擦系数设为 μ_S，则摩擦特性具有平移式 μ—V 特性。并且 μ_O/μ_D、μ_S/μ_O 最好在 1.0 以下。但是如图 4-144 所示，随着摩擦片材料、润滑油的性质等变化，摩擦特性变化很大[85,86]。

(5) 离合器的耐久性　若使离合器在必要的范围以外连续滑转，热能吸收量就会增大，并产生磨损和烧损。为此，不但要使润滑油充分流动，还要选择多孔且吸油性好、耐热、耐磨损性

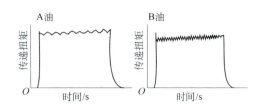

图 4-144　液压多片离合器的传递扭矩波形

好的摩擦衬片材料，或通过增大摩擦面积来增大热量吸收容量。

4.4.2.5　其他分配机构

图 4-145 所示的分配机构，由靠前轮旋转差速的前泵、靠后轮旋转差速的后泵以及靠两泵之间产生的液压工作的多片式离合器构成。图 4-146 所示的分配机构，由带凸轮面的壳体、带活塞的转子、对油压加以控制的控制阀以及吸收差速油体积变化的储存器构成。任何一种机构都具有前后轮转速层的两倍的转矩传递和差速限制两种功能。

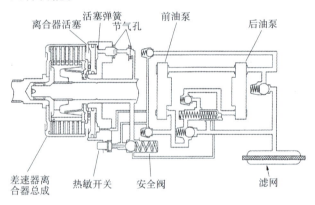

图 4-145　液压控制机构（本田）

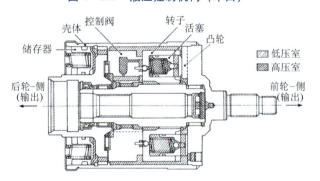

图 4-146　速度差感应式（日产）

4.4.2.6　链

基于 FR 的 4WD 方式往往是通过链传动来驱动前轮输出轴，并使用可高速转动、转矩容量高、噪声低、质量小、省空间的无声链。

链的结构与构成如图 4-147 所示，无声链与变速器输出轴上的驱动链轮、前轮输出轴上的从动链轮相啮合，特点是链节板与链轮的接触面积大[84]。综合考虑前轮驱动用主减速装置式的布置、传动轴角度的限制、与车身地板的关系、链的寿命以及振动等因素，最终确定轴间距离。

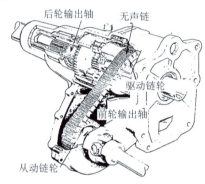

图 4-147　无声链

4.4.2.7　分动齿轮

横置驱动装置式的 4WD 车通过分动齿轮从四轮驱动装置向后轮的主减速装置进行动力换向（图 4-136）。

分动齿轮采用双曲线齿轮或螺旋锥齿轮等。在综合考虑后轮传动轴的布置和万向节角的限制、离间隙、与车身地板的关系、用于四轮驱动装置的润滑油种类等因素后，确定齿轮和偏置量。

双曲线齿轮在强度和噪声方面都比螺旋锥齿轮好，但是，因为齿轮滑移大，需要含有耐高压添加剂的润滑油，因此，虽说也要根据变速器的种类而定，也有的变速器主体和四轮驱动装置所采用的润滑油黏度特性不一样。

4.4.3　差速限制机构

4.4.3.1　转矩感应式

它根据输入转矩确定差速限制转矩，有摩擦离合器式和利用齿面摩擦力的蜗轮式两种结构。

（1）摩擦离合器式　使用在四轮驱动装置时，一般在具有等转矩分配的差速齿轮的两个半轴齿轮和差速器壳之间安装摩擦离合器，并通过凸轮机构控制离合器。

① 差速限制扭矩的设定：差速限制转矩 T_C ［见 4.4.1.3 小节中（2）］的大小，对车辆的越野性、操纵性、行驶稳定性等及对驱动系统的机械损失的影响很大，为此，需在考虑了车辆的以上设计目标及特性后，再加以设定。

② 离合器的摩擦特性：在摩擦离合器的压盘之间，由于旋转时前后轮的转差而产生相对滑动，若摩擦特性不稳定，就会产生磨损和噪声。因此，为了获得稳定的摩擦特性，可采取提高凸轮槽的制造精度、使摩擦片表面油槽形状和表面处理达到最佳、在润滑油中加入摩擦系数调整剂等措施。

（2）蜗轮式　这种差速器是利用齿轮的啮合齿面和各旋转滑动部位产生的摩擦力，产生差速限制转矩。所以通过选定齿轮参数（转转角、压力角等）和滑动部位的构件材料，来决定差速限制转矩的大小[87]。

4.4.3.2　转速差感应式

当产生转速差时，差速限制转矩就会随着转速差而增减，因此该方式中常使用黏性联轴器和液压式联轴器。此处的说明只限定在将转速差感应式的差速限制机构附设在具有一定分配比的差速齿轮上的情况（单独使用时，见 4.4.2.3）。

（1）结构与构成　如图 4-148 所示，FR 基础型和纵置驱动基础型，将差速齿轮机构配置在变速器输出轴延长线上。横置驱动基础型是，如图 4-149 所示，在前或后驱动轮中的一个的差速装置，在其同轴上连结差速齿轮装置。在这一情况下，有两种差速限制机构的配置方式：一是在变速器输出轴与差速齿轮的前或后轮中的任一个输出元件之间；二是在前后轮的输出元件之间。若装在前后轮的输出元件之间，前后转速差就会直接变为黏性联轴器板间的转速差。而装在变速器输出轴和输出元件之间，使用锥齿轮式时，转速差是前后轮转速差的 1/2，且差速限制转矩减半。

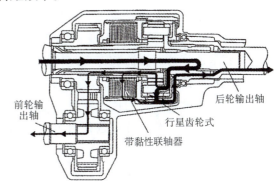

图 4-148　FR 基础型

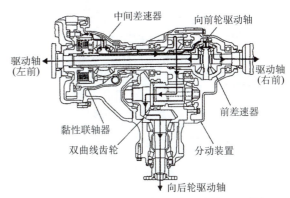

图 4-149　横置发动机后驱传力路线（日产）

（2）差速限制转矩的设定　如果把车辆的越野性和行驶稳定性作为重点，那么就应选择适当的黏性联轴器布置方式以及对传递转矩特性有影响的参数来增大差速限制转矩。但是一般还要考虑以下两种因素之后，再进行设定：若差速限制转矩容量大，前后轮之间的约束力就会增大以及对制动性能的影响等。

4.4.3.3　电子控制式

这是利用电子控制，来实现差速限制转矩的控制的方式，因此，是利用液压多片离合器压紧力的控制来加以完成的。此处的说明只限定在：对具有一定的分配比的差速齿轮上设置液压多片离合器式的差速限制机构的情况（单独使用液压多片离合器的情况，见 4.4.2.4）。

（1）结构与构成　差速限制机构的布置与前面的 4.4.3.2 的转速差感应式相同。但是，由于它具有控制液压多片离合器压紧力的液压伺服机构，所以需要液压油路及其液压控制装置。图

4-150所示为纵置驱动基础型的示例。它是将液压多片离合器装在行星齿轮附近的前后轮输出元件之间。图4-151所示为横置驱动基础型的示例，它是将液压多片离合器装在变速输出轴和锥齿轮式行星齿轮的前轮输出元件之间。这些方式是通过将液压多片离合器的传递转矩容量作为发动机的节油门开度、车速的参数在每个变速挡上来选择预先设定的控制标记的方法，来定量控制行星齿轮差速作用限制程度，并控制前后轮的驱动力分配。

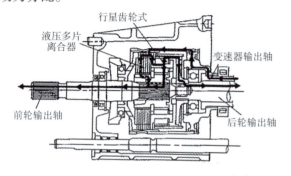

图4-150 纵置驱动基础型（博世）[89]

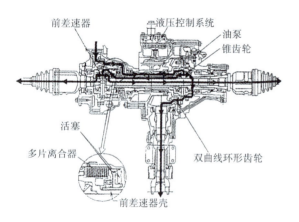

图4-151 横置发动机后驱传力路线（丰田）[90]

（2）差速限制转矩的设定 虽然最大差速限制转矩可任意设定，但是由于受到液压装置等限制，所以一般供给液压室的伺服液压控制范围是一定的。例如，对重视最大驱动力和通过性的车辆，若最大差速限制转矩设定较高，伺服液压的控制范围相对应的压紧力的变化量就会增大，控制精度就会下降，且很难进行高精度的驱动力分配控制。因此，在提高伺服液压控制精度的同时，建议采用多活塞的结构[91]。

由于标准差速齿轮的固定分配比不同，限制转矩容量也不同，要根据具体车辆的目标以及特性来决定差速限制转矩容量。

4.4.4 操作机构

4.4.4.1 操纵机构概述

它可由二轮驱动系统（以下简称2WD）直接连接成4WD（四轮驱动），实现任意的前后轮驱动力分配、2WD/4WD切换、高低速的变速选择、差速锁止机构等，是采用机械式的操纵机构或执行元件来完成的。

根据变速器的种类和动力分配装置的结构，可采用各种不同的2WD、4WD和高、低挡转换方式，而到目前为止，并未统一起来。

（1）2WD和4WD转换机构 机械式操纵机构是通过操纵杠杆的手动操作，有选择地接合4WD装置内的离合器来实现2WD和4WD的相互转换。执行元件方式有两种：一是用开关输出的电信号通过电磁阀推动执行元件导入真空（图4-152）；二是用电磁阀和转换阀来控制导入液压多片离合器液压的方法。

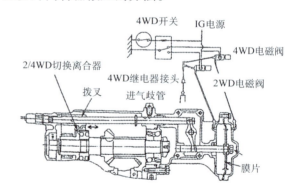

图4-152 真空执行元件式（富士重工）

（2）高低速挡转换机构 一般采用在变速器内部或四轮驱动装置内部装上减速机构的方式（图4-153），来达到换挡。

变速比一般在高速挡是直接挡，在低速挡是减速的，其速比控制在2.0左右。4WD高速挡用于比较容易打滑的路面状况，如雪路、泥泞路面。4WD低速挡用于极恶劣路面，为牵引而需要强大的驱动力以及需要极低速加以穿越的路面状况。

第4章 动力传动系统

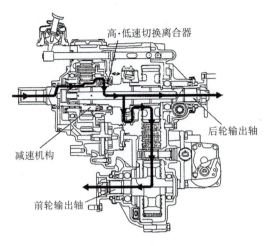

图 4-153 高低速挡切换机构传力路线（丰田）

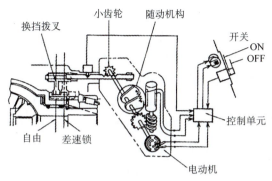

图 4-154 电动机式（马自达）

4.4.4.2 4WD 控制机构

由于驱动力分配和差速限制控制都实现了电子控制，可极大地提高驱动力和操纵稳定性[93,94]，提高制动时的稳定性以及控制性能[92]。

（3）差速锁机构，不带差速限制机构的全时 4WD 方式，当前后轮的任一轮空转而失去驱动力时，锁止机构工作，解除 4WD 装置内的差速功能，以此来保证最大驱动力。该机构采用机械式切换机构、真空执行元件或电动机等。图 4-154 所示为电动机式，当锁止机构的齿不啮合时，虽然电动机工作结束，但是由于其采用了弹性式待机机构，所以，当齿轮一进入啮合位置，就会产生锁止作用。

（1）控制系统　为了检测车辆的行驶状态，将各种传感器以及开关信号作为输入信息，通过控制单元对最合适的驱动力分配状态进行实时运算从而对多片离合器进行控制。控制单元运算的结果作为指令信号输送给分动机构内的液压单元，根据这个指令信号而形成的液压成为多片离合器的压紧力而控制。图 4-155 所示是控制系统的工作结构。

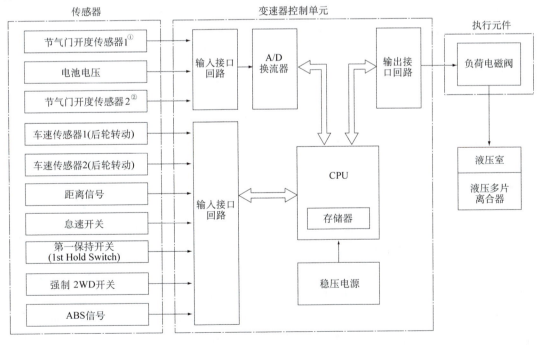

图 4-155 4WD 控制系统（富士重工）

①、②日文原均为节气门传感器，为区分，特译为节气门开度传感器1和节气门开度传感器2。——译者注

（2）传感器　可以根据节气门开度、传感器、进气量传感器以及发动机转速，来推定发动机的输出状态。另外，也可根据从发动机控制装置得来的信息进行推定。

通过对车速、加速度、转向角等检测可判断车辆的状况。4WD 控制主要作用是减少前后轮的滑动，其中车速是重要的输入信号。将车辆的实际车速和车轮速度进行比较是检测打滑的一般方法，而车轮速度大多都使用 ABS 提供的信号。

另外，为了提高转弯性能，有时也采用检验、控制车辆横向加速度和转向状态的控制方式。加速度传感器有利用霍耳元件连续测量加速度的。轴向角的测定则是用转向轴部位组装的光学式轴端编码盘来进行。

（3）控制条件　发挥车辆特性的方法有几种，其各有不同。但基本方法是通过减小前后轮转速差来提高驱动性能。例如，根据前后轮转速差的大小，可阶段性地从 2WD 向常时 4WD 转换，再向差速锁转换[95]。另外，根据节气门开度和车速，将液压多片离合器式的差速限制和驱动力分配机构的传递转矩容量，预先制成控制程序，这种连续进行驱动力分配控制的方式已被使用。使液压多片离合器的传递转矩容量与节气门开度成正比，与车速成反比，来设定该检测程序。为充分保证启动性能，当节气门开度小时，要控制因前后驱动轮的速度差而产生的内部循环转矩和急转弯制动现象。当前后轮的转速差超过设定值时，也要增加使转矩容量进一步提高的控制功能[96,97]。

为了积极地运用 4WD 的性能进一步提高车辆的转弯性能，有些 4WD 车会参考 FR 车的结构原理，利用车辆横向加速度和前后轮转速差来控制前轮的驱动力的情况。该控制的设定，要使液压多片离合器的传递转矩容量与前后轮转速差成正比，与横向加速度成反比，以便获得稳定的转弯运动[98]。前后轮的转速差是重要的变量，然而它随着轮胎的空气压力、装载量等而变化，所以，有在稳态行驶时用存储偏差来校正转速差的。

另外，与 ABS 控制的协调性也是重要的研究课题[100,101]。当 ABS 工作时，使液压多片离合器产生适当的转矩，来提高 ABS 的控制性也有这样的实例。

对于四轮转向和牵引力控制等综合控制来说，一定要保持各控制之间的协调性。另外，检测到有输入异常的情况时，安全装置也要与各系统相匹配。

（4）液压控制执行元件　为了方便进行电子控制，往往在驱动力分配机构中采用液压多片离合器。液压多片离合器的工作压力控制，需具备以下几种性能。

① 控制量的特性应为线性变化。

② 液压特性不受外界因素（温度、电压、液压油路等）的影响。

③ 对于同一控制量来说，特性偏差和变动要小。

④ 控制响应性好。

可以在一定程度上满足以上要求的执行元件有负荷电磁阀[103]和线性电磁阀[104]，并已被应用于实际当中。

4.4.5　自由轮

（1）自由轮毂的功能　四轮驱动车在以两轮驱动模式行驶的时候，为了降低驱动系统引起的振动噪声问题，降低油耗，以及避开从分动箱齿轮到轮轴为止的转动部件的不必要的转动，在导向轮轴的两侧安装轴头离合器，即自由转动轮毂。

自由轮毂结构上可以分为手动式、自动式（自动自由轮毂[105]、自动锁止轮毂）和手/自动合用式（双路空转轮毂[106]）。

（2）手动式（图 4-156）　操作时利用轮毂前端的手动盘转动而移动离合器，使后轴的花键和车轮侧的花键啮合。

（3）自动式（图 4-157）　操作时利用车轮轴的旋转推动凸轮工作，使花键自动啮合。分动箱齿轮放在四轮驱动的位置，而车轮轴旋转时自由轮毂就会自动啮合。行驶时进行操作，齿轮不同步则无法啮合，需要临时停车后重新操作。解除时沿着与啮合方向相反的方向移动车辆，与啮合时相反，利用车轮的转动推动凸轮工作使花

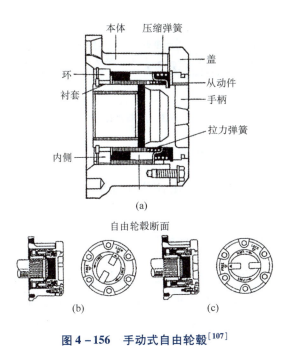

图4-156 手动式自由轮毂[107]

(a) 离合器；(b) 啮合时；(c) 解除时

键啮合自动解除。由此可见，不可能进行四轮常时驱动。车辆前进后退的同时也完成了啮合、解除的过程。另外，在冷天行驶的时候，两轮驱动模式时凸轮会沿着自由轮毂啮合方向运动，产生异常噪声，这一点需要注意。

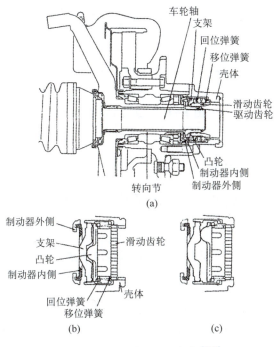

图4-157 自动式自由轮毂[105]

(a) 离合器；(b) 解除时；(c) 啮合时

(4) 手/自动合用式（图4-158） 需要持续获取常时驱动力时，将轴毂端部设置的操作手柄锁死，则与手动式的锁止状态相同；当操作手柄处于自由位置时，与自动式自由轮毂具有相同的功能。

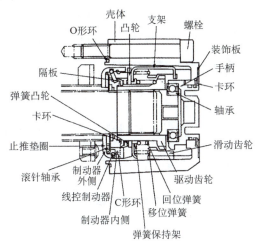

图4-158 手/自动合用式自由轮毂[106]

4.5 总传动轴

4.5.1 概要

4.5.1.1 总传动轴的功能

发动机的驱动力从变速器通过主减速装置，最终由轮胎传递给路面。总传动轴的功能是在这中间过程中进行相隔两点之间的动力传递。

4.5.1.2 总传动轴的分类和特点

根据其传递部位，总传动轴可分为传动轴和驱动轴。

（1）传动轴 传动轴是将驱动力从变速器传递给主减速器的旋转轴（图4-159），由等速万向节（该等速万向节可适应变速器和主减速器相对位置的变化，当轴交叉角变化时，也可传递驱动力）和可轴向伸缩的花键以及管轴构成。

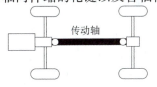

图4-159 传动轴

传动轴的基本型是两个万向节型。但是，根据车辆结构和性能要求，有时将轴管部断开，也有的使用三个万向节和四个万向节（图 4-160）。采用三个万向节和四个万向节时，应在中间的万向节处加一个中间支承轴承来支撑。一般轴管采用空心钢管，现在主要使用的是薄壁且厚度均匀的电焊钢管。

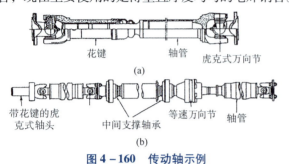

图 4-160 传动轴示例
(a) 两个万向节传动轴；(b) 四个万向节式传动轴

（2）驱动轴 驱动轴是将驱动力从主减速器传给车轮的旋转轴，分为前驱动轴和后驱动轴（图 4-161）。

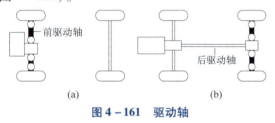

图 4-161 驱动轴

① 因为前驱动轴需要符合车轮转向的大摆动角，所以在车轮侧万向节要使用弯曲夹角为 40°以上的固定型等速万向节。要求组合起来使用在主减速器侧的与万向节能吸收悬架的摆动，虽然其允许角度不大，但是要求可沿轴向伸缩，因此使用滑动型等速万向节（图 4-162）。等速万向节固定型和滑动型都用润滑脂来润滑，用保护套来密封。

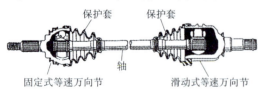

图 4-162 前驱动轴[111]

② 因为后驱动轴不需要转向，所以，不需要具有大夹角的等速万向节。因而既有将滑动型等速万向节用于车轮侧的，也有在车轮和主减速器上都用的（图 4-163）。

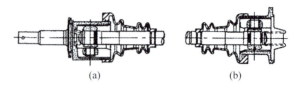

图 4-163 后驱动轴[112]

4.5.2 万向节

在驱动轴上使用各种万向节，下面简略介绍一下其典型结构。

4.5.2.1 虎克式万向节

虎克式万向节（也叫做万向联轴节）如图 4-164 所示，是由输入侧万向节叉、输出侧万向节叉以及连接它们的十字轴构成的。十字轴头装在万向节叉里，通过滚柱轴承来减小阻力，通过封入的润滑脂进行润滑。

固定轴承的方法有很多，但是常见的有弹性卡环式、铆上万向节叉固定轴承的 INA 式和使用齿形防松垫圈的 NADELLA 式等（图 4-165）。

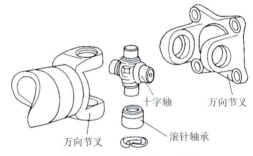

图 4-164 虎克式万向节

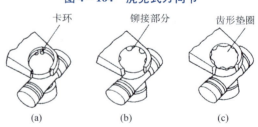

图 4-165 轴承的固定方法
(a) 弹性挡环式；(b) INA 式；(c) NADELLA 式

即使虎克式万向节输入轴的转速不变，输出轴的转速也会每转动一次而发生两次波动。该波动随着夹角的增大而增大（图 4-166）。因而，与后述的等速万向节相比，有时将虎克式万向节称为不等速万向节。

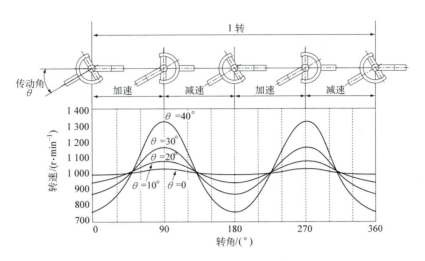

图 4-166　虎克式万向节的旋转波动[133]

4.5.2.2　等速万向节

等速万向节即使有夹角，输入轴和输出轴之间也不会产生转速波动。等速传递的一般条件是输入/输出轴之间的动力传递点保持在输入/输出轴的两等分面上。用图 4-167 对此进行简单介绍。

将输入轴、输出轴的角速度设为 ω_i、ω_0，因为动力传递点的瞬时速度相同，所以有 $r_1\omega_i = r_0\omega_0$。因此为了有等速传递 $\omega_1 = \omega_0$，就有 $r_1 = r_0$，也即 $\alpha_i = \alpha_0$ 是其充分必要条件。

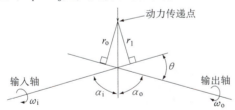

图 4-167　等速万向节的基本原理

下面介绍各种等速万向节。

（1）双联式万向节：双联式万向节（图 4-168）组合两组虎克式万向节，并在两个万向节之间装上中间连接机构，双联万向节叉与输入/输出轴保持相等角度，使一侧万向节产生的不等速在另一侧万向节上抵消（图 4-169）。现在双联式万向节仅用于传动轴上，驱动轴上很少用。

（2）球笼式万向节　球笼式万向节的结构如图 4-170 所示。它是靠 6 个球传递转矩，球靠轴承保持架保持在同一平面上。因为内轮球槽

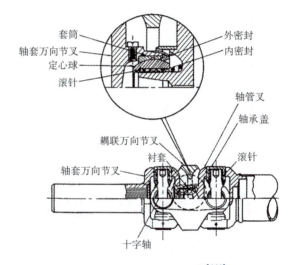

图 4-168　双联式万向节[144]

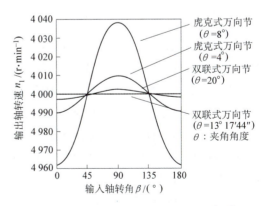

图 4-169　双联式万向节的等速性[144]

中心和外轮球槽中心是等距离分布在万向节中心的两侧，使球保持在输入/输出轴的两个等分面上，从而获得等速性。因为其夹角可以取较大的值，所以一般作为前驱动轴的车轮万向节使用。

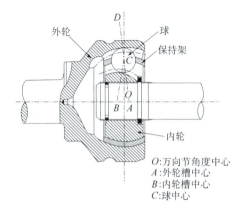

图 4-170 球笼式万向节[112]

O:万向节角度中心
A:外轮槽中心
B:内轮槽中心
C:球中心

(3) 固定式三销万向节 固定式三销万向节基本上是由固定在壳体上的有三根轴的轴销、在此轴销上的三个滚子以及拨叉轴（该拨叉轴有可放入滚子的三个槽）构成的（图 4-171）。与输入轴相对应，输出轴经常按夹角量来偏心，并以3倍的速度围绕输入轴公转来保持匀速[114]。法国车上的前驱动轴常采用此种方式的万向节，日本车很少使用。

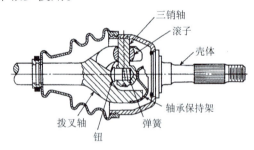

图 4-171 固定式三销万向节[113]

(4) 双偏心式万向节 如果将双偏心式万向节想像为可伸缩的球笼式万向节就比较容易理解。球槽与轴成一根平行的直线，给予球笼内外球面偏心设置，使球保持在两等分面上（图 4-172）。主要用于驱动轴，有时也用于传动轴。

(5) 滑动式三销型万向节 滑动式三销型万向节是将销轴固定在轴上，并在壳体的滚筒槽中滑动，维持等速的机构与固定式相同（图 4-173）。这一形式被大量用于驱动轴，也有一部分用于传动轴。

(6) 十字万向节 十字万向节通过使内、外轮的球槽对称倾斜，而使球保持在两等分面上，这样，既可保持等速，也可伸缩（图 4-

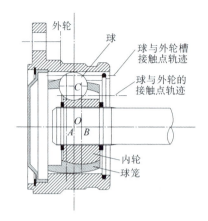

图 4-172 双偏心式万向节[113]

O—万向节角度中心；
A—球笼外径球面中心；
B—球笼内径球面中心；
C—球中心

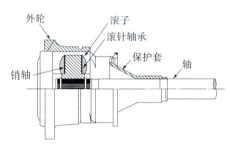

图 4-173 滑动式三销万向节[114]

174）。在结构上，可使球为过盈配合从而消除旷动。以德国车为代表，十字万向节多用于驱动轴，此外用于传动轴的也在增多。

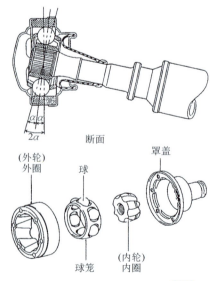

图 4-174 十字万向节构成[109]

（7）其他等速万向节　还有包括球叉式万向节、拖拉机式万向节等各种等速万向节[114][115]，由于现在已几乎不再使用，所以在此不再赘述。

4.5.2.3　挠性万向节

挠性万向节是用橡胶等弹性体做成的万向节，主要是为了减少传动轴的振动（图4-175）。用于传动轴时，一般加上网线来提高强度。其缺点是转矩增大导致传动轴尺寸就很大，而且允许夹角也小。

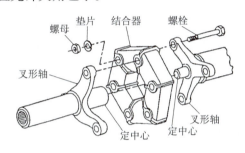

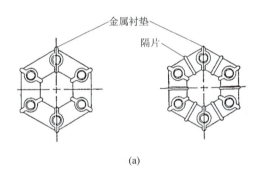

图4-175　挠性万向节[114]

（a）多角形型；（b）链节型；（c）圆环型

4.5.2.4　万向节的尺寸

因为虎克式万向节、等速万向节的种类很多，所以万向节的尺寸没有标准化。

一般虎克式万向节的尺寸规格以十字轴的轴径和宽度为准，等速万向节的尺寸用轴的最小半径和壳体的外径来表示。如图4-176和图4-177为目前采用的万向节尺寸的例子。

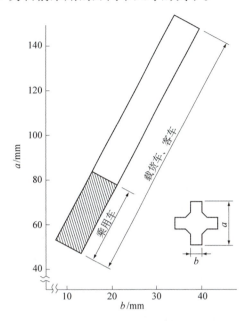

图4-176　虎克式万向节的适用尺寸示例[115]

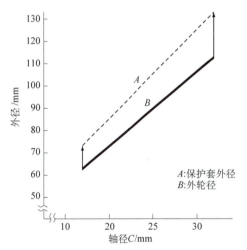

图4-177　等速万向节尺寸目标
（球笼式、双偏心式、摆动三球销式）

4.5.3　传动轴

4.5.3.1　传动轴的构成

（1）万向节　传动轴用万向节一般采用虎克式万向节，有时也使用双联式万向节、双偏心式等速万向节。将等速万向节用于传动轴时，各保护套形状要合适，以保证高速旋转（图4-178），同时要减小内部间隙（双联式除外）。

（2）花键　一般采用渐开线花键，同时具

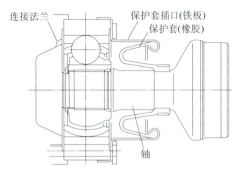

图 4-178 传动轴用十字万向节[116]

有转矩传递和轴向滑动的功能。为使花键对中，一般采用外径定心。为防止旋转振动，有用滑动型等速万向节的，也有不使用花键的。

(3) 轴管　日本汽车工程学会对传动轴用的轴管制定了标准，对其标准尺寸和强度进行了规定。

(4) 中间支撑轴承　是指用三个万向节或四个万向节将轴分段时，用中间支撑轴承来支撑传动轴的中间部位。通常用球轴承来支撑轴，并通过橡胶等弹性体装在车身或车架上（图 4-179）。该橡胶部分具有两种功能：一是消除行驶带来的轴承径向、轴向晃动；二是隔断传动轴产生的振动向车身的传递。橡胶弹性体的形状各式各样（图 4-180），可根据情况进行选择。

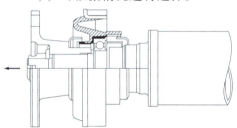

图 4-179 中间支撑轴承[109]

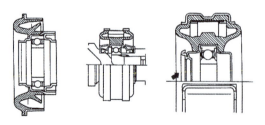

图 4-180 中间支撑轴承的弹性体[117~119]

4.5.3.2 传动轴的设计

(1) 传动轴的基本设计　在车辆开发初期，设计传动轴，就要对以下几点进行研究。

① 传动轴的合理布置以及与周围零件的间隙。

② 与变速器、主减速装置的连接方法。

③ 轴夹角及其变量、所需伸缩量。

(2) 传动轴的强度　计算虎克式万向节、轴管的强度时，是以发动机最大转矩和变速器最大速比计算出来的最大转矩为基础，考虑所需的安全系数，确定其许用应力。另外，将制动器装在传动轴上时，需要考虑制动器工作时产生的转矩。

(3) 临界转速　整个传动轴的长度尺寸大，而且又在高转速下使用，除应注意扭矩之外，还要注意临界转速。若传动轴在弯曲振动的固有振动频率附近转动，就会产生共振，在最坏情况，可能会出现折断和脱落的危险。因此在进行传动轴的临界转速设计时，相对于最高速时的转速具有充分的余量。目前，日本国土交通省安全标准规定，最高速时的转速与临界转速的比值为 75% 以下。

对传动轴的临界转速 n（r/min），当简单设定为两端自由支撑截面相同时，可根据下式计算：

$$n = 1.2 \times 10^8 \times \sqrt{\frac{d_1^2 + d_2^2}{l^2}}$$

式中：l 为传动轴长度；d_1 为传动轴内径；d_2 为传动轴外径；材质为钢管。

该计算方法的支撑条件、截面形状都已简化，所以有时求得的数值精度不高。这时要通过考虑传动轴的支撑条件和截面的变化，使用有限元法和能量法、矩阵法等来计算临界转速。另外，也有的用实物经激振试验来测量临界转速。

如果设计上需要增大临界转速时，可采取以下方法：增大轴的外径；增加万向节数，将轴分成几段以缩短每一段轴的长度。

(4) 动不平衡　由于传动轴是在高速转动，因此不能忽视不平衡所导致的振动和噪声，因此要将不平衡尽量控制到最小。

万向节的松动、花键的松动、轴的弯曲、万向节锻造零件的厚度不均匀等，都是造成传动轴不平衡的原因。解决失衡问题不但要消除上述因素，还要利用平衡试验机来校正不平衡度。

传动轴不平衡的校正，一般两个万向节型传动轴是将平衡片焊接固定在两处；三个万向节型传动轴是将平衡片焊接固定在三处。

此外，当将传动轴装载到车辆上时，可采取以下的办法来减少装载后的不平衡：将传动轴装载到变速器和最终减速器时，后两者的不平衡要处在传动轴的不平衡的相反方向。

（5）传动轴的振动、噪声问题　除了传动轴的不平衡外，与车本身的噪声也是密切相关的。

① 启动时的振动：汽车启动时，虎克式万向节的二次力偶在地板及方向盘上产生的异常振动。启动时驱动转矩大的自动变速器汽车，容易产生启动振动。通过调整万向节的角度可解决这一问题。但是当不能彻底调整时，也有时使用等速万向节。

② 转矩变动带来的振动：由于虎克式万向节的不等速传动使传动轴的惯性加速，引起转矩的变动而导致振动。当无负荷或负荷极小时，振动会更严重。并且，由于动力传动系统齿轮的间隙碰撞产生嘎哒嘎哒的噪声。处理方法与解决启动时振动的方法相同：调整万向节的角度。

③ 传动系统的弯曲、扭转共振带来的振动：由于传动系统的弯曲、扭转共振而导致车辆的噪声和差速齿轮的噪声，可以通过选择合适的传动轴参数来解决这一问题。例如：采用弯曲共振频率高的三个万向节形式；常采用夹有橡胶的双层管（图4-181）的传动轴来传递转矩，降低扭转共振。另外，也可将动态阻尼器装在传动轴管的内部。

图4-181　夹橡胶的传动轴[120]

④ 其他：为降低传动轴的振动传递率，往往采用挠性万向节。此外，为防止轴管表面的振动和管内的气柱振动，可采取在管内装上聚氨酯泡沫和瓦楞板纸等方法解决。

4.5.4　驱动轴

4.5.4.1　驱动轴的构成

（1）万向节　一般驱动轴采用等速万向节。

如上所述，等速万向节有很多种，但是其性能优势各不相同，很难简单地判断其好坏。因此在选择万向节时，必须根据车辆的布置、性能要求选择合适的万向节。近几年，即使在同一车型中，也会根据不同的发动机、变速器而使用不同的万向节。过去为使后驱动轴夹角较小，而将虎克式万向节与花键匹配使用（图4-182），但是最近的车辆都很少使用。

图4-182　利用虎克式万向节和花键的驱动轴[121]

（2）中间轴　驱动轴一般使用碳素结构钢实心轴。但是在横置发动机的FF车上，左右长度相差大时，出于对振动、噪声、操纵性的考虑，一般是较长的轴使用空心轴（图4-183）。

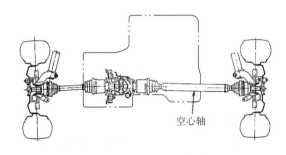

图4-183　空心轴[122]

（3）保护套　保护套不但能使润滑剂（主要是油脂）保持在万向节内，而且能起到密封作用，可以防止外部砂土、水等进入。一般采用波纹形状的护套（图4-184），使用氯丁橡胶材料。由于对耐热性、耐寒性等有要求，也有时使用硅酮橡胶。除橡胶之外，热可塑性树脂的保护套也已经应用于实际。虽然树脂的强度、耐寒性、耐气候性都很好，但是材料延伸性差，所以需要在形状设计上加以考虑。表4-11所示为保护套的性能要求。

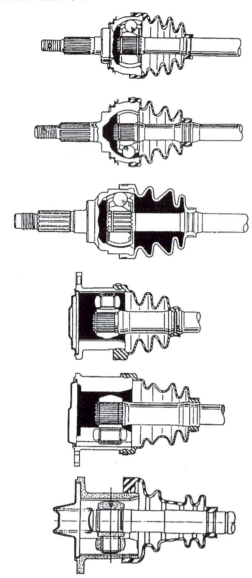

图 4-184 保护套的形状[112,123~125]

表 4-11 驱动轴用保护套的必要的性能

保护套性能要求	
耐磨损性	万向节弯曲时,不因保护套折皱位置接触而发生磨损
耐弯曲疲劳强度	耐转向及伸缩产生的反复弯曲
耐击伤性	不易被飞石及工作坠落时切伤
耐膨胀性	高速行驶时转弯带来的胀开小
耐压性	保护套内压力减小不会导致保护套压坏
耐热性	耐行驶时上升的环境温度
耐寒性	外界温度降低不会导致龟裂等现象产生
耐臭氧性	不因大气中的臭氧而发生变化
耐油脂性	万向节用润滑脂不影响其老化速度

(4) 中间支撑轴承 当前驱动轴的左右轴长度相差大时,有时装上中间支撑,使左右轴长度相等以解决汽车偏转问题(以后述及)。这时可用球轴承支撑主减速器万向节内侧,并装在发动机体上(图4-185)。

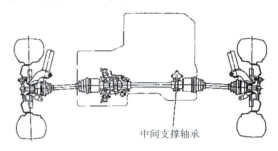

图 4-185 等长驱动轴[122]

4.5.4.2 驱动轴的设计

(1) 驱动轴的基本设计 在进行驱动轴设计时,要结合车辆布置,对下面几点进行研究。

① 与半轴、主减速器的连接方法。

② 与周围部件的间隙。

③ 是否需要中间支撑轴承及其支持方法。

④ 万向节的角度及其变化量。

(2) 驱动轴的强度 驱动轴只受转矩作用,不承担其他负荷。驱动轴输入转矩根据发动机最大转矩以及变速器、主减速装置的齿轮比求出。而在计算强度时,要考虑必要的安全系数,驱动轴输入转矩为

$$T = T_E F_1 T_1 \eta \times 0.5 \ (\text{N} \cdot \text{m})$$

式中:T_E 为发动机最大转矩;η 为效率;T_1 为变速器的变速比;F_1 为主减速装置的减速比;0.5 为左右分配比。

因为驱动轴输入转矩大,所以有时轴部要进行热处理来提高许用应力。另外考虑到应力集中的问题,必须对花键凸起处的形状、强度进行研究。

当弯曲角小时,等速万向节的强度受到轴强度的支配。但是若角度大,有时万向节主体就会破损,导致强度降低。特别是在前驱动轴设计时要特别注意强度验算(图4-186)。

(3) 汽车偏转 如图4-187所示,等速万

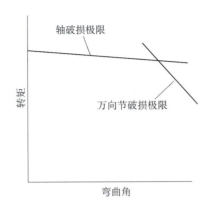

图4-186 万向节强度

向节呈一定弯曲角状态下,二次力偶会产生力矩,该力矩的 M 大小与转矩 T 以及弯曲角 θ 的关系为

$$M = T\tan\theta/2 (\text{N}\cdot\text{m})$$

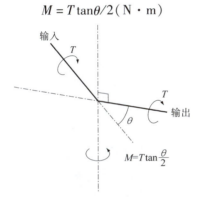

图4-187 等速万向节产生的二次力偶

如图4-188所示,发动机、变速器布置在前驱动轴上,左右轴的长度差较大时,左右万向节的弯曲角发生差别,因此左右车轮周围产生的力矩也不一样,急加速等大转矩时会产生汽车偏转现象。为了避免偏转的发生,在大功率发动机汽车前驱动轴的长的那一段上设置中间支撑,用来调节轴的长度使之相等,以保证弯曲角度相等(图4-189)。

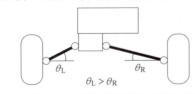

图4-188 左右不等长驱动轴的万向节角度

(4)驱动轴的振动、噪声问题:

① 轴的共振噪声:驱动轴的弯曲共振频率会产生共振噪声和齿轮噪声等。在保证足够强度的前提下,可以通过更改轴径或增加动态阻尼器的

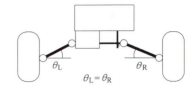

图4-189 左右等长驱动轴的万向节角度

办法消除噪声(图4-190)。另外也可以通过采用较粗的空心轴来提高共振点。

图4-190 使用动态阻尼器的驱动轴[123]

② 万向节导致的振动:滑动型等速万向节因其结构的原因,内部摩擦产生的力会引起车辆的振动以及噪声问题(图4-191)。

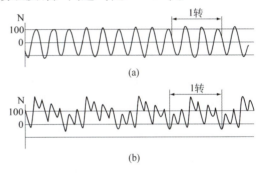

图4-191 万向节产生的力[122]
(a)三球销式;(b)又偏心式

因为这些力根据万向节的弯曲角不同而不同,所以应尽量缩小车辆装载状态时的万向节角度。此力作为等速万向节的研究课题而被人们所关注,有报告称:有的是通过改善结构来控制力的产生,有的是更改润滑剂来减小力[126-128]。

③ 其他:驱动轴的振动传递带来的噪声和共振带来的振动、噪声问题可通过万向节的选择和更改轴径来解决。

4.6 主减速装置

4.6.1 概要

4.6.1.1 主减速装置的功能

主减速装置由减速齿轮装置(该减速齿轮装

置是由减速小齿轮和减速大齿轮构成）和差速装置构成（该差速装置是由垂直装在差速器壳内的差速小齿轮和差速大齿轮构成)[129]。驱动力的传递顺序为传动轴→减速小齿轮→减速大齿轮→差速器壳体→差速小齿轮轴→差速小齿轮→左右差速大齿轮→花键→驱动轮车轴。

减速齿轮装置的功能是降低传动轴转速，增大驱动力。特别是纵置发动机的车辆，同时还具有以下的功能：通过使用双曲线齿轮或螺旋锥齿轮，垂直改变旋转方向和驱动力的传递方向，将动力传递给车轮。

差速装置的功能是将驱动力均等地分配给左右车轴，并通过差速齿轮的自转吸收车辆转弯等带来的左右驱动轮的转速差，使车辆转弯平顺。

4.6.1.2 主减速装置的基本形式和特点

根据车辆的驱动系统和悬架的结构不同，主减速装置种类也多种多样。另外，在差速限制机构采用了电子控制等的新结构的产品也已出现。

（1）主减速装置

① 鼓式：是指用法兰盘将主减速器壳与桥壳相连的形式。这样与桥壳的安装、拆卸容易，广泛应用于以载货车为中心的车辆上。其中，特别是大型载货车等大负荷使用的情况下，为了提高主减速机构的支撑刚性，采用减速小齿轮两端支撑，或在减速大齿轮的背面装上留有适当间隙的螺杆的结构（图4-192）。

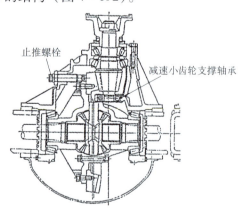

图4-192 大型载货车用鼓式主减速装置[130]

因为该形式的主减速器和桥壳是一体的，由于驱动轮的上下跳动，主减速装置的前后倾斜角也随之改变，因此要对润滑油面充分注意。另外，急速转弯时，由于横向加速度的作用，油被甩到一侧，所以，为了防止减速齿轮的齿面烧结，在桥壳套管内装有挡油板以防止润滑油单向流集。

② 组合式：其结构基本上与鼓式相同。只是，它将桥壳套管直接压入主减速器壳，焊接固定[129]。因此只需改变钢管长度，即可自由地改变桥壳套管长度。因此组合式可装用在轮距不同的多种车上。

③ 独立悬架式：独立悬架方式的主减速装置直接或通过车架弹性支撑在车身上（图4-193,

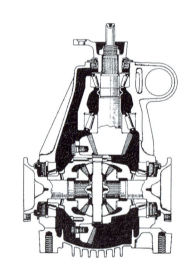

图4-193 独立悬架式主减速装置

图4-194）。因为该方式在支撑点承受驱动反作用力和支撑主减速装置及驱动车轴的力，所以，为了减小其负荷，要考虑尽量加长车辆前后方向的支撑点之间距离。

随着汽车种类的增加，主减速装置的支撑方法根据悬架、车架结构、装载位置、装载空间等的不同有很多种。最近，为降低主减速装置的啮合噪声，在主减速装置和车架以及在车架和车身之间分别都采用弹性支撑，进行两阶段的防振。图4-195所示为四轮驱动车前轴的布置。考虑到与发动机的布置关系情况，布置时应使减速装置靠近左侧或右侧。但是为了力争使左右驱动轴

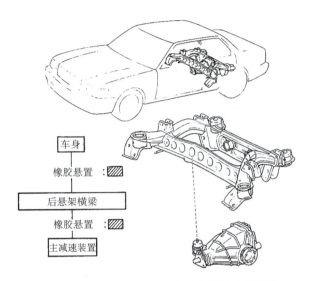

图 4-194 独立悬架式主减速装置的支撑结构

长度相等,也有的将一侧用车轴套管连接。也有直接装载在发动机油底壳等处的方式。

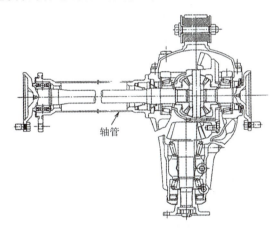

图 4-195 前轴用独立悬架式主减速装置[132]

④ 变速驱动桥式：该形式是主减速装置、离合器和变速器构成为一体的结构。根据发动机的装载布置（前后或左右）分为纵置型和横置型两种。因为纵置型的减速器小齿轮轴和驱动轴垂直布置，所以需要垂直改变旋转方向和驱动力的传递方向。减速齿轮使用双曲线齿轮或螺旋锥齿轮（图 4-196）。因为横置型减速小齿轮和驱动轴平行布置，所以使用与变速器相同的斜齿轮（图 4-197）。

⑤ 特殊式：在上述的基本形式中，也包括带有特殊机构的主减速装置。

（a）带驱动轴分离机构式：该机构用于分时四轮驱动车上。当需要四轮驱动时，该机构是从

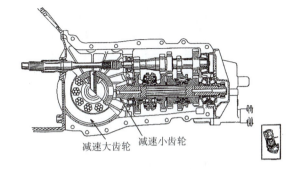

图 4-196 发动机纵置式主减速装置[133]

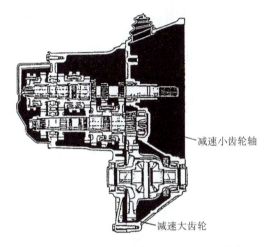

图 4-197 发动机横置式主减速装置[134]

差速机构的相应一侧来传递此时所需的驱动力的装置（图 4-198）。因为通常在二轮驱动时，驱动轮轴处于分离状态，传动轴和减速齿轮以及差速器壳不转动，这样可降低二轮驱动时的油耗和噪声。图 4-198 所示的操纵方式为真空式，只需在驾驶位置操纵，即可从二轮驱动自动地转换为四轮驱动。

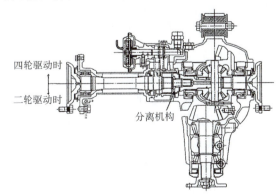

图 4-198 带驱动轴分离机构式主减速装置[135]

（b）双级减速式和双速减速式：要求大减

速比的大型车辆，因为车辆最小离地间隙受到减速大齿轮外径的限制，所以在普通减速齿轮机构的后面增加减速齿轮对，成为双级减速式主减速装置。双速式主减速装置是在普通减速齿轮机构后面，装上两个齿轮对，可进行切换。通过其与变速器的匹配，可选择更多挡的减速比。

该双速减速式主减速装置，有使用花键机构的斜齿轮式和行星齿轮式。切换方式有真空式、压缩空气式以及电动式，在驾驶位置即可进行操作。

(2) 差速机构

① 差速装置：差速装置是在车辆改变前方向或转弯时吸收左右驱动车轮的转速差，保证平稳操纵性的装置。差速装置一般由差速器壳、两个差速大齿轮、两个或四个差速小齿轮、差速小齿轮轴构成。差速齿轮使用直齿锥齿轮。驱动力从差速小齿轮均等地传递给左右差速大齿轮，并通过差速小齿轮的自转进行差速驱动。差速装置内滑动摩擦部位多，为了防止烧结、磨损，需要考虑表面处理和润滑。

另外，因为驱动力一般是均等地传给左右驱动轮，所以其缺点是驱动轮在泥泞、冰雪、冻结等路面上打滑空转时，整个驱动力就会下降。

② 差速限制装置：若产生差速，差速器壳和差速齿轮、差速齿轮之间就会相对转动，通过限制这种相对转动，使其产生差速阻力矩，增大低速转动侧车轴的传递转矩。这种差速阻力矩产生方式：使差速器内产生有效的摩擦转矩方式，根据差速转速产生阻力矩的方式，使用机械离合器的方式等。

(a) 摩擦式差速限制装置：按照摩擦转矩产生的方式可分为以下三种。

• 转矩比例式：该种形式有将蜗轮作为差速齿轮使用的托森差速器。如图4-199所示，它是由6个蜗轮和两个蜗杆构成的，主要是通过齿面摩擦产生摩擦转矩而控制差速。另外，在差速大齿轮和差速器壳之间装有多片离合器，通过差速小齿轮轴处的凸轮机构，给离合器施加压紧力，而产生摩擦转矩。有这样一种形式：使用四个差速小齿轮，称为宗顿动力[139]销紧装置。

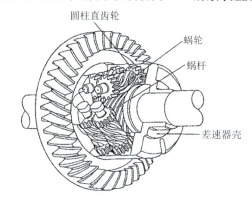

图4-199 转矩比例式差速限制机构（托森）[137]

• 预压式：是由预压弹簧和多片离合器或圆锥离合器构成，通过弹簧负荷带来的压紧力产生摩擦转矩。如有多片式（图4-200）及波格华纳抗滑式（Borg Warner Spinresistant）。

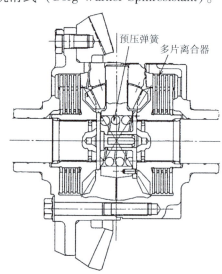

图4-200 预压式差速限制装置多片式[138]

• 转矩比例式+预压式：它是通过预压来改善转矩比例式中路面摩擦系数较小时候的性能。例如，将差速小齿轮轴分成两个构成凸轮机构，并在其中装上弹簧的格林逊式[129]。

(b) 转速感应式差速限制装置：例如黏性联轴器（图4-201），它是由与差速大齿轮连接的板、与其驱动轴部连接的板和封入二者之间的黏性工作油（硅油等）构成。这些都装在差速齿轮箱内，利用它们各板的相对转动产生的黏性工作油的剪切阻力，使其产生差速阻力矩。

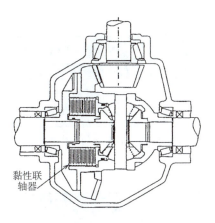

图 4-201　转速感应式差速限制装置（黏性联轴器）[140]

● 其他例子有 ZF 式差速限制装置，主要用于赛车[141]。此外，最近还出现了用电磁离合器作为电子控制以控制驱动力的例子。

③ 差速锁紧装置：该装置是在需要时，通过爪型离合器或花键使差速齿轮和差速器壳连为一体，从而彻底解除差速功能（图 4-202）。为此，左右方的驱动车轮可以直至滑动为止传递驱动力，因此它大幅度提高了汽车在岩石路、砂砾路、泥泞路等路面的通过性和越野性，主要用于越野四轮驱动车。另外，这种接合和切断的转换有缆线式、真空式和电动式等，可直接在驾驶位置进行操纵。

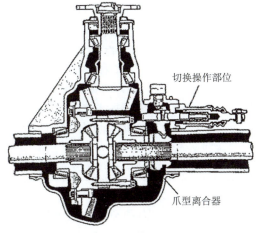

图 4-202　差速锁紧装置[142]

4.6.1.3　基本参数

主减速装置的基本参数以齿圈节圆直径和主减速比为代表，具体如下。

(1) 齿圈节圆直径　设计齿圈节圆直径时，要考虑最低速时变速器传递的最大转矩、轮胎滑移转矩和一般行驶时作用力的特点（以后说明）等因素，保证齿轮的弯曲强度以及耐点蚀强度。也即，设计计算出的弯曲应力[143,144]、接触应力[143,145]应在表 4-12 的许用应力以下。

性能转矩为

$$T_{PG} = \frac{W_r \cdot r_R}{\eta_a}(G_H + G_P + G_R) \quad (N \cdot m)$$

式中：W_r 为车辆总重（N）；r_R 为轮胎有效半径（m）；η_a 为驱动系统的效率，一般为 90%；G_H 为道路坡度，乘用车一般为 8、载货车一般为 5~9；G_P（$\geq G_R$）为 $1.6 \sim 1.56 W_R/T_E$，T_E 为发动机最大转矩（N·m）；G_R 为路面阻力系数，一般为 1~3.5。

(2) 主减速比　主减速比要从装载的车辆的情况即车总重、发动机性能、变速器以及轮胎的参数开始，再到对车辆的要求：爬坡性能、加速性能最高速度以及油耗率等都要加以考虑，还要想到车辆的用途（赛车、普通车、专用车等），然后再来决定。为了与上述各种要求相对应，主减速器在设计中，要设定若干个主减速比。

通常使用的主减速比范围，乘用车为 2.5~5，载货车为 3.5~7.5。

4.6.2　主减速装置

4.6.2.1　主减速装置的性能及参数

主减速装置的性能要求及相关零部件、参数见表 4-13。

(1) 强度　该机构的强度应当在确保以下的条件下来加以设定：当车辆在最大的驱动力（一般是在急剧启动时发生）作用下，仍能保持有不至于损坏的静强度，以及主要是对齿轮等部件而言，还能保持有车辆目标寿命同等以上的疲劳寿命才行。

(2) 刚性　为降低减速齿轮的啮合噪声，要确保足够的刚性来减小负荷时啮合点位移量。关于双曲线齿轮，格利森公司的推荐值参见表 4-14。

上述的位移量是指车辆在前进的 100% 的驱动扭矩下所发生的；而且适用于齿圈的节圆直径可大至 200 mm 的情况。

表4-12 渗碳淬火齿轮的许用应力

负荷	许用弯曲应力		许用接触应力减速齿轮
	减速齿轮	差速齿轮	
最大负荷①	686	961	2746
正常负荷②	206	206	1716

①：变速器最低速挡时最大发动机转矩，或者是以后面负荷为根据的由轮胎滑移转矩计算出来的较小的一个负荷。
②：在公路上正常行驶时的负荷（正常性能扭矩）。

表4-13 主减速装置的性能及参数

性能	零部件	项 目	参数（尺寸）
强度	减速齿轮	齿根弯曲强度	齿圈节圆半径、偏移量、齿数、螺旋角、齿宽等
	差速齿轮	同上	大端锥顶距、齿数、齿宽
	差速器壳	旋转弯曲强度	壁厚、口部的尺寸
	减速小齿轮轴	扭转强度	轴径
	差速小齿轮轴	弯曲强度	轴径、轴长
	轴承	疲劳强度	容量（尺寸）
刚性	差速器壳	齿轮的支撑刚性	壁厚、轴承布置、加强筋的布置
	减速小齿轮轴	弯曲刚性	轴径
	轴承	轴向、径向刚性	接触角
耐烧结性、耐磨损性	减速齿轮	齿面滑动速度和接触应力	（与齿根强度相同）表面处理
	差速齿轮	（同上）	（同上）
	差速小齿轮轴	差速齿轮滑动面压力、滑动速度	轴承、油槽形状、表面处理
	（花键）	齿面接触用力	节圆半径、长度
	差速器壳	差速齿轮滑动面接触应力	配合半径长度
	轴承	凸背及滚动端面滑动速度	接触位置
	油封	裙形	裙部形状、锁紧力
静肃性	减速齿轮	啮合振动	啮合系数、齿隙
	差速齿轮	齿面打齿声	齿隙
	（花键）	旋转冲击声	齿面间隙
	轴承	旋转振动	滚动面形状
	油封	滑动振动	橡胶材料、锁紧力
效率	减速齿轮	齿面滑动摩擦	螺旋角、压力角
	轴承	凸背滚动端面摩擦	轴承预压
	油封	滑动部位滑动摩擦	锁紧力

表4-14 差速器支架的允许位移量[146]

位移项目	位移量/mm
小齿轮上下方向	<0.076（0.003英寸）
小齿轮轴向	<0.076（0.003英寸）
大齿轮上下方向	<0.076（0.003英寸）
大齿轮啮合点沿	<0.254（0.010英寸）
大齿轮轴向	（与小齿轮脱开的方向）

（3）耐烧结性、耐磨损性 按主减速装置内各滑动部位的接触应力和滑动速度的乘积（所谓的 PV 值），来确定耐烧结性和耐磨损性。但是，润滑状态对这些性能的影响很大，所以要充分考虑润滑条件。

（4）低噪特性 由于减速齿轮的啮合，会使主减速装置发生振动，并通过支撑部件传递或增大，最终导致车室内产生噪声。因此，设计时要尽量加大减速齿轮的啮合系数。

（5）效率 在进行主减速装置的减速齿轮、轴承、油封设计时，要注意减少传递转矩的损失。

4.6.2.2 减速齿轮

汽车的减速齿轮，在纵置发动机车辆要使用双曲线齿轮或螺旋锥齿轮；在横置发动机车辆则使用斜圆柱齿轮。

因为斜齿轮设计与变速器的设计方法相同，所以，此处只介绍格利森式双曲线齿轮和螺旋锥齿轮的设计方法[143,146]。与螺旋锥齿轮相比，双曲线齿轮具有以下特点：小齿轮外径大，对强度有利；啮合系数大，啮合噪声低；传动轴位置低，后座椅的乘坐性好。但是因为这种齿轮齿面滑移大，所以效率有所下降，且耐烧结性差。

齿轮设计的流行方法基本是按以下三个步骤进行的。

① 确定小齿轮和大齿轮的滚动或滑动节锥；
② 确定压力角和齿高等齿的形状；
③ 对设计好的齿轮强度，噪声特性、加工性进行复审。以下就标准的设计方法加以说明。

（1）齿数 乘用车小齿轮齿数为8~21。小齿轮和大齿轮的齿数之和应选为40~66。若齿数多，啮合系数[147]大，有利于降低噪声，所以，最近都倾向于增加齿数。但是增加齿数会降低工艺性，这一点需要注意。

（2）齿宽 齿宽不超过大齿轮外锥距的30%。

（3）偏移量 关于双曲线齿轮的偏移量，乘用车取齿圈节圆直径的20%以内，载货车在15%以内。如果偏移量增加相当于齿圈节圆直径的10%~20%，弯曲强度、啮合系数等性能会提高10%~15%，但是齿面滑动速度也就会增加，效率将降低3%~6%。并且，黏结的危险性增大。

（4）螺旋角 通常将乘用车用双曲线齿轮的小齿轮螺旋角选为50°，载货车选为45°。如果要考虑偏移量的影响，则螺旋角为

$$\varphi_p = 25° + 5°\sqrt{N/n} + 90°E/D \quad [144]$$

式中：n 为小齿轮齿数；N 为大齿轮齿数；E 为偏移量；D 为齿圈节圆直径。

若使螺旋角从45°增加到55°，啮合系数将增加15%，有利于降低齿轮噪声。但是齿面的滑移速度增大，效率降低，也会增加黏结的危险性。

（5）压力角 通常乘用车平均压力角（（前进面的压力角+倒退面的压力角）/2）为19°，载货车为20°~22.5°。若缩小压力角，啮合系数就会增大。因此，为了降低加速时的齿轮噪声，有时将前进面的压力角缩小到10°左右。

（6）齿高 从降低齿轮噪声的角度考虑，应尽量增加齿高。但是，因为受到轮齿根切和齿顶变尖等的限制，一般按表4-15来选定齿高。

表4-15 齿高系数[148]

小齿轮齿数	乘用车用	载货车、客车、牵引车
6	3.5	3.5
7	3.6	3.6
8	3.8	3.7
9	3.9	3.8
10	4.0	3.9
11	4.1	4.0
12以上	4.2	4.0

（7）切齿刀盘直径 因为刀盘直径已标准化，只需要根据齿圈节圆直径，按表4-16来选择即可。选择直径小的切齿刀对强度有利，因此，建议采用较小的刀盘直径。通过增大刀具刃尖的半径，来增大齿形的齿根圆弧半径，从而提高弯曲强度。

表4-16 切齿刀盘直径 mm

齿圈节圆直径	刀盘直径
110~150	127（5英寸）
140~180	158.75（6.25英寸）
170~220	190.5（7.5英寸）
210~290	228.6（9英寸）
280~380	304.8（12英寸）

（8）材料 要选择热处理变形小，且切削性良好的材料，一般使用铬钼钢等材料。淬火深度参见表4-17，淬火硬度为57~65HRC。

有效齿高为

$$h = \frac{m_n}{2} \cdot K$$

式中：h 为齿宽中央的有效齿高；K 为齿高系数；m_n 为齿宽中央的法向模数。

表 4-17 减速齿轮的淬火深度

模数	淬火深度/mm
2~3	0.5~0.8
3~4	0.8~1.0
4~6	1.0~1.3
6~8	1.3~1.5
8~11	1.5~1.8
11~14	1.8~2.0

（9）齿接触面调整　减速齿轮使用双曲线齿轮，考虑到噪声及强度，要加长齿面接触，而且装配位置也要调整准确。一般利用齿面调整垫片对减速小齿轮进行调整定位，用调整螺母或垫片对减速大齿轮进行调整定位。

4.6.2.3 轴承

（1）寿命　根据减速齿轮的啮合反作用力和轴承布置尺寸来求轴承负荷，并计算轴承寿命。

（2）参数　对于径向和轴向两种负荷，一般采用负荷容量大的圆锥滚子轴承。轴承锥度由减速齿轮的啮合点位移、轴承寿命决定。

（3）预压及其调整　为保持施加负荷时齿轮之间较小的相对位移，需要给予轴承适当的预紧力，以提高轴承刚性。但需要十分注意的是预紧力过大，会造成温度升高、摩擦扭矩增大、寿命缩短。

通过紧固减速小齿轮前端的螺母，可获得支撑减速小齿轮的轴承预紧力。但是，为了给螺母适当的紧固转矩，在轴承内圈之间，装入非调整式可塑性隔片。支撑差速器壳的轴承是用调整螺母或垫片来给预紧力。

（4）磨损：轴承磨损会导致预紧力下降，产生齿轮噪声，因此需要将异物（研磨剂、型砂等）清除干净。

4.6.2.4 差速器支架

（1）刚性　为了保持减速齿轮的啮合精度，差速器支架要通过其形状设计和加强筋的有效布置，以减小其质量，同时保证具有足够的刚性。

在其分析研究中，利用有限元法是比较有效的。

（2）油循环　通过减速大齿轮的搅拌，向各滑动部位提供润滑油。油循环的油路如图 4-203 所示，保证向前轴承的供油是很重要的，所以，需要对油进口处形状、回油部位的形状、位置等加以研究改进。

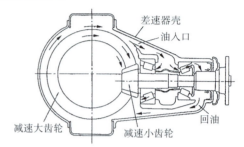

图 4-203　主减速装置内的油循环

（3）散热性　为了控制减速齿轮、轴承等发热而带来的润滑油温度升高，有时需要设置冷却筋。

4.6.3　差速机构

4.6.3.1 差速齿轮

因为差速齿轮在高负荷低转速下工作，所以一般使用模数较大的短齿直齿锥齿轮。

（1）齿数　小齿轮的齿数为9以上，大齿轮的齿数为14~25个。受组装条件的制约，左右大齿轮齿数之和，必须是小齿轮个数（两个或四个）的整数倍。

（2）齿形　因为圆拉方式的成形齿形没有齿根根切，所以作为汽车差速齿轮加工方法被广泛使用。格利森公司对圆拉齿轮的参数和相关刀具进行了标准化、系列化，所以可从该系列中选择适合使用条件的齿轮。

齿形用精密锻造工艺成形的也屡见不鲜。

4.6.3.2 差速器壳

根据差速齿轮的锥距和减速大齿轮的内径来确定差速器壳的尺寸。当差速小齿轮为两个时，差速器壳和减速大齿轮制成整体型，所以要设置安装差速齿轮的孔。当差速小齿轮为4个时，为了安装差速齿轮而制成分体型。因为差速器壳要传递驱动力和支撑减速大齿轮,所以要受到很大的扭转弯曲负荷。因此,设计时要考虑差速器壳开口部的应力分布。另外,由于在差速齿轮和差速器壳之间有很大的相对转动,所以也要考虑润滑问题。

4.6.3.3 差速限制装置的转矩分配比

转矩分配比用高转矩侧转矩与低转矩侧转矩之比来表示,它是差速限制装置性能的参数指标。若将整个驱动转矩设为 T,低转矩侧(高速侧)转矩设为 T_L,高转矩低速侧转矩设为 T_H,一侧差速大齿轮转矩设为 T_G,一侧差速大阻力矩设为 T_c,则其关系式为

$$T = T_L + T_H, \quad T = 2T_G,$$
$$T_H = T_G + T_c, \quad T_L = T_G - T_c$$

此时,用 $B_1 = T_H/T_L$ 表示转矩分配比。图4-204所示为各差速限制装置的性能曲线图。在转矩比例式中,随着路面摩擦系数的增加以及驱动转矩增加,差速阻力矩也成比例地增加。相反,在预紧式中,即使路面摩擦系数为零,也会产生一定的差速阻力矩,而即使转矩增加,也只能附加一定量的差速阻力矩而已。

4.7 动力输出装置

4.7.1 动力输出装置功能

自卸车、混凝土搅拌车、消防车等专用车辆除行驶以外还需要动力。为获得此动力有时另装发动机,也可通过在变速器上设置动力输出装置(取力器)(Power Take Offs)获得。

(1)动力输出装置的种类 动力输出装置根据动力和取力位置的种类图4-205和表4-18所示。按所需动力的大小、使用方法、车辆的装载性等加以区别使用。

(2)动力输出孔 变速器取力装置安装的相关尺寸在 JISO C205 和 ISO7804 标准中进行了规定。

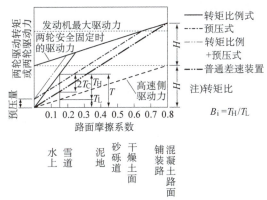

图4-204 摩擦式差速限制装置的性能
(单侧车轮处于摩擦系数 $\mu = 0.8$ 的路上)

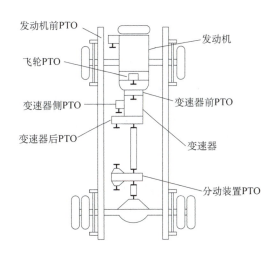

图4-205 取力器的种类及布置

表4-18 动力输出装置的种类及特征

PTO 种类	PTO 安装位置	特征	使用示例
变速器侧面 PTO	· 变速器侧面 · 一般由中间轴进行动力取力	只要在变速器上有取力孔就有可能取出	· 自卸车 · 垃圾车 · 高空作业车 · 吊车 · 油罐车

续表

PTO 种类	PTO 安装位置	特征	使用示例
变速器前侧 PTO	· 变速器和离合器之间	可取出较大的动力	消防车等
变速器后侧 PTO	· 变速器后端	· 可取出较大的动力 · PTO 转速可随变速器的挡位而改变	· 消防车 · 混凝土输送泵车 铲车等
发动机前 PTO	· 发动机前面取力 · 一般利用 V 型带从曲轴带轮取力	· 可常时取力 · 不能取较大的动力	搅拌车等
飞轮 PTO	· 发动机和飞轮之间	可常时取力	搅拌车 电源车等
分动装置 PTO	· 变速器后侧的动力分割装置处	可取出较大的动力 PTO 转速可随变速器挡位而改变	混凝土输送泵车

4.8 润滑油及润滑脂

4.8.1 用于驱动系统零部件的润滑油及润滑脂

驱动系统部件包括手动变速器（以下简称 MT）、有级自动变速器（以下简称 AT）、无级自动变速器（以下简称 CVT）、主减速装置、四轮驱动装置、等速万向节等。分别使用 MT 油、ATF、CVT 油、齿轮油、润滑油。同由 MT 演变而来的自动、手动变速器（AMT）和双离合器变速器（以下简称 DCT®）使用的也是不同的油类，AMT 使用传统的 MT 油，而 DCT® 使用的是 DCT 专用油。MT 油在性能分类上与齿轮油属于同一范畴。

CVT 分为带式 CVT 和圆环 CVT，前者又分为推带式和链式。推带式 CVT 可以使用专用油，也可以兼用 ATF。链式 CVT 和圆环式 CVT 要使用专用油[149]。

4.8.2 齿轮油

表 4-19 为不同机构用齿轮油的性能要求。齿轮油的性能在 SAE（Society of Automotive Engineers）、API（American Petroleum Institute）以及 MIL（Military Specification and Standard）中进行了规定。然而被经常使用的是 SAE J306 的黏度分类标准以及 API 的性能标准[151]。

（1）黏度　SAE J306 中关于齿轮油黏度分类参见表 4-20。迄今为止标准中规定了 9 种黏度等级。低温一侧的黏度（W 级）是以 Brookfield 黏度计测得的黏度为 150 000 mPa·s 时的温度来加以规定的。这是因为，在使用驱动装置的实验中，黏度达到了 150 000 mPa·s 以上时，小齿轮就会产生损伤，这一事实作为根据的。称为 75 W-90 是指 -40℃时为 150 000 mPa·s，100℃时的黏度为 13.5~24 mm²/s。

（2）性能　API 用途分类法见表 4-21。

API 将齿轮油分为 7 个等级，不过 GL-1、2、3 及 6 几乎没有使用。表 4-22 是针对 API GL-4、5 以及 MT-1 和 MIL-PRF-2105E 的性能加以规定的试验方法的说明。GL-4 是针对齿轮油提出的性能要求，虽经常被采用，不过其性能评价的试验方法已经取消，因此处于对新开发油脂的性能无法认定的状况。

目前，MT 油由于其黏度低，可促进低摩擦化，对同步啮合时的摩擦特性的改进，以及在高输出动力的情况下，用于随之而发生的磨损、烧结的防止性能的提高上。

表 4-19　各齿轮机构和对齿轮油的要求

部位 要求	齿轮	黏度、性能目标*
手动变速器：FR 手动变速器：FF	螺旋齿轮 双螺旋齿轮	SAE：75W，80W，75W-85，75W-90 API：GL-3，GL-4，GL-5
后轴	双曲线齿轮 螺旋锥齿轮 直齿锥齿轮	SAE：90，80W-90 API：GL-4，GL-5 MIL-PRF-2105E
防滑差速器	—	SAE：90，80W-90 API：GL-5

* 汽车制造商以及变速器制造商也有其独自的要求。

表 4-20　SAE 黏度分类[150]

SAE J306 黏度等级	Brookfield 黏度 150 000 mPa·s 时的最高温度/℃	100℃运动黏度/(mm²·s⁻¹) 最低	100℃运动黏度/(mm²·s⁻¹) 最高
70W	-55	4.1	—
75W	-40	4.1	—
80W	-26	7.0	—
85W	-12	11.0	—
80	—	7.0	<11.0
85	—	11.0	<13.5
90	—	13.5	<24.0
140	—	24.0	<41.0
250	—	41.0	—

表 4-21　API 按用途分类

AFI 使用分类	应用	构成/评价
GL-1	在轻度负荷工况下工作的手动变速器	纯矿物油——无摩擦改进剂，允许含有 EP 添加剂
GL-2	蜗轮驱动器和工业用油	含有抗磨损且（或）非常轻微的 EP 添加剂、惰性分类
GL-3	从轻度到中等负荷工况下工作的手动变速器和螺旋斜轴	含轻微 EP 抗磨剂，不适合准双曲面齿轮惰性分类
GL-4	手动变速器。选定变速差速器。在中等转速和负荷下工作的螺旋斜轴和准双曲面齿轮	通常满足 50% GL——添加剂配合水平 5
GL-5	从中等到严重负荷工况下（调整及/或低速、高扭矩工况）的准双曲面齿轮以及其他齿轮	多数汽车、载货车制造商的原始现场服务推荐。配合"正常"添加剂及水平

AFI 使用分类	应用	构成/评价
GL-6	在严重工况下进行的高偏置距准双曲面齿轮	与一些 OEM 性能要求相当。由于测试设备不可用，会使分类在技术上过时
MT-1	公交车和重型载货车使用的非同步手动变速器	重点在于高温清洁度和油封性能

表 4-22 MT 油性能要求

		API			MIL
		GL-4	GL-5	MT-1	MIL-PRF-2105E
剪切稳定性		—	—	—	CRC L-45-A99（KRL）
耐负荷能力	高扭矩低速轴负荷能力	CRC L-20	CRC L-37（ASTM D6121）	—	CRC L-379（ASTM D6121）
	高速负荷磨损	CRC L-19*	CRC L-42	—	CRC L-42
	防磨损性 磨损 划痕	—	—	ASTM D5182（FZG A/8.3/9.0）通过 10 个负荷阶段	—
热、氧化稳定性		—	CRC L-60	CRC L-60-1（ASTM D5704）MIL-PRF-2105E 限值	CRC L-60-1（ASTM D5704）MIL-PRF-2105E 限值
				ASTM D5579（高温润滑稳定性）	ASTM D5579（高温润滑稳定性）
消泡性		CRC L-12*	ASTM D892	ASTM D892 MIL-PRF-2105E 限值	ASTM D892 MIL-PRF-2105E 限值
防锈、防腐蚀性		CRC L-13* CRC L-21*	CRC L-33	—	CRC L-33
铜板腐蚀		1h×250F	ASTM D130	最大值	最大值
密封适应性		—	—	ASTM D5662	ASTM D5662
储藏稳定性		—	—	联邦试验方法 MIL-PRF-2105E 限值	联邦试验方法 MIL-PRF-2105E 限值
与其他齿轮油的混合稳定性		—	—		

* 试验方法已经取消，而无法实施的试验。

4.8.3 ATF、CVT 油

ATF 和 CVT 油的性能要求参见表 4-23。CVT 油除了要满足 ATF 应具备的性能要求以外,还要保证推带和带轮、链和带轮点之间金属摩擦特性或是动力滚子与盘之间的牵引特性等。因此,JASO M358-2005[153]对推带式 CVT 油的带与带轮之间金属摩擦特性的评价试验方法进行了规定。

表 4-23 ATF、CVT 性能要求[152]

		性能要求	必要的特性
CVT 油		CVT 部的动力传递	金属间高摩擦系数、高牵引系数
ATF	降低油耗	减小摩擦损失	低黏度化
		小型轻量化	高摩擦系数
	提高寿命		氧化稳定性
			清洁分散性
			剪切稳定性
			摩擦耐久性
			消泡性
	保证变速器的耐久、可靠性	防损伤	防磨损、烧结性
			防点蚀性
		材料适应性	树脂适应性
			橡胶适应性
		防腐蚀性	铜板腐蚀性
	操作、舒适性	低温流动性	低温黏度特性
		摩擦特性	μ_0/μ_d
			振动噪声特性

目前已经发布的 ATF 性能标准有 GM 的 DEXRON®、Ford 的 MERCON® 以及 Daimler Chrysler 的 MS®-9602。常用的是 DEXRON® 和 MERCON®,市场上近 60% 的 ATF 能够同时满足这两个标准。JASO(Japanese Automobile Standards Organization)M315-2004(自动变速器油)[154]中也对两个性能分类进行了规定。表 4-24 为这些标准中规定的主要性能。

ATF、CVT 油正在进行如下的改良。

(1)提高节油性能 低黏度化和低温流动性不断得到改进,如图 4-206 所示,ATF 采用分类Ⅲ的基础油,在改善了 -40℃ 低温流动性的同时,降低了 100℃ 的运动黏度。推带式 CVT 可以通过改善油泵效率来提高动力传递效率,为此其专用油动力黏度可以控制在 9 000 mPa·s 以下。为了改善低温流动性,圆环式 CVT 油方面也正在开发一种黏度系数提升剂以使牵引系数的下降,控制在最小限。

(2)提高防颤动(shudder)性能 为降低油耗,扩大了滑移锁止的使用范围。为此,ATF、CVT 油等也为降低颤动进行了相关的开发工作。另外对带状 CVT 油而言,要保证与高转速发动机带轮间的高摩擦系数。

(3)与小型轻量化和大功率输出相对应 为了实现小型轻量化以及大输出功率,要求与离合器连接时,ATF 和 CVT 油具有较高的摩擦系数。在保证低滑动速度下的高摩擦系数的同时,为了防止颤动,也在加紧开发具有正梯度的 $\mu-V$ 特性的 ATF。另外,为了应对小型化而使离合器增加的热负荷,油本身的热、氧化稳定性的相关开发也在不断向前发展。

另外,为了实现大功率化,除了提高防止齿轮、轴承等磨损、烧结性能以外,也在对带与带轮以及链与链轮间的高的摩擦系数、良好的摩擦特性以及防止磨损性能等进行改进。

表 4-24 各标准中规定的主要性能

		通用		福特		戴姆勒·克莱斯勒	JASO（日本汽车标准组织）	
		DECRON® ⅢH	DECRON® Ⅵ	MERCON®	MERCON® V	MERCON® SP	MS®-9602	JASO M315-2004 1A	2A
降低油耗	低黏度化	报告	6.4 mm²/s≥(100℃), 4.5 mm²/s≤(100℃) 基础油混合物	6.8 mm²/s ≤(100℃)	6.8 mm²/s ≤(100℃)	5.5~6.0 mm² /s≤(100℃)	7.3~7.8 mm² /s≤(100℃)	5.7 mm² /s≤(100℃)	↓
	低温流动性	20 000 mPa·s> (-40℃)	15 000 mPa·s≤ (-40℃)	20 000 mPa·s> (-40℃)	9 000±4 000 mPa·s ≥(-40℃)	75 00+2 000 mPa·s ≥(-40℃)	10 000 mPa·s ≥(-40℃)	20 000 mPa·s ≥(-40℃)	↓
	Slip 滑动 L/U 性能	安装 ECCC 的汽车试验	安装 ECCC 的汽车试验	修改后的 SAE 2 号试验	修改后的 SAE 2 号试验	修改后的 SAE 2 号试验	LVFA	JASO M349-2001	—
	氧化稳定性	GMOT 300 h • 碳基吸收 0.45> • 酸值增加 3.25≥ • 运动黏度 5.5 mm² /s(100℃)< • 黏度 2 000 mPa·s (-20℃)>	GMOT 450 h • 碳基吸收 0.45≤ • 酸值增加 2.0≥ • 运动黏度 5.0 mm²< • (BOV+EOTV)/2 >5.0 mm²/s	ABOT 300 h • 黏度增加(40℃) 40%≥(250 h) • 酸值增加 4≥ (250 h) • 不溶解成分 1≥ (250 h) • 铜板腐蚀 3b≥	ABOT 300 h • 黏度增加 (40℃黏度)10%≥ 25%≥ • 酸值增加 3.5≥ • 不溶解成分 0.35≥ • 铜板腐蚀 3b≥	ABOT 300 h • 黏度增加(40℃ 黏度)10%≥ • 酸值增加 1.5≥ • 不溶解成分 0.25≥ • 铜板腐蚀 3b≥	ABOT 500 h • 黏度增加 1.0%≥ (450 h) • 酸值增加 2.0%≥ (450 h) • 不溶解成分 0.20≥ (450 h) • 钢板腐蚀 3b≥ (50,300,500 h)	ISOT 150℃, 96h (JIS K 2514) • 黏度增加 20%≥ • 酸值增加 2.0≥ 无清洁附着物	↓
	剪切稳定性	—	KRL 运动黏度 (100℃) • 5.5 mm²/s≤ 运动黏度变化 10%≥	KRL 运动黏度 (100℃) • 6.8 mm²/s (New Fluid) • 报告(20 h) • 报告(40 h)	KRL 运动黏度 (100℃) • 6.8 mm²/s (New Fluid) • 6.0 mm² /s(20 h) • 报告(40 h)	KRL 运动黏度 (100℃) • 5.5~6.0 mm²/s (New Fluid) • 5.0 mm² /s(20 h) • 报告(40 h)	KRL 运动黏度 (100℃) • 6.5 mm²/s≤(20 h)	JASO M347-1995 运动黏度(100℃) • 5.7 mm²/s≤ 或者 KRL 运动黏度 (100℃) • 5.4 mm²/s≤	↓
Fill for life	摩擦特性	离合器片摩擦试验 刹车带摩擦试验	离合器片摩擦试验 刹车带摩擦试验	离合器摩擦 耐久性试验	离合器摩擦 耐久性试验	离合器摩擦 耐久性试验	离合器摩擦耐久性 试验(福特 Mercon V)	JASO M348 -2002	↓
	防磨损性	修改后的 ASTMD2882-00	修改后的 ASTMD2882-00	叶轮泵损试验	叶轮泵磨损试验 FZG 齿轮磨损试验四球法 磨损试验姆背肯磨损 试验法来克斯 EP 试验法(方法 B)	叶轮泵磨损试验 FZG 齿轮磨损试验四球法 磨损试验姆背肯磨损 试验法来克斯 EP 试验法(方法 B)	威格士叶轮泵磨损	报告 相当于 DE Ⅲ 或 ME 认可的油品	↓
	材料适应性	弹性合成体试验	弹性合成体试验	弹性合成体试验	弹性合成体试验	弹性合成体试验	弹性合成体要求: ASTM D471	树脂材:JASO M350-1998 湿式摩擦材料:JASO M357-2001 橡胶材料:JIS K 6258	↓

第4章 动力传动系统

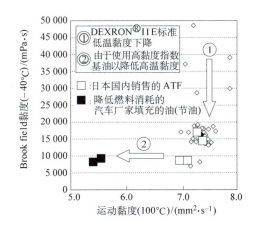

图4-206 自动变速器油低黏度化以降低油耗

4.8.4 DCT油

DCT® 要求WSC（Wet Start Clutch，湿启动离合器）上使用的摩擦材料要具有起步离合器和选择离合器所需要的功能，因此，为了防止颤动要使用具有良好 $\mu-V$ 特性和耐热性的专用润滑油。可以在传统MT油的基础上增加离合器所需的摩擦特性，或者增加ATF齿轮油特有的防止磨损、烧结功能和同步啮合摩擦特性这样两个方向之一进行开发。

4.8.5 润滑脂

等速万向节（CVJ）内部会产生短距离的往复运动、间歇性运动、摇动、伴随振动的转动以及伴随滑动的退转运动等，因此需要用润滑脂进行润滑。CVJ用润滑脂需要具有以下性能。

（1）降低振动噪声性能 要想提高车内的静肃性以及舒适性，需要降低CVJ的轴向力与发动机转动的共振产生的振动和噪声。因此要求润滑脂具有低摩擦系数和正梯度 $\mu-V$ 特性和防止黏滑现象的性能。

（2）热、氧化稳定性和控温效果 随着小型轻量化及安装角度的增大，从外部传递来的热量以及内部产生的热量也随之增大，CVJ温度上升。因此，要求用热稳定性高的油脂。另外，CVJ的散热条件很恶劣，1%~2%的摩擦损失即会使温度上升很高，导致润滑脂的劣化和烧结，因此需要将摩擦系数控制的很低，并提高控温效果。

（3）密封材料适应性 CVJ使用的橡胶衬套一般为氯丁橡胶材料。最近采用耐热性更好的硅系橡胶的也越来越多。如果润滑脂和这些橡胶材料的适应性不好，会导致衬套膨胀、变形等，甚至破损。

使用了CVJ的润滑脂，有着要选择合适的橡胶材料的趋势，所以对现在使用的橡胶材料合适的，不一定对其他橡胶材料也合适。

（4）防止磨损、烧结性能 CVJ摩擦面比转动轴承粗糙，无法形成稳定的润滑油膜而成为临界润滑。因此需要提高防烧结性能。另外，初期的磨合改善对防止烧结以及延长转动寿命有很好的效果。

（5）其他 要求润滑脂具有防止摩擦腐蚀性能、低温流动性、剪切稳定性、防锈性以及耐水性。CVJ用润滑脂的典型性状参见表4-25。内

表4-25 CVJ用润滑脂性状

	A	B	C
增稠剂	锂皂	尿素	尿素
有无添加有机钼	有	有	有
有无添加二硫化钼	无	无	有
黏稠度（60W）	365	340	320
滴点（℃）	195	225	260 <
氧化稳定性/kPa（99℃×100h）	39	20	15
高速四球式耐负荷性能 (N) L.N.S.L W.P.L W.I.	1236 3089 559	784 2452 372	784 3923 696
-30℃低温转矩/（mN·m） 启动转矩 旋转转矩	260 50	390 160	380 210

侧以低摩擦油脂为主,既使用尿素也用锂系低摩擦润滑脂,也有的采用有机钼添加剂来提高控温效果。外侧用润滑脂以尿素润滑脂为主并添加二硫化钼的比较多,也有使用有机钼的。

4.8.6 用于驱动系部件的油品建议更换时间及里程

日本国内各个汽车厂家推荐的驱动系统零部件用润滑油及润滑脂的更换时间及里程参见表4-26。各个公司也一直在努力延长更换时间和更换里程。如图4-207所示,DEXRON® 在修订时也延长了更换里程。

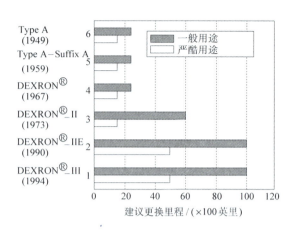

图4-207 GM ATF标准 DEXRON® 更换时间[156]

表4-26 各公司驱动用润滑油、润滑脂的建议更换时间及里程

公司		丰田	本田	日产	马自达	三菱自工	富士重工	大发	铃木	五十铃
手动变速器油(4WD等另行设定)		相当于GL-3 40 000 km/2年	不更换	相当于GL-4 不更换	相当于GL-4 不更换	相当于GL-4 不更换	相当于GL-5 40 000 km	相当于GL-4 100 000 km	相当于GL-4 40 000 km	50 000 km/2年
齿轮油(差速器油)		GL-5 不更换	40 000km	GL-5 不更换	GL-5 不更换	GL-5 80 000km	GL-5 40 000 km	GL-5 30 000 km/2年	GL-5 40 000 km	GL-5 45 000km/2年
	带LSD	100 000 km	—	100 000/2年(第一次3年)	不更换	40 000 km		40 000 km/2年	40 000 km	GL-5 45 000 km/2年
自动变速器油	AT(有挡式)	不更换	不更换	不更换	不更换	不更换	40 000 km	100 000 km	100 000 km	40 000 km/2年
	带式CVT	不更换	第一次:80 000 km 以后:60 000 km	NS-1:60 000 km NS-2:不更换	—	不更换	40 000 km		40 000 km	—
	圆环式CVT	—	—	100 000 km	—	—				

参考文献

[1] 日产自动车:ニッサンスカイライン整備要領書(1989)
[2] 大金製作所:プルタイプクラッチ広報資料(1988)
[3] 日产自动车编:自动车工学(1981)
[4] トヨタ自動車:トヨタマークⅡ修理書(1988)
[5] トヨタ自動車:トヨタマークⅡ修理書(1984)
[6] 富士重工業:スバルジャスティ新型車解説書(1987)
[7] Chi-Kuan, et al.: A Five-Speed Starting Clutch Automatic Transmission Vehicle, SAE Paper 2003-01-0248
[8] B. Matthes: Dualtronic-Lessons Learned and Future Applications, The 2005 International Symposium on the Tribology of Vehicle Transmissions(2005)
[9] 本田技研工業:Fit サービスマニュアル構造編(2001)
[10] Multitronic — Das neue Automatikgetriebe von Audi Teil Ⅰ, ATZ 7-8/2000(2000)

[11] 石原智男：流体変速機の研究，機械学会論文集，Vol. 21，No. 101，p. 61（1955）

[12] 石原智男ほか：流体伝動装置の設計，オーム社（1967）

[13] 自動車工学全書，9巻，山海堂（1980）

[14] V. J. Jandasek：Design of Single - Stage, Three - Element Torque Converter, Design Practices - Passenger Car Automatic Transmission（1962）

[15] 岡田克彦ほか：大容量小型トルクコンバータの開発，自動車技術，Vol. 35，No. 2（2004）

[16] 岡田克彦ほか：薄型トルクコンバータの開発，自動車技術，Vol. 35，No. 2（2004）

[17] トヨタ自動車：トヨタチェイサー新型解説書（1990）

[18] 富士重工業：スバルレガシー新型車解説書（1989）

[19] ダイハツ工業：アプローズ新型車解説と整備（1989）

[20] マツダ：ルーチェ整備書（1986）

[21] トヨタ自動車：トヨタトヨエース新型車解説書（1985）

[22] 新編自動車工学便覧，自動車技術会（1984）

[23] 自動車工学全書，9巻，山海堂（1982）

[24] 日産ディーゼル販売：サービス回書（1986）

[25] H. U. Büshi, et al.：Automobilltechnik heute und morgen，AUTO MOBIL REVUE，Vol. 59，p. 62（1989）

[26] いすゞ自動車：MTA型マニュアルトランスアクスル修理書（1990）

[27] トヨタ自動車：トヨタカムリ新型車解説書（1987）

[28] トヨタ自動車：トヨタスープラ新型車解説書（1987）

[29] 本田技研工業：ホンダアコード／アスコットサービスマニュアル構造編（1989）

[30] マツダ：タイタン整備書（1989）

[31] SAE SP - 1655 Transmission and Driveline Systems Symposium 2002 2002 - 01 - 0936 Toyota's New Five - Speed Automatic Transaxle U150E for FWD Passenger Cars

[32] 2004GMPT オンラインカタログ アイシン？エイ？ダブリュ30年史「技術編」5L40E

[33] SAE SP - 1760 Transmission and Driveline Systems Symposium 2003 2003 - 01 - 0597 The Powertrain of the All - New Maybach - Comfort and Driving Performance on the Highest Level

[34] ジヤトコ Technical Review 2001 No. 2

[35] SAE SP - 1760 Transmission and Driveline Systems Symposium 2003 2003 - 01 - 0595 Toyoya's New Five - Speed Automatic Transmission A750E/A750F for RWD Vehicles

[36] SAE SP - 1817 Transmission & Driveline Symposium 2004 2004 - 01 - 0651 AISIN AW New Six - Speed Automatic Transmission for FWD Vehicles

[37] SAE SP - 1760 Transmission and Driveline Systems Symposium 2003 2003 - 01 - 0596 ZF 6 - Speed Automatic Transmission for Passenger Cars

[38] SAE SP - 1817 Transmission & Driveline Symposium 2004 2004 - 01 - 0650 Toyota's New Six - Speed Automatic Transmission A761E for RWD Vehicles

[39] SAE SP - 1817 Transmission & Driveline Symposium 2004 2004 - 01 - 0653 Development of New 6 Speed Automatic Transmission for Trucks and Buses

[40] SAE SP - 1817 Transmission & Driveline Symposium 2004 2004 - 01 - 0649 The New "7G - TRONIC" of Mercedes - Benz：Innovative Transmission Technology for Better Driving Performance, Comfort and Fuel Economy

[41] 本田技研工業：MDX PRESS INFORMATION（2003）

[42] 本田技研工業：サービスマニュアル LEGEND 構造編（2004）

[43] 高野俊夫ほか：「スバルECVT」自動無段変速機，内燃機関，Vol. 26，No. 335，p. 43 — 48（1987）

[44] Multitronic - Das neue Automatikgetriebe von Audi TeilⅠ，ATZ 7 - 8/2000（2000）

[45] K. Abo, et al.：Development of New - Generation Belt CVTs with High Torque Capacity for Front - Drive Cars, SAE 2003 - 01 - 0593

[46] H. Tanaka：Power Transmission of a Cone Roller Toroidal Traction Drive, JSME International Journal, Vol. 32, No. 1, p. 82 — 90（1989）

[47] E. Hendriks, et al.：Aspects of a Metal Pushing V - Belt for Automotive Cut Application, SAE Paper 881734

[48] P. J. Mullins, et al.；1984 the Year of the CVT, Automotive Industries, Aug., p. 47（1984）

[49] 礒田桂司ほか：駆動力制御と運動性能について，自動車技術，Vol. 43，No. 4，p. 67（1989）

[50] M. J. Hermanns：Front Drive Systems for Four - Wheel Drive Light Trucks, SAE Paper 790001

[51] 児玉昌行ほか：四輪駆動車の駆動装置，自動車技術，Vol. 26，No. 5，p. 559（1972）

[52] 西倉茂ほか：四輪駆動車の特性，日産技報，No. 16（1980）

[53] 中沢正史ほか：フルタイム4WDに関する考察，マツダ技報，No. 4（1986）

[54] H. Lanzer：Permanent and Part - Time Four Wheel Drive and Typical Tractive Force Distribution, SAE Paper 861369

[55] 大林真悟ほか：4輪駆動車の旋回特性について，自動車技術，Vol. 41，No. 3（1987）

[56] H. Taureg, et al.：Application of Viscous Couplings for Traction Control in Passenger Cars, SAE Paper 890524

[57] 鳥居修司ほか：4WD車前後駆動配分制御システム，自動車技術会学術講演会前刷集861

[58] S. Anderson：Impact of All Wheel Drive Systems on Braking Stability, SAE Paper 890525

[59] 小出勝ほか：ビスカス付センタデフ式四輪駆動車の旋回性能について，自動車技術，Vol. 43，No. 3，p. 101（1989）

[60] B. Hei?ing, et al.：The Influence of a Torsen Centre Differential on the Handling of Four – Wheel Drive Vehicles, SAE Paper 885140

[61] B. Hei?ing, et al.：The Influence of a Torsen Centre Differential on the Handling of Four – Wheel Drive Vehicles, SAE Paper 885140

[62] B. Hei?ing, et al.：The Influence of a Torsen Centre Differential on the Handling of Four – Wheel Drive Vehicles, SAE Paper 885140

[63] M. Tani, et al.：Controllability and Stability of Various Types of Four Wheel Drive Cars, SAE Paper 870542

[64] A. M. Krstich：Analytical Method of Determination of the General Equation of Absolute Rotational Speed of Planetary Gear – Trains, Int. J. of Vehicle Design, Vol. 9, No. 6（1988）

[65] 磯田桂司ほか：4WD車の操安性について，自動車技術，Vol. 40，No. 3，p. 277（1986）

[66] 古賀英隆：4輪駆動車の駆動力理論解析，自動車技術，Vol. 40，No. 7（1986）

[67] 村岡明彦ほか：四輪駆動車の駆動力配分制御技術，自動車技術，Vol. 41，No. 3（1987）

[68] M. Bantle：Der Porsche Typ 959 – Gruppe B – ein besonderes Automobil – Teil 2, ATZ, Vol. 88, No. 6（1986）

[69] 榊山隆三ほか：電子制御アクティブトルクスプリット4WDの開発，自動車技術，Vol. 42，No. 8，p. 1030（1988）

[70] 森靖雄ほか：電子制御トルクスプリット4WDトランスファの開発，自動車技術会89 – No. 03シンポジウム，p. 54（1989）

[71] 古賀英隆：4輪駆動車の駆動力理論解析，自動車技術，Vol. 40，No. 7（1986）

[72] 村岡明彦ほか：四輪駆動車の駆動力配分制御技術，自動車技術，Vol. 41，No. 3（1987）

[73] 村岡明彦ほか：フルオート？フルタイム4WD用ビスカスカップリング，日産技報，No. 22，p. 9（1986）

[74] O. K. Kelley：The Design of Planetary Gear Trains, SAE Transactions, Vol. 67, p. 67, p. 495（1959）

[75] 會田俊夫監修：歯車の精度と性能〈歯車の設計？制作④〉，大河出版（1979）

[76] 歯車便覧編集委員会：歯車便覧，日刊工業新聞社，p. 518 — 531（1964）

[77] 林輝ほか：遊星歯車機構の荷重つり合い理論，日本機械学会論文集（第3部），Vol. 36，No. 288（昭和45.8）

[78] H. Duckstein, et al.：Der VW – Transporter Syncro, ATZ, Vol. 87, No. 9（1985）

[79] 村岡明彦ほか：四輪駆動車の駆動力配分制御技術，自動車技術，Vol. 41，No. 3（1987）

[80] 竹村統治ほか：4WD用ビスカスカップリングのトライボロジー的課題，シンポジウム「自動車を支えるトライポロジーの現状と将来」（1988）

[81] 大竹良治ほか：ビスカスカップリング式4輪駆動車の走行性能，日産技報，No. 22，p. 17（1986）

[82] 村岡明彦ほか：四輪駆動車の駆動力配分制御技術，自動車技術，Vol. 41，No. 3（1987）

[83] 大竹良治ほか：ビスカスカップリング式4輪駆動車の走行性能，日産技報，No. 22，p. 17（1986）

[84] 鳥居修司ほか：ビスカスカップリング式4輪駆動車のシミュレーション解析，日産技報，No. 22，p. 25（1986）

[85] 榊山隆三ほか：電子制御アクティブトルクスプリット4WDの開発，自動車技術，Vol. 42，No. 8，p. 1030（1988）

[86] 森靖雄ほか：電子制御トルクスプリット4WDトランスファの開発，自動車技術会89 – No. 03シンポジウム，p. 54（1989）

[87] S. E. Chocholek, et al.：The Development of a Differential for the Improvement of Traction Control, I. Mech. E., c368/88（1988）

[88] 寺岡正夫ほか：常時4輪駆動車におけるセンターデフ特性の車両に及ぼす影響，自動車技術会学術講演会前刷集751

[89] F. Soffge, et al.：911 Carrera 4, der Allrad Porsche – Teil 2, ATZ, Vol. 91, No. 1, p. 16（1989）

[90] S. Nakamura, et al.：Toyota EC – HYMATIC – A New Full Time 4WD System for Automatic Transmission, SAE Paper 890526

[91] 公開特許広報（A），昭62 – 258818

[92] S. Moroto, et al.：A Computer Controlled Transfer for Four – Wheel Drive Vehicles, SAE Paper 850354

[93] 松田俊郎ほか：新電子制御4WDシステム「日産ETS」の開発，自動車技術会学術講演会前刷集891074

[94] H. Wallentowitz, et al.：Stability and Traction Control for Four – Wheel – Drive Passenger Vehicles, I. Mech. E., c365/88（1988）

[95] A. Zomotor, et al.：Mercedes – Benz 4 MATIC, An Electronically Controlled Four – Wheel Drive System for Improved Active Safety, SAE Paper 861371

[96] 榊山隆三ほか：電子制御アクティブトルクスプリット4WDの開発，自動車技術，Vol. 42，No. 8，p. 1030（1988）

[97] S. Nakamura, et al.：Toyota EC – HYMATIC – A New Full Time 4WD System for Automatic Transmission, SAE Paper 890526

第4章 动力传动系统

[98] 松田俊郎ほか：新電子制御4WDシステム「日産ETS」の開発，自動車技術会学術講演会前刷集 891074（1989）

[99] A. Zomotor, et al.：Mercedes – Benz 4 MATIC, An Electronically Controlled Four – Wheel Drive System for Improved Active Safety, SAE Paper 861371

[100] 榊山隆三ほか：電子制御アクティブトルクスプリット4WDの開発，自動車技術，Vol. 42, No. 8, p. 1030（1988）

[101] S. Nakamura, et al.：Toyota EC – HYMATIC – A New Full Time 4WD System for Automatic Transmission, SAE Paper 890526

[102] 石藤秀樹ほか：4WD車用アンチロックブレーキシステムについて，スバル技報，No. 15, p. 6（1988）

[103] 松本ほか：油圧変換用デューティ制御ソレノイドバルブの特性解析，自動車技術，Vol. 42, No. 4, p. 517（1989）

[104] スカイラインサービス周報，日産自動車，No. 629（89/08）

[105] 三菱：パジェロ新型車解説書（1982）

[106] 日産：サファリサービス週報（1988）

[107] トヨタ：ランドクルーザー新型車解説書（1980）

[108] Y60系型車の紹介，日産サービス周報，No. 590, PC – 3（1987）

[109] トヨタスプリンターカリブ新型車解説書，p. 4 – 78, 79（1988）

[110] トヨタスプリンターカリブ新型車解説書，p. 4 – 78, 79（1988）

[111] トヨタコロナEXIV新型車解説書，p. 4 – 28（1989）

[112] S13系型車の紹介，日産サービス周報，No. 599, PC – 6（1988）

[113] パーフィールドNTN等速ボールジョイントカタログ，No. 1300 – Ⅱ, p. 3 – 7（1978）

[114] C. E. Cooney Jr.：Universal Joint and Driveshaft Design Manual, Advanced in Engineering Series No. 7, SAE Transaction, 1979, p. 440

[115] 自動車技術会：JASO C302「推進軸組立品試験方法」

[116] 菅沼和三郎ほか：プロペラシャフト用VLジョイント NTNベアリングエンジニア，No. 52, p. 25（1986）

[117] トヨタクレスタ新型車解説書，p. 4 – 82（1988）

[118] FPY31型系車の紹介，日産サービス周報，No. 595, PC – 5（1988）

[119] エテルナ整備解説書，p. 25 – 11（1988）

[120] A31系型車の紹介，日産サービス周報，No. 603, PC – 46（1988）

[121] ニッサンフェアレディZ1978整備要領書，p. 128（1978）

[122] 星川文雄ほか：NTN自動車用等速ジョイントの紹介，NTNベアリングエンジニア，No. 52, p. 17 – 20（1986）

[123] トヨタカローラ新型車解説書，p. 6 – 49（1987）

[124] マツダカペラ新型車の紹介，p. 8 – 5（1987）

[125] トヨタマークⅡ新型車解説書，p. 4 – 32（1988）

[126] 水越康允：公開特許公報，昭61 – 17719

[127] 木全圭：等速ジョイントにおける摩擦と潤滑，潤滑，Vol. 31, No. 10, p. 697 – 702（1986）

[128] 佐藤洋ほか：等速ジョイントの振動問題とグリースについて，NTN Technical Review, No. 54, p. 49 – 56（1988）

[129] 自動車工学全書，9巻，山海堂（1980）

[130] 田戸伸哉：新車紹介 いすゞSR車トラックについて，いすゞ技報，No. 60, p. 8（1976）

[131] トヨタ：セルシオ新型車解説書（1989）

[132] トヨタ：ハイラックス新型車解説書（1986）

[133] RENAULT：RENAULT 18 Workshop Manual（1 1978）

[134] トヨタ：カリーナ新型車解説書（1988）

[135] トヨタ：ハイラックスサーフ新型車解説書（1989）

[137] トヨタ：セリカ新型車解説書（1989）

[138] トヨタ：スープラ新型車解説書（1986）

[139] W. G. Jeakle, et al.：An Unloading Cone Spin – Resistant Differential, SAE Paper 710611

[140] ビスコドライブ：広報資料

[141] R. F. Ansdale：Differential Locks and Limiting Devices, Automot. Eng., Jan.（1963）

[142] トヨタ：ランドクルーザー新型車解説書（1985）

[143] Gleason Works, ed.：Passenger Car Drive Axle Gear Design, New York, Greason Works（1972）

[144] Gleason Works, ed.：Strength of Bevel and Hypoid Gears, New York, Greason Works（1965）

[145] Gleason Works, ed.：Pitting Resistance of Bevel and Hypoid Gear Teeth, AGMA 22905（1960）

[146] Gleason Works, ed.：Spiral Bevel Gears System, New York, Greason Works（1976）

[147] Gleason Works, ed.：Bevel and Hypoid Gear Design, New York, Greason Works（1956）

[148] Gleason Works, ed.：Method for Designing Hypoid Gear Blanks, New York, Greason Works（1971）

[149] 村上靖宏：自動変速機の技術動向と変速機油への要求性能，出光トライボレビュー，No. 26, p. 11（2003）

[150] Society of Automobile Engineers：SAE J306 Automotive Gear Lubricant Viscosity Classification, July（1998）

[151] American Petroleum Institute：Lubricant Service Designations for Automotive Manual Transmissions, Manual Transaxles, and Axles, API Publication 1560, Seventh Edition, July（1995）

[152] 村上靖宏：自動変速機の技術動向とそれを支える変速機油の規格動向，月刊トライボロジー，No. 132, p. 13

（1998）

［153］自動車技術会：JASO M358 - 05「ベルト式 CVT 油の金属間摩擦特性試験方法」

［154］自動車技術会：JASO M315 - 04「自動変速機油」

［155］H. Koga, et al.：A Practical Performance of Toroidal Fluid KTF - 1 and Future Direction of New Type, Proceedings of '05 TVT Symposium, p. 161（2005）

［156］J. L. Linden：Improvements to the GM Automatic Transmission Fluid Specification - DEXRON - Ⅱ（ⅠH - REVISION）, Proceedings of '05 TVT Symposium（2005）

［157］日産自動車：ニッサンスカイライン新型車解説書（2004）

［158］日産自動車：ニッサンマーチ新型車解説書（2002）

第 5 章

控 制 系 统

5.1 概 述

在满足汽车所要求的安全性、舒适性和经济性,以及实现环境保护等社会责任,各种电子控制系统的应用越来越广泛,也越来越重要。因此,控制系统变得越来越高精度化,变得越来越复杂,特别是软件系统也越来越庞大。

本章在对以前各章中没有涉及的综合控制系统进行阐述的同时,也对控制系统的开发方法加以说明。另外,还对电子控制单元(ECU)、传感器以及执行元件等相关附件的设计进行说明。

5.2 综合控制系统

如图 5-1 所示,汽车上安装的控制系统数量在逐年增加。而且并不是对个别的系统最优化,而是对车辆整体的最优化提出了要求,为此系统间的联系变得很重要。

此处,在对系统间协调的综合控制系统进行概要说明外,还对综合控制系统的核心——转矩控制技术进行具体说明。

5.2.1 综合控制结构

发动机控制、自动变速器(AT)控制、防抱死制动系统(ABS)等控制系统相继独立诞

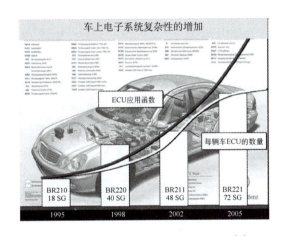

图 5-1 电子控制系统复杂性的增加[1]

生并发展至今。但是,为了进一步提高其性能时就得打破个别系统的界限,需要加强与其他系统间的协调控制。为此,从 1990 年开始,用 ECU 间通信的综合控制开始应用。随着对系统要求越来越高,系统间的协作关系越来越被强化着。

但是,随着系统间协作的强化和复杂化,以传统方法进行开发变得越来越困难。因此,通过整个系统的构成,也就是通过整个系统结构的设计,实现个别系统间的协调是今后的发展趋势。图 5-2 所示为该设计思路的示例。

此外,为提高相关的功能,开发与之相应的软件所需的工时的增加也成为很大的问题(图 5-3)。

为此,车用软件也开始向"目标指向"这一

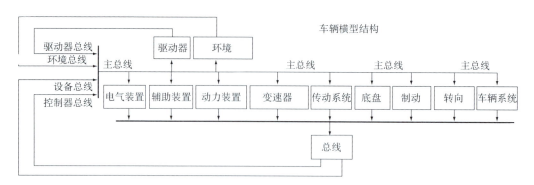

图 5-2　综合控制结构的示例[2]

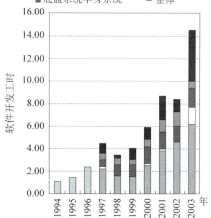

图 5-3　软件开发工时的增加[3]

思路转移。将功能单位作为目标，以该目标为基础构建系统和软件，其主要目的是提高软件的再利用性和协同工作性。

另外，为了应对上述问题，不能局限于一个企业或其企业集团的内部，需要打破企业集团或国家界限，共同推进开发活动便成为大势所趋（图 5-4）。

5.2.2　转矩控制

关于车辆行驶的驱动系统概念（包含驾驶员）如图 5-5 所示。驾驶员按照其意图操作油门，发动机产生与油门开度相适应的转矩，再经变速器转化为驱动力。可以说发动机系统和整个系统最重要的纽带就是转矩。

根据这一思路关于转矩控制的整体结构如图 5-6 所示。基本构成要素如下：

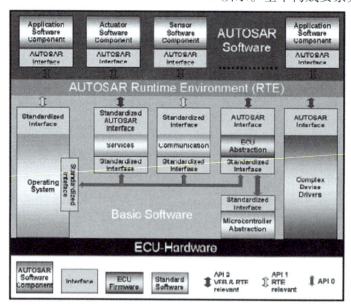

图 5-4　结构标准化[4]

第5章 控制系统

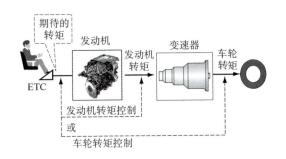

图 5-5 驱动系统概念图[5]

① 驾驶员要求的设定；
② 各种系统转矩控制的要求；
③ 发动机转矩调节；
④ 发动机转矩控制；
⑤ 发动机转矩的设定。

转矩要求关系到驾驶员要求、自动形式控制要求、速度限制、车辆动态控制、驾驶性能等外部要求，以及启动、怠速转速控制、发动机转速

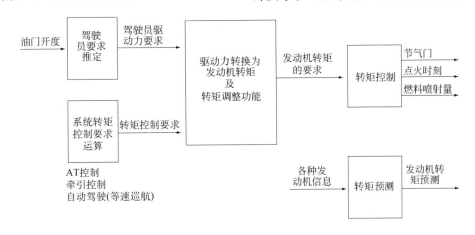

图 5-6 转矩控制整体构成示例

控制、发动机保护等内部要求。以转矩作为基准，就能够较容易地调整以上的各种控制。

本节对各种系统转矩控制要求、发动机转矩控制以及发动机转矩推定等进行说明。

5.2.3 转矩控制要求（AT 控制）

转矩控制要求很多，其中之一就是 AT。最近出现了根据不同的道路环境以及驾驶员的意图，与上下坡控制和导航系统进行协调控制下的换挡控制。另外，在换挡时与发动机的综合控制方面，也出现了点火时刻控制以及电子控制节气门的应用等。

此外，在使用无级变速器（CVT）的车上，也有附加了第 6 挡、7 挡手动控制挡模式的。在此处，为了换挡时间的最优化，也有实现了与电子控制节气门的协调控制。

本节将对减小 AT 变速冲击控制进行说明。

（1）目的　不受不同驾驶员操作、道路环境和自然环境条件的限制，实现稳定、顺畅、恰当地换挡操作进行变速。

（2）系统构成　图 5-7 所示为 AT 系统系统构成。在这里，通过整合发动机与 AT 的 ECU，可以共享发动机转矩为首的多种发动机控制信息，从而使变速时 AT 离合器液压控制更加精密。

（3）控制的必要性　这里以采用带式制动器的自动变速器为例，对 1—2 挡的换挡变速进行说明。

1—2 挡的换挡通过 2 挡用连接元件的连接力，将在 1 挡位置转动的发动机下降到 2 挡的状态（图 5-8）。如图 5-9 所示，若此时：①若 2 挡连接元件转矩过大，则换挡冲击大；②若 2 挡连接元件转矩过小，则换挡时间增加，而形成换挡间隔过长的变速，而且 2 挡连接元件的热负荷增加，耐久性下降。

（4）控制内容　不进行控制时，如图 5-10（a）所示，除了发动机输出转矩外，还有强制发动机转速下降的惯性转矩。转矩跳变会导致换挡冲击恶化。对此，如果只进行发动机转矩的降低控制，如图 5-10（b）所示，转矩不变，同时换

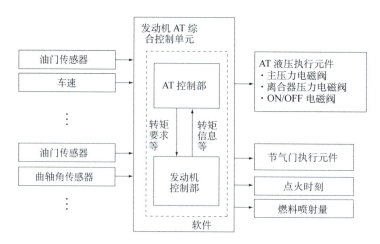

图5-7 发动机/AT控制系统构成

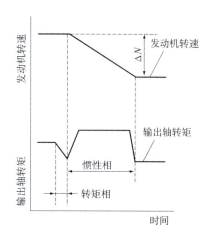

图5-8 升挡概念图

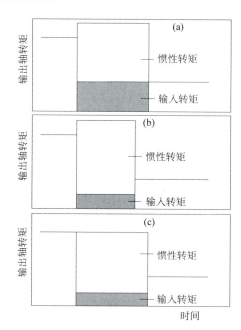

图5-10 减小升挡换挡冲击

(a)不控制；(b)减扭控制；(c)减扭控制+液压控制

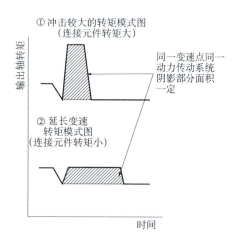

图5-9 连接元件转矩和输出轴转矩的关系

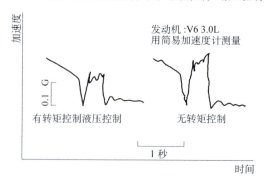

图5-11 减小升挡换挡的冲击

挡时间缩短。在减扭控制的基础上，降低液压，减小带式制动器的转矩，即可以防止转矩跳变（图5-10(c)）。上述控制的实际控制波形如图5-11所示。从图中可以看出，换挡时可以暂时减小车辆加速度的增加（换挡冲击）。以上是其基本机理。

目前，为了进一步改善换挡操作感觉，有以下这样的做法，首先设定换挡时车辆加速度波形目标；然后对 AT 的输入转矩进行预测，进行转矩—离合器压力转换；最后计算出最佳离合器压力控制量。

（5）转矩控制要求的特点　换挡时转矩控制要求的特点是要具有高度响应性，与换挡控制的时间配合必须准确。

5.2.4　转矩控制要求（牵引力控制）

牵引力控制主要是为了保证易滑路面的行驶安全和操纵稳定性。现在为了确保高度的安全性，车辆状态稳定系统正在得到普及。该系统把包括驱动方向牵引力控制功能、控制方向的 ABS 功能以及防侧滑功能将三个功能综合在一起。另外，能够自由分配四轮驱动力，提高车辆运动性能的综合控制系统也已经面市[7,8]。

此外，上述控制系统的转矩控制要求大同小异，因此在这里仅对牵引力控制进行说明。

（1）轮胎的简单力学　轮胎与地面间的作用力包括驱动力和侧抗力。作用于后轮的侧抗力成了用来抑制车辆沿行进方向产生的侧倾的力。

当驱动轮胎转动的力比轮胎与路面间的摩擦力小时，产生这个侧抗力，当车轮滑转越大，侧抗力越小，同样驱动力也随着车轮滑转的变大而减小。

（2）控制方法　根据前面提到的机理，通过方向盘操作、油门及制动操作读取驾驶员的行驶意图（目标行驶状态），与实际行驶状态对比，为了能够沿着目标方向运行，实现发动机输出控制和四轮制动控制，使车辆稳定行驶，抑制车辆在控制极限附近车辆行驶的剧烈变化。

（3）系统介绍　图 5-12 所示为发动机控制系统流程。从图中可以看出，通过转向角传感器、油门及制动信息等推测驾驶员所需的理想行驶状态。再利用四轮驱动车速传感器、偏航角速度传感器以及加速度（G）传感器检测出实际的行驶状态。另外，为了能够接近理想的行驶状态，发动机转矩用节气门、点火时刻及燃料喷射量加以控制，或者可以用四轮分列进行制动控制来加以控制。

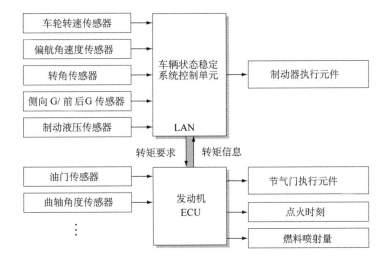

图 5-12　控制系统流程图

（4）系统工作内容　图 5-13 所示为控制驱动方向的牵引力控制系统的工作过程。

① 控制牵引力时要进行全时驱动轮速与从动轮速的比较。

② 如果（驱动轮速—从动轮速）的值超过原已设定的控制开始极限值，则需要进行发动机转矩控制和驱动轮制动控制。

③ 如果（驱动轮速—从动轮速）的值位于控制开始极限值和控制结束极限值之间，则要对发动机转矩和制动力进行微调。

④ 如果（驱动轮速—从动轮速）的值小于制动结束极限值，则发动机转矩要重新回位到驾驶员要求的转矩，同时还要减小制动力。

⑤ 反复进行②~④的控制，直到滑转消除。

响应性，但是由于发动机转矩控制的高响应性和控制幅度很难兼顾，因此，当发动机方面已经作了响应而响应性还嫌不足时，一般利用制动控制来对应。

5.2.5 转矩控制要求（自动等速巡航）

自动等速巡航可以在不踩油门的情况下自动控制发动机转矩，保持一定车速。其目的原来是减轻高速公路长距离行驶时驾驶员的疲劳，然而最近为了确保行驶的经济性和安全性，也开始逐渐采用等速巡航系统。能够保持一定车距的自适应自动等速巡航系统的应用也越来越多，不过对发动机转矩控制的要求是一样的，因此，这里只以通常的自动等速巡航控制为例进行说明。

（1）系统构成 图 5-14 所示为等速巡航系统构成。在此系统中自动等速巡航系统置于发动机 ECO 内部。

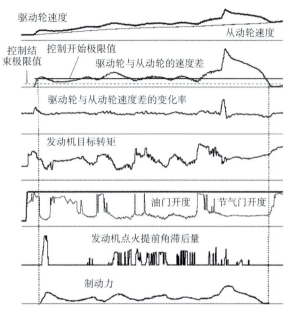

图 5-13 牵引力控制工作过程

（5）转矩控制要求特点 牵引力控制的转矩控制要求的特点是控制幅度大。虽然也希望有高

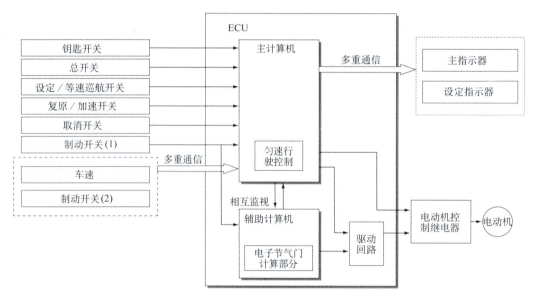

图 5-14 等速巡航系统构成

以往自动等速巡航控制采用的大都是负压式节气门执行元件。现在，随着电子控制节气门的普及，发动机控制单元自身一般已经具备了这一功能。

（2）控制概要 自动等速巡航系统的基本控制模式如下。

① 匀速控制：车辆达到期望车速后操作调定开关，则该车速被设定为目标车速。此时开环控制根据道路坡度等实际情况计算维持目标车速所需的驱动力。再根据所需的驱动力算出发动机转矩，该转矩即为转矩要求值。然后利用反馈控制将此转矩要求值应用于保持目标车速控制当中（图 5-15）。

② 加速控制和减速控制：加速控制分为两种

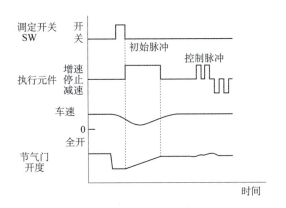

图 5-15 设定控制工作图

情况：一是匀速行驶过程中驾驶员操作加速开关；二是在解除匀速控制状态下操作复原开关。系统首先要计算出该加速度所要求的驱动力和发动机转矩，进行开环控制。然后再进行反馈控制，达到目标加速度。

（3）转矩控制要求的特点　自动等速巡航控制的转矩控制特点是不要求很高的响应性，但是由于是在加速方向的控制，因此，要求很高的安全性能。

5.2.6　转矩协调功能

以上对各种转矩控制要求进行了阐述，下面对转矩的协调功能进行说明[9,10]。

图 5-16 所示为转矩协调功能的概念图。进行协调功能设计的时候需要注意以下两点。

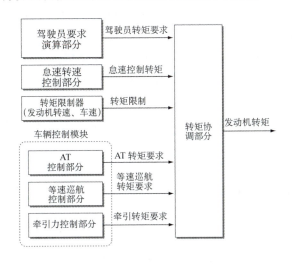

图 5-16　转矩协调实例

① 沿着物理现象的流向进行设计。
② 当出现相反的要求时，要按重要程度加以考虑，而以确保安全性作为最优先。

5.2.7　转矩控制方法

汽油发动机与柴油发动机的转矩控制方法不同，即便是对汽油机而言，稀薄燃烧工况和在理论空燃比附近工作时控制方法也是不一样的。这里以在理论空燃比附近工作的汽油发动机为例进行说明。

转矩控制方法主要有以下三种：
① 进气量控制：运用电子控制节气门；
② 燃料控制：运用燃料切断；
③ 点火控制：点火时刻延迟。

它们各自的特点参见表 5-1。每一种控制方法各有优缺点。实际应用时，要在充分理解各种方式特性的基础上，根据转矩控制要求的具体内容选择适合的方法。

表 5-1　转矩控制方法特点

	控制幅度	控制分解度	响应速度
进气量控制（节气门控制）	◎	◎	△ 操作节气门到产生转矩的延迟较大
点火控制	△ 爆燃、排气温度等制约控制范围	◎	◎
燃料控制（燃料切断）	○	× 以汽缸为单位进行控制，因此分解度较低	○ 燃料喷射行程到燃烧行程有延迟

5.2.8　转矩预测方法

转矩预测也是综合控制的重要功能之一，是向 AT 的液压控制、车辆运行稳定系统等发动机以外的系统输出其接收到的重要信息（图 5-17）。

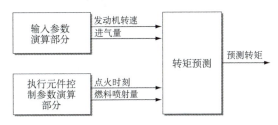

图 5-17　转矩预测概念图

另外 5.2.7 节中所述的转矩控制,在利用转矩来确定控制参数(目标空气量、目标空燃比、目标点火时刻等)时,也要利用到转矩预测的逆模型。

5.3 控制系统开发

控制系统开发所需的资源(开发周期、费用、开发人数)逐年增加,而提高软件开发效率成为重要的课题。充分利用"模型"是解决上述课题的手段之一,该过程被称为模型基础性开发。模型是将实际设备进行抽象化的产物,模型化的对象不仅包括控制对象,也包括控制装置。模型基础性开发具有如下优点:

① 可以容易地实现高性能控制;
② 可以在开发初期阶段进行验证;
③ 可以充分利用自动化手段。

以下就开发流程及开发方法进行说明。

5.3.1 开发流程

如图 5-18 所示为系统整体开发流程。以前一般是在发动机变速器等控制对象的基本设计完成后,再进行控制系统的设计,但在这种开发方式中,出现因控制对象的限制造成系统整体无法满足设计要求的情况很多。因此,如该图所示,最好是在系统整体设计完成后,再逐步展开对控制对象和控制的开发。

图 5-19 所示为从广义的软件开发角度出发的开发流程 V 字形图。下面就各流程内容进行说明。

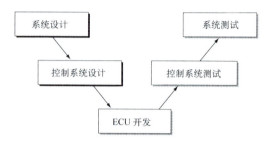

图 5-19 软件开发的系统开发流程

5.3.2 系统设计

系统设计相当于系统开发的初期阶段,是根据商品规划书和法规等各种信息设计系统整体功能的阶段。

系统设计分流程如图 5-20 所示,各流程概要如下。

(1) 系统要求分析 首先应该进行的是设定整个系统所要求的功能。当然理想状态能够定量,但实际上大部分只能进行定性设定。不过,即使在无法做出决定时,也要设定一个作为暂时目标的功能,并推进开发工作,这一点很重要。此外,除了目标功能,对限制条件的把握也很重要。

(2) 控制对象功能设计 进行控制系统设计时,要从功能上把握发动机、变速器等控制对象。控制对象和控制系统进行平行开发时,在完成控制对象应该具有的功能设定后,开始其具体设计。

另一方面,针对现有的控制对象进行控制系统设计的情况较多。在这种情况下,要充分理解控制对象并掌握其功能。

(3) 控制系统功能设计 根据设定的系统功能要求以及已设定或掌握的控制对象的功能,推进控制系统应具有的功能的设计。

(4) 系统成立性研讨 需要通过控制对象与控制系统的组合,来充分研究其能否实现整

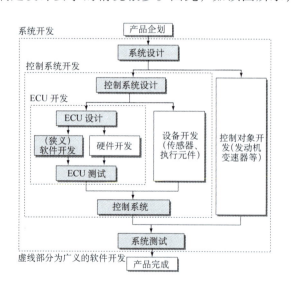

图 5-18 系统开发流程

个系统所要求的功能。如果在无法实现的系统的基础上继续进行后续开发工作，会造成巨大的时间和资源的无谓浪费。此外，由于在设计过程中会不自觉地专注于主要功能的实现，而疏于对副作用的危害进行研究，这一点需要引起充分的注意。

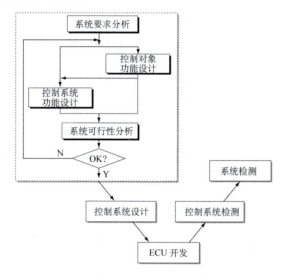

图 5-20 系统设计分流程

5.3.3 控制系统设计

在系统设计阶段设定了控制系统的功能要求。在控制系统设计阶段中，进行能够满足相关性能的该系统的具体设计。

图 5-21 所示为该阶段的分流程。以下就各分流程的概要进行说明。本章节主要对软件开发进行介绍，不再对设备开发以及 ECU 硬件开发加以说明。

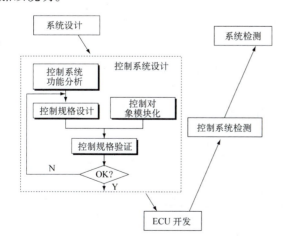

图 5-21 控制系统设计分流程

5.3.3.1 控制系统功能分解

控制系统一般是由传感器、执行元件以及 ECU 等构成。为此，首先需要将这些功能进行分解。

开发人员在开发初期阶段仅关心是否正常工作，容易忽视发生故障时的安全保障问题。但是，故障保护功能是系统开发中极为重要的部分，需要从初期阶段就对其进行充分的研讨。

首先需要确定系统发生故障时，用户陷入的危险状态达到何种情况时，开展何种程度的故障保护工作。在动力传动控制系统中，一般的设计思路是，采用即使控制系统中有一处发生故障或产生误动作时也不会造成危险的故障模式。事先对系统各要件发生故障时的动作状态进行研究，对产生危险故障模式的部位进行双重配置，或者通过其他信息进行故障检出等，以防止危险的动作。

另外，一般采用 FMEA（Failure Mode Effective Analysis）方法。该方法是在于研究发生故障时系统各部位将处于怎样的工作状态。

5.3.3.2 控制功能设计

根据系统设计流程中完成的对控制系统的功能要求，设计出要求进入 ECU 中的控制功能。

所谓功能要求是指"应该做什么"。另外，由于是实际装入到 ECU 中，因此必须记载"应该怎样做"的相关内容。通过"应该做什么"到"应该怎样做"的不同层次的反复，逐步具体地达到实际可能实现的水平。图 5-22 所示为该过程的示意图。

将归纳为一个功能单位的过程被称为模块化，它对于确定易于理解和便于维护的控制规格非常重要。在设计模块时，应该从功能角度布置模块，同时充分考虑以最小量的模块间接口实现整体功能。

以下就控制功能的记述方式进行说明。主要方式如下：

①数据流：数据流图；
②控制流：状态转移图，流程图。

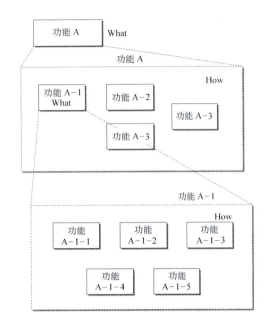

图 5-22 控制规格的分层化结构

数据流图的功能是沿着控制变量的流向记述控制功能,是控制对象为连续事件系统时的控制规格的基本形态。变量的输入/输出及其关系比较明确,与结构化分析手法的亲和性好。其缺点是,该方式无法清晰体现何时、以何种条件进行处理。图5-23所示为数据流图。

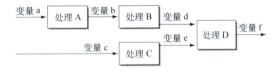

图 5-23 数据流图

状态转移图适用于对离散事件系统控制功能的描述。例如,人的操作或故障状态等适用该图。该方式易于清晰体现可以存在何种状态、该状态在何种条件下如何变化。但是,与数据流相反,它存在难以清晰体现变数流向的缺点。图5-24所示为状态转移图。

流程图是沿着处理的流程描述控制功能,它与实际写入编码的亲和性最好。该方式也具有难以清晰体现变量流向的缺点。图5-25所示为流程图。

需要考虑控制的特征后再决定选择哪种记述方式。在实际控制中,既有连续事件系统也有离散事件系统,而在这一情况下,有必要再来考虑计算机的实际装配问题。因此,将上述记述方式

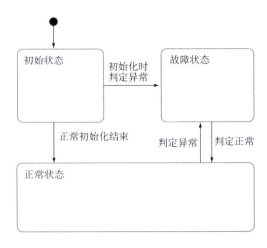

图 5-24 状态转移图

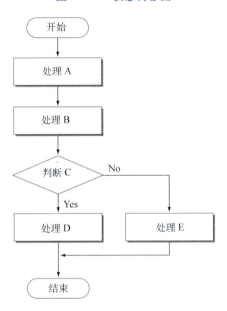

图 5-25 流程图

组合使用的情况较多。

此外,控制功能除了目前已所述的记述方式之外,还需要变量和常量等数据以及相关属性等信息,而这些称为数据词典(图5-26)。所需的属性信息中包括变量和常量的单位和地址、使用固定小数点时转换为物理量的转换公式等,而这些内容则被用于生成编码和验证的流程中。因

名称	号码 R	号码 C	注释	最小值	最大值	初始值	单位
BIT0	1	1	控制开始特征	—	—	0	—
BITF	1	1	控制特征共同体				
发动机转速	1	1	发动机转速	0.0	80.00.0	0.0	r/min
燃料喷射量	1	4	燃料喷射量	0.0	1.0	0.0	mg
燃料修正学习值	5	6	燃料修正学习值	0.0	2.0	1.0	

图 5-26 数据词典

此，在控制系统开发中，对数据词典进行统一管理极为重要。需要注意的是，它与信息处理相关的软件设计中附随在数据流图中使用的数据词典的定义有所不同。

在模型基础开发中，利用工具将上述的记述完善后，可以将设计结果直接作为能够进行模拟的控制装置模型使用。此外，在下述的向ECU实装流程中，可以有效利用编码自动生成功能也是其很大的优点之一。

5.3.3.3 控制对象模型化

控制对象的模型化有两个用途：一是用于控制规格的设计；二是用于控制规格的验证。图5-21所示为验证用流程，图5-27所示为设计用流程。

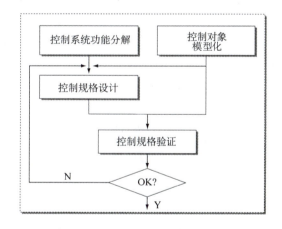

图5-27 控制系统设计分流程 [2]

在系统设计流程中进行控制对象的功能设计或把握，而在此流程中，有可能进行模拟的模型正在得到具体化。但与其说在追求绝对精度，模型化过程中一般更加需要的是模型化的便利性和对计算时间的重视。

5.3.3.4 控制功能验证

可以利用闭环模拟对控制装置模型和控制对象模型的组合进行验证。此时完成验证脚本时应该从两个角度出发：一个是从分析流程中导出的，另一个是从控制功能内容中导出的。前者用于在未知设计内容的前提下进行验证时，称为黑盒测试，其已成为主要对控制功能的验证；后者用于在已知设计内容的前提下进行验证时，称为白盒测试。除了控制功能的验证之外，加上了验证软件的意思。此外，还有作为测定验证程度的指标，称为覆盖率。其定义如下：

① 决策覆盖率（分支覆盖率）：着眼于控制功能的分支，至少要显示一次实际演算的分支的所占比例。

② 条件覆盖率：着眼于包含状态转移在内的理论演算，在整个组合中显示实际测试的组合比例。

此外，也有通过这些内容的组合以测量正确的验证程度的方法。非百分之百覆盖率意思是说也存在未经验证的领域或组合。不过，如果不是小的功能单位，实际上很难实现百分之百的覆盖率。重要的是在小的单位进行严格的验证，然后逐步积累起来。

5.3.4 ECU开发（ECU写入）

如果从软件开发的角度加以表述的话，ECU开发指的是根据控制功能编制成实际写入编码，并将其装入到ECU中的过程。图5-28所示为该过程的详细流程。装入的软件大体分为平台和应用程序。前者相当于操作系统，主要依存于ECU

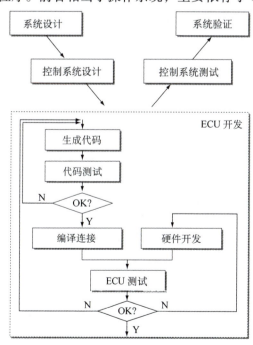

图5-28 ECU装入分流程

的硬件。后者在平台的基础上运行，记载有控制内容。以下就应用程序的装入进行详细说明。

（1）代码生成　现在，在发动机或变速器的控制中主要使用的是 C 语言。以前都是以人工方式进行代码的编写，但最近随着系统工具的进步，使用系统工具进行自动编程的方式已经开始普及。但是，可以进行自动编码生成的，仅限于 5.3.3 节中所述的将控制功能作为实际可行的模型记述在系统工具中的情况。

（2）代码验证　由于生成的代码可能会存在缺陷，因此需要进行验证。以下就验证方法的一例进行说明。

在软件小单位，对控制功能与代码的一致性进行的验证被称为单元测试。在开发模型基础时，由于存在动态控制功能的控制装置模型，因此可以通过模拟对一致性进行验证。图 5 - 29 所示为该方法的概念图。

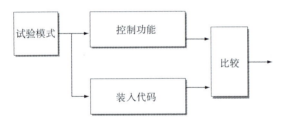

图 5 - 29　单元验证方法

（3）编译和链接　需要将经过验证的编码群进行组合后装入到 ECU 中。由于该流程与传统的一般性软件开发工序相同，此处不做具体说明。

（4）ECU 验证　即使以小单位进行了验证但还是需要在组合后进行验证。这是因为，在处理顺序或插入处理时，有可能出现问题之故。这个验证工作可以只对软件进行，或者在与 ECU 相组合的阶段进行。

5.3.5　控制系统验证

在上个流程已验证了 ECU 是否按照控制功能进行工作。接下来需要将传感器、执行元件以及装入了编码的 ECU 等进行组合，然后验证作为控制系统是否能够按照指令而动作。具体的验证方法有，HILS（Hardware In the Loop Simulation）及实机验证。这里，首先就 HILS 进行说明（图 5 - 30）。

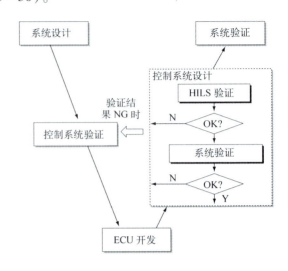

图 5 - 30　控制系统验证分流程

HILS 是指在模拟闭环的某一部分使用实际设备，图 5 - 31 所示为采用实际 ECU 的 HILS 构成。此时，发动机、变速器、车辆控制对象模型被组合到模拟器中。通过这一方式可以进行类似于使用实际车辆那样的验证。

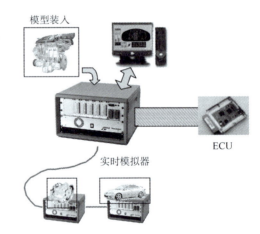

图 5 - 31　HILS 构成

HILS 的优点在于能够提高测试的安全性、再现性以及包罗性等。但同时存在因控制对象模型的精度对验证的可能范围有所限制的缺点。

此外，在 HILS 中不仅限于 ECU 作为实机使用，还可以根据需要使用实际的传感器和执行元件，根据情况还可以将一部分控制对象作为实机而使用。

由于 HILS 的验证有一定的局限性，接下来还要对实际系统进行验证。具体方式是在使用试验台进行验证之后,再利用实车进行验证。随着控制对象模型精度的提高以及模型化所需时间的缩短,实际系统验证的重要程度有所降低,但现阶段还未达到不再需要的水平。

此外,因验证环境的关系,HILS 作为 ECU 验证的一环进行,实机验证作为系统验证的一环进行的情况较多,但是,这些验证从某种意义上讲是属于控制系统的验证,因此,在这一节中已加以说明。

5.3.6 系统验证

本工序位于开发的最终阶段,将控制系统和控制对象组合后作为整体系统,验证其是否满足设定的系统要求。如图 5 - 32 所示为该工序的分流程。

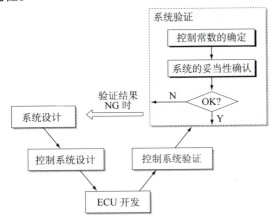

图 5 - 32 系统验证分流程

5.3.6.1 确定控制常量

ECU 的软件是由控制算法和其附带的控制常量来决定其动作的。此处结合各车种不同的控制对象的特性,逐步求出实现最佳控制的控制常量。该工序被称为控制常量的标定。标定包含不同车种的或每个个体的校正等更广泛的含义,但本节中记述的标定是指对控制常量的标定。不过,控制常量无法以纯量的数值形式表现的情况较多,此时以图5 - 33所示的一维至三维的图形表现。二维以上的图形称为 MAP。

该工序对系统性能影响巨大,同时需要大量的开发资源。特别是对发动机系统的开发来说至

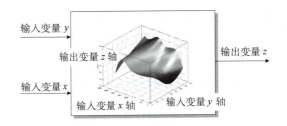

图 5 - 33 三维图形

关重要。

首先从计算机上的设计开始。将通过设计参数求出的值、传感器和执行元件的单体特性等设定为控制常量。

然后,进行常量的初始设定和最大值及最小值设定。在开发过程中即使是常量,其值也会不断变化,因此需要注意的是,它像变量一样具有初始设定和最大值及最小值的概念。在模型基础的开发中,充分利用模拟方法可以提高开发初期的控制常量精度以及后续开发的效率。

其次是在实际设备上进行标定,包括稳态标定和瞬态标定。

(1) 稳态标定 稳态标定有两种方式:一是使控制对象实际动作,同时以人工方式搜索最佳的控制常量;二是将最初的控制对象的稳态特性作为模型,根据该模型设定最佳的控制常量。前者在参数少的情况下有效,而随着控制参数的增加,后者的优势逐渐显现。以下就被称为模型基础标定的后者进行详细说明。

模型库标定步骤如下:
- 利用试验规划法设定测量点;
- 通过实机测试进行数据测量;
- 实机特性的函数近似(模型化);
- 以模型为基础的最佳化。

① 利用试验规划法设定测量点:当影响控制常量的参数较多时,整个组合数量变得十分庞大。例如,参数数量为 5 个,各自需要达到 10 个水平级时,整个组合数量为 10^5,如此庞大的数量现实中很难完成。利用试验规划法的原因是通过现实的组合数量的试验把握控制对象的特性。

② 通过实机测试进行数据测量:测量①中求得的测量点上的控制对象特性。

③ 实机特性的函数近似(模型化):根据控

制对象的特性设定函数的种类和次数。然后利用试验所获得的数据以及统计手法进行函数近似计算。

④ 以模型为基础的最佳化：在③中完成模型化的控制对象的基础上，对最佳点进行计算搜索。此时需要重点注意的是，在考虑限制条件的同时避免陷入追求局部最佳效果的误区。

图 5-34 为以上方法的展示。

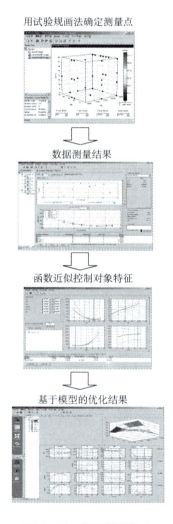

图 5-34 模型基础标定

（2）瞬态标定 瞬态标定是指对系统的瞬态特性进行优化的作业。由于使用实机、特别是实车进行瞬态标定非常麻烦，为此应该尽量完善之前的工序以尽量减少此时的工作量。不过，在模型精度不足的领域以及对人体感觉进行处理的领域，实际上还不得不使用实机进行瞬态标定。

5.3.6.2 系统的妥当性确认

在完成瞬态标定后，对整个系统进行最终确认。当不能满足要求时，需要返回到系统设计流程重新进行开发。这样会造成开发资源的巨大浪费，必须避免。从开发早期阶段即充分利用模型展开扎实可靠的验证的目的，就是为了防止重复开发。

5.4 电子控制单元

5.4.1 软件

（1）软件的结构 车辆控制用计算机通过各种传感器检查车辆的行驶状态，并向各种执行元件发出驱动信号，以实现控制目的。而记述这一系列处理过程的正是软件。随着近年来车辆控制的复杂化，软件容量也越来越大。为了促进软件的再利用，采用了以覆盖传感器、执行元件特性和微型计算机功能（特性和功能的变更对软件不造成影响）为目的的分层化结构。

图 5-35 所示为车辆控制软件的分层化结构示例。现在的软件结构是根据车辆制造商和软件供应商各自不同的理念构建起来的，但为了向将来统一化方向发展，国内外的标准化活动日趋活跃。

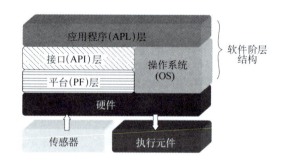

图 5-35 软件分层化结构实例

（2）操作系统（OS） OS 是以降低软件的开发和管理成本为目标，对应用程序的信息处理资源的分配进行管理的模块。使用 OS 具有便于使用外部开发软件、便于构建有时间限制的多重处理系统、能够覆盖处理器的不同等优点，还可以通过提高再利用性、移植性和可靠性等降低成本。

OS具有的主要功能包括：优先权（执行优先权）方式的任务调度、管理各应用程序不同的时间限制、管理各任务间共有资源（外观上平行运行的应用程序间排除对同一资源的取得）、任务间的通信、事件通信（支持任务间的协调动作）等。原来在应用软件处理中实现的功能由与应用软件独立的OS来进行处理。

此外，汽车行业标准化实时OS（OSEK/VDX. OS）具有：高实时性的实施（汽车专用的简化样式）、数量化的重视（与储存量节约相对应）及车载通信网络化等特征。OS作为车辆控制软件，被以最优件为目标而不断进行着标准化工作。

（3）平台（PF）层　PF层是利用微型计算机外围设备等硬件功能，操作传感器信号输入和执行元件驱动输出的那部分软件。计算机外围设备因微型计算机种类而不同的情况较多，但是通过设计，要使其在特定系统中可以发挥最佳性能为好。

例如，通过PWM驱动（Pulse Width Modulation）驱动电磁阀时，根据已有的计算机外围和执行元件驱动特性（动态范围、精度等），利用（1）~（3）选择出最佳方法后进行设计。

按照规定时间分别对计算完了的计数值和周期设定值以及占空时间（任务）设定值进行比较，并通过图5-36所示的使输出反转来实现PWM输出动作。

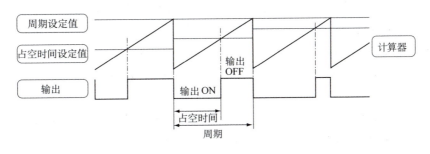

图5-36　PWM输出时间图

① 带有PWM输出单元的计算机，软件只需将周期设定值及占空时间设定值设定在计算机外围控制存储器中，即可获得PWM输出。此时各比较工作是由硬件来执行，可以实现高响应性、高频率和高精度的PWM输出。

② 当要求的高精度PWM输出高于计算机的PWM输出单元数量时，一般利用输出比较定时功能实现PWM输出。图5-37所示为输出比较功能概念图。使用输出比较功能时，利用软件将与计算机内部自运行计数器进行比较的寄存器（图中的CompareRegister）需要的周期计数值或者占空时间计数值，还有不同时间的输出水平等写入输出数据寄存器（图中的Data Register）中。利用微机内部回路对各计数值和和自运行计数器进行实时比较，二者一致时输出数据。通过对这一处理的反复实施之后，再输出PWM脉冲。

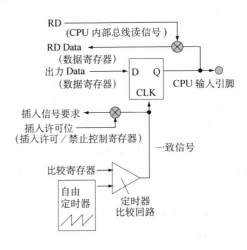

图5-37　输出对比功能概念图

③ PWM输出周期为低频时，计数器的计数、周期及占空时间比较等PWM控制所需的处理都是通过软件来实现的。此时使用的计算机外围只是通用口的一通道，就可以实现计算机资源的最

佳使用。

由于近年来半导体集成化技术的提高，可以看到带有多个通道 PWM 单元的计算机，且采用①所述的案例有所增加，但在采用分系统低端计算机以降低成本时，也有采用②、③所述的案例。

（4）接口（API）层　API 层是操作 APL 层与 PF 层间数据交换的部分。APL 层和 PF 层处理的数据属性（数据形式、单位系等）不同时，可以通过 API 层数据的转换，实现现有 APL 软件与现有 PF 软件间的数据交换。

例如控制旁通空气流量有利用电磁阀占空时间和利用步进电机进行控制的时候，根据各自流量和执行元件驱动信号电磁阀，将空气流量控制值（m^3/min 等）转换成控制信号数据。

（5）应用程序（APL）层　APL 层通过前项中所述的方法开发的软件已实际安装在其中。通过事先对 API 层的数据接口的标准化，可以实现 APL 软件的再利用，发挥高开发效率的优势。

例如在旁通空气量控制中，将各个演算以空气量控制值（m^3/min）的形式标准化，使其不受空气流量控制方法（二执行元件）的影响，可以确保 APL 部件的独立性。

5.4.2　硬件

（1）安装环境　由于装载空间的限制、车辆线束布置以及通过模块化提高开发效率等各种原因，对控制单元提出的要求不仅仅是小型化，因安装位置不同，其环境性能也发生了变化。以下就装载位置对控制单元的性能要求以及相应技术进行说明。

① 车内装载：车中是环境条件较好的场所，最高温度 80℃，振动 3~5g 左右。主要原件的计算机、IC 集成电路主要采用 QFP（Quad Flat Package）封装，印制基板使用玻璃环氧基材。外壳和接头使用的是非防水形式。

② 发动机舱体装载：环境介于车内装载与发动机直载之间，基本构成与车内装载相同，但外壳和接头为防水型。

③ 模块化搭载：从阶处环境而言，同样介于车内装载与发动机直载之间，由于是与发动机其他零部件的一体化设计，要对振动、电磁干扰等多加注意。欧洲汽车厂家为主采用模块化装载方式的越来越多。

④ 发动机直载：最高温度 100~120℃，振动 10~30g，搭载环境最为恶劣。而且搭载位置的空间局限性很大，因此对小型化的要求越来越迫切。有的基材使用散热性优良的陶瓷材料。为了实现小型化和提高减震性能，微机和 IC 采用 CSP（Chip Size Package）。还有采用 BC（Bear Chip）及 BGA（Ball Grid Array）等，以取得更好的装入性。其他元件则采用有更高的耐热性的，而外壳与接头都成为防水型的。

（2）实际安装元件　为对应软件的爆发式的膨胀以及软件语言高级化和缩短开发周期的要求，计算机从原来的 8 位和 16 位掩码式向 32 位的高性能 RISC（Reduced Instruction Set Computer）的闪存式计算机过渡已经成为主流。此外，对于传感器和执行元件输入/输出系统的大型化，外围设备专用集成电路 IC 也在朝着高性能化的方向发展。

对于输出系统而言，由于低温启动系统的早期运作所需的加热器驱动，电子节气门的电动机驱动等输出功能的增加，再加上输出系统的诊断，保护功能（过电流、过热的检出及保护）的要求也不断提高，执行元件驱动器正在向智能化的方向发展。以前使用的功率晶体管，现在已经被增加了保护电路和故障诊断功能的智能功率 MOS（Metal Oxide Semiconductor）的 IC 所取代。输出驱动器的封装形态也从为了散热安装在壳体壁上的形式，向印制基板散热孔散热的贴片（SMD）式功率集成电路（功率 SOP（Small Outline Package）和功率 QFP）转移。

其他的电子电气部件也在向小型的贴片的形式发展，此外，随着传感器和执行元件的增加带来的线束增加，与车辆线束连接的接头也实现了多针化和窄间距化。图 5-38 所示为已经实现上述内容的控制器。

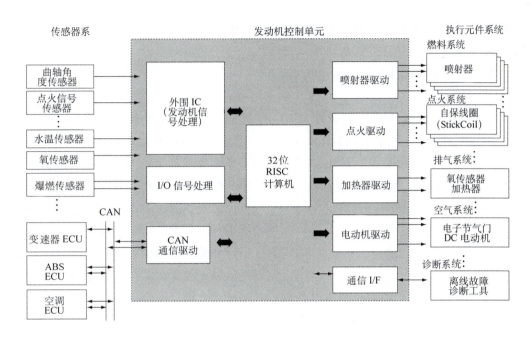

图 5-38　发动机控制用控制器模块图

5.5　ECU 间通信

控制的高性能化和复杂化使电子控制单元（ECU）增加，同时造成了非常显著的线束安装和质量等问题，为了解决上述问题，车辆 LAN（Local Area Network）迅速扩大。在需要实时性和极高可靠性的发动机控制系中，由于其高速的通信性能以及错误检出和处置性能，CAN（Controller Area Network）作为 ISO 11989（高速通信，低速通信为 ISO 11519-2）标准，并逐渐成为主流。

CAN 通信协议具有如下特征。

① 最高通信速度 1MB/s。可根据系统的要求而加以设定，而实际使用 250 KB/s 或 500 KB/s 速度。图 5-39 所示为其物理层。

② 图 5-40 所示为信息格式。

③ 为多主通信方式，通信总线处于闲置状态时，任何 ECU 均可送信。通过 CSMA/CD（Carrier Sense Multiple Access with Collision Detection）方式，当发生因同时送信造成的数据冲突时，可以根据仲裁域数据的优先顺序调整通信。

④ 检错是由知识错误（Acknowledge Error）、位错误（Bit Error）、CRC 错误、人员错误（Staff

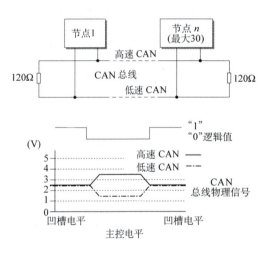

图 5-39　CAN 总线物理层

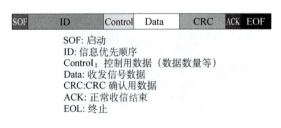

SOF: 启动
ID: 信息优先顺序
Control：控制用数据（数据数量等）
Data: 收发信号数据
CRC:CRC 确认用数据
ACK: 正常收信结束
EOL: 终止

图 5-40　信息格式

Error）、形式（格式）错误（Form Error）等构成，ECU 发出称为错误框架的特殊数据，通知其他各 ECU 有错误发生。

另外，美国从 2003 年开始，法规对车辆外部诊断（诊断系统）装置（扫描工具：参考 SAE J1978 标准）进行了规定（ISO 15765 标准第 4 部分），要求诊断方法达到 500 KB/s 的高速通信。预计今后还将迅速被提高。

作为其他通信方式，将具有更高速度（10 MB/s）和被研究有可能适应更高可靠性的 X – by – Wire 的 Flex – Ray 等逐渐被采用。另外 ECU – 智能执行元件间通信已经开始采用较廉价的 LIN (Local Interconnect Network) 等。

5.6 装置设计

本节将就传感器及执行元件等控制用设备以及它们在汽车电子控制系统中的使用方法进行说明。

5.6.1 传感器

（1）方式的选择 表 5 – 2 所示为具有代表性的车用传感器的种类。图 5 – 41 所示为根据检出部位的构成材料对传感器进行的分类。陶瓷、半导体及金属等传感器材料在车辆上应用实例很多，主要用于各种控制方面。

另外，图 5 – 42 所示为根据传感器的转换功能进行的分类。它是对需要检出的外界信息种类进行分类，是利用物理现象或化学现象转换为电气信号。需要在综合考虑性能、成本及可靠性等的基础上选定最合理的方式。

表 5 – 2 典型车用传感器分类

控制系统			动力传动系统控制	整车控制	车身控制	信息/通信
汽车技术开发课题			保护环境安全、节能	提高基本性能		
需求			排气净化、降低油耗	提高安全性、舒适性		提高便利性
系统构成			·氧传感器反馈 ·燃料喷射控制 ·稀薄燃烧控制 ·汽油直喷控制 ·柴油燃料喷射控制 ·怠速转速控制 ·自动变速器	·悬架控制 ·匀速行驶控制（自动行驶） ·防抱死制动（ABS） ·牵引力控制 ·行驶状态控制（4WS，VSC）	·自动空调 ·空气清洁 ·安全气囊 ·数字仪表 ·照明 ·前后方监视	·个人无线电 ·导航 ·车载电话 ·车载 TV ·VICS 导航
物理传感器	力学传感器	距离			·倒车声纳 ·转弯声纳	·超声波 ·激光雷达 ·CCD
		位置角度	·节气门开度 ·油门开度	·转向 ·节气门开度 ·车高		·空气混合阻尼电位（Airmix Damper Potentio）
		加速度·振动	·敲击	·加速度	·加速度 ·安全 ·碰撞检测	
		角速度		·角速度（横摆角速度）		·陀螺仪
		压力	·发动机进气压 ·大气压 ·油箱压力 ·燃料压力 ·燃烧压力	·制动压力	·空调制冷剂压力 ·轮胎气压	
		流量	·空气量（空气流量计） ·堵塞			

续表

控制系统			动力传动系统控制	整车控制	车身控制	信息/通信
物理传感器	电磁传感器	位置转速	·车速 ·曲轴角 ·凸轮角 ·转速	·车轮速度 ·车速	·自动转动 ·车速 ·传动轴	·地磁 ·车速
		电波			·无钥匙装置用天线	·收音机天线 ·GPS天线 ·VICS天线 ·车载电话天线
	光学传感器	光	·发动机点火时刻		·日照 ·光	
	温度传感器	温度	·发动机水温 ·燃料温度 ·进气温度 ·排气温度		·内部温度 ·外部温度 ·蒸发器出口温度 ·发动机水温 ·自动油温	
化学传感器	电化学传感器	气体浓度	·O_2 ·稀混合气 ·A/F（空燃比）		·烟雾（车内烟雾） ·气体（CO_2） ·温度	

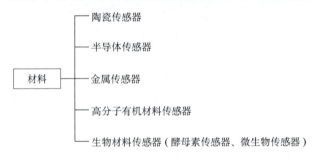

图 5-41 传感器按照材料分类

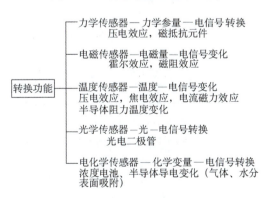

图 5-42 传感器按照转换功能分类

（2）设计规格 以下就传感器的基本的设计规格和环境试验规格进行说明。表 5-3 是对进气压传感器进行的说明。

传感器的设计规格大致由下述三个项目构成。

① 使用条件（功能、用法、配置）；
② 性能规格（输入/输出函数、容许误差）；
③ 环境规格与环境试验条件。

传感器安装在发动机上，使用发动机控制单元稳定过的电源。因此，电源电压试验规格不包含直接使用电池的逆极性连接、过电压以及瞬间电压等项目。

传感器和执行元件等控制用设备的性能以及耐久性等容易受到使用环境条件的影响，因此环境试验规格的确定方法要符合实际状态。确定各个项目具体数值的时候要根据实际的使用环境条件重新进行观察。

5.6.2 执行元件

（1）种类 表 5-4 所示为执行元件的种类。以往车用执行元件由机械方式来驱动机械部分，

表5-3 进气压传感器设计规格实例

项目	内容	项目	内容
(1) 使用条件		④输出干扰	60 mA 以下,连接负荷为 RC 过滤器 (10 kΩ + 0.1 μF)
①功能	以真空为标准,检测汽车进气压力	⑤工作电源电压范围	(5.0 ± 0.25) V
②用法	检测发动机进气歧管的绝对压力和温度,利用波义耳-查理定律 ($m = MpV/RT$) 求出空气密度,并将燃料供给量、点火时刻等用于电子控制系统 (speed density)	⑥工作压力范围	15 ~ 105 kPa
		⑦工作温度范围	-30 ~ 120℃
		⑧压力泄漏	初始压力 15 kPa, 105 kPa 的泄漏量: 1 kPa/60 s 以下,被检压力空间的体积为 30 ml 以下
③布置	借助金属固定板固定在进气歧管集中部位的气道附近发动机室侧面隔板上,并用橡胶软管连接	(4) 环境试验条件	
		①湿度	下述试验后,要控制在 (2) ② (a) 项的误差范围内,下述试验前后的输出电压变化在 34 mV 以下
(2) 性能规格		②汽油	90% RH, 85℃ 的环境下暴露 96 h 以上,向管内加入各种汽油 (Indolene, 85Methanol, 10% Ethyl, Alcohol, 15% MTBE), 放置 25℃/1 h ~ 100℃/2 h, 使用带 200 kPa 安全阀的油箱
①输入/输出函数	$V_0 = V_S [Ap - B]$		
②允许公差	A: 0.01, B: 0.09, V_0: 输出电压, V_s: 电源电压, p: 进气压力		
(a) 偏差	20 kPa/ ± 2.4% FS, 40 kPa/ ± 1.6% FS 和 100 kPa/ ± 2.4% FS 3 点在同一刻度上用直线连接,在该范围内,电源电压为 5.0 V, 温度 (25 ± 2)℃	③各种液体: 制动液、发动机油、发动机冷却水、风窗清洗液	将各种液体等量混合,注入管内, 25℃ ~ 85℃ 温度下放置 24h
		④盐水喷雾	按照实际使用状态布置,连接线束并通电,测量口关闭,在 5% 的盐水喷雾中放置 96 h
(b) 温度依存性	将上面的 (2) ② (a) 作为误差乘数,将下列三点在同一刻度上用直线连接,在该范围内: -30℃/2.0、25℃/1.0 和 120℃/2.0。试验温度点 -30、25 和 (120 ± 2)℃, 电源电压为 5.0 V	⑤液剂浸泡	按照实际使用状态布置连接线束,连接软管到测量口,在水/乙二醇 (比例为 30/70) 的室温液体中浸泡 5 min
		⑥过压循环	放置条件: 1 atm/1 s ~ 210 kPa/1 s 在这一周期下暴露 2 000 循环
		⑦高温放置	不通电,大气压下 150℃, 放置 100 h
(c) 电源电压依存性	电源电压在 (5.0 ± 0.25) V_{DC} 范围内,并在 (2) ② (a) 项的误差范围内	⑧热冲击循环	(-40 ± 3) ~ (140 ± 3)℃/30 min 下, 100 循环
		⑨压力·通电·温度循环	压力: 15 ~ 105 kPa/2 s, 通电: (5.0 ± 0.1) V_{DC}/45 min ~ 0 V/15 min, 温度: -40 ~ 125℃/1.5 h, 上述复合循环进行 2 000 次
(d) 电源电压比例性	电源电压为 4.75 ~ 5.25 V, 变化为 1.0% 时,输出电压的波动为 2% 以内		
		⑩振动	按照实际使用状态布置 (带支架), 垂直、水平、前后三个方向, 20 ~ 1 000 Hz, 10 min log 激振 (目标: 106 循环/10 Hz) 97.5 h 振动幅度: 0.32 mmp-p, 加速度峰值点为 5 g, 共振点加速度峰值点为: 25 g
(e) 阶跃响应性	针对压力的阶跃变化,输出电压 10% ~ 90% 时相应所需时间应在 20 ms 以内		
(3) 环境规格		(11) 通电压	7.5 V_{DC}, 5 min
①消耗电流	20 mA 以下	(12) 高压蒸气	125℃, 130 kPa, 4 h
②漏电流	200 μA 以上: $V_0 < 0.3$ V	(13) 电磁波耐久性	3 ~ 150 MHz, 20 V/m 电磁波环境中,输出误动作: 0.1 V 以下
③源电流	50 μA 以下: $V_0 > 4.7$ V		

现在已经能够以电气或电子方式进行控制。也就是说，增加了线控操纵（drive by wire）功能的例子较多。与传感器的方式选定不同，它主要选定将机械驱动力转换为液气压或电磁力等的结构。

表5-4 执行元件的种类

执行元件	驱动机构	控制对象
直流电动机	燃油泵驱动 气液压千斤顶车高调整 气液压减震器衰减力切换	散热器风扇驱动 空调鼓风机驱动 防抱死液压衰减 防抱死液压泵驱动
无刷电动机		
步进电动机	牵引力控制/节气门驱动 急速转速控制/节气门控制	动力转向液压控制
电磁阀	燃料喷射阀 急速转速控制/节气门控制 变速器降挡切换 变速器超速传动切换 气液减震器车高调整 动力转向液压控制 后轮转向角用液压缸调整后轮转向角用液压伺服加以控制	EGR阀 增压器增压率控制 变速器锁止切换 气液压减震器弹性系数切换 防抱死制动液压间歇性控制 气液压减震器衰减力切换 匀速行驶控制的油门驱动 空调压缩机的离合器 空调温水通路的开与关 空调空气通路的阻尼驱动
蜡式节温器	（发动机冷却水循环）	（水温开关）
弹簧管	（气温开关） （液压计）	（水温计）
双金属		
电磁继电器	起动机驱动	减震器气液压压缩机驱动
形状记忆合金	空调温度调节风门控制	
压电元件		
点火器		

注：（ ）表示，电子信号不介入的示例

（2）规格设计 关于执行元件的基本的设计规格和环境试验规格的确定方法，以直流电动机驱动式的电子节气门为例进行说明（表5-5）。

表5-5 直流电动机式电子节气门设计规格

① 功能	利用直流电动机气门开闭来高精度控制发动机进气量
② 用法	正常行驶时：根据发动机ECU发出的指令，向电动机通电，产生驱动力，该驱动力通过齿轮进行传递，控制气门开闭。气门开度通过传感器输出，由发动机ECU进行反馈控制。 异常情况时：切断电动机的电流，保持气门在所定的开度
③ 布置	通过垫片连接在发动机的谐振腔上
④ 电气规格 （a）线圈电阻 （b）无负荷电流 （c）电感 （d）闪锁电流	20℃时 1.3 Ω 0.5 A；12 V 1.2 mH；1 kHz Max9.5 A；12 V
⑤ 物理规格 （a）最大转矩 （b）转矩常数 （c）无负荷转速 （d）气门开闭响应性（全开~全关）	20℃时 0.14 N.m；12 V 0.02 N.m/A 5 200 r/min；12 V 150 ms以下；-30℃、20℃、100℃
⑥ 环境条件 （a）工作温度 （b）保存温度 （c）工作电压 （d）振动 （e）药剂 （f）喷雾盐水 （g）湿度	-30℃~110℃ -40℃~125℃ 8 V~16 V 30G LLC，发动机油，电池液等 5%盐水 95%RH，80℃
⑦ 环境试验	所有实验结束后，要满足电子节气门的功能
（a）工作耐久试验	·工作温度条件下节气门工作 ·实车达到最大工作转速 ·实车行驶模式试验
（b）振动耐久试验	·正规安装试验样品，三轴正交，并分别施加⑥项4)的振动
（c）摆振试验	·工作温度条件下振动和工作状态配合
（d）共振耐久试验	·3)项试验发生共振点时，在共振点施加10^7次振动
（e）高温放置试验	·高温条件下实车放置在实际运作的时间内

续表

(f) 低温放置试验	·低温条件下实车放置在实际运作的时间内
(g) 冷热循环试验	·反复施加高温、低温。
(h) 盐水喷雾试验	·放置在5%盐水浓度喷雾中
(i) 高温高湿试验	·95% RH 湿度，80℃温度环境下放置
(j) 其他试验	·除上述之外，可根据需要，依据相关的标准进行试验。例，淋水试验灰尘试验、臭氧试验、药品试验等

该电子节气门是根据发动机 ECU 的要求，利用直流电动机带动气门开闭对发动机进气量进行精密控制的装置。该装置配有开度传感器，从而可以对电动机的工作进行反馈控制。该传感器分为使用电阻的接触式和使用磁力的非接触式。最近随着电子节气门控制的高精度化，高可靠性的非接触式传感器的应用越来越广泛。该电子节气门系统的构成图和产品断面图见图5-43和图5-44。

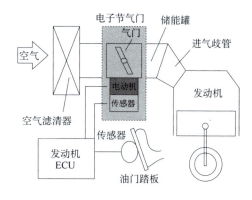

图 5-43 系统构成图

该电子节气门装置使用电池电源，因此需要考虑电池电压变化对电动机特性的影响。另外，该装置安装在发动机进气歧管上流的储能箱上，因此，要充分注意发动机传来的振动、温度等强度对电动机特性劣化的影响，并随之产生的气门驱动响应性下降的问题。

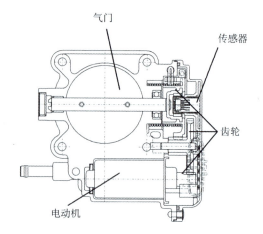

图 5-44 电子节气门产品断面图

参 考 文 献

[1] W. Preuschoff：Global Diagnostic Challenges and Solutions Including Current and Future Standards, SAE 2004 – 21 – 0012

[2] C. Belton, et al.：A Vehicle Model Architecture for Vehicle System Control Design, SAE 2003 – 01 – 0092

[3] 日経エレクトロニクス（2004 – 3 – 1 号 No. 868）

[4] オートサーホームページ，http：//www.autosar.org/ より引用

[5] M. Sans：Generic Integrated PowerTrain Management IPM？Interface as a Standard, SAE2001 – 01 – 1326

[6] 稲川智一ほか：NAVI？AI – SHIFT の開発, TOYOTA Technical Review, Vol. 51, No. 2

[7] 國井力也ほか：四輪駆動力自在制御システム（SH – AWD）の開発, Honda R&D Technical Review, Vol. 16, No. 2

[8] 松野浩二ほか：電子制御 AWD による車両運動性能の向上—新型インプレッサ用オートモード付きDCCD の開発—, SUBARU TECHNICAL REVIEW, No. 30 （2003）

[9] B. Mencher, et al.：Preparing for CARTRONIC—Interface and new strategies for torque coordination and conversion in a spark ignition engine – management system, SAE Paper 2001 – 01 – 0268

[10] N. Heintz, et al.：An approach to torque – based engine management systems, SAE Paper 2001 – 01 – 0269

[11] ISO/DIS 11898

[12] 太田実監修：自動車用センサ研究会編著：自動車工学シリーズ 自動車用センサ，山海堂

第6章

计算机辅助工程

6.1 发动机 CAE

6.1.1 概要

发动机需要经过反复的设计、试制、试验以开发出能满足其所需的各种功能。CAE 是指在计算机上进行虚拟试制并对功能进行验证。近年来，随着计算机技术的不断发展，CAE 的进步也越来越引起人们的注意，并且应用 CAE 技术进行设计。在有限的开发周期中高精度地对各种功能进行预测，对实物无法测量的部位进行强度评价、机理分析等，对提高性能作出了贡献。

目前设计人员已经进入了三维设计阶段，在设计初期就介入 CAE 分析，一直到生产阶段始终使用同一模型进行分析，有效地提高了整体开发的效率。

功能目标中，大体上可以区分为：功率、油耗等性能、耐久可靠性以及振动和噪声等。表 6-1 所示是一般的 CAE 分析项目。针对其中作为代表的项目进行说明如下：

① 燃烧室及进排气的流动、喷雾、燃烧；
② 链、带的动作、负荷；
③ 汽缸盖强度；
④ 汽缸内壁变形；
⑤ 活塞强度。

⑥ 滑动轴承应力。
⑦ 动力装置的振动和噪声。

表 6-1 CAE 分析项目

系列	分析项目	功能目的		
		性能	耐久可靠性	振动和噪声
燃烧室及进排气	流动	○		○
	喷雾	○		
	燃烧	○	○	
气门机构，驱动系统（凸轮、链和带）	动作	○	○	○
	负荷		○	
汽缸盖	流体	○		
	应力		○	
主运动部分（活塞、曲轴和轴承）	动作	○	○	○
	应力		○	
	油膜	○	○	
汽缸体和油底壳	流体	○		
	动作	○	○	○
	应力		○	
动力装置	动作	○	○	○
	应力		○	

6.1.2 燃烧室及进排气的流动、喷雾、燃烧

汽缸盖燃烧室及进排气的主要功能是通过提高进气效率和热效率以求得性能的提高。流体计算方面，利用各种计算流体动力学（CFD, Computational Fluid Dynamics）软件计算来预测以

下所述的各项性能指标,以此达到燃烧室和各进排气口形状的最优化。

① 充气效率、涡流和滚流;

② 含喷雾在内的燃料分布、湍流强度和燃料附着量;

③ 燃烧时的缸内压力、温度、排气成分等。

(1) 充气效率 预测充气效率时,首先进行汽缸盖气道及缸内的三维稳态流场计算,预测各个气门升程的有效开口面积。然后进行发动机进排气全系统的一维计算,参照气门正时和有效开口面积求得充气效率。也有利用三维稳态流场计算求出涡流和滚流,作为评价缸内流动的状态指标(图6-1)。

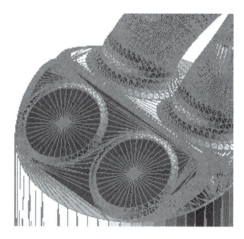

图6-1 计算汽缸内部流动用模型

关于燃烧室和各个进排气口形状,一般可以利用三维CAD制作流体部分的实体模型并采用利用网格生成软件加以读取的方法。图6-2所示为汽缸内部流动计算模型实例。其表面由无间隙三角形覆盖,并且不能重叠。网格生成的技术也在逐步提高,现阶段已经可以自动生成用于计算动态流场的网格了。

(2) 含喷雾在内的燃料分布、湍流强度和燃料附着量 上述一维计算的结果所以作为下面三维计算的边界条件使用,进行三维非稳定缸内流场计算(包括点火之前的燃料喷雾)。最后求出燃料分布及湍流强度分布等作为燃烧条件的指标为提高产品性能创造有利条件。计算燃料喷雾的动作时,一般使用将液滴作为粒子运动加以跟踪的离散液滴模型(Discrete Droplet Model)进行分析,利用从试验结果得到的经验公式或理论公式计算液滴的分裂以及与气体的相互作用。也有利用碰撞壁面后液膜的分解来进行分析的,这种方法称为液膜模型(Wall Film Model)。图6-3所示是利用液膜模型计算分析喷雾的实例。也有通过分析出附着于壁面的液膜厚度,将附着量与蒸发是的差作为排放性能指标。

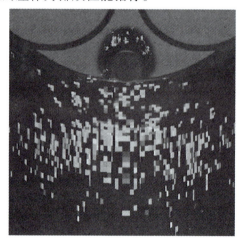

图6-3 壁面液膜厚度

(3) 燃烧室缸内压力、温度、排气成分等

进行燃烧计算时,需要根据每个发动机的燃烧状态及预测指标,采用不同的计算模型。火花塞点火式火焰传播燃烧一般采用火焰模型(Flamelet model)进行分析。图6-4所示为利用该模型进行温度分布计算的实例。该模型一般用于预测放热规律。

当着进行分层燃烧和压缩自燃式燃烧都会在局部产生燃料浓度差异,对燃烧会产生影响在这些情况下,也有采用对浓度分布进行详细计算的方法。

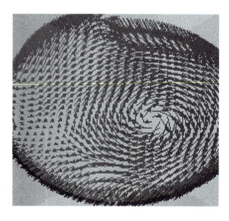

图6-2 汽缸内断面的流速分布

图6-4 缸内温度分布

对柴油发动机的压缩自燃式着火时间及火花塞点火发动机爆燃的自燃时间的预测，以及对NO_x等排放的预测，一般都是利用化学反应模型进行计算分析。

流动及燃烧的计算量非常高，不过由于CPU的高性能化和低价格化，以及网络的高速发展，已经可以利用并列计算机进行分割计算，以此来缩短计算的时间。

6.1.3 链和带的动作与负荷

在发动机的驱动系中具有传递转矩和相位功能用来驱动凸轮及平衡轴的正时带、正时链、正时齿轮等，还有仅具有转矩传递功能用来驱动发电机及空调用压缩机的V形带。以上可以区别为两大类。由于驱动系各部位负荷状态下强度不足、磨损、弦振动等导致的耐久性和噪声是目前存在的需要解决的课题。而对链、带等的分析对合理预测驱动系的动作与负荷以及确定各个部分的参数都有很大帮助。下面对链驱动和V形带的动作及负荷的计算分析进行举例说明。

（1）链的动作与负荷　一般对链的动作、负荷的预测都利用MBD（Multi Body Dynamics，多体动力学）软件进行广泛模拟分析。模型一般分为两种：一种是用弹簧代替各间距的一维弦振动模型；另一种是用弹簧质量替换链节的逐段链路（link by link）模型。

一维弦振动模型比较简单，计算时间短。因此，多用于初期设计阶段的链负荷的分析。进入研讨阶段时，可与凸轮轴和曲轴综合进行研究，在整个转速范围内对负荷进行预测（图6-5）。

图6-5 链的一维弦振动模型

逐段链路模型可以再现链的各个链路的动态，但是计算时间长，因此为了改善链与链轮撞击产生的噪声、导块的模仿、链弯曲产生的摩擦等，一般在使用时要对计算条件进行限定（图6-6）。

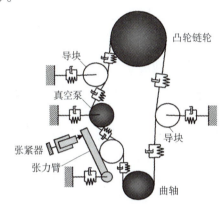

图6-6 链逐段链路模型

另外，支撑链的张紧器是决定链负荷的重要因素，因此，计算时要准确地再现其液压及机械特性。

（2）V形带的动作与负荷　与链一样，V形带一般多采用MBD模拟方法，利用一维弦振动模型和逐段链路模型这两者来进行分析。

前者与链相同，多用于初期设计阶段的带负荷分析（图6-7）。

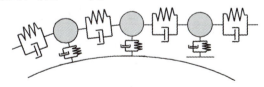

图6-7 带的一维弦振动模型

后者将多个质点与弹簧进行置换，使带模型化，可用于直接计算出带与带轮间的滑动以及带的弦振动，并且可以根据声音及强度进行更详细的分析（图6-8）。

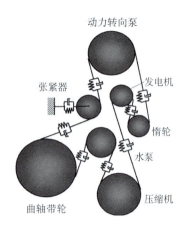

图6-8 带Link by link的模型

6.1.4 汽缸盖强度

在设计汽缸盖时，输出功率、冷却性能以及耐久性等需要满足各种各样的要求，特别是耐久性，必须要考虑到燃烧气体对缸内压力的影响、连接力的影响以及冷却水和燃烧热量导致的温度不均匀等问题。这些都需全部加以考虑，同时还要对实体无法进行测量部位的寿命等进行分析，所以CAE是不可或缺的工具。特别是汽缸盖，热对其寿命的影响很大，需要对其热疲劳进行精确分析，而且为缩短发动机开发周期，利用CAE进行寿命分析也是不可缺少的。

汽缸盖的热疲劳大多属于低频疲劳的一种，这意味着其寿命没有达到10^5。另外，低频疲劳的变形范围较大，可以达到材料的塑性领域，所以在几乎所有情况下，都是以变形来进行判断。这样就需要依赖于材料温度的相关数据，当输入这些特性数据后，就有可能精确地对汽缸盖的寿命进行分析。见图6-9所示的应力—变形关系。

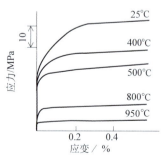

图6-9 应力—变形量关系图[1]

汽缸盖低频热疲劳现象分析参数主要有塑性变形范围和能量损失。这些参数的预测是热疲劳CAE分析的焦点所在（图6-10）。

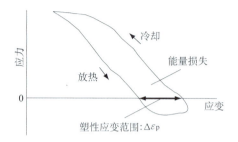

图6-10 塑性变形范围和能量损失[2]

图6-11所示流程为汽缸盖的分析。为了明确反映燃烧气体和机油、水以及各种材质的影响，需要进行精确的温度分析。这样必然需要与CFD分析结合起来进行分析。其预热条件，有时可以用6.2.1节所述的燃烧计算来求得（图6-11）。

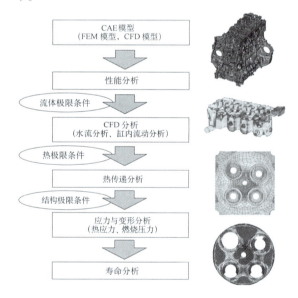

图6-11 CAE流程框图

最终得到的汽缸盖的"变形"计算结果要重新在测量试验片得到的"变形—循环"线图上反映出来，从而有可能对缸盖寿命进行定量的把握。于是就可以在设计阶段对汽缸盖的寿命进行预测（图6-12）。

6.1.5 汽缸体孔内壁变形

汽缸体的功能包括保证活塞滑动、曲轴支撑、气体、机油、水的密封等多个方面。设计上存在着很多待解的难题。在设计阶段，为了兼顾

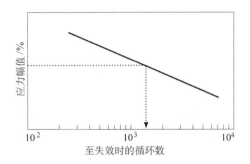

图 6-12 变形—循环线图[3]

耐久可靠性和轻量化问题，需要进行各种各样的 CAE 分析。其中最大的课题是降低摩擦和防止活塞烧结。现在已经可以在紧固连接以及热分布等复杂的情况下，利用 CAE 分析热运行时的汽缸孔内壁的变形状况，并被应用于开发阶段。现说明其分析实例。

为了引入水流热传递特性的汽缸体热分布计算，以及引入非线性弹簧特性的变形计算而使用的模型有汽缸盖、汽缸垫、汽缸体模型等（图 6-13）。

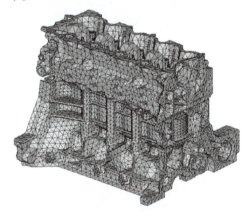

图 6-13 缸筒变形计算模型

首先将汽缸体及汽缸盖的水路从入口到出口的部分制成模型。这样就可以计算水套的水流（图 6-14）。

将水流计算得到的换热系数（HTC）应用到计算结构用的模型中，再利用设定的缸套的换热系数及缸内气体温度进行热分布计算。这些热输入条件也可以按照 6.1.2 节的燃烧计算求得（图 6-15）。

根据热分布计算得出的温度分布、紧固螺栓轴向力、汽缸垫非线性弹簧特性等进行汽缸体的变形计算（图 6-16）。

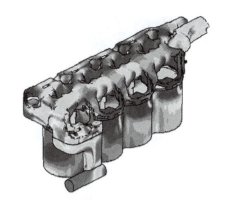

图 6-14 水套热传递率分布

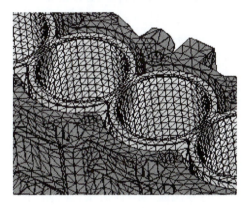

图 6-15 汽缸体热分布

图 6-16 汽缸体缸筒变形

前面已经讲过，上面的缸筒变形分析是为了降低摩擦和防止活塞烧结，另外上述计算分析还可以算出汽缸垫处的面压，可以用来判断燃烧室的密封性能（图 6-17）。

6.1.6 活塞强度

燃烧压力负荷及往复运动惯性力作用在活塞

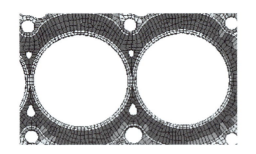

图 6-17　汽缸垫面压

上，使其产生机械性变形。加之，燃烧气体使得温度上升，产生的温度差也会导致热变形。因此设计活塞形状时要注意避免上述机械变形及热变形导致的疲劳断裂。另一方面，活塞质量的增加也就意味着往复运动部件质量的增加，这对连杆轴承和曲轴等的强度会产生直接影响，因此需要进行轻量化设计。为了达到兼顾两方面要求的设计，需要进行精确的有富裕的强度预测，而借助CAE进行强度分析更是不可缺少的。分析实例如下。

计算的方法是，结合活塞、活塞销、连杆，围绕活塞销座周围的变形进行应力分析。根据具体情况也可以参照滑动对裙部的应力进行评价（图 6-18）。

图 6-18　活塞热分析模型

将换热系数和环境温度输入到模型中计算温度梯度，这些输入条件可以通过 6.1.2 节中的燃烧计算求得（图 6-19）。

对热分布计算得出温度分布加上燃烧压力负荷，以及往复运动的惯性负荷，就可以计算出，综合热和机械变形的应力。（图 6-20）。

将计算出的应力与材料的强度特性作比较，定量判断出其强度余量，这样可以在进行形状设定时将质量控制在最小限。

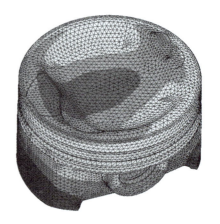

图 6-19　活塞温度分布

图 6-20　活塞应力分布

6.1.7　滑动轴承承载能力

发动机上使用了各种各样的轴承。这里以支撑曲轴等高速旋转的滑动轴承为例进行说明。由于旋转等相对运动在轴与轴承之间产生油膜压力。油膜压力与负荷相平衡而起到支撑轴的功能。当油膜压力超过滑动轴承材料极限值就会产生烧结等损伤。影响油膜压力的因素很多，不仅包含由转速与轴径决定的滑动速度、外力以及轴径和轴承宽度确定的投影面积，壳体刚性的影响也很大。因此在设计阶段进行轴承承载能力预测时，CAE 分析是必不可少的。下面以连杆轴承分析为例进行说明。

以往油膜的计算都是利用雷诺方程式的 HD（Hydro Dynamic，流体力学）进行计算。近年来由于对壳体刚性的关注越来越强烈，EHD（Elasto Hydro Dynamic，弹性流体力学）被广泛应用。EHD 能够在更接近实际状态的条件下进行油膜计算。壳体刚性通过 FEM（Finite Element

Method，有限元法）算出，一般在刚性自由度缩小的状态下进行 EHD 计算（图6-21）。

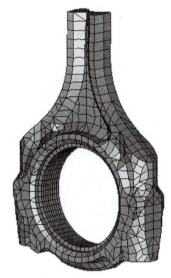

图 6-21　连杆大头

根据燃烧压力所形成的负荷以及往复运动所形成的惯性力，就可以求得轴与轴承的相对运动，作为结果就产生了油膜压力，在 EHD 的计算中，考虑了由于油膜压力而引起的壳体的变形，油膜压力呈现出不均匀的分布（图6-22）。

图 6-22　轴承油膜压力分布

将算出的油膜压力与轴承材料的滑动特性作比较，在进行形状设计时将质量控制在最小限。

6.1.8　动力装置的振动、噪声

进行发动机设计时，如何降低发动机及变速器整体（动力装置）的振动和噪声是一个重要的课题。近年来其重要性更是逐年上升。车内噪声方面，大致可分为两种，一种是由发动机悬置传递给车身的固体传播噪声，另一种是由动力装置通过车身仪表板传出的空气传播噪声。振源有气门机构的撞击、燃烧压力、活塞敲击缸壁声等。其中燃烧压力由于涵盖了低频率到高频率的所有范围，最容易成为问题。燃烧压力一般是通过汽缸盖和活塞传播。不过由于汽缸盖燃烧室壁面刚性比活塞高，所以由活塞传递给汽缸体的比重较大。活塞传递的振动能量使曲轴发生振动，撞击汽缸体，再由汽缸体和变速器传递到发动机悬置装置，最终传到车身，形成固体传播噪声。另外，这种撞击能量也会通过汽缸体以及固定在汽缸体上的油底壳放射出去，形成空气传播噪声。上述传播噪声的能量比率如图 6-23 所示。

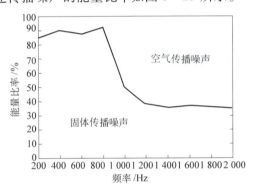

图 6-23　车内噪声的能量贡献比率

在进行 CAE 分析的时候，FEM 模型能够保持 1 kHz 以下固体传播噪声的线形特性，因此，它对发动机悬置点振动分析方向精度较高。图 6-24 和图 6-25 分别是 FEM 模型及其分析实例。如上所述，随着 CAE 技术的不断进步，设计出的动力装置将更加合理。

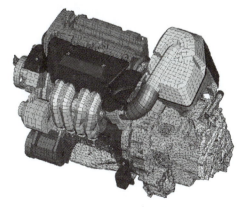

图 6-24　动力装置的振动分析模型

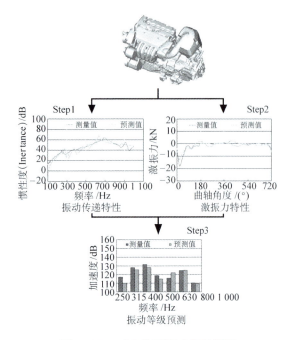

图 6-25 动力装置振动分析概要

参 考 文 献

[1] シミュレーションによる排気マニホールド熱疲労寿命予測,自動車技術会学術講演会前刷集,109-99,9941601,1999

[2] 拘束率によるエキゾーストマニホールドの熱疲労寿命評価,自動車技術会学術講演会前刷集,56-00,20005229249,2000

[3] 鋳鉄シリンダヘッドの低サイクル寿命予測に関する一考察,自動車技術会学術講演会前刷集,91-01,2001547891,2001

第 7 章

法规、标准

7.1 法规概要

7.1.1 法规制定背景

汽车作为个人使用的交通工具或者中、小规模的人员、货物的运输工具，由于使用自由度很高，且容易操作，加之性能的提高以及交通道路网络的不断完善，其操作性和便利性不断提高，于是保有数量呈现飞跃性的增长。

另一方面，由于其操作方便、使用便利等原因，不同的大量人群在各种条件下使用，其结果是，如果放任不管，可以预计到将给维持社会秩序带来困难，在安全方面、环境方面等对社会的影响力也不可忽视。根据各个国家、地区的实际情况，需要采取不同的法规来消除其带来的恶劣影响。在保护环境方面，导入如下法规，与安全法规相配合，使汽车成为被人们称为接受法规管制最多的商品。

代表性的法规就是防止大气污染的尾气排放法规。此法规以柴油黑烟和灰尘（PM）等发动机尾气、燃料蒸发气体等为主要对象，并针对社会的强烈要求被不断强化。

在其他方面，为了实现静肃的环境，导入了噪声法规；为防止电子设备释放的电波干扰带来的误操作、对设备的干扰等不良影响，导入了电波干扰法规；等等。总之，为实现更加良好的生活环境，导入并强化了各种相应的法规。

20 世纪 70 年代的能源危机促使油耗法规出台。近年来针对资源再利用、地球温室效应制度的等相关法规进行研讨并开始导入。这些体现了节省资源、节省能源的相应法规在全球范围内推广。

今后，随着技术的不断发展、环境的不断变化，我们可以充分相信，根据不同国家、地区的不同特性，在全球范围实施环境保护法规的重要性有可能变得越来越突出。而打破国家、地域的界限，施行统一法律法规的要求也变得越来越强烈。

7.1.2 法规适用对象

（1）大气污染　为了减少光化学粉尘、浮游粉尘等对人类健康危害极大的大气污染物质，对工厂等固定污染源采取相应措施的同时，对汽车等移动污染源也采取了相应的措施。主要针对汽车发动机的燃烧排放物以及燃料系统排出的燃料蒸气制定了相关法规。对发动机排出的一氧化碳、碳氢化合物、氮氧化合物、浮游粒子状物质、黑烟等，并对燃料蒸发气体的碳氢化合物等进行了限制。结合不同国家、地区的污染情况，分别对汽车排放的有害物质进行单独或者组合性的限制，规定其法规值并要求遵守这些数值。

(2) 噪声　法规适用。对象为以稳态行驶及加速行驶时的车辆噪声为主。还有发动机及其尾气为主要噪声源,不过近年来欧洲也出现了一种趋势,将轮胎噪声也列入了法规内容。

(3) 电磁波　现行法规对一般的电气、电子设备产生的妨碍电视、收音机等接收信号的干扰电波作了规定。不过汽车也是来源之一,同样需要服从上述的规定。车辆电磁波干扰的主要发生源是发动机的点火装置,同时,也需要对如雨刮器、发电机等附件进行规定。

在欧洲,不仅对信号发射源,对受到电磁波干扰导致的安全上的误操作的抗干扰性,即关于电磁兼容性(EMC:Electro Magnetic Compatibility)的内容也做了相关法规要求。

(4) 地球温室气体　为了应对由于能源消耗骤增导致的地球温变暖问题,以联合国为主导制定了防止全球变暖条约。随着各个国家的批准,2005年以国际条约的形式正式生效,使温室气体的减少成为世界性的义务。

二氧化碳、甲烷、氟利昂类物质是导致全球变暖的主要气体。现在欧洲、美国正在研究相关法规政策,预计在不久的将来,各国、各地区出台具体法律法规的步伐会越来越快。

汽车排出的温室气体以发动机排出的二氧化碳、空调制冷剂氟利昂为主。碳氢化合物燃料燃烧排出的气体以二氧化碳为主,同时,降低二氧化碳的排放量意味着降低油耗。

(5) 废弃物　资源再循环、有害废弃物处理不仅仅针对汽车,法律将其作为一般法规内容确定下来。其中包括对汽车的规定:主要内容包括车辆报废、更换的塑料零部件再循环以及含铅、汞等重金属零部件(蓄电池、部分仪表、灯具等)的废弃物处理等。

7.1.3　符合法规要求的汽车制造销售所需要履行的手续

(1) 认证　为了在某一国家或某一地区销售车辆,需要取得符合该国政府关于车辆的各项法规要求的证明或认可。一般将这种一系列的相关行为称为认证。

根据不同时期、有关国家/地区的需要会对法规进行修订,另外认证是针对不同车种采取不同的法规。新的法规生效后,一般在一段时期之后将不允许生产销售满足旧法规的车辆,因此厂家为了持续生产销售,需要进行新的开发以及认证工作。

(2) 监察　取得认证后,制造业者开始生产、销售。不过他们也需要在生产过程中定期对量产车辆的法规适应性进行确认,并将其结果向认证当局报告。当局对其内容进行确认的同时,也对生产情况进行监察。

而且在排放方面,认证当局为了对耐久性进行确认,会对市场上用户正在使用的保修期内的车辆进行尾气排放检查,以监督其法规适应性。

(3) 其他　其他关于车辆的整个寿命期间的手续,包括销售车辆登记、车检、定期检查、报废车辆处理等。

7.2　各国法律法规的现状（日本、欧洲、美国、澳洲）

7.2.1　法规体系

各国的法规体系针对环境、安全、道路运行等不同的领域都制定了基本的法规或法律以规定其框架,法规下面又综合成了不同的实施办法,而且为了对各项内容进行详细说明,一般还会制定个别法规或者通告类文件。

(1) 日本　作为环境关系基本法,有公害对策基本法和防止大气污染法,加上车辆法规方面的基本法规,即道路运输车辆法,这些法律就构成了环境的基本法规(图7-1)。

相关的实施办法有日本内阁发布的政令,所属大臣发布的省令等。作为个别法规则包括所属大臣发布的告示,相关省厅、局发布的通告类等(表7-1)。

(2) 欧洲　欧洲包含大部分的欧盟(EU:European Union)成员国,联盟内部统一法令称为EC指令(Directive)。在基本指令下按照不同目的设有个别EC指令(环境相关指令见图7-2),

第7章 法规、标准

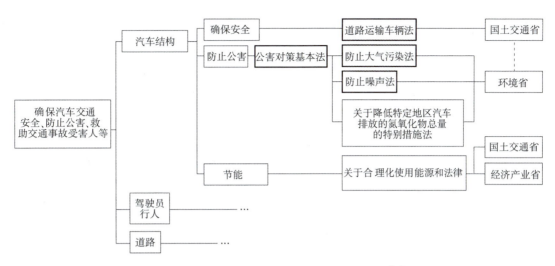

图7-1 日本汽车相关法律体系（环境方面）[5]

表7-1 日本汽车相关法令等

种类	事例	制定者
法律	道路运输车辆法 防止大气污染法等	国会
政令	道路运输车辆法实施令 防止大气污染法实施令等	内阁
省令	道路运输车辆的安全标准等	大臣
告示	道路运输车辆的安全标准的告示等	大臣
通告	技术标准、审查标准等	相关局

基本上可以作为汽车整体认证（WVTA：Whole Vehicle Type Approval）使用。联盟内一个国家适用该法规即被视为EU整体适用。不过根据联盟内不同国家的国情，各个国家也存在自己的法规（National Regulation）。不适用WVTA法规项目时，必须符合各国法规。

此外，并存的还有联合国欧洲经济委员会（ECE：Economic Commission Europe）制定的ECE规则。ECE 1958年协定的加盟国纷纷决定了采用该规则，因而也是可以在那里适用的。该规则的内容很多与EC指令类似，而且EU也有将ECE规则中的个别法规作为替代法规从而成为其

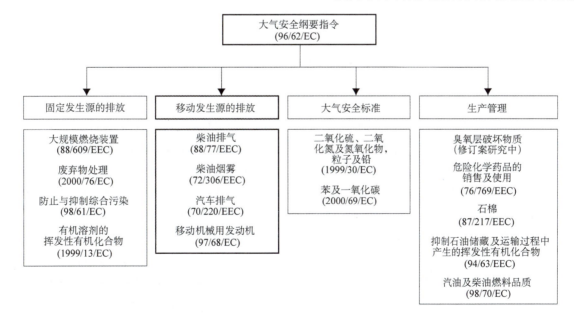

图7-2 EU与汽车相关的大气安全的EC指令法体系

自身的个别法规。图 7-3 所示为三个法规的相互关系模式。

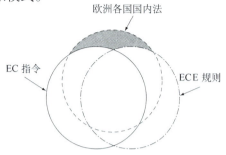

图 7-3 欧洲各国法规、EC 指令及 ECE 规则的关系

当然,未加入欧盟的国家以本国的法规为主。

(3) 美国 作为与环境相关的基本法有大气净化法(Clean air Act)。下面有联邦法规集(CFR:Code of Federal Regulations),其中收录了环境法规(图7-4)。采取联邦制的美国各州基本都遵照联邦法,不过由于加利福尼亚州很早就受到大气污染的困扰,比联邦法更早开始实施尾气排放法规,因此,美国政府也承认加州独自制定的环境法规的行为。

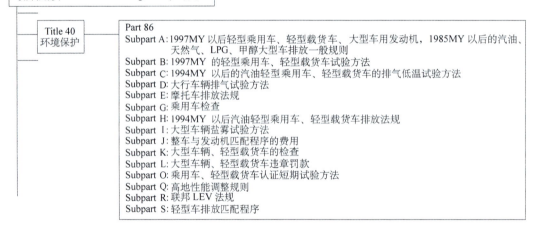

图 7-4 美国尾气排放相关法规体系

(4) 澳洲 在澳洲,设计规则名义下(ADR:Australian Design Rule)被作为统一的体系,环境法规也是其中的一环。2003 年之后向 ECE 规则靠拢(国际标准协调)。关于尾气排放、噪声等,由原来 ADR 体系下的独自法规向 ECE 规则过渡。

7.2.2 法律法规历史

(1) 尾气排放 对于与环境相关的法规,日、美、欧、澳都从 20 世纪 60 年代中期开始到 70 年代初针对尾气排放开始制定了相应的法规。之后又针对其各自的地域特征追加了新的法规,并对现有法规进行了不断修订、强化直至现在。特别是美国,在全球中率先施行尾气排放法规,对使用中的车辆进行尾气排放检查、检测尾气排放相关部件的故障、施行最高标准的零排放法规等,领先于其他地区收到了很好的成效。

① 日本:自 20 世纪 60 年代初期开始,由于汽车交通量的增加,尾气排放问题比较严重,特别是城市的交叉路口附近,此问题更加明显。

1966 年首先开始施行了限制汽油车一氧化碳（CO）浓度的法规。受 1972 年光化学烟雾污染的影响，1973 年，在 CO 之外又增加了碳氢化合物（HC）及氮氧化物（NO_x）的排放限制，出台了根据 10 步法（10 Mode）的质量法规。

在此期间，1970 年美国出台了著名的"马斯基法"的限制值水平。日本将其引入到国内，并于 1978 年开始实施。

另一方面，1979 年，开始实施柴油车第一阶段的法规。之后逐步对其进行强化。柴油乘用车于 1986 年开始按照 10mode 进行法规要求。

日本从 1991 年开始用 10·15 mode 代替了原来的 10mode。1998 年开始实施柴油车长期法规。之后开始实施了一系列的新短期法规。2000 年开始修订汽油车法规，并对其进行强化，同期开始导入尾气排放零部件车载故障诊断系统（OBD：On Board Diagnosis）、修订耐久试验法规、强化燃料蒸发扩散法规等。并预定从 2005 年开始逐步导入更加严格的新长期法规。

柴油车从 2001 年开始实施新短期法规，从 2005 年计划开始向新长期法规推进。

② 欧洲：欧洲共同体在 1970 年首次制定并实施了尾气排放法规（70/220/EEC），随后逐步对法规进行强化，并扩大法规的适用范围。1991 年专门针对乘用车，对各种法规内容进行了彻底的修订。包括修订行驶模式、设定耐久保证条件、新增燃料蒸发扩散试验等内容，从而产生了新的法规（91/441/EEC）。

1993 年开始参照乘用车的法规，对商用车的法规（93/59/EEC）进行强化。之后经历了 1994 年强化乘用车法规第二阶段（Euro2，94/12/EC）以及 1996 年强化商用车法规第二阶段（96/69/EC）。1998 年开始第三阶段的法规强化（Euro3，98/69/EC）工作，在此期间导入了 OBD 法规（相当于美国 OBD-Ⅱ）以及低温尾气排放法规。第三阶段法规同时对乘用车和商用车做出了规定，在之后的 2005 年第四次法规强化时也同时对两类车进行了规定。

以上是对 EC 指令进行的阐述，而 ECE 规则则大体上追随 EC 指令与其内容基本一致，从而也进行了法规强化。

③ 美国：美国最早的尾气排放法规并不是在整个联邦范围内，而是 1965 年在加利福尼亚州首先施行的。

1968 年开始在联邦范围内施行尾气排放法规。之后在 1970 年制定了当时最为严格的"马斯基"法，由于实施困难，曾两度延期。1977 年重新修订后作为大气净化法重新实施，也就是所谓的 Tier0 法规出台。1975 年开始，尾气排放试验模式由原来冷启动的"cold mode"改为"cold and hot mode"，也即行驶中发动机停止 10 min 然后再启动这样的模式。

从 1994 年第二阶段法规强化开始，也就是进入所谓的 Tier1 法规，并逐步导入了低温尾气排放（cold CO）法规、蒸发扩散尾气试验强化法规、加油时蒸发扩散排气（ORVR：On board Refueling Vapor Recovery）法规、新模式尾气排放（SFTP：Supplemental Federal Test Procedure）试验等新的法规方法；同时耐久保证距离也延长了约 2 倍以扩大试验范围，并强化试验项目。另外在 1994 年导入了加利福尼亚州正在施行的 OBD-Ⅱ 法规。

从 2004 年开始实行 Tier2 法规。为了使生产厂家所有车型都满足 NO_x 平均法规值，采用了包括零排放在内将法规值分为十个阶段由制造商来组合的新方式以进行法规强化。

加利福尼亚州是执行美国尾气排放法规的先锋，并且取得了明显的成效，是唯一具有与联邦采用不同法规权利的州。20 世纪 90 年代前期，该州就采用了比联邦更加严格的 NO_x 法规。1994 年开始包含零排放在内将法规水平分为 5 个阶段，制定了 LEV（Low Emission Vehicle）法规并开始实施。该法规将原来限制非甲烷类碳氢化合物（NMHC：Non Methane Hydro Carbon）也即 HC，改为非甲烷类有机气体（NMOG：Non Methane Organic Gas）。随后联邦开始跟随实行 Tier2。NMOG 也采用了为了满足所有车型的平均限制值，由制造商选定的 5 个阶段限制的组合方式实施。

另外，关于零排放法规（Zero Emission

Vehicle），原计划在大型销售商中推行，但是由于种种困难及尚待解决问题，一直推迟到2003年才开始强制实行。

2004年，开始实施 LEV1 法规，并开始引进限制水平分为三个阶段的 LEV2 法规。

ZEV 法规于 2003 年再次修订，并于 2005 年开始正式实施。加利福尼亚州在 1988 年独自引入了 OBD-Ⅰ，1994 年，开始向 OBD-Ⅱ推进。

对于其他尚未满足联邦大气质量标准的州，联邦认可其实行加州的 LEV-Ⅰ法规。

上述内容中不包括重型载货车，主要是针对其柴油发动机的 NO_x 排放量进行了法规限制。

④ 澳洲：自 20 世纪 70 年代初期开始实施法规以来，一直以北美的法规制度为基础，2002 年开始逐步用欧洲的法规替代了原来的法规，现在基本上已经完成了欧洲法规的引进。

（2）其他法规 关于尾气排放以外的噪声、电波干扰、废弃物法规等概要如下。

关于地球变暖，任何一个国家、地区至今都没有实施关于汽车方面的具体的法规。

① 日本：1971 年开始实行与汽车相关的噪声法规，并逐步强化加速噪声法规，1987 年，已经应用到摩托车领域。1986—1989 年，分别针对不同车种制定了进气排气噪声法规的升级。1970年，将防止电磁波干扰条款列入了安全标准中，并开始强制安装防护装置，此后就没有太大的变化。在废弃物方面，1993 年，制定了关于汽车资源再生的省令，2002 年，制定了汽车再循环法。为了与该法规进行协调，同年对道路运输车辆法进行了修订。

② 欧洲：1970 年，首次制定了 70/157/EEC 加速噪声法。经过几次修订后于 1999 年更新为 1999/101/EC。

另外欧洲还制定了其特有的轮胎噪声法规。在 70/157/EEC 的修订版——92/97/EEC（1992年）中涉及了轮胎噪声法规。在与轮胎相关联的规定 92/93/EEC（1992 年）修订版的 2001/43/EC（2001）中用了一章的篇幅对轮胎噪声的规定进行了阐述。

作为一般电磁波干扰法规，1989 年，制定了 89/336/EEC。另外，1972 年，制定了 72/245/EEC 作为汽车用电磁兼容（EMC）法规。经过几次修订后，于 2004 年更新为 2004/104/EC。

在废弃物方面，2000 年，制定了 2000/53/EC，将其作为 ELV（End-of-Life Vehicle）法，其对再循环以及禁止废弃有的害物质（汞、铅、六价铬、镉）进行了规定。

③ 美国：在噪声方面，1970 年联邦制定了大气净化法，1972 年，制定了，噪声法。不过法规限制对象是中重型车以及摩托车，对小型车而言由各州自行制定法规。

在电磁波干扰方面没有相关联邦法规，而表现为各州的州立法规。

在废弃物处理方面也同样没有制定汽车方面的联邦法律，尚处在以各州为单位，开始制定汞等重金属处理法的阶段。

7.2.3 法律法规的种类和内容

（1）尾气排放相关要求：

① 日本：针对常温行驶时的尾气、燃料蒸发扩散气体、急速时的尾气、曲轴箱排气以及 OBD 等进行了规定。

（a）常温行驶时的尾气：热启动在 10·15 mode 和冷启动机 11 mode 下进行试验。对 THC（THC：Total Hydro Carbon）、CO、NO_x 以及柴油 PM（Particulate Matters）进行了规定（也包括自由（free）加速时排烟（smoke）的限制）。

（b）燃料蒸发扩散气体：对放置一个白天（DBL：Diurnal Breathing Loss）试验和行驶后放置（HSL：Hot Soak Loss）试验的 THC 量进行了规定。

（c）急速时的尾气：对 CO 和 HC 进行了规定。

（d）曲轴箱排气：规定窜漏气体不能排向大气。

（e）OBD：相当于以检测零部件为主的加州 OBD-Ⅰ法规。

② 欧洲：针对常温行驶及低温行驶时的尾气、燃料蒸发扩散气体、急速时的尾气、曲轴箱排气以及 OBD 等进行了规定。

（a）常温行驶时的尾气（Type Ⅰ试验）：进行冷启动的市区街道模式（urban）和郊外地区

(extra urban)模式试验。对汽油的THC、CO、NO_x以及柴油的CO、$THC+NO_x$、PM进行了规定（也有自由加速烟度法规）。

(b) 低温行驶时的尾气（Type Ⅵ试验）：试验模式与常温相同，对THC、CO进行限定（实验室温为-7℃）。

(c) 燃料蒸发扩散气体（Type Ⅳ试验）：对放置一天DBL试验和HSL试验的THC量进行了限定。

(d) 急速时的尾气（Type Ⅱ试验）：对CO进行了限定。

(e) 曲轴箱排气（Type Ⅲ试验）：规定窜漏气体不能排向大气。

(f) OBD：相当于以检测零部件连接和检查零件功能为主的加州OBD-Ⅱ法规。

③ 美国：联邦一级针对常温/低温/高温时的各尾气、燃料蒸发扩散气体、加油时蒸发扩散气体、急速时的尾气、曲轴箱排气以及OBD等进行了限定。加利福尼亚州也对相同项目进行了限定。

(a) 常温行驶时的尾气：进行LA-4cold&hot模式（LA-4C/H）试验（含冷启动发动机中间停止10min后再启动的过程）。对NMOG、CO、NO_x、HCHO（甲醛）、PM进行了限定。

另外还有热启动高速、高负荷试验（称为US06模式）。

US06试验对$NMHC+NO_x$、CO、PM进行规定。

(b) 低温行驶时的尾气：试验模式与常温相同，对CO排放进行限定（实验室温度为-7℃）。对-7°~+20℃之间尾气排放连续减少，以及对无特殊变化点的连续性进行了限定。

(c) 高温时尾气排放：35℃的环境温度下，开启空调状态下以专用SC03模式行驶时，对产生的尾气进行限制的试验。

与US06试验相同，对$NMHC+NO_x$、CO、PM进行了限定。

(d) 燃料蒸发扩散气体：对进行放置3天的DBL试验+HSL试验，放置2天的DBL+HSL试验，以专用模式行驶时的Running Loss试验，加油时的ORVR试验等分别进行了规定，利用THC排放值进行判定。

(e) 急速时的尾气：对HC、CO进行了限定。

(f) 曲轴箱排气：规定窜漏气体不能排向大气。

(g) OBD：相当于检测零部件连接、检查零件功能以及尾气排放恶化情况检查等的OBD-Ⅱ。

表7-2是对上述三个国家地区的法规项目以及种类进行的归纳。

表7-2 日本、欧洲、美国尾气排放法规项目综合表

	(a) 常温行驶排气	(b) 低温行驶时排气	(c) 高温行驶时排气	(d) 燃料蒸发排气	(e) 急速时排气	(f) 曲轴箱排气	(g) OBD
日本	○ 10·15mode, 11mode	—	—	○ 1日DBL (35℃)	○ CO、HC法规	○ (无试验条件规定)	○ 相当于 OBD-Ⅱ
欧洲	○ Type Ⅰ试验 UDC+EUDV	○ TYPE Ⅵ试验 -7℃ HC, CO 规定	—	○ TYPE Ⅳ试验 1日DBL (35℃)	○ TYPE Ⅱ试验 CO规定	○ TYPE Ⅲ试验 (无试验条件规定)	○ 相当于 OBD-Ⅱ
美国	○ LA-4C/H (FTP75), SFTP (US06)	○ 20°F (-7℃) CO规定	○ 95°F (35℃) SFTTP (SC03)	○ 3日DBL 2日DBL R/L, ORVR	○ CO、HC规定	○ (无试验条件规定)	○ OBD-Ⅱ

（2）噪声 以加速噪声为主，有的国家还对稳态以及排气噪声进行规定。

（3）电磁波干扰 汽车用相关法规方面，欧洲实行2004/104/EC，是唯一一个关于电磁兼容（EMC）的独立法规。日本近年来开始进行制动ABS电磁兼容性试验。

（4）防止全球变暖降低能源消费 根据节能法，日本交通省按照车种、质量制定了汽车油耗达标标准（汽油车达标期限为2010年，柴油车达标期限为2005年），并制定了税制优惠措施（汽车购得税的减少），以此来鼓励那些达到要求、节省能源的车辆。

欧洲实行1999/116/EEC法规，规定必须向用户告知尾气排放模式下的油耗以及CO_2排放值。因此，虽然有关于油耗测量方法的法规（93/116/EEC），但是还没有对油耗限制值进行规定的法规。然而欧盟政府及欧洲汽车业界定所有乘用车平均消减目标为2008年之前CO_2平均值要达到140 g/km（比1995年降低25%），2012年的努力目标是120 g/km（日本、韩国汽车工业协会2009年目标为CO_2平均值达到140 g/km）。美国关于油耗和CO_2法规的ACFE（Corporate Average Fuel Economy，企业平均油耗）分别对乘用车（LDV：Light Duty Vehicle）和小型商用车（LDT：Light Duty Truck）进行了规定。汽车生产厂商在美国销售的LDV和LDT的平均法规值每年规定一次，如果没有达到该值，需要根据不合格车辆的台数支付罚金。

另外，对油耗高的车辆采取Gas guzzler tax税制，对达不到最低油耗的车辆征收税金。

（5）废弃物 汽车用法规方面，欧洲实行关于再循环、禁止废弃有害物质的ELV法–2000/53/EC。这也是这方面世界唯一的国家级法规。

7.3 未来法律法规的动向

7.3.1 尾气排放

·日本从2005年开始导入新长期法规。另外尾气排放试验工况由原来的10·15mode + 11mode的矩形工况两组并到改为冷启动遵循单一的基本工况。日本首先已在2008年用新的工况替代11mode，2011年全面进行替换，取消10·15mode。并且已于2008年将现行OBD替换为被称作高级OBD的与欧美同级别的必须进行部件性能检查的OBD – II。

估计欧洲将计划在2010年之后开始实施以柴油尾气排放为中心的第五阶段尾气排放法规。

美国目前尚未制定具体的实施计划，不过估计会将联邦法规与加州法规进行整合，对尚未进行限制的大气污染物质制定新的法规。

7.3.2 防止全球气候变暖与降低能源消耗的相关问题

防止全球变暖条约开始生效。今后将会进一步加快降低CO_2排放量和油耗相关法规的制定及实施工作。

其中之一就是欧洲关于空调制冷剂——氟利昂的法规；并于2005—2006年进行法规实施。关于降低CO_2排放量的问题，现在美国加州自己实行的法规已经推进到了最后一个阶段，联邦CAFE法规实施也将涉及CO_2。有可能对2008—2010年的车型进行法规实施。

7.4 国际法律法规走向统一的动向

7.4.1 1958年协定

作为国际协定，联合国欧洲经济委员会制定了1958年协定书，共计33个加盟国。之后对协定书进行了修订，欧洲以外的国家也可以加盟。现在已经成为了国际性的基准协调活动平台，包含日本在内已经有43个国家加盟。希望在此平台上对各国的法规进行整合。目前，已经有100件统一规则形成。另外在认证方面，制定了"互相认证制度"，即其中一个加盟国对法规项目认证合格，那么其他加盟国也承认其合格。手续更加合理、简单。

ECE规则本身不具备法律约束力，各个国家在各自的法律内将 ECE 规则引入其中，在该国家则具有法律约束力。ECE 规则的制定和修改由 ECE 下面组织的 WPCV（Working Party on the Construction of Vehicles）及其旗下的 6 个组织负责，参加国家及组织有日本、欧洲，其他各国及包含 OICA（国际汽车制造商协会）在内的 NGO。经过讨论后进行裁决，最终确定修订方案，完成修订工作。按照 ECE 规则认证合格的装置附带 E 标记证明认证合格，成为在加盟国之间相互被认证的对象。每个国家都有其指定的 E 标记识别编号，日本是 43 号，美国没有加入该协定（图7-5）。

7.4.2　1998 年协定

没有加入 1958 年协定书的美国，深感国际标准协调的重要性，提出了不包含相互承认认证的"技术标准协调"，经过 WPCV 审议之后，于 1998 年 6 月开始采用《联合国全球性车辆技术法规协定书》（1998 年协定书）。

该协定书的目的是以 ECE、FMVSS 为首，并将全球主要国家的标准进行统一。目前已经有美国、加拿大、日本、欧盟、南非、俄罗斯、中国、韩国等 21 个国家加盟。这里被研究的法规称为 GTR（Global Technical Regulation）。制定法规时，对加盟国提交的标准方案在前述的 WPCV 进行审核，然后全会一致通过后，作为全球统一标准最终确定下来。

在环境方面，针对全球统一的重型发动机认证规程（WHDC：World-wide Heavy-Duty Certification Procedure），参加 WPCV GRPE 的工作组审核得到了一致意见，这样尾气排放相关标准统一化工作就有了落脚点。另外，对摩托车的尾气排放、重型车车载诊断系统、重型车再循环尾气、氢气及燃料电池车等也进行了审议。

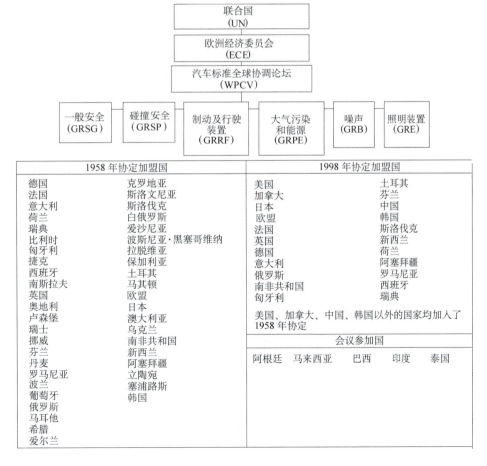

图 7-5　1958 年协定书和 1998 年协定书组织及加盟国

7.5 标准概述

为了使汽车等工业产品相关的生产者、使用者以及整个社会得到公平的利益和便利，在产品以及服务领域，相关者必须互相遵守的技术事项成为关键内容。在此背景下，日本及其他各国制定了国家标准、行业标准以及企业标准等多种标准。

另外，随着经济的不断发展，各个国家之间的贸易越来越频繁，工业产品的交流也不断增加。为了顺利地推进各国之间的交流，对各个国家的标准进行协调显得尤为重要。这样就产生了由国际性组织运作、制定的国际标准。

今天，在制定新标准的时候，不仅仅要适用于业界团体或者某一个国家内部，也需要考虑到国际标准的要求。在日本这种需求也趋向活跃。

7.6 标准等级和种类

7.6.1 工业标准等级

标准由下至上可分为企业内部标准、行业标准、国家标准、地区标准和国际标准。越往上，共同要素越凝缩，对标准内容的协调性也越来越要求高。

日本在此方面采取了一系列的对策，不断推进工业标准化法的修订以及国内标准与国际标准的协调工作。

7.6.2 标准种类

(1) 按标准等级分类（图7-6）

① 企业内部标准：指各个企业及其事务所、工厂内部适用的标准，主要是为了顺利、有效地推进企业活动而制定的。它不仅与产品有关，也适用于设备、操作顺序、业务标准等。

② 行业标准：由国内的行业团体、学会、协会等制定，原则上在其范围内适用。

在汽车方面，日本汽车技术学会制定的JASO（Japanese Automobile Standards Organization）属于

图7-6 各类标准的等级

此类。同类的标准还有SAE标准，该标准在世界上也被看作是权威，日本以及其他国家都借鉴了该标准。

③ 国家标准：由国家认可的机构制定，在本国内适用的标准。日本有日本工业标准（Japanese Industrial Standards，JIS）即属于此类标准。根据工业标准化法，日本工业标准委员会（Japanese Industrial Standards Committee，JISC）对JIS进行制定、修改、废除等一系列审议工作，再由主管大臣最终进行认定。现在已经制定了大约9 000件左右（2003年9月为止）。

④ 地区标准：由指定的国家集团或者地区标准化机构制定，在其地域范围内适用。

⑤ 国际标准：由国际组织制定，是全球范围内适用的标准。代表性标准有ISO以及IEC。

ISO（International Organization for Standardization，国际标准化组织）以策划、制定工业标准为目的的国际机构，是各国的标准化机构的联合体，于1947年成立，现在有147个国家加入，本部设在瑞士的日内瓦。ISO覆盖了下述IEC以外的所有领域。

IEC（International Electrotechnical Commission，国际电工技术委员会）是对各国电子电器、通信、原子能等领域的标准、法规进行协调的国际性机构，于1906年成立，1947年以后负责ISO的电子、电器部门，本部设在瑞士的日内瓦。

(2) 按标准内容分类

① 产品标准：指根据产品的使用目的，表明必须满足相应的要求事项的标准。对产品形状、尺寸、构成、装备、成分、性能、可靠性、安全性等使用上必须的所有要求事项及对其进行补充

的用语、试验方法、包装、标记以及必要时对其加工方法等进行的规定。

② 性能标准：在产品标准中，只单独针对性能特性的要求事项进行规定。

③ 品种标准：以限制品种为目的，规定特定系列值的标准，包含在产品标准里。

④ 服务标准：对运输、通信、保险等服务业来说，根据业务需求，将相应的要求事项包含在产品标准里。

⑤ 安全标准：为了确保人身及产品的安全，对必要项目进行的规定。

⑥ 方法标准：对试验、分析、检查、测量等方法及操作规范进行的规定。

⑦ 试验方法标准：是关于试验方法的标准。取样方法、统计的处理方法等与试验相关的补充事项也在此标准中规定。由于在产品标准中有所引用，这样单列出来，可以简化产品标准，同时也可以得到协调。该标准也可以被引用作为制定安全标准的基准。

⑧ 基本标准：对用语、记号、单位、分类等共通的大范围内使用的事项进行的规定。

⑨ 用语标准：针对用语制定的标准。原则上也包含用语定义。

（3）按照强制力分类

① 强制标准：是技术规定同时又必须强制执行的标准。它还包括法规及作为其基础的技术标准以及其中被引用的任何标准。

② 推荐标准：由于一直反复、持续使用，被标准化认证机构承认的技术规定，属于非强制执行的标准。

7.6.3 质量认证制度

质量认证制度是为了保证产品的质量保持在一定的水平而确立的制度，很多国家都采用该制度。

日本通过 JIS 标记制度来保证工业产品的质量。该标记制度是根据工业标准化法制定的。JIS 中对产品质量等内容作了具体规定，根据该制度，符合该 JIS 规定的产品都标上特别的标识。需要对产品进行认证的制造业者或者加工业者首先要取得主管大臣或主管大臣指定的认证机构的认证，认证合格后可以将 JIS 标记标注在产品、包装、容器或发货单上。

JIS 标记制度不仅对产品检查，也对制造工厂进行审查，才能够容许使用该标记。因此也有利于制造工厂内推进公司内部标准化进程并提高质量管理工作。JIS 标记如图 7-7 所示。

图 7-7 JIS 标记
（a）旧 JIS 标识（2008 年 9 月末之前可以使用）；
（b）新 JIS 标识（2005 年 10 月 1 日开始）

7.7 汽车相关标准

与汽车相关的代表性标准有 JIS、JASO、SAE、ISO 等。这里针对最常被参考的 JIS 和 JASO 进行简要说明。

7.7.1 JIS

以 D 部门为主，与汽车相关的标准大约有 260 个左右。另有金属、树脂等与汽车使用的原材料相关的标准，相加起来，可见有很多标准是与汽车有关系的。

表 7-3 所示主要是与汽车发动机相关的 JIS 标准。这些标准是笔者根据自己的判断有限地选择记录的，实际运用时可参照标准目录及正文。

7.7.2 JASO

JASO 是由日本汽车技术学会的汽车标准会议制定的标准。现在大约有 360 个标准。

表7-3 动力装置相关的JIS一览表

标准号	标准名称	标准号	标准名称
JIS B 1601	角形花键—小径配合—尺寸、公差及验证方法	JIS D 3104	汽车用发动机活塞
JIS B 1603	渐开线花键—齿面配合——般事项、参数及检查	JIS D 3015	汽车用发动机汽缸垫
		JIS D 3106	汽车发动机用对开法兰的滑动轴承
JIS D 0012	汽车—变速器换挡模式	JIS D 3601	汽车发用发动机驱动式油泵
JIS D 0116	柴油发动机—燃料喷射装置用语	JIS D 3603	柴油发动机—喷油泵的安装方法
JIS D 1001	汽车用发动机输出功率试验方法	JIS D 3604	汽车—柴油发动机用喷油嘴的形状及尺寸"S"
JIS D 1011	汽车速度表标定方法	JIS D 3606	汽车用电驱动式油泵
JIS D 1012	汽车—油耗试验方法	JIS D 3607	柴油发动机—高压喷油管（钢管）
JIS D 1028	汽车排放气体中的一氧化碳测量方法（急速时）	JIS D 3608	柴油发动机—朋友泵的凸轮轴和轮毂的锥形部分
JIS D 1030	汽车—排放气体中一氧化碳、二氧化碳碳水化合物以及氮氧化合物的测量方法	JIS D 3621	汽车用管夹
		JIS D 3631	汽车—柴油发动机用喷油嘴支架的形状及尺寸—"P"
JIS D 1101	汽车用柴油发动机黑烟浓度测量方法		
JIS D 1601	汽车用零部件振动试验方法	JIS D 3632	尺寸喷嘴用
JIS D 1607	汽车用起动机试验方法	JIS D 3633	汽车—喷油泵的试验第一部分：动态条件
JIS D 1608	汽车汽油发动机用滤清器试验方法	JIS D 3634	汽车—喷油泵的试验第二部分：静态条件
JIS D 1611	汽车零部件—发动机用机油滤清器	JIS D 3635	汽车—喷油泵的试验第三部分：试验的应用及顺序
JIS D 1612	汽车用空气滤清器试验方法	JIS D 3636	汽车—柴油发动机用燃料喷射装置的试验—轴针式校正用喷油嘴
JIS D1613	汽车用发动机—化油器—性能试验方法		
JIS D 1614	汽车用散热器散热性能试验方法	JIS D 3637	汽车—柴油发动机用燃料喷射装置的试验
JIS D 1615	汽车用发电机试验方法	JIS D 3641	柴油发动机—燃料喷射装置试验
JIS D 1616	汽车—排气系统噪声试验方法	JIS D 3651	柴油发动机—高压燃料喷射管总成的一般要求事项及尺寸
JIS D 1617	汽车零部件—柴油发动机用滤清器试验方法		
JIS D 2101	汽车零部件—螺旋塞	JIS D 3701	汽车用化油器法兰的形状及尺寸
JIS D 2102	汽车用紧配合旋塞	JIS D 3904	汽车零部件—汽油发动机用离心式机油滤清器
JIS D 2301	汽车用连接零部件	JIS D 4202	汽车用轮胎的名称及参数
JIS D 2502	汽车用散热器的压力罩盖及接管口	JIS D 4311	汽车用离合器摩擦片
JIS D 2602	汽车用水管	JIS D 4312	汽车用制动器摩擦衬片及离合器摩擦片的铆钉
JIS D 3102	汽车发动机用对开滑动轴承	JIS D 4421	汽车用制动器摩擦衬片、盘式制动块及离合器摩擦片的硬度试验方法
JIS D 3103	汽车发动机用缸套		

（1）标准的使用 JASO标准在制定、确认、修订完成后，在第三年的4月1日对标准内容的适用性进行调查，根据具体的结果再定是否需要进行修订、确认或废除。

① 修订：原则上在调查后的第二年对需要修订的标准进行修订。

② 确认：不需要修订，可以继续使用的标准在调查的同一年进行确认。

③ 废除：同样内容的JIS将被制定或已经被修订等，不需要继续使用的标准，原则上经过一年的公告时间后废除。

（2）标准的分类 JASO由8个项目构成，分别是"B 车身"、"C 底盘与制动"、"D 电装"、"E 发动机"、"F 基础零部件"、"M 材料与表面处理"、"T 摩托车"和"Z 一般汽车及其他"。标准编号如图7-8所示。

```
JASO□ ◎ ○○-△△
     □   部门编号          ┐
     ◎   部门分类编号       ├ 标准号
     ○○  分类编号          ┘
     △△  制定、修定年限 — 辅助编号
```

图7-8 JASO的标准记号

各分类及记号见表7-4。

表7-4 JASO的部门记号及分类编号

分类编号	部门名称·记号							
	车身 B	底盘零部件 C	电装零部件 D	发动机 E	基础零部件 F	材料·表面处理 M	摩托车 T	一般汽车·其他 Z
0	整体	整体	整体	整体	整体	整体	整体	整体
1	车架 车身	离合器	点火装置 启动装置（含蓄电池）	运动件	螺纹件	钢铁	车身	通用试验方法
2	机构部件	变速器（含自动变速器）	照明机器	燃料供给装置（含燃料喷射装置）	螺纹件以外的紧固件	非铁	底盘部件	用语/记号
3	油箱	驱动装置	测量仪器	润滑装置	垫片	化学	电装件	保修整备
4	内饰件	制动装置（1）	开关	冷却装置	连接及密封	纤维	发动机	
5	牵引车/挂车/特殊用途车	制动装置（2）（牵引车/挂车/特殊用途车）	附件	尾气/净化装置	轴承	陶瓷业		
6		悬架装置	配线	进排气装置	表面处理			
7		转向装置						
8	用语/记号	用语/记号	用语/记号	用语/记号	用语/记号	用语/记号	用语/记号	用语/记号
9	其他	其他	其他	其他	其他	其他	其他	其他
补充	牵引车·挂车·特殊用途车包含连接装置及改装部分							整体中收录了关于车辆整体的内容

注：1. 各部门中，所列的"整体"收录了从分类编号1~9中间，关系到两个分类以上的内容。
2. 各部门中，所列的"其他"收录了分类编号1~8以外的内容

（3）动力装置相关的标准概要 表7-5主要是驱动系统相关的标准（部门记号C）。表7-6所示是发动机相关的标准（部门记号E）。

另外，表7-7~表7-10与发动机设计、试验关系密切的部门的标准。这些标准是笔者根据自己的判断有限地选择摘录的，实际运用时可参照标准目录和正文。

7.7.3 标准确认

如上所述像JASO那样，标准需要适时进行修订、追加、废除等，因此在参考标准内容时需要确认该标准是否为最新版本。

对JIS可以通过日本标准协会发行的标准正文及手册进行确认（手册中部分内容有被省略的，因此，严密起见，必须参照正文）。

日本汽车技术学会发行了JASO标准集。近年考虑到很多人通过电脑处理信息，又发行了CD-ROM和DVD-ROM形式的标准。利用关键词和标准号搜索，用户使用更加方便。

另外JIS、JASO都在所属行业的网站上公开了标准信息，这样可以通过网络对标准的概要、制定/修订/废除等的动向进行及时的把握。

表7-5 驱动系相关的JASO一览表

标准编号	名 称
C 101—89	离合器罩盖
C 102—89	离合器从动盘
C 105—87	离合器台架性能试验方法
C 201—87	汽车用液力变矩器性能试验方法
C 202—88	自动变速器台架性能试验方法
C 203—85	手动变速器台架性能试验方法
C 204—86	手动变速器台架耐久试验方法
C 205—91	汽车用取力器口
C 206—93	汽车用取力器的取力联轴节及间隙
C 301—86	汽车传动轴用钢管
C 302—89	传动轴组装件试验方法
C 304—89	汽车驱动轴用等速万用节
C 801—94	手动变速器用语
C 802—94	自动变速器用语
C 803—86	传动轴用语

表7-6 发动机相关JASO一览表

标准编号	名 称
E 002—89	曲轴箱排放系统试验
E 004—92	汽车尾气排放定容量试样选取方法
E 005—89	汽油车蒸发气体测量方法
E 101—85	进排气气门
E 103—88	滚子链及衬套链
E 104—85	气门及旋塞阀
E 105—99	汽车用齿形带
E 106—99	汽车用齿形带轮
E 107—01	汽车用V带及带轮槽部形状、尺寸
E 109—94	汽车用V带
E 100—00	汽车用齿形带的试验方法
E 111—93	汽车用V带槽部形状、尺寸
E 121—02	汽车用V带耐久试验方法
E 201—85	柴油发动机用机油滤清器的形状及尺寸
E 202—86	汽油发动机用一次性更换式机油滤清器的形状及尺寸
E 203—97	天然气汽车的燃料注入口
E 204—02	天然气汽车容器安全阀性能条件
E 205—03	天然气汽车开关阀性能条件
E 301—84	元件更换型全流式机油滤清器的形状及尺寸
E 302—03	汽车零部件-离心式机油滤清器的形状及尺寸

续表

标准编号	名 称
E 303—84	转子式机油泵转子
E 401—97	汽车用散热器
E 402—91	恒温器
E 403—00	水泵用机械式密封
E 404—03	汽车用机油冷却器散热性能试验方法
E 405—94	自动变速器用机油冷却器散热性能试验方法
E 406—95	汽车用中冷器散热性能试验方法
E 501—90	防止汽车蒸发气体发散装置用过滤罐的单体性能试验方法
E 801—92	汽车用涡轮增压器用语

表7-7 电装相关JASO一览表

标准编号	名 称
D 001—94	汽车用电子设备环境试验方法通则
D 002—91	汽车释放的电磁波杂音测量方法
D 003—88	汽车用电子设备的防止电磁干扰的零件种类及试验方法
D 004—91	内燃机点火装置用防止电磁波干扰器的特性测量方法
D 005—93	汽车用线圈试验方法通则
D 006—95	汽车用系列数据通信系统的试验方法
D 011—01	汽车零部件——窄带放射电磁能量导致的电气干扰试验方法
D 012—02	汽车——窄带放射电磁能量导致的电气干扰试验方法
D 013—02	汽车——控制局域网（CAN）
D 605—96	汽车用连接器
D 615—94	高压线总成的性能试验方法
D 619—98	汽车零部件——汽车电子控制单元用连接器
D 801—96	汽车用电子装置、零部件相关用语
D 803—96	汽车用电子控制装置的故障诊断用语
D 804—95	汽车用传感器相关用语
D 805—00	汽车零部件——电子电器、光连接器相关用语
D 902—95	汽车用电子机器的耐久性试验方法

表7-8 基础零部件相关JASO一览表

标准编号	名 称
F 401—95	油封
F 404—96	汽车用O形环
F 405—99	汽车零部件——放水旋塞
F 410—93	油封试验方法

第7章 法规、标准

表7-9 材料·表面处理相关JASO一览表

标准编号	名 称
M 303—95	非金属垫片材料
M 315—02	汽车变速器油
M 316—89	汽车用燃油橡胶管
M 318—87	汽车用窜气橡胶管
M 319—89	软管试验通则
M 328—95	汽车用汽油机润滑油的气门机构磨损试验方法
M 331—91	汽车用汽油机润滑油的清洁性试验方法
M 333—93	汽车用汽油机润滑油的高温氧化稳定性试验方法
M 335—88	自动变速器软管
M 336—98	汽车用柴油机润滑油的洁净性试验方法
M 337—89	汽车用加油管
M 344—92	汽车用齿轮油密封用橡胶材料适合性试验方法
M 347—95	自动变速器机油抗剪切稳定性试验方法
M 348—02	自动变速器磨损特性试验方法
M 348—01	防止自动变速器颤振性能试验方法
M 350—98	自动变速器机油——树脂材料适合性试验方法
M 352—98	汽车用汽油机——进气系统清洁剂对燃烧室积炭的影响评价试验方法
M 354—99	汽车用柴油机——气门机构摩擦试验方法
M 355—03	汽车柴油机润滑油——JASO DH-1
M 357—01	自动变速器磨损材料适合性试验方法
M 405—87	汽车用排气系统隔热材料
M 505—87	汽车尾气排放净化催化剂用陶瓷整体载体试验方法

表7-10 一般汽车及其他JASO一览表

标准编号	名 称
Z 201—75	汽车用语通则
Z 203—84	汽车用基本用语
Z 209—87	转子式发动机用语
Z 212—76	主减速装置用语
Z 219—84	汽车维修用语（发动机、底盘）

参 考 文 献

7.5 節から7.7節の全般にわたり，下記文献を参照した．

[1] 新编 自動車工学便覽 第11編（初版：昭和58年5月31日）
[2] JISハンドブック 自動車Ⅰ及びⅡ（2004年度版）
[3] JASO自動車規格目録（2003年度版）
[4] JISC（日本工業標準調査会）ホームページ
[5] 日本の自動車安全？環境に関する制度，JASIC（2003.12）
[6] WP29情報—58協定98協定加盟国，http://www.jasic.org/

附录　国际单位制（SI）

国际单位制（SI） { SI 单位 { SI 基本单位 / SI 辅助单位 / SI 导出单位 } / SI 单位的十进倍数单位 }

SI 基本单位

量的名称	单位名称	单位符号
长度	米	m
质量	千克（公斤）	kg
时间	秒	s
电流强度	安[培]	A
热力学温度	开[尔文]	K
物质的量	摩[尔]	mol
发光强度	坎[德拉]	cd

SI 辅助单位

量的名称	单位名称	单位符号
[平面]角	弧度	rad
立体角	球面度	sr

SI 导出单位

量的名称	单位名称	单位符号
面积	平方米	m^2
体积	立方米	m^3
速度	米每秒	m/s
加速度	米每二次方秒	m/s^2
波数	每米	m^{-1}
密度	千克每立方米	kg/m^3
电流密度	安[培]每平方米	A/m^2
磁场强度	安[培]每米	A/m
（物质的）浓度	摩[尔]每立方米	mol/m^3
比体积	立方米每千克	m^3/kg
光亮度	坎[德拉]每平方米	cd/m^2
角速度	弧度每秒	rad/s
角加速度	弧度每二次方秒	rad/s^2

国际单位制（SI）

具有专门名称的 SI 导出单位

量的名称	SI 导出单位 名称	SI 导出单位 符号	用 SI 基本单位和 SI 导出单位表示
频率①	赫[兹]	Hz	$1\,Hz = 1\,s^{-1}$
力	牛[顿]	N	$1\,N = 1\,kg \cdot m/s^2$
压力，压强，应力	帕[斯卡]	Pa	$1\,Pa = 1\,N/m^2$
能[量]，功，热量	焦[耳]	J	$1\,J = 1\,N \cdot m$
功率，辐[射能]通量	瓦[特]	W	$1\,W = 1\,J/s$
电荷[量]	库[仑]	C	$1\,C = 1\,A \cdot s$
电压，电动势，电位（电势）	伏[特]	V	$1\,V = 1\,W/A$
电容	法[拉]	F	$1\,F = 1\,C/V$
电阻	欧[姆]	Ω	$1\,\Omega = 1\,V/A$
电导	西[门子]	S	$1\,S = 1\,\Omega^{-1}$
磁通[量]	韦[伯]	Wb	$1\,Wb = 1\,V \cdot s$
磁通[量]密度，磁感应强度	特[斯拉]	T	$1\,T = 1\,Wb/m^2$
电感	亨[利]	H	$1\,H = 1\,Wb/A$
摄氏温度	摄氏度	℃	$1\,℃ = 1\,K$
光能量	流[明]	lm	$1\,lm = 1\,cd \cdot sr$
[光]照度	勒[克斯]	lx	$1\,lx = 1\,lm/m^2$
[放射性]活度	贝可[勒尔]	Bq	$1\,Bq = 1\,S^{-1}$
吸收剂量，比授[予]能，比释功能	戈[瑞]	Gy	$1\,Gy = 1\,J/kg$
剂量当量	希[沃特]	Sv	$1\,Sv = 1\,J/kg$

注："用其他 SI 单位表示"以及"用 SI 基本单位表示"两栏的内容，最好在计算过程以及一直使用的领域使用。

①：有时为了便于区别同因次的物理量进行特殊组合或使用专用名词。例如，表示频率时用赫[兹]（Hz）替代负一次方秒（s^{-1}），表示力矩时用牛顿米（$N \cdot m$）替代焦耳（J）。

用专用名词表示的 SI 导出单位

物理量	专用名词表示的 SI 导出单位 单位名称	专用名词表示的 SI 导出单位 单位符号	用 SI 基本单位表示
黏度	帕[斯卡]秒	$Pa \cdot s$	$m^{-1} \cdot kg \cdot s^{-1}$
力矩	牛[顿]米	$N \cdot m$	$m^2 \cdot kg \cdot s^{-2}$
表面张力	牛[顿]每米	N/m	$kg \cdot s^{-2}$
热通量密度，辐射照度	瓦[特]每平方米	W/m^2	$kg \cdot s^{-3}$
热容；熵	焦[耳]每开	J/K	$m^2 \cdot kg \cdot s^{-2} \cdot k^{-1}$
比热容量，比熵	焦[耳]每千克开	$J/(kg \cdot K)$	$m^2 \cdot s^{-2} \cdot k^{-1}$
比能	焦[耳]每千克	J/kg	$m^2 \cdot s^{-2}$
导热系数	瓦[特]每米开	$W/(m \cdot K)$	$m \cdot kg \cdot s^{-3} \cdot k^{-1}$
能量密度	焦[耳]每立方米	J/m^3	$m^{-1} \cdot kg \cdot s^{-2}$
电场强度	伏[特]每米	V/m	$m \cdot kg \cdot s^{-3} \cdot A^{-1}$
电量密度	库[仑]每立方米	C/m^3	$m^{-3} \cdot s \cdot A$
电位移	库[仑]每平方米	C/m^2	$m^{-2} \cdot s \cdot A$
电容率	法[拉]每米	F/m	$m^{-3} \cdot kg^{-1} \cdot s^4 \cdot A^2$
磁导率	亨[利]每米	H/m	$m \cdot kg \cdot s^{-2} \cdot A^{-2}$
摩尔能	焦[耳]每摩[耳]	J/mol	$m^2 \cdot kg \cdot s^{-2} \cdot mol^{-1}$
摩尔熵	焦[耳]每摩[耳]开[尔文]	$J/(mol \cdot K)$	$m^2 \cdot kg \cdot s^{-2} \cdot K^{-1} \cdot mol$
照射（χ 及 γ 射线）	库[仑]每千克	C/kg	$kg^{-1} \cdot s \cdot A$
吸收剂量率	戈[瑞]每秒	Gy/s	$m^2 \cdot s^{-3}$

注："用 SI 基本单位表示"最好在计算过程或一直以来延续使用的领域使用

国际单位制（SI）

SI 单位的十进倍数单位

因　数	词头的中文名称	词头符号
10^{18}	艾（可萨）	E
10^{15}	拍（它）	P
10^{12}	太（拉）	T
10^{9}	吉（咖）	G
10^{6}	兆	M
10^{3}	千	k
10^{2}	百	h
10	十	da
10^{-1}	分	d
10^{-2}	厘	c
10^{-3}	毫	m
10^{-6}	微	μ
10^{-9}	纳（诺）	n
10^{-12}	皮（可）	p
10^{-15}	飞（母托）	f
10^{-18}	阿（托）	a

用 SI 单位表示和单位符号的使用方法

（1）如果单位名称从专用名词导出，则单位符号的首字母为大写，其他为小写。

（例如：A，Pa，m）

（2）如果导出单位由 2 个以上的单位乘积构成，则可以用以下方法书写。

［例如：N·m，Nm（mN 为米牛顿］

（3）如果导出单位由 1 个单位除以其他多单位的商构成，则需要采用括弧而不应只采用斜线的方式表示两个以上的单位。

［例如：m/s/s→m/s² 或 m·s⁻²，J/kg·℃→J/（kg·℃）］

（4）词冠符号应与仅在其后的单位符号形成一体。

［例如：$1cm^3 = (10^{-2}m)^3 = 10^{-6}m^3$］

（5）不应使用合成的词冠。

（例如：μμF→pF）

（6）由 2 个以上 SI 单位构成的单位如果为整数乘积关系，则词冠只能采用 1 个。但基本单位 kg 作为分母时，作为特例其词冠 k 不计数。

［例如：kN·mm→N·m，kJ/g→kJ/kg（特例）］

（7）SI 单位为 10 的整数倍时，以方便为首，在便于应用的范围内选择（通常为 0.1～1000）。

SI 相关主要术语

术　语	术语的含义及其特征
SI 化单位	引用于 JASO 的术语，是 SI 单位之间并用单位、可以与 SI 单位并用的单位以及目前可以与 SI 单位并用单位的总称
SI	是由国际计量大会（CGPM）采用并推荐的一种一贯单位制，由 SI 单位（基本单位、辅助单位、导出单位）和 10 的倍数单位构成； 所有的 SI 单位或由基本单位、辅助单位、用专用名词表示的导出单位表示，或由其导出的乘积及商来表示，其系数设定为 1

续表

术 语		术语的含义及其特征
SI 单位	SI 基本单位	为方便起见，可以独立表示层次，并作为 SI 的基础明确定义的 7 个单位；其他 SI 单位可以基本单位和辅助单位的组合单位导出
	SI 辅助单位	属于几何学单位，没有次幂关系的 2 个单位
	SI 导出单位	利用代数方法（利用乘法和除法的数学符号）将基本单位和辅助单位组合表示的单位。当涉及很多物理量时，以简易表示为目的，采用了专用名称和符号；用该专用名词表示的导出单位和基本单位，也可以表示其他导出单位
SI 单位的倍数单位		表示 SI 单位的整数倍时采用的词冠。一般推荐采用 10 的 3 倍数的词冠（如 m，k，M 等）

主要单位换算表

领 域	物理量	SI	并用且可以并用的单位	传统使用单位	SI 换算系数
空间及时间	平面角	rad	°（度）② ′（分）② ″（秒）②	deg	$\pi/180$ $1.745\,33 \times 10^{-2}$ $2.908\,88 \times 10^{-4}$ $4.848\,14 \times 10^{-6}$
	长度	m	A ④	ft in mile	1×10^{-10} 3.048×10^{-1} 2.45×10^{-2} $1.609\,34 \times 10^{3}$
	面积	m^2	a ④	yd^2 ft^2 in^2 acre $mile^2$	1×10^{2} $8.361\,27 \times 10^{-1}$ $9.290\,30 \times 10^{-2}$ $6.451\,6 \times 10^{-4}$ $4.046\,86 \times 10^{3}$ $2.589\,99 \times 10^{6}$
	体积	cm^3 dm^3 m^3	L，l（升）②	cc gal（UK） gal（US）	1 1 $4.546\,09 \times 10^{-3}$ $3.785\,41 \times 10^{-3}$
	时间	s	d（天）② h（小时）② min（分）②		8.64×10^{4} 3.6×10^{3} 60
	速度	m/s	km/h	mile/h	0.277 778 0.447 044
	加速度	m/s^2		G	9.806 65
周期现象及关联现象	频率	Hz		c/s	1
	转速，转数	s^{-1}	r/min，rpm，min^{-1} ③		$1.666\,67 \times 10^{-2}$

国际单位制（SI）

续表

领　域	物理量	SI	并用且可以并用的单位	传统使用单位	SI换算系数
力学	质量	kg	t（吨）[2]		10^3
		mg		car（克拉）	200
	转矩，力矩	N·cm		kgf·cm	9.806 65
		N·m		kgf·m	9.806 65
	密度·浓度	kg/m^3		kgf·s^2/m^4	9.806 65
	动量	kg·m/s		kgf·s	9.806 65
	转动惯量	kg·m^2		kgf·m·s^2	9.806 65
	力	N		kgf	9.806 05
				dyn	1×10^{-5}
	压力	kPa		kgf/cm^2	$9.806\,65\times10$
		Pa		kgf/m^2	9.806 65
				mmHg, Torr	$1.333\,22\times10^2$
				mmH$_2$O	9.806 65
		kPa		mH$_2$O	9.806 65
		Pa	bar[3]	Atm（气压）	$1.013\,25\times10^5$
					1×10^5
	应力[1]	MPa		kgf/mm^2	9.806 65
		kPa		kgf/cm^2	$9.806\,65\times10$
	黏度	mPa·s	cP[4]		1
		Pa·s	P[4]		1×10^{-1}
	动黏度	m^2/s	cSt[4]		1×10^{-6}
		m^2/s	St[4]		1×10^{-4}
	表面张力	N/cm		kgf/cm	9.806 65
	功·能	J		kgf·m	9.806 65
				erg	1×10^{-7}
	功率·动能	kW		PS	0.735 498 75
		W		kgf·m/s	9.806 65
				kcal$_{IT}$/h	1.163 0
热	温度	K 或 ℃			0℃ =273.15K
	温差	K 或 ℃		deg	1
	导热系数	W/(m·K)或 W(m·℃)		kcal/(m·h·℃)	1.162 79
				kcal/(s·m·℃)	$4.186\,05\times10^3$
				kcal/(s·m·deg)	$4.186\,05\times10^3$
	热量	J		cal$_{IT}$	4.186 8
				cal 计量法	4.186 05

续表

领　域	物理量	SI	并用且可以并用的单位	传统使用单位	SI 换算系数
热	热通量密度	W/m^2		$kcal/(m^2 \cdot h)$	1.162 79
	热容量	kJ/K 或 $kJ/℃$		$kcal/K$	4.186 05
	比热容量	$kJ/(kg \cdot K)$ 或 $kJ/(kg \cdot ℃)$		$kcal_{IT}/(kg \cdot ℃)$	4.186 8
		$J/(kg \cdot ℃)$		$cal/(kg \cdot ℃)$	4.186 05
	熵	J/K		cal_{IT}/K	4.186 8
	焓	J		cal	4.186 05
	比熵	$kJ/(kg \cdot K)$		$kcal_{IT}/(kg \cdot K)$	4.186 8
电及磁	电荷，电量	kC	$A \cdot h$②		3.6
	电能	J	$W \cdot h$②		3.6×10^3
	电功率	W		erg/s	1×10^{-7}
	电阻率	$\Omega \cdot m^{-1}$		$\mu\Omega \cdot cm^{-1}$	1×10^{-8}
	电导率	S/m		Ω/m	1
	电导，电纳，导纳	S		Ω	1
	磁场强度	A/m		Oe	$10^3/4\pi$
	磁通量	Wb		Mx	1×10^{-8}
	磁感应强度	T		Gs	1×10^{-4}
音	声压级		dB③		
光及放射	光亮度	cd/m^2		sb	1×10^4
	光照度	lx		ph	1×10^4
其他	扭转刚度	$N \cdot m/rad$		$kgf \cdot m/rad$	9.806 65
	弹簧常数	N/mm		kgf/mm	9.806 65
	磨损率	$cm^3 (N \cdot m)^{-1}$		$cm^3/(kgf \cdot m)$	0.101 972
	转动惯量	$N \cdot m \cdot s^2$		$kgf \cdot m \cdot s^2$	9.806 65
	冲击值（摆锤式）	J/cm^2		$kgf \cdot m/cm^2$	9.806 65
	燃料消耗率	$g/(MW \cdot s)$	$g/(kW \cdot h)$②	$g/(PS \cdot h)$	0.377 672 7 0.277 778
		L/km		$gal(UK)/mile$ $gal(US)/mile$	2.824 81 2.352 14
	气体常数	$J/(kg \cdot K)$		$kgf \cdot m/(kg \cdot K)$	9.806 65
	机械阻抗	$N \cdot s/m$		$kgf \cdot s/m$	9.860 65

注：①表示应力时原则上采用 Pa。N/m^2 和 N/mm^2 最好在 ISO、IEC 或在计算过程中使用。
②表示与 SI 单位并用的单位。这些单位不属于 SI 单位，但一直以来广泛使用，而且比较重要，将来也会允许与 SI 单位并用。
③表示与 SI 单位并用的单位。这些单位在 SI 单位之外，而且很少与 SI 单位并用，但是在特殊领域使用，因此只限于在特殊领域与 SI 单位并用。
④表示当前可以与 SI 单位并用的单位。这些单位在 SI 单位之外，但在某些领域正在使用，因此在做出无需继续使用这些单位的决定之前，可以与 SI 单位并用。这些单位不应在至今没有使用的领域里纳用

国际单位制（SI）

SI，CGS 制以及工学单位制的对照表

量 单位制	长度	质量	时间	温度	加速度	力	应力	压强
SI	m	kg	s	K	m/s^2	N	Pa	Pa
CGS 制	cm	g	s	℃	Gal	dyn	dyn/cm^2	dyn/cm^2
工学单位制	m	kgf·s^2/m	s	℃	m/s^2	kgf	kgf/m^2	kgf/m^2

量 单位制	能	功率	黏度	动黏度	磁通量	磁感应强度	磁场强度
SI	J	W	Pa·s	m^2/s	Wb	T	A/m
CGS 制	erg	erg/s	P	St	Mx	Gs	Oe
工学单位制	kgf·m	kgf·m/s	kgf·s/m^2	m^2/s	—	—	—